北京农村
研究报告

（2018）

Research Report on
Beijing Rural Area（2018）

吴宝新　张光连　主编

中国言实出版社

图书在版编目（CIP）数据

北京农村研究报告 . 2018 / 吴宝新，张光连主编 .
-- 北京：中国言实出版社，2019.12
　　ISBN 978-7-5171-3249-3

　　Ⅰ．①北… Ⅱ．①吴… ②张… Ⅲ．①农村经济－研
究报告－北京－ 2018 Ⅳ．① F327.1

　　中国版本图书馆 CIP 数据核字（2019）第 244641 号

出 版 人　王昕朋
总 监 制　朱艳华
责任编辑　张　强
责任校对　张国旗
责任印制　佟贵兆
封面设计　叶　子

出版发行　中国言实出版社
　　　　　地　　址：北京市朝阳区北苑路 180 号加利大厦 5 号楼 105 室
　　　　　邮　　编：100101
　　　　　编辑部：北京市海淀区北太平庄路甲 1 号
　　　　　邮　　编：100088
　　　　　电　　话：64924853（总编室）　64924716（发行部）
　　　　　网　　址：www.zgyscbs.cn
　　　　　E-mail：zgyscbs@263.net
经　　销　新华书店
印　　刷　北京九州迅驰传媒文化有限公司
版　　次　2019 年 12 月第 1 版　　2019 年 12 月第 1 次印刷
规　　格　710 毫米 ×1000 毫米　1/16　34.5 印张
字　　数　778 千字
定　　价　148.00 元　　ISBN 978-7-5171-3249-3

编辑委员会

前言 ◄◄

北京市农村经济研究中心自 1990 年 7 月正式成立以来，始终围绕北京郊区农村改革与发展的一系列重大问题开展调查研究，不断取得新的研究成果。自 2010 年起，北京市农村经济研究中心开始公开出版年度研究报告，主要收录上一年度的重要研究成果。2010 年出版的调研成果名为《北京城乡一体化发展的研究与思考 2009》，2011 年出版的调研成果名为《城与乡：在博弈中共享繁荣——北京市农村经济研究中心 2010 年研究报告》，2012 年出版的调研成果名为《城乡统筹发展的改革思维——北京市农村经济研究中心 2011 年研究报告》，2013 年出版的调研成果名为《城乡发展一体化：探索与创新——北京市农村经济研究中心 2012 年研究报告》。为了进一步规范年度调研成果的出版，提高调研成果质量和水平，自 2014 年起，我们将年度研究报告统一命名为《北京农村研究报告》，收录上一年度北京市农村经济研究中心完成的主要调查研究报告成果，并标明年度。2014 年—2018 年出版的调研成果分别名为《北京农村研究报告（2013）》《北京农村研究报告（2014）》《北京农村研究报告（2015）》《北京农村研究报告（2016）》《北京农村研究报告（2017）》。

《北京农村研究报告（2018）》是北京市农村经济研究中心 2018 年度完成的、可以公开发表的主要调查研究报告。《北京农村研究报告（2018）》共分 5 篇，第一篇为"走有首都特点的乡村振兴路子"，第二篇为"乡村产业与京津冀协同发展"，第三篇为"农村改革与集体经济发展"，第四篇为"乡村治理"，

第五篇为"农业农村信息化"。

希望本研究成果能为农村工作的决策者、实践者、研究者提供一些参考与启示。

由于水平有限，本研究成果难免存在一些不足之处，恳请读者批评指正。

编　者

2019 年 2 月

目录 ◀◀

第三篇　农村改革与集体经济发展

第四篇　乡村治理

第五篇　农业农村信息化

第一篇
走有首都特点的乡村振兴路子

推进首都乡村振兴战略调研报告

为深入贯彻落实习近平总书记在 2018 年全国两会上关于实施乡村振兴战略的重要讲话精神和党的十九大精神，推动实施具有首都特点的乡村振兴战略，北京市农村经济研究中心于 2018 年 3 月下旬至 4 月中旬，组织市、区、乡镇 200 多名农村经管干部，在充分发挥农经统计优势和农研智库优势的基础上，以进村入户的方式开展了乡村振兴"百村千户"调研，对 13 个区、48 个乡镇、116 个村、1272 个农户进行了走访和问卷调查。本次调研紧紧围绕首都乡村发展的特点，深入三无村、倒挂村、拆迁村、空心村、传统村五类村庄，分类了解不同村庄发展的特点、难点，寻找分类施策依据。具体情况报告如下。

一、首都乡村发展的主要特点

（一）乡村形态分化显著

随着城市化和城乡发展一体化、新农村建设的推进，首都乡村形态已经发生了较为明显的分化。从村庄形态来看，可以划分为五类：一是三无村，在城市化进程快的地区，一部分农村已经不再有传统意义上的农民、农业和农村，仅留下乡村集体经济组织。二是倒挂村，在城乡结合部地区，流动人口聚居人数超过了本地户籍人口。三是拆迁村，一部分村庄因拆迁导致全村 50% 以上人口住进楼房，这部分村多数是整建制拆迁，处于向三无村过渡的阶段。四是空心村，山区村因劳动力外流、人口老龄化等原因，导致当地常住人口不足本地户籍人口的 50%，或闲置农宅超过 10%。五是传统村，这类村庄与原来形态没有显著变化。在 116 个调查村中，三无村共 4 个、倒挂村共 12 个、拆迁村共 15 个、空心村共 9 个、传统村共 76 个，分别占调研总数的 3.5%、10.3%、12.9%、7.8%、65.5%。

（二）乡村要素分布不均衡

总体来看，在城市化进程快的三无村、倒挂村和拆迁村，与空心村和传统村相比，要素分布呈现出资产、资源、劳动力的"三高"。调研显示，三无村、倒挂村、拆迁村的村集体资产总量明显高于远郊的空心村和传统村。2017 年，三无村的平均村集体资产总量为 20.7 亿元，倒挂村为 5.4 亿元，拆迁村为 6.52 亿元，空心村为 1275.4 万元，传统村为 9950.7 万元。三无村、倒挂村的劳动力要素高于空心村和传统村。2017 年，平均每个三无村的劳动力人数为 756 人，倒挂村的劳动力为 648 人，而空心村和传统村的劳动力为 440 人和 515 人。

（三）乡村集体经济存量大增量小

2017 年，116 个调研村集体资产总额达到 322.7 亿元，利润总额为 132.8 万元，净利润为 115.7 万元，116 个调研村的集体资产平均利润率为 0.4%，农村集体经济组织总体经营效率不高，只有 9 个村集体经济的资产利润率超过 20%，29 个村集体资产利润率超过 5%，10 个村集体资产利润率为 0，有 43 个村集体资产利润率小于 0。从五类村庄来看，2017 年，76 个传统村的平均集体资产利润率为 1.2%，高于其他四类村庄，比 116 个村的平均水平高 0.8 个百分点；倒挂村、空心村的平均集体资产利润率小于 0，分别为 -0.6% 和 -0.2%；拆迁村和三无村的平均集体资产利润率分别为 0.5% 和 0.1%。

（四）首都乡村信息化发展较快

在 116 个调查村中，有 103 个村已经实现了宽带入村入户，占调查村的 89%；农村通过新媒体手段进行宣传的有 69 个村，占调查村的 59%，其中，通过网站进行宣传的有 21 个村、通过微博进行宣传的有 10 个村，通过微信进行宣传的有 38 个村，分别占调研村的 18%、8.6% 和 33%。从五类村庄来看，三无村、倒挂村、拆迁村 31 个村都已经实现宽带入村，这三类村庄采用新媒体进行宣传的比重也相对较高，分别占相应类型调查村庄的 75%、67% 和 73%，空心村采用新媒体宣传的比重最低，仅为 33%。

二、首都乡村振兴面临的主要困难和问题

当前首都乡村振兴主要面临乡村主导产业弱化、基础设施和公共服务供给和管护不足、乡村治理面临压力较大、乡村振兴人才缺乏等四个方面的问题。

（一）乡村经济发展能力弱，农民增收难

乡村经济缺乏主导产业支撑，农民增收乏力。在 116 个调查村中，村干部认为本村缺乏主导产业的有 76 个，占 66%。从五类村庄来看，三无村中有 1 个缺乏主导产业、农民增收困难，占比达到 25%；倒挂村中有 5 个缺乏主导产业、农民增收困难，占比达到 42%；拆迁村中有 9 个缺乏主导产业，占比达到 60%；空心村中有 9 个存在缺乏主导产业、农民增收困难的问题，占比达到 100%；传统村中有 52 个缺乏主导产业、农民增收困难的问题，占比达到 68%。2017 年，农村居民人均可支配收入在经历了较长时间的较高速度增长后，出现了增长速度低于城镇居民人均收入增速的情况。根据北京农村"三资"监管平台数据，116 个调研村农户人均所得为 25416 元，其中，三无村农户人均所得为 22135.9 元，倒挂村为 29570.4 元，拆迁村为 28066.8 元，空心村为 21771 元，传统村为 22501 元。116 个调研村农户问卷调查数据显示，1272 个农户 2017 年人均可支配收入为 15295 元，且 63% 的农户认为生活中最困难的是"事不好找，挣钱难，家庭收入低、开销大"。

（二）农村基础设施建设和公共服务仍存在较大缺口

在 116 个调查村中，有 33% 的村反映存在幼儿园、学校、卫生室和文化设施不能满足需求的问题。在五类村庄中，4 个三无村中有 2 个村存在公共服务不能满足需求的问题，占比达到 50%；倒挂村中有 3 个村有这一问题，占比达到 25%；拆迁村中有 6 个村存在公共服务不能满足需求的问题，占比达到 40%；空心村有 1 个村存在公共服务不能满足需求的问

题，占比达到 11%；传统村有 26 个村存在公共服务不能满足需求的问题，占比达到 34%。

（三）乡村治理面临较大的压力

在 116 个调查村中，有 70 个村的村干部反映存在着"村级开支大、收入少，管理运行难以为继"的问题，占比达到 60%。从五类村庄来看，4 个三无村不存在此问题；倒挂村有 7 个存在此问题，占比达到 58%；拆迁村有 3 个存在此问题，占比为 20%；空心村有 6 个存在此问题，占比达到 67%；传统村有 54 个存在此问题，占比达到 71%。

116 个调查村干部对"村级开支大、收入少，管理运行难以为继"这一困难的选择，反映了当前乡村振兴的客观难题。一是全市乡村集体经济总体效益不高，在全市 3945 个村级集体经济组织中，收不抵支的村有 1983 个，占比 50.3%。二是在现行的政经合一以及村干部薪酬制度安排下，村集体需要承担村级的部分日常开支、村干部薪酬补贴以及农民福利的刚性需求，主要依靠吃土地征占补偿款的"老本"在勉强维持。对 116 个调查村的调研显示，2017 年，有 91 个村集体经济组织有干部报酬的负担，平均每个村组织支付干部报酬 29.6 万元，其中，支付干部报酬超过 100 万元的村集体经济组织有 4 个，最高的村是丰台区花乡草桥村，达到 541.2 万元。在五类村庄中，各个村的干部报酬差距非常大，2017 年，倒挂村平均每个村支付村干部报酬达到 77.8 万元，而空心村平均每个村只有 3 万元，两类村庄平均干部报酬的极差达到 74.8 万元。三是在城乡二元的基础设施和公共服务供给下，各村集体需要承担公益性基础设施和公共服务的费用。2017 年，116 个调查村集体经济组织支付公益性基础设施建设投入达到 3092.9 万元，支付的公共服务费用达到 1982.9 万元，占主营业务收入的 13%。

（四）乡村振兴面临较大人才缺口

1. 农村劳动力老龄化、空心化。调研发现，延庆、怀柔、门头沟等山区农村劳动力老龄化率超过 50%，延庆区四海镇 18 个村，人口在 60 岁以上的占比达到 50%，其中永安堡村 60 岁以上的人口占比达到 70%，南湾村 60 岁以上的人口占比达到 60%，前山村村主任介绍，该村 70 岁算年龄小的。平谷区农业劳动力的平均年龄为 58.6 岁。平谷区刘家店镇前吉山村原有民俗户 24 户，但只有 4 户在维持运转，20 户民俗户没有能力继续维持经营。

2. 村内事务繁重，乡村治理人才缺乏。在 116 个调查村中，34% 的村反映村里事务多、人手不够。从五类村庄来看，三无村和倒挂村中有 50% 的村反映此问题，拆迁村中有 20% 的村反映此问题，空心村中则有 56% 的村反映此问题，传统村中有 32% 的村反映此问题。

三、村干部和农户对乡村振兴的基本意愿和需求

京郊村干部对乡村振兴都持积极态度，69.8% 的村表示要积极争取、抓住发展机遇，28.4% 的村表示如果上级明确要求、保证投资，愿意配合实施美丽乡村建设和乡村振兴战略。

（一）村干部对乡村振兴的意愿和需求

116 个调查村的村干部对资金、规划、人才、增收及环境整治的关注度比较高。其中，70% 的村希望加大资金的支持，应该采取发展集体经济、村民适当投入、上级大力支持、市场化投融资等多种方式筹集；66% 的村希望规划先行，必须先确定一张蓝图；42% 的村

希望人才支持，认为关键是人才，人才就是技术、管理、市场和效益；42%的村希望当务之急是增加收入，提高干部补贴和公益岗位补贴人才支持；34%的村认为当务之急是加强村庄环境建设，治违治污治乱。

（二）农户对乡村振兴的意愿和需求

1272个受访农户对乡村振兴的希望主要集中在村庄环境改善、就业增收、提高农村基础设施和公共服务、农民组织起来四个方面。具体来看，有776个农户选择改善村庄环境，彻底改善村容村貌，占比达到61%；有558个农户希望提高基础设施和公共服务水平，占比达到44%；有422个农户希望组织起来，村里和上级要多支持合作生产，多搞文化娱乐活动，占比达到33%；有379个农户希望改善住房条件，占比达到30%；有249个农户希望最好能搬出去或去区里、镇上建屋买房，占比达到20%；有591个农户希望帮助就业，提高公益补贴标准，增加收入，占比达到46%。

四、推进首都乡村振兴战略的政策建议

根据调研中发现的问题以及乡村干部和农户对乡村振兴的意愿与需求，我们建议从以下四方面推进首都乡村振兴。

（一）以规划为统领，"一张蓝图干到底"

1. 区分村庄的实际类型，开展规划。从对116个村的调查来看，从村庄形态划分，京郊农村已经划分为三无村、倒挂村、拆迁村、空心村和传统村；《北京市规划和国土资源管理委员会关于北京市村庄布局规划框架（村庄分类初步方案）》将京郊乡村划分为城镇化村庄、局部或整体迁建村庄、特色保留村庄、提升改造村庄四大类型。因此，必须在深刻认识各类型村庄的特点和发展规律的基础上，进行分类规划、分类施策。

2. 完善规划编制工作机制。建立政府、农民和专业规划人员三方全程参与、三方均发挥主体作用的规划编制工作机制。推动乡村规划师专家队伍进村驻村，充分调研、了解每一个乡镇和村的历史传承、资源禀赋与相关条件。在当地干部的组织下，适当吸收农民参与规划编制，听取农民的意愿和要求，引导农民提出属于自己梦想家园的规划愿景。各级政府发挥统筹协调的职能作用，推动相关规划原则、发展目标的贯彻落实。具体实施规划应该经农民、专家和政府三方面履行相应的民主决策、技术审核和行政审批等程序，将其确定为具有法定意义的实施蓝图。

3. 坚持高质量发展、减量发展、统筹发展和融合发展。一是高质量发展。在规划中要坚持高标准规划、高起点实施，推进具有世界眼光、中国特色、首善要求的乡村振兴。通过科技创新、品牌经营、资源循环等举措，有效抑制"小农业"的负外部性，充分发挥正外部性，提高都市型现代农业的生态、人文和社会价值。通过深化农村"三块地"改革、农村金融改革、乡村治理体系完善等，推进"大京郊"主动分担首都国际交往中心、科技创新中心和文化中心等功能。二是减量发展。按照新版北京城市总体规划关于人口和建设规模"双控"的要求，持续推动疏解整治促提升。三是统筹发展。通过统筹空间产业布局、统筹城市建设与旧村改造、统筹集约利用集体建设用地、统筹政策集成机制、统筹经

济组织体制架构等工作机制，实施联村联营组团式开发。具体包括乡镇统筹、片区统筹和项目统筹。四是融合发展。首都乡村振兴战略，既是建设国际一流和谐宜居之都的组成部分，也是京津冀协同发展、建设世界级城市群的组成部分。融合发展要在区域融合和城乡融合发展上下功夫。

（二）分类提升乡村基础设施和公共服务水平

1. 以城市化为导向，推动三无村和拆迁村基础设施和公共服务管护向城市管理体制转变。推动全市三无村和拆迁村的撤村建居工作，促进三无村基础设施和公共服务管理的城市化和精细化。一是按照城市街道运行管理标准，对道路、住房和市容环境进一步治理，该修的要修，该补的要补，该完善的要完善，不能将小问题拖延成大问题，将个别问题演化成普遍问题。二是按照城市居民的生活需要，对幼儿园、学校、医院、商业网点、水电气热和交通等公共服务，要拾遗补阙、尽量补齐，增强群众获得感。三是做好"农转居"过程中的就业和社保并轨，做到"一个都不少"。四是统筹谋划三无村和拆迁村的集体资产经营管理问题，支持其发展适应城市化的集体产业，鼓励集体经济吸收新市民就业，真正让农民带着集体资产收益权融入城市。

2. 以农村集体土地建设公租房为抓手，推动倒挂村基础设施和公共服务改善。借鉴西红门乡镇统筹经验，以减量发展和统筹发展为路径，统筹解决倒挂村集体建设用地集约利用、公共服务和基础设施供给、提升规划区内外来人口居住条件、市民同等待遇、村集体经济发展等突出问题和矛盾。这里有四个关键点：第一，建设租赁住房所需的集体土地，是从现状非宅建设用地中，经过拆迁腾退、减量规划、重新整理之后得来的；第二，所建设的租赁住房，其建设规模和住房式样，要以满足本规划区域外来人口的安置需要为准；第三，租赁住房是集体产业，外来人口从各租住农户出来进入楼房以后，农民从集体租赁住房中获得的股份分红收入，要与此前农户房租收入相当或接近；第四，本地农户不宜进住公租房，鼓励本地农户原址翻建改造住房。

3. 以小城镇建设为引擎，带动空心村和传统村公共服务和基础设施改善。空心村和传统村振兴的当务之急是全面改善人居环境、补齐基础设施和公共服务短板，包括继续实施抗震节能改造等。一是在乡镇中心镇区建设相对完善的公共服务和基础设施的功能体系，全面提升乡镇级医疗、卫生、教育、文化公共服务能力。通过镇域范围的基础设施一体化、便利化和社会保障、基本公共服务均等化，带动、促进乡村现代化，进一步缩小城乡公共服务差距。二是针对偏远分散的村庄，采取流动服务车、巡回医疗队、志愿者队伍等多种形式，改善村庄公共服务，丰富精神文化生活。三是改善空心村、危房村居民的住房安全问题。

（三）推动乡村产业兴旺，促进集体经济转型发展

1. 推动集体资产向资本转化。通过深化集体经济产权制度改革，进一步对乡镇集体资产进行量化、盘活、优化，降低三无村、拆迁村、倒挂村集体资产的负债率，提高集体资产的良性资产比例。一是推进政经分设。集体经济以集体经济组织成员为服务对象，专司集体经济经营管理；村（居）民委员会专门负责村级公共服务和村民事务。二是完善农村集体资产股份各项权能，包括占用、收益、有偿退出、抵押、担保、继承等。三是推进集体经济组织的法人治理结构，促进其向现代企业转型，使集体经济组织真正成为市场主体。四是允许具有经营能力的拆迁村的征地补偿款的自主经营，促进乡镇级集体经济组织在集体土地一二级开发、集体土地上的城市基础设施建设、公共服务等方面的集群式发展。

2.要紧紧围绕首都当前工作"四四三三"^① 要求，以农业农村供给侧结构性改革为主线，促进三无村和倒挂村"瓦片经济"向包括物业经济在内的城市经济的转型升级，推动乡村集体经济向科技、教育、金融等服务首都功能的高端服务业发展，实现与"小城区"的互补发展。

3.按照减量发展的原则，针对传统村和尚具备发展基础和活力、空心化程度较低的村，根据其资源禀赋，因地制宜促进特色产业发展。以重大项目为带动，盘活空心村闲置农宅资源，大力发展健康养老和高端会展业态，推动当地乡村旅游业发展。

4.将村级集体经济组织打造成为城乡要素平等交流的合法平台，为农民打开"镇门"，为市民打开"村门"。综合运用村集体经济组织的熟人信用机制、区域价格发现机制和村民自治的合法决策机制，将村级集体经济组织打造成为盘活农村资源、实现城乡要素平等交换的合法载体。工作切入点是完善集体经济组织职能，赋予农民集体经济股权的流动性，推动集体经济组织成员从封闭走向开放。

（四）积极推进乡村人才振兴

1.创新农村干部的薪酬机制，解决乡村治理中面临的经济压力和人才短缺问题。在政经分设改革基础上，形成以"市区政府补贴＋乡镇政府绩效＋村级工资"为框架的村干部薪酬机制，稳定"一懂二爱"式的农村干部与专业人才队伍。

2.加速推进基本公共服务的城乡并轨。实行与城镇居民同等的劳动政策和就业管理，从总体上扭转农民就业兼业化、农民增收过度依赖财政补贴的问题，提高农村居民社会保障水平。

3.建立专业岗位人员高薪机制，吸引公共服务领域人才下乡。对于长期在乡镇、村工作的教师、律师、规划师、工程师、医护工作者、文艺工作者、公交司售人员以及其他公共服务人员，要制定政策保证其个人收入至少比城区同类人员平均薪酬高20%。对于具有高级职称的专业岗位从业人员到城六区以外的乡镇长期从业的，工资标准为城市六区内同等职称人员工资的2倍；对于具有高级职称的专业岗位从业人员到城六区以外的农村长期（超过5年以上）从业的，工资标准为城六区以内具有高级职称的专业岗位从业人员工资的至少3倍。

4.充分尊重农村居民的主体地位，调动社会各类团体组织、社会企业和新乡贤人士，通过乡村文化、乡村生态文明、环境建设，将乡村打造成为创造梦想的地方，让农业成为有奔头的产业，让乡村成为有希望的广阔天地，让农民成为令人羡慕的职业。

---

① 即加强首都全国政治中心、文化中心、国际交往中心、科技创新中心"四个中心"功能建设；提高为中央党政军领导机关工作服务、为国家国际交往服务、为科技和教育发展服务、为改善人民群众生活服务"四个服务"水平；抓好组织实施新一版北京城市总体规划、以疏解北京非首都功能为"牛鼻子"推动京津冀协同发展、全力筹办好2022年北京冬奥会、冬残奥会"三件大事"；打好防范化解重大风险、精准脱贫、污染防治"三大攻坚战"。

课题负责人：吴宝新、曹四发

各调研组组长：吴宝新、曹四发、吴志强、蒋洪昉、熊文武

课题主持人：张英洪

朝阳区调研小组：白晨、何志立、潘佳瑭、韩姣、张琳、陈洁、石柏林、李俊、郭娜、田赫、张玉石、张东玲、杜朋生、韩丽娟、孙玮奇

海淀区调研小组：张旭、常印怀、邢贵平、纪邵军、田立娜、石全换、向敬阳、佟久顺、刘涵、杜陈生、张雅菊、李俊吉、曹亮、任燕、韩东、王飞智、马晨

丰台区调研小组：胡登州、卢大文、姜能志、刘婧、陈金玲、刘江伟、孙峥、刘耿、唐解霞、刘艳艳、石斌、韩静、葛伯祥、许渊源、张蕾、关芳、尹志田、孔媛媛、王吉、林砚奎、王燕

房山区调研小组：季虹、臧建忠、白永红、刘先锋、蔡秀军、赵迎辉、张爱国、范仲玲、张会龙、于耕雨、吕爱红、张学军、郭巍、苑云、罗玲、梅媚、崔燃燃、钱宁、武梅丽

门头沟区调研小组：杜力军、曹宝华、吴新生、刘树、陈雯卿、杨润娟、尹向前、范子辰、张颖、张桂艳、韩金榜、李广英、李红梅、孙书佳

昌平区调研小组：曹晓兰、张爱平、林子果、陈艺曦、王芳、王冬生、段阳阳、胡鹤鸣、王国杰、李文慧、崔景海、胡海文、沈凤琴、王月茂、卜艳芳、胡亚文、陈余浩、常越

通州区调研小组：李理、张玉和、郄蕙、张军、朱长江、张宇、王伟男、刘鑫、王磊、阎建苹、王书生、肖然、佘运来、崔颖、韩玉方、耿斌、李旺、李健

顺义区调研小组：陈奕捷、焦庆海、吴国庆、张燕、张颖、李敏、朱文颉、乔通、赵晨、潘徐春、肖巍、张海红、王雪梅、张影、张弛

大兴区调研小组：周庆林、李保华、贾民、陈新美、王宇峰、遆晓、陈兵兵、郭书海、闫松奇、周鑫、李桂华、许金、李杰

平谷区调研小组：任玉玲、梁茂辉、韩生、白雪、王宇新、管仲新、李建黎、张保国、任国强、刘磊、张久双、范卫华

怀柔区调研小组：方书广、李春月、陈娟、刘瑶、涂皎、李东、王凤琴、田正杰、赵学军、于桂玲、高华缇、梁志学、魏长春

密云区调研小组：陈雪原、董向东、孙梦洁、王洪雨、陈庆书、赵鹏程、刘振虎、张继满、倪艳春、郭庆国、高尚

延庆区调研小组：张英洪、宋刚、魏秀芝、刘雯、陈珊、王丽红、李婷婷、李颖、张胜军、王静、宋海艳、卢艳霞、胡辰

中国农业大学经管学院杨汭华教授组织统计学专业本科生完成了调查问卷的录入工作。

执笔人：曹四发、张英洪、王丽红、李婷婷

关于具有首都特点乡村振兴战略的若干问题研究

为了更好学习贯彻习近平总书记在 2018 年全国两会关于乡村振兴的重要讲话精神、党的十九大精神以及 2018 年中央一号文件精神，按照北京市委、市政府的部署和全市农村工作会议的要求，近期北京市农研中心组织开展了"百村千户"和低收入村户等专题调查，围绕实施具有首都特点的乡村振兴战略，就有关问题进行了分析研究。初步想法和意见如下。

一、要准确把握北京乡村的发展现状

北京郊区农村是首都的重要组成部分和战略腹地。经过多年来的持续发展建设，已经具备了一定的基础条件。但农业产业不强、人口老龄化、乡村发展滞后、农村人居环境亟待改善的现象依然普遍。"三农"仍然是北京市发展不平衡不充分的重点领域。我们调研认为，实施具有首都特点的乡村振兴战略，应准确把握目前乡村发展的两个现状特点。

（一）乡村发展差异大、分化明显

表 1　北京市"五类村"快统摸底情况表　　　　　　单位：个

区	合计	三无村	倒挂村	拆迁村	空心村	传统村
汇总	3945	56	173	720	48	2986
朝阳	157	9	39	95	1	13
海淀	78	2	7	40	0	36
丰台	70	8	5	57	0	10
石景山	12	1	0	11	0	0
门头沟	186	0	0	54	4	128
房山	466	6	4	87	18	368
通州	474	2	39	111	0	322
顺义	426	0	25	56	0	345
大兴	500	21	19	81	1	378
昌平	312	0	25	64	0	223
平谷	273	0	0	7	0	266
怀柔	284	4	6	13	16	245
密云	331	1	2	7	2	319
延庆	376	2	2	37	6	333

注：本表来源于市农研中心（市农经办）农经统计处。

据初步摸底，在全市 3983 个村级集体经济组织所在的行政村（或社区），共有无农民、无农业、无农村的三无村 56 个，因各种方式而从农宅上楼的拆迁村 720 个，常住人口不足户籍人口一半或农宅完全闲置超过 30% 的空心村 48 个，非本市户籍常住人口多于本市户籍常住人口的倒挂村 173 个。作为首都和特大城市的战略空间，一万多平方公里的区域内，日趋冷落的空心村与外来人口、低端产业大量聚集的倒挂村同时并存；三无村和拆迁村的生产生活"两不像"（既不像农民也不像居民）的矛盾明显。另外，全市约有931 个村，是因为位于生态涵养（包括水源涵养、水土保持、生物多样性保护、水土流失等环境保护）保护区内，以及位于存在较大安全隐患（包括高压线廊道、污水厂、垃圾处理厂、地质灾害等影响）的区域内，需要考虑局部或整村实施搬迁。村庄的差异性意味着振兴方式的多样性和复杂性；差异性越大，振兴难度也越大。详见表 1。

（二）大部分基层干部群众对现状表示满意和比较满意，同时强烈希望改善生产生活条件、热切期盼乡村振兴

根据"百村千户"（116 个村、1272 个农户）的问卷调查，受调查农户对目前生活现状的评价，回答非常满意和比较满意的农户占 65.4%，回答一般的农户占 28.7%，不满意和很不满意的占 5.9%。

表 2　1272 个调查农户的生活状态感知情况表　　　　　　　　单位：%

家庭类型		非常满意	比较满意	一般	不满意	很不满意
所有调查农户		26.6	38.8	28.7	4.4	1.5
其中	纯农户	25.4	41.4	27.8	5.1	0.3
	农业兼业户	26.9	41.3	27.9	3.8	0.0
	非农兼业户	15.1	35.7	42.1	4.0	3.2
	非农户	28.9	38.0	26.9	4.3	1.9

注：本表数据来源于市农研中心（市农经办）乡村振兴"百村千户"专题调研。

本次专题调研发现，农村基础设施和公共服务，在"有没有"的问题基本解决以后，"好不好"的问题开始变得较为普遍。2006 年以来新农村建设的部分项目，由于年久失修而处于不能用或不好用的状态，亟须加强运行维护。例如：很多村的太阳能路灯部分不亮了，维修困难；有些村因后续工程建设而造成原有设施的损坏；大部分村反映污水没有得到处理；部分村反映公交班次少、交通不便；幼儿园、学校离家远，接送孩子上下学困难。116 个调查村中，66% 的村干部认为本村缺乏主导产业、农民增收困难。1272 个受访农户，34% 的农户选择"事不好找，挣钱难，家庭收入低、开销大"；22% 的农户选择"老人体弱多病，长年离不开人"；17% 的农户选择"买东西、看病、存取款不方便，费时费力"。

京郊村干部对乡村振兴都持积极态度，69.8% 的村干部表示要积极争取、抓住发展机遇；28.4% 的村干部表示如果上级明确要求，保证投资，愿意配合实施美丽乡村建设和乡村振兴战略。

表3　116个调查村的村干部对乡村振兴的主要需求表

意愿项目	意愿比例（%）
关键是资金	64.7
关键是规划	51.3
关键是人才	49.6
当务之急是加强村庄环境建设	21.7
当务之急是增加收入	20.7

注：1. 本表数据来源于市农研中心（市农经办）乡村振兴"百村千户"专题调研；

　　2. 由于问卷意愿可多选，所以各项相加超过100%。

农户对乡村振兴的希望主要集中在村庄环境改善（72.6%）、农村基础设施完善（58.2%）、增收（42%）、农民组织起来（24.1%）等方面。

表4　1272个调查农户对乡村振兴的希望

意愿项目	意愿比例（%）
村庄环境整治，彻底改善村容村貌	72.6
加强基础设施建设和公共服务	58.2
帮助就业、提高公益补贴，增加收入	42.0
组织起来发展生产、开展文娱活动	24.1

注：1. 本表数据来源于市农研中心（市农经办）乡村振兴"百村千户"专题调研；

　　2. 由于问卷意愿可多选，所以各项相加超过100%。

老龄化加剧、农业农村后继乏人是平原和山区的普遍现象。随着农村人口老龄化的加剧，谁来种地怎么种地、谁来养老怎么养老、谁来当村干部怎么当村干部的问题日益突出。调研显示，延庆、怀柔、门头沟等山区农村老龄化率超过50%，村干部老龄化现象也很常见。"大学生村官助理"政策调整以后，很多村干部表示，以后村里连打字写材料的人都没有了，村务运行将更加困难。很多老人都期盼"老年饭桌"。据北京市"三农普"数据显示，2016年，全市农业生产经营人员53万人，其中，年龄35岁及以下的5.3万人，占10%；年龄55岁及以上的21.5万人，占40.6%；初中及以下学历人员占比超过80%，其中未上过学人员占2.9%，小学学历人员占19.7%。

这些现状特点，一方面表明实施乡村振兴战略确实必要和重要；另一方面也表明，在实施乡村振兴战略过程中，要尊重基层、尊重实际，不能操之过急，不能搞"一刀切"，不能一哄而上。

二、深化改革，为乡村振兴提供根本动力

实施具有首都特点的乡村振兴战略，涉及多方面的改革，包括城镇建设运行体制改革、集体土地制度改革、农村金融改革等等。与沪粤苏浙甚至黔宁内蒙古等地的先进经验相比，北京市已经不具备农村改革的领先优势，进一步深化农业农村改革更加必要和紧迫。

（一）深化农业经营体制改革，完善北京现代农业的产业体系、生产体系和经营体系

北京农业在具备一定程度正外部性（包括农产品产出的经济价值、农作物种植的生态环境价值与自然景观价值、容纳高龄者和妇女就业的社会价值等）的同时，也存在明显的负外部性，包括化肥、农药和种养业废弃物所造成的面源污染，燃煤和秸秆焚烧对空气质量的影响，以及对水资源的损耗等。因此，近年来北京农业的主要工作思路是推进"调结构、转方式、发展节水农业"。

北京农业要做优做强，必须进一步深化农业经营体制改革。改革的主要思路是，借鉴江苏省徐州市睢宁县的"双沟模式"，积极推进农村土地的所有权、承包权和经营权的"三权分置"，区、乡（镇）、村三级统筹协调，以优势主导产品为核心，构建符合现代农业要求的产业体系、生产体系和经营体系。"双沟模式"的主要内容是：在睢宁县的县级层面，构建覆盖全县的"11841"新型农业经营体系，即全县以1个县农业公司为龙头，18个镇全部组建农业服务企业，4000个村成立集体土地股份合作社和集体农场，培育1万名新型职业农民，全县涉农资金项目向"11841"集聚投入。双沟镇作为试点，镇财政出资2000万元注册成立了秋歌农业发展有限公司，负责镇域产业规划，与全镇的农机和种植等专业合作社签订协作协议，根据村需求和托管合同提供农资供应、农技、植保、烘干、仓储、销售统一服务，产品收获或销售时结算。在村级层面成立了土地股份合作社、农机专业合作社，保证每个农户每亩每年的承包土地保底收益为800元。双沟镇的做法，既解决了分散个体农户面临的经营风险，又增加了镇村集体和入股村民的收入。这个模式非常适合北京农村人口老龄化、农业发展后继乏人的现状。在推进北京现代农业"四张牌"（国家现代农业示范区、国家农业可持续发展实验区、国家农产品质量安全城市、国家现代种业创新试验示范区）建设中，可在充分发挥正外部性、有效抑制负外部性的同时，让"小农业"发挥大作用，支持"大城市"的四个中心功能定位。

（二）深化乡村集体经济产权制度改革，增强集体经济的造血机能，为村民打开"镇门"，为市民打开"村门"

发展集体经济是产业兴旺的重要组成部分，是通过"腾笼换鸟"实现从减量发展向高质量发展升级的重要载体。当前的矛盾是，征地拆迁和拆违治乱等"腾笼"力度较大，集体资产总额增长较快，2017年年底，全市乡村两级集体资产总额6880亿元（同比增14%）。但"换鸟"的进程跟不上，各区发展不均衡、优势主导产业不明确、经营管理水平和能力不高，使集体经济收入效益下滑，乡村发展的"造血机能"未发挥出来。2017年，全市乡村两级集体经济经营总收入724亿元（同比降6.2%）、利润总额43亿元（同

比降 22.4%）。3945 个村级集体经济组织中，效益较好、能够按股分红的村 1356 个（同比降 1.2%），占比 34%；收不抵支的村 1983 个（同比增 6.3%），占比 50.3%；经营收入 100 万—500 万的村 1644 个，占比 41.7%。党组织活动经费补贴和村级公益事业补贴不足以支撑规模较大村的运行。虽然北京市的村级集体经济产权制度改革率已经达到了 98%，但集体资产产权归属不清、权责不明、保护不严等问题仍然存在，对集体经济发展和乡村振兴的支持作用难以显现，迫切需要在乡村振兴中进一步深化改革。

深化改革的重点有以下几个方面。一是推进政经分设。集体经济以集体经济组织成员为服务对象，专司集体经济经营管理；村（居）民委员会专门负责村级公共服务和村民事务。二是完善农村集体资产股份各项权能，包括占用、收益、有偿退出、抵押、担保、继承等。三是推进集体经济组织的法人治理结构，促进其向现代企业转型。四是赋予乡村集体经济组织在乡村振兴中的相应职能作用。近年来，大兴区、通州区随着城市化和深化农村改革的进程，陆续设立了乡镇集体土地联营公司；门头沟区在各乡镇普遍成立了集体资产经营公司。这些都是完善发展乡镇级集体经济组织的积极探索。在实施乡村振兴战略中，要进一步发挥乡（镇）级集体经济组织的主体作用，在统筹农业和农村产业发展的基础上，促进其在集体土地一二级开发、集体土地上的城市基础设施建设、公共服务等方面的集群式发展。

深化村级集体经济组织改革。综合运用村集体经济组织的熟人信用机制、区域价格发现机制和村民自治的合法决策机制，克服传统集体经济组织的地域性和封闭性。在完善的集体经济组织法人治理结构基础上，允许集体经济组织成员在自愿、自主、平等的条件下，将自己持有的集体股权和资产，流转给村集体经济组织；同时允许本村其他集体经济组织成员和非本村集体经济组织成员流转其已经转让给村集体经济组织的股本和资产，价格由村集体经济组织及其成员民主协商，并经监管部门审核、上级政府批准之后确定。将村级集体经济组织打造成为盘活农村资源、实现城乡要素平等交换的合法载体，为打开"镇门"、打开"村门"扫清障碍、消除风险、夯实基础。

三、分类探索具有首都特点的乡村振兴路径

针对空心村、三无村、拆迁村、倒挂村和传统村的不同情况，探索相应的实施路径。

（一）强化乡（镇）中心区功能，带动传统村庄振兴

进一步完善推广近年来形成的乡镇统筹、项目统筹的成功经验，将新型城镇化与乡村振兴融合推进，彻底改变"村村点火、户户冒烟"的传统方式，通过在乡镇中心镇区形成相对完善的城市功能体系，以乡带村、以村促乡，创新推进具有首都特点的乡村振兴战略。

在目前还保留传统形态的 2986 个村庄中，剔除 900 多个整体或部分迁建村庄后，可以保护和传承的传统村庄约 2000 个。习近平总书记关于"北京老城不能再拆了"所包含的内在要求，对乡村振兴中的传统村庄同样具有针对性和指导意义。尤其要切实贯彻习近平总书记提出的"让居民望得见山、看得见水、记得住乡愁""要注意保留村庄原始风貌，

慎砍树、不填湖、少拆房，尽可能在原有村庄形态上改善居民生活条件"等重要论述。通过镇域范围的基础设施一体化、便利化和社会保障、基本公共服务均等化，带动、促进传统村庄在功能上的城市化。传统村庄的当务之急是普遍改善人居环境、补齐基础设施和公共服务短板，包括继续实施抗震节能改造等，既满足农民祖祖辈辈对城市生活的向往，也满足长期生活在城区的居民对农业形态、农村文化和山水林田自然景观的回归渴望。

为了合规使用财政资金、合法撬动信贷资金、合理吸引社会资金，可以以区或乡镇为单位，设立乡村振兴投资基金，充分运用市场在资源配置中的决定性作用，更好发挥政府作用，有效推动乡村振兴。另外，建议创新乡村生态价值补偿政策，加大生态涵养功能的村的财政转移支付。对于乡村振兴中的保留村庄，建议制定房前屋后植树养花种草享受平原造林或公益生态林补助政策，引导农村居民全体动员参与到乡村生态环境建设和美化中来。

（二）以集体土地建公租房为抓手，推动"倒挂村"提升

深入总结 50 个重点村整治的工作经验，坚持"减量发展"的原则，在 173 个"倒挂村"重点推进集体建设用地建租赁住房，并以此为突破点，全面推动"倒挂村"改造提升。

这里有四个关键点：第一，建设租赁住房所需的集体土地，是从现状非宅建设用地中，经过拆迁腾退、减量规划、重新整理之后得来的；第二，所建设的租赁住房，其建设规模和住房式样，要以满足本规划区域外来人口的安置需要为准；第三，租赁住房是集体产业，外来人口从各租住农户出来进入楼房以后，农民从集体租赁房的物业经营中获得的股份分红收入，要与此前农户房租收入相当或接近；第四，本地农户不宜进住公租房，鼓励本地农户原址翻建改造住房。

为此，建议制定促进减量发展的鼓励政策：非住宅拆除腾退每平米补助 1000—2000元；住宅翻建，凡占地面积减少的，每平方米奖励 3000—5000 元。并同步推进基础设施、绿化和教育卫生交通等公共服务建设。

（三）以城市化转型为重点，推动三无村和拆迁村的民生改善

三无村和拆迁村的共同特点是已经实现了从平房为主的传统村庄向楼房为主的城市街道的转变，但与城市街道相匹配的管理体制、公共服务的转变还没有完全到位，存在很多民生短板。农民上楼以后，也面临日常生产生活从农村向城市的转变和适应问题。

在实施具有首都特点的乡村振兴战略中，推动三无村和拆迁村的城市化转型十分重要。主要内容包括：一是按照城市街道运行管理标准，对道路、住房和市容环境进一步治理，该修的要修，该补的要补，该完善的要完善；不能将小问题拖延成大问题，将个别问题演化成普遍问题。二是按照城市居民生活需要，对幼儿园、学校、医院、商业网点、水电气热和交通等公共服务，要拾遗补阙、尽量补齐，增强群众获得感。三是要认真有效地做好"农转居"过程中的就业和社保并轨，不存盲点，不留难点，做到"一个都不少"。四是统筹谋划三无村和拆迁村的集体资产经营管理问题，支持其发展适应城市化的集体产业，鼓励集体经济吸收新市民就业，真正让农民带着集体资产收益权融入城市。

（四）顺势而为推动空心村发展

具体可分为三类情况：第一类是尚具备发展基础和活力、空心化程度较低的村，根据其资源禀赋，因地制宜地促进特色产业发展；第二类是不具备基本条件、空心化趋势较明显的村，重点是改善人居环境，并引导、支持其村民在自愿基础上的易地安置；第三类是处于这两类之间，还不能明确判断趋势的空心村，要通过集成政策促进农民增收，并采取流动服务车、巡回医疗队、志愿者队伍等多种形式，改善公共服务，丰富精神文化生活。

四、高度重视领导体制、工作机制和人才队伍建设

实施具有首都特点的乡村振兴战略，需要多方面的政策支持和条件保障。其中，最重要的保障是要有"一懂二爱"式、"永久"牌而不是"飞鸽"牌的农村干部与专业人才队伍。

（一）强化领导体制和工作机制建设

只有加强领导，才能不回避矛盾、不搁置问题、不绕开难点；只有工作队伍力量雄厚、认真负责，才能深入基层、贴近群众、答疑解惑；只有建立坚强的领导体制和工作机制，才能以上率下、以下促上、上下同欲、攻坚克难，实现由就农业论农业、就农村说农村的传统"三农"工作体制机制向城乡融合、协同发展的乡村振兴工作体制机制转型。

（二）创新农村干部和专业岗位人员的薪酬机制

在政经分设改革基础上，形成以"市区政府补贴＋乡镇政府绩效＋村级工资"为框架的村干部薪酬机制。实行与城镇居民同等的劳动政策和就业管理，加速推进社会保障制度的城乡并轨。对于长期在乡镇、村工作的教师、律师、规划师、工程师、医护工作者、文艺工作者、公交司售人员以及其他公共服务人员，要制定明确政策和有吸引力的标准，保证其个人收入高于城区同类人员的平均薪酬。

（三）形成广泛的乡村振兴舆论氛围

加强政策宣传和舆论引导，形成村民自主、全民参与、社会支持的舆论氛围。充分尊重农村居民的主体地位，调动社会各类团体组织、社会企业和新乡贤人士，通过乡村文化、乡村生态文明、环境建设，将乡村打造成为创造梦想的地方，让农业成为令人羡慕的职业，让乡村成为有希望的广阔天地。

执笔人：曹四发

推进具有首都特点乡村振兴的调查与思考

实施乡村振兴战略，是党的十九大做出的重大决策部署，是新时代"三农"工作的总抓手。北京作为国家首都和超大城市，与全国其他省市相比，既有解决"三农"问题面临的共性问题，也有自身的问题。北京市实施乡村振兴战略，既要改革和创新农村集体所有制、加快破除城乡二元结构这两个全国共性问题，也要紧扣首都的特点，充分利用首都的优势，在现有改革发展的基础上，推进具有首都特点的乡村振兴。2018年3月—4月，北京市农研中心根据市委、市政府有关开展乡村振兴战略大调研的统一要求，组织开展了"百村千户"专题调研。课题组在调查的基础上就具有首都特点的乡村振兴这个主题，进行了认真研讨，提出了思考和建议。

一、基本情况

随着城市化的快速发展，首都乡村形态已经发生了较为明显的分化。从村庄形态来看，可以划分为五类：一是三无村，是指在城市化进程快的地区，一部分村已经不再有传统意义上的农业、农村、农民，但保留有集体经济组织的村；二是倒挂村，是指在城乡结合部地区，流动人口聚居人数超过了本地户籍人口的村；三是拆迁村，是指一部分村庄因拆迁导致全村50%以上人口住进楼房，这部分村多数是整建制拆迁，处于向三无村过渡的村；四是空心村，是指山区村因劳动力外流、人口老龄化等原因，导致当地常住人口不足本地户籍人口的50%，或闲置农宅超过10%的村；五是传统村，是指仍然保留有农业、农村、农民形态的村庄。课题组由全市、区、乡（镇）农村经管干部组成了13个调查小组，围绕京郊五类村庄开展了进村入户调查。

本次调研共走访了北京市13个涉农区48个乡镇116个村1272户，共发放116份村庄问卷和1272份农户问卷，问卷有效回收率100%。调研村占全市村庄总数的3%，其中，位于城市功能拓展区的村有16个、城市发展新区的村有60个、生态涵养区的村有40个，分别占调研村的13.8%、51.7%和34.5%。其中，三无村共4个、倒挂村共12个、拆迁村15个、空心村9个、传统村76个，分别占调研村的3.4%、10.3%、12.9%、7.8%、65.5%。对照全市快统数据，调研村中五类村庄结构与全市分布趋势大致相同。

表1　116个调查村的区位分布情况　　　　　　　单位：个

区　位	三无村	倒挂村	拆迁村	空心村	传统村	合计
城市功能拓展区	1	5	3	0	7	16
城市发展新区	2	7	9	2	40	60
生态涵养区	1	0	3	7	29	40
合计	4	12	15	9	76	116

（一）乡村振兴的基础条件

1. 调查村人口和劳动力状况。

在116个调查村中，共有农户43961户，总人口数104214人。平均家庭人口规模不足3人。在116个调查村中，农村劳动力人数为59697人，就业人数为56415人，就业率为94.5%。其中，从事第一产业的农村劳动力11745人，占就业人数的20.8%；从事第二产业的农村劳动力为12266人，占就业人数的21.7%；从事第三产业的农村劳动力为32404人，占就业人数的57.4%。

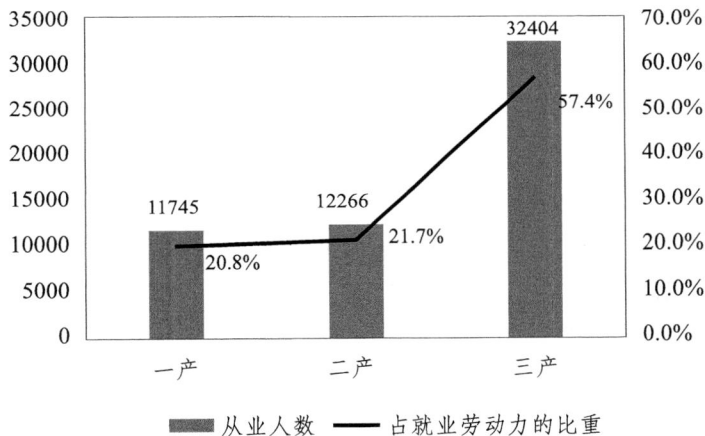

图1　116个调查村2017年农村劳动力从业情况

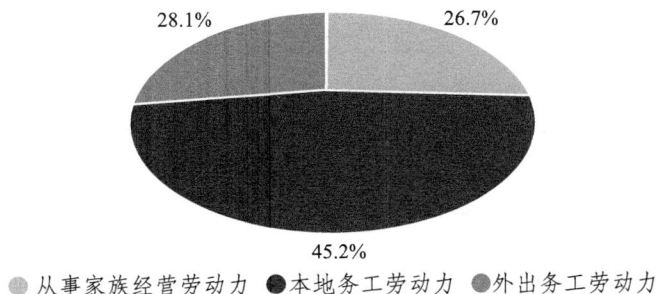

图2　116个调查村2017年农村劳动力就业分布

从事家庭经营的农村劳动力有 15078 人，在本地务工的劳动力 25510 人，外出务工的劳动力 15827 人，分别占农村就业劳动力总人数的比重为 26.7%、45.2% 和 28.1%。

从五类村庄来看，三无村有农户 2003 户、5304 人，农村劳动力 3022 人。倒挂村有农户 6621 户、14820 人，农村劳动力 7774 人。拆迁村有农户 4474 户、9980 人、农村劳动力 5760 人。空心村有农户 3188 户、6821 人，农村劳动力 3964 人。传统村有 27675 农户、集体经济组织成员 67289 人，农村劳动力 39177 人，均占 116 个调研村的 65% 左右（见图 3）。

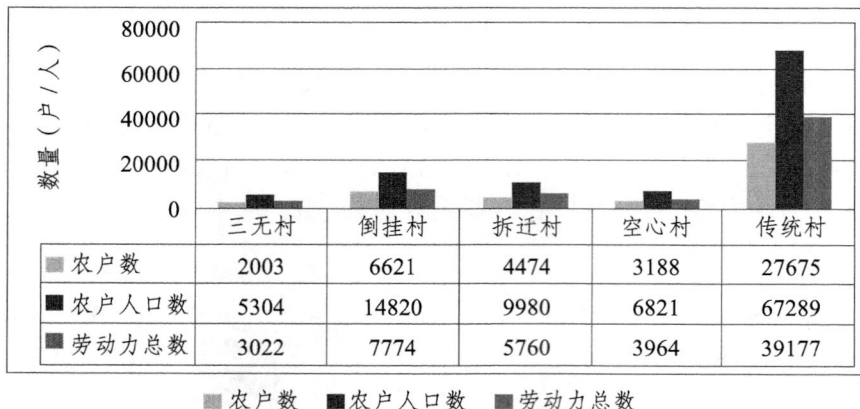

数量（户/人）	三无村	倒挂村	拆迁村	空心村	传统村
■ 农户数	2003	6621	4474	3188	27675
■ 农户人口数	5304	14820	9980	6821	67289
■ 劳动力总数	3022	7774	5760	3964	39177

■ 农户数　■ 农户人口数　■ 劳动力总数

图 3　2017 年农村劳动力在 116 个调查村五类村庄的分布

2. 调查村的集体土地资源情况。

表 2　116 个调查村 2017 年土地资源情况　　　　单位：亩

指标名称	三无村	倒挂村	拆迁村	空心村	传统村	116 个村
耕地	5077.7	5211.1	7417.4	9903.5	39545.2	67154.9
林地	55005.2	23143.2	74270.3	7998.5	225688.9	386106.1
宅基地	917.7	4136.4	2255.9	1830.1	25609.1	34749.2
人均耕地	0.96	0.35	0.74	1.45	0.59	0.64
人均林地	10.37	1.56	7.44	1.17	3.35	3.70
人均宅基地	0.17	0.28	0.23	0.27	0.38	0.33

2017 年 116 个调研村共有耕地 6.7 万亩，林地 38.6 万亩，宅基地 3.5 万亩，人均耕地面积 0.64 亩，人均宅基地面积 0.33 亩。从五类村庄土地资源来看，按照耕地面积排序，传统村耕地面积为 3.9 万亩左右；其次是空心村，耕地面积为 9903.5 亩；第三为拆迁村，耕地面积为 7417.4 亩；倒挂村耕地面积为 5211.1 亩；三无村耕地面积为 5077.7 亩。从人均耕地来看，空心村人均耕地面积最大，为 1.45 亩/人；倒挂村人均耕地面积最小，为 0.35 亩/人。从林地面积来看，传统村和拆迁村的林地面积总量比较大，分别为 22.6 万亩和 7.5 万亩；从人均林地来看，三无村人均林地面积最大；其次为拆迁村，分别为 10.37

亩 / 人和 7.44 亩 / 人。从宅基地面积来看，传统村宅基地面积最大，为 2.6 万亩；其次为倒挂村，宅基地面积 4136.4 亩。从人均宅基地面积来看，传统村为 0.38 亩 / 人，倒挂村为 0.28 亩 / 人，空心村为 0.27 亩 / 人，三无村为 0.17 亩 / 人。

3. 村集体资产总量及结构。

116 个调查村的集体资产总额为 322.8 亿元，村集体经济组织负债为 221 亿元，所有者权益为 101.8 亿元，资产负债率为 68.5%。从村集体资产的股本结构来看，村集体资本金占 57.8%，个人资本金占 35.7%，法人企业资本金占 5.6%，国家资本金占 0.5%，乡集体资本金占 0.4%。

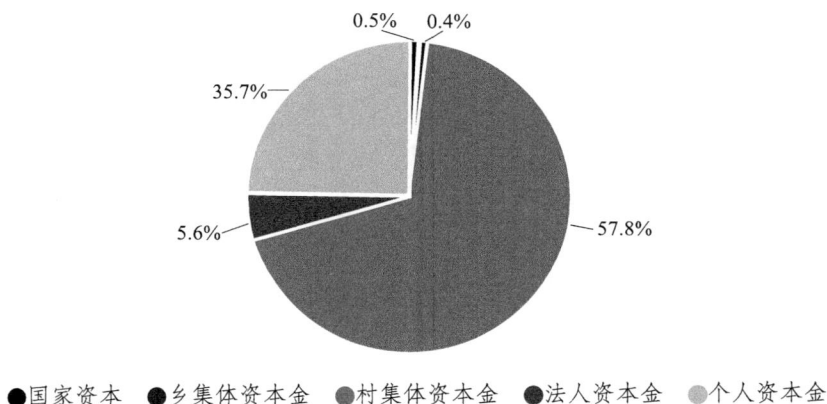

●国家资本 ●乡集体资本金 ●村集体资本金 ●法人资本金 ●个人资本金

图 4　116 个调查村 2017 年村集体经济组织股本结构

从五类村庄来看，国家资本金和法人资本金主要集中在三无村，分别占三无村实收资本金的 1.4% 和 35.3%。乡集体资本金主要在倒挂村，占倒挂村集体资本金的 1.2%。村集体资本金在三无村、倒挂村、传统村的均占集体资本的 50% 左右，个人资本金占比较高的是拆迁村和空心村，均超过 70%。

表 3　116 个调查村五类村庄 2017 年村集体股本结构

指标名称	三无村	倒挂村	拆迁村	空心村	传统村	116 个村
国家资本金	1.4%	0.0%	0.0%	0.0%	0.5%	0.5%
乡集体资本金	0.0%	1.2%	0.0%	0.0%	0.1%	0.3%
村集体资本金	48.6%	55.2%	26.9%	26.9%	59.3%	57.8%
法人资本金	35.3%	0.0%	0.0%	0.0%	0.1%	5.6%
个人资本金	14.7%	43.6%	73.1%	73.1%	40.0%	35.7%
外商资本金	0.0%	0.0%	0.0%	0.0%	0.0%	0.0%

（二）乡村经济发展情况

近年来，京郊农村集体资源性资产显化为资金性资产，农村集体资产总量"井喷式"增长。截至 2017 年 12 月底，全市乡村两级集体资产总额 6880 亿元，同比增长 14%。在本次抽样调查的 116 个调查村中，有 8 个村涉及征地拆迁，2017 年土地变价收入近 1.8 亿元。2017 年 116 个调查村集体资产总额达到 322.7 亿元。

表 4　8 个涉及征地拆迁村土地变价收入情况　　　　　　单位：万元

村　名	土地变价收入
顺义区仁和镇平各庄村	5816.0
海淀区上庄镇梅所屯村	4737.0
怀柔区北房镇北房村	2624.0
怀柔区北房镇安各庄村	1821.0
昌平区南邵镇金家坟村	1442.9
怀柔区北房镇驸马庄村	1191.0
海淀区上庄镇东马坊村	221.0
海淀区上庄镇罗家坟村	112.0
合　计	17964.9

与乡村集体资产"井喷式"增长相对应的却是乡村经济收入的"断臂式"下滑。2017年，全市乡（镇）、村两级集体经济经营总收入 724 亿元，同比下降 6.2%；主营业务收入减少 40.2 亿元，同比下降 21.1%；利润总额 43 亿元，同比下降 22.4%；净利润 34 亿元，同比下降 22.6%。116 个调查村集体主营业务收入为 4 亿元，占全市乡村集体经济主营业务收入的 9.3%。116 个调查村集体经济组织的利润总额 132.8 万元，净利润 115.7 万元；116 个调查村的集体资产利润率为 0.4%，农村集体经济组织总体经营效率不高，只有 9 个村集体经济的资产利润率超过 20%，29 个村集体资产利润率超过 5%，有 53 个村集体资产利润率小于 0，10 个村集体资产利润率为 0。

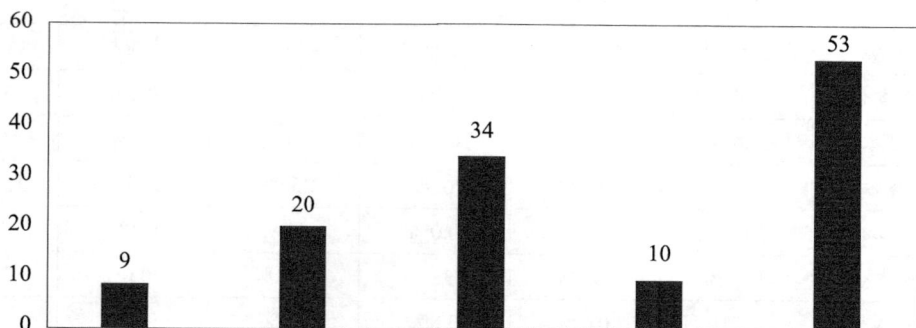

图 5　2017 年京郊 116 个调查村集体资产利润率

从五类村庄来看，2017 年，76 个传统村平均集体资产利润率为 1.2%，高于其他四类村庄，比 116 个村的平均水平高 0.8 个百分点；倒挂村、空心村的平均集体资产利润率小于 0，分别为 –0.6% 和 –0.2%；拆迁村和三无村的平均集体资产利润率分别为 0.5% 和 0.1%。

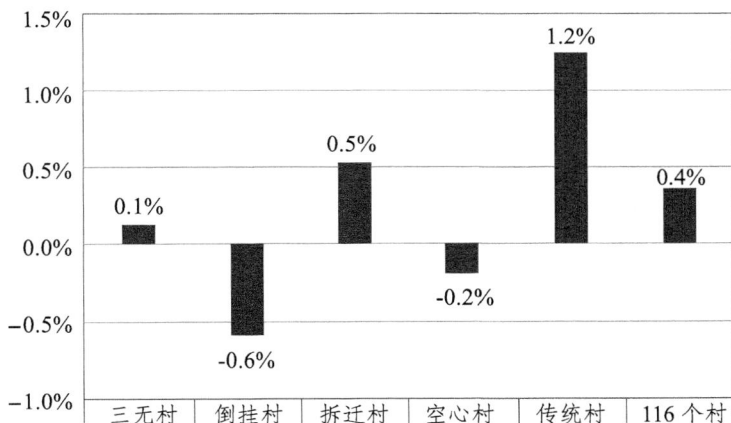

图 6 京郊 116 个调查村 2017 年村集体资产利润率

数据来源：北京市农村"三资"监管平台。

农村集体资产经营效益低的原因主要有三个方面。

第一，"腾笼"速度快、"换鸟"速度慢是首要原因。长期以来，农村主导产业低端低效，在腾笼换鸟的产业转型期，乡村经济发展进入了暂时的"冰冻期"。原有支柱产业退出，传统乡村集体经济的主要收入来源被割断，新型产业尚在引入和培育阶段。"瓦片经济"仍是倒挂村农民收入的重要来源。从 116 个调查村的数据来看，农民租房收入主要集中在倒挂村，农民人均租房收入达到 6438 元，占人均所得比重的 19.5%。

第二，多数乡村集体经济的经营管理能力差、经营效益低。乡村集体经济的经营管理能力差的原因主要有三个：一是由于历史的原因，很多集体土地资源被长期低价租给社会企业和个人，而目前大都处于被圈占、无效益或小散低的污染型产业状态，以及收回难、环境差、集聚外来人口的失控状态；二是乡村集体经济的负债过高，本次"百村千户"调研的 116 个村集体资产负债率达到 68.5 %，其中 12 个村集体资产负债率超过 80%，2 个村资不抵债；三是政经合一的体制导致了乡村集体经济组织缺乏市场主体地位，经营管理能力难以提升。

第三，乡村新增集体资产没有转化为乡村经济发展的资本。资金只有用于扩大再生产才能成为带来新增价值的资本。乡村新增集体资产主要来源是征地拆迁的补偿款，按照现行管理要求，均由乡镇托管，但是为了避免投资扩大再生产的市场风险，这部分村集体资产主要用于政府信贷、银行存款等理财来保值，没有变成引进新型主导产业的资本，难以增值。根据北京市统计局第三次全国农业普查数据，2016 年全市村集体实际经营资产为1158.3 亿元。也就是说，目前 80.4% 的乡村集体资产处于沉睡状态，没有得到有效经营利用。根据本次"百村千户"调研，经营效益好的村集体资产的理财收益率为 8% 左右，大多数村集体拆迁征地补偿款的理财收益率为 4% 左右。

（三）农民收入与生活情况

根据北京市农经统计数据，2017 年 116 个调查村农户人均所得为 25416 元，从收入结构来看，家庭经营性收入占 36.6%，报酬性收入占 38.9%，财产性收入占 17.3%，转移性收入占 7.2%。其中，房屋租赁收入占 5.3%，集体福利收入占 6.2%。农户所得中从村集体经济组织获得的收入达到 30.6%。

从五类村庄来看，三无村农村居民的人均所得为 22136 元，倒挂村农民的人均所得为 29570.4 元，拆迁村农民的人均所得为 28066.8 元，传统村农民的人均所得为 22501 元，空心村农民的人均所得最低，为 21771 元。2017 年倒挂村农民人均所得比空心村多 7800元左右，比空心村农民所得高出近 4 成。农民从集体经济获得的收入占人均所得的比重来看，三无村农民从集体经济获得的收入占人均所得的比重为 26.9%，倒挂村和拆迁村的比例较高，分别为 46.1% 和 45.4%，空心村农民从集体经济获得的收入占人均所得的比重最低，仅为 7.1%，传统村农民从集体经济获得的收入占人均所得的比重为 16.7%（见表 5）。

表 5 2017 年京郊五类村农民收入情况

指标名称	三无村	倒挂村	拆迁村	空心村	传统村
人均所得（元）	22135.9	29570.4	28066.8	21771.0	22501.0
集体经济所得占比（%）	26.9	46.1	45.4	7.1	16.7
人均租赁房屋收入（元）	115.5	6438.4	1000.7	184.2	876.2
人均租赁房租收入占人均所得的比重（%）	0.4	19.5	3.8	0.6	2.9

数据来源：北京市农村"三资"监管平台。

受访农户对目前生活现状和自家日子的评价总体上比较满意，回答非常满意和满意的农户占所有调查农户的 65.4%，回答一般的农户占所有调查农户的 28.7%，不满意和很不满意的占比为 5.9%（见图 7）。

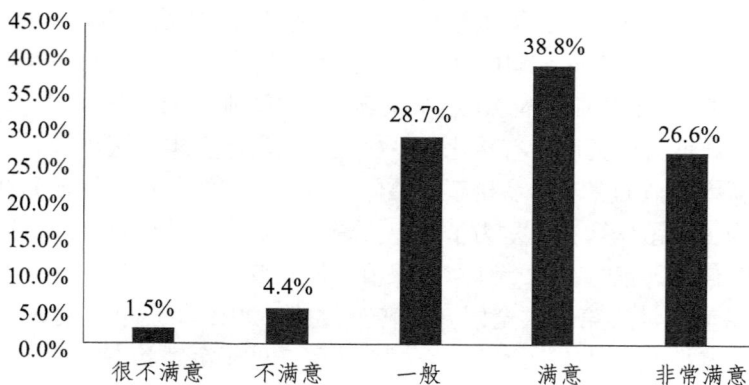

图 7 农户的生活满意度调查情况

（四）村集体运行和乡村社会治理情况

根据北京市农村"三资"监管平台数据，2017年全市财政补贴村干部报酬12509.7万元，补助人数15151人，人均8257元；村务人员补贴3520万元，补贴人数8670人，人均4060元。两项补贴资金合计占专项补助资金使用金额的15.8%。按照全市3983个村计算，平均每个村的干部报酬补贴为3.17万元，每个村的村务工作人员补贴为8923元。从116个调查村来看，按照全市补贴村干部报酬人数，全市平均每个村3.84个村干部领取干部报酬补贴，那么2017年村集体经济组织支付每个村干部的工资为77083元。在116个村集体经济组织中，支付干部报酬超过100万元的有4个村，最高的是丰台区花乡草桥村，达到541.2万元。

从五类村庄来看，2017年，三无村平均每个村集体经济组织负担干部报酬为8.9万元，倒挂村为77.8万元，拆迁村为23万元，空心村为3万元，传统村为17.8万元（见图8）。

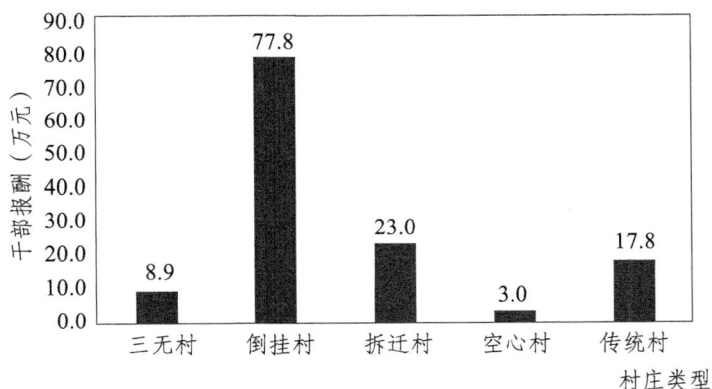

图8 2017年五类村庄平均每个村集体经济组织支付村干部报酬

数据来源：北京市农村"三资"监管平台。

（五）京郊农村信息化情况

表6 116个调查村信息化及应用情况

村庄类型	宽带入村	新媒体宣传	网站	微博	微信	传统销售	超市	网店	微店
三无村	100%	75%	25%	0%	50%	75%	50%	0%	0%
倒挂村	100%	67%	33%	0%	33%	8%	8%	0%	0%
拆迁村	100%	73%	20%	13%	20%	20%	27%	13%	7%
空心村	89%	33%	0%	11%	22%	89%	11%	0%	0%
传统村	89%	57%	18%	9%	37%	76%	17%	18%	17%
合计	89%	59%	18%	9%	33%	63%	18%	14%	12%

信息化应用水平是农业农村现代化的重要体现。在116个调查村中，有103个村已经实现了宽带入村入户，占调查村的89%；通过新媒体手段进行宣传的有69个村，占调查

村的 59%，其中，通过网站进行宣传的有 21 个村，通过微博宣传的有 10 个村，通过微信进行宣传的有 38 个村，分别占调研村的 18%、9%、33%。目前通过传统方式销售农产品的有 73 个村，占调查村的 63%，通过网店和微店销售农产品的有 30 个村，占调查村的 26%（见表 6）。

从五类村庄来看，三无村、倒挂村、拆迁村 31 个村都已经实现宽带入村，这三类村庄采用新媒体进行宣传的比重也相对较高，分别占相应类型调查村庄的 75%、67% 和 73%，空心村采用新媒体宣传的比重为 33%，传统村采用新媒体宣传的比重为 57%。从农产品销售渠道来看，空心村的农产品销售是最依赖传统销售渠道的，采用传统销售渠道销售农产品的空心村占受访空心村总数的 89%，多数拆迁村和倒挂村没有农产品，因此传统销售渠道占比比较低。

二、村干部和村民反映的主要问题

（一）农村缺乏主导产业支撑，农民增收难

在 116 个调查村中，村干部认为本村缺乏主导产业的有 76 个，占 66%。从五类村庄来看，三无村中有 1 个缺乏主导产业、农民增收困难，占比达到 25%；倒挂村中有 5 个缺乏主导产业、农民增收困难，占比达到 42%；拆迁村中有 9 个缺乏主导产业、农民增收困难，占比达到 60%；空心村中 9 个村存在缺乏主导产业、农民增收困难的问题，占比达到 100%；传统村中有 52 个缺乏主导产业、农民增收困难的问题，占比达到 68%。

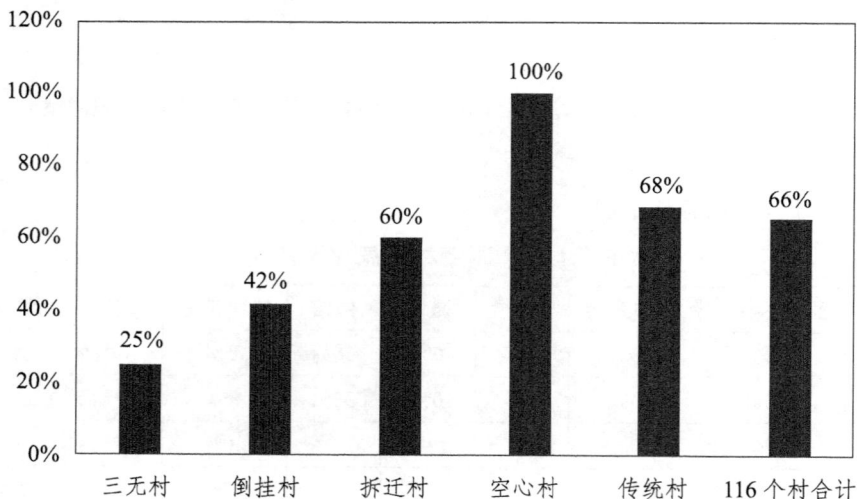

图 9　各类调查村中缺乏主导产业村的占比

五类村庄均存在缺乏主导产业支撑的共性问题，但每类村庄有其自身特殊性。

1. 三无村产业发展面临的关键问题是产业转型升级滞后。在北京疏解整治促提升的大背景下，乡村经济处在腾笼换鸟的产业转型期，原有支柱产业退出，收入来源被切断，新

型产业尚未形成。2015 年以来，丰台区花乡草桥村在疏解整治促提升工作中，关停转型市场 4 家、升级改造市场 9 家，集体经济年收入减少近 2000 万元。拆迁腾退后，受产业规划、审批手续、各项流程等因素影响，新项目引入落地至少需要 4—5 年，产业发展存在滞后性。朝阳区白家楼村集体经济收入主要依赖于 8 个企业厂房租金收入，为落实"疏整促"专项行动，完成"清脏、治乱、增绿"三项工作，8 个企业迁移工作将逐步推进落实，随之村集体经济收入将受到严重影响。

2. 倒挂村产业发展面临的关键问题是产业结构单一，"瓦片经济"发展路径依赖严重。在本次调查村中，属于倒挂村的朝阳区崔各庄乡马泉营村、何各庄村，昌平区回龙观镇定福皇庄村，2017 年村农民人均房屋租赁收入分别达到 27607 元、19118 元和 11972 元，占农民人均所得的比重分别为 55%、48% 和 51%。

3. 拆迁村产业发展面临的关键问题是乡村新增集体资产没有转化为乡村经济发展的资本。乡村新增集体资产主要来源是征地拆迁的补偿款，按照现行管理要求，均由乡镇托管。但为避免投资扩大再生产的市场风险，这部分村集体资产主要通过政府信贷、银行存款等理财方式来保值，没有变成引进新型主导产业的资本，难以实现产业的新发展。根据本次"百村千户"的调研，海淀区经营效益好的村集体资产的理财收益率为 8%，大多数村集体拆迁征地补偿款的理财收益率在 4% 左右。

4. 传统村产业发展面临的主要问题是经营分散、低端雷同，缺乏核心竞争力和规模效益。近年来，传统村的乡村旅游和农业观光休闲业逐步成为领跑北京都市农业的新兴产业。然而大多数的民俗户仍然是一家一户的分散经营，规模小、档次低、雷同性强，而且设施简陋、内容不够丰富，生态、文化内涵不高，知名度不大，体验性和趣味性不足。

5. 空心村产业发展面临着有资源缺要素的问题。一是空心村有大量资源处于闲置状态，门头沟区雁翅镇田庄村农宅闲置达 50% 以上，同镇淤白村农宅闲置率达到 21%。延庆区张山营镇吴庄村闲置农宅 20 处，闲置率达到 21%。同镇胡家营村闲置农房达到 40 处，闲置率达到 14%。房山区长沟镇东良各庄村闲置农宅 34 处，闲置农宅占比高达 15.7%，同镇太和庄村有 57 处闲置宅院，占总宅院的 13.4%。二是大量青壮年劳动力流出，村庄存在老龄化和空心化、土地荒废或低效经营等问题。延庆区四海镇前山村农户依靠传统种植玉米作物为生，村内曾经的果园面临着果树老化无人管理、收益不高问题。

（二）乡村治理面临较大的经济压力

在 116 个调查村中，有 70 个村干部反映存在着"村级开支大、收入少，管理运行难以为继"的问题，占比达到 60%。从五类村庄来看，倒挂村有 7 个存在村级开支大、收入少，管理运行难以为继的问题，占比达到 58%；拆迁村有 3 个存在村级开支大、收入少，管理运行难以为继的问题，占比达到 20%；空心村有 6 个存在村级开支大、收入少，管理运行难以为继的问题，占比达到 67%，传统村有 54 个存在村级开支大、收入少，管理运行难以为继的问题，占比达到 71%。

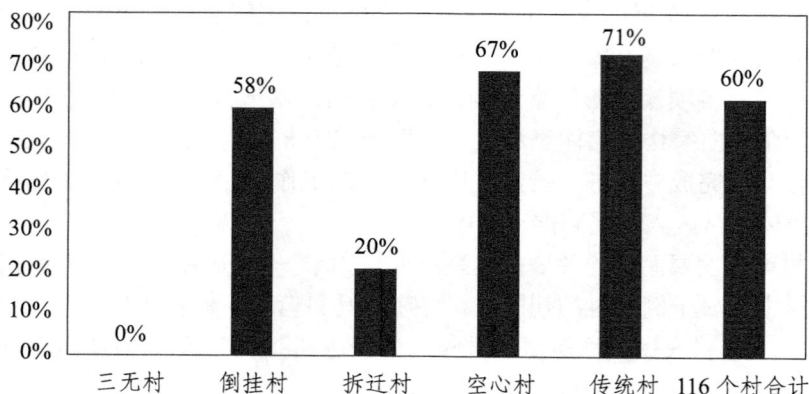

图10　各类调查村中村级开支大、收入少，管理运行难以为继的村所占比重

116 个调查村"村级开支大、收入少，管理运行难以为继"这一困难占比较高，反映了当前乡村振兴、乡村治理面临的客观问题。一是全市乡村集体经济总体效益不高。在全市 3945 个村级集体经济组织中，2017 年收不抵支的村 1983 个，占比 50.3%。二是村集体承担较大的干部报酬支出压力。在现行的政经合一以及村干部薪酬制度安排下，村集体需要承担村级的部分日常开支、村干部薪酬补贴以及农民福利的刚性需求，主要依靠吃土地征占补偿款的"老本"维持。根据北京市农村"三资"监管平台数据，2017 年有 91 个村集体经济组织需要支出村干部报酬，平均每个村组织支付干部报酬 29.6 万元。116 个调查村中有 70 个村遇到村级开支大、收入少，管理运行难以为继的问题，占调查村的 60%。三是村集体公共事业发展的压力较大。在城乡二元的基础设施和公共服务供给下，各村集体需要承担公益性基础设施和公共服务的费用。2017 年，116 个村集体经济组织支付公益性基础设施建设投入达到 3092.9 万元，支付的公共服务费用达到 1982.9 万元，占主营业务收入的 13%。

（三）京郊乡村谁来经营、谁来治理的问题突出

1. 农村劳动力老龄化、空心化。北京市第三次全国农业普查数据显示，北京市农业生产经营人数（含兼业）53 万人，10 年间北京市农业生产经营人数减少近两成，农业经营人员老龄化突出，北京市农业劳动力平均年龄为 50.9 岁，2016 年全市农业经营人员 55 岁以上占比达到 40.6%，比全国高出 7 个百分点，2006 年全市农业经营人员 50 岁以上的占比为 15.2%。本次"百村千户"调研发现，延庆、怀柔、门头沟等山区乡村人口老龄化率超过 50%，延庆区四海镇 18 个村人口在 60 岁以上的占比达到 50%，其中永安堡村 60 岁以上的人口达到 70%，南湾村 60 岁以上的人口占比达到 60%，前山村村主任介绍该村 70 岁人口算年龄小的。平谷区农业劳动力的平均年龄为 58.6 岁。平谷区刘家店镇前吉山村原有民俗户 24 户，但只有 4 户在维持运转，20 户民俗户没有能力继续维持经营。

2. 村内事务繁重，乡村治理人才缺乏。116 个调查村中，34% 的村反映村里事务多、人手不够。从五类村庄来看，三无村和倒挂村中有 50% 的村反映村内事务多、人手不够，拆迁村中有 20% 的村反映村内事务多、人手不够，空心村则有 56% 的村反映村内事务多、人手不够，传统村有 32% 的村反映村内事务多、人手不够。

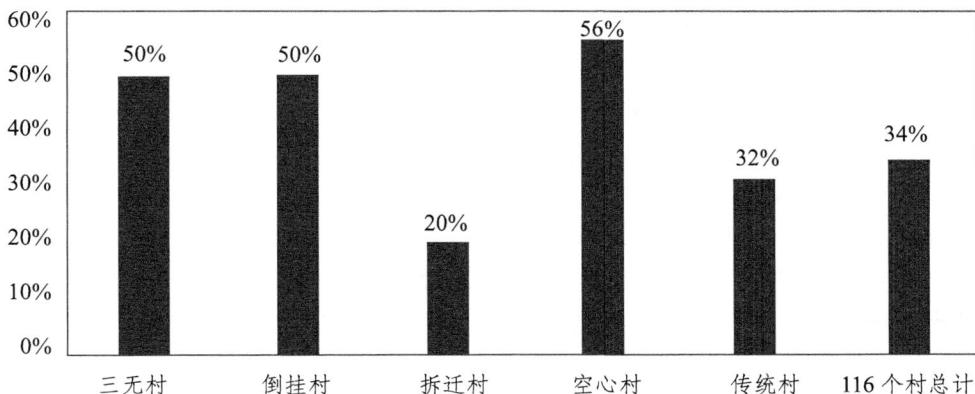

图 11 反映村内事多、人手不够的村占比情况

乡村治理人才缺乏主要原因有三个：一是村干部老龄化。目前，村干部年龄普遍偏大，平谷区峪口镇东樊各庄村村干部平均年龄 53 岁。二是村后备干部资源不足。政策调整以后，"大学生村官"到时间都离开了农村，村干部文化程度普遍偏低，很多村干部表示以后村里连会打字的人都没有了，村务运行将更加困难。三是村干部薪酬机制不完善，表现在财政补贴偏低，各村干部报酬靠集体经济补贴差距非常大。在五类村庄中，2017年，倒挂村平均每个村支付村干部报酬为 77.8 万元，而空心村平均每个村只有 3 万元，两类村庄平均干部报酬相差 74.8 万元。平谷区刘家店镇北店村村书记收入 4 万元 / 年、村主任收入 3 万元 / 年，村两委委员收入 2 万元 / 年，均无五险一金，低于村内部分公益岗位的工资收入水平。目前村民选举出 6 名村两委干部，但按照相关政策，政府只拨付 5 人的工资，需平摊到 6 人头上，进一步拉低了村干部的收入。平谷区王辛庄镇贾各庄村目前通过财政转移支付给村两委班子的工资性补贴相比城镇社区干部补贴明显偏低，全年相差近 10 倍，而村干部相比城镇社区干部工作量更加繁重。

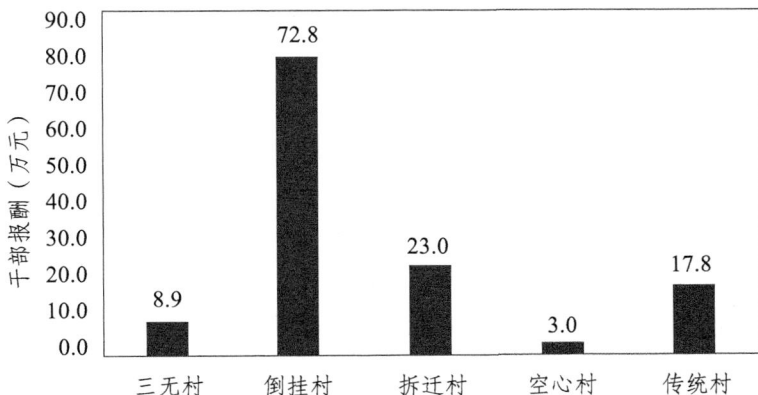

图 12 116 个调查村的五类村集体支持村干部报酬情况

（四）农村公共服务和基础设施建设存在不足

农村教育、卫生、文化设施短缺问题仍然突出。延庆区四海镇永安堡村、昌平区流村镇北照台村等地，村民反映看病难、看病贵。看病难主要有三个方面：一是路程远，交通不方便，公交车一天两趟且时间限定，到医院已经挂不上号；二是医疗本改为医疗卡后，看病不能自由选择医院，凡看病都需要在指定镇级医院转诊，而多数镇级医院的软硬件都难以满足一般疾病的需求，镇级医院连拍胸片都做不了；三是村级卫生室没有真正发挥作用。全市村级卫生室的覆盖率不足50%，而村级医师的覆盖率不足25%，也就是说即使有卫生室的村也有一半以上没有医生，形同虚设。根据北京市统计局第三次全国农业普查数据，2016年，全市只有四分之一的村有幼儿园、托儿所，村级卫生室有2630个，占68.5%，仍有31.5%的缺口，只有1388个村有执业（助理）医师，也就是说，有1242个村有村卫生室，但没有执业（助理）医师。农村业余文化组织有1954个，仅占50.9%，仍有49.1%的缺口。

在116个调查村中，有33%的村反映存在幼儿园、学校、卫生室和文化设施不能满足需要。在五类村庄中，4个三无村中有2个存在这一问题，占比达到50%；倒挂村中有3个有这一问题，占比达到25%；拆迁村中有6个存在这一问题，占比达到40%；空心村中有1个，占比达到11%；传统村有26个存在这一问题，占比达到34%。

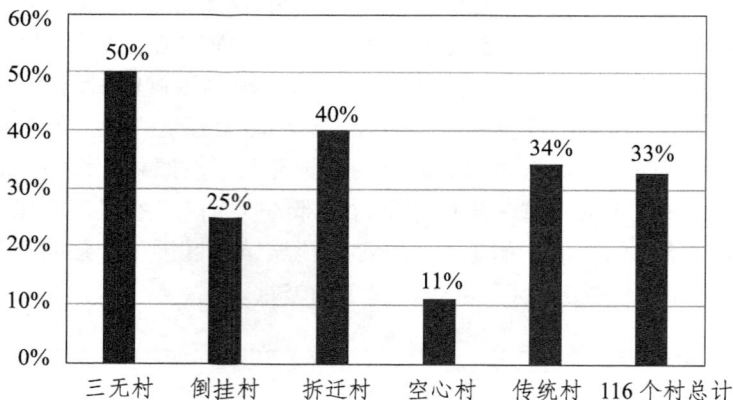

图13 幼儿园、学校、卫生室和文化设施不能满足需要的情况

京郊农村基础设施仍然有很大的提升空间。根据北京市统计局第三次全国农业普查数据，2016年，北京市76.9%的农村家庭采用了水冲式卫生厕所，但仍有23.1%的农村家庭没有使用水冲式厕所，其中，1%的农户没有厕所。2016年，上海市99.1%农村家庭都使用了水冲式卫生厕所。北京市1639个村生活污水实现了集中处理或部分集中处理，占比42.7%，仍有57.3%的村需要解决污水处理的问题。北京市592个村通了天然气，占比15.4%，仍有84.6%的村没有通天然气。北京市1872个村有电子商务配送点，占比为48.8%，仍有51.2%的村没有电子商务配送点。全市2391个村有50平方米以上的综合商店或超市，占比为62.3%，仍有37.7%的村没有便利的购物条件。在116

个调查村中，有 21% 的村反映存在基础设施差，交通困难，买东西、存取款不便的问题。在五类村庄中，4 个三无村中有 1 个存在基础设施差，交通困难，买东西、存取款不便的问题，占比达到 25%；倒挂村中有 5 个存在基础设施差，交通困难，买东西、存取款不便的问题，占比达到 42%；空心村有 3 个，占比达到 33%；传统村有 15 个存在基础设施差，交通困难，买东西、存取款不便的问题，占比达到 20%。

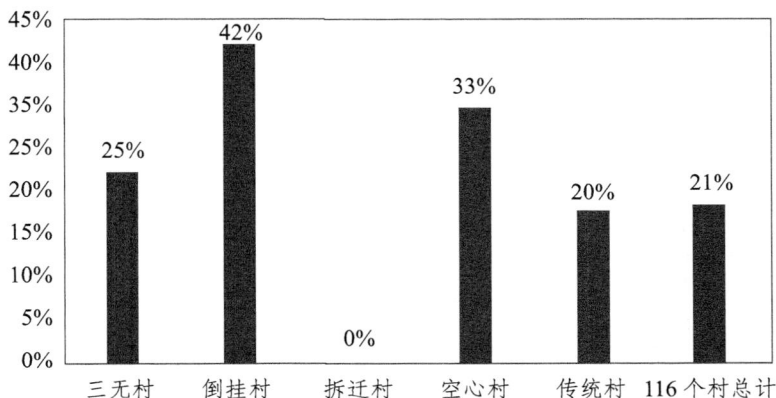

图 14　村基础设施不能满足需要的情况

倒挂村的基础设施承载能力有限，难以满足所有居住人口的需求。昌平区回龙观镇定福庄村、西半壁店村、东半壁店村、史各庄村均属于倒挂村，人口倒挂比例超过 10∶1，这些村基础设施面临着大量外来人员聚集，造成环境脏乱差，水电路等基础设施压力剧增，而且由于租入人口复杂，相应产生社会治安、消防通道堵塞等问题。

空心村基础设施和公共服务面临的主要问题是村内没有下水设施，缺乏污水治理的有效途径。延庆区四海镇和张山营镇的 10 个村，有 9 个村反映村内没有下水设施，其中有 2 个村还是民俗旅游专业村。

传统村基础设施存在的问题主要有两种：一是随着乡村旅游和民俗旅游的发展，现有道路、洗手间、停车场等基础设施供给无法满足城乡居民日益增长的需求。如怀柔区渤海镇六渡河村村内道路和至国道的公路路面狭窄、交通不便。二是有些村需要在下水设施、垃圾处理、用气等方面重点加强。房山区 10 个村中大多数村民仍使用旱厕，污水处理没办法解决，房山区琉璃河镇周庄村反映村内生活垃圾治理问题，工作量大、投入大、难度大，加上资金缺乏、存放垃圾点地域受限等难题，使得推进农村生活垃圾治理工作成为一大难题。房山区大石窝镇王家磨村农民的居住环境质量不高，供水、污水治理、用气等都是亟须解决的问题。

三、村干部和农户对乡村振兴的认识与需求

京郊村干部对乡村振兴大都持积极态度，69.8% 的村表示要积极争取、抓住发展机遇，28.4% 的村表示如果上级明确要求，保证投资，愿意配合实施美丽乡村建设和乡村振

兴战略。

116 个调查村对资金、规划、人才、增收及环境整治的呼声都比较高。其中，70% 的村希望加大资金的支持，应该采取发展集体经济、村民适当投入、上级大力支持、市场化投融资等多种方式筹集；66% 的村希望规划先行，必须先确定一张发展蓝图；42% 的村希望人才支持，认为关键是人才，人才就是技术、管理、市场和效益；42% 的村认为当务之急是增加收入，提高干部补贴和公益岗位补贴人才支持；34% 的村认为当务之急是加强村庄环境建设，治违治污治乱。

表 7　116 个调查村干部对乡村振兴的希望

村庄类型	规划	资金	人才	环境	增收	公共服务
三无村	100%	50%	75%	0%	0%	0%
倒挂村	58%	58%	50%	33%	50%	8%
拆迁村	47%	60%	47%	20%	33%	27%
空心村	100%	56%	11%	67%	56%	0%
传统村	64%	76%	42%	36%	43%	9%
116 个村总计	66%	70%	42%	34%	42%	10%

从五类村来看，三无村干部重点关注规划、人才和资金三方面，有 4 个村都希望规划先行，认为乡村振兴必须先确定一张蓝图；75% 的村希望加大人才的支持，50% 的村希望加大资金支持。倒挂村干部主要关注规划、资金、人才和增收，认为规划先行和加大资金支持的有 7 个村，占比达到 58%；认为关键是人才和增加收入的有 6 个村，占比达到 50%。拆迁村干部最关注的是资金、规划和人才，分别有 9 个村、7 个村和 7 个村，占比分别为 60%、47% 和 47%。空心村干部最关注的是规划、环境改善、资金和增收，分别有 9 个村、6 个村、5 个村和 5 个村，占比分别为 100%、67%、56% 和 56%。传统村干部最关注的是资金、规划和增收，分别有 58 个村、49 个村和 33 个村，占比分别为 76%、64% 和 43%。

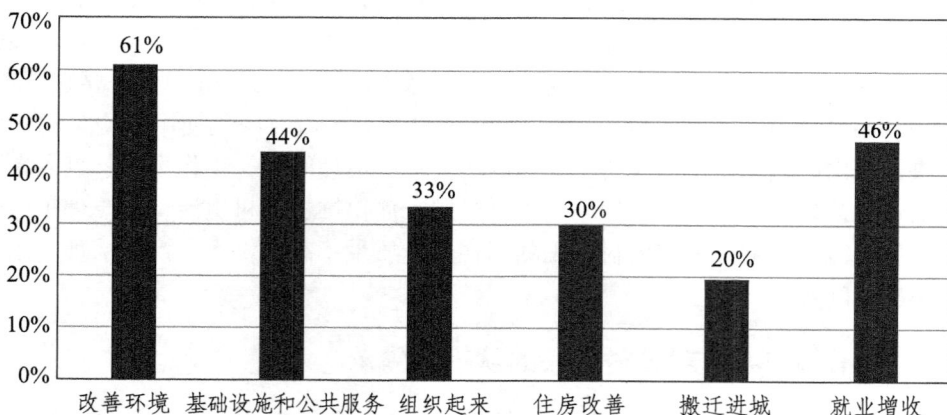

图 15　受访农户对乡村振兴的希望

1272 户受访农户对乡村振兴的希望主要集中在村庄环境改善、就业增收、提高农村基础设施和公共服务、农民组织起来四个方面。具体来看，有 776 个农户选择改善村庄环境，彻底改善村容村貌，占比达到 61%；有 558 个农户希望提高基础设施和公共服务水平，占比达到 44%；有 422 个农户希望组织起来，村里和上级要多支持合作生产，多搞文化娱乐活动，占比达到 33%；有 379 个农户希望改善住房条件，占比达到 30%；有 249 个农户希望最好能搬出去或去区里、镇上建屋买房，占比达到 20%；有 591 个农户希望帮助就业，提高公益补贴标准，增加收入，占比达到 46%。

四、北京实施乡村振兴的显著优势

北京作为国家首都和超大城市，与其他省市相比，在诸多方面具备在全国率先实现乡村振兴的基础条件和显著优势。

（一）首善之区的政治优势

北京作为 13 亿多人口大国的首都，具有任何其他省市都不具备的政治优势。京郊农村作为首都的郊区农村，分享了首都所拥有的独特政治资源，包括政策资源、首善之区标准的治理资源、优先保障民生的公共服务资源，以及知识、人才、资金、信息、技术、管理等高度汇集的各类市场要素资源。这些丰厚的政治资源及其衍生的各种经济社会文化资源，为促进京郊农业全面升级、农村全面进步、农民全面发展提供了强大的政治保障和政策支持。

（二）超大城市的带动优势

北京是一个拥有 2170.7 万常住人口的超大城市，具备以工哺农、以城带乡的巨大辐射带动优势。北京的工业化已进入后期阶段，2017 年三大产业构成比为 0.4∶19.0∶80.6，农业产值占比只有 0.4%，服务业比重超过 80%，居全国第一。2017 年北京完成全社会固定资产投资 8948.1 亿元，实现市场总消费额 23789 亿元。北京作为超大城市所具有的强大对外辐射体量，对京郊"三农"发展产生了无可比拟的巨大投资需求和消费需求双重带动作用。

（三）先发地区的经济优势

北京与上海、广东、浙江等东部沿海地区同属于改革开放后我国率先发展起来的经济发达地区。2017 年，北京市 GDP 达到 28000.4 亿元，占全国 GDP 的 3.4%，位居全国第 12 位。按常住人口计算，北京市人均 GDP 为 12.9 万元，同期折合 1.98 万美元，位居全国第 1 位。按照世界银行对高收入国家人均 GDP1.2 万美元的标准，北京已经步入世界高收入行列。2017 年北京市城镇居民人均可支配收入 62406 元，农村居民人均可支配收入 24240 元，分别比全国城镇居民可支配收入 36396 元、农村居民可支配收入 13432 元高出 26010 元和 10808 元。可以说，北京具有实施乡村振兴战略的强大经济基础和雄厚物质条件。

（四）城乡人口的比例优势

2017 年，在北京 2170.7 万常住人口中，城镇人口 1876.6 万人，农村人口 294.1 万人，城乡人口比为 6.4∶1，常住人口城镇化率为 86.5%。全市户籍人口 1359 万人，其中农业户籍人口 231 万人，占户籍总人口的 17%，占全部常住人口的 10.6%。根据北京市第三次全国农业普查的结果，2016 年，全市农业生产经营人口仅为 53 万人。这与许多农业农村人口占绝对多数的其他省市相比，北京具有明显的城镇人口占大多数、农村人口尤其是农业从业人口占绝对少数的优势，非常有利于加快推动以城带乡，实现城乡融合发展。

五、北京农村存在的主要问题及原因分析

改革开放以来，特别是 2003 年实施城乡统筹发展以来，北京市大力推进农村改革发展，加大农村基础设施和公共服务投入建设力度，使首都"三农"发展呈现了新的面貌。但是，北京农村存在的问题还比较突出，面临的挑战仍不容忽视。

（一）主要问题

1. 城乡之间的差距比较明显。近些年来，北京市城乡居民收入差距的相对值与绝对值都在不断扩大。2005—2017 年，北京市城镇居民人均可支配收入平均递增 11.1%，京郊农民人均可支配收入平均递增 9.8%（比全国平均水平低 2.7 个百分点）。12 年间农民收入的增长速度平均低于城镇居民收入增速 1.3 个百分点。同时，城乡居民人均可支配收入差距绝对值从 2005 年的 9793 元增加到 2017 年的 38166 元，平均每年递增 12%。2005—2017 年，全国城乡居民收入比从 3.25∶1 缩小到 2.71∶1；而北京市城乡居民收入比却从 2.25∶1 扩大到 2.58∶1。同期，上海市城乡居民收入比从 2.24∶1 扩大到 2.25∶1，天津市城乡居民收入比从 1.75∶1 扩大到 1.85∶1，但上海、天津城乡居民收入差距扩大的幅度要小于北京，而重庆市城乡居民收入比从 3.65∶1 缩小到 2.55∶1，是四大直辖市中唯一城乡居民收入比缩小的城市。

2. 乡村内部的差距比较明显。一方面，农村集体资产地区分布极不均衡。截至 2017 年底，城市功能拓展区（朝阳、海淀、丰台、石景山）农村集体资产总额共计 4600.2 亿元，占全市农村集体资产总额的 66.9%；城市发展新区（房山、顺义、通州、昌平、大兴）农村集体资产总额共计 1830.8 亿元，占全市农村集体资产总额的 26.6%；生态涵养区（门头沟、平谷、怀柔、密云、延庆）农村集体资产总额共计 448.5 亿元，占全市农村集体资产总额的 6.5%；朝阳（1393.4 亿元）、海淀（1509.0 亿元）、丰台（1560.6 亿元）三个区的集体资产总额均在千亿元以上，而平谷（80 亿元）、怀柔（83.9 亿元）、密云（62.2 亿元）三个区的集体资产总额都不足百亿元。2017 年，丰台区卢沟桥乡三路居村集体资产总额 160 亿元，接近平谷（80 亿元）、怀柔（83.9 亿元）两个区集体资产总额的总和，是密云区集体资产总额 62.2 亿元的 2.6 倍。另一方面，集体经济发展不平衡。2017 年，全市农村集体资产总额 6879.6 亿元，集体经济经营总收入 724 亿元、利润总额 43 亿元。在 3945 个村级集体经济组织中，效益较好、能够按股分红的村有 1356 个，占比 34%；收不抵支的村有 1983 个，占比 50.3%；经营收入在 100 万—500 万元的有 1644 个，占 41.7%。再次，农民内部收入差距较大。2017 年，北京市 20% 的高收入农户人均可支配收入为 43723 元，而 20% 的低收入农户人均可支配收入为 10314 元。农户内部的收入极

差绝对值从 2005 年的 13154 元扩大到 2017 年的 33409 元。最后，2016 年北京市在新一轮低收入农户和低收入村认定中，共确认农村家庭年可支配收入（以 2015 年为标准）低于 11160 元的低收入农户 7.3 万户、15.6 万人，约占全市农户总数的 7%；低收入农户占全村农户总数 50% 以上的低收入村 234 个，约占全市行政村总数的 6%。全市建档立卡低收入农户人均可支配收入为全市农村居民人均可支配收入水平的 40.2%。2017 年，北京市低收入农户人均可支配收入为 10698 元。

3. 与外地发展差距比较明显。2014 年及以前，北京市农民收入在全国省区市排名中仅低于上海，一直稳居第二名。从 2015 年开始，浙江省农民人均收入开始超过北京市，北京退居全国第三。按统计部门公布的数据，2015 年，北京市和浙江省的农民人均可支配收入分别是 20569 元和 21125 元，北京市比浙江省低 556 元。到 2017 年，北京市农民人均可支配收入低于浙江省 716 元，差距在继续扩大。近些年来，北京市在推进农村改革创新的力度和影响力上也明显滞后于上海、浙江、广东、安徽、贵州等地。近些年来，在全国产生具有较大影响力和政策引领作用的农村改革创新典型，比如家庭农场、美丽乡村建设、特色小镇、田园综合体、土地股份合作社、集体建设用地入市、农业产业化联合体、"自治、法治、德治"结合的乡村治理体系等，都产生于上海、浙江、山东、广东、安徽等省市。相比之下，北京近年来在全国农村改革创新方面的成效和影响力明显减弱，农村改革的标杆示范作用几乎不复存在。北京农村改革发展与首善之区的高要求相比，存在不少差距。

（二）原因分析

改革开放 40 年来，北京"三农"工作取得的成绩是有目共睹的。俗话说，成绩不说跑不了，问题不说不得了。实施新时代的乡村振兴战略，必须增强问题意识，坚持问题导向。马克思曾指出："问题就是时代的口号，是它表现自己精神状态的最实际的呼声。"坚持问题导向是全面深化改革、推进具有首都特点的乡村振兴最基本的方法论。首都北京虽具有众所周知的优势条件，却存在着令人深思的发展差距。细究其因，当然有多方面的客观条件制约和现实难题困扰，但我们也要正视在思想观念、工作方法等方面存在的突出问题，尤其是存在的"五重五轻"倾向，不容忽视。

1. 重战术用力，轻战略谋划。不谋全局者，不足以谋一域。"三农"工作是一项涉及多部门、跨行业、宽领域的综合性工作，具有全局性、战略性、系统性的鲜明特征。但一段时间以来，我们把主要精力耗费在一些具体的工作事务上，"三农"工作上的碎片化、孤立化现象比较突出，而从战略上进行全局性、系统性、完整性地谋划与推进显得明显不足。在推进"三农"工作中，往往就事论事的多，统筹部署的少，容易陷入"只见树木、不见森林"的状态。在具体工作中，常常表现出"头痛医头、脚痛医脚"的倾向。在解决"三农"问题上，"按下葫芦浮起瓢"的现象屡见不鲜。各项政策之间的衔接配套性也不强，政策执行的综合效应发挥得不够，治标不治本的问题比较突出。全国有些省市在推进农村改革发展上的战略谋划和统筹举措都比较明显。比如，2003 年以后，在推进城乡统筹发展中，广东、重庆、成都等省市从机构设置、政策制定、改革创新等方面都出台了一系列战略举措。再比如，在实施乡村振兴战略中，2018年5月，山东省在全国率先制定了《山东省乡村振兴战略规划（2018—2022年）》，并且围绕乡村产业、人才、文化、生态、组织五大振兴任务，同步制定了《山东省推动乡村产业振兴工作方案》《山东省推动乡村人才振兴工作方案》《山东省推动乡村文化振兴工作方案》《山东省推动乡村生态振兴工作方案》《山东省推动乡村组织振兴工作方案》。上海市制定了乡村振兴"1+1+19"政策体系，即在制定《上海乡村振兴战略规划（2018—2022年）》《上海市乡村振兴战略实施方案（2018—2022年）》两个统领性政策基础上，接续制定19部实施乡村振兴的配套政策。

2. 重物质投入，轻改革创新。由于长期的城乡二元结构的影响，政府对"三农"的基础投入严重不足，基础设施和公共服务投入欠债较多，因而持续加大对"三农"的物质投入是应该的。自2006年推进社会主义新农村建设以来，北京市凭借较强的经济实力和财政条件，加大对农村的基础设施等物质投入，明显改善了农村的生产生活条件。但是，一段时期以来，北京对"三农"的物质投入力度较大，而推进农村体制改革的力度较小，突出表现在，北京"三农"改革创新的举措不多，在全国产生影响和引领作用的农村改革典型经验乏善可陈。这不但难以真正解决"三农"问题，也难以实现乡村振兴。只注重对农村的物质投入，而对制约"三农"发展的诸多体制矛盾和问题进行系统性改革缓慢滞后，往往掩盖了制约"三农"发展的深层次矛盾。并且，由于乡村治理体制机制的弊端，不少物质投入项目的效果不太理想，还产生了一些权力寻租和消极腐败现象。

3. 重试点安排，轻制度建设。这些年，北京在推进农村改革、城市化和城乡一体化上也安排了不少改革试点工作，取得了一些成效，但有的改革试点工作陷入就试点论试点、为试点而试点、试点有始无终的状态之中，不少改革试点工作缺乏可推广、可复制的普适性制度成果。有的改革试点进展迟缓，体制突破不大，成效不够显著。一些试点工作只停留在解决试点对象本身的问题上，而较少有为全市存在的共性问题提供可行的解决方案。比如，2009年，北京市开展海淀区北坞村、朝阳区大望京村城市化建设试点工作；2010年初，北京市启动城乡结合部50个重点村建设试点工作，到2012年3月完成，两年共投入资金2000多亿元。这项投入巨大的城乡结合部建设试点工作，虽然在一定程度上解决了50个村面临的一些突出矛盾和问题，但是并没有形成可以统筹解决城乡结合部问题可复制、可推广的制度成果。全市城乡结合部其他村庄的改造、建设和治理仍然面临同样的问题和挑战。而全国有的省市比较注重通过改革试点工作形成政策制度成果。比如2009年底，广州市在旧城镇、旧村庄、旧厂房改造中，制定了《关于加快推进"三旧"改造工作的意见》（穗府〔2009〕56号）、《关于加快推进"三旧"改造工作的补充意见》（穗府〔2012〕20号）。2015年12月1日广州市人民政府公布《广州市城市更新办法》，指导和规范全市的旧城镇、旧村庄、旧厂房的改造工作。

4. 重政府主导，轻农民主体。党和政府在"三农"工作中发挥主导作用，这是理所当然的。同时，尊重和保障农民的主体作用，也是实现人民当家作主的根本要求。北京市有关政策文件和各级领导讲话，都高度重视和反复强调要尊重农民的主体地位、发挥农民的主体作用。但在现实工作中，农民的主体作用发挥得还很不够。在许多方面，还比较普遍地存在着为民做主、代民做主的现象。比如在集体资产经营管理中，一些集体经济组织被少数人控制的现象比较严重，农民群众往往被排除在外；在一些村庄改造建设中，未征得农民同意就实行强征强拆；在农村土地承包经营权流转中，未尊重农民意愿的流转现象也时有发生，等等。我们在京郊农村调研中发现，即使是被评选为全国民主法治示范村的农村，农民的参与权、知情权、决策权、监督权也没有得到充分的落实，村民参与村庄治理的权利也没有得到充分的保障和实现。坚持党的领导、人民当家作主、依法治国三者有机统一，需要在实践中不断深化体制改革。如果我们不深化体制改革，不把工作做细，不切实加强以保障人民当家作主为核心的一系列制度建设，那么农民主体地位的口号就不可能真正转化为现实。

5. 重政策制定，轻立法保障。长期以来，"三农"工作中重政策制定、轻立法保障的现象比较普遍。应该说，在法治建设还很不健全的改革开放初期，通过制定政策推动"三农"工作是比较成功的方式，比如 20 世纪 80 年代中央制定的五个一号文件，在解决"三农"问题上发挥了极其重要的历史作用。但随着法制建设的不断健全，特别是全面推进依法治国，过去那种单纯依靠制定政策而不重视涉农立法保障的思想观念和工作方式就越来越不合时宜了，并且日益成为制约"三农"发展的重要因素，涉农立法滞后已成为"三农"发展的重要瓶颈。人们已经看到，现在中央每年制定的有关"三农"工作的一号文件以及北京市制定的"三农"工作文件，其政策实施效果已大不如前。北京市及有关部门每年都会制定许多涉农政策文件，但有关涉农的地方法规和规章建设明显滞后。涉农立法滞后主要体现在四个方面：一是只有职能部门政策文件，没有地方政府规章和地方性法规。例如，有关农村集体产权制度改革，只有北京市农工委和农委的相关政策文件指导，没有北京市地方政府规章和地方性法规的规范。二是只有地方政府规章，却没有地方性法规。例如，关于征地补偿安置，只有北京市政府发布的《北京市建设征地补偿安置办法》（2004年 5 月 21 日第 148 号令），没有市人大常委会制定和发布的地方性法规。城市化进程中的征地安置补偿，事关城乡居民的财产权利，应当由市人大常委会制定地方性法规为宜。三是已制定的政策文件、地方政府规章或地方性法规没有与时俱进地进行修改。例如，1993年 5 月北京市人大常委会通过的《北京市农村集体资产管理条例》，经过 1998 年和 2010年两次个别文字的修正后，没有进行必要的实质性修订。2017 年 11 月 23 日上海市第 14届人大常委会第 41 次会议通过并公布《上海市农村集体资产监督管理条例》，对农村集体资产监督管理作了比较全面系统的重要规范。再比如，2004 年出台的《北京市建设征地补偿安置办法》确定的"逢征必转、逢转必保"等规定，已与 2016 年发布的《北京市人民政府关于进一步推进户籍制度改革的实施意见》严重冲突，应尽快全面修改。四是一些重要的涉农工作长期存在立法空白。例如，已经存在 60 多年的集体经济组织，缺乏法律法规的规范管理。在做好"三农"工作中，我们要正确理解和处理好领导讲话、政策文件、法律法规之间的关系。领导讲话、政策文件、法律法规的功能和作用不一样，领导讲话重在宣示理念、提出要求、指明方向，具有方向性的引领和指示作用；政策文件重在规范引导、明确目标、发展要求，具有短期的工作部署安排和指导作用；法律法规重在定规立矩、制度保障、普遍适用，具有长期的制度规范和保障作用。在全面依法治国的背景下，必须把政府全部涉农工作纳入法治化轨道。没有法律法规建设，就会出现社会治理运行环节的断裂，导致治理失效。

六、推进具有首都特点乡村振兴的思考与建议

北京既是中国首都，也是超大城市，集都与城于一市、城与乡于一体、传统与现代于一身，除了具备"大城市、小农业""大京郊、小城区"的空间特点外，还具有显著的首都城市战略定位、超大城市发展规模、疏解非首都功能、村庄形态分化、首善之区标准等鲜明特点。思考和谋划首都北京的乡村振兴，需要深刻认识和全面把握首都北京所具有的显著特征，转变观念、拓宽视野、创新思路、深化改革、扩大开放，着力推进具有首都特点的乡村振兴。

（一）紧扣首都城市战略定位这个特点，准确把握首都乡村振兴的要求

《北京城市总体规划（2016年—2035年）》明确规定北京城市战略定位是全国政治中心、文化中心、国际交往中心、科技创新中心，北京的一切工作必须坚持全国政治中心、文化中心、国际交往中心、科技创新中心的城市战略定位。"四个中心"的首都城市战略定位，并不只是局限于北京的中心城区，作为首都战略腹地的广阔京郊大地，同样担负着体现首都城市战略定位的职责使命。北京的"三农"工作必须紧扣"四个中心"的首都城市战略定位，适应首都城市战略定位的需要，着眼于建设国际一流的和谐宜居之都，提升"三农"工作新水平。

在政治中心建设上，一是要将乡村地区纳入支撑国家政务活动的重要空间进行规划布局。国家政务活动并不局限于中心城区，随着大国政治发展的需要，京郊乡村将日益成为国家政务活动的重要场所。例如，2014年11月，亚太经合组织第二十二次领导人非正式会议就在北京怀柔区雁栖湖举办，这是京郊乡村承担国家政务活动的重要体现。应当规划建设更多更合适的乡村国家政务活动场所，尤其要加强特色小城镇、美丽乡村以及家庭农场、合作农场、农业公园等建设，使之成为国家政务活动的重要备选场所。二是要坚持绿色发展，践行绿水青山就是金山银山的理念，大力加强生态文明建设，提升生态涵养区建设水平，将乡村建设成为天蓝地绿、山清水秀、鸟语花香的美丽后花园，使乡村成为国际一流的和谐宜居之都的重要休闲宜居之地。三是要推动高质量发展，大力发展生态有机农业和优质农产品加工业，推进休闲农业和乡村旅游提档升级，为中央党政军领导机关、国内外友人以及广大市民提供安全优质的农产品供应和绿色生态服务产品。

在文化中心建设上，一要充分挖掘和利用乡村农耕文化的宝贵资源，实现传统乡村文化与现代文明的有机融合，使乡村文化成为首都文化中心的重要组成部分。二要加强对传统古镇、传统古村落、历史文化名村的保护，防止建设性的破坏。三要大力发展乡村文化产业。推动"文化＋农业""文化＋乡村"的发展，发展具有人文关怀、人文风采和乡村文化魅力的精品农旅产业，使都市农业、乡村田园风光充满乡村文化特色。四要加强乡村

教育培训，提高乡村道德文化建设水平，提升乡村居民文明素质。

在国际交往中心建设上，一要立足于国际交往活动的多样性特征，发挥京郊乡村所具有的自然田园风光和悠久传统文化的独特魅力，将京郊乡村建设成为可承担重大外交外事活动的重要舞台之一。要重点在京郊乡村规划建设外交外事活动区、国际会议会展区、国际体育文化交流区、国际科技文化交流区、国际乡村旅游区、国际组织集聚区等乡村国际交往活动场所。二要扩大乡村对外开放力度，改善乡村软硬件基础条件，使乡村成为向世界展示首都改革开放与农业农村现代化建设成就的重要窗口。

在科技创新中心建设上，一要大力发展农业科技，强化农业科技的研发与利用转化。加大高精尖新科技在农业农村领域的应用，推动"农业＋科技""乡村＋科技"的融合发展，着力发展高效生态农业，建设智慧农业、智慧乡村，为首都农业农村现代化插上科技的翅膀。在充分发挥科技对生产力巨大推动作用的基础上，也要辩证地看待科技对生态环境、食品安全、社会伦理等方面带来的挑战与问题。二要将乡村规划建设成为科技研发基地以及科技应用示范区，促进中关村科技城、怀柔科学城、未来科学城建设与乡村振兴战略的有机结合。

（二）紧扣超大城市发展规模这个特点，率先实现城乡发展一体化

北京与全国一样，最大的发展不平衡是城乡发展不平衡，最大的发展不充分是农村发展不充分。北京与全国不一样的地方在于，作为2000多万人口的超大城市，完全具备以城带乡的经济实力，充分具备率先实现城乡发展一体化的各种有利条件。北京应当围绕全面实现城乡规划一体化、城乡资源配置一体化、城乡基础设施一体化、城乡产业一体化、城乡公共服务一体化、城乡社会治理一体化等方面，全面深化改革，加快构建城乡融合发展的体制机制和政策体系，率先实现以下三个方面的目标：

一要率先实现城乡基本公共服务均等化。要着力优化财政支出结构，加大对农村基础设施、公共服务设施和基本公共服务的投入支出力度，加快缩小城乡基本公共服务差距，补齐农村基本公共服务短板，加快实现城乡就业、教育、医疗、养老、文化等基本公共服务的城乡一体化，高度重视乡村人口老龄化问题，推行免费教育、免费医疗以及高水平的社会养老等普惠性的公共政策，全面提升农村社会福利和民生保障水平，使广大农民共同享有经济社会发展的成果。这是坚持和贯彻落实以人民为中心的发展思想的具体体现。

二要率先实现城乡要素平等交换与自由双向流动。城乡要素平等交换与自由双向流动，是发展社会主义市场经济的必然要求，是实现城乡发展一体化的必然要求，是推动农业农村优先发展的必然要求。要从体制改革、机制创新方面着手，打破城乡双重政策制度壁垒，加强制度建设，使市的人才、资金、知识、技术、管理、信息等要素顺利进入农村，广泛而有序地参与乡村振兴，使农村的土地、劳动力等融入城市，公平参与城市化进程，形成城乡一体、功能互补的新型工农城乡关系。

三要率先构建新型集体经济发展的政策体系和新型集体经济组织有效的治理机制。北京农村集体经济组织产权制度改革已经取得很大进展，改革后新型集体经济发展以及新型集体经济组织治理都面临新的矛盾和问题，亟须构建适应市场化、城镇化和城乡一体化发展的新型集体经济发展的政策体系，推动集体经济转型发展。要根据特别法人的要求，加强新型集体经济组织的市场主体建设和地方立法建设，健全新型集体经济组织的治理机制，强化对集体资产的监督管理，维护和发展农村集体和农民的财产权益。

（三）紧扣疏解非首都功能这个特点，主动谋划乡村承接疏解功能的建设

推动京津冀协同发展，疏解北京非首都功能，是首都北京发展的重要特点，也是北京实施乡村振兴战略面临的独特的时代背景与重大的发展机遇。

一要充分认识乡村振兴面临的重要挑战与历史机遇。疏解北京非首都功能，既对乡村发展提出了严重的挑战，也给乡村带来了宝贵的发展机遇。京郊乡村应当在疏解北京非首都功能的战略机遇中率先实现全面振兴。如果说通州是北京城市副中心、河北雄安新区是北京非首都功能的集中承载地，那么京郊乡村就是北京非首都功能的广阔而重要承载地。按照《北京城市总体规划（2016年—2035年）》构建的"一核一主一副、两轴多点一区"的城市空间布局的要求，要主动谋划京郊乡村承接中心城区功能的对外疏解工作，在主动承接中心城区功能中实现乡村的振兴。

二要有序规划与落实郊区承接中心城区功能疏解的重点任务与发展定位。根据《北京城市总体规划（2016年—2035年）》，中心城区是疏解北京非首都功能的主要地区；顺义、大兴、亦庄、昌平、房山的新城及地区，是承接中心城区适宜功能、服务保障首都的重点地区；门头沟、平谷、怀柔、密云、延庆、昌平和房山的山区作为生态涵养区，是首都重要的生态屏障和水源保护地，主要任务是保障首都生态安全，建设宜居宜业宜游的生态发展示范区。在京郊地区承接中心城区疏解功能中，要正确处理中心城区的减量发展与郊区乡村高质量增量发展的关系，改变一刀切的思维方式和工作方式，实事求是地细化各项具体工作。比如，怀柔可以承接更多的国际会议和交流场所，成为辅助中心城区的国际会议之都和国际交往重要场所；密云可以承接国际组织以及科研院所功能，成为支撑国家发展的重要智库基地；延庆可以承接文化体育功能，成为文化体育活动中心和旅游休闲区；昌平可以承接高等院校等教育培训功能，成为大学城；等等。

三要顺应逆城镇化发展趋势，助推乡村振兴。城镇化发展到一定阶段后，会出现中心城区人口向外迁移的逆城镇化现象。北京是较早出现逆城镇化趋势的超大城市。2018年3月，习近平总书记在参加十三届全国人大一次会议广东代表团审议时提出，城镇化、逆城镇化两个方面都要致力推动。疏解北京非首都功能，是逆城镇化趋势的重要体现。北京的逆城镇化为乡村振兴提供了新的巨大能量和发展机会，应当加强逆城镇化的调查研究，加快破除城乡二元结构，实现城乡一体化，使逆城镇化与小城镇建设、美丽乡村建设有效结合起来，从而借力助推乡村的振兴。特别是要顺应疏解北京非首都功能和逆城镇化趋势，大力加强京郊特色小城镇建设，深化体制改革，在京郊规划建设企业总部小镇、国际组织小镇、科研大学小镇、文化体育小镇等特色各异的小城镇，改革小城镇管理体制，加强有利于小城镇建设的政策制度建设，使特色小城镇既有力承担首都中心城区的疏解功能，又助推京郊乡村的全面振兴。

（四）紧扣村庄形态分化明显这个特点，分类制定和实施乡村振兴政策

改革开放以来，随着市场化、城镇化的发展，村庄分化已经非常明显。《国家乡村振兴战略规划（2018—2022年）》将村庄分为集聚提升类村庄、城郊融合类村庄、特色保护类村庄、搬迁撤并类村庄。北京的村庄分化几乎全面呈现了我国村庄分化的各种基本类型。北京市规划和国土资源管理委员会将全市行政村划分为城镇化村庄、局部或整体迁建村庄、特色保留村庄、提升改造村庄。北京3983个村已经分化为三无村、拆迁村、倒挂村、空心村、传统村五种类型。根据村庄分化的实际与特点，针对不同类别的乡村发展矛盾与诉求，分类施策。

针对三无村的政策重点是，要确保集体资产的公平合理处置，保障农民带着集体资产参与城市化，维护村集体和村民的集体资产权益；将此类村庄全面纳入城市街道和社区管理轨道，由政府公共财政提供各类基础设施和公共服务，减轻或剥离集体经济组织承担的社区公共治理和服务的成本，保障原村民有序参与社区公共治理；发展壮大集体经济，强化对集体经济组织的监督管理服务，维护其作为特别法人的市场主体地位，保障村民股东对集体资产的所有权、经营管理权、收益分配权等各项权益。

针对拆迁村的政策重点是，要切实保护拆迁村村民的财产权益，妥善处置集体资产，合理管理和有效使用征地补偿费用；对于纳入城市规划区内拆迁上楼村，一般应当实行撤村设居，撤销村委会设置，建立居委会，统一纳入城市社区管理和服务；在完成集体产权改革的基础上，实行政社分离，保留和发展集体经济组织及其所属的企业，维护集体经济组织成员权益。

针对倒挂村的政策重点是，必须以更加公平包容的心态和政策对待外来人口，保障外来人口平等享有基本公共服务；村庄的社区治理要对外来人口开放，保障外来人口平等参与社区公共事务的治理；在城乡结合部地区的倒挂村，在进行集中上楼的城市更新改造时，要预留村集体产业用地，同时在实现村民上楼改善居住环境和条件的过程中，要着力推行集体建设用地建设租赁住房，同样改善外来人口的居住环境并使其成为新市民。

针对空心村的政策重点是，有条件实现活化与重生的空心村，鼓励和引导农民建立住房合作社，与外来资本合作共同开发、盘活利用闲置农宅，发展乡村旅游、特色民宿、健康养老等产业；对于缺乏开发利用条件的空心村，可以在尊重村民意愿的前提下适当进行村庄合并；深化农村宅基地制度改革，创新宅基地"三权分置"具体实现形式；严禁外来资本与地方权力相勾结，通过驱赶原居民而进行资本圈村式强占开发行为。

针对传统村的政策重点是，强化传统村庄的保护，尽量在保留原有村容村貌的基础上实现改造提升，改善人居环境，禁止大拆大建；允许、鼓励和规范社会力量参与乡村活化与重生工作，充分发挥村民在乡村振兴中的自主性、积极性、创造性，探索多种形式实现乡村振兴。

（五）紧扣首善之区标准这个特点，着力实现首都乡村善治的目标

北京作为国家首都，是首善之区。推进首都的乡村振兴，要坚持首善标准，加强和创新乡村治理，建立健全党委领导、政府负责、社会协同、公众参与、法治保障的现代乡村社会治理体制，健全自治、法治、德治相结合的乡村治理体系，实现首都乡村善治目标，让农村社会既充满活力又和谐有序。

一要加强乡村组织建设，以组织振兴引领乡村振兴。构建以党组织为核心、村民自治组织、集体经济组织、其他经济组织、各类社会文化组织共同发展的组织振兴格局。要赋予农民更多的组织资源，使农民参与到经济、政治、社会、文化和生态文明建设等各类组织中来。

二要健全自治、法治、德治相结合的乡村治理体系。创新村民自治的有效实现形式，推进村民自治的规范化建设，保障村民民主选举、民主决策、民主管理、民主监督的权利，切实建设村民当家做主的自治乡村。将政府各项涉农工作纳入法治轨道，加强涉农立法的调研和涉农法律法规的立、改、废工作，填补涉农法律法规的漏洞；加强党员干部和村民群众的法治教育，弘扬法治精神和法治文化，着力建设公平正义的法治乡村。加强乡村道德文化建设，传承和弘扬中华优秀传统文化，促进传统文化与现代文明交相辉映，努力建设民风淳朴的道德乡村。

三要坚持惩恶扬善，营造风清气正的乡村社会政治生态。将全面从严治党和全面依法治国向乡村基层延伸，加强对农村干部队伍的监督管理，把权力关进制度的笼子里，严肃查处侵犯农民权益的"微腐败"，严厉打击侵害农民切身利益的违法犯罪活动，全面建设维护社会公平正义、保障农民基本权利的平安乡村、健康乡村、和谐乡村。

推进具有首都特点的乡村振兴，在农业发展上，要坚持质量兴农。以市场需求为导向，大力发展生态有机农业，为保障城乡广大消费者的身心健康提供优质安全的农副产品。在农村发展上，要坚持绿色兴农。以生态文明理念为引领，建设生态优、环境美、产业兴、人气旺、民风淳的美丽乡村，营造城乡居民向往宜居的美丽家园。在农民发展上，要坚持权利兴农。以实现人的全面发展为目标，从农民身份上看，要保障和实现农民的三种权利，即作为国家公民的公民权、作为集体经济组织的成员权、作为农村社区居民的村民权；从权利内容上看，要保障和实现农民的人权、产权、治权。改革开放的过程实质上就是不断扩大农民权利的过程，就是不断提升社会文明程度的过程。

执笔人：张英洪、王丽红、刘雯

首都山区村推进乡村振兴战略的路径研究

——基于延庆区典型村的调查

京郊农村是落实首都城市功能定位的战略腹地。近年来，在社会主义新农村建设和新"三起来"工程的带动下，特别是党的十八大以来，京郊农村的现代化水平快速提升，农村生态和人居环境都得到显著改善，农民生活水平持续提高。然而，按照建设国际一流和谐宜居之都的要求来衡量，京郊农村依然是首都发展不平衡不充分的重要领域，尤其是山区农村。为深入贯彻落实习近平新时代中国特色社会主义思想，积极实施具有首都特点的乡村振兴战略，2018年3月底至4月中旬，北京市农研中心课题组开展了乡村振兴"百村千户"调研，对京郊13个涉农区进行了分组走访，按照乡村振兴"百村千户"调研的工作方案，延庆调研组于2018年4月上旬对延庆区张山营镇的西大庄科村、胡家营村、后黑龙庙村、玉皇庙村、龙聚山庄和四海镇的海字口村、岔石口村、永安堡村、南湾村、前山村等10个村和100位农户进行了走访和问卷调查。具体情况如下：

一、延庆区调查村的基本情况

（一）所调查10个村资源禀赋情况

1. 调查村的人口情况。这10个村共有1809户、4005人，其中劳动力2270人。10个村的劳动力从事家庭经营的有670人，本地务工的有593人，外地务工的有983人，占劳动力总数的比重分别为30%、26%和44%。从劳动力的产业分布来看，从事第一产业的劳动力共有470人，占劳动力人数的21%；从事第二产业的劳动力有57人，占劳动力人数的2.5%；从事第三产业的劳动力有1719人，占劳动力人数的76.5%。

2. 调查村的土地资源情况。10个调查村共有耕地5562亩，林地74562.3亩，农村宅基地2370.5亩。其中，耕地面积最大的是四海镇岔石口村，有1236亩；林地面积最大的村是四海镇前山村，达到17182亩，宅基地面积最大的是龙聚山庄村，有787亩。

3. 调查村的集体资产情况。总体来看，10个村的集体经济实力较弱，集体资产总额为40073.4万元，所有者权益为38410.9万元，资产负债率为4%。其中，张山营镇龙聚山庄的集体资产总额最高，达到30453.9万元，占10个村集体资产总额的76%。其次为张山营镇胡家营村，集体资产总额为4445.8万元，占10个村集体资产总额的11%。再次为张山营镇玉皇庙村，集体资产总额为2278.5万元，占10个村集体资产总额的6%。

（二）10个村的经济发展情况

从村集体资产的经营来看，10个村集体资产的净利润总额为5419.5万元，集体资产收益率为13.5%。从各村具体情况来看，张山营镇龙聚山庄、玉皇庙和大庄科三个村的集体资产净利润依次位居前三位，净利润分别为2720.1万元、1721.9万元和759.5万元。从主导产业来看，10个村的产业分层比较明显。聚龙山庄、玉皇庙村依托自身的旅游资源优势，较早发展乡村旅游业和民俗旅游业，吸纳本村农民就业，这两个村经济总体发展较好。其余村庄的主导产业单一且发展缓慢滞后。南湾村的主导产业为花卉种植和乡村民俗旅游业，但产业还处于培育期。后黑龙庙村主要种植葡萄，2012年实现了有机转换，但目前在有机葡萄销售方面还缺乏高端渠道。胡家营村的主导产业是有机葡萄和苹果，近年来发展合作社联合社，带动农户的葡萄和苹果统一销售。前山村大部分农户依靠种植玉米为生，近期在培育高山胎菊；海字口村主要依靠林果业收入；永安堡村主要种植玉米、板栗、冰糖李子、茶菊，但都缺乏新品种、新技术的指导，面临着品种和果树老化等问题。岔石口村产业空心化，主要依靠种植玉米、板栗，人均耕地面积不足2亩，农户增收主要靠外出务工。

（三）乡村基础设施和公共服务情况

自北京市实施新农村建设以来，延庆区农村基础设施有了较大的改善和提升。凭借世园会、冬奥会的重大发展契机，延庆区交通建设不断提速，对外交通网络不断完善，延庆与京城的距离正在逐步缩短。延庆区乡村信息化水平较高，10个调查村的信息化水平都比较高，9个村已经实现了宽带入村。岔石口村2011年启动险村搬迁，村民于2014年搬入新居，2014年底，岔石口路及岔石口桥大修完工，大大改善了岔石口村群众的出行条件。

（四）农村居民收入情况

根据延庆区统计局数据，2017年，延庆区农村居民实现人均可支配收入21248元，增长8.5%；低收入农户人均可支配收入10014元，增长16.3%。根据北京市农经平台监测数据，10个调查村2017年农村居民人均所得平均为18756元，其中，大庄科村农民人均所得为31800元，龙聚山庄农民人均所得为21287元，玉皇庙村农民人均所得为20282元，最低为前山村，农民人均所得为15000元。

二、延庆区乡村发展面临的主要问题

（一）乡村空心化和老龄化，人才缺乏

京郊山区村空心化和老龄化现象非常突出。一是山区村已经变成了老人村。延庆区四海镇15个村60岁以上人口占比达到50%。在张山营镇和四海镇的10个调查村中，永安堡村60岁以上的村民达到70%左右，南湾村60岁以上的老人占全村人口的60%以上。二是各村劳动力外流导致村庄空心化，调查村的外出务工劳动力占比达到44%，其中，岔石口村、龙聚山庄2个村劳动力外出务工的比例达到63%和55%。乡村空心化的另一个表现是农民住房闲置率增加，张山营镇吴庄村的农宅闲置20余处，胡家营村农宅闲置达

到 50 处。三是乡村人才缺乏。村干部反映村官政策取消后，很多村连会打字的工作人员都没有了，前山村两委中年龄最小的村干部 55 岁。

（二）乡村经济基础薄弱，主导产业缺乏

京郊山区村集体经济基础弱，缺乏主导产业，新兴产业尚在培育阶段，没有形成新的增长点，农村土地碎片化和低效经营，农村资源处于沉睡状态，农产品销售渠道原始，小农户与大市场的矛盾仍然突出。一是山区村内缺乏主导产业，村集体经济效益低。位于深山区四海镇 5 个调查村的集体资产净利润非常低，海字口村和永安堡村的净利润为负值，前山村仅 4000 元，几乎为 0。二是土地利用效率低。山区村的土地碎片化严重，农户守着土地不愿意流转给村集体，老龄劳动力对土地的照顾也不如从前精心，农业的土地产出率非常低。永安堡村 60 岁以上的人口占 70% 左右，全村 500 余亩耕地，目前闲置 200 余亩。胡家营村有耕地 900 亩，全村 60 岁以上人口占比达到 36%，在村集体的努力下，20户流转了 70 亩，土地流转的租金为 1000 元 / 亩。三是山区村的特色资源尚未得到有效开发和利用。永安堡村的"冰糖李子"、花会表演，胡家营村的古崖居遗址，吴庄村的特色水产养殖、舞狮队、手工漆雕、剪纸、乡村作家等文化资源等。每个村都能挖掘出一些特色的、传统的历史文化和自然资源。四是特色农产品的销售渠道不畅。10 个调查村中，除龙聚山庄不再经营农业以外，其他 9 个村的农产品仍主要通过传统渠道销售。后黑龙庙村有 24 家葡萄种植专业户和 1 家葡萄种植专业合作社，种植葡萄 500 余亩，年产鲜食葡萄 250 吨，于 2012 年正式通过有机葡萄认证，具有一定的产业基础。然而，村民普遍反映葡萄销售渠道窄，优质农产品卖不上价。2017 年该村有机葡萄收购价 2—3 元钱，村民难以收回成本。

（三）乡村基础设施和公共服务的供给不足

延庆山区农村的基础设施和公共服务水平与农民的期望和需求仍存在较大差距。10个村有 6 个村村干部提出了乡村振兴面临的基础设施和公共服务的问题，100 位农户调查问卷显示，有 56 位农户认为生活中的困难是买东西、看病、存取款不方便，费时费力。具体来看，村民反映的关于基础设施和公共服务方面的问题主要有以下四个方面：一是基础设施建设和公共服务没有实现全覆盖。由于山区地势复杂，延庆山区村在基础设施建设中基本上没有下水和污水系统，直接影响村内环境和生活条件，村民强烈希望结合美丽乡村建设尽快解决下水问题。吴庄村村里公交车经常停运，时有时无；公共浴室、公厕都没有配备。二是已建成的基础设施缺乏管护和维修，2004 年开始农村基础设施建设，至今已经 15 年，很多村的基础设施需要改善和提升。海字口村 2008 年建成使用的自来水管道已出现四处漏水的问题，村内太阳能路灯只有不到 1/10 可以使用，由于太阳能板维修费用较高，村内难以承担维修费用。南湾村是北京最美乡村，乡村旅游业是主导产业，然而村民反应村内地下水的水碱较大，阳光浴室管道经常被堵。吴庄村的村庄街坊路面因地下水过多，冬季经常出现路面变形的情况。三是农户对房屋改造的需求也非常强烈，前山村村内大部分房子是 20 世纪 70 年代的老房子，虽然近几年通过抗震节能等项目做了外墙保温、外部粉刷等，外立面较新，但其内在结构已严重老化，遇到雨雪天气，就存在房屋漏

雨、倒塌的风险。四是村民普遍反映医保转诊手续较为烦琐，希望简化程序。四海镇、张山营镇卫生院条件有限，难以满足拍片等基本检查的需求，且药物种类较少。根据目前北京市基本医疗保险政策，"'一老''无业'须由社区卫生服务机构首诊，办理转诊后到二、三级定点医疗机构就医方可纳入报销。未进行社区首诊并转诊所发生的医疗费用自理"。即农民去延庆区就医需通过四海镇卫生院进行转诊，往来交通、时间耗费给老人带来极大不便。

（四）受访农民增收面临较大挑战

100名受访农户的人均年可支配收入为18756元，低于延庆区平均水平。受访农户中有42%认为生活最困难的是事情不好找、增收难。从调查的10个村来看，农民所得中家庭经营性收入占38%，工资性收入占35%，财产性收入占14%，转移性收入占13%。然而，山区村外出打工的农村劳动力就业收入普遍比较低，农民增收困难。吴庄村壮年劳动力外出务工一天的收入在125元左右。多数村民反映工资性收入来源于护林员的收入，但不是每年都有。

三、首都山区村推进乡村振兴战略的思考与建议

乡村是人聚居的空间，没有人的振兴，乡村振兴也无从谈起。因此，山区村振兴关键要实现人的振兴。空心化和老龄化是山区村产业凋敝、增收困难的重要原因，而基础设施和公共服务不足、产业基础薄弱又是乡村人才外流、外来人才难以留下来的重要原因。吸引外出劳动力回归，吸引新农人和新乡贤进入农村，关键是要围绕人才进村的需求和条件推动乡村振兴。

（一）全面提升山区村基础设施和公共服务水平

1. 以美丽乡村建设为契机，提升乡村基础设施和公共服务水平，进一步缩小城乡差距。一是针对山区村所处的特殊地质结构和每个村的特殊环境条件，建议由各个村自行提出美丽乡村建设中的基础设施改造需求，在专业技术人员指导下提出最优的解决方案，实现一村一策。二是提高基础设施建设的标准。新农村建设时期，很多村级道路设计标准基本能够满足当时的需求，然而，随着市民下乡和工程建设运输的需要，乡村道路建设标准下的道路很容易受到损坏，因此，在美丽乡村建设期间，建议适当提高乡村道路建设的标准。三是建议对村庄进行重新规划、建设，提升人居环境。针对山区非险村搬迁的村，在现行法律的框架下，由专业技术机构出具危房证明后，允许村民自主在原址改建和翻建危房，保障居住安全和改善居住环境。

2. 以特色小城镇建设为抓手，重点提升乡镇级公共服务供给水平和辐射能力。在乡镇中心镇区建设相对完善的公共服务和基础设施的功能体系下，全面提升乡镇级医疗、卫生、教育、文化公共服务能力，形成乡村公共服务的"微中心"，实现一刻钟"生活圈"。通过镇域范围的基础设施一体化、便利化和社会保障、基本公共服务均等化，带动、促进乡村现代化，进一步缩小城乡公共服务差距。在乡村推动网络挂号、电话预约挂号，改变传统的就医模式，避免村民"起大早赶晚集"，错过挂号时间等看病难题，允许急诊患者直接到三级医院就医，并可以纳入医保报销。在乡镇卫生服务机构医护人员、硬件设施及

药品配备达标前，取消山区农村"'一老''无业'须由社区卫生服务机构首诊，办理转诊后到二、三级定点医疗机构就医，方可纳入报销"的规定，确保山区农民能就近、方便、快捷地享受到诊疗及用药服务。提高乡村公共交通服务水平，一是增加乡村内部的微交通、微循环路线，二是将共享理念引入乡村公共交通服务，引导社会力量有序参与到乡村居民交通出行服务，促进乡村共享经济发展。

3. 推动乡村公共服务手段创新。应用生态技术，推进山区村"厕所革命"，探寻农村垃圾处理和污水处理的有效路径。建议采用生态复合型微循环污水处理方法，综合性地处理农村生活污水。该方法既可以在居民集中的村庄进行综合多重单元系统的自由组合叠加应用，又可以在单家独院的分散住户进行单元系统的选择性拆分使用，为山区农村污水处理提供一种效果良好、经济实惠的新技术。

4. 推进城乡基础设施管理机制创新。参照城市基础设施和公共服务的管理模式和机制对乡村基础设施和公共服务进行管理，剥离村委会所承担的代收水费、电费、燃气费等事务以及村集体负责基础设施管护的职责，由相应的部门负责管理和维护，管护的费用由财政拨付给相应职能部门。

（二）加快培育乡村新产业和新业态

1. 盘活空心村闲置农宅资源，大力发展健康养老和高端会展业，推动当地乡村旅游业向国际化、绿色化方向发展。一是建议张山营镇借助冬奥会的机遇，以重大项目为带动，引进社会资本和高端智力资源，整体盘活打造自然资源、生态资源、文化资源，以一二三产业融合发展为导向，按照田园综合体的思维打造乡村高端民宿，让村里的水产生产变成垂钓休闲，让村里的豆腐坊变成豆腐制作体验店，让村里的文化园变成城里人的乐诗会、故事会，带动乡村产业兴旺，人气兴旺。深度挖掘山区村历史文化资源，引入合作企业共同发展乡村旅游业。二是以长城文化带为核心，将各村打造成为长城文化传承的重要节点和载体。加强对乡村文化资源的抢救和保护，相关部门应该对张山营镇吴庄村的乡村舞狮队、手工漆雕、剪纸等文化重新振兴起来，让村里的休闲旅游成为具有吴庄特色的休闲旅游。三是对于分散的农家院和民俗户，建议成立村级旅游专业合作社，为各户农家院提供宣传、布草、餐具消毒等基本服务，提高接待水平，提升农家院档次。

2. 依托山区优质环境，大力发展生态农业和有机农业。与沱沱工社、北菜园等开展积极合作，借助成熟的有机农产品推广平台，推动小农户与大市场的衔接，促进优质优价销售。以乡镇统筹的方式，推进各个村资源整合和优势互补，整体发展。以四季花海等知名乡村旅游品牌为引领，带动各个村花卉种植、园艺产业、茶叶加工、观光休闲和民宿等相融合的美丽产业体系的形成。依托一产，做足一二三产融合的文章，推进观光农业、高端民宿产业的融合发展。

3. 大力发展农村服务业，推动农村养老服务业、医疗、教育、卫生、环保产业、金融产业、健康产业、新能源服务产业的有效发展，一方面有利于补齐农村社会化服务短板，另一方面为山区农村创造更多产业发展机遇，形成新产业、新业态、新增长。

（三）提高乡村人才的待遇水平，形成人才回流机制

1. 创新农村干部的薪酬机制，解决乡村治理中面临的经济压力和人才短缺问题。在政经分设改革基础上，形成以"市区政府补贴＋乡镇政府绩效＋村级工资"为框架的村干部和专业人才的薪酬机制，稳定"一懂二爱"式的农村干部与专业人才队伍。

2. 加速推进基本公共服务的城乡并轨。实行与城镇居民同等的劳动政策和就业管理，从总体上扭转农民就业兼业化、农民增收过度依赖于财政补贴的问题，提高农村居民社会保障水平。

3. 建立专业岗位人员高薪机制，吸引公共服务领域人才下乡。对于长期在乡镇、村工作的教师、律师、规划师、工程师、医护工作者、文艺工作者、公交司售人员以及其他公共服务人员，要制定政策保证其个人收入至少比城区同类人员平均薪酬高20%。对于具有高级职称的专业岗位从业人员到城市六区以外的乡镇长期从业的，工资标准为城市六区内同等职称人员工资的2倍；对于具有高级职称的专业岗位从业人员到城市六区以外的农村长期（超过5年以上）从业的，工资标准为城六区以内具有高级职称的专业岗位从业人员工资的至少3倍。

调研组组长：曹四发

调研组成员：张英洪、宋刚、魏秀芝、刘雯、陈珊、王丽、李婷婷、李颖、张胜军、王静、宋海艳、卢艳霞、胡辰

执笔人：王丽红

具有首都特点的乡村振兴与新型城镇化关系研究

　　自党的十九大报告提出乡村振兴战略以来，乡村振兴已经成为热点，2018 年中央一号文件又以实施乡村振兴战略为主题，对于新时代实施乡村振兴战略的重大意义及其指导思想进行了深刻阐述，明确了实施乡村振兴战略的目标任务和基本原则，确立了实施乡村振兴战略的基本工作思路。为深入贯彻落实党的十九大精神和习近平总书记关于实施乡村振兴战略的重要讲话精神，推动实施具有首都特点的乡村振兴战略，北京市委、市政府也印发了《关于实施乡村振兴战略的措施》等文件，制定了北京实施乡村振兴战略的时间表和路线图，更是搭建了乡村振兴的"四梁八柱"。但北京作为国家首都和超大城市，经过长期的市场化改革、城镇化发展，2017 年常住人口城镇化率达到 86.5%，城镇化与逆城镇化并存，"大城市小农村""大京郊小城区""大生态小农户"的特点鲜明。在推进具有首都特点的乡村振兴战略的大背景下，如何科学厘清乡村振兴与新型城镇化的关系，重塑城乡关系，促进城乡融合发展，服务好"四个中心"与国际一流的和谐宜居之都建设，成为摆在我们面前的一个重要课题。

　　课题启动之初，北京市农村经济研究中心城乡发展处就会同和君云水泉研究团队深入卢沟桥乡、房山区张坊镇与阎村镇等走访调研，并与海淀农委等部门开展深度座谈，全面了解各地在推进乡村振兴战略中采取的主要措施、遇到的难题及形成的创新亮点，并在此基础上形成相应的调研报告。同时，课题组采用 GIS 矢量数据分析等统计分析方法，以全市 2009—2016 年的乡卡数据为参照，通过总体分析与典型个案相结合，从产业结构、基础设施、公共服务配套、人居环境改善及土地利用情况等五个维度，全方位分析近年来北京乡镇发展的现状。田野调查、定性研究与定量分析相互结合，为在研究报告中提出可操作的对策建议打好基础。

　　从报告的框架逻辑看，主要遵循"现状问题—关系辨识—实现路径—对策建议"的脉络。从分析北京当前面临的新形势入手，分析新型城镇化建设、乡村振兴战略、京津冀协同发展和《北京城市总体规划（2016 年—2035 年）》对发展环境的影响，提炼出首都发展的新特点，梳理北京城乡发展过程中面临的问题，对"具有首都特点的乡村振兴与新型城镇化的关系"展开核心论述，并提出以统筹为理念、同步推进乡村振兴和新型城镇化"双轮驱动"，最后从制度保障、要素优化等方面给出北京城乡一体发展的对策建议。

一、绪论

（一）研究背景

1. 新型城镇化模式发生深刻转变。党的十八大明确提出了"新型城镇化"的概念，2014 年发布实施的《国家新型城镇化规划（2014—2020 年）》，进一步提出要坚持走中国特色新型城镇化道路，指出新型城镇化是加快产业结构转型升级、推动区域协调发展、解决农业农村农民问题的重要途径。

在京津冀协同发展、北京非首都功能疏解向纵深推进的背景下，北京新型城镇化模式也将发生深刻转变。从战略目标层面看，传统城镇化的基本逻辑是尽量压低城镇化成本，加快发展速度，新型城镇化则是要统筹城乡、实现均衡发展；从基本特征层面上看，传统城镇化是分割式发展，新型城镇化要整体规划、顶层设计；从运行机制层面看，传统城镇化主要是依靠"三重软约束"[①]，透支未来发展空间，新型城镇化追求硬约束条件下的可持续的城镇化，[②] 提高资源要素配置效率。

2. 乡村振兴战略提出新目标。实施乡村振兴战略，是党的十九大做出的重大决策部署。实施乡村振兴战略，是从根本上解决新时代"三农"问题的重要举措，是新时代解决我国社会主要矛盾的迫切要求，也是决胜全面建成小康社会、全面建设社会主义现代化国家的重大历史任务。实施乡村振兴战略，是新时代"三农"工作的总抓手，更是促进农业发展、农村繁荣、农民增收的治本之策。

为贯彻落实《中共中央 国务院关于实施乡村振兴战略的意见》，2018 年北京市出台《关于实施乡村振兴战略的措施》，提出要牢牢把握首都城市战略定位，紧扣北京"大城市小农业""大京郊小城区"的特点，坚持农业农村优先发展，按照产业兴旺、生态宜居、乡风文明、治理有效、生活富裕的总要求，以城乡融合发展、农业绿色发展、农民全面发展为主线，以建设美丽乡村为抓手，以建立健全城乡融合发展体制机制和政策体系为重点，全面实施乡村振兴战略，扎实做好乡村改革、乡村发展、乡村建设、乡村文化、乡村治理等工作，着力解决乡村发展不平衡不充分问题，着力推动乡村产业振兴、人才振兴、文化振兴、生态振兴、组织振兴，高标准、高水平、高质量推进农业现代化、农村现代化、乡村治理体系和治理能力现代化建设，为决胜全面建成小康社会和建设国际一流的和谐宜居之都提供坚实保障。

3. 京津冀协同发展向纵深推进。推动京津冀协同发展，是以习近平同志为核心的党中央作出的重大决策，是一个重大的国家战略。京津冀协同发展的核心是京津冀三地作为一个整体协同发展，以疏解北京非首都功能为"牛鼻子"，以治理北京"大城市病"为基本出发点，提升首都核心功能。优化调整经济结构和空间结构，高水平规划建设河北雄安新区、通州城市副中心，共同形成北京新的两翼，强化京津双城联动，提升石家庄、唐山、

---

① 三重软约束，指预算软约束、市场软约束、资源软约束。

② 郭光磊. 推进首都新型城镇化及集体建设用地集约利用的思考 [J]，中国经贸导刊，2015（21）.

保定等区域中心城市和张家口、承德等节点城市功能，加快建设以首都为核心的世界级城市群。

构建以首都为核心的世界级城市群，既要明确区域内城市功能定位，优化城市群空间布局，提升京津双城的辐射带动作用，推动区域中心城市组团式发展，也要增强节点城市要素集聚能力，培育中小城市和特色小城镇，形成定位清晰、分工合理、功能完善、生态宜居的城镇体系，避免"一核独大""单中心"空间格局和"摊大饼式"发展。

4. 北京新版城市总规发布实施。2017年发布实施的《北京城市总体规划（2016年—2035年）》，明确了首都"四个中心"的城市战略定位，提出必须把城市和乡村作为有机整体统筹谋划，破解城乡二元结构，推动城乡统筹协调发展，充分挖掘和发挥城镇与农村、平原与山区各自优势与作用，优化完善功能互补、特色分明、融合发展的网络型城镇格局。针对平原地区和生态涵养区不同资源禀赋条件，北京新版城市总体规划提出：要构建"中心城区—北京城市副中心—新城—镇—新型农村社区"的现代城乡体系，制定分区指导、分类推动、分级管控的城乡一体化发展策略，形成以城带乡、城乡一体、协调发展的新型城乡关系。

《北京城市总体规划（2016年—2035年）》关于"政治中心、文化中心、国际交往中心、科技创新中心"的城市战略定位，不仅是城市地区发展的方向遵循，乡村地区也要为"四个中心"定位的实现发挥作用。以国际交往中心功能为例，北京现有国际交往功能大部分集中在朝阳区等城市地区，京郊乡村地区的山水林田湖草体系虽然较为完整，但服务于国际交往功能的观光休闲行业处于低层次经营、低水平建设的状态，高品质的产品供给不足，难以服务于国际交往中心的功能定位。乡村地区如何服务城市战略定位，是新形势下亟须破解的新课题。

（二）新背景下的首都发展特点

随着京津冀协同发展、非首都功能疏解有序推进，以及《北京城市总体规划（2016年—2035年）》的发布实施，首都发展面临新的形势和要求，也呈现出新的发展特点。

1. 减量发展。从集聚资源求增长，到疏解功能谋发展，北京成为全国第一个"减量"发展的城市，减量发展成为首都发展的鲜明特征。《北京城市总体规划（2016年—2035年）》明确了减量发展的任务目标，主要包括：一是人口规模减量。按照以水定人的要求，根据可供水资源量和人均水资源量，确定北京市常住人口规模到2020年控制在2300万人以内，2020年以后长期稳定在这一水平。二是建设用地规模减量。促进城乡建设用地减量提质和集约高效利用，到2020年城乡建设用地规模由现在的2921平方公里减到2860平方公里左右，到2035年减到2760平方公里左右。

在减量发展的新时代，必须用新的思维模式思考城镇化模式与乡村振兴。减量发展必将倒逼发展方式加速转变、产业结构加快升级、城市功能优化调整，传统"摊大饼式"的粗放发展模式难以延续，必须通过产业疏解和空间腾退，通过改善城乡社会治理和公共服务水平，彻底转变发展方式、转换发展动能，既要保证城乡建设和发展的需求，又要控制好常住人口规模，适当减少建设用地规模。

在减量发展的背景下，对乡村存量资产的盘活利用至关重要。一是要盘活农村土地资源，包括宅基地、废弃工矿用地、疏解腾退的工业大院等存量用地，加强土地保护性开发，充分利用村庄现有建设用地，实施改造更新再利用，推动实现建设用地规模减量；二是促进乡村空间更新与产业升级密切结合，推动农村地区的农业、林业与乡村旅游、休闲养老等产业融合发展，有效利用挖掘农业、林业资源的经济潜力。

2. 高质量发展。新时代我国经济发展从高速增长阶段转向高质量发展阶段，必须牢牢把握高质量发展的根本要求。对乡村地区而言，要以农业农村的供给侧结构性改革为主线，高质量推动实施体现首善标准的新型城镇化与乡村振兴。综合采取减量、疏解、整治、提升等政策手段，推动乡村地区由粗放扩张转向集约高效发展，以高品质的生态环境、营商环境吸引高端人才和企业，以高标准、高效率为导向的政策措施推动产业的提质增效，从而提升整个区域的发展质量。这意味着，乡村地区的发展需要软件、硬件双提升，一方面要在基础设施和公共服务设施上补足短板，强化生态环境、城乡建设方面的品质优势，另一方面要在乡村治理方面加强创新，优化乡村发展的总体环境。

以产业发展为例，北京市的村集体产业存在"小而散"、产业基础薄弱、粗放低端等问题，部分村集体经济组织收入仍以"瓦片经济"为主，农村集体经济发展不充分。在"疏解整治促提升"的背景下，征地拆迁和拆违治乱的"腾笼"力度很大，但"换鸟"的进程跟不上，优势主导产业不明确、经营管理能力不高，集体经济收入效益下降，乡村发展的"造血机能"尚未充分发挥出来，亟须在疏解整治的基础上加快提升，推动集体经济加快升级，实现乡村产业的高质量发展，培育可持续发展的新动能。

3. 均衡发展。北京乡村地区，存在着乡村发展不充分、不平衡的问题。

一是乡村发展不充分。总体来看，北京乡村地区的建设发展缺乏合理的规划引导，与城市地区相比，乡村基础设施建设还不完善，农村公共服务供给还存在较大差距，乡村生产生活的便利性还要提高，部分乡村出现衰落趋势，农民生产生活缺乏有效组织，农民增收还不充分，乡村经济发展潜力没有得到充分挖掘。

二是乡村地区发展不平衡。北京的城乡地区发展差距较大，既有山区与平原地区的发展差距，也有同一个区内部不同乡镇之间的发展差距。处于不同发展阶段的乡镇，功能定位和面临问题不尽相同，对产业、资金、土地等要素资源的需求也不相同，必须坚持分区分类、立足实际、因地制宜，根据不同城镇的功能要求，以市场为导向，合理配置要素资源，促进城乡地区均衡发展。

4. 融合发展。新时代更加注重融合发展。对于北京乡村地区，既要促进城乡融合发展，促进农村与中心城、新城、产业园区融合发展，也要促进产城融合、产镇融合发展，促进一二三产融合发展。从城市与乡村的关系来看，乡村振兴不仅是乡村地区的建设发展，也是重塑城乡关系、以城带乡、城乡联动融合发展的过程。从产业发展来看，要推动农村地区的一二三产融合发展，优化农业地区产业结构，拓展产业功能边界，促进新兴业态与传统农业融合，发展旅游农业、乡村休闲文化等产业，构建产业融合发展生态圈，提升农业农村经济活力与竞争力。从区域功能关系来看，要推动产业功能与城市功能相融合，推动农村地区与周边产业园区、重点新城联动发展。

（三）首都城乡建设的历程与问题

北京是一个拥有 2172 万常住人口的超大城市，下辖 16 个区、182 个乡镇、3936 个村，农业户籍人口 233.8 万人，常住人口城镇化率达到 86.5%，户籍人口城镇化率为 51.2%，是典型的"大城市小农村"城乡格局，农业规模小、资源压力大。近年来，随着城镇化进程的快速发展，北京的城镇和乡村发生了很多新变化，为落实"建设国际一流的和谐宜居之都"战略定位提供了重要的生态支撑、空间支撑、服务支撑和产业支撑。然而，随着发展阶段和发展模式的转变，北京的城乡建设，也出现了一些问题。

1. 城市与乡村发展不平衡。北京的城乡地区发展差距较大，既有山区与平原地区的发展差距，也有同一个区内部不同乡镇之间的发展差距。呈现出中心城区过度城市化、乡村地区城市化不足的现象。

以公共服务设施的分布为例，存在学校、医院和文化设施过度集中在中心城区，山区和郊区的设施分布相对不足的问题。

（1）教育设施。教育资源整体情况正在逐步改善，发展相对比较稳定，但存在分布不均匀的问题。中心城区教育资源充足，而平原地区及生态涵养区教育资源相对较少。

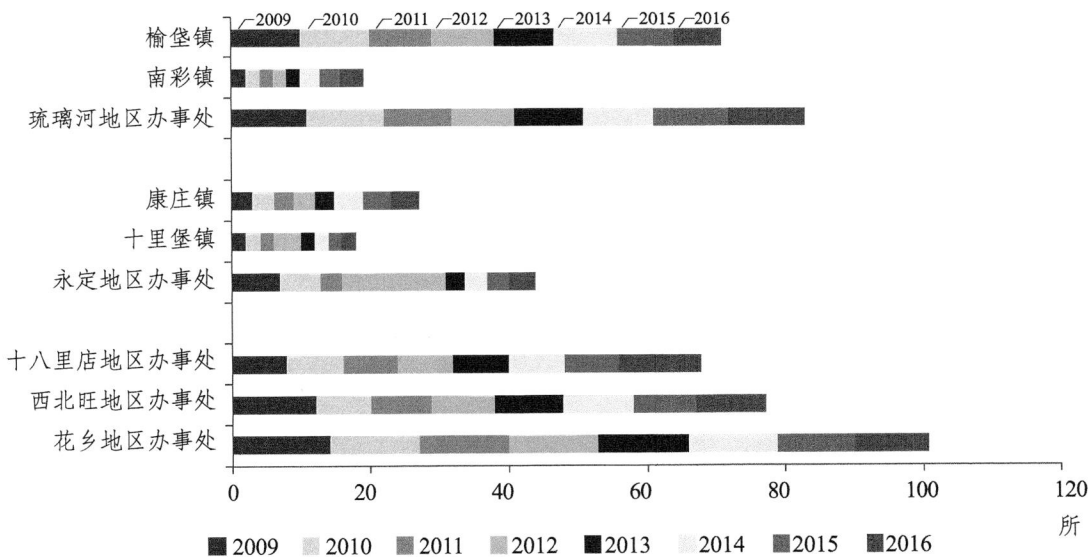

图 1　2009—2016 年平原地区、生态涵养区、中心城区典型乡镇小学数量对比

数据来源：统计局乡卡资料，和君云水泉作图。

（2）医疗卫生设施。近年来，北京郊区医疗卫生机构数量明显增多，主要集中在中心城区及平原地区，分布不均衡，生态涵养区相对来说数量较少。

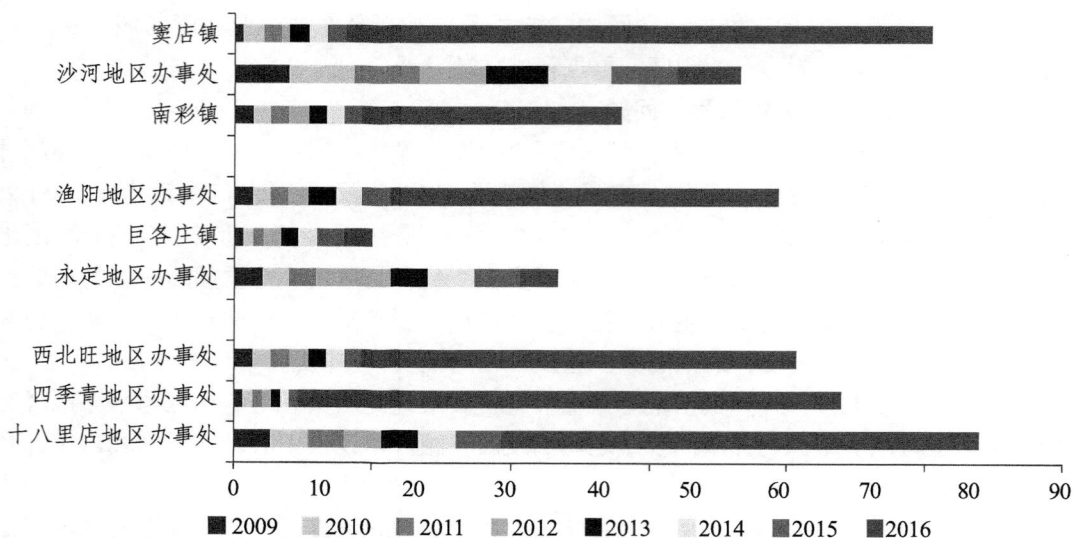

图2　2009—2016年平原地区、生态涵养区、中心城区典型乡镇医疗卫生机构数量

数据来源：统计局乡卡资料，和君云水泉作图。

（3）文化设施。图书馆及文化站，主要集中在中心城区，平原地区及生态涵养区数量极少，分布极不均衡。以2016年为例，高碑店地区办事处有图书馆及文化站32个，管庄地区办事处有23个，而密云镇仅有4个，史家营乡仅2个。

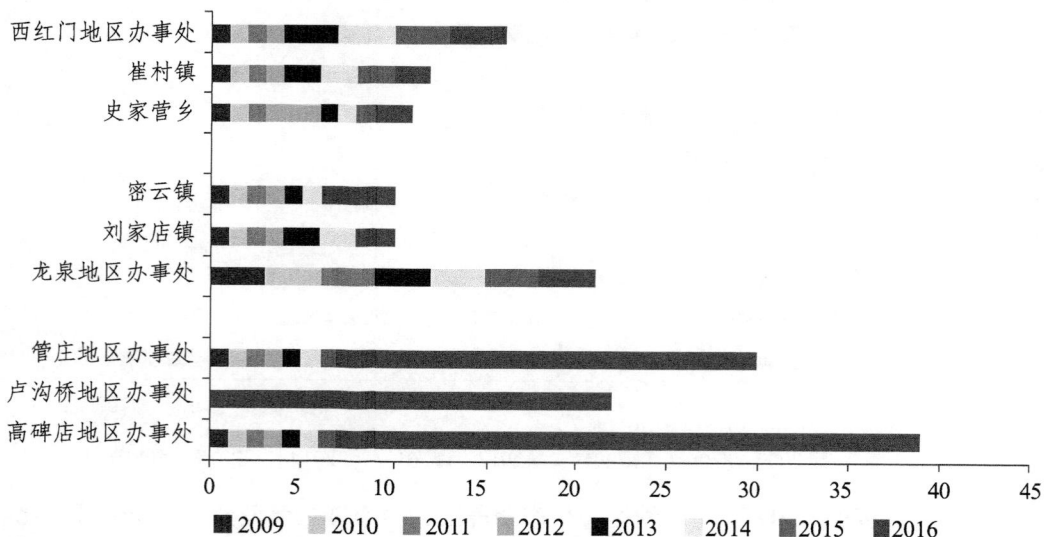

图3　2009—2016年平原地区、生态涵养区、中心城区典型乡镇图书馆及文化站数量

数据来源：统计局乡卡资料，和君云水泉作图。

2.“城市病”与“郊区病”“乡村病”共存。城市人口不断集聚引发“城市病”的同时，农村近郊的一些地区被城市包围，成为失去耕地的“城中村”，乡村人口不断萎缩、人才流失，引发"乡村病"，出现"城市病"与"郊区病""乡村病"多病齐发的现象。北京乡镇地区主要表现为公共交通不便、镇区用地紧张、基础设施缺乏、人口老龄化以及乡村空心化等问题并存。

（1）公共交通不便。近年来，北京各区县公路里程不断增长，镇区公交车通车线路增多，交通线路逐步完善，但是各乡镇之间发展差距较大，平原地区以及生态涵养区交通线路少。如斋堂镇、雁翅镇、冯家峪镇等村镇，从2009年到2016年，公交车通车路线只有一条，公共交通极为不便。

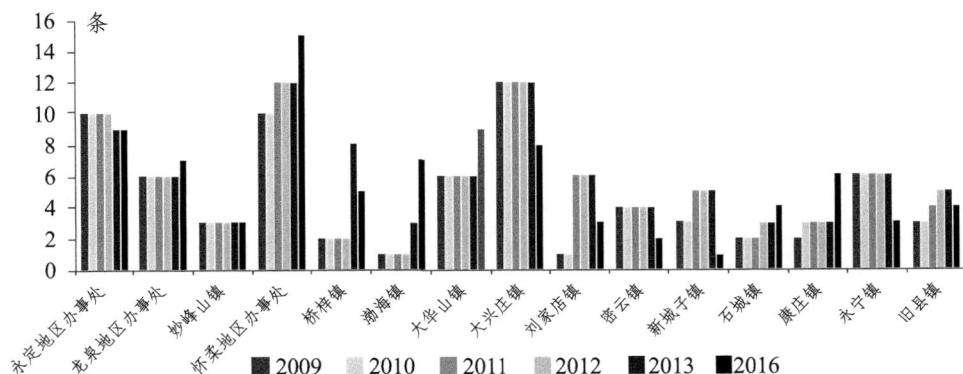

图4　2009—2016年生态涵养地区典型乡镇镇区公交车通车线路数量变化

数据来源：统计局乡卡资料，和君云水泉作图。

（2）镇区用地紧张。随着以城带乡、城乡一体、协调发展的新型城乡关系的逐步实施与完善，北京乡镇的镇区建成面积急剧增加，已由2009年的39176.8公顷增长到2016年的86265.5公顷。

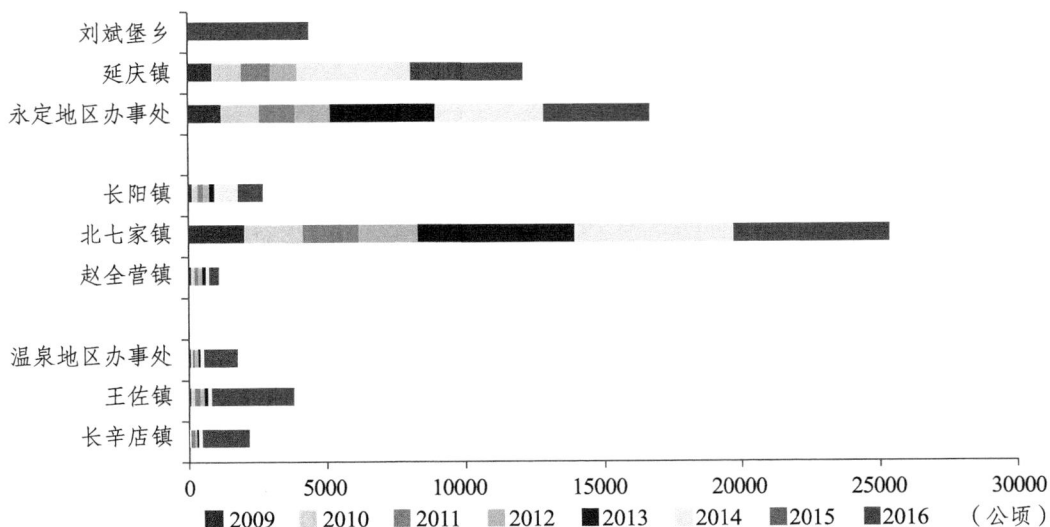

图5　2009—2016年生态涵养区、平原地区、中心城区典型乡镇镇区建成区面积

数据来源：统计局乡卡资料，和君云水泉作图。

（3）基础设施缺乏。基础设施投资方面，中心城区基础设施建设正在逐步完善，投资力度较大。平原地区及生态涵养区各乡镇，虽然基础设施建设也在逐步完善，但投资力度相对于中心城区较小。

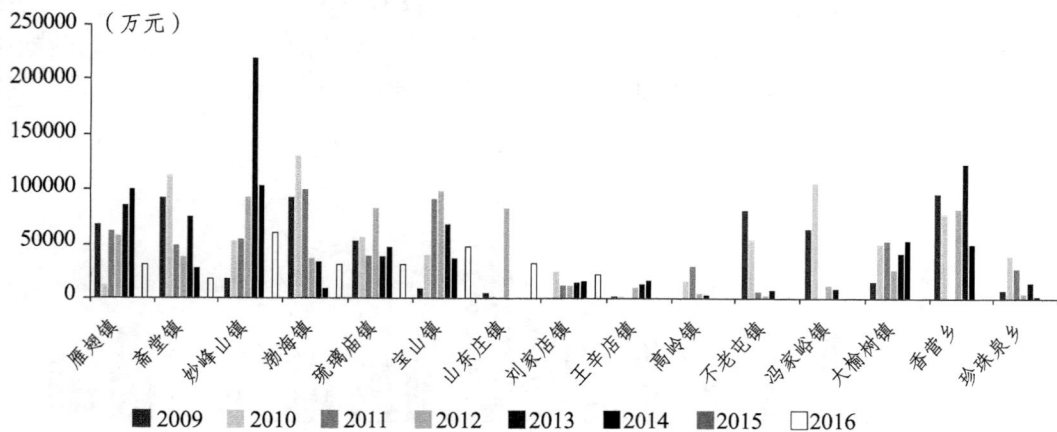

图6　2009—2016年平原地区典型乡镇基础设施投资情况

数据来源：统计局乡卡资料，和君云水泉作图。

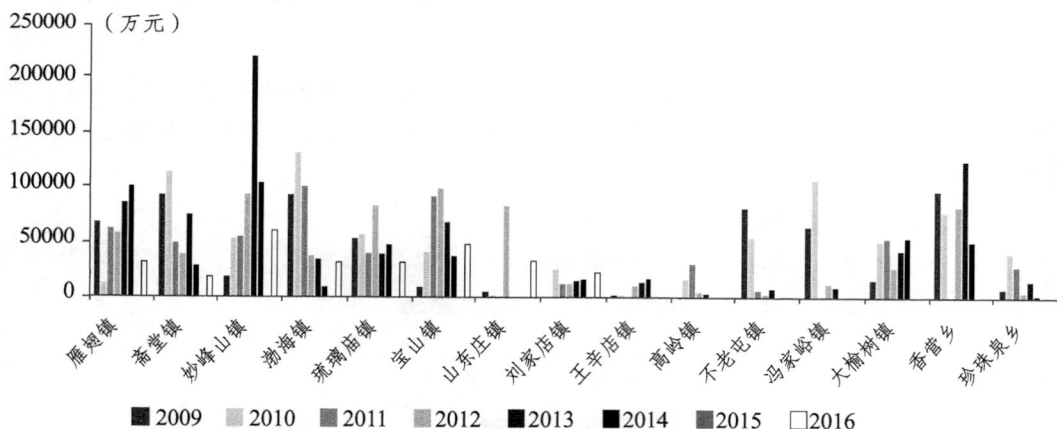

图7　2009—2016年生态涵养区典型乡镇基础设施投资情况

数据来源：统计局乡卡资料，和君云水泉作图。

以公共卫生间情况为例，平原地区及生态涵养区设施资源数量较少，且乡镇之间差距较大。2016年生态涵养区的八达岭镇仅有22个。

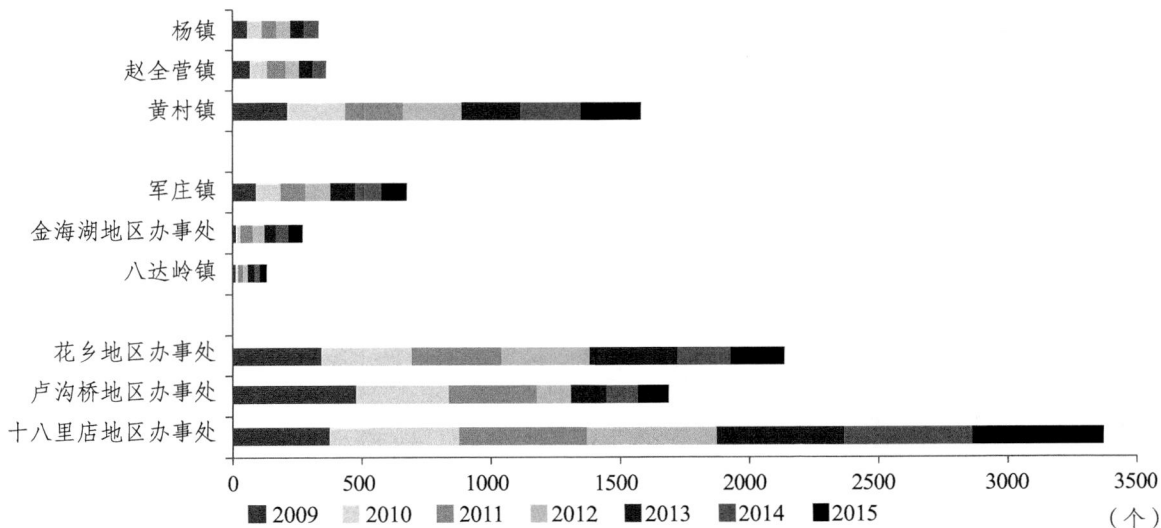

图 8　2009—2016 年平原地区、生态涵养区、中心城区典型乡镇公共卫生间数量

数据来源：统计局乡卡资料，和君云水泉作图。

（4）人口老龄化。2016 年，北京市人口老龄化率已经达到 24.1%，其中北京农业户籍老龄化达到 26.1%，高于全市平均人口老龄化率。北京每年有 10 多万外来务农人员从事第一产业。随着农村人口老龄化的加剧，农村经济发展的人口红利消失，人口约束已成为北京农村发展的重大瓶颈，在农村，谁来种地怎么种地、谁来养老怎么养老、谁来治理怎么治理的问题也日益突出。

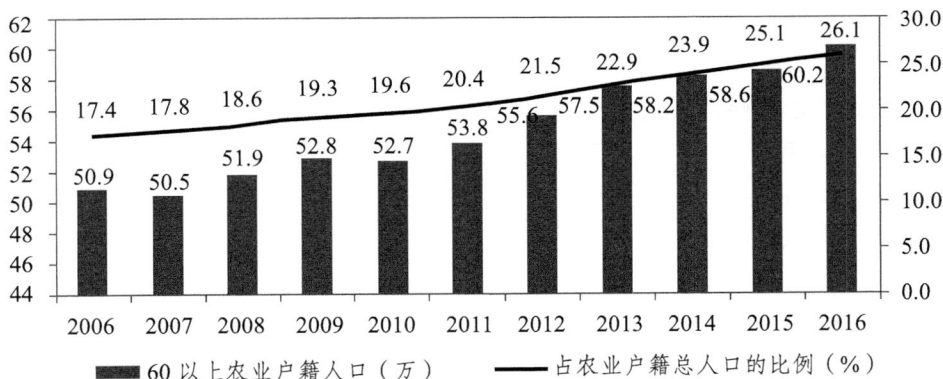

图 9　北京农业人口老龄化情况

数据来源：北京统计年鉴 2017，和君云水泉作图。

（5）乡村空心化。在城镇化进程中，随着人口从乡村到城市的流动，京郊农村人口发生了巨大的结构性变化，农村贫困人口多集中于孤寡老人、残疾人和身患重病的失去劳动能力的人群，大量青壮年劳动力流入城市，村庄劳动力空心化，土地荒废或低效经营，导致不少村庄呈现衰败景象，形成了空心村、老人村。根据2018年乡村振兴"百村千户"专题调研摸底，在全市3945个村级集体经济组织所在的行政村（或社区）中，常住人口不足户籍人口一半的空心村就有48个。

表1　北京"五类村"摸底情况　　　　　　　　　　　　　　　单位：个

区	合计	三无村	倒挂村	拆迁村	空心村	传统村
汇总	3945	56	173	720	48	2986
丰台	70	8	5	57	0	10
海淀	78	2	7	40	0	36
朝阳	157	9	39	95	1	13
石景山	12	1	0	11	0	0
门头沟	186	0	0	54	4	128
房山	466	6	4	87	18	368
大兴	500	21	19	81	1	378
通州	474	2	39	111	0	322
顺义	426	0	25	56	0	345
昌平	312	0	25	64	0	223
怀柔	284	4	6	13	16	245
平谷	273	0	0	7	0	266
密云	331	1	2	7	2	319
延庆	376	2	2	37	6	333

注：本表来源于市农研中心（市农经办）农经统计处。其中，三无村即无农业、无农民、无农村。倒挂村是指外来人口超过本地户籍人口。拆迁村是指因国家征占土地、拆迁上楼，城市物业管理方式超过50%。空心村是指本地常住人口不足本地户籍人口的70%或者农宅完全闲置超过10%。剩下即为传统村。

3. 北京进入高成本发展模式。近年来，北京的乡镇建设逐渐进入高成本的发展模式，财政收支差距加大，教育设施、公共基础设施等投资额度日益增长。

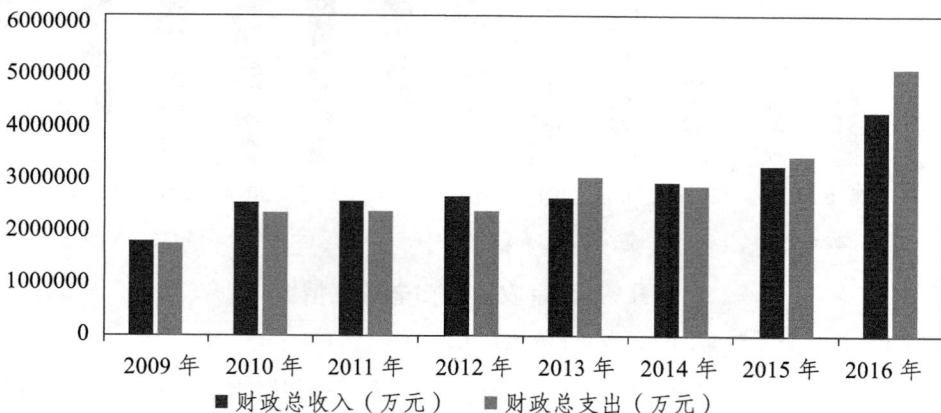

图10　北京乡镇财政总收入与财政总支出情况

数据来源：统计局乡卡资料，和君云水泉作图。

（1）乡镇财政收支差距加大。2009—2016 年，北京乡镇财政总收入与财政总支出情况，整体呈上升趋势，逐年增多。财政总收入从 2009 年的 1791741.4 万元增长到 2016 年的 4204376.1 万元，增长了近 1.35 倍；财政总支出从 2009 年的 1756743.6 万元增长到 2016 年的 5039353.7 万元，增长约 1.87 倍。

（2）村集体支出压力大，财权统筹待解决。2017 年在"百村千户"调查中，全市 3945 个村级集体经济组织中，收不抵支的村有 1983 个，占比 50.3%；资不抵债的村有 395 个，占比 10%，比上年增加 9 个，很多村的日常开支和村民福利，基本是靠上级补贴和吃土地征占补偿款的"老本"在勉强维持。财政资金使用效益不高，乡镇政府不具备统筹职能，虽有财权，但没有把钱用在哪里的权限，只能按财政划拨时确定的用途使用。一般来说，乡镇财政本就不富裕，但由于体制所限和各项达标检查验收，使乡镇在财政运作上的主动权越来越小，造成财政拨付资金用不到"刀刃"上，财政资金的使用效益较低。

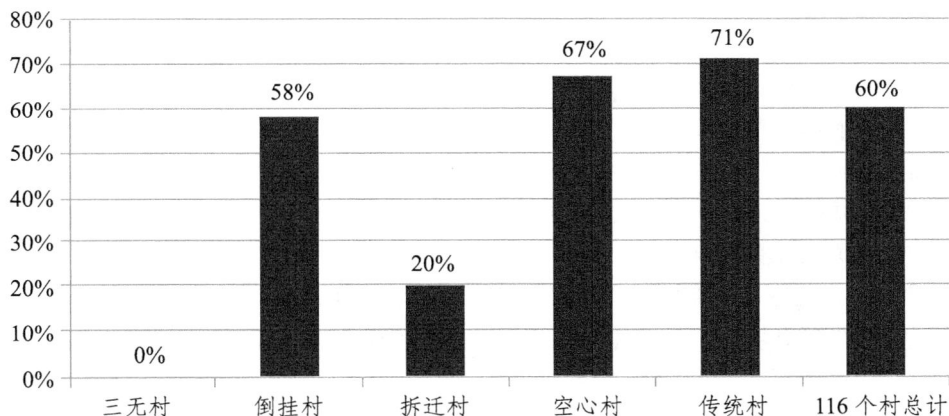

图 11 村级开支大、收入少，管理运行难以为继的村占 116 个调查村比重

数据来源：北京市农研中心（市农经办）乡村振兴"百村千户"调研村级问卷调查。

北京城乡发展存在的这些问题，其最根本原因在于城乡二元体制没有根本破解。一方面，国有土地和集体土地同地不同权，集体建设用地利用的政策限制较多，导致乡镇集体土地的市场交易程度不高，低端产业集聚，乡镇集体经济组织收入不足以承担公共服务、社区建设管理等支出，公共服务品质不高，难以引来优质产业，进一步加剧低端产业聚集态势，并逐渐形成恶性循环，使产业转型升级难度不断增大。另一方面，无论乡镇建设还是产业发展都有较强的被动性，传统城镇化对市场力量和规律的重视不够，过多依靠行政手段，造成城市发展单极化趋向，过多的政策、资金偏向于城市，使得城乡居民在公共服务供给方面存在严重的不均等现象。

围绕乡镇发展的突出问题，北京市各区通过探索乡镇统筹，集约高效利用集体建设用地，有效缓解了人口资源环境压力，也充分保护了农民的利益。因此，在乡村振兴和新型城镇化建设中，要充分树立统筹的理念，梳理好各级政府需要统筹的重点内容，从规划、土地、产业等方面找好统筹的着力点，通过统筹来推动乡村振兴和新型城镇化。

二、从北京村庄振兴路径辨识乡村振兴与新型城镇化的关系

（一）北京村庄的振兴路径

北京农村各不相同，既有社会经济发展程度比较高的城乡结合部，也有社会经济发展程度一般的平原地区，还有社会经济发展程度相对薄弱的广大山区、半山区。除不同的经济社会发展阶段以外，这些村庄自身在区位条件、资源禀赋、历史文化、经济实力、人口规模、村民素质等方面存在巨大差异，因此对乡村振兴战略实施的需求也有很大差异，导致了乡村振兴不可能采取一个政策、一个模式、一种路径。回顾北京村庄的振兴探索和实践，我们不难发现大致有以下三种路径。

1. 城市化转型路径。这类村庄大多分布于城乡结合部地区、新城被列入城市建设范围的地区等，一道绿隔地区是典型代表。一道绿隔地区主要在四环、五环之间，大部分是城市的建成区，这个区域的村庄发展目标就是城市化。再看城乡结合部，北京对此区域的50个重点村实施了整建制农转居。该路径主要是源于城市发展空间需求和市场化利益驱动，政府的主导作用较强，而村庄和农民处于相对被动的地位，同时由于拆迁安置等成本不断增加，实施难度越来越大。

2. 新型城镇化聚集路径。这类村庄主要分布于远郊区的重点镇，或者城市规划建设区之外又距离城区较近的地区，受重点镇的辐射影响较大，通过重点镇和小城镇的产业带动、人口集聚功能等实现就近城镇化。

3. 新型农村社区提升路径。这类村庄主要分布于远郊平原地区和山区，前者受中心城区或重点镇的辐射较少，后者由于不具备开发建设和人口经济集聚的客观条件，多位于生态涵养区，该路径中村庄及农村的自主性最强，一般是通过村集体产业发展的资金积累，再带动村庄实现现代化建设和改造，其典型代表有：由宏福集团带动发展的昌平区郑各庄、由韩建集团带动发展的房山区韩村河等。二者都是以建筑和施工起家的村集体企业为带动，实现村庄产业化，企业获得的利润有很大一部分用于村庄改造，改善市政设施，配套教育、文化、绿地等公共设施，建设新型农村社区，并通过集体土地自用、入股、出租、物业管理等方式，引导集体产业结构优化，从建筑业为主导转向多元产业共同发展，带动村民生活水平的提高。

（二）乡村振兴与新型城镇化的关系辨识

通过对北京村庄发展路径的梳理，有的侧重政府引导、城市带动，有的新型城镇化是主动力，有的则是以村庄自发性为动力，不论是哪种路径，都有相应的村庄取得了发展成效。从某种程度上而言，这意味着新型城镇化和乡村振兴都很重要，也为辨析二者的关系做出了指引。换言之，乡村振兴战略，是在深刻认识城乡关系、变化趋势和城乡发展规律的基础上提出的重大战略，但不是用乡村振兴替代城镇化，也不是照搬城市化模式改造乡村，二者都是立足于城乡的高质量发展。城镇化要发展，农业现代化和新农村建设也要发展，同步发展才能相得益彰，推进城乡一体化发展。

1. 乡村振兴与新型城镇化互不等同。乡村振兴与新型城镇化虽然都与"三农"问题相

关，在目的、原则、核心价值、领导方式、调控手段及制度供给上是辩证统一的，但在产生缘由、战略目标、工作重点、资源要素流向等方面存在区别，各有侧重。

从产生缘由看，伴随我国经济和工业化的快速发展，我国的城镇化经历了一个低起点、快发展的过程，新型城镇化是在传统城镇化的造城运动等错误实践基础上探索出来的新路子，是以人为核心，以城乡统筹、城乡一体、产业互动、节约集约、生态宜居、和谐发展为基本特征的城镇化，是大中小城市、小城镇、新型农村社区协调发展、互促共进的城镇化。当前，我国的新型城镇化成效显著，城镇化率年均提高 1.2%，但以农村青壮年大规模进城打工为特征的乡村要素流失，"三农"短板日益凸显，"城市病"与"乡村病"并存，这些问题已经严重制约了城乡同步迈向全面小康的步伐，乡村振兴应运而生。概言之，新型城镇化是对传统城镇化的纠偏，而乡村振兴则是补齐新型城镇化尚未补齐的乡村发展短板，既为城镇化解决后顾之忧，解决农村和农业的不充分发展和城乡间不均衡发展的问题，又形成城乡融合发展机制，促进城乡共同发展。

从战略目标看，新型城镇化的核心目标是推进以人为核心的新型城镇化，到 2020 年，实现 1 亿左右农业转移人口和其他常住人口在城镇落户，完成约 1 亿人居住的棚户区和城中村改造，引导约 1 亿人在中西部地区就近城镇化，到 2020 年，常住人口城镇化率达到 60%、户籍人口城镇化率达到 45%。党的十九大报告首次提出"乡村振兴战略"，明确了"坚持农业农村优先发展"和"产业兴旺、生态宜居、乡风文明、治理有效、生活富裕"的总要求，最终到 2050 年乡村全面振兴，农业强、农村美、农民富全面实现。不难发现，新型城镇化建设侧重解决"三农"外部环境的保障问题，乡村振兴则侧重解决"三农"内部机体的活力问题。

从工作重点看，新型城镇化以提高质量为导向，重视促进人的城镇化，将加快农业转移人口的市民化、提高城市群建设质量、提升城市经济质量、加快城乡融合发展及深化城乡土地制度改革等五大任务作为攻坚重点。而实施乡村振兴战略则涵盖农业现代化、绿色人居环境、乡村文化繁荣、乡村基层治理、农村民生保障、精准脱贫攻坚等六大任务。对比工作重点可知，新型城镇化是以城市群为主体形态，把农村放在了城市的从属地位，通过城市和工业对农村的反哺和扶持，带动乡村发展；而乡村振兴是把乡村放在了与城市平等的地位上，把乡村作为一个有机整体，更加充分地立足于乡村的产业、生态、文化等资源，发掘乡村自我发展的能力，建立更加可持续的内生增长机制，从乡村自身探寻"三农"问题的解决之道。

从要素流动看，虽新型城镇化强调"城乡统筹、城乡一体"，从城镇的单一视角向城镇和乡村协调发展的视角转变，但由于农村条件相对较差，生产要素的逐利性决定了其由农村单向流入城市的惯性并没有改变，不管是人还是资金由乡到城的流向依然没有改变，而且是在要素价格低于市场均衡价格、人员部分被排斥在城市社会福利体系外的单向流动，最终导致了土地、资本和劳动力等多重城乡剪刀差，农业和农村的弱质性被进一步强化，而城乡差距随之拉大。而乡村振兴强调城乡融合，而城乡融合绝不只是在图纸上将城与乡圈在一起，关键在于改变城乡资源要素从单向流动向双向交换流通的转变。毕竟城市和农村都有自身的比较优势，都有独特的资源禀赋。城市自然有其资金、技术、人才等方面的优势。农村却拥有大量未激活的资源，比如闲置的农房、土地，还有原生态的自然环境，这些都是城市所不具备的。乡村振兴，就是要促进城乡之间各种资源要素按照市场价值规律进行合理配置。概言之，新型城镇化要素存在由乡村流向城市的单向惯性，而乡村振兴谋求的是城市与乡村的双向流动。乡村振兴的主战场在农村，而支持乡村振兴的要素资源主要集中在城市。要想促进城乡融合发展，就必须促使两地的要素在城乡之间自由流动，实现资源的最优化配置。

2. 乡村振兴与新型城镇化互为促进。乡村振兴离不开新型城镇化。我国仍然处于城镇化快速发展的阶段，仍然有大量农业人口融入城市，乡村振兴计划的实施，需要城镇化的支撑。一方面，新型城镇化是乡村振兴的助推器，新型城镇化最根本的作用就是促进城乡产业融合，直接结果就是实现城乡产业要素的自由流动。通过充分发挥城镇和农村的资源禀赋优势，引导资金、人才、信息和产业合理流向农村，推进农村产品和服务走向城镇，促进城乡产业和要素融合，为乡村振兴战略实施中的要素集聚、产业振兴奠定基础，为乡村振兴提供重要支持。另一方面，新型城镇化是城乡产业发展的融合剂，新型城镇化可以将产业发展与城镇建设有机结合起来，以城乡结合部为切入点，引导"一二三"产业深度融合，形成城乡产业融合发展态势，有力推动乡村产业发展，促进大中小城市和乡村产业资源要素的流动、交换和融合，推动城镇发展和乡村振兴的协同共进。最后，新型城镇化可以看作是乡村振兴的一个路径和方式，从管理和服务的角度看，振兴后的乡村就应该向城镇看齐，包括基础设施、公共服务和人居生态等。

新型城镇化受益于乡村振兴。党的十九大把乡村振兴战略作为国家战略提到党和政府工作的重要议事日程上来，对具体的振兴乡村行动明确了目标任务，提出了具体工作要求。这就意味着国家政策和资源将进一步向乡村倾斜，加快推动乡村振兴，农村的发展更有保障，也有能力消化解决当地富余劳动力就业，让农民不必背井离乡到城市而在家乡就能有稳定的工作。以乡村振兴战略为基础，通过产业的培育与发展，使人口、资本、技术等生产要素进一步集聚，进而推进农村城镇化，特别是就近城镇化的进程。

3. 新型城镇化引导与推动乡村振兴。新型城镇化影响着乡村的发展。乡村是农业的载体，要让居住在乡村的农民富裕并文明起来，必须以提高农业劳动生产率为前提。在农村土地数量既定的情况下，农业劳动生产率提高有两条途径：一是向城镇转移农村人口，减少分母，扩大农业经营规模；二是通过引导城市现代要素下乡，促进农村一二三产业融合，进而做大"分子"。第一条途径对应于城镇化较低阶段的"集聚"，当城镇化处于较低阶段时，城市对周边地区的影响以极化效应为主，表现为周边乡村地区和小城镇的人口等要素在市场机制作用下向城市集中，为农业规模化经营进而为农业劳动生产率提高创造条件；第二条途径对应于城镇化较高阶段的"扩散"，在城镇化发展的较高阶段，由于城市生产生活成本增加，城市要素开始向周边次一级城镇和乡村地区溢出，出现逆城市化现象，城市对周边地区的影响以扩散效应为主，农村得益于外部要素的拉动，实现一二三产业融合发展，并最终实现城乡一体化发展。因此，无论城镇化发展的哪个阶段，都会引导着乡村的发展，乡村振兴可以说是城镇化高级阶段的产物。

新型城镇化引导乡村产业发展。一是为农业的产业化规模化经营创造条件。城镇如火如荼的基础设施和公共服务设施建设，改善了城镇的生产生活条件，为工业的发展及其转型升级搭建了更加完备的平台和载体，为日益扩大的城镇化人口提供了更多更高层次的就业岗位。同时，城镇良好的公共服务也使得他们愿意并定居下来成为市民。随着愈来愈多的农业人口转向城镇定居和生活，农业人口相对愈来愈少，原本细分小块化的土地资源才可以集中连片化，农业的产业化规模化经营才可以有效推进，农业效率越来越高，市场化进程不断加快，从而引导着社会资本和生产要素向农业农村转移，为实施乡村振兴战略创造了良好条件。二是引导农业新业态的发展，目前，城镇居民不仅要求乡村提供充足、安全的物质产品，还要求乡村提供清洁的空气、洁净的水源、恬静的田园风光等生态产品，以及农耕文化、乡愁寄托等精神产品。乡村可以这些需求为导向，立足于乡村特有的农业景观、自然风光、乡土文化，拓展农业的多种功能，高起点发展绿色优质农产品生产和加工业，大力发展休闲农业、观光农业和创意农业，同时推进"互联网＋农业"，发展数字农业、农村电子商务和基于互联网的新业态新模式，打破城乡产业、区域、环节之间的壁垒，促进要素流动融合。

三、以统筹理念推进乡村振兴与新型城镇化

北京作为首都和超大型城市，具有"大城市小农业""大京郊小城区"的特点，随着新型城镇化的推进，村庄分化已经很明显，三无村、拆迁村、倒挂村、空心村、传统村等类型并存，由于村与村之间的发展机会、资源拥有情况、历史遗留问题等各不相同，过去"村村点火、户户冒烟"的简单重复的发展模式已不适合，需要在充分考虑村庄分化实际与特点的基础上，打破行政村的界限，以统筹的理念同步推进乡村振兴与新型城镇化，最大程度发挥二者的相互促进作用，促进城乡融合发展的早日实现。

（一）统筹方式

在统筹方式上，结合近年来北京对集体建设用地集约利用的试点实践，有乡镇统筹、片区统筹及项目统筹。

乡镇统筹。通过打破"村自为战"的格局，充分发挥乡镇一级的统筹功能，对土地、劳动力、产业发展、村庄改造、资源配置等进行统筹，大兴西红门镇的"283"模式正是该方式的典型。当时西红门整个镇有27个工业大院，占地约10平方公里，通过拆除腾退集约出20%的建设用地指标，在全镇范围内统筹。镇级统筹无疑是北京乡村振兴与新型城镇化的一个重要特色，由相关村组组建镇级联营公司充当市场主体，进行集体土地的开发运营。需要注意的是，乡镇统筹需要分市、区和乡镇三个层次协调推进，其中市级层次侧重制度的顶层设计，区级层次侧重事项统筹，乡镇层次侧重利益的统筹。小城镇基本都是以乡镇为单位编制规划，具备开展乡镇统筹的条件，适合在此区域内进行探索。新型农

村社区建设中，为了使村民向村庄集中，会面临村庄合并的情况，也需要由乡镇政府协调关系，实现建设目标。因此，北京现有的重点镇、新型农村社区、未建成的绿化隔离地区以及亟须改造的城乡结合部地区，都可以采用乡镇统筹的方式推进乡村振兴与新型城镇化双轮驱动。

片区统筹。这种方式可以从现有的乡镇或者乡镇以内一定规模的范围（如几个村）向相邻几个乡镇或者更大范围拓展。关键在于规划范围与统筹范围相协调。比如朝阳区的温榆河功能区规划，就突破了乡镇界线，涵盖了崔各庄、金盏、孙河三个乡全域。另外，旧宫镇在集体经营性建设用地的探索中，就采用了片区统筹模式，以南街一村、二村、三村、四村为一个小片区进行联营联建，全镇分为几个片区，每个片区分别统筹，待条件成熟后再进行全镇统筹。通过片区统筹的方式，解决相应地域规划建设用地较少且分布不均的问题，统一平衡资金、安置村民、建设回迁、发展产业等，为双轮驱动提供了广阔的发展空间。

项目统筹。这种方式的本质也是基于土地，但范围仅限于项目覆盖区域。以项目为依托，采取股权合作等多种经济或行政手段，实现项目范围内各村利益的平衡，促进规划项目的落地。比如丰台区卢沟桥乡推进新的产业布局时，就以丽泽金融商务区核心区高端配套项目—C9 地块公建项目为载体，将涉及的几个村打造成利益共同体，加快了项目落地。但这种方式，主要适用于大型项目建设时涉及的几个村庄之间的联合与协调，是一种较小范围内的统筹平衡。

（二）统筹内容

无论以何种方式进行统筹，都需要重视以下六个方面的内容。

1. 规划统筹：发挥先导作用。长久以来，专门针对自然村、行政村、乡镇在内的建设规划和保护规划的设计指导缺位，北京城市郊区的乡村地区，或简单执行城市基础设施向郊区延伸的规划战略，或以单一的造林代替多样性农业生产，即使已出台《北京市村庄规划导则》，侧重点也是在城乡结合部地区，难以有效地指导北京乡村发展实际。

在统筹推进双轮驱动的过程中，要高度重视规划的先导引领作用。北京乡村建设必须坚持规划先行，以美丽宜居乡村建设为契机，加快编制村庄布局规划、建设发展规划。在规划编制中要全面落实《北京城市总体规划（2016 年—2035 年）》，同时增强以乡镇为单元的区域统筹规划的务实性、前瞻性和科学性。需要注意的是，做乡村相关的规划统筹，不能简单套用城市规划的方式，要突出不同乡镇和村庄的地理、历史和文化资源，突出民族传统、地方特色和时代精神，使建筑景观和自然风貌有机结合，提升乡镇和农村社区建设的特色和品位。

2. 土地统筹：实现集约化利用。土地，是农村最重要的生产要素。在经历多年的大规模快速开发建设后，北京可供开发的土地资源日益稀缺。面对减量发展的要求，北京需要优化土地资源配置，但"村自为战"的小核算体制导致了土地利用的碎片化，不利于土地资源的集中优化配置。土地统筹就是要以区为主体制定集体建设用地规划和实施方案，以乡镇为基本单元统筹规划实施，创新集体建设用地利用模式，通过规范农村住房建设标准、制定农村建房和升级改造规程、盘活闲置宅基地等方式，统筹全区、全乡镇的生产、生活和生态空间布局，实现土地集约高效利用。

3. 资金统筹：动态调整资金需求。钱从哪里来，是实施双轮驱动要解决的重要问题之一。对北京而言，实施双轮驱动面临功能疏解、产业转型、农业人口市民化等繁重任务，这个过程仅靠政府财政资金投入、银行间接融资和土地批租收入难以为继。资金统筹就是综合考虑各维度的投入、收益、成本，从乡镇等区域层面进行科学配置，根据市场变化动态调整资金需求，合理调整成本核算机制，科学设计收益分配的优先级，从而满足双轮驱动的资金需求。

4. 产业统筹：转型集群集约发展。产业统筹涵盖产业结构调整升级与产业布局优化两方面的内容，重点在于突破村庄的行政区划，鼓励村庄与附近的产业园区对接，利用疏解腾退后的集体经营性建设用地，发展文化创意、科技研发、商业办公、旅游度假、休闲养老、租赁住房等产业，或利用现有农业资源、生态资源以及集体建设用地腾退后的空间，探索推广集循环农业、创意农业、农事体验于一体的田园综合体模式，引导产业向集聚区域集中，实现产业的集群集约式发展。

5. 公共服务统筹：均衡公共资源。促进城乡基本公共服务均等化，是北京城乡发展的重要任务之一。一方面，公共服务配套的布局，要根据总体规划和村镇体系布局统筹安排，"自下而上"，从乡镇居民的基本生活需求出发，重点解决城镇化社区和保留的农村社区配套建设问题；另一方面，要创新公共服务均等化的实现方式，比如推进乡村教师支持计划，建设乡镇养老照料中心、农村幸福晚年驿站和邻里互助点，着力构建以小城镇、中心村为核心的30分钟乡村公共服务圈等。

6. 政策统筹：形成制度合力。北京城乡一体化进程的推进，已经形成多项支农惠农政策，乡镇一级应进行统筹安排，加强政策集成整合，形成政策合力，在科学规划的前提下，有计划、有组织地利用好各项优惠政策，不能使政策不相统一、各自为战。

四、统筹推进两大战略的对策建议

（一）重视乡镇功能提升

乡镇处于连接城乡、承上启下的枢纽位置，是推进城乡产业融合发展、城乡基础设施共建共享的重要节点，是承接社会治理力量下沉、公共服务资源下移的重要平台，在推进两大战略实施的过程中，要高度重视乡镇功能提升的作用。

积极探索赋予乡镇一定的管理自主权，如人事考核权等。但由于受区位条件、产业基础和发展阶段等因素的影响，不同乡镇在经济总量、建成区规模、可用财力、基础设施建设等方面差异较大，要结合乡镇的实际需要、实际承接能力和现有的行政执法成效，做到差异化放权。

加强乡镇政府服务能力建设，扩大乡镇服务管理权限，促进政府治理与社会调节、基层自治的良性互动。推动乡村治理重心下移，尽可能把资源、服务、管理下放到基层。创新基层管理体制机制，完善乡镇实体化综合执法平台，落实"街乡吹哨、部门报到"。

（二）优化关键要素配置

实施乡村振兴战略，必须围绕强化"人、地、资金"等要素资源供给，抓住关键环节加大政策力度，激活微观主体、激活要素资源、激发市场活力，实现城乡要素双向自由流动、平等交换，使人才、资金、产业等在乡村汇聚。

1. 土地要素：镇域统筹、存量挖潜、改革突破。当前农村最重要的生产要素资源是土地，在减量发展的新要求下，遵循提质增效与均衡发展的原则，盘活农村沉睡的土地资源，是未来乡村能否真正实现振兴的关键所在。

（1）镇域统筹集约使用建设用地指标。一是积极推进乡镇统筹利用集体产业用地试点，借鉴大兴区西红门镇经验，推动实现集体建设用地腾退减量与集约节约利用；二是探索镇域增量用地和存量用地的统筹联动，按照《北京城市总体规划（2016年—2035年）》要求，以乡镇（街道）为基本单元，变项目统筹为区域统筹，推动集中建设区新增用地与绿化隔离地区低效用地减量捆绑挂钩。

（2）提高低效集体土地的利用效率。按照"规划引领、有序推进，注重品质、公共优先，多方参与、共建共享"[①]的原则，大力推进存量低效用地特别是集体产业用地的"腾笼换鸟"。一是围绕旧村改造空间、旧厂房、工业大院等，分别制定集体土地集约高效再利用的相关政策，促进其更新利用。二是通过村庄整治、农村空闲、零散建设用地整理等方式，更好地盘活存量用地。

【案例】

阎村：旧工业园区"腾笼换鸟"再利用

阎村镇工业园区属于北京房山工业园区东区，在2014年疏解非首都功能以及北京市出台《北京市新增产业的禁止和限制目录》的背景下，园区内的北京博源包装制品有限公司果断转型，利用原有的325亩工业用地发展金融服务产业，于2015年6月被市金融局正式授牌"北京市互联网金融安全示范产业园。（以下简称金融安全产业园）"。由此，阎村工业园通过转型升级，实现了产业用地的提质增效，全年税收由1.02亿元（工业园）增加到3亿元（金融安全产业园）。

（3）持续深化农村土地制度改革。一是落实好第二轮土地承包到期后再延续30年的政策，探索农村承包地"三权分置"的有效实现形式，加快放活土地经营权。二是积极抓好各项试点工作，稳步推进农村集体经营性建设用地入市试点、农民闲置农宅利用试点、农村集体土地建设租赁住房试点等工作。三是培育土地流转有形市场。积极整合资源，建立以农村产权交易所为主要形式的土地流转市场，发挥市场在土地流转中的基础性作用，

---

① 规划引领、有序推进：是指有相关规划的，要以规划为引导，按照相应节点稳步推进。注重品质、公共优先：在低效用地的利用中，要有前瞻性，有利于"四个中心"定位与趣味发展，同时注重公益性与融合性，如适合做文创的老厂房，在具体实施中，鼓励小规模老旧厂房作为公共文化服务设施，鼓励大规模老旧厂房作为文创产业空间，如文化产业园区、文化街区等。多方参与、共建共享：政府、社会资本及居民都参与，共享成果。

为土地流转提供全方位服务。

【案例】

<h2 style="text-align:center">房山：依托新型城镇化进行土地联动创新试点</h2>

房山区针对耕地、产业用地、宅基地等土地资源，探索创新耕地保护与集体建设用地联动政策措施，促进集体土地资源的集约节约利用。

（一）耕地保护方面

1.探索乡镇范围内耕地占补平衡责任落实机制。非农建设项目占用耕地的，原则上由建设项目所在的乡镇落实占补平衡，推进建设项目与土地整治项目提前挂钩安排指标，统筹推进。

2.探索本区范围内占补平衡指标有偿使用制度。非农建设项目跨乡镇使用占补平衡指标的，可向提供占补平衡指标的乡镇支付资源补偿费，用于支持乡镇开展土地整治项目后期管护和耕地保护工作。

3.完善土地整治中土地权属调整实施机制。结合原国土资源部《关于加强农村土地整治权属管理的通知》（国土资发〔2012〕99号）有关要求，对于土地整治项目实施中对农民进行跨村安置的，允许集体经济组织之间调整集体土地所有权，为项目用地手续办理奠定基础。

4.探索都市型现代农业配套设施建设的用地方式。对符合首都功能定位的景观农业、休闲农业，采取点状分布方式按照农用地面积合理配置一定比例的建设用地，进行相关配套设施项目建设，发展农业庄园等都市型现代农业。

（二）集体建设用地方面

1.探索镇级统筹利用集体建设用地模式。成立镇级土地股份合作社，将各村土地资源集中统筹开发利用，开展镇域土地整治规划，实现区域范围内收益统筹和规划统筹实施。

2.探索集体产业用地入股、联营或者自征自用机制。在符合土地利用总体规划、小城镇总体规划和产业政策前提下，探索集体经济组织自主兴办企业，或者以土地使用权入股、联营方式与其他单位、个人兴办企业，也可以自征自用的方式征收本集体所有的土地用于产业发展。

3.探索农民住房集中安置和宅基地退出机制。项目建设涉及村庄整治的，采取建设村民自住楼或"三定三限"等方式建设定向安置房，解决农民住房问题；推进农民集中安置后原有宅基地的腾退、复垦，避免出现建新不拆旧；探索闲置宅基地的开发再利用，发展健康养老、乡村旅游等。

4.探索腾退工矿用地的综合利用。按照非首都功能疏解要求腾退的工矿用地，开展复垦或还绿后，依据规划情况，可在原地或异地预留一定比例的产业发展用地，发展养老、休闲旅游、生态公园等绿色产业。

2.产业要素：规划引领、分区指导、融合发展。产业兴旺，是乡村振兴的重点。只有培育具有竞争力的产业，乡村区域内各种要素的回报率才会显著提升，要素的相对价格自然会向乡村倾斜，这样各种优质的劳动力、资本、人才等自然会向乡村回流，而这些要素的回流不仅可以缓解乡村发展中的"缺人""缺钱"等难题，还会延伸出对于教育、医疗、道路等基础设施及公共服务的间接需求，形成规模经济效应，政府为发展产业也更有意愿和动力增加这些软硬件方面的供给，从而最终实现城乡基本公共服务的一体化。

（1）规划引领转型升级。以《北京城市总体规划（2016年—2035年）》为指引，积极发展城市功能导向型产业和都市现代农业，推进乡村产业转型升级。落实新版城市总体规划，细化不同区域、类型的乡村产业发展规划，明确功能定位和产业发展方向，引导乡村产业与周边城区、产业园区联动发展。研究疏解腾退空间二次利用规划，明确疏解腾退的集体经营性建设用地的产业功能。创新农业资源、生态资源的产业开发模式，探索新型农业生产经营模式，比如北京小毛驴市民农园、上海青蓝耕读社等社区支持农业（CSA），加快乡村产业升级。

（2）分区指导特色发展。[①]

一是城市副中心及外围地区，城市副中心周边乡村地区重点发展文化创意、会议会展、都市型现代农业等服务型产业。外围地区以亦庄（通州部分）和特色小镇建设为抓手，有序推进集体建设用地减量提质，重点发展科技创新、都市型现代农业、基础设施维护和公共服务等服务型产业，因地制宜地布局园林绿化生产基地，推进特色农业规模化、专业化经营，形成与"城市副中心—亦庄（通州部分）—特色小镇"城镇体系相适应的产业体系。

二是平原地区，重点发展科技创新、文化创意、会议会展、康健养老、都市现代农业等服务型产业。加强与中心城区联动发展，积极承接发展与城市战略定位相适应的文化、科技、国际交往功能。发挥首都国际机场、北京新机场临空经济的带动作用，推动昌平未来科学城，大兴、亦庄的创新型产业、战略性新兴产业和高端制造业向乡村地区延伸产业链，发展集体建设用地租赁住房等配套服务型产业，促进职住平衡。利用闲置农宅发展休闲体验、康健养老等服务产业，提升乡村生态经济对城市居民的服务功能，利用腾退低效集体建设用地，建设城镇组团间的连片绿色生态空间，注重农业生态功能，为市民提供绿色休闲空间。

三是生态涵养区，重点发展生态涵养、文化创意、会议会展、康健养老、基础设施维护和公共服务型产业。发挥自然山水优势和民俗文化特色，促进山区特色生态农业与旅游休闲服务融合发展。依托生态资源优势，适度承接与绿色生态发展相适应的产业，建设文化底蕴深厚、山水风貌协调、宜居宜业宜游的绿色发展示范区。建立多元化生态补偿机制，保障山区可持续发展，重点支持水资源保护、生态保育建设、污染治理、危村险村搬迁安置、基础设施和基本公共服务提升，切实改善乡村地区生产生活条件。

（3）区域融合找准定位。乡镇及农村集体产业的发展，除考虑资源禀赋外，更要从区域统筹的角度找好定位，兼顾与周边产业园区的联动发展，实现与区域经济整体上的融合

---

① 资料来源：《2017年北京农村经济发展报告·农村集体统一经营产业升级问题研究》。

发展。以七王坟村为例，在选择发展哪些产业时，七王坟村充分考虑到区域融合发展的需要，从给中关村科学城做配套出发，聘请第三方专业市场调查公司深入中关村软件园、中关村环保园等园区调研，与东软、华为等近 50 家高科技企业的员工访谈，同时在中关村大街、凤凰岭公园等地进行街访，最终从 100 多个业态中选择了精品民宿酒店、小型休闲度假酒店、文化聚落和高端休闲农庄等作为发展重点。

3. 资本要素：财政倾斜、金融创新、激活内生。资本的缺乏始终是制约农村经济社会发展的重要因素之一，虽然 2018 年的中央一号文件已明确提出："开拓融资渠道，强化乡村振兴投入保障"，但政策性资金投入和财政资金的倾斜仅为乡村振兴投入保障的一部分内容，并且缺乏市场灵活性；更为重要和迫切的是如何盘活农村已有资产，发挥农业相关经营主体自身融资发展的积极性，缓解农业投资资金需求的压力。

（1）财政倾斜与创新统筹。财政保障是基础。公共财政必须更大程度地向"三农"倾斜，确保财政投入总量不断增加，从农民反映最强烈、需求最迫切的地方入手，改善乡村水电路气房讯等基础设施，补上农村基础设施建设的欠账，加大农村医疗卫生文化教育方面的投入，弥合城乡公共服务水平的差距。改进耕地占补平衡管理办法，让取之于农村的土地出让金更多投向农业农村，支持实施乡村振兴战略。创新财政统筹方式，立足村庄产业发展、基础设施和公共配套方面的实际，以需求为导向、项目为载体，将财政投入由区级统筹分配转向以项目和需求为导向进行配置，提高财政资金的使用效益，将财政资金更多用于乡村发展的"刀刃"上。完善市、区、镇三级涉农资金使用机制，整合涉农资金资源，解决支农项目"撒芝麻盐""九龙治水"等问题，建立涉农资金统筹使用的长效机制，让用之于农业农村的财政资金发挥更大作用。

（2）积极拓展金融服务机制。创新金融服务方式，充分利用农业融资担保、农业融资租赁、农业商业保险等金融工具，撬动和引导更多金融资源支持乡村振兴。推进集体资金、资产、资源的证券化，推进集体抵押贷款，在有条件的乡镇探索社区综合金融。搭建小额贷款、土地信托、农业保险、社区资金互助等领域的金融综合服务平台。组建集体经济控股的小额贷款公司、村镇银行，培育乡村集体经济的金融功能，实现金融服务对乡村产业、乡村生活全覆盖，为乡村建设提供外部助力和支撑。

（3）激发乡村内生资本活力。充分梳理农村集体资产，探索多种形式的集体资产保值增值渠道。城乡结合部地区充分发挥集体资产的区位优势，利用信托、资产管理、委托代理等方式提高集体资产收益。山区继续探索利用闲置农宅发展民宿经济等，增加农民财产性收入，通过集体产权制度改革，以股份合作社等方式，引进专业化的人才、团队实行专业化的管理运营，有效促进集体资产的增量增质、提高集体经济运营效率，增强乡村振兴的内生资本活力。

4. 人才要素：内生外引、项目引智、激励保障。人才是事业发展之本，乡村振兴离不开人才。习近平总书记强调："实施乡村振兴，要让愿意留在乡村、建设家乡的人留得安心，让愿意上山下乡、回报乡村的人更有信心，激励各类人才在农村广阔天地大施所能、大展才华、大显身手，打造一支强大的乡村振兴人才队伍。"因此，通过内生外引、项目带动、激励保障，加快建设一支以职业人才为主体、以科技人才为引领、以专业人才为保障、以本土人才为特色的北京农业农村人才队伍，为乡村振兴提供有力的人才支撑。

（1）内生外引增强人才储备。坚持把人力资本开发放在首要位置，以乡情乡愁为纽带，以满足需求为先导，内生外引增强北京乡村振兴人才储备。通过"学历＋技能＋创业"等教育模式，以农村电商等为重点领域，全力培养乡村实用型人才。采取"走出去"的方式，组织北京本地专家、干部与群众一起赴域外实践学习，开拓发展视野。以公共服务配套提档升级为带动，开展"凤还巢""引乡贤"等活动，鼓励支持企业家、党政干部、专业学者、医生、教师、规划师、建筑师、律师、技能人才等，通过下乡担任志愿者、投资兴业、包村包项目、行医办学等方式服务乡村振兴事业。

【案例】

遵义："凤还巢"计划

筑巢引凤，燕归黔北。贵州省遵义市发挥乡情、业缘纽带作用，探索实施"凤还巢计划"，加强人才政策、平台、环境建设，提升服务人才质量，吸引大批遵义籍在外优秀人才返乡创新创业。一是每年从市级人才发展专项资金中列支"凤还巢计划"项目培育经费150万元，对入选的市级领军人才项目给予10万元培育经费、市级创新创业人才项目给予2万元培育经费。二是制定高层次人才引进政策，明确"还巢凤"的待遇，为其提供创业创新前期扶持、成果奖励，配套工作场所、工作经费等一系列支持，落实相关责任，组建"引凤还巢"专人队伍，形成上下联动的工作格局。三是通过"一站式""代办制"等服务模式，开辟人才服务绿色通道，进行全程服务，协调解决审批、资金、土地、税收等问题，确保项目落地，积极推进东西部人才、科技的交流合作，促成了一系列学术、技术、科研转化活动，催生了创业创新创造活力。

（2）以项目为纽带打造人才队伍。坚持招商引资和招商引智双轮驱动，实行柔性引智机制，结合"项目＋人才"模式，采取技术合作、智力入股、科技服务、项目聘用和人才租赁等多种形式引进专家和技术人才，实现引资和引才"双赢"。

（3）强化人才激励与保障。一方面，完善人才服务乡村的激励机制，当前虽然乡村发展活力不断展现，发展机会日益增多，但从总体上看，乡村的人才待遇仍然普遍偏低，需要将政府引导与市场机制相结合，形成有效的激励机制，比如强化服务"三农"人才的晋升激励、待遇激励与荣誉激励，创新驻村干部的考核激励机制，提供高于城区水平的津贴，在上级选拔时适当侧重基层工作经历。另一方面，研究出台吸引年轻人到乡村就业创业的政策，增强农村创业的资金、技术、服务等配套支撑，降低在农村创业的风险，形成类似城市吸引农村人才那样的制度安排，真正加快人才和智力资源向乡村流入。

【案例】

上海金山区：积极培养新型职业农民

从 2014 年开始，金山区开始推进新型职业农民的培育试点工作，着力培养有文化、懂技术、会经营的新型职业农民，并在 2015 年被原农业部列入全国新型职业农民培育工程示范县。三年来，金山区累计培育新型农民超过 1000 人，目前都已经成为金山区粮食和经济作物生产经营的主力军。一方面，金山区通过"引进来、走出去"战略，积极邀请国内外知名大学教授来授课，组织新型职业农民前往以色列、日本考察学习，提升国际视野。另一方面为了吸引鼓励各界人士从事农业生产，金山区发布《金山区关于新型职业农民参加社会保障补贴的实施细则》《金山区关于新型职业农民学历提升学费补贴的实施细则》等文件，给新型职业农民交社保、对新型职业农民相关学历提升给予学费全额补贴，如对取得新型职业农民证书的生产经营型职业农民，实施社保缴费补贴激励，个人缴费部分的 80% 由财政补贴，每月人均补贴 1000 元左右等。

课题负责人：吴宝新

课题主持人：季虹

课题组成员：刘先锋、赵雪婷、周颖、赵术帆、胡梦源、黄丽、唐黎明、张俊、
　　　　　　王雷、田东振、斯达威、

执　笔　人：唐黎明、张俊

第二篇

乡村产业与京津冀协同发展

首都乡村绿色化发展的路径探析

党的十八届五中全会提出了"创新、协调、绿色、开放、共享"的发展理念。"绿色化"成为继"新型工业化、信息化、城镇化、农业现代化"之后又一项新的战略目标。京郊乡村作为首都重要城市功能拓展区、城市发展新区、生态涵养区，在保护首都生态环境、维护生态安全及经济社会发展中起着重要作用。深刻认识绿色化的理论意义，探索首都乡村绿色化发展的科学路径，对于北京市新常态下的可持续发展具有重要价值。本研究在解读绿色化发展内涵、分析乡村绿色化发展面临形势的基础上，提出了首都乡村绿色化发展的策略。

一、什么是绿色化发展

（一）内涵

绿色发展最早是英国经济学家大卫·皮尔斯于1989年在其著作《绿色经济的蓝图》中首次提出的，力图追求一种"可承受的经济模式"。绿色原本是一种色彩，是自然界原始的本真状态，其在生态文明的背景下被赋予了更深刻的内涵。绿色化的"绿色"抽象代表为一种精神、价值、文化、追求、目标和状态，形容环保、低碳、高效、和谐；"化"指的是改变、革新、发展、教化等的动态过程。绿色化发展，是指为应对国际国内复杂经济形势和资源环境的挑战，以绿色创新为桥梁，以绿色经济为核心，以绿色惠民为价值取向，依靠科技进步，倡导绿色生活，开展生态文明建设的一种发展状态，目的是使蓝天常在、青山常在、绿水常在。本质上是一种符合生态文明要求的新的经济社会发展方式和发展过程，具体体现在制度体系、意识形态和生产生活方式等层面。简言之，就是把绿色的理念内化为人的绿色素养，外化为人的行为方式，形成绿色产业、绿色产品，转化为政府部门的绿色管理、绿色治理。

从研究内容上看，绿色化有三个维度：一是经济学方向（生产方式），指以区域科学开发、生产力合理布局、经济结构优化、物质和能量的供需平衡等作为基本内容，力求以市场为导向、以产业经济为基础、以经济与环境和谐为目的建立新的经济形式。二是社会学方向（生活方式），指坚持以人为本，以社会公平、统筹发展、合理分配、利益均衡等作为基本内容。三是生态学方向（生态方式），指坚持以生态平衡、自然保护、资源的永续利用和环境的治理等作为基本内容。

（二）特征

1. 动力特征。经济增长与资源、生态、环境之间的矛盾已经越来越明显，新常态下转变经济发展方式迫在眉睫。绿色化是新常态下经济发展的重要动力，可为经济新常态提供发展导向和支撑，同时经济新常态使绿色化成为可能。新型工业化需要实现绿色、低碳、循环以及减量、节能、控污、废弃物再利用，将带动绿色投入、绿色服务、绿色就业，这些均能成为新的经济增长点。

2. 公平特征。由于长期以来所形成的世界产业分工格局以及体制机制和生产力技术水平的制约，我国粗放型发展方式和产业结构一直没有得到有效的转变和调整，并且，当前严峻的生态环境形势已经成为实现全面建成小康社会目标和实现现代化最紧的约束、最矮的短板，是一个躲不开、绕不过、退不得的紧迫问题。良好生态环境是最公平的公共产品。而绿色化发展能够兼顾代内、代际利益关系的公平，加大自然生态环境保护力度，切实改善生态环境质量，因而其成为发展的应有之义和必然路径。

3. 质量特征。绿色化发展能够提升经济社会整体质量，顺利实现从"大体量"到"高质量"的转型。通过绿色化发展，强化区域主体功能定位，优化国土空间开发格局，进而推动技术创新和结构调整，提高发展质量和效益，最终实现全面促进资源节约循环高效使用，推动利用方式根本转变。

（三）目标

绿色化意味着从改变自然观和发展观开始，实现生产方式与生活方式的转变，释放改革和创新驱动能力，助推生态文明重大制度确立，培育生态文化，形成一个以观念转变助推制度建设、凝练价值共识的良性发展路径。绿色化共有五大目标：

1. 整体。绿色化发展的首要目标是实现从单一的要素发展走向综合要素的关联性发展、协同性发展、整体性发展。绿色化是用整体的观点去看待社会发展各要素之间的相互关系和反馈，并通过科技创新、制度创新和金融创新的整体性推进来实现。

2. 协调。加强顶层设计和决策部门统筹，厘清各相关职能部门的责任和权利，最终协调生产关系与生产力、经济基础与上层建筑的关系，使各系统之间形成相互支持、彼此推动的良性机制，共同推进绿色化发展。

3. 循环。打好"绿色循环牌"，倒逼传统产业转型升级，加速产业融合，推动"互联网＋"思维融入传统产业和战略性新兴产业，加强再生资源产品自主研发能力，创新发展模式，促进绿色循环经济成为可持续发展的"重大工程"。

4. 再生。通过推行清洁生产和绿色消费模式，加强环境保护和生态修复与建设，从源头减少自然资源的消耗，减少污染物的产生，促进资源再生循环利用、永续利用和生态系统良性循环。

5. 平衡。统筹社会、经济、生态三者的关系，推动人口资源环境相均衡、经济社会生态效益相统一，通过绿色化建立三者之间新的平衡关系，达到更合理的结构、更高的效能和更好的综合效益。

二、首都乡村距离实现绿色化发展还有多远

（一）首都乡村绿色化的价值

1. 能够形成新的生态生产力。通过乡村绿色化发展使乡村生态环境得到有效整治，能够保留乡村风貌和乡土味道，让人有乡情可亲、有乡愁可寻。使乡业不衰退，延长农业产业链条，并增强与其他产业的融合度；使乡村生态更加优良，下大力气加强生态保护和修复治理，持续增强农林水系统对城市生态平衡的贡献率，从而为落实首都城市战略定位、建设国际一流的和谐宜居之都提供重要支撑。

2. 能够拓展发展视野。绿色化对于首都乡村来说是一场深刻革命，不仅能创造出新的生态环境、新的城乡关系、新的生产方式，而且还能深度创新绿色产业的经营载体，更适合以生态要素的发展方式，优化产业结构和资源配置，实现人与自然空间结构的和谐共融。

3. 能够创新提升城乡一体化理念。城与乡"气相通、水相连、土相依、物相交，互联互通"。城乡一体化既是绿色化自身的要求，又是其不可绕过的实施平台，乡村绿色化发展必须深化对城乡整体性的认识。

（二）首都乡村实现绿色发展的有利条件

1. "山水相连"的生态优势。首都乡村的自然本底是两大山脉和两大水系，即燕山、太行山，属于海河水系的永定河、潮白河、北运河、拒马河和属于蓟运河水系的泃河。生态资源是最宝贵的资源，生态优势是最具竞争力的优势。目前北京虽已成为现代化的国际大都市，却也时常被雾霾、污水、垃圾等生态问题困扰，而首都乡村恰是能加强生态建设、开展绿色化发展的优势区域。2013 年，北京农业的生态服务价值年值为3449.78 亿元。其中，生态与环境价值年值为 1809.48 亿元，占总价值的 52.5%。

2. 农业和农村的多功能优势。首都乡村是以服务首都、富裕农民为出发点和落脚点，在农产品有效供给与应急保障、宜居城市和生态建设等方面，发挥着重要的基础性作用，其生态、生产、生活及文化传承等功能和价值日益突出。截至 2014 年底，首都乡村有农业观光园 1301 个，民俗旅游接待户 8863 户，年接待人次达到 1914.2 万人，民俗旅游年总收入 11.25 亿元。北京休闲农业、乡村旅游产业不断推出新产品，有乡村酒店、国际驿站、采摘篱园、生态渔村、休闲农庄、山水人家、养生山吧、民族风苑等形态，创意投入越来越多。

3. "转型压力小"的后发优势。2013 年，北京第三产业比重接近 77%，已经进入到后工业化时期和发达城市化阶段，顺利实现了产业结构从工业主导型向服务业主导型的转变，但发展中土地紧缺和水资源紧缺的"双紧"约束更加明显，自然、市场高风险和劳动力高成本的"双高"压力也更加突出。整体上农业占 GDP 的比重将越来越小，农业经营性收入占农村居民收入比重也会越来越低，就目前而言，首都乡村的经济发展整体处于工业化中后期，今后农业发展要立足北京自然资源和环境的可承载力，按照建设和谐宜居之都的要求，调结构、转方式，大力发展高效农

业、节水农业、生态农业和休闲农业，相比较而言转型压力小、空间大，绿色化发展具有突出的后发优势。

4. "投资力度持续加大"的基础设施优势。2013年，北京市交通运输投资756.5亿元，公共服务业投资502.5亿元，分别占固定资产投资额的37.5%、24.9%。这些投资大多用于首都乡村的交通和农业生产条件的改善，为首都乡村绿色发展奠定了良好的物质基础。

5. "惠民力度不断加大"的政策优势。2014年，首都乡村农林牧渔总产值达到420.1亿元，农村居民人均纯收入20226元。首都乡村发展的支持引导政策多而实惠，从实施"新三起来"、推进新型城镇化建设美丽智慧乡村，到全面深化农村改革、推进乡村治理现代化，乡村治理和发展水平不断提高。

（三）首都乡村实现绿色发展的障碍因素

北京正处于后工业化时期和发达城市化阶段，生活水平不断提高带来的消费升级，必然要追求更好的生态环境、更安全的生态环保产品，青山绿水及其绿色生态产品的价值不断上涨，好的生态环境成为不可多得的"奢侈品"。

1. 资源环境成为制约绿色化发展的物质约束。北京市是水资源缺乏地区之一，人均水资源占有量不足300立方米，仅为全国人均的1/8，世界人均的1/30，远低于国际公认的人均1000立方米的缺水下限，属资源型重度缺水地。北京市人均土地面积仅为0.132公顷，不及全国平均值的1/5，人均耕地面积0.018公顷，土地资源中等级较高的土地仅占35.3%，中低产土地约占耕地总量的44.3%，林地面积在林地总量中仅占38.5%。农业生产行为导致农业污染问题日益突出，农业污染量已占到总污染量（指工业污染、生活污染及农业污染的总和）的1/3—1/2。目前，北京市受污染耕地超过8万公顷；常年有水河长2259公里，其中劣Ⅴ类水质河长936公里，占41%；郊区50%以上的河段受到不同程度的污染。

2. 乡村生态文明建设相对滞后。一是缺少具有引导长远发展和建设的规划，盲目套用现有的城市化空间形式，使乡村文化、民俗风貌和空间格局未得到有效的保护和利用。二是基础薄弱，与绿色化相关的节能、新能源、碳减排等绿色发展领域的标准、统计、法规等基础工作尚不健全，相关基础设施与服务能力的投入保障力度仍存在不足。三是乡镇建筑风貌、公共服务设施绿色化水平较低，相应的激励约束机制还不健全。如郊区农村小城镇和城乡结合部的生活垃圾一般露天自然堆放或简单填埋，污水也未能很好地纳入城市污水管理系统。这些区域由于交通便利、面积大、地价低，已经成为北京市区生活垃圾的堆放地和污染企业聚集地。甚至有些垃圾场位于北京地下水源补给区，对土壤、地表水和地下水均造成不同程度的污染。有些地区土地开发强度大，过量使用地下水、化肥、农药，畜禽排泄物和农作物秸秆未能得到妥善处理。

3. 农民的"绿色意识"和"责任意识"有待提高。人作为建设生态文明的主体，必须将生态文明的内容和要求内在地体现在人的思想意识、生活方式和行为方式中，因此，增强农民的生态忧患意识、参与意识和责任意识，树立农民的生态文明观、道德观和价值观，形成人与自然和谐相处的生产方式和生活方式，是生态文明建设的关键。近年来，北京市已经广泛开展了形式多样的环保宣传和教育活动，但在经济社会发展较落后的农村，环保教育、绿色消费引领未能跟上，导致农民缺乏环保意识与生态思维，农民自觉参与绿色建设的内生动力还不足，这些已成为北京乡村绿色化发展的重要制约因素。

4. 乡村绿色化发展的区域差异显著。首都乡村地形地貌复杂，由于不同的自然地理环境、人类活动状况、历史演变等原因，每个乡村的资源禀赋度、人口分布、资源利用与保护现状、经济收入等也存在明显差异，因此，绿色化发展面临的问题具有区域差异性。如平原区农村人口密集、污染较重，土地资源稀缺，生态系统退化严重，自然环境较差；浅山区农村人口较密集，植被破坏严重，水土状况较差，水土流失比较严重，环境压力较大；深山区农村交通不便，经济欠发达，信息闭塞，基础设施较差。

三、怎样实现首都乡村的绿色化发展

（一）总体思路和目标

遵循党的十八大以来生态文明建设的总体布局，满足首都功能要求，做到"尊重自然、制度引领、城乡联动、五化同步"，以绿色经济为主线，着力打造五大体系，即以生态修复环境保护为骨干的生态安全体系，以资源高效循环利用产业为支撑的绿色经济体系，以绿色低碳为标志的城乡和谐体系，以社会和谐为核心的社会安全体系，以可持续发展长效机制培育为导向的绿色制度体系，力争把北京乡村建设为全国"资源节约、环境友好、绿色低碳、美丽智慧"的样本，真正成为全国率先实现绿色化发展的典范。

（二）评价体系的设置

参考国家生态文明建设的考核指标，筛选了影响乡村绿色发展的动力、质量水平和公平程度的相关因子，确定了经济增长绿化度、资源环境承载度、政府政策支持度等3个一级指标和资源产出增加率、生态恢复治理率、生态环保投资占财政收入比例等18个二级指标（表1），建立了一套评价指标体系，借此指导乡村的绿色化发展，并对关键指标进行预警。

表1　绿色化发展评价指标体系

一级指标	序号	二级指标	单位
经济增长绿化度	1	资源产出增加率	%
	2	再生资源循环利用率	%
	3	人均GDP	万元/人
	4	碳排放强度	千克/万元
	5	第三产业占GDP比重	%
	6	产业结构相似度	—

一级指标	序号	二级指标	单位
资源环境承载度	7	主要污染物排放强度：COD、SO_2、NH_3-N、氮氧化物等	吨/平方公里
	8	生态恢复治理率	%
	9	受保护地占国土面积比例	%
	10	污染土壤修复率	%
	11	本地物种受保护程度	%
	12	水质达标比率	%
政府政策支持度	13	自来水普及率	%
	14	污水处理率	%
	15	生活垃圾无害化处理率	%
	16	人均公共交通运营线路网长度	公里
	17	环境影响评价率及环保竣工验收通过率	%
	18	生态环保投资占财政收入比例	%

（三）实现路径与主要任务

首都乡村绿色化的发展道路，必须结合北京市情、区情、乡情、村情发展目标和面临的问题，把握绿色化发展的重点领域，以确认不同条件下绿色化发展的路径选择，以尽可能低的经济和社会成本，促进乡村经济社会发展的转型升级，逐步实现整个乡村的绿色化发展。

1. 以地域、规模、产业调控绿色化发展经济。首都乡村以地域识别为前提，不同的主体功能区设定不同的绿色经济发展目标，平原、浅山、深山采取差异化的绿色化发展路径。根据不同区域的资源、环境、人口、生态、社会等综合承载力，设定不同的产业类型和发展规模，明确和发展乡村绿色产业，培育绿色农业、绿色工业和绿色服务业。建立科技含量高的产业结构和生产方式，实现清洁生产和废物减量化、资源化和无害化，尽可能把对环境污染物的排放消除在生产过程之中。

2. 以政府、社会、农民形成绿色化发展动力。绿色化发展的主体应多元化，要善于调动各方面的积极性、主动性、创造性，形成绿色发展的复合动力。提倡乡村绿色消费、优化绿色管理、坚持协调协同，尽最大可能推动政府、社会和农民齐心协力行动，使政府有形之手、市场无形之手和农民勤劳之手共同推动。

3. 以生产、生活、生态优化绿色化发展空间。合理评估首都乡村资源环境承载能力及当前承载的产业和人口水平，满足北京疏解非首都核心功能的要求，综合考虑市区对乡村的辐射带动效应，推动产业和人口适度向乡村疏解，加大绿色基础设施建设，保障乡村居民清洁的水、清新的空气、有机健康的土壤、垃圾的有效回收利用、暴雨疏导与雨水收集等，保障自然循环系统的良性循环，为城乡构建自然与人文生态空间并重的空间格局，形成集约、高效、宜居的绿色空间。

4. 以改革、科技、文化树立绿色化发展支撑。不断深化制度改革、创新科技和绿色文化模式，倡导勤俭节约、绿色低碳、文明健康的生活方式和消费模式。普及形成"绿水青山就是金山银山"和"保护生态环境就是保护生产力，改善生态环境就是发展生产力"的价值观。

（四）发展策略

1. 以"多规合一"确保绿色发展的"两线一限"。首都乡村是京津冀区域绿色化发展的重要区域和适宜区域，要统筹首都城市与乡村，应加强绿色化顶层设计，编制乡村绿色化发展规划，吸纳京津冀三地的社会经济发展规划、城乡规划、土地利用总体规划、环境保护规划及其他产业发展规划，统一确定绿色化发展的生态红线、环境底线和资源上限，使"多规合一"，避免规划自成体系、内容冲突、缺乏衔接协调等突出问题，为首都乡村实现绿色崛起，乃至京津冀区域实现绿色协同发展提供良好的生态基础。

2. 以首都功能为核心凸显绿色化发展的产业转型。围绕首都政治中心、文化中心、国际交往中心、科技创新中心四大功能为核心，首都乡村的绿色产业布局和类型与北京战略定位相适应、相一致、相协调。大力发展旅游休闲、文化创意、电子商务等绿色产业和智慧经济，并与"互联网+"实现耦合。

3. 以"细胞培育"为思路强化绿色发展的"造血功能"。按照"因地制宜、以点带面、循序推进"的原则，首都乡村绿色发展前期以基础设施较为完善、条件较为成熟的生态文明镇、村等为基础，通过政策叠加引导，整合产业要素，以"互联网+"的思维和方式多元化打造文化创意、美丽智慧等特色新型创业创新平台，加快吸引人才、资本、项目落地，促进各要素集聚的"造血功能"，形成区域微中心。

4. 以"图时代"和"微时代"促进绿色化的理念培育。思想是行动的先导，解放思想永远在路上，人是绿色化发展的主体。随着世界步入"图时代"和"微时代"，首都乡村居民的生产和生活正在发生着深刻变化，需要引导居民树立绿色发展理念，养成良好的环保习惯；利用地图、微信、微博等技术手段和新媒体，大力宣传、推行健康文化、环保教育，以提高农村居民的绿色素养，牢固树立绿色发展的理念、准则并自觉落实到行动上。形成"绿色发展，人人有责、人人有为、人人共享"的良好局面。

5. 以绿色化政策制定来保障绿色发展的环境条件。首都乡村绿色化的发展需要政府政策的引导和支持，包括制定鼓励可再生能源、清洁能源利用的政策，支持开展能源节约运动，以示范村建设为基础，逐步扩大和发展低碳绿色乡村。采取递增的财政补贴、补助制度，鼓励农民建设绿色建筑，使用节能产品；通过出台财政补贴、税收优惠等系列措施来吸引环保高新企业和优秀科技成果集聚农村等，大力提高基层政府实行善治的能力和水平。

执笔人：刘军萍

绿色发展导向下北京市农业资源管理研究

一、绿色发展与农业资源之间的相互关系

（一）安全的农业自然资源是农业绿色发展的原始起点

农业绿色发展是新常态下实现农业供给侧结构性改革的重要内容，是农业生产中更加注重资源节约、环境友好、生态保护和质量安全等的新的发展理念。农业自然资源对农业生产起着母体性作用，是农业生产所依赖的物质性基础，离开了自然环境条件和自然资源，农业生产就不存在了。[①] 因此，良好的农业自然资源是农业绿色发展的根基，没有农业自然资源的"绿色"，农业发展的"绿色"也就无从谈起。"镉大米""毒豇豆"和"毒韭菜"等农产品质量安全事故也充分印证了水、土等农业自然资源污染对农产品质量安全的巨大危害。我们倡导农业的绿色发展最重要也是最关键的就是让农业自然资源从源头"绿起来"。

传统的农业生产经营阶段，为了扩大农产品生产数量，我国走了一条农业资源置换式的农业发展道路，导致耕地、水等自然资源破坏严重。耕地污染情况十分严峻，从原环境保护部和原国土资源部开展的全国土壤污染状况调查结果可以发现，全国土壤总的点位超标率为 16.1%，而耕地点位超标率达到 19.4%。[②] 我国水资源数量和质量情况也不容乐观，国家对 423 条主要河流、62 座重点湖泊（水库）的 968 个国控地表水检测断面（点位）的水质监测数据表明，Ⅰ、Ⅱ、Ⅲ、Ⅳ、Ⅴ、劣Ⅴ类水质断面分别占 3.4%、30.4%、29.3%、6.8%、9.2%。[③] 同时，2014 年全国 202 个地级市开展的地下水监测数据显示，全国 4896 个监测点，极差级水监测点 790 个，占 16.1%；较差级水监测点 2221 个，占 45.4%。[④] 耕地面积及水资源量的多少是影响农产品产量高低的重要因素，而耕地土壤质量、灌溉水资源水质则直接影响农产品的质量。新时代农业绿色发展的核心问题就是耕地资源、水资源的保护，不但要保护一定数量的耕地面积，以及足量的农业生产用水，更重要的是耕地土

---

① 孔祥智，等. 农业经济学 [M]. 北京：中国人民大学出版社，2014：40-41。
② 原中华人民共和国环境保护部，原中华人民共和国国土资源部. 全国土壤污染状况调查公报 [R].2014-04-17.
③ 原中华人民共和国环境保护部 .2014 年中国环境状况公报 [R].2015-05-19.
④ 于法稳. 实现我国农业绿色转型发展的思考 [J]. 生态经济，2016，32（04）：42-44+88.

壤质量、灌溉用水水质的保护。[①] 如若没有安全的农业自然资源，再多的绿色发展技术和模式的应用都将是徒劳的。

（二）先进的农业社会经济资源是农业绿色发展的保障

农业绿色发展不仅强调自然资源本身的"绿色"，也强调农业发展的高效率和高效益。高效生态农业是集约化经营与生态化生产有机耦合的现代农业。"以资源为基础的农业"很难满足迅速增长的人口对食品的需求，机械技术和生物技术的发明和使用带来了农业的"绿色革命"，只有以"科学为基础的农业"才能适应人类社会发展的需要。[②] 解决节本增效、质量安全和绿色环保等农业绿色发展的瓶颈问题必须依靠强有力的技术创新。农业绿色投入品的创造、绿色生产技术、绿色产后增值技术、绿色种养结构与技术模式和绿色发展的管理模式等都需要依托丰富的社会经济资源。因此，工业产品、人力、财力和信息等社会经济资源作为社会发展中最宝贵且最富有活力的资源，对农业绿色发展发挥着重要作用，先进的社会经济资源是农业绿色发展的保障。

农业绿色发展可分为产前、产中和产后三个阶段，涉及政府、企业、科技人员及农民等多个主体，涵盖生产资料生产行为、农民的生产行为及产业选择行为等多种行为，从某种程度来说就是社会经济资源的发展和分配的绿色化过程。只有社会经济资源的绿色发展才能进一步确保农业生产的绿色发展。农业农村部2018年印发的《农业绿色发展技术导则（2018—2030）》提出农业绿色发展要按照农业资源环境保护、要素投入精准环保、生产技术集约高效、产业模式生态循环、质量标准规范完备的要求，建立农业绿色发展技术体系，在稳步提高农业土地产出率的同时，大幅度提高农业劳动生产率、资源利用率和全要素生产率，引领我国农业走上一条产出高效、产品安全、资源节约、环境友好的农业现代化道路，打造促进农业绿色发展的强大引擎。从本质来看，农业绿色发展技术路径就是要改善社会资源利用理念，创新社会经济资源方式，提高社会经济资源的利用效率，走保质保量增效的农业发展之路。没有活跃的社会经济资源就意味着没有环保技术、环保人才、环保制度和环保财力的支撑，就失去了农业绿色发展的动力，就不能真正实现农业的节约高效和可持续发展。

（三）农业绿色发展新要求倒逼强化农业资源管理抓手

改革开放以来，我国农业发展取得巨大成就的同时也出现了许多问题，价格"天花板"、成本"地板"、生态资源"红线"和政策"黄线"约束不断加大，农业发展转型升级要求迫切。[③] 党的十八届五中全会提出的绿色发展理念为破解发展难题，形成人与自然和谐发展现代化建设新格局奠定基础。在绿色发展理念的指导下，农业绿色转型发展作为适应经济新常态下农业发展模式应运而生。2016年中央一号文件提出"加强资源保护和生态修复，推动农业绿色发展"，2017年中央一号文件继续提出"推行绿色生产方式，增强农业可持续发展能力"，2018年中央一号文件再次以"绿色兴农"基本原则对农业绿色发

---

① 于法稳.新时代农业绿色发展动因、核心及对策研究 [J].中国农村经济，2018（05）：19-34.

② 〔日〕速水佑次郎，神门善久.发展经济学：从贫困到富裕.李周，译.[M].北京：社会科学文献出版社，2003：78-79.

③ 尹成杰.加快推进农业绿色与可持续发展的思考 [J].农村工作通讯，2016（05）：7-9.

展进行整体部署，将关注农业绿色发展推到一个新高度。

农业绿色发展重点是要解决农业资源趋紧问题、着力解决农业面源污染问题、着力解决农业生态系统退化问题、着力解决农产品质量安全问题，重中之重是解决农业资源的科学合理利用问题。我国农业自然资源总量丰富，但人均资源占有量少，资源时空分布不均衡，质量低劣，资源比重大，资源开发强度大和后备资源不足等问题叠加。农业资源管理水平直接影响农业生产发展水平，农业发展新理念倒逼农业资源管理水平的提升。突破农业资源科学合理利用难题要求国家强化农业资源管理职责，运用科技、经济、政策、法律等手段，实施对农业资源及农业资源利用过程进行调查、监测、评价、规划、控制、协调、服务等，推进农业绿色发展的可持续进行。[①]处在农业绿色发展的新阶段，我国必须加快建立农业资源环境生态监测预警体系，建立以绿色生态为导向的农业补贴制度体系，构建支持农业绿色发展的科技创新体系和建立健全推进农业绿色发展的法律法规体系，这一系列任务都对农业资源管理提出了新的挑战。因此，强化农业资源管理权责将是实现农业绿色发展强有力的抓手。

二、北京市农业资源管理历史进程与现实需要

（一）农业资源管理体制演变

1. 首次全面农业自然资源调查阶段（1979—1985 年）。

1978 年 3 月，中央召开了近 6000 人参加的全国科学大会。"全国农业自然资源调查和农业区划研究"被列为 1978—1985 年《全国科学技术规划纲要（草案）》重点科学技术研究项目中的第一项，从此开启了我国第三次农业区划工作，其中农业资源调查是第三次区划工作的基础。20 世纪 60 年代，北京及全国曾进行过农业自然资源的调查和农业区划，但由于缺乏对农业自然资源的标准化、系统化的调查和整理，造成"家底"不够清楚。加之学术界对农业自然资源的性质、特点及各种资源的相互关系和演变规律研究得少、掌握得差，不能适应当时农业发展的需要，影响了农业现代化的进程。1979 年，国发〔1979〕36 号文件中指出，查明农业自然资源，合理开发利用农业自然资源，尽快研究制定全国及各省和县的农业区划是当时亟待研究解决的问题。北京市为了搞好农业自然资源和农业区划研究工作，1979 年根据《关于贯彻国务院三十六号文件开展农业自然资源和农业区划研究的通知》，成立了北京市农业自然资源和区划委员会，开展农业自然资源调查和农业区划的研究，合理开发利用农业自然资源，为指导农业生产，建立科学管理体系，实现农业现代化提供了科学依据。

1979—1985 年间，北京市根据国务院及北京市关于开展农业自然资源和农业区划工作的精神，全面开展了农业自然资源调查和农业区划工作。一是部署农业自然资源调查和农业区划任务，成立农业资源区划机构，组织农业资源区划队伍。二是对郊区农业资源进

---

① 全国农业资源区划办公室、中国农业资源与区划学会、中国农业科学院农业资源与农业区划研究所. 中国农业资源区划 30 年 [M]. 北京：中国农业科学技术出版社，2011：31.

行全面的野外调查和部门单项区划。完成了包括气候、地貌、土壤、植被、水文、水文地质、土地利用等多项调查；完成了粮食、蔬菜、林业、果树、畜牧、水产等农业部门区划工作；完成了农机、土壤改良、化肥、水利、植被保护等农业技术措施区划及农业综合自然区划和综合农业区划。三是集中整理、分析行业调查资料，撰写区划报告和编绘图件。这一阶段工作是北京市有关农业综合发展规模最大、最深入的调查，为做好农业区域规划、发展农村经济提供了全面、翔实、可靠的基础数据支持，是一项重要的基础工作。

2. 资源补充与区划成果应用阶段（1986—1989年）。

1986年2月18日全国农业区划委员会召开会议，根据国民经济与农村形势的发展，总结了过去7年来的工作，认为农业区划部门应在农业资源调查与农业资源区划基础上加快农村经济向专业化、商品化、现代化转移，因地制宜地建立农村产业结构，发挥更大的经济、社会和生态效益，必须逐步把工作重点转移到区域规划和区域开发上来，并写报告上报国务院，得到了国务院的肯定。国务院办公厅转发了《全国农业区划委员会关于深入开展农业区划工作报告的通知》（国办法〔1986〕18号），提出农业资源调查和农业区划是科学指导农业发展的重要基础性工作。这项工作自1979年在全国开展以来，已取得显著的成绩，但随着农村经济的全面发展，这项综合性的调查研究，需继续深入地进行下去。北京市根据国务院办公厅〔1986〕18号文件精神，对农业资源区划工作进行了新的部署。

1986—1989年间，在全国农业区划委员或的指导下，北京市农业资源管理工作进一步推进。这一阶段北京市农业资源区划的工作重点是在利用前一阶段资源调查研究成果的基础上，以农业发展战略研究为中心，向农业资源区划工作的深度和广度发展，开展了农业区划成果的应用研究。北京市根据农村深化改革和发展商品经济的需要，对总体发展战略、贫困山区资源利用和经济开发、郊区农业土地适度规模经营、主要农副食品基地布局和开发、农业资源潜力与开发等进行了研究。同时，北京市坚持"搞区划、用区划"的原则，在市县两级开展区划成果应该试点工作，如北京市丰台区长辛店乡梨园村农牧结合的综合实验基点，为大面积缺水的丘陵地区发展旱作农业探索了经验。除此之外，北京市还进行了区域、县域规划开发工作，为区、县农业发展指明了方向。

3. 资源调查更新与区划成果应用阶段（1990—2000年）。

国家为了加强农业资源开发宏观指导，协调部门间、地区间以及资源开发利用与保护治理之间的关系，促进资源和生产力要素的优化配置，提高区域开发的综合效益，克服农业区划开发中的盲目性，亟须编制一个全幅员、全方位的全国和省（市、自治区）级农业区域开发总体规划，国办发〔1990〕47号文，国务院把组织编制农业区域开发总体规划工作的责任交由全国农业区划委员会。1991年，全国农业区划委员会根据第三次全国农业区划会议精神向国务院上报了《关于进一步加强农业区划工作的报告》，国务院以国发〔1991〕7号文批转了这个报告，明确了新形势下农业区划工作的基本任务和工作重点。1993年机构改革中，国务院撤销了全国农业区划委员会，工作由农业部承担。农业部区划司向部党组汇报工作时指出，1994年农业资源管理的主要任务是建立健全农业资源信息动态监测体系；农业项目库建设；制定有关农业资源综合管理法规；开展新类别的资源区划；组织区域发展及大宗农产品产需平衡研究等。[①]

北京市政府转发了国务院《关于进一步加强农业区划工作》文件，1993 年，为了适应并满足社会主义市场经济新形势的要求，北京市提出了资源区划工作必须转变指导思想，拓展工作领域，深化区划内容，革新技术方法，调整充实市农业资源区划委员会，加强领导，取得了农业资源开发利用评价、农业资源综合开发规划、建立农业区域开发和可持续示范区、推动郊区观光农业的发展等方面的成果，并进一步完善了农村资源经济动态监测系统。1999 年，按照市政府（京政发〔1999〕6 号）文件的要求，北京市农业与农村资源区划工作由北京市农村经济研究中心承担。

4. 区划工作拓展与深化阶段（2001—2015 年）。

进入 21 世纪，我国经济社会发展步入了新的阶段，农业资源区划工作面临着新的机遇与挑战。随着市场经济体制的建立和市场经济的发展，政府的职能从直接微观管理更多地转向宏观间接管理及长期资源配置管理，为资源区划工作提供了新的广阔空间。国家可持续发展战略的实施对北京市农业资源区划工作提出了新的更高的要求，必须解决农村资源利用和生态环境冲突的问题。同时，北京市农业和农村经济发展进入新的阶段，农业和农村发展的制约因素也发生了深刻变化，这些都为农业资源区划工作发展提出了新的要求。根据新时期对农业资源区划工作的要求，北京市从 2001 年以来主动攻克农业资源区划难关，扎实推进农业资源区划工作，在资源动态监测、观光休闲农业、循环农业研究与实践等领域取得了丰硕的成果，开拓了农业资源区划工作的新局面。

5. 新时代资源监测精细化与可持续利用阶段（2016 年至今）。

2015 年以来，我国经济发展进入一个新阶段，迫切需要改善供给侧环境、优化供给侧机制，通过改革制度供给，激发经济活力。农业绿色发展是农业领域供给侧结构性改革的主攻方向，是农业发展观的一场深刻变革。在新时代，要回答好农业发展"依靠什么""产出什么""留下什么"和"贡献什么"等问题，将农业绿色发展这场深刻革命进行到底。回答农业发展"依靠什么"，就要明确水、土、气等资源是农业生产的基础和依靠。明确"产出什么"，就是要更加注重农产品质量。关注"留下什么"，就是要健全农业投入品减量使用制度，完善秸秆、畜禽粪污等资源化利用制度等，减少农业污染。期盼"贡献什么"就是农业生产在为老百姓"搞钱""搞饭"之余，也要注重"搞绿"。[②]

新时代对农业资源区划工作提出新的挑战，要求农业资源监测更加精细化，充分利用先进的信息技术，促进农业资源发展利用更加可持续化，在农业发展中引导绿色生产、绿色消费和废弃物绿色处理等。北京市根据农业资源区划工作职责任务和工作特点，围绕都市型农业建设重点，在农业区域发展规划与资源优化配置、农业资源利用与保护、农业农村产业布局结构与调整、农村生态环境改善与建设、生态农业与观光农业等方面进行了深

① 李仁宝 . 开拓农业资源区划工作的新局面 [J]. 中国农业资源与区划，1994，15（1）：1-2.
② 资料来源：中华人民共和国农业农村部网站。

入研究，做好北京市观光旅游农业的引导与宣传工作，加强观光农业产业发展与深化工作。同时，以循环经济理论指导农村生活垃圾源头分类、资源化利用的宣传和推广工作，为北京市农业农村的转型发展不断努力。除此之外，北京市不断完善农业资源管理信息系统建设，力争将农业资源基本情况进行精确化、动态化监测。

（二）农业资源管理主要成就

1. 农业资源利用效率提高，农业生产总产值提升明显。改革开放以来，北京市农业资源区划工作围绕农业农村经济改革与发展主题，不断探索、创新，对农业自然资源调查的基础上，合理利用农业资源和经济开发，布局农业生产结构，制定农业生产发展方案，在多方面取得了很大的成绩，对北京市农业发展贡献颇大。尤其是在一些贫困山区，针对当地的自然资源条件和经济、社会、技术条件，开发山区经济，制定市贫困山区脱贫致富的可行方案，为山区农业经济发展提供指导。1978~2017年，北京市农业资源利用效率不断提高，农林牧渔业总产值除个别年份外，总体逐年提升（图1），农业资源管理成效显著。

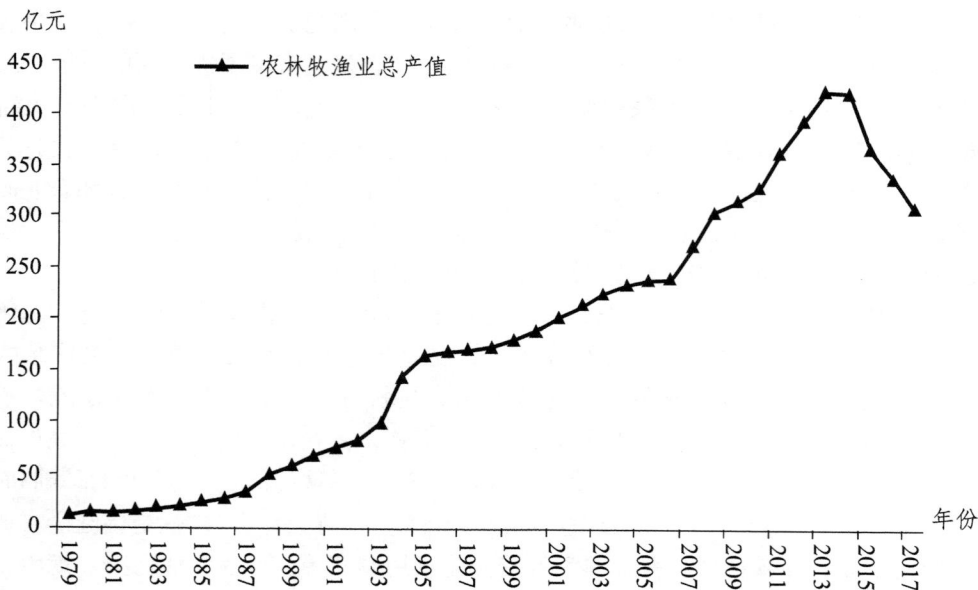

图1 1978—2017年北京市农林牧渔业总产值

数据来源：2018年《北京统计年鉴》。

从图1可以发现，1978—2017年，北京市农林牧渔业总产值从11.5亿元增加到308.3亿元，总产值最高年份（2013年）达到了421.8亿元。农林牧渔业总产值的跨越式增加与农业资源管理的高效性密不可分。长期以来，北京市农业资源区划办结合工作职能，开展了农业功能区划、农业资源动态监测、区域产业发展规划和布局等一系列研究工作，为指导农业生产实践奠定了基础。

2. 拓展农业资源利用方式，农业发展的可持续性增强。进入21世纪以来，北京市在加大传统农业资源区划工作力度的基础上，作为对农业资源区划成果应用的拓展和农村经济发展的需要，2004 年，北京市农业与农村资源区划办公室注册成立了北京观光休闲农业行业协会，编制了《2005—2010 年北京市乡村旅游发展规划》，承担了北京市乡村旅游相关课题研究；制定了行业标准，组织行业评优，规范产业经营，参与组织评选了 1000 个乡村民俗旅游明星接待户、2 个发展乡村旅游的典型乡镇，20 个发展乡村（观光）旅游先进村，在北京市观光休闲旅游发展中具有典型示范、推广意义；建设北京乡村旅游网，提高产业影响力；组织承担多项活动，定期举办培训活动和广泛宣传，引导消费，提高产业的市场知名度。这些举动是对农业资源利用方式的进一步延伸，主动发挥了农业的多功能性。乡村观光休闲旅游也迎合了北京都市型农业的特征，拓宽了北京市农业的发展方式，增加了北京市农民的农业多种经营性收入（图 2）。

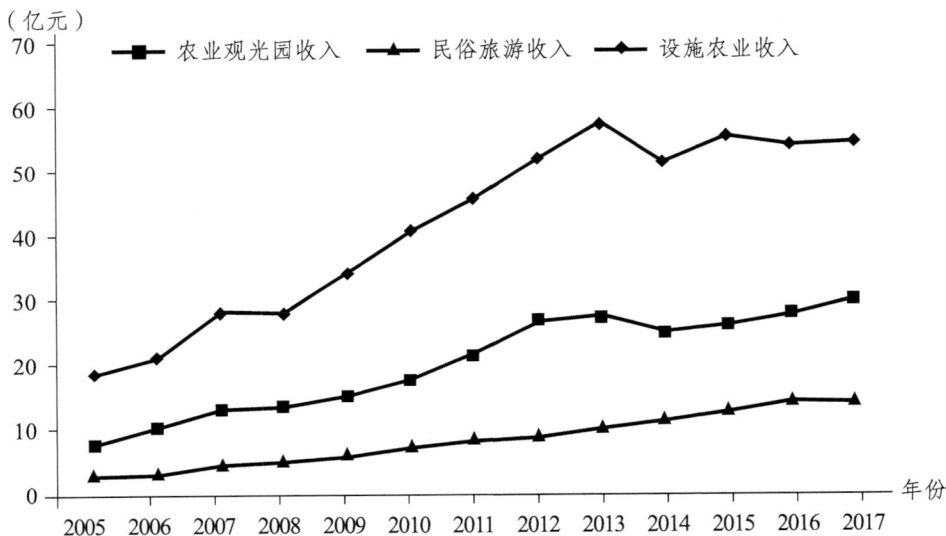

图 2　2005—2017 年北京市农业多种经营性收入

数据来源：2018 年《北京统计年鉴》。

图 2 的数据显示，2005—2017 年北京市农业观光园收入、民俗旅游收入和设施农业收入等多种经营性收入不断增加。2017 年，北京市农业观光园收入达到了 30 亿元，是 2005 年农业观光园收入的 3.81 倍。2005 年以来，民俗旅游收入持续性增加，2017 年达到了 14.2 亿元。北京市设施农业收入明显高于农业观光园收入和民俗旅游收入，2013 年以后设施农业收入有所下降，但每年仍然有近 50 亿元的收入。北京市农业农村资源区划办加强田园综合体建设研究，打造农村农业发展特色。北京将以 65 个"全国一村一品示范村镇"为重要载体，以一二三产业融合发展为重点，加快推进"一村一品"特色产业提档升级。打造特色品牌农业，大力宣传推介示范村镇的名优特色产品，推广示范村镇的好经验、好办法，进一步发挥"一村一品"的示范带动作用。[①] 农业资源的多种经营将大大促

---

① 资料来源：北京市农村经济研究中心网站。

进农业的可持续发展。

3. 农业资源信息系统建设，资源管理的决策水平提高。农业资源信息系统建设是加强农业资源现代化管理，科学指导农业生产的重要手段。全国农业资源区划系统不断适应国家经济发展新常态和农业转型升级，探索建立农业资源监测管理制度，摸清资源底数，建立资源监测体系，进行资源评价报告。2001 年，北京市为了充分利用前期农业资源调查资料，充分发挥农业资源区划成果对京郊农业与农村经济发展的作用，适应"数字北京"的发展需要，提高区划成果的管理应用水平，提出了"北京市农业与农村资源数据库建设"工作。2002 年，北京市又进一步提出建立"北京市农业与农村资源开发管理决策支持系统"，通过运用地力信息系统、辅助决策支持的模型系统和数据库管理系统技术，将北京市历次农业资源调查的成果在系统中进行整合，并初步实现北京农业资源区划数据库的空间化和综合集成。[①]

当前，北京市农业与农村资源区划工作在逐步实现资源数据的信息化，基于 3S 技术，通过对多源多时相遥感数据的综合处理，主要建设内容整合了历年来北京农业资源区划累计的数据、区划数据、基础地理信息数据、遥感数据和多媒体数据，采用数据库技术规范化、系统化集成空间数据和非空间数据于一体。实现高效的数据查询、浏览、管理、修改、分析、报表等功能，满足农村资源管理的需求。虽然农业资源信息管理系统建设中还存在着对农业资源信息数据重视程度不足，对农业资源信息数据投入不足，农业资源分散缺乏有效的开发整合机制，系统建设技术、人才、制度缺乏等问题，但是，北京市农业资源信息系统建设在长期的积累中已有一定的基础，对前期农业资源管理决策发挥着十分重要的作用。[②]

（三）农业资源管理主要问题

1. 农业资源区划职能弱化，农业资源管理有待加强。农业资源调查和区划是一项长期的重要基础工作和前期工作，是发展农业生产、实现农业现代化的重要指南。农业的发展没有完，农业的资源开发没有完，农业资源调查和区划工作就没有完。[③]北京市农业资源极其有限，都市型农业对农业资源的开发和利用规划要求极高。但是，近年来北京市农业资源区划工作机构影响力有所下降，对农业资源区划职能重视不足，农业区划资金和人才队伍建设建设不充分等问题显现。要实现农业的绿色转型发展，必须重视农业资源区划研究成果，才能做到因地制宜的高效发展。农业区划职能的强化是农业资源管理效用发挥的重要保障。北京市农业绿色发展过程中，要重视且明确农业区划职能，实现农业区划工作的与时俱进。

2. 数据共建共享难度大，农业资源"本底"不清。摸清农业资源底数，建立农业资

① 张颖.北京市农业资源数据库建设面临的问题 [A]. 中国农业资源与区划学会.2015 年中国农业资源与区划学会学术年会论文集 [C]. 中国农业资源与区划学会，2015：6.

② 张颖，贺潇，冯建国，等.北京市农业资源管理信息系统建设的问题及对策研究 [J]. 中国农业资源与区划，2017，38（05）：57-65.

③ 白有光.进一步加强农业区划工作努力为京郊农村经济现代化服务 [J]. 农业区划，1992（02）：45-47.

监测体系，合理评估农业资源承载力，掌握农业资源利用动态是农业资源管理的基础。农业资源的底数不清是北京市农业资源管理的重要短板。水、土、气、生等自然资源是农业发展的核心要素，可这些数据分散在不同的部门，严重约束了农业资源管理的科学性。虽然北京市已开始探索推行农业资源台账制度，但执行中还有许多难点需要攻克。同时卫星遥感监测、互联网大数据监测等资源监测技术手段在农业资源管理中应用的还不广泛，实时获取和共享农业资源的平台还未搭建。加之政府在农业资源信息数据管理和建设上重视程度不够，管理人员对于应用电子信息进行互联互通还缺乏推动和开展工作的动力，导致农业资源信息系统建设工作严重滞后。这些农业资源监测中的问题严重制约了农业资源监测数据的完整性，导致对于能够开发和利用的资源分布情况以及已经受到污染或破坏急需治理的资源情况不明，管理的难度增强。

3. 农业产业结构低端，农业资源利用结构待优化。随着工业化、城市化的快速发展，土地、劳动力等成本持续上升，农业投入的边际效益递减，农业特别是种粮比较效益偏低的问题更加突出，传统小农户经营盈利空间小，抗风险能力弱。以引导土地规范地流转为总前提，"三权分置"多种途径放活了农村土地经营权。土地流转加速，规模化经营具备了重要的资源条件。但是，北京作为首都，典型的"大都市、小农业"，在发展都市型现代农业过程中，走高精尖型示范引领路线是适应首都发展的需要，也是融入京津冀农业协调发展战略的需要。从统计数据来看，北京市农村低端产业结构仍占较大比重，农业土地产出率等远低于同样作为我国行政区划中的直辖市的天津市。同时，北京作为世界范围内严重缺水的大都市，如何协调好工业用水、城镇用水和农业用水间的关系，合理布局农业产业结构，避免农业资源污染问题是农业绿色发展需要进一步解决的问题。2013 年前后，北京市农业观光园收入增速也开始放缓，收入下降幅度较大，农业观光园转型发展需求迫切。[①] 除此之外，民俗旅游的经营水平也需进一步提升。[②] 为契合北京市都市现代农业发展需要，发挥农业发展优势，北京市应进一步优化农业资源利用方式。

（四）农业资源管理现实需要

1. 化解农业资源约束矛盾需要强化资源管理。农业水土资源短缺问题是我国农业发展的重要约束，北京市经济社会整体上已经进入后工业化时代和发达城市化阶段，土地紧缺和水资源紧缺的"双紧"约束更加明显，市场高风险和劳动力高成本的"双高"压力更加突出，农业占 GDP 的比重越来越小，农业经营性收入占农村居民收入比重越来越低。2015 年，北京市耕地面积有 21.9 万公顷，其中，农作物播种面积仅为 17.7 万公顷，耕地面积比 1978 年减少了 21 万公顷。北京市位于水资源缺乏的华北平原西北部，人均资源占有量不足 120 立方米，在世界大城市和首都中名列第 111 位，仅为世界著名贫水国以色列

① 陈奕捷，严晓辉，黄志友，等.北京市民农园建设标准与经营规范研究 [J].北京农业职业学院学报，2018，32（01）：5-12.
② 向雁，屈宝香，侯艳林.北京休闲农业发展现状特征及对策建议 [J].中国农业资源与区划，2017，38（04）：214-222.

人均水资源占有量的1/3，是我国水环境与水生态最为脆弱、水资源压力最大的地区。[1]北京要保持农业发展的优势，保障农业农村经济可持续发展，打造全国农业发展的"第一名片"，必须强化对农业资源的管理。

2. 提高农业资源利用效率需要强化资源管理。农业资源利用率主要包括土地、水、化肥、农业废弃物（如秸秆、畜禽粪便等）的有效利用情况。农业资源的合理利用是农村可持续发展、农业生态环境保护和农业多功能性开拓的基础。[2]北京市一方面农业资源紧缺，另一方面农业资源的利用效率又远低于天津等都市型农业发展区域。以农业土地产出率为例，近6年间北京农业土地产出率一直低于1000元/亩，而天津农业土地产出率一直高于1000元/亩，截至2014年已近2000元/亩。从水资源利用效率来看，北京市水资源利用率不断提升，发展"节水"农业成果显著。2014年，农业水资源利用率为0.0023万元/立方米，高于上海、天津的水资源利用率，但农业缺水的形势依然十分严峻。北京市必须要立足当前资源和环境承载能力，调结构、转方式，创新农业资源管理体制机制，增强农业资源管理水平，提高农业资源利用效率，解决资源趋紧问题。

3. 规避农业资源利用负效益需要强化资源管理。人类的历史是开发和保护农业资源的过程，由于农业资源管理更多地重视开发，忽视保护，导致河流断流、地下水位过度下降、水土流失、土地荒漠化、土壤板结、面源污染、沙尘暴等生态环境破坏问题的加剧，进而引发了生态安全和食物安全的隐患，开发利用农业资源的负效益日益明显。北京"大城市、小郊区"的发展特点，决定了农业资源更多用于满足工业和城镇发展需要，农业资源破坏严重。随着重工业外迁，高污染、高排放企业选址在京郊，工业污水直接排放到农田，水中的重金属污染土壤和水源。养殖业的兴起使得未经处理的污水直接排入农田或河道，造成土壤、地表水和地下水污染严重。加之农村垃圾站点少，农民选择就近河道或坑洼处随意丢弃生活垃圾，也严重污染了土地和水源。[3]农业资源管理的重要任务就是通过对农业资源开发利用的管理，在提升农业资源开发利用正效益的同时，降低甚至是克服负效益，保障农业与农村经济的绿色高效发展。

三、北京市农业资源本底、时空分布及利用效率

依据农业资源区划工作聚焦农业水土气生等自然资源特点，结合遥感技术的应用，重点研究水土资源的本底、时空分布和利用效率问题。

（一）主要农业自然资源本底及时空分布

北京市地处华北平原北端，东南接天津市，其余三面与河北省相邻，位于东经115°24′—117°31′，北纬39°26′—41°04′。总面积16410.54平方公里，南北长约176公里，东西宽约160公里，山地占62%，平原占38%。本项研究的区域为除首都功能核

---

① 宋振伟，张卫建，陈阜. 北京市农业水资源供需状况及优化利用研究 [J]. 节水灌溉，2010（03）：30-34.

② 亢志华，陈海霞，刘华周. 以提高土地产出率、劳动生产率、资源利用率来发展现代农业 [J]. 江苏农业科学，2009（05）：322-324.

③ 乔洪民，栗卫清，何忠伟. 北京农业水资源利用率探析 [J]. 科技和产业，2016（07）：11-14.

心区外的十四个近远郊区：朝阳、丰台、石景山、海淀、门头沟、房山、通州、顺义、昌平、大兴、怀柔、平谷、密云和延庆。

1. 耕地资源本底及时空分布。在农村土地利用遥感调查时，综合考虑了土地利用地类划分标准和遥感可监测性，在遵循科学性、实用性和连续性原则的基础上，参考的全国农业区划委员会1984年9月颁布的《土地利用现状调查技术规程》所制定的土地利用现状分类及含义中的一级分类的老八类，即耕地、园地、林地、草地、居民地和工矿用地、交通用地、水域和未利用地。其中，为了更好地研究近郊土地利用变化规律，以及菜地大棚光谱的特殊性，本研究将耕地的二级分类菜地作为一类进行单独提取。居民地和工矿用地包括城镇和农村居民地、独立工矿用地、盐田和特殊用地五种二级分类；独立工矿用地指居民地以外的各种工矿企业、采石场、仓库及企事业单位的建设用地；特殊用地指居民地以外的名胜、公墓、陵园等范围以内的建设用地，根据北京市的用地特点，本研究将城镇和农村居民地合为居民地，将独立工矿用地和特殊用地合为建设用地，并将这两种用地类型分开提取。由于交通用地在SPOT影像中与居民地和建设用地光谱特征相似，提取过程比较困难，并且交通用地对研究目标意义不大，因此本研究没有将其考虑到分类系统中，而是将其归并到居民地或建设用地之中，因此，本研究的分类系统最终确定为林地、草地、园地、耕地、菜地、居民地、建设用地、水体和未利用地。

对全市各地类面积进行测量，并对测量结果进行统计与分析，通过对土地利用空间结构的分析，取得2016年北京市郊区土地利用类型的监测数据（图3）。

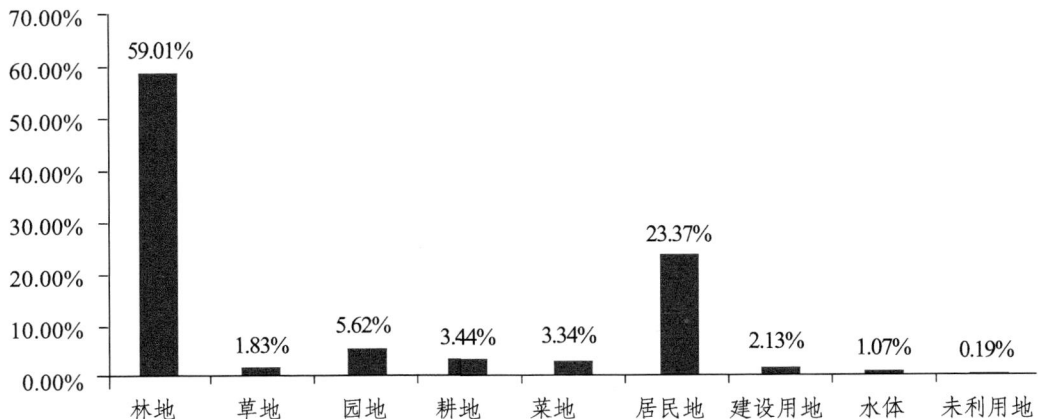

图3　北京市土地利用结构图（2016年）

数据来源：遥感监测数据。

土地监测主要结果显示，研究区的土地总面积约16410平方公里，其中，林地、居民地和园地为最主要土地利用类型，占总面积比重的前三位，分别为59.01%、23.37%和5.62%。建设用地、草地、耕地和菜地所占的比例分别为2.13%、1.83%、3.44%和3.34%，水体和未利用地所占的比例最少，分别为1.07%和0.19%。

据 2016 年监测结果，在北京郊区土地利用类型中，农用地占 73.24%；非农用地中，居民地占 23.37%；未利用地仅占 0.19%。在农用地构成中，林地所占比重最大，面积占农用地总面积的 80.57%；园地面积次之，占农用地总面积的 7.68%。农用地各个地类的监测数据见图 4。

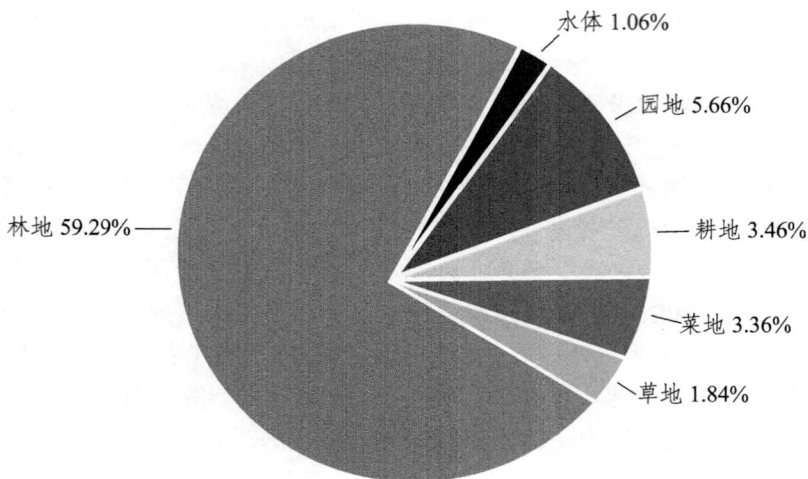

图 4　北京市郊区农用地类型结构图（2016 年）

数据来源：遥感监测数据。

主要地类的土地利用现状。一是耕地。类型主要包括：粮田、果用瓜地、菜地、经济作物用地等，占全市调查范围的 6.8%，面积约为 166.75 万亩，主要分布在京郊东南部的大兴区、通州区、延庆区、顺义区、房山区等区域。其中：大兴、通州、延庆、顺义和房山的耕地面积居前五位，分别占耕地总面积的 22.38%、13.32%、17.27%、11.04% 和 9.11%，是北京市粮食、蔬菜和经济作物等生产的重点区域。平谷、密云、昌平和怀柔也有部分耕地分布，分别占耕地总面积的 4.84%、12.61%、4.59% 和 2.57%。另外有极少量的耕地分布在丰台、朝阳、海淀和石景山，此外门头沟区的耕地分布也很少。耕地在各区的分布如表 1 所示。

表 1　北京市郊区耕地空间分布（2016 年）

耕地	面积（万亩）	占全市耕地比重	占本区面积比
郊　区	166.75	100%	6.80%
城市功能拓展区			
朝阳区	2.11	1.27%	3.09%
丰台区	0.81	0.49%	1.82%
石景山区	0.06	0.03%	0.43%
海淀区	0.53	0.32%	0.81%

耕地	面积（万亩）	占全市耕地比重	占本区面积比
城市发展新区			
房山区	15.18	9.11%	5.01%
通州区	22.22	13.32%	16.45%
顺义区	18.42	11.04%	12.03%
昌平区	7.66	4.59%	3.76%
大兴区	37.32	22.38%	23.88%
生态涵养发展区			
门头沟区	0.26	0.16%	0.12%
怀柔区	4.29	2.57%	1.34%
密云区	21.03	12.61%	6.31%
平谷区	8.07	4.84%	5.73%
延庆区	28.79	17.27%	9.69%

数据来源：遥感监测数据。

二是园地。园地占全市调查范围的 5.66%，共有约 138.33 万亩。其中：平谷、延庆、顺义、昌平、大兴、通州和房山为全市园地的主要分布区，占全市园地总面积的 70% 以上，分别为 10.76%、10.24%、15.5%、10.41%、10.4%、12.64% 和 13.77%。其次是怀柔、海淀、门头沟等区。北京市果品产业发展已成为各区县经济发展的优势产业，且具有很强的地域特点：已形成了以怀柔、密云等区为中心的百里燕山板栗产业区；以平谷区为中心的平原、丘陵大桃产业区；以房山、昌平、平谷等区为中心的丘陵黄土区柿子产业区；以门头沟、延庆、昌平、密云、平谷等区为中心的京西北山前暖区苹果产业区；以延庆等区为中心的葡萄产业区；以大兴、顺义、房山、通州为中心的"三河"（永定、潮白、温榆河）沙地梨产业区；以门头沟、房山、平谷等区为中心的浅山沟谷核桃产业区。园地在各区县中的分布如表 2 所示。

表 2　北京市郊区园地空间分布（2016 年）

园地	面积（万亩）	占全市园地比重	占本区面积比
郊　区	138.33	100%	5.66%
城市功能拓展区			
朝阳区	1.30	0.94%	1.90%
丰台区	2.53	1.83%	5.67%
石景山区	0.32	0.23%	2.53%
海淀区	4.40	3.18%	6.73%

园地	面积（万亩）	占全市园地比重	占本区面积比
城市发展新区			
房山区	19.05	13.77%	6.29%
通州区	17.49	12.64%	12.95%
顺义区	21.44	15.50%	14.01%
昌平区	14.41	10.41%	7.06%
大兴区	14.38	10.40%	9.20%
生态涵养发展区			
门头沟区	1.91	1.38%	0.90%
怀柔区	6.85	4.96%	2.15%
密云区	5.19	3.75%	1.56%
平谷区	14.88	10.76%	10.57%
延庆区	14.16	10.24%	4.77%

数据来源：遥感监测数据。

三是林地。林地占全市调查面积的 59.29%，面积约 1450.27 万亩。主要分布在北部、西部和西南部的山区，其中：怀柔、密云、延庆、房山和门头沟五个区的林地之和占全市林地总面积的 79.16%，是北京市山区生态建设的重点区域。林地在各区中的分布如表 3 所示。

表 3　北京市郊区林地空间分布（2016 年）

林地	面积（万亩）	占全市林地比重	占本区面积比
郊 区	1450.27	100%	59.29%
城市功能拓展区			
朝阳区	8.33	0.57%	12.20%
丰台区	8.58	0.59%	19.18%
石景山区	4.35	0.30%	34.05%
海淀区	22.21	1.53%	33.99%
城市发展新区			
房山区	197.40	13.61%	65.19%
通州区	17.02	1.17%	12.60%
顺义区	30.24	2.09%	19.75%
昌平区	114.54	7.90%	56.17%
大兴区	18.45	1.27%	11.80%

续表

林地	面积（万亩）	占全市林地比重	占本区面积比
生态涵养发展区			
门头沟区	197.89	13.65%	92.71%
怀柔区	276.05	19.03%	86.54%
密云区	256.50	17.69%	76.97%
平谷区	78.57	5.42%	55.79%
延庆区	220.14	15.18%	74.10%

数据来源：遥感监测数据。

2. 水资源本底及时空分布。资源区划处联合中科院地理资源所、北京林业大学专门工作组，经过近半年的工作，构建出基于多光谱遥感的水域识别技术系统，形成周期为3个月的水域识别能力，可支撑北京市水域面积的长期监测工作，并且利用该技术系统，进行了2018年4月至6月开放水域的空间分布调查。2018年4—6月，监测系统共识别北京市开放水域10370块，总面积200.01平方公里，占北京市总面积16410.54平方公里的1.22%。其中，10亩以下水域9697块，面积为8.27平方公里；10—50亩水域455块，面积为6.48平方公里；50—100亩水域86块，面积为4.07平方公里；100亩以上水域132块，面积为181.19平方公里（表4、表5）。

表4　北京市不同空间尺度水域数量和面积（2018年）

面积阈值	水面数（块）	平均面积（平方米）	合计面积（平方公里）
10亩以下（6660平方米）	9697	853	8.27
10—50亩（6660-33300平方米）	455	14251	6.48
50—100亩（33300-66600平方米）	86	47232	4.07
100亩以上（66600平方米）	132	1372618	181.19
合计	10370		200.01

数据来源：遥感监测数据。

表5　北京市各区100亩以上水域数量和面积（2018年）

行政区	100亩以上水域（块）	面积（平方公里）	比例（%）	行政区	100亩以上水域（块）	面积（平方公里）	比例（%）
东城	2	0.13	0.08	通州	20	2.97	1.75
西城	5	0.97	0.65	顺义	6	1.68	0.94
海淀	10	2.77	1.63	昌平	12	5.37	2.98
朝阳	7	0.68	0.39	大兴	5	0.76	0.53

行政区	100亩以上 水域（块）	面积 （平方公里）	比例 （%）	行政区	100亩以上 水域（块）	面积 （平方公里）	比例 （%）
丰台	8	2.26	1.36	怀柔	7	7.35	4.16
门头沟	8	2.85	0.17	平谷	9	7.01	3.98
石景山	2	0.47	0.37	延庆	15	21.23	11.87
房山	12	4.33	2.49	密云	11	120.36	66.65

数据来源：遥感监测数据。

北京市100亩以上水域面积占总水域面积的90.60%，水域分布的集中度较高。从行政区分布来看，拥有100亩以上水域数量依次为通州（20块）、延庆（15块）、房山（12块）、昌平（12块）和密云（11块），面积排序依次为密云（66.65%）、延庆（11.87%）、怀柔（4.16%）、平谷（3.98%）和昌平（2.98%）（表3-5）。水域主要集中在密云、延庆和怀柔等区。

（二）主要农业自然资源利用效率及比较

农业资源利用效率体现在对农业自然资源和社会经济资源的利用效率上，农业资源消耗系数可以反映资源利用效率的水平。资源消耗系数为农业资源效率的倒数，即单位农产品对资源的消耗量或占有量。[①]农业资源消耗系数越高，表明农业资源的利用效率越低，反之亦然。本研究利用北京市2013—2017年耕地资源、水资源、劳动力资源及农业投入品等数据，计算农业资源消耗系数，分析北京市主要农业资源利用效率。

1. 北京市主要农业自然资源利用效率分析。

（1）耕地资源利用效率逐年上升。耕地资源消耗系数主要反映单位产量消耗的耕地资源，考虑到复种指数、农产品多样性等因素，本研究把耕地资源消耗系数计算为农作物播种面积与农作物产量的比值，以此衡量农业生产效率，其中农作物产量包括粮豆作物、油料作物、棉花和蔬菜。北京市2012—2017年耕地资源消耗系数如表6所示。

表6　北京市2012—2017年农业耕地消耗系数

年份	2012	2013	2014	2015	2016	2017
播种面积（千公顷）	282.71	242.46	196.1	173.73	151.36	126.00
总产量（万吨）	396.01	364.89	301.44	269.05	238.35	198.40
耕地消耗系数	0.71	0.66	0.65	0.65	0.64	0.64

数据来源：国家统计局网站。

由表6可以看出，2012—2017年，北京市农作物播种面积总体呈下降趋势，农作物播种面积共减少了约15.7万公顷，相应地，农作物总产量也逐年下降。北京市农业耕地消耗系数呈现下降趋势，由生产1千克农产品需要0.07平方米的耕地下降到0.06平方米，

---

① 谢高地，齐文虎，章予舒，等．主要农业资源利用效率研究[J]．资源科学，1998（05）：10-14.

即单位农产品消耗的耕地资源明显降低，说明北京市土地产出率近五年来逐年上升。

（2）水资源利用效率呈波动式上升。一个地区可开采的淡水对于农业来说，是一项基本的自然资源，水资源消耗系数为农业灌溉用水量与农产品总产量的比值。2012—2017年北京市水资源消耗系数，如表7所示。

表 7 北京市 2012—2017 年农业水资源消耗系数

年份	2012	2013	2014	2015	2016	2017
用水总量（亿立方米）	9.31	9.09	8.18	6.40	6.00	5.10
总产量（万吨）	396.01	364.89	301.44	269.05	238.35	198.40
水资源消耗系数	0.24	0.25	0.27	0.24	0.25	0.26

数据来源：国家统计局网站。

由表7可以看出，2012—2017年农业用水量逐渐下降，这与农作物播种面积的逐年下降有关。水资源消耗系数从2012年到2014年逐渐上升，随着农作物总产量的降低，用水量减少的速度低于农作物的产出减少速度，使水资源利用效率有一定程度的降低；2015年，水资源消耗系数出现较大幅度下降，水资源利用效率有较大改善；而到2016年，水资源消耗系数又有小幅上扬，说明水资源利用效率仍需要较大改善。总体来看，北京市水资源消耗系数6年内呈小幅度波动，水资源利用效率变化不大，有待实现大幅度提高。

（3）劳动力利用效率逐年下降。劳动力是生产力要素中最具能动性的因素，劳动力资源也是农业生产中不可忽视的资源之一。劳动力生产率衡量单位劳动力生产的产品量，是衡量农业资源利用率的重要指标之一。本研究将农作物总产量与农业劳动力数量的比值作为农业劳动生产率的指标，北京市2012—2017年的农业劳动生产率变化情况，见表8。

表 8 北京市 2012—2017 年农业劳动力消耗系数

年份	2012	2013	2014	2015	2016	2017
劳动力数量（万人）	57.3	55.4	52.4	50.3	49.6	48.8
总产量（万吨）	396.01	364.89	301.44	269.05	238.35	198.40
劳动力消耗系数	0.14	0.15	0.17	0.19	0.21	0.25

数据来源：北京市统计局。

由表8可以看出，北京市农业劳动力数量逐年下降，从2012年57.3万人减少到2017年的48.8万人，下降了14.8%。与此同时，农业劳动力消耗系数连年上升，2017年达到了0.25，农业劳动生产率下降明显。

（4）其他资源利用效率分析。除自然资源外，农业经济资源的利用效率也是农业资源利用效率的构成部分，按照农业资源消耗系数的方法计算农业投入品的利用效率，其中包括化肥、农药、农膜、柴油4种资源，见表9。

表 9　北京市 2012—2017 年农业资源消耗系数

年份	2012	2013	2014	2015	2016	2017
农用化肥施用折纯量（万吨）	13.67	12.78	11.64	10.53	9.65	8.5
农药使用量（万吨）	0.39	0.39	0.36	0.32		
农膜使用量（万吨）	1.25	1.24	1.09	1.04		
农用柴油使用量（万吨）	3.88	3.70	3.40	2.80		
化肥消耗系数（$\times 10^{-2}$）	3.45	3.50	3.86	3.91	4.05	4.28
农药消耗系数（$\times 10^{-2}$）	0.10	0.11	0.12	0.12		
农膜消耗系数（$\times 10^{-2}$）	0.32	0.34	0.36	0.39		
柴油消耗系数（$\times 10^{-2}$）	0.98	1.01	1.13	1.04		

数据来源：国家统计局网站。

从表 9 可以看出，2012—2017 年，北京市的化肥、农药、农膜、农用柴油的消耗量随着农作物播种面积的减少而逐年下降，但其消耗系数总体上均呈现上升的趋势，其中化肥、农药、农膜的消耗系数逐年上升，意味着三者的利用效率一直下降；柴油消耗系数从 2012 年到 2014 年逐年上升，2015 年有小幅下降，即柴油利用效率在 2015 年有小幅提高。因此，化肥、农药、农膜、柴油的资源利用率还有待进一步完善。

2. 北京市与其他地区农业资源利用效率比较。将北京市与同为直辖市的天津市、上海市，以及北京相邻的河北省作农业资源利用效率做比较，与此同时，把全国平均农业资源利用效率作为参考比较得到图 5。

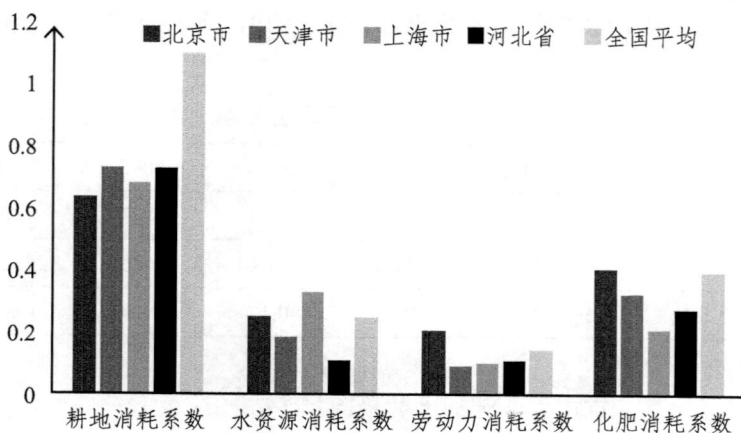

图 5　北京市与其他地区 2016 年农业资源利用效率比较

数据来源：国家统计局、北京市统计局、《天津年鉴（2017）》《上海年鉴（2017）》《河北经济年鉴（2017）》。

从图 5 可以看出，2016 年，北京市农业资源利用效率除耕地消耗系数以外，水资源消耗系数、劳动力消耗系数与化肥消耗系数均高于全国平均水平，表明北京市农业对劳动力、水资源和化肥的利用效率均需要加大改善力度。北京市 2016 年耕地消耗系数不仅远低于全国平均水平，同时低于为直辖市的天津、上海，以及相邻的河北省，且从表 6 中分析得到北京市近年来耕地消耗系数连年下降，表明北京市的耕地利用率得到了很大提高并处于全国较高水平。与耕地利用率相反，北京市的劳动力利用效率低于全国平均水平，并存在较大差距。因此，在当前推动农业现代化发展与城镇化进程的背景下，需特别注意提高农业劳动生产率，提升农业资源的综合利用效率。

四、绿色发展导向下北京市农业资源管理总体思路和目标

（一）总体思路

以习近平新时代中国特色社会主义思想为指导，以全面推进乡村振兴、深化农业农村改革为统领，以《北京城市总体规划（2016 年—2030 年）》中提出的"建设国际一流的和谐宜居之都"为基本方向，遵循"尊重自然、制度引领、城乡联动、五化同步"主体要求，以绿色经济为主线，着力实施"一格局四条线"五大任务，即系统优化农业资源分布空间格局、分类建立农业生态资源防护红线、坚决守住农业资源利用效率底线、重污染农业资源生产禁入高压线、塑造农业资源多功能用途人文线，实现"制度完善、底数清楚、质量分类、空间优化、节约高效"农业资源管理目标，力争把北京农业资源管理发展成为国家样本，为北京真正成为全国率先实现绿色发展典范提供基础支撑。

（二）管理目标

依据《中共中央关于制定国民经济和社会发展第十三个五年规划的建议》《京津冀协同发展规划纲要》《中共北京市委关于制定北京市国民经济和社会发展第十三个五年规划的建议》《中共北京市委北京市人民政府关于贯彻〈京津冀协同发展规划纲要〉的意见》《北京市国民经济和社会发展第十三个五年规划纲要》《北京市"十三五"时期城乡一体化发展规划》《北京市乡村集体（合作）经济发展第十三个五年（2016—2020 年）规划纲要》等重要规划，明确了中长期北京市农业资源管理发展目标。

表 10 北京市农业资源管理目标

管理目标	序号	指标	2025 年目标	2020 年目标	现状（2017 年）
制度完善	1	农业资源调查制度	完善	完善	有
	2	农业资源评价制度	完善	新制定	没有
	3	农业资源规划制度	完善	完善	有
	4	农业资源监管制度	完善	完善	有
底数清楚	5	耕地资源（万公顷）	≥ 11.07	≥ 11.07	21.63
	6	水资源（亿立方米）	≥ 29.77	≥ 29.77	29.77
	7	森林覆盖率（%）	≥ 50	≥ 44	36.7

续表

管理目标	序号	指标	2025 年目标	2020 年目标	现状（2017 年）
质量分类	8	耕地质量等级（等）	≥ 4.0	3.8	3.3
	9	丧失使用功能（劣 V 类）的水体断面比例（%）	15	28	44
	10	重要江河湖泊水功能区水质达标率（%）	≥ 90	77	57.1
空间优化	11	基本农田保护面积（万公顷）	≥ 10	≥ 10	18.67
	12	湿地面积（万公顷）	5.44	5.44	5.14
	13	生态保护红线面积占市域面积比例（%）	73	73	26.1
节约高效	14	农田灌溉水有效利用系数	0.80	≥ 0.75	0.72
	15	耕地消耗系数	0.50	0.55	0.64
	16	化肥消耗系数（ $\times 10^{-2}$ kg/kg）	3.00	3.00	4.28

数据来源：2020 年目标数据来源于《北京市国民经济和社会发展第十三个五年规划纲要》《北京市"十三五"时期城乡一体化发展规划》《北京市乡村集体（合作）经济发展第十三个五年（2016—2020 年）规划纲要》《北京市"十三五"时期土地资源整合利用规划》《北京市耕地河湖休养生息规划（2018—2035 年）》；2017 年现状数据来源于《北京统计年鉴》（2018 年）和《北京市水资源公报》（2018 年）；2025 年目标来源于课题组的综合分析和估算。

五、北京市农业资源管理的主要内容和关键措施

（一）系统优化农业资源分布空间格局

农业资源是北京市重要的资源类型之一。改革开放以来，北京市农业与农村资源区划工作在"摸清家底"、科学利用农业资源方面做了大量工作，取得了一大批农业资源数据和农业区划成果，[①]为优化农业资源空间分布提供了重要数据支撑。近年来，3S 技术在农业资源管理中的应用，为形成集农业资源空间数据与非空间数据于一体，实现系统化、科学化、高效化和可视化的农业资源空间分布格局提供了技术支持。按照中共中央办公厅、国务院办公厅联合印发的《关于创新体制机制推进农业绿色发展的意见》，要"优化农业主体功能和空间布局，构建科学适度有序的农业空间布局体系"。为此，有必要建立以北京市主体功能规划为基础、以农业资源承载力为中心、以农业功能定位为依据，形成"圈——轴——点"的空间布局体系，同时应从摸清家底、资源分类、生态优先、效率为重、功能主导的全方位视角出发，保障农业资源的科学合理高效分布。

1. 划圈层农业：以主体功能规划为基布五大农业圈层。以北京市发布的《北京城市总体规划（2016 年—2035 年）》《关于推动生态涵养区生态保护和绿色发展的实施意见》《北

[①] 张颖，贺潇，冯建国，等.北京市农业资源管理信息系统建设的问题及对策研究 [J].中国农业资源与区划，2017，38（05）：57-65.

京市主体功能规划》为基础，确定不同功能区域的农业圈层空间分布。根据已有规划文件，结合本课题的研究结论，将北京市农业资源按圈层结构划分为五部分：城市花园农业圈层、近郊田园景观农业圈层、远郊高效农业圈层、山区生态休闲农业圈层和农业资源的重点保护圈层。

优化农业资源圈层分布的主要内容包括：（1）首都功能核心区是北京市开发强度最高的完全城市化地区，大部分土地利用为城镇建设用地以及零星散布的园林绿化用地，农业用地甚少。（2）城市功能拓展区包括 70 个街道、7 个镇和 24 个乡，是产业高端化、发展国际化和城乡一体化的重点开发区域，土地利用变化快速，农用地极易被占用，该区虽有少量种植蔬菜、果树、花卉等的农业用地，但从本区域土地利用空间分布图来看，农业用地呈现出以斑块状分布于城市建筑之间的现象，面积较小，农业资源的生产功能较弱，而以城市绿化为其承担的重要功能，由此该区域可划分为以城市花园为主、基本农田保护为辅的农业圈层。（3）城市发展新区则是首都经济发展的新增长极，是承接产业、人口和城市功能转移的重要区域，农用地和城市建设用地交错分布，以种植蔬菜、花卉、栽植果树等为主，承担着气体调节、净化环境等生态服务功能，与周边城市的环境质量息息相关，分布于城近郊区的农业资源生产功能亦不是主要功能，近郊区域适合以农业绿色化发展为前提，构建以农业发展空间与城市居民休闲体验空间为一体的近郊田园景观农业圈层，而在远郊平原的区域，农用地占主导地位，农田面积连片集中，是北京市重要的农产品供给用地，农业以生产功能为主，应重点发展节约高效的生态农业和现代设施农业，适度发展观光农业，属于远郊高效农业圈层。（4）生态涵养发展区承担着北京市生态安全和水源涵养的功能，是北京市的生态保护屏障，土地利用以林地为主，偶见建设用地、耕地分散于林地之中。不过该区域属于限制开发区，农业依然是山区生态涵养地的基础性产业，农业的可持续性发展依然关乎山区农民的生计，适宜结合当地特殊的民俗文化及特色农产品优势，发展民俗旅游、生态旅游和农业观光休闲旅游为主的生态农业、休闲农业和体验农业等农业产业，挖掘农业的多功能价值，可划分为山区生态休闲农业圈层。（5）禁止开发区呈片状分布于前四种功能区域中，属于特殊保护的重点生态空间，包括森林公园、自然保护区和重要的水源保护区，要求严格保护耕地，禁止改变基本农田用途和位置，确保到 2020 年耕地保有量为 322 万亩，建立耕地和基本农田保护的经济补偿机制，该区域是农业资源的重点保护圈层，应以绿色发展为指导，发挥基本农田的"三生"（生产、生活、生态）价值。

优化农业资源圈层分布的关键措施有：（1）农业资源空间分布要与市主体功能区划相辅相成，北京市主体功能规划是划分农业资源圈层的基础，农业资源圈层分布既服务于市主体功能规划，又作用于各功能区域的结构优化和协调发展。（2）发挥政府的宏观调控功能，利用生态补偿等财政手段促进圈层布局的合理调整。对于北京市的特殊功能来说，农业资源的功能已不仅在于生产功能，更在于发挥其景观、休闲、生态和文化价值，"五圈"布局正是体现了农业资源发挥的外溢效应，但其产生的社会效益和生态效益难以体现在农地保护者身上，还须发挥政府的宏观调控功能，实施农业种植生态补偿和资源利用补偿。

（3）加强区域统筹协调，建立农业圈层合作体系。由于农业资源的非均衡分布，各功能区划仅是依赖已有资源发展特色农业，传统农业生产不得不逐步退出，从北京市区域统筹协调发展的角度考虑，农业资源空间分布虽分可分为"五大"农业圈层，各尽其优，但重点在于建立由外向内提供服务和由内向外补偿的圈层合作机制。

2. 厘轴线资源：以农业资源承载力为中心定农业类型。农业是高度依赖自然资源的产业，也是资源节约潜力最大的产业，[1] 国务院印发的《全国农业现代化发展规划（2016—2020年）》明确提出"要建立重要农业资源台账制度"，厘清农业底数是推动资源节约、促进农业绿色发展的基础工作。

划定农业资源分布轴线的主要内容有：（1）摸清农业资源底数，是农业资源管理的基础，既包括水、土、气、生、农业废弃物等重要农业资源量的数量，又包括农业资源质的分类，还包括农业资源的空间分布状况。农业资源数量已有多年积累的统计数据，农业资源质的分类数据则分散于国土、水利和气象等部门，农业部门却无法及时掌握自然资源的分类数据，而自然资源质的分类对发展不同农业类型至关重要。因此，及时准确摸清农业资源的质量状况和空间布局是厘定农业资源轴线、促进农业资源合理布局的基本前提。（2）综合考虑农业资源承载力，分类部署农业类型。以水土资源质量分布为轴线，综合考虑各农业圈层的资源承载力、环境容量、生态类型和发展阶段等因素，发展差异化农业类型，在农业结构属于山区为特征的地区发展种植、畜牧业为主的传统农业和以旅游观光为主的休闲农业，在水资源丰富、地势平坦的地区发展现代化设施农业。

划定农业资源分布轴线的关键措施为：（1）建立农业资源台账制度，收集水、土、气、生、农业废弃物等重要农业资源数据，并监测其质量空间布局，实现对农业资源数量、质量和空间分布的常态化、制度化和规范化监测评价管理，为科学有序指导农业农村发展提供重要依据。（2）构建天空地数字农业管理系统，利用航天遥感、航空遥感、地面物联网一体化观测技术，实现资源环境的动态监测和精准化管理，为不断动态调整农业主体功能和空间布局提供支撑。

3. 定点状功能：以农业功能定位为依据显"三生"价值。北京农业经过多年的发展变化，历经了农区型农业、城郊型农业和都市型农业等不同阶段，2004年，北京市政府正式确定"都市型现代农业"是北京农业发展的定位，取得了诸多显著成就。但随着城市建设、功能规划和产业结构调整的不断推进，北京市都市型现代农业还需解决资源环境制约、体制机制限制等问题，挖掘农业产业新形态、新价值，促进北京市农业资源管理的创新发展。

以农业功能定位为依据显"三生"价值的主要内容有：（1）带动一批集生产、科研、文化、休闲于一体的农业资源管理示范基地，结合首都农业功能定位，整合资源、突出重点、协作推进农业技术集成创新与成果转化，使农业从农产品供给向农业服务功能转型，

---

[1] 张合成，郭兆晖，罗其友，等.农业资源节约优先与台账制度若干问题思考[J].中国农业资源与区划，2018，39（01）：1-6.

促进从农产品生产逐步转向农业多功能融合发展。（2）发展生态农业模式，兼顾农业的经济效益、社会效益和生态效益。针对北京市消费人群特点，应将有限的水土资源定位为高端消费，放弃"产量为王"的传统理念，利用好环境资源优势，重点发挥生态都市型现代农业的生态保障、农业休闲、就业和社会保障等功能。

以农业功能定位为依据显"三生"价值的关键措施有：（1）构建与首都功能定位相适应的农业资源管理模式。北京市生态建设和环境保护工作已经成为城市可持续发展的重要任务，农业的环境贡献功能需进一步彰显，北京山区面积占全市总面积的62%，其生产、生活和生态功能的价值需进一步开发利用，以农业功能定位为依据，形成相对稳定的地区主体功能和主导产业，引导农业"三生"功能向优势区集聚，减轻非优势区的资源环境压力，积极对接首都主体功能定位，进一步细化生态都市型农业的空间布局方案。（2）推进休闲生态农业示范基地的标准化、规范化发展。加强以农业功能划分为主导的差异化基础设施建设，统筹规划水土资源利用和产业结构调整，加强农业从业人员的技能培训，提升其服务意识。建立休闲生态农业规范经营管理标准，发展高端农业消费，重视休闲生态农业发展中的环境治理措施，建立及时有效的管理、监督和奖惩机制。

（二）分类建立农业生态资源防护红线

"生态保护红线"是继"18亿亩耕地红线"后，另一条国家层面的"生命线"，2015年，党中央、国务院印发的《关于加快推进生态文明建设的意见》首次提出"资源环境生态红线"，从资源、环境、生态三个方面提出了红线管控的要求。随着北京市城市化建设的快速推进和人口的迅速增长，农业资源的消耗日益增加，北京市资源约束压力持续增大、水资源短缺严重、环境污染与生态恶化趋势尚未得到逆转，城市建设活动与生态用地保护的矛盾日益突出。北京市虽已在主体功能规划上明确了各区域的资源开发限制，对自然保护区、生态功能区等采取了一定的保护，但目前仍缺乏整体布局保护生态环境的措施，还未形成确保本市生态安全和经济社会协调发展的空间格局和体制机制。在此背景下，亟待分类划定农业生态资源防护红线，保障自然资源和生态环境安全，倒逼农业发展质量和效益提升。

1. 建农业水资源利用控制红线。生态红线管控指标要统筹考虑资源禀赋、环境容量、生态状况等因素，2015年，北京市政府印发的《北京市实行最严格水资源管理制度考核办法》中明确提出水资源开发利用控制红线、用水效率控制红线、水功能区纳污红线。"水利是农业的命脉"，农业用水占水资源总量的比重通常较高，设置农业水资源综合利用控制红线，将有利于加快实现从粗放用水向节约用水转变，从供水管理向需水管理转变，从局部治理向系统治理转变。农业水资源综合利用控制红线既包括开发利用总量控制，又包括用水效率控制和农业用水区域纳污限制。严格实行农业用水总量控制，坚决遏制农业用水浪费，严格控制入河污染物总量。

从农业用水总量、利用效率和纳污管理方面严格划定红线：一是严格限制农业用水总量，以"农业用新水负增长"为原则，确定农业用水总量控制红线，在不同水资源保护级别区建立差异化红线，在地下水超采区域禁止农业新增取用地下水，严格限制农业新增机井审批，逐步削减地下水超采量，合理调度地表水、地下水和再生水的统一配置。二是加强农业用水效率控制红线，确定农业用新水量下降率为区县用水效率控制红线指标，限制高耗水农业发展，大力发展高效节水灌溉，遏制农业粗放用水。三是从水资源纳污管理方面实施红线管理，农业水源污染主要通过农田地表径流和农田渗漏，形成的水环境污染包括化肥污染、农业污染和集约化养殖场污染等，应严格设置农业生产中的化肥、农药使用量和使用频次，确定农业用水功能区纳污红线控制指标，推进水生态系统保护和修复，维护水资源安全。

构建农业水资源开发利用控制红线指标体系。综合考虑水资源条件、水资源配置格局和保护级别、生态环境保护程度、经济社会发展水平等多个方面，以可度量性、易获取性、代表性和层次性为原则分别确定红线指标体系，测算不同区域的红线评价等级，结合北京实际情况和监管可操作性，实施农业用水红线的最严格监管，健全农业用水资源的监控监管体系，精细化、高效化农业用水资源管理。

2. 管守永久基本农田保护红线。划定永久基本农田并设置保护红线，是耕地保护的重中之重，永久基本农田既与森林、河流、湖泊和山体等共同形成了北京城市开发的实体边界，又发挥了其在绿地、景观等方面的多重生态功能，为首都建立了一道田园与山水交通的生态屏障。依据粮食和生态安全、主体功能定位、开发强度、城乡人口规模、人均建设用地标准等因素，2017 年，北京全市共划定永久基本农田约 151.6 万亩，城市周边划定约 14.8 万亩，[①] 已划定为永久基本农田的耕地，将严格实施永久保护，对新增建设用地占用耕地规模实行总量控制，落实耕地占补平衡，确保耕地数量不下降、质量不降低。用地供需矛盾特别突出地区，要严格设定城乡建设用地总量控制目标。

要确保永久基本农田保护红线"划得准、管得住、守得牢"，还需建立健全耕地保护补偿机制，调动各方面保护耕地的积极性和主动性，按照"谁保护、谁受益，谁破坏，谁付费"的原则，让农村集体经济组织和农户从保护耕地中获得长期稳定的经济收益，落实耕地保护的共同责任。在注重耕地数量保护的同时还应注重质量保护，突破"为保护而保护"的传统耕地保护观念，兼顾耕地数量和质量的统一，尝试通过耕地肥力和适宜性评价等方式评定耕地质量等级，并与耕地保护补偿挂钩，实行差别化动态调整的耕地保护补偿机制。

（三）坚决守住农业资源利用效率底线

1. 划准底线：坚持农业生产与资源环境承载力相匹配。农业资源利用效率是农业可持续发展的关键，要在坚持农业生产与资源环境承载力相匹配的基础上，立足各地水、土等资源现状，划定农业资源利用效率底线，按照优化发展区、适度发展区、保护发展区的布局，引导农业发展向优势区聚集，减轻非优势区发展农业的压力，防止和解决空间布局上资源错配和供给错位的结构性矛盾，努力建立反映市场供求与资源稀缺程度的农业生产力布局。

---

① 原国土资源部. 北京永久基本农田划定全面完成 [EB/OL]. http://www.mlr.gov.cn/xwdt/jrxw/201706/t20170627_1513394.htm.

一是划准水资源利用效率底线。《北京市水资源公报（2017年度）》数据显示，2017年，北京市水资源总量为29.77亿立方米，比多年平均37.39亿立方米少20%，全市平均降水量为592毫米，比2016年减少10%，人均水资源占有量仅为137立方米，人多水少是北京市的基本情况。全市总供水量39.5亿立方米，其中地下水为16.6亿立方米，占总供水量的比例最大为42%。近年来，人口和GDP不断增加，城市建设、环境质量提高、服务业发展和农业发展共同造成了公共用水的增加，推动了北京市需水量的迅速增长，水资源承载压力逐步加大，在全市用水量数据中生活用水为18.3亿立方米，占总用水量的46%；其次是环境用水和农业用水，分别占总用水量的32%和13%。如何在确保"农业用新水负增长"的基础上，合理布局当前农业产业布局，调整农业种植结构，合理高效利用水资源，以供定需，以水定产，划定水资源利用效率底线，对减轻北京市水资源承载力的压力和保障都市型现代农业发展尤为关键。

二是划准土地利用效率底线。土地节约集约利用是生态文明建设的根本之策，以土地利用效率底线来倒逼释放土地资源利用空间和潜力。以提升土地利用效率和土地投入产出水平为着力点，全面做好控制总量、盘活存量、市场配置、严格监管、创新技术工作，推动农业供给侧结构性改革，促进土地利用方式转变和经济发展方式转变，提升可持续发展的土地资源保障能力。首先，北京市有限的土地资源无法做到农产品供给保障，盲目追求农产品自求平衡，必然会引起耕地资源的超负荷利用，进一步牺牲农产品质量甚至安全，最终导致土地资源利用的恶性循环。其次，北京市完全依靠外来农产品供给风险较大，在出现重大自然灾害时，如遇到恶劣天气时京外农产品难以入京，导致京内物价飞涨，菜篮子、米袋子的问题又会重新出现，因此必须在土地资源承载力范围内确保耕地的合理利用效率。最后，观光休闲农业、设施农业对土地资源的利用效率也要控制在合理范围之内，谨防新型农业产业和现代农业设施对土地资源的过度消耗。

2. 守住底线：构建农业资源承载力监测预警长效机制。明确农业资源利用效率底线，有利于有效控制农业结构调整和开发利用强度，改变盲目开发的局面，将农事活动建立在资源环境承载力基础之上，为构建高效协调可持续的农业资源空间开发格局奠定基础。守住农业资源利用效率底线，还需坚持定期评估和实时监测相结合、设施建设与制度建设相结合、从严管制与有效激励相结合、政府监管与社会监督相结合的原则，依据农业资源利用效率底线，划定农业资源承载力为超载、临界超载和不超载三个等级，根据资源耗损加剧与趋缓程度，进一步细化预警区域，按照不同承载力等级对预警区域实施差异化奖惩措施。

对水资源超载地区，实施严格的节水标准，退减不合理农业灌溉面积，实行农业用水花费的差别化征收政策；对临界超载区，停止高耗水农业项目，实时调整农业种植结构，加大节水灌溉力度；对不超载区，严格控制水资源消耗总量和强度，严守资源利用底线。在土地资源超载区，研究实时轮作休耕、大幅降低耕地施肥用药强度和畜禽养殖粪污排放强度；对临界超载区，限制耕地资源的进一步开发利用，严防触碰土地资源利用底线；对不超载地区，巩固和提升耕地质量。建立农业资源利用监测预警数据库和信息技术平台，整合有关部门资源环境承载能力监测数据，实现农业资源利用效率和承载力的综合监管、动态评估与决策支持，并实现数据的实时共享和动态更新。

（四）重污染农业资源生产禁入高压线

1. 筑耕地安全禁入高压线，分类防治耕地污染。耕地问题和粮食安全问题已引起国家的高度关注和重视，为此我国提出了严格的耕地保护制度和耕地总量动态平衡制度，制定了18亿亩耕地红线，但优质耕地资源的减少正成为农业发展的重要瓶颈和制约因素。造成耕地质量不断下降的原因有农业化肥的不当使用、占补平衡中占好补差、地膜污染、污水灌溉以及养殖排污污染等。耕地质量关系到未来农业发展和口粮不断增长的问题，单纯依靠耕地数量红线，无法保障粮食安全和农业绿色发展。党的十九大报告中提出要"强化土壤污染管控和修复，加强农业面源污染防治"，耕地污染防治日益受到关注，制定耕地安全禁入高压线刻不容缓，要严厉禁止逾越这一高压线。

以耕地污染程度、种植农作物质量检测结果为依据，分区筑禁入高压线，可分为三个区块：一是可达标生产区，属于轻度污染区，通过对种植的农作物质量进行检测，达到食用安全标准后方可确定为可达标生产区，在该区域可通过种植绿肥作物、增施有机肥、翻耕并采用技术手段进行治理修复，实施培肥式休耕模式，边培肥边种植，重点在于缓解耕地污染质量的进一步恶化，提升耕地质量至正常水平。二是管控专产区，属于中度污染区，种植农作物质量检测结果未能达到食用标准或仅适宜特殊品种种植，划定为"专产区"，仅允许特殊品种的农作物种植并实行专项供给。三是作物替代种植区，属于重度污染区，在该区域重点开展非食用、非口粮作物替代种植，实施以农艺调控为主、边生产边修复的模式，对于高污染、治理修复难的地块，实施长期治理休耕模式或逐步安排退出农业生产序列。

另外，随着集约化程度的提升，发展设施农业成为保障大都市菜篮子的重要举措，也是发展现代农业的重要手段。然而，设施农业废弃物的不断增加为环境带来了巨大压力，据北京市农林科学院等的有关监测结果表明，设施农业用地土壤中重金属及多环芳烃等污染明显，其中重金属超标率为7.5%，设施农业用地土壤环境污染比较明显，并呈现新老污染物并存、无机有机复合污染的复杂局面，严格筑起设施农业用地安全禁入高压线，对现代农业的发展起到重要预警作用。

2. 实行污染分级响应机制，防范降低高压风险。污染农业资源的污染来源、污染程度、影响方向、治理技术和空间分布存在较大差异，对资源污染监测的难度极其复杂，因而对于农业资源污染的监管不可一概而论，为实现低成本、高效率和可操作的污染农业资源管理，应实施以资源污染和污染物受体为基础的分级响应机制，防范降低逾越耕地安全禁入高压线风险。

制定有效的污染分级响应机制，并在污染发生后启动应急响应，降低污染资源对农业环境、农产品安全和人民群众的生命安全威胁风险。首先，提升污染资源风险防控的基本能力，将风险纳入常态化管理，构建事前严防、事中严管、事后处置的全过程、多层级风险防范响应体系，严控污染资源带来的危害，远离禁入高压线。其次，根据已划定的耕地安全禁入高压线分区标准，评定土壤污染等级，并对污染土壤上种植的农作物分品种进行监测。对于可达标生产区，要在查明污染来源的基础上，加强对周边污染源、农业种植活动和种植农作物的质量监管，防止轻度污染区的进一步加剧。对于管控专产区，须实施"专用品种、专区生产、专项供给、专项追溯"的方式封闭运行，确保污染的农作物不流入市场，对不达标的农作物，按照国家标准实施专项供给，进行非食用用途转化利用，对农作物秸秆等废弃物进行无害化处理和资源化利用，并确保后期的可追溯性。对于重度污染耕地，应立即停止农事种植活动，告知耕地经营者并树立告示标志，对污染受体进行销毁，实行不同周期的耕地休耕计划，并制定严格的污染耕地治理修复方案，污染严重且难以修复的土地依法调整其用途并逐步退出农业生产序列。最后，在城镇化迅速推进的大背景下耕地资源本就极度稀缺，要想从根本上减少农业资源污染、降低污染资源的危害，还须做到防患于未然，最大限度降低触碰禁入高压线的概率。

（五）塑造农业资源多功能用途人文线

1. 重新认识和定位农业资源利用的人文价值。随着农业生产力的发展，农业的功能不断演化完善，农业在促进经济发展和生态环境保护方面的潜力逐步显现。农业的多功能性已经在理论和实践中形成共识。农业多功能性问题，最初是世界贸易保护主义范畴的问题。经过近年来的发展，其内涵更为丰富，并被赋予了重大的经济和社会意义，是对传统农业理论的深化。在城市化快速推进的地区，更需要重新认识农业资源利用的价值，[①]农业资源的利用除了具备粮食和原材料供给功能外，还包括与农业相关的改善农村生态环境、维护生态多样性、保护农村文化遗产等多重功能。从农业性质和功能来看，农业资源利用的价值不仅体现在农业生产的市场价值上，还直接表现在农业生产具有较强的公共产品属性和外部经济性，且农业生产的外部效应远远超过了它的经济效应。塑造统筹利用农业资源为基础的都市人文线，既有助于提高都市居民的幸福指数，又增进农民的被认同感和与市民的亲近感，还满足了居民对美好生活的向往和充实感，实现农业与经济社会和谐发展的完美衔接。

2. 实现农业资源价值从潜在向市场显化转变。认识到农业资源利用价值的多元性和独特性还不够，还需实现资源利用价值从潜在向市场显化转变。实现农业资源多功能利用价值的显现主要从四个方面出发：（1）促进农业生产、乡村文化与观光旅游的结合。依托当地的文化资源和生态景观，以生态环境、人文环境和基础设施为基础，统筹利用好农业资源，适度发展休闲农业产业。通过培育市场主体，转变经济增长方式，创新农业经营管理模式，培育壮大品牌体系，拓展产品系列，延伸产业链条，增强产品市场竞争力，不断提高农业整体经营管理水平和综合效益，建成生产农业与休闲产业并举、农村与城市交融、人与自然和谐的现代多功能农业产业区。[②]通过研发跨功能的乡村业态，集中显化乡村多元价值，提高农业收入。（2）发展"智慧农业"，从高新农业、"互联网＋农业"、设施农业、休闲农业着手，探索"三生"共融的智慧农业发展模式。（3）进行农村发展平台建设。整

① 陈奕捷. 京郊休闲发展的新起点 [J]. 北京农业，2013（16）：26-31.
② 陈奕捷. 冯建国. 乡村旅游中新型农业经营主体培育研究——以北京市密云县石城镇为例 [C]// 中国农业资源与区划学会学术年会.2013：17.

合已有"农业僵尸园区"，重点打造一批集生产、科研、文化、旅游、休闲养老为一体的都市农业都市型现代服务农业示范区，做农业生产服务商和市民消费供给商。（4）完善补贴补偿机制，重点显化农业的非生产功能，尤其是生态、人文功能，探索形成城乡补偿、跨区域补偿和政策补贴相结合的补偿补贴体系。

六、北京市农业资源管理的机制改革和政策创新

（一）强化农业资源区划行政管理职能，推进农业绿色发展的基础性、前瞻性工作

农业资源区划工作是农业资源管理和利用的基础性工作，关乎农业资源的高效利用、科学利用和可持续利用，是政府部门行政管理的抓手。新中国成立以来，国家高度重视农业资源区划工作，全国统一农业资源调查陆续开展，到20世纪80年代已经建立了较为系统的农业资源本底数据库，为农业生产决策提供了重要的支撑作用。但是，在实施家庭承包责任制以后，粮食安全形势得到缓解，把饭碗牢牢端在中国人手上的意识得到强化，行政管理部门突出重视农业资源的利用，对农业资源自身的关注在不断下降，导致农业自然资源受到了掠夺性的利用，土壤质量不断下降，土壤酸化、板结日趋严重，更为严峻的是全国大面积耕地受到不同程度的污染，重金属超标导致农产品质量安全受到挑战。近几年，在粮食结构性过剩与农产品质量安全备受社会关注的双重挤压下，政府部门下决心治理农业资源，不仅设置耕地资源红线和水资源利用红线，还在打赢水土质量战上下功夫，出台了一系列规划和政策，但是，真正在农业自然资源和社会经济资源自身上着手的力度非常有限，其根源是农业资源区划行政管理职能未能真正强化。为此，在新时代推进农业绿色发展和农村现代化建设过程中，要不断强化农业资源区划行政管理职能。一是北京市农业农村局强化农业资源区划职能，建议由专门人员负责，沿着"市—区（县）—条线"的思路在区县设立对接部门，带动相关区县开展农业资源区划工作。二是加强农业资源区划研究工作。探索"行政机构主导、直属单位主体、外部力量补充"的农业资源区划研究体系，研究强化遥感和3S技术在农业资源区划中的应用。三是在人财物的配置上要补短板，加大人员和财力保障。

（二）加速以首都功能为核心凸显绿色化发展的产业转型，重点发展"乡村美丽经济"

围绕首都政治中心、文化中心、国际交往中心、科技创新中心四大核心功能，首都乡村的绿色产业布局和类型与北京战略定位相适应、相一致、相协调。以"细胞培育"为思路强化绿色发展的"造血功能"。按照"因地制宜、以点带面、循序推进"的原则，首都乡村绿色发展前期以基础设施较为完善、条件较为成熟的生态文明镇、村等为基础，通过政策叠加引导，整合产业要素，以"互联网+"的思维和方式多元化打造文化创意、美丽智慧等特色新型创业创新平台，加快吸引人才、资本、项目落地，促进各要素集聚的"造血功能"，形成区域微中心。调整乡村产业结构，大力发展旅游休闲、文化创意、电子商务等绿色产业和智慧经济，并与"互联网+"实现耦合。

（三）建立农业资源环境生态监测预警体系，扩大市、区两级配套监测点规模

建立农业资源环境生态监测预警体系是农业资源管理的基础性工作，也是农业资源管

理的重要抓手。农业资源环境不仅有内生性破坏来源，也有城市污染侵入的外来性来源。北京市作为国际性大都市，承载的人口数量庞大，城市生活污染物形成了潜在性威胁。因此，在已有农业资源环境生态监测预警体系中要强化监控能力，防控工业和城市污染向农业农村转移。扩大市区两级配套监测点规模，建立更加完备的监测体系，依法禁止未经处理达标的工业和城市污染物进入农田、养殖水域等农业区域。

（四）分类制定污染耕地强制退出和轮作休耕制度，强化农业资源保护和市民餐桌安全

耕地资源污染形势严峻已是不争的事实。随着收入的不断增长和生活水平的不断提高，城乡居民不断加大对生活质量的追求，尤其是吃的方面，从过去追求"吃饱"向"吃好"转变，对食品安全空前重视，食品安全事件的发生造成的社会影响非常大。在党的十八大以后，国家提出了轮作休耕制度，北京也在试点实施，但是从北京市及其他省市试点情况来看，轮作休耕基本上采用一刀切的方式，对于耕地污染情况未进行分类定级，重度污染和轻度污染同等对待，这显然不利于耕地资源的保护和市民餐桌安全的保障。因此，建议北京市率先对耕地污染情况进行全面摸底调查，并按照污染严重程度进行分类定级，对于重点污染的耕地要强制退出生产序列；对于中度污染耕地实施强制休耕措施；对于轻度污染的耕地通过轮作方式，促进耕地的自我修复。在分类制定污染耕地修复策略的基础上，要总结分析耕地污染的成因，支撑防控体系的进一步完善，避免修复的耕地"返贫"。

（五）凝练和树立农业资源绿色利用的"北京精神"，强化利用主体的绿色自觉

农业绿色发展离不开农业资源的绿色利用。农业绿色生产与居民绿色生活息息相关，一方面绿色生产为居民绿色生活提供基本的物质保障，另一方面居民的绿色生活倒逼农业绿色生产。推进农业绿色发展的路径无外乎两个：一是强制的法律手段，具有客观的强制性；一是理念信念支撑，具有主观的自愿性。显然，两种路径都不可少，事实证明单一的法律手段难以有效推进绿色发展，监督惩罚成本太高。培育生产者的绿色生产意识，实现从"自律"到"自觉"的转变，把法律法规变成绿色生产底线，把绿色生产意识变成生命线。为此，建议凝练和梳理北京农业资源绿色利用的"北京精神"，如"前瞻、执着、引领、共享"等，在全市广为宣传，让所有的农业生产者认同并形成自觉意识。在宣传手段上，基于"图时代"和"微时代"，利用地图、微信、微博等技术手段和新媒体，大力宣传、推行健康文化、环保教育，以提高农村居民的绿色素养，牢固树立绿色发展的理念、准则，并自觉落实到行动上。

课题负责人：刘军萍

课题主持人：陈奕捷、巩前文

课题组成员：张颖、朱文颉、刘丹、杨文杰、李学敏、周隆斌、高兴武、李岩、
　　　　　　富姗姗、魏晖

执笔人：刘军萍、陈奕捷、巩前文、张颖、朱文颉、刘丹、杨文杰、李学敏、
　　　　周隆斌、高兴武、李岩、富姗姗、魏晖

为教育助力，为农业赋能

——对教育农园的思考和建议

党的十九大提出的乡村振兴战略，成为新时代中国农村发展的政策主线。而发挥农业多功能，推进产业融合成为创造新供给、培育新业态、实现新价值、推动乡村振兴的有力途径。近年来国家政策和中央文件反复提到要推动产业融合。如 2015 年，《国务院办公厅关于推进农村一二三产业融合发展的指导意见》（国办发〔2015〕93 号）明确提出要"加强统筹规划，推进农业与旅游、教育、文化、健康养老等产业深度融合"，要"统筹利用现有资源建设农业教育和社会实践基地，引导公众特别是中小学生参与农业科普和农事体验"。2017 年中央一号文件《中共中央 国务院关于深入推进农业供给侧结构性改革 加快培育农业农村发展新动能的若干意见》提出，要"充分发挥乡村各类物质与非物质资源富集的独特优势，利用'旅游+''生态+'，推进农业、林业与旅游、教育、文化、康养等产业深度融合"。党的十九大报告从国家战略高度，提出"促进农村一二三产业融合发展，支持和鼓励农民就业创业，拓宽增收渠道"。因此，推动农业与教育的融合发展不仅丰富农业的发展业态，符合农业供给侧结构性改革的方向，也为推动乡村振兴培育了新动能。

与此同时，随着自然教育和体验经济的兴起，农业成为发挥教育、社会、文化传承功能的重要领域，农教融合得到空前的重视，农学实践活动和学生研学方兴未艾。2014 年，中央文件提出将研学旅行作为拓展旅游发展空间的重要举措。2016 年，教育部等 11 部门出台《教育部等 11 部门关于推进中小学生研学旅行的意见》（教基一〔2016〕8 号）。2017 年，教育部办公厅出台《关于 2017 年度中央专项彩票公益金支持中小学生研学实践教育项目推荐工作通知》。北京市教委还提出"1—8 年级各学科平均应有不低于 10% 的学时用于开设实践活动课程学科实践活动课程学时"。

因此，深入探讨当前农业与教育融合的主要实践模式——教育农园，不仅深化教育部门课程改革的内容，拓宽学生的能力培养路径，同时也推动园区转型，实现新业态，创造新供给，助力乡村建设。

一、农业多功能概念的提出及特点

1992 年联合国环境与发展大会通过了《21 世纪议程》，并正式提出"农业多功能性"这一概念。它主要包含五方面的内容：

1. 经济功能，持续的食料供给。主要表现在为社会提供农副产品，满足人类生存和发展对食品的需要，对国民经济发展起基础支撑作用。

2. 生态功能，对环境的贡献。主要表现在农业对生态环境的支撑和改善的作用上。如水利、防洪、防塌、防水土流失、保持河流的安定、地下水的涵养等；保护自然生态、自然景观，保持生物多样性。

3. 社会功能。主要表现为劳动就业、社会保障、社会稳定、社会发展方面的作用。

4. 文化功能。传统文化的传承与保护，主要表现为农业在保护文化的多样性方面，对传统习俗、民俗活动、祭祀活动等与农耕传统有密切关系的文化活动的保护与传承。农业是一个古老的产业，其内部蕴藏着丰富的文化资源。

5. 教育功能：了解自然，感恩自然。农村有丰富的动植物、广阔的自然环境，不仅为生命提供食料，也为人们提供成长的精神力量。农业可以提供多种教育资源，对人们的价值观、世界观和人生观的形成有积极作用，有利于人与自然的和谐发展。

农业多功能有以下几方面的特点：一是涵盖多种经营领域，包括食物农业、生态农业、旅游农业、文化农业、能源农业、都市农业等经营领域或经营模式；二是与传统农业经营目标不同，它以促进农业和农村可持续发展，促进农户增收、农民富裕为根本目标；三是其经营要实现农业的经济效益、生态效益、社会效益、人文效益"四效合一"；四是利用与农业相关的所有资源，包括自然资源、人力资源、财力资源、信息资源、技术资源、文化资源等；五是积极回应社会经济要素的转型升级的需要。

2007 年中央一号文件明确指出"农业不仅具有最为基本的食品保障功能，同时还具备原料供给、就业增收、观光休闲、文化传承和生态保护等多方面的综合功能，我国现代农业的发展必须注重挖掘和体现农业的多种功能"。近几年，国家政策和中央一号文件也多次强调要开发农业的多种功能。因此，探讨农业与教育的深度融合的实践模式教育农园，符合开发农业多种功能的要求，具有较强现实意义。

二、北京教育农园发展的现状及特点

教育农园，从研究上来说，相关的著作很少；从实践上来看，也没有独立命名和建立的教育农园。实际上，对教育农园的判断标准主要是根据园区的发展理念以及主要服务对象和发挥的主要功能来界定的。依据不同学者的观点，本文将教育农园界定为休闲农园的一种发展业态，它是农业园区的经营者立足园区特有的自然生态、农业种植、农业文化等资源，以中小学生为主要服务对象，通过设计系统的农业体验项目，为服务对象提供农业认知、体验和相关教学服务的一种休闲农园。教育农园突出知识和科普教育，具有教育与示范功能，同时也具有休闲与娱乐、生产与生活、生态与旅游功能。教育农园不再以生产为主，除了普通农业园的观光、休闲功能外，主要以科普教育功能为主，主要为青少年学生提供给农业认知、体验和相关教育。

（一）政策鼓励，部门推动，实践活动方兴未艾

2014 年，《国务院关于促进旅游业改革发展的若干意见》（国发〔2014〕31 号）将研学旅行作为拓展旅游发展空间的重要举措。自 2015 年起，历届中央一号文件都明确提出

要促进农业产业融合。因此，积极推进农业与教育的融合，不仅丰富农业的发展业态，也拓展农业的教育功能，符合国家政策和农业供给侧结构改革的方向。与此同时，教育部门积极推动。近几年，连续出台相关文件。2017年，教育部办公厅又印发《关于2017年度中央专项彩票公益金支持中小学生研学实践教育项目推荐工作通知》。北京本着教育性、实践性、安全性三个原则，印发了《北京市中小学生社会大课堂资源单位管理办法》《中小学生研学旅行工作方案》《关于发展优秀研学基地、组织机构会员的通知》（京教学〔2017〕10号）。北京市教委提出"1—8年级各学科平均应有不低于10%的学时用于开设实践活动课程学科实践活动课程学时"。与此同时，北京社会大课堂活动及中小学实践基地方兴未艾。截至目前，多家农业园区成为市、区级社会大课堂资源单位，年接待学生人数众多。同时，学生学农实践活动蓬勃开展并受到社会的广泛关注，农业研学基地，也成为农业园区转型升级的重要方向。

（二）园区发展迅速，学农实践类型多样

综观全国，北京及各省市休闲农业园区发展迅速。不少园区以学生为主要服务对象，注重发挥农业的教育功能，依托现有资源设计体验活动，让学生了解自然的奥秘，体验自然之美；同时在活动中传承农耕文化，培养学生亲手劳动，陶冶勤劳自立的品行。依据园区的发展理念及主要服务对象和发挥的主要功能界定，当前的教育农园主要有以下几种。一是校外课堂社会实践基地。以服务学生为宗旨，完善社会大课堂建设的基础工作。以北京为例，园区主要是依据《北京中小学生社会大课堂市级优质资源单位评价指标体系》，重点加强硬件设施建设（如园区场地的瞬时接待规模、消防设施视频覆盖、应急医疗救助设施等）和软件条件完善（如课程开发与融合、时间和制度保障等），将社会大课堂工作列入园区发展规划和年度计划，并按照教育部门要求切实履行社会义务和安全保障责任。二是农业科普基地。构建"科普基地—学校"的活动体验模式，为学生搭建农业研究性学习、动手实践的平台。让学生走近农业，体验农业实践的乐趣，促进学生了解掌握农业知识，全面提升学生的农业综合素养。《2017北京市中小学生农业体验实践活动方案》提出"力求构建'科普基地—学校—家庭'"的活动体验模式。学校通过确定和完善农业研究选题，明确种植方案，农园为学生提供农业实践基地和农业种植培训的实践模式。三是农业研学基地。研学，被教育界公认为是当代素质教育不可或缺的主要部分之一。近年来，我国高度重视研学活动。北京农学院成为学生住宿研学的重要基地。除此以外，近几年，由于学农实践的深入人心，还出现了部分有条件的学校开辟学农菜园、学农基地、鼓励水桶稻种植、鼓励多肉植物种植等进行学农实践。此外，农业科技园区也成为学生学农知农的好去处。

（三）着力农业多功能开发，项目设计种类较多

充分挖掘农业的教育、文化和社会功能，注重在活动中融入农业、美学和文化元素，提升体验活动的知识性和趣味性。总体来说，当前的活动类型主要有六种。一是采摘观赏类，这是教育农业园区的主要产品之一。依托园区自己种的有机蔬菜、水果或其他有机农作物，让学生在采摘的过程中，享受劳动的快乐，体验采摘的愉悦，并认识更多的蔬菜和水果等品种。有些园区利用种植的花卉品种，让学生在观赏中学习知识，培养和增进感情。二是教育科普类。在园区，孩子们可以学习到植物的基础知识如：品种、外形、播种和收获季节、生长习性、开花结果的过程等，还可以通过亲手种植更加深刻的了解植物的生长过程；在农园内还可以看到真实动物的样子、生活习性、可以近距离的接触。三是体验 DIY 类。农园内猫、狗、鸡、鸭、鹅、猪、牛等的动物可以认养，菜地、麦田、果树等其他类型的农业作物植物和土地可以认种，通过这样的互动体验增强学生对农园的产品印象，增加家长和孩子对农园的忠诚度，从而增加产品的附加值，创造额外的利润。还可以亲手制作工艺品，利用原生态的材料，制作自己喜爱的手工品，现挤牛奶、自制龙须糖，提高孩子们的动手能力。四是休闲娱乐类。利用园区的资源设置游乐活动。在农园内开发很多活动项目，如：稻草游戏、攀登游戏、稻草迷宫、麦田迷宫、高粱迷宫、捉稻草迷藏、斗鸡小游戏、农作物玩乐场、小猪赛跑等等。五是农业创意玩具类。农具、农产品、农作物等等经过加工创新就可以变成孩子的物件。比如产品的有：农具小模型、农庄搭建小玩具等。六是野外拓展类。 这类活动的设计，主要是丰富儿童的野外生存知识，培养儿童顽强的毅力，战胜各种艰难险阻、摆脱困境的勇气，培养儿童独立能力，团队的精神。

此外，从发展主体来说，主要以企业经营的为主，政府和学校主导的农园很少。这些园区的创始人或管理者通常是具有先进管理理念和管理方式的新农人，他们对农业有情怀，对教育有认知，并具有敏锐的市场洞察力和运营管理经验，在一定程度上，引领了市场的方向。

三、北京教育农园发展的经验和成效

（一）关注课程开发

基于现有农园资源，进行体验式课程开发与设计，是教育农园的灵魂。当前的农场体验式课程，结合了农业资源和文化创意，通过营造具有美感的休闲环境和丰富的主题内容，让学生互动、参与、体验了农耕的美好，收获了快乐。以北京校外课堂实践基地为例，园区的课程设计和开发在一定程度上区分了年龄段和年级，并形成了不同的体验教育活动类型。如解说学习型（例如由讲解员带着学生认识植物，讲解植物的相关知识）、五感体验型（如引导学生聆听鸟鸣等）、手工创作型（利用林叶等废弃物等进行手工创作）、场地实践型（如采摘、植树等）和游戏拓展型（如破冰游戏等）。

（二）建立了运行机制

良好的内部运营机制是教育农园健康持续发展的保障。以校外课堂实践基地为例，园区按照教育部门的要求成立了专门的管理部门，并安排专职教师负责学生活动的组织和开展。在制度上，出台了相应的安全管理制度和管理规定、活动实施细则和应急预案等。有些教育农园，甚至引进专业的运营人才队伍。

（三）开展了相关培训

一是教育部门组织开展了园区经营管理人员的培训。主要是教育部门结合校外大课堂

等相关活动的基本理念、硬件设施建设要求、大课堂工作机制、学生服务和管理机制等制度要求，以及课程设计与开发的基本需求等，开展培训，明确教育农园的定位和导向。二是园区开展了解说员的培训。解说员是学生与活动之间的桥梁与纽带，扮演着宣传和教育的职责，又是活动有序进行的组织者、协调者和安全保障员，作用非常重要，园区主要对解说技巧、组织能力、安保技能等方面进行培训。

另外，还形成了一些有影响的农业教育品牌，如田妈妈、亲农耕、七里渠农场等，在一定程度上发挥了品牌的示范带动作用，推动农业产业园区转型升级和持续健康发展。

四、优化北京教育农园的思考和建议

（一）转变观念，提高认识

我国推进农教融合，不能单从业态发展、园区转型、经济效能提高的角度出发，应该提高站位，理念前瞻，从文化传承、乡村振兴，人性全面发展的角度开发农业多功能。通过学农实践活动，搭建学校学农教育、农业园区和乡村有效连接的平台，突出在地化和持续性，强调实践效果，实现教育为农业赋能，助推乡村振兴。

（二）完善法律法规体系，重视制度安排

法律保障、规则先行。站位全局，着眼长远，在推动学校学农实践中，政府部门要统筹安排，明确法律规定和相关制度安排，比如完善资金支持，土地支持政策，同时出台相应的规定对实施与执行进行监督和保障。教育部门要细化和完善人才培养目标体系，组织编写推进家庭、学校适合不同场域不同层级的规范有效的学农专业教材和课程。要明确学农实践目标，并进一步深化不同年级、不同阶段学生的学农实践要求，目标，内容，方式，效果。要因地制宜引导和开展学生农业研学基地的遴选和建设工作，推动学生学农实践工作长期有效发展。

（三）机构保障，部门协同，深入推进学农实践工作

推动我国学校学农实践，必须加强机构和组织保障，而不能只是教育部门的"单打独斗"。建议对学生实践课堂、学农基地、学生研学等学农实践活动成立以政府部门牵头、教育部门、农业主管部门为主的联席会议制度，明晰各部门职责、任务、明确工作成效，将学农工作深入推进。

（四）形成政府、社会、企业多主体参与，全社会协同的局面

学生学农实践活动不能是学校、园区的单方面的行为，而是要形成合力。一是要充分调动社会各界人士，包括市民、农民、农业团体、农业科研院校、农民合作组织、社团组织等积极参与农业教育，为发挥农业多功能，促进教育农业融合、推动教育与农村发展献计献策。二是要充分调动相关经营主体的积极性，实现政府部门、行业组织、企业园区、乡村合作组织等多主体建设教育农园的力量，促进农园持续有效健康发展。

（五）重视发挥社会组织的作用

大力培育和发展社会组织是实现社会管理方式创新的重要途径。通过社会组织，发挥好平台作用，行业管理作用，共同推进学农实践升入。例如，可以通过协会搭建政府、学

校、企业、乡村连接的桥梁；可以通过协会发挥行业管理作用，开展标准研究和推广，为园区建设和发展指明方向；同时，可以依据需求对园区开展培训，做好服务。

同时，在实践中，还要加强乡村和园区的黏性，要着力园区精致化、品牌化、差异化、特色化建设，细化项目资源，做足农味，做细产品。

执笔人：陈奕捷、李敏

北京市休闲农业和乡村旅游精品发展模式研究

一、问题的提出和研究的意义

大力发展休闲农业和乡村旅游，是北京市综合农业区划成果的转化运用，对于落实乡村振兴战略，推进农业供给侧结构性改革，培育乡村主导产业，更好地满足城乡居民对幸福美好生活的向往，具有重要的现实意义。

近年来，在需求拉动、供给推动、政策引导的合力作用下，北京郊区的休闲农业和乡村旅游业取得了长足的发展。2017 年，全市有农业观光园 1216 个，民俗旅游接待户 8363 户，乡村酒店、休闲农庄等乡村旅游特色业态 741 家；全年共接待游客 4337 万人次，实现收入 44.1 亿元。休闲农业和乡村旅游已成为郊区农村经济的增长点、美丽乡村建设的产业基础、旅游业发展的战略空间、统筹城乡的重要抓手，对促进农民就地就业、增加农民收入、提升城市居民的幸福指数、促进城乡交流等发挥了积极作用。

但是，我们也应当清楚地看到，北京郊区休闲农业和乡村旅游产业发展不平衡不充分的问题依然存在，中高端乡村休闲旅游产品和服务供给不足，经营项目同质化严重，管理服务不够规范，硬件设施建设滞后，从业人员总体素质不高，文化深入挖掘和传承开发不够，乡村旅游的生态环境欠佳等问题不同程度地存在。同时，随着首都居民可支配收入的增加、带薪休假政策的落实和对休闲生活质量要求的提高，消费者对休闲农业和乡村旅游产品质量和服务的要求越来越高。因此，通过发展休闲农业和乡村旅游精品，更好地满足消费者的需求，便显得十分迫切和必要。

国家和北京市对发展休闲农业和乡村旅游精品提出了明确要求。2018 年中央一号文件明确提出，实施休闲农业和乡村旅游精品工程，建设一批设施完备、功能多样的休闲观光园区、森林人家、康养基地、乡村民宿、特色小镇。北京市市委市政府在《关于实施乡村振兴战略的措施》中提出，加快推进休闲农业、乡村旅游转型升级，依托旅游示范区、田园综合体、生态文明沟域等载体，积极开发观光农业、游憩休闲、森林人家、康养基地、文化体验、生态教育等服务，切实转变乡村旅游粗放式、同质同构发展的问题。《北京城市总体规划（2016 年—2035 年）》用专门篇幅，为乡村观光休闲旅游描绘了新的蓝图，提出按照城乡发展一体化方向，坚持乡村观光休闲旅游与美丽乡村建设、都市型现代农业融合发展的思路，推动乡村观光休闲旅游向特色化、专业化、规范化转型，将乡村旅游培育成为北京郊区的支柱产业和惠及全市人民的现代服务业，将乡村地区建设成为提高市民幸福指数的首选休闲度假区域。

本课题在对北京郊区休闲农业和乡村旅游产业发展模式进行深入调研，并借鉴外地经验的基础上，研究提出北京休闲农业和乡村旅游精品的发展模式、实现路径和政策措施，对于推进休闲农业和乡村旅游高质量发展，为城乡居民提供望得见山看得见水的好去处，满足人民日益增长的美好生活需要；对于实施乡村振兴战略，推进农业供给侧结构性改革，促进农业转型升级；对于带动农民就地就业，建设美丽乡村，实现农业强、农村美、农民富等，都具有十分重要的意义。

二、概念界定和文献综述

（一）概念界定

1. 休闲农业和乡村旅游。休闲农业和乡村旅游是两个密切相关的概念，既有联系，又有区别。

根据《全国休闲农业发展"十二五"规划》，休闲农业是贯穿农村一、二、三产业，融合生产、生活和生态功能，紧密连接农业、农产品加工业、服务业的新型农业产业形态和新型消费业态。休闲农业具有乡土性、融合性、地域性、参与性、季节性、市场定向性等特征（范子文，2014）。

根据北京市地方标准《乡村民俗旅游村等级划分与评定》（DB11/T350-2014），乡村旅游是指以农村社区为活动场所，以乡村田园风光、森林景观、农林生产经营活动、乡村自然生态环境和社会文化风俗等为吸引物，以都市居民为目标市场，以领略农村田野风光、体验农事生产劳作、了解风土民俗和回归自然为主要旅游目的的旅游方式。

从属性上看，休闲农业是一个产业概念，与工业旅游等产业旅游形态相对应，而乡村旅游是一个空间概念，与城市旅游相对应；从外延上看，乡村旅游是一个比休闲农业相对宽泛的概念。但因本课题是一项应用型研究，为了实践的需要，本文对休闲农业和乡村旅游不做严格的区分。

2. 休闲农业和乡村旅游精品。"休闲农业和乡村旅游精品"的提法来自 2018 年中央一号文件，随后农业农村部进行了细化。《中共中央、国务院关于实施乡村振兴战略的意见》（中发〔2018〕1 号）明确要求，要"实施休闲农业和乡村旅游精品工程，建设一批设施完备、功能多样的休闲观光园区、森林人家、康养基地、乡村民宿、特色小镇"。农业农村部在《关于开展休闲农业和乡村旅游升级行动的通知》（农加发〔2018〕3 号）中明确提出，"到 2020 年……打造一批生态优、环境美、产业强、机制好、农民富的休闲农业和乡村旅游精品"。

根据中央一号文件精神和农业农村部的具体要求，休闲农业和乡村旅游精品要具备如下特征：①从内外部环境上看，休闲农业和乡村旅游精品要践行"绿水青山就是金山银山"的重要理念，达到环境优美、生态优良、景观协调；②从产业产品看，休闲农业和乡村旅游精品要有地方特色，内部机制好，产品具有市场竞争能力，发展可持续；③从发展效果看，休闲农业和乡村旅游精品要坚持以农民为中心，带动农民就业增收，不断增强项目区农民的获得感、幸福感、安全感。

3. 休闲农业和乡村旅游模式。休闲农业和乡村旅游模式，是指在京郊休闲农业和乡村旅游产业发展中起主导作用或主体地位，或者目前的规模不大但代表了未来发展方向的产业形态、开发样式或管理规范。它具有主导性、可复制性和推广应用价值。根据不同的分类标准或原则，休闲农业和乡村旅游发展模式可以划分为若干类型，比如资源利用模式、开发模式、产业模式、布局模式、组织模式、盈利模式、宣传促销模式、公共服务模式等。在产业模式中，又可细分为产业发展模式、产业形态模式、产业融合模式、产业集聚模式、产业环境模式等。

（二）文献综述

国内外学者对休闲农业和乡村旅游的发展模式进行了较多研究。从国外看，休闲农业发展模式的研究成果中最具代表性的是 Bernard Lane（1994）对加拿大与法国休闲农业所作的论述。Bernard Lane 认为，加拿大休闲农业的发展以丰富多彩的乡村旅游项目见长，如乡村美食、农产品展览、农业文化、乡村节庆活动、主题农业之旅（如国际啤酒节、田野节、主题农夫之旅、秋收节等）、在农场或牧场住宿或参加骑牛比赛等；法国的休闲农业以休闲农场为主，可细分为 9 种类型，包括客栈农场、点心农场、农产品农场（农场的农产品主要面向旅游者销售）、骑马农场、教学农场、探索农场、狩猎农场、暂住农场、露营农场。Crockett（1998）、Walford N.（2001）等学者研究提出，应从农业多样化的视角而不是旅游业发展的视角，来分析休闲农业的发展模式。Sharon Phillip 和 Colin Hunter（2010）认为，农业活动与旅游的融合程度是划分休闲农业发展模式的基础，并指出农业与旅游间的联系可以分为三种形式：一是直接联系（农业生产经营活动可以直接作为旅游体验的过程，如挤奶等）；二是间接联系（为满足旅游体验需求而开展的农业活动，如作物迷宫等）；三是被动联系（借助农业环境开展的乡村旅游体验）。根据休闲农场中农业与旅游融合程度的不同，可将休闲农场划分为五类：非运营型农场、被动联系式农场、间接联系式农场、示范性运营农场、原生性运营农场等。Magnar Forbord（2011）从产品范围、组织架构、经营目标、法律基础、认证体系、品牌效应等方面，对奥地利、意大利、挪威的休闲农业发展模式进行了实证分析，研究指出，自然因素、旅游承载力、农业类型、政策支持与组织结构等要素，影响着休闲农业发展模式的选择。

从国内看，韦林娜等（2004）根据休闲农园与城市中心区距离的远近，将休闲农业划分为近郊型、中郊型和远郊型。苑雅文（2016）从生活、生产、生态的视角对休闲农业产品模式进行了分类，将其划分为农家生活、农业生产、农村生态、功能拓展四种类型，其中农家生活模式又细分为农家生活型和文化节庆型；农业生产模式细分为体验采摘型和市民农园型；农村生态模式细分为环境观赏型和生态体验型；功能拓展模式细分为综合发展型和产业外延型。从发展模式和经营类型等来看，黄元春（2007）认为休闲农业的主要模式有乡村田园风光型、旅游农业开发型、地域风情型和居民住宿型。王云才（2006）认为，替代传统休闲农业产品的新形态和新模式主要有主题农园与农庄模式、传承地方性文化遗产的乡村主题博物馆模式、乡村民俗体验与主题文化村模式、休闲农业基地化之乡村俱乐部模式、现代商务度假与企业庄园模式、农业产业化与产业庄园模式、区域景观整体与乡村意境梦幻体验模式。从开发方向来看，孙艺慧等（2007）认为，休闲农业的发展模式包括直接主体模式和间接主体模式，其中直接主体模式包括休闲农庄和民俗文化休闲，间接主体模式包括"企业＋农户"模式、"政府＋农户"模式等。杜姗姗等（2012）通过对北京市郊区休闲农业园的调查研究和分析，按照发展阶段、地域模式、经营主体、产业结构、功能类型、产业数量、综合规模、功能特点等8种分类方式，对休闲农业园的类型划分进行了总结，认为不同分类方法得出不同的休闲农业类型，其特色和主题各不相同，服务对象、目标定位和构成元素也各异。

从乡村旅游视角来看，国内学者从乡村旅游业的开发条件、发展模式、管理手段、运营模式、行业标准、产业融合、成效作用等方面进行了较多研究。开发条件的好坏直接影响到乡村旅游能否顺利进行，王铁等（2009）运用层次分析法，并构建模型，以外围吸引物、乡村特征、客源市场、可进入性、开发基础、空间竞争和可持续发展7个评价因子及31个评价指标来计算乡村开展乡村旅游的概率值，并与门槛值进行比较，作为某一环城休憩带是否可以开展乡村旅游的依据。王德刚（2014）认为，乡村旅游开发过程中要保证居民的主体地位，村民应该具有文化自信，认同自己的乡村文化、生活习俗等，文化自信对利益均衡具有一定的促进作用。乡村旅游地各不相同，因地制宜，采取适宜的开发运营模式有助于乡村旅游业的可持续发展。陈志永等（2007）以贵州安顺天龙屯堡为案例地，对"天龙模式"即"政府＋旅行社＋旅游公司＋农民旅游协会"模式进行梳理，指出在乡村旅游发展过程中，应当注重法律法规的健全、权责的划分和多渠道受益，并逐步推行股份合作制。吴巧红（2014）指出乡村发展和改造的前提是村民拥有选择权和发展权，乡村旅游的发展既要考虑旅游者的需求又要重视村民的需求，在保持乡土性和原生性的同时融入现代化。近年来，学者更加关注乡村旅游产业与其他产业及旅游形式之间的融合，以期能更好地发展乡村旅游业。冯娴慧等（2012）分析在乡村旅游开发中占有重要地位的农业景观所面临的诸多问题，以桑基鱼塘为例，指出具有生产、生活、生态功能的农业景观的保护、开发和利用要因地制宜，与乡村旅游的发展结合，达到农业与旅游共发展的双赢局面。戴林琳（2013）以京郊乡村旅游地发展节事旅游为切入点，指出节事旅游已经成为乡村旅游经济发展的重要策略之一，乡村节事特有的历史文化内涵对丰富乡村旅游产品有着重要作用。袁中许（2013）从产业互动和要素凝聚的视角阐述了乡村旅游与大农业的耦合是其战略性发展的基础、条件和手段，以差异品牌为中心的农旅耦合可成为我国乡村旅游发展的主体模式。关于乡村旅游产业的成效作用，学者们也有一些研究成果。赵黎明（2010）认为乡村旅游是改善我国广大农村民生的重要途径，体现在改善基本生存状态、扩展农民发展空间和收入渠道、提升经济收入、解放思想、促进教育发展、提升文化素质、提高生活质量等方面。唐健雄（2010）认为乡村旅游在提高农民收入、提升农民民生保障水平、解决"三农"问题、促进新农村建设、缓解居民生活压力等方面都有着重要的作用，是重要的民生产业。杨兴柱、杨振之、宋子千、安金明等（2011）从城乡统筹或产业融合的视角阐述了乡村旅游对乡村地区发展的重要性，指出乡村旅游是解决"三农"问题，构建社会主义新农村，促进乡村可持续发展，缩短城乡差距的重要方式之一，同时产业融合对乡村旅游的优化升级、质量提升具有一定的相互促进作用。

综上所述，虽然在休闲农业和乡村旅游模式研究上已取得不少成果，但还存在一些问题和不足：一是现象描述较多，理性分析、归纳整理与提炼不够；二是研究的系统性不强，缺乏高层次、有深度的研究成果；三是研究成果的针对性不强，对北京市这样一个特殊地区休闲农业和乡村旅游精品发展的借鉴指导作用有限。

三、北京休闲农业和乡村旅游产业形态模式研究

截至 2017 年年底，北京郊区开展观光休闲服务的农业园有 1216 个，其中市级星级园 292 个。吸纳就业人员 39624 人，其中本地人员 29368 人，占 74.1%；平均每个休闲农业园区吸纳就业人员 33 人。2017 年，北京市观光休闲农业园区共接待游客 2105.3 万人次，同比下降 6.5%；总收入 29.9 亿元，同比增长 6.9%。从单个园区收入看，2017 年平均每个园区收入 246 万元，比上年的 222.4 万元增长 10.6%。从人均消费额看，2017 年观光休闲农业园区人均消费额为 142.1 元 / 人次，比上年的 124.3 元 / 人次，上升 14.3%。

根据北京郊区的区位条件、资源优势、市场特征，本课题主要研究休闲农业和乡村旅游精品发展所涉及的产业形态模式，以及在此基础上衍生出来的产业融合模式和产业布局模式。在产业形态模式中，主要研究休闲农场模式、亲子农业模式、市民农园模式、教育农园模式、葡萄酒庄模式、乡村民宿模式等 6 种典型模式。

（一）休闲农场模式

1. 模式概述。休闲农场是休闲农业中最具代表性、数量最多的休闲农业园区。中国台湾的休闲农场系依法达到规定的面积，经许可登记且受农政部门辅导，以经营休闲农业为任务的一种农企业（段兆麟，2012）。根据台湾《休闲农业辅导管理办法》第 10 条规定，设置休闲农场，其农业用地面积不得低于休闲农场面积的 90%，且不得小于 0.5 公顷。大陆地区对于休闲农场没有官方的标准定义，但一般认为，休闲农场是以乡村自然环境为基础，以农场为单元，以农业景观、农业特色产品和创意产品、农事活动、农耕文化等为吸引物，提供农业观光、餐饮住宿、休闲度假等综合服务的经营形态。

休闲农场具有以下特征：①以农场为单元。休闲农场一般为具有法人资格的休闲农业企业，实行企业化经营管理。②以农业为主体。坚持以农为本，农场的土地主要用于农业生产经营。台湾的休闲农场要求农业用地面积不得低于农场面积的 90%，海南的共享农庄要求农业生产功能占地面积不低于农庄总面积的 80%。但这里所说的"农业"是指大农业，不仅包括农作物，也包括林果、畜禽、水产等。相应地，休闲农场一词也涵盖了休闲林场、休闲牧场、休闲渔场等。③特色突出。多数休闲农场注重设置休闲体验类项目，如种植采摘、农耕文化、手工制作、教育科普等，满足游客的休闲、体验、参与性需求。④

类型多样。通过改变农业生产方式，延长农业产业链，推进农业与教育、文化、健康、旅游、体育等产业的深度融合，开发出田园景观型、设施园艺型、养生基地型、休闲体验型、综合型等不同类型的休闲农场。⑤具有多种功能。休闲农场具有生产、生态、生活、文化、游憩等多种功能，可满足消费者的多样化需求。

北京市休闲农场发展模式比较典型的园区有金福艺农番茄联合国（通州区），意大利农场（顺义区），奥肯尼克农场（大兴区），三生万物农场（昌平区）等等，在此，以第五季生态农业园和中粮智慧农场作为典型案例进行分析。

2. 案例研究：第五季生态农业园。

（1）基本情况。第五季富饶（北京）生态农业园有限公司，又称第五季龙水凤港生态农场（第五季台湾园），简称"第五季"，位于北京市通州区于家务乡美丽的凤港河畔。自然界一年有四个季节，春华夏繁、秋实冬雪，园区依靠科学技术，为植物生长和人们生活创造了一个新的季节，故称"第五季"。第五季始建于 2008 年初，占地 1100 亩，规划总投资 7 亿元人民币，目前已自筹资金累计投资达 4 亿多元人民币。

（2）主要做法。一是创新发展理念，明确发展定位。第五季秉承"根植于农业，以农业为基础，以文化为主线，以旅游为主题，现代农业、科普教育、休闲旅游、养生养老于一体，打造休闲农业新典范"的发展理念进行开发建设。明确了"大美田园，湖光山色，自然野趣，和谐生态"的形象定位。以"新奇、新意、健康、快乐"为创意主题和五行磁场创意理念，第五季整体的定位是："关爱生命家园，奉献绿色世界"，关注您的胃——奉献绿色食品；关注您的肺——奉献负氧离子；关注您的眼——奉献特色果蔬；关注您的手——奉献采摘收获；关注您的脑——奉献科技知识；关注您的心——奉献愉悦生活。最终要达到：让农场变景区；让劳动变运动；让产品变礼品；让知识变有趣，寓教于乐。让青少年在农事体验的快乐中增长知识、拓展思维、开发智力，在轻松快乐的氛围中得到锻炼和全面发展。

二是精心设计产业项目，打造全天候 365 天体验园。经过多年努力，第五季现已发展成欣怡特色观光、绿色小镇水乡船屋度假、山林生物小吧住宿、百亩台湾果林吸氧洗肺有氧桑拿、冬季热带雨林大餐庙会游乐文化主题园、水岸丛林空中漫步自助烧烤、田园采摘农家美食、自然野趣小酌歌唱、花海草坪生态婚礼、房车帐篷露营野炊、空中索道丛林野战、草原冰雪戏马乐园、沙滩激情游乐嬉水摸鱼、喂食动物垂钓亲子乐园、大型儿童少年游乐广场、会议团建拓展住宿等综合生态休闲娱乐接待空间。公司是集吃、住、游、乐、娱于一体的湖光山色大型休闲农场，并成为以科普农训教育、生态文明教育、生活劳动教育、爱国励志教育、传统文化教育、国际文化交流基础教育等德智体全方位教育于一体的北京市中小学生社会大课堂资源单位、中国青少年成长教育基地。

三是发挥文化引领作用，实现多领域融合。第五季项目充分发挥文化引领作用，通过农业、科技、文化等元素与相关产业的研发、设计、营销等环节的融合融入，改变传统生产与消费模式，转变传统增长机制，推动向产业链两端延伸、价值链高端攀升，加快产业结构创新、链条创新与形态创新，提高产业链整体发展水平和创新创意能力。以农业为基础，突出配套服务北京城市副中心建设功能，面向自然生态、绿色共享、休闲体验、健康养老、科技教育、文化旅游等田园综合休闲农业体验建设发展方向，实现生产、加工、服务的三产融合。用现代生态科技和创意产业的思维方式重塑农业的产业体系，通过农业与文化、科技、教育、旅游休闲等综合业态的复合构成，拓展农业的生产、生态、旅游、文化、教育等综合功能与服务，形成创意农业产业综合园区，促进现代农业整体发展。其融合科技、文化、休闲、娱乐等要素的特色文化系列消费项目，为消费者提供创新体验消费项目、满足城市居民精神生活的同时推动了相关产业的融合、升级，经济和社会效益带动明显。

第五季高科技多领域融合特色农业园的建成，在一定程度上满足了都市群体休闲度假、观光旅游、农事拓展、科普教育的需求。每年有10万多名来自北京多所中小学的学生来园参观、接受科普教育、参加农事拓展。园区每年节假日都要举办各种各样的活动，热点不断，活动项目新颖别致，如：春节期间的热带雨林大餐庙会、冰雪嘉年华、正月初五的千人饺子宴、七夕文化节、重阳敬老节、采摘节、啤酒节、恐龙彩灯艺术展等等，吸引京津冀游客100万人次以上，带来极大的企业经济效益和社会效益。

园区每年举办的各种大型活动在北京电视台《北京新闻》《特别关注》，中央电视台《新闻联播》中播报。台湾热带水果园、每年正月初五在热带雨林温室举办的大型千人饺子宴和大餐庙会成为第五季的名片，第五季也成为于家务乡以及通州区休闲农业的一张名片。

（3）初步成效。第五季的建园创意是要在京津冀打造一个独一无二的生态农业园，创造四季之外的又一个"季节"，在北方地区（北京）建立一个以台湾热带水果园为观光采摘特色的大型综合性休闲农业园，让北京及周边地区居民在家门口看到南方珍奇水果的成长发育过程、采摘品尝到真正的南方"树熟水果"。让广大市民远离喧嚣都市雾霾，亲近田园绿色生活，不出北京就能领略热带雨林风光，在萧瑟的冬季里感受温暖湿润的热带环境，吸氧洗肺，休闲娱乐。

第五季经过8年多的潜心打造，把低洼的沙坑顺势开发成景观人工湖，把挖湖的土堆成了山，荒凉的土地变成千亩良田的大花园，并不断完善各项设施，成为今天的农业休闲旅游胜地。成为北京市最具特色的湖光山色的生态园林景区和农业、旅游、科普教育、养生养老多领域融合的典范。形成了北京地区独一无二的大体量热带果树种植园、农业科普教育基地、休闲旅游观光基地，建设有北方最大、最全的6.6万平方米（100亩）联栋温室，种植80余种从台湾引进的特色南方热带水果树，一年四季硕果累累，供游客参观采摘。温室外配套多种娱乐休闲设施——世界国旗文化展、模拟长征路、毛泽东雕像红色教育园、科普互动体验园、音乐喷泉、沙滩浴场、动物乐园、自助烧烤、垂钓、采摘、骑马、摸鱼、真人CS、空中漫步、温室丛林游乐园、亲子游艺、草坪婚礼广场、冰雪嘉年华等，集旅游观光、休闲娱乐、餐饮住宿、科普教育、婚庆婚宴、商务会议于一体的生活胜地。

第五季每年可产出80万公斤南方"树熟水果"，200万公斤北方水果，有机粮食和肉、蛋、奶畜牧产品 90 万公斤，水产品 15 万公斤。通过土地合作社的方式，让周边农户参与园区建设和收益，吸纳农村剩余劳动力 500 余人，带动农户 400 余户，带动 1000 余名农民致富。自 2014 年正式对外开放以来，游客数量连年递增，每年接待科普实践中小学生 10 余万人次，接待市民 30 余万人次。实现销售额 5817 万元，利润 1364 万元。

2014 年以来，园区共获得 30 多项国家级、市区级荣誉称号和奖励：全国十佳休闲农庄、中国乡村旅游金牌农家乐、全国休闲农业与乡村旅游五星级企业、全国休闲农业与乡村旅游示范点、全国青少年农业科普教育基地、中国青少年成长教育基地、北京市中小学生社会大课堂资源单位、北京市科普基地、农村科普示范园、采摘篱园、儿童早教基地、通州区农村实用人才培训基地、通州区农业科普示范基地等 30 多项国家级、市区级荣誉称号和奖励。

3. 案例研究：中粮智慧农场。

（1）基本情况。中粮智慧农场，位于北京市房山区生态谷核心区域，一期规划面积 1178 亩，于 2015 年 10 月开园。目前规划有"一心六园"，"一心"为展示现代农业高科技的智慧农业中心，涵盖 7 项世界领先技术、11 项国内领先技术和 9 项中国农科院专利技术；"六园"包括花田漫步、牧场悠歌、乡野记忆、田园拾萃、林间采薇、伊甸寻芳等 6 个室外区域，提供高品位的农业休闲，为来自喧嚣都市的市民提供亲近自然、体验农业、释放压力、愉悦身心的好去处。中粮智慧农场通过高科技引领，以农业高科技以及互联网、物联网技术的应用，打造农业高科技技术引领地位及展示示范平台。

（2）主要做法。

一是高科技的运用。27 项先进技术集大成，包括：旋转追光种植技术、多层立体垂直种植系统（H 型架栽培设施）、人工光植物工厂技术、垂直农业技术、LED 补光技术、农业物联网技术等 7 项世界领先技术；温室全自动立体无土栽培技术、潮汐式栽培技术、垂直绿化技术、设施环境自动控制技术、温室工厂化自动化无土栽培技术、工厂化育苗技术等 11 项国内领先技术；设施立体栽培技术、阳台农业技术、家庭绿化技术等 9 项农科院专利技术。

智能化、工厂化、自动化生产，综合运用物联网系统的温度传感器、湿度传感器、pH 值传感器、光传感器、CO_2 传感器等工业设备与技术，检测温室环境中的温度、相对湿度、pH 值、光照强度、土壤养分、CO_2 浓度等物理量参数，同时监控植物生长过程，并综合运用计算机技术、电子信息技术、无线传感技术、视频技术与远程数据采集技术等，实现整体温室环境的精细化管理，实现农业生产现代化。

二是打造健康优美的农场环境。中粮智慧农场以田园乡村资源来创造和维护客群身心健康状况的环境，提供有机食品、自然休闲运动等内容来集中满足客群对健康的诉求。实现农产品的优质安全放心。①农场引种大批优质品种。以番茄为例，国内首次引进的品种有：荷兰的丰收、贝佳、72-625RZ、摩斯特、佳西娜，以色列的戴维森、夏日阳光、沃尔特。另外还引进了台湾的牛番茄，以及国内京研益农的三个独家品种：绿宝石 2 号、黑珍珠、京丹小黄玉。其中，黑珍珠品种，具有浓郁的水果香味，营养价值极高，含有比红番茄中高 10 倍的茄红素、维生素 C 及抗氧化剂，有极高的保健效果。②生产栽培坚持绿色环保。采用防虫网、黄板诱杀、生物灯防护等物理植保技术，无公害、无农药、无激素，生产的农产品绿色、安全、营养、健康，确保广大人民群众"舌尖上的安全"。

（3）主要成效。中粮智慧农场通过多种新型农业技术的应用，达到节水、节地、节能、节劳力的效果。①旋转追光种植系统，采用世界领先的中粮生态谷与中国农科院合作的专利技术，通过竖向多层的结构设计，实现空间的高效利用；通过旋转系统自动追光，使植物光照均匀，大大提高蔬菜品质；通过供回液自动化结构，保证 24 小时精准灌溉。单位占地面积的产量是其他种植方式的 3 倍以上，节约人工成本 50% 以上。②人工光植物工厂，引进日本最先进的种植技术，应用目前国内最先进的全封闭种植系统和荷兰最先进的 LED 补光系统，技术高度密集，产品安全无污染，机械化程度高，操作省力，单位资源利用率高，产量可达露地的 30—40 倍，节约人工成本 30%。③日本悬挂垂花系统，将精制的园艺景观垂于屋顶，运用了包括自动灌溉及自动化回流控制系统、纳豆菌微生物防治系统、独特温室节能技术、空气源 / 地源 / 水源热泵中央空调系统、环保节能太阳能系统、高科技遮阳降温涂料 ATO 等六项先进技术，实现节能 30%、可再生能源利用率 40%。

（4）启示借鉴。中粮智慧农场通过综合导向型发展模式，将农产品服务同健康服务相结合，配备满足高端客群需求的商业设施，打造全国首个"农业大悦城"。农场二期三期将在"一心六园"的基础上，添加人文艺术、运动乐活片区，完善基础配套，打造高品质的都市农业休闲地。

一是基于中粮自然学校，打造合作式教育平台。创新学生教育模式，通过提供开放式课程，为不同年龄段青少年设置相应的自然科学教育课程，让孩子们可以充分与自然接触，感知自然、了解自然、利用自然，掌握更多自然知识，鼓励自己动手创造劳动果实，全方位丰富青少年的课外生活。将旅游、学习、亲子互动和生活体验整合在一起，开展思维拓展、空间体验、空间智能、自然探索、生存技能、沟通协作、运动技能、财务认知等课程，满足家长复合式需求，促进青少年多元化发展。增加成年人及老年人的体验式课程及活动，让久居城市的都市人走进自然、珍视自然，更珍视人与人、人与自然的关系，让成年人在自然中感受人生哲学。

二是"CSA 社区支持农业"的休闲升级版。采取半托管或全托管两种租赁方式，提供可个性化组合定制的地块（10—300 平方米）供学校、企业、高档小区和普通城市居民认种。农场不但提供种苗和专业培训服务，还通过物联网技术的应用，使认养者通过摄像头和网络全面了解作物生长，实现远程浇水、施肥等功能。此外，农场通过建立网上会员部落，使认养者可随时沟通交流种植体验等。这种发展模式，可以通过举办田间活动不断丰富学生户外课程，培养学生的团队协作精神，也可作为员工福利或企业形象展示区及企业外事活动区，满足城市人群回归田园、培养情趣、享受健康绿色农产品的需求。

三是软硬件结合，完善农场配套，提供高品质的服务设施，根据高端客群需求精心设计产品及服务，打造超越消费者预期的消费体验。打造具有当地特色、艺术感的田园住宿；联合中粮星级厨师把关，引进知名特色餐厅，特供农场绿色食品服务，打造从田间到餐桌的特色餐饮；未来农场全面覆盖目标人群的四大类需求，增加人文类及活力类项目，增强体验感，实现动静结合，如展示出售特色农产品、手工艺品的露天集市、随季节及节日设计主题多变的亲子游乐场、星级大厨教你烹饪的家庭厨房、森林音乐会等文艺演出、篷居营地等满足游客的体验感和乐趣。

四是通过中粮全产业链及全服务链同农场的双链联动，实现人流互导、服务互补、信息互通，提升农场的客流量及服务。整合集团下各品牌会员资源，通过会员共享进行客群的相互导流。全产业链方面，农场作为展示销售窗口："我买网"为农场提供销售平台及物流服务；营养研究中心为农场提供营养服务咨询。全服务链方面，农场提供绿植解决方案、活动选址，全服务链各环节提供管理经验、管理／服务人才。资源及营销端方面，以集团下多个成熟品牌为宣传渠道，增加农场曝光度，同时农场也成为其他品牌的宣传营地。

（二）亲子农业模式

1. 模式概述。亲子农业是休闲农业的重要组成部分，是从休闲农业中分离出来的一个独立业态。它是以乡村自然资源、农业生产过程、农民生活方式和农耕文化为依托，把农业与亲子教育、休闲旅游融合起来，为儿童和亲子家庭提供农业参与、体验、休闲、教育、科普等服务的一种休闲旅游形式和农业发展模式。

亲子农业具有以下特征：①市场定向性。亲子农业主要是为儿童和亲子家庭市场服务的，具有市场定向性。②产业融合性。亲子农业具有农业和教育的双重属性，是农业与教育融合发展的结晶。③功能多样性。亲子农业产品具有休闲、参与、体验、教育、旅游、科普、儿童社交等多种功能，可满足儿童亲近大自然、开阔视野、增进亲子感情、促进孩子健康成长等需求。④高安全属性。由于亲子农业的服务对象主要是儿童及亲子家庭，这就决定了它的安全性要高于其他旅游产品。

从产品上说，亲子农业可进一步细分为儿童农场、亲子农乐园、主题休闲农业园区等。其中，儿童农场以农业为主基调，从孩子的角度出发进行策划设计，关注儿童食品安全和农业体验；亲子农乐园是以家庭为服务对象的园区，在农业生产的基础上，增加农业游玩、娱乐和教育；主题休闲农业园区是指有明确主题的休闲农业园，围绕主题，增加园区的儿童教育体验功能。

随着二胎政策的放开和人们对家庭亲子游的重视，亲子农业的市场空间很大。从全国来看，中国是世界第一人口大国，第六次人口普查的数据显示，国内0—3岁的婴幼儿总量高达7000万，0—14岁的幼儿有2.3亿人；每年新出生人口达到2000多万。近几年来，随着二胎政策的放开，每年新出生人口在不断增加。从北京来看，12岁及以下的儿童数量约为200万人，且每年新生儿的数量在以10%左右的速度递增，所以儿童需求，尤其是亲子旅游需求是一个不断扩大的刚需市场。亲子农业作为亲子旅游的重要细分产品，因其呈现出原生态的环境、非城市化的设施、低成本的盈利模式和高消费的人群，未来市场潜力巨大。

北京市亲子农业模式比较典型的园区有洼里乡居楼（昌平区），欢乐松鼠谷（密云区），摩登家庭农场（通州区），共享花田亲子农场（昌平区）等，在此，以海淀区田妈妈蘑法森林作为典型案例进行分析。

2. 案例研究：海淀区田妈妈蘑法森林。

（1）园区概况。田妈妈蘑法森林位于北京市海淀区上庄镇前章村，占地 300 亩，是由田妈妈（北京）投资管理有限公司策划、设计、建造、运营，面向 2—12 岁儿童及其家庭和中小学生的亲子农业园区。该园区包括林业区和农业区两个部分，面积约各占 1/2，其中林业区由自然科普、实践体验等为主，由蘑菇采摘、蘑法手工坊、蘑法水世界、蘑仙岛、蘑法科技小屋、蘑法小镇、蘑法营地、蘑法嘉年华、蘑法历险记、森林舞台、迷你动物园、帐篷营地等功能区组合而成；农业区以学农系列、户外生存、财商培养等为主，包括家庭小菜园、市民农园、果品采摘区等。自 2015 年 8 月对外开放运营以来，田妈妈蘑法森林已发展成为以"蘑菇＋森林"为主题，集蘑菇文化体验、蘑菇美食品尝、森林角色体验、家庭趣味拓展、儿童手工制作、森林家庭派对等内容于一体，具有教育、休闲、体验、科普、社交等功能的新型户外亲子农业教育和中小学生社会实践基地。

3 年来，田妈妈蘑法森林已累计举办各种特色活动 300 余次，累计接待 5.1 万个亲子家庭、合 12.2 万人次，接待研学中小学生和社会大课堂学生 8.8 万人次，接待外省市前来参观考察者 1200 人次。获得全国休闲农业与乡村旅游四星级园区、国家 A 级旅游景区、北京市课外实践大课堂资源单位、海淀区妇联活动基地、海淀区青少年科普示范基地等荣誉称号。目前，田妈妈蘑法森林已成为北京乃至全国重要的亲子农业 IP（Intellectual Property）和亲子农业园区的引领者，"田妈妈"品牌已成为亲子农业的代名词。

（2）主要做法。田妈妈蘑法森林以"户外自然体验教育"为理念，倡导孩子从传统的室内来到郁郁葱葱的户外森林。在这里，孩子们可以尽情发挥想象力和创造力，在"自然、自由、自主"的环境里快乐成长。主要做法是：

一是针对 2—7 岁的儿童，提供以"蘑法森林"为主题的儿童成长体验套餐。田妈妈蘑法森林的核心教育理念是"'五大体系'＋'三个成长'"，将自然科普、食育课堂、农耕体验、户外拓展和创意手工等特色体验项目，巧妙地融入农耕体验活动和自然教育课堂，让每个孩子在玩学结合的过程中实现语言成长、技能成长和性格成长。为此，蘑法森林以树林为载体，加入了林间的游戏和参与性项目，除满足儿童的自然游乐和参与体验需求外，还着重在教育功能和亲子社交功能上下功夫。因为家长希望孩子在娱乐中能学习到一些农业知识，懂得一些大自然的道理。因此，园区的农业教育和科普项目是必不可少的。为提高独生子女的社交能力，蘑法森林有意识地举办了一些集体活动，包括各种竞赛、分组活动、跳蚤市场、主题派对等项目，以鼓励孩子交流和交往。

二是针对中小学生，提供社会大课堂实践活动。蘑法森林与北京市的中小学校合作，针对中小学校社会大课堂的需求，以提高学生综合素质为目标，研发了一系列课程和主题活动项目。主要包括农事体验、非遗文化、自然科普、园林科学、科学科技、军事训练、急救训练、财商培养、户外生存等九大类主题活动，每类主题活动又分为多个项目。对每个项目，按照学校的要求，根据不同的年级、课程，制定不同的主题活动内容，真正达到校内、校外课程内容相结合。不同年级的主题学习项目如表 1—表 3 所示。

表1 一、二年级主题学习项目

时间安排	主题学习项目	课程内容	课程收获
09：00—10：00	非遗文化	了解非遗文化由来，激发学生对非遗的热爱。通过专业讲解，制作出精美的非遗文化作品	看：看非遗文化传承手工作品。 学：学习古代历史非遗项目制作。 带：将学到的非遗手工项目作品带回留念
10：00—11：00	蘑菇种植	通过专业教师讲授，让学生认识菌类的特性以及科普知识，让学生学会种植和培养	看：看蘑菇大棚种植区，了解蘑菇生长环境 学：学习专业蘑菇种植知识 带：带走蘑菇菌棒回家观察养护
11：00—12：00	午餐、午休时间		
12：00—13：00	可食用中草药	了解在生活中常见可食用药用价值的植物及其功效。通过种植养护观察生长过程，了解可食用中草药对环境、土壤、温度、湿度的要求	看：可食用中草药形状 学：学习中草药的食用方法，了解药效 带：带走中草药幼苗带回家养护，写观察日记
13：00—14：00	创意天地	通过对物的观察，让学生充分发挥自己的创造力与想象力，在规定时间内完成创作作品	看：对事物的观察 学：学习观察能力与创作能力 带：带走自己的作品
14：00—14：30	整队，返校		
备注	1.采摘：园区内采摘品种有菌类、农作物等，需提前预约采摘服务 2.活动时间：根据到达园区进行调整，在保证活动内容不变的情况下，可调整活动顺序		

表2 三、四年级主题学习项目

时间安排	主题学习项目	课程内容	课程收获
09：00—10：00	户外生存财商培养	通过认识地图寻找设定目标，完成任务可额外获得虚拟币。通过模拟小集市，让学生用虚拟币进行交换和购买，深度体现现实生活中的货币交换细节，培养理财观	看：认识地图，观察地理环境 学：培养观察能力、判断能力、户外生存能力 带：带走在虚拟币中换取的真实礼物
10：00—11：00	蘑菇种植	通过专业教师讲授，让学生认识菌类的特性以及科普知识，让学生学会种植和培养	看：看蘑菇大棚种植区，了解蘑菇生长环境 学：学习专业蘑菇种植知识 带：带走蘑菇菌棒回家观察养护
11：00—12：00	午餐、午休时间		
12：00—13：00	可食用中草药	了解在生活中常见可食用药用价值的植物及其功效。通过种植养护观察生长过程，了解可食用中草药对环境、土壤、温度、湿度的要求	看：可食用中草药形状 学：学习中草药的食用方法，了解药效 带：带走中草药幼苗带回家养护写观察日记

时间安排	主题学习项目	课程内容	课程收获
13：00—14：00	非遗文化	了解非遗文化由来，激发学生对非遗的热爱。通过专业讲解，制作出精美的非遗文化作品	看：看非遗文化传承手工作品 学：学习古代历史非遗项目制作 带：将学到的非遗手工项目作品带回留念
14：00—14：30	整队，返校		
备注	1.采摘：园区内采摘品种有菌类、农作物等，需提前预约采摘服务 2.活动时间：根据到达园区进行调整，在保证活动内容不变的情况下，可调整活动顺序		

表3　五、六年级主题学习项目

时间安排	主题学习项目	课程内容	课程收获
09：00—10：00	民间传统工艺	学习了解中国民间传统手艺制作，通过绘图、测量、打磨、制作出完美的作品	看：中国民间传统手工艺展示 学：学习绘图，测量打磨等工艺 带：带走创作手工艺品
10：00—11：00	可食用中草药	了解在生活中常见可食用药用价值的植物及其功效。通过种植养护观察生长过程，了解可食用中草药对环境、土壤、温度、湿度的要求	看：可食用中草药形状 学：学习中草药的食用方法，了解药效 带：带走中草药幼苗回家养护，写观察日记
11：00—12：00	午餐、午休时间		
12：00—13：00	植物嫁接	通过专业老师讲解植物的属性及生长习性。课程开设蔬菜嫁接，后期的管理与养护。让学生认识同属的植物，不同种的植物嫁接到一起使其抗病性、抗倒伏更强，使植株更强壮果实更鲜美	看：农作物的生长环境和习性 学：学习嫁接和养护知识 带：带走嫁接好的植物回家养护，并写观察日记
13：00—14：00	户外生存财商培养	通过认识地图寻找设定目标，完成任务可额外获得虚拟币。通过模拟小集市，让学生用虚拟币进行交换和购买，深度体现现实生活中的货币交换细节培养理财观	看：认识地图，观察地理环境 学：培养观察能力、判断能力、户外生存能力 带：带走在虚拟币中换取的真实礼物
14：00—14：30	整队返校		
备注	1.采摘：园区内采摘品种有菌类、农作物等，需提前预约采摘服务 2.活动时间：根据到达园区进行调整，在保证活动内容不变的情况下，可调整活动顺序		

三是针对亲子家庭，出售体验产品。蘑法森林会把一些优质的产品直接通过产地对接给亲子家庭，从满足儿童在园区现场的需求延展到满足儿童家庭的需求，从而延长了亲子农业园区的产业链，实现了附加值。将森林里的蘑菇，农田里新鲜的蔬菜、水果，以活动

体验的形式，精准地传递给消费者，可减少中间环节，保证产品品质。对于孩子来说，将亲自种植的产品带回家，与家长分享自己的劳动成果，可提升孩子的成就感；对于家长来说，参加活动不仅解决了孩子吃什么、周末去哪里、放假怎么安排等一系列事情，还能通过加入会员、参加田妈妈的社群圈子等，与其他孩子家长建立起更多的联系。

（3）基本经验。

一是主题明确，市场定位合理。田妈妈蘑法森林主要是为那些2—12岁的儿童体验农耕、参与农业、接受教育准备的，是亲子农业的一个细分产品。在园区建设之前，田妈妈即根据当地的农业、林业资源状况，明确了园区的蘑菇主题，并围绕儿童体验这条主线来研发教育课程。在开园之后，围绕蘑菇文化和参与体验这个主题策划设计了一系列活动。"从创建蘑法森林的初衷来说，是希望让田野、让大地成为每个小朋友成长过程中的好伙伴，像妈妈一样用绿色呵护每个宝宝健康成长，"田妈妈（北京）投资管理有限公司的CEO要雁峥说，"这也是我们的合伙人都不姓田，但公司取名田妈妈的原因。"

二是注重研发，产品丰富。田妈妈团队拥有较强的产品研发能力，通过新产品研发和新课程体系，使蘑法森林成为国内亲子农业的引领者。田妈妈蘑法森林大受欢迎的原因之一是它的课程产品丰富，在产品设计时不仅关注农业体验，更关注学生的成长，将农业与教育、科技、农耕、文化等进行深度融合，提升项目内涵，激发体验兴趣。比如，蘑法森林针对每年的二十四节气，研发设计了节气亲子主题活动（表4），承接学生校外大课堂实践。与此同时，结合园区农产品的不同成熟季节，举办丰富多彩的农业参与性活动，如画草帽、间苗、争当小厨师、师生互动画长卷、拔花生、挖红薯、摘毛豆、打核桃、小鬼当家等。在蘑法森林发展的过程中，尽管有些主题活动或项目被其他休闲农业园区所模仿，但田妈妈团队很快研发出新的主题活动或项目，通过不断创新，为消费者提供多样化的选择，来开拓和占领亲子农业市场。

表4　节气亲子主题活动（选摘）

节气	月主题 成长目标	周主题	食育课堂	主题活动
八月太阳 立秋处暑	收获季节感受	1.民间传统工艺 2.创意天地 3.动力DIY 4.认识地图	1.养生银耳粥 2.椒盐蘑菇脆 3.全麦面包 4.意大利面	8月1日建军节
九月天空 白露秋分	收获季	1.秋收 2.创意集市 3.禅文化 4.环保小达人	1.月饼DIY 2.坚果饼干制作 3.创意厨艺大比拼 4.花馍制作	9月14日世界清洁地球日 9月20日爱牙日 9月10日教师节
十月果实 寒露霜降	秋天的色彩	1.捡榛子、打核桃 2.挖花生、红薯 3.收割水稻 4.草编文化	1.坚果饼干 2.冰皮月饼 3.五彩面条 4.比萨制作	10月1日国庆节 10月中秋节、重阳节

	节气	月主题 成长目标	周主题	食育课堂	主题活动
十一月叶	立冬小雪	深秋的美	1. 昆虫记 2. 民间传统工艺 3. 食用菌的培育 4. 可食用中草药	1. 五彩饺子 2. 造型蛋糕 3. 秋叶饼 4. 中草药美食	11月感恩节、小雪节日
十二月冬眠	小寒大寒	认识四季 雪的秘密	1. 雪从何处来，雪的颜色 2. 多肉植物科普知识 3. 水培植物	1. 养生饺子 2. 全麦面包 3. 糕点制作 4. 五谷杂粮	12月冬至、圣诞节

三是轻资产，重运营。田妈妈蘑法森林的开发坚持就地取材，不搞大规模基础设施建设。蘑法森林从策划创意开始，就立足当地的农林产业资源，通过延伸产业链活化项目，不搞大拆大建。几年来，通过自我积累、滚动开发、有序运营，田妈妈蘑法森林共投资2000多万元，初步建成了以农耕文化体验区、林下经济示范区、亲子创意手工区、国防教育拓展区、亲子互动戏水区、自然教育研学区等核心板块，并研发出了蘑菇家、植物盆景、非遗手工等教育衍生品。由于是轻资产，重运营，田妈妈蘑法森林取得了较好的投资回报率。

四是针对不同年龄段的儿童，设计不同的产品。为增加客户黏性，田妈妈蘑法森林针对不同年龄段的儿童，设计不同的产品。对于0—3岁年龄段的孩子，由于其大部分时间是跟姥姥姥爷、爷爷奶奶一起生活，田妈妈提出了亲养共建的概念，把老人和孩子统筹到一起。对于3—6岁的孩子，由于他们多是跟爸爸妈妈一起出游，而爸爸妈妈对于孩子的学习与对自然的认知较为关注，蘑法森林根据这一需求，更加关注植物的生长、自然的力量等增长知识的活动项目，寓教于乐，释放孩子们的天性。对于6—12岁的孩子，侧重于成长与社交能力、创造力、语言能力等方面的锻炼与提升，为满足这个阶段孩子的需求，蘑法森林园区设置了一系列集体项目和团体活动，比如生日派对、双胞胎大赛等。总之，对于每一个年龄段的孩子，都有不同的产品课程与之相对应。

（三）市民农园模式

1. 模式概述。市民农园是指利用都市或近郊区的农地，规划分割成若干小块，分别出租给具有耕种意愿的城市居民，以种植蔬菜、瓜果、花草或经营家庭园艺，收获的产品归市民所有的农业生产经营形式，俗称"都市小菜园""开心农场""开心菜园"等。其主要目的是让市民亲近自然，体验农业生产过程，享受田园乐趣。但市民农园是以休闲体验为主，而不是以生产经营为方向，多数租赁者也只能利用节假日到农园耕作，平时则主要由农地提供者代管，而且市民农园里所生产的农产品不能出售，只可自己享用或分赠亲朋好友。从农地所有者来说，他们将农地出租收取租金，同时又可帮助忙于工作的市民照顾农园，收入要远多于自己种田，因而这是一件使出租、承租双方皆受益的事。

德国是世界上较早发展市民农园的国家。在19世纪初，德国就出现了由政府提供小块田地，供市民做自给自足的小菜园。1919 年，德国制定了《市民农园法》，确立了市民农园的现在模式。日本原以一二十平方米的生产性菜园为主，1991 年前往德国考察后即开始推动二三百平方米的体验性市民农园。日本市民农园的类型较多，依据承租对象的不同，又可分为家庭农园、学童农园、高龄农园、残疾人农园（如盲人农园）等。

我国台湾从 1994 年开始设立市民农园，经过 20 多年的发展，已有市民农园 50 多个（段兆麟，2012）。中国台湾的市民农园仿效德国与日本，土地大都由农民提供。从土地规模看，一个市民农园的面积一般为 2 公顷左右，而农园内每一小块田地的面积，新北市以 3—10 坪（1 坪 =3.3 平方米）为多，新竹等地则为 20—100 坪不等。从承租目的看，台湾的市民农园既有自助菜园型，又有休闲游憩型，还有田园生活体验型。从租期看，一般为一年，但可年年续租。从经营主体看，北部地区一般由农民直接将农地分块出租给市民，而中南部地区则大多由农会进行居间管理或由承租户组成的管理委员会管理。

市民农园的特征主要有：①区位条件。市民农园一般位于都市近郊区，交通便利，方便市民前往。此外，市民农园周边宜有一定规模的配套生活设施和商业服务设施。②经营主体。市民农园主要是以企业或个人为经营主体，面向市民提供短期、小块的土地租种及相关服务。市民农园可独立经营，也可作为休闲农业园区的园中园。③经营方式。市民农园面向市民及其他消费者提供农地租种业务及相关农业服务；租种土地主要用于农业生产种植，租种后的产出主要用于租户家庭直接消费，而非出售等经营活动。市民农园在租种业务以外，可适当开展其他相关经营和服务，但须以租种业务为主。④规模大小。为了实现规模效益，市民农园园区规模一般应在 50 亩以上；对外出租地块的单元面积，原则上不宜过大，粮食种植以 100—300 平方米为宜，蔬菜种植以 30—50 平方米为宜，果树、花木种植，动物、水产养殖可因地制宜。⑤公共服务。市民农园应向承租者提供水电、灌溉、排涝、育苗、农具等农业生产设施，停车场、公共厕所、内部道路等公共服务设施，以及农业生产技术与种植管理等服务。

近年来，市民农园在北京郊区有了较快发展。根据北京市农村经济研究中心 2014 年的调查统计，京郊有一定规模的市民农园 253 个，耕种面积约 1.3 万亩，平均每个园区的面积为 51.9 亩。从区域分布上看，市民农园数量排前 3 位的区分别是昌平（135 个，占全市 53%）、通州（57 个，占全市 23%）、大兴（19 个，占全市 8%），以近郊平原地区为多；从经营主体上看，按所占比重由高到低排列依次是：社会企业（40.9%）、村集体（17.1%）、学校（9.5%）、合作社（7.6%）、个人（6.7%）、国有农场（1.9%），呈多元化趋势；从生产内容上看，以蔬菜种植为主，兼顾周末休闲、农耕体验、社交和农场即时消费等其他需求；从地块出租率看，所调研的市民农园出租率约为 80%，多数农园经营状况较好，但也有少量农园因管理不善、缺乏服务等原因而倒闭；从承租市民数量上看，据估计，市民农园年参与人数为 200 多万人次。

北京市市民农园模式比较典型的园区有三元都市小菜园（海淀区），西山开心农场观光采摘园（海淀区）、墨蔬院（海淀区）等，此外，在朝阳区的蟹岛度假村、顺义区的顺沿特采基地、通州区的金福艺农番茄联合国等也开辟有市民农园区域。在此，以海淀区小毛驴市民农园作为典型案例进行分析。

2. 案例研究：海淀区小毛驴市民农园。

小毛驴市民农园位于北京西郊著名自然风景区凤凰岭山脚下，是北京市第一家市民农园。

（1）小毛驴市民农园的创立与发展。小毛驴市民农园创立于 2008 年，位于海淀区苏家坨镇后沙涧村，占地 15.3 公顷，是由中国人民大学农业与农村发展学院和海淀区人民政府共建的，以借鉴"农业三产化、社会化"的国际经验，发展"市民参与式合作型现代生态农业"为核心的产学研基地。农园的土地由海淀区苏家坨镇后沙涧村提供，日常经营管理则由中国人民大学乡村建设中心所属的国仁城乡（北京）科技发展中心负责。农园成立以来，积极倡导并实践"发展生态农业、支持健康消费、推动公平贸易、促进城乡互助"的理念，推动食品安全、生态文明与城乡良性互动，促进中国城乡统筹和可持续发展。其发展历程大致可分为 4 个阶段。

①规划建设阶段（2008 年）。小毛驴市民农园从 2008 年 4 月立项，到 2008 年底，用不到一年的时间，基本完成了园区规划和基础设施建设，具备了农业生产能力。从自然条件看，这里曾经是一片多年荒弃的苗木地和农地，经检测，园区土壤符合有机耕作要求；从规划设计看，在台湾知名生态建筑师谢英俊领导的乡村建筑工作室的支持下，按照生态农场的要求，完成了整个农园的景观与建筑规划设计工作；从生产要素看，按照种植、养殖相结合，资源循环利用的要求，设计与建造了发酵床猪圈，布局了农作物种植区、畜禽养殖区，并配套了废弃物收集利用设施。

②单一产品试运营阶段（2009 年）。2009 年，小毛驴市民农园在对基础设施建设进行扫尾和对园区进行绿化美化的同时，于 3 月份正式对外运营。初期的主要业务是市民租地和蔬菜配送，产品相对单一，服务内容也较少。由于市民农园在我国是一新生事物，一经推出，便受到了媒体的广泛关注，进行了大量宣传报道。

③多产品综合发展阶段（2010—2015 年）。在试运营一年之后，小毛驴市民农园于 2010 年全面对外开放，经营内容逐步增多，开展的活动进一步丰富，管理服务更为规范，参与的市民越来越多。2010 年 1 月，由小毛驴市民农园牵头，组织召开了第一届全国社区支持农业（Community Supported Agriculture，简称 CSA）经验交流会。2011 年，小毛驴市民农园利用园区特有的农业环境和教育资源，专门为孩子们开设了田间学校和 DIY 木工坊，举办各种自然教育活动。2012 年，增设"亲子社区"，为数千个家庭和孩子提供了接触自然的机会。2012 年 10 月，农园针对劳动份额成员成立"劳动份额社区委员会"，让市民组织起来，通过自我管理和自我服务，参与小毛驴农园的社区经营，这在市民农园的发展史上有重要的意义。但是，由于外部发展环境的变化，在经历了 2009—2013 年的快速发展后，2014—2015 年小毛驴市民农园的劳动份额和配送份额都出现了一定下滑，主营业务收入下降较多。

④转型发展阶段（2016—2018 年）。从 2016 年开始，借势海淀北部新区建设和北京

地铁16号线开通，小毛驴市民农园开始压缩生产型生鲜蔬菜配送业务，扩大劳动份额市民租地种菜业务，成立了"小毛驴乡村生活市集"，推进消费者合作社发育，积极承接海淀区青少年学生校外活动基地建设，改善休闲体验设施和服务，让毛驴农耕文化融入市民的日常生活，形成城市里的农耕生活社区与食品安全教育基地；结合"爱故乡活动"的资源和小毛驴市民农园的会员基础，推进"乡土文化、传统手艺"进城，建设"乡土风物园"，发展"乡愁经济"，带动地方特色有机农产品销售、乡村生态旅游发展和美丽乡村建设；依托中关村留学创业园平台，成立联合乡建工作室和国仁农智大学，建设"互联网＋农业技术"信息平台，开展生态农场规划设计、技术服务和经营咨询，系统培训生态农业人才与孵化乡创青年团队。通过专业化、综合性农业服务输出，努力将小毛驴市民农园打造成为国内外农业生态技术与产品的中试、展示、示范和培训基地。自此，小毛驴团队开始走出海淀、服务全国。

（2）主要做法。小毛驴市民农园将生态农业的种养模式与市民农园的经营管理相结合，形成了一个包含市民租地、有机农产品产销、生态农业示范、参观体验、社会参与、培训教育、人才培养、技术研发、环境保护、理论研究与政策倡导等多领域相结合的综合发展平台，见图1。

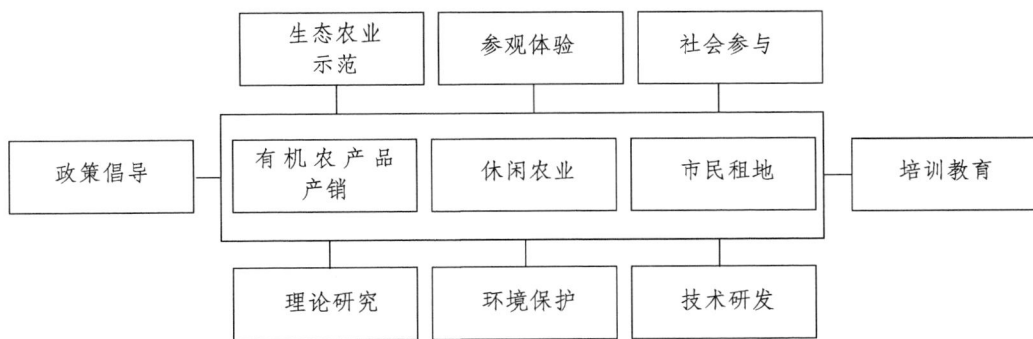

图1　小毛驴市民农园发展模式

一是在生产上，坚持生态农业种养结合模式。小毛驴市民农园在最初设计时，就体现了生态农业、资源循环利用等理念，既有种植又有养殖，既有农田又有草地和树林，各种元素相互配合，有利于发挥协同效应，形成良性生态系统和生态循环。在种植环节上，主要是利用劳动替代资本的资本浅化机制，依靠人工种植，不使用化肥和大型农业机械，不使用转基因农作物种子。在生猪养殖方面，小毛驴市民农园采用自然养殖法，其核心是依靠本地有益土著微生物分解排泄物，以达到降低污染、节约用水、增强猪的抵抗力的效果。在土壤改良方面，主要措施包括制作堆肥、使用有机肥、禁用化学合成农药和除草剂。农园的肥料来源主要有3个途径：园区通过发酵床养猪法沤制的猪肥，其中在沤肥过程中使用的微生物也是园区自己采集和培养的土著微生物；园区自建堆肥栏，将厨余、菜叶和秸秆等原料，堆制成有机肥；以外购牛粪、蚯蚓肥作底肥，麻渣作追肥。在病虫害防治方面，农园追求整体生态系统的多样化，一方面利用天然植物制作的营养液，通过物理方法，防治病虫害；另一方面，通过轮作、间作、多样化种植、休耕等方式，尽可能降低病虫害大规模发生的概率和风险。

二是开辟租赁农园，发展体验农业。租赁农园又称劳动份额，是指市民在小毛驴市民农园承租一块农地（30平方米为一单元），农园提供种子、水、有机肥、劳动工具等物质投入和必要的技术指导等服务，市民依靠自身劳动进行耕作，收成完全归市民所有。如果市民没有时间管理，可以委托小毛驴农园代为管理，托管费由市民承担。

根据市民与农园合作关系的不同，租赁农园又分为3种类型：①自主劳动份额。市民需要自己打理农园，从移苗到收获都由市民自主完成。②托管劳动份额。市民只需自己播种和收获，其他农活可由农园代为打理。③家庭健康菜园。农园按照市民的要求，种植相应的农作物品种，并提供全面的管理和服务，收获的蔬菜等产品也由农园负责配送到市民家里。每种类型的面积、双方的权利义务、服务内容、费用等，详见表5。

表5 小毛驴市民农园劳动份额类型

份额类型	菜地面积（平方米）	份额特征	服务内容	份额费用（元／年）
自主劳动份额	30	自己播种，自己管理，自己收获——完全自主的都市农夫！	农资、工具免费，技术指导，免费活动	2000
托管劳动份额	30	自己播种，农场管理，自己收获——悠闲快乐的耕种体验！	农资、工具免费，技术指导，托管服务，免费活动	3500
家庭健康菜园	60	自己设计，农场种植，农场管理，农场收获，即时互动，配送到家——健康安全的有机享受！	农资、工具免费，技术指导，保证产量，配送到家，免费活动，赠采摘、餐饮	12000

资料来源：《小毛驴市民农园CSA社员手册》

劳动份额是小毛驴市民农园的一项基础业务，深受市民欢迎，平均每年保持在400户左右。10年来，累计为北京市1000多个市民家庭提供租地种菜服务，总蔬菜产量超50万千克。

三是开展蔬菜配送，促进产销对接。蔬菜配送又称配送份额，是指小毛驴市民农园的社区支持农业（CSA）会员，预先支付下一季蔬菜份额的全部费用，农场按照预定计划负责生产各种健康蔬菜和其他农产品（含畜禽肉蛋），并与物流公司合作，定期定量配送给市民家庭，实现生产者和消费者的直接对接，确保食品安全。生产过程产生的各种风险由双方共同承担。市民可以不定期参与农园的劳动体验活动，并监督农园的农业生产，以确保农产品的品质。

配送份额是小毛驴市民农园结合社区支持农业推出的一项创新业务。市民参与配送份额的数量，2009年为37份，2010年为280份，2011年为460份，2012年为620份，至今保持在每年400份左右。10年来，累计为北京市2000多个市民家庭提供了100多万千克有机蔬菜。

四是传播乡土文化，打造独具特色的市民休闲体验场所。小毛驴市民农园是对都市型现代农业实现形式的积极探索，是对农业生活功能的深度开发，是对乡土文明和农耕文化的挖掘、展示与传承。当市民与农园签订劳动份额合同后，就可以随时带家人、朋友到农园打理自己的菜园，参与农业生产劳动，享受亲近自然、认识作物、体验农耕、分享收获的愉悦。当市民加入配送份额成为农园的会员后，可以定期或不定期来农园参加劳动，体验当农夫的乐趣。与此同时，市民还知道了自己的食物是在哪里生产的，是何时生产的，是由谁生产的，因此吃起来更放心。"亲子社区"是小毛驴市民农园推出的家庭农业教育项目，家长可以和孩子一起认识植物、亲近动物、动手制作手工艺品、美食、木制玩具，或者晒太阳、欣赏风景、享受亲子时光。农园还是一个宣传教育的公益平台，每年都会组织各种主题活动，如为播种祈祷的开锄节，体验传统文化的端午节、中秋节，庆祝收获的丰收节，以及与生产者见面的有机市集、成员回访日等，并且对自然教育、都市农耕、食品安全等内容开办相应的讲座与课程，使市民与生产者互动，达到在参与中强体魄、在娱乐中长知识、在分享中增友谊的目的。

五是扩大宣传教育，吸引公众参与。小毛驴市民农园通过对农业多功能性中"教育功能"的挖掘，以农园为载体，配合以田间地头聊天会、社区讲座、消费者交流会、开锄节（有上千市民的参与）、成员回访、农夫市集、社区团购、丰收节、DIY 木工坊、艺术表演（包括绘画、书法、剪纸、合唱团等）等活动形式，开展市民生活教育，探讨食品安全、新型消费文化与健康生活理念，建立农园与消费者之间的信任关系，形成认同生态农业与有机种植的稳定消费群，引导社会沿着健康的消费方向，建立起对乡土文明与城市发展关系的正确认识，进而推动城乡统筹发展，取得了较好效果。截至 2017 年年底，农园已成为国家行政学院、中国人民大学、西南大学中国乡村建设学院、北京农学院等高校的现场教学基地；得到包括新华社、《人民日报》、中央电视台、北京电视台、BBC、CNN、美联社等海内外 400 多家媒体的正面报道；先后接待各地政府及海内外各界团体的参观、考察和学习 10 万人次。小毛驴市民农园已成为市民了解农业、认识农村、接触农民的平台。

（3）小毛驴市民农园的创新。小毛驴市民农园的建设与发展，为北京市休闲农业提供了一个新的模式，也为其他市民农园的运营提供了一个典型案例。

一是理念创新。小毛驴市民农园在成立之初，就以发展社区支持农业为理念，吸引了众多的参与者和追随者。起源于日本、兴盛于欧美的社区支持农业，是一种回归到为本地社区居民提供健康食物生产的小型农耕模式，农民和消费者互相支持，共担农业生产风险并共享收益。这种生产者和消费者直接互动、保护环境、生产健康食品的农业模式，是城市可持续发展和市民健康生活的基石。随着我国工业化、城市化进程的加快和环境污染、食品安全问题的频繁出现，远离了农地的城市居民，越来越关注自己的健康和食品安全，对社区支持农业的兴趣与日俱增。小毛驴市民农园秉承"人民生计为本、互助合作为纲、多元文化为根"的宗旨，"发展生态农业、支持健康消费、推动城乡互助、走向生态文明"的行动原则，以及"关注乡村、热爱土地、与自然合作、以土地为生"的指导思想，与人们关注环境、渴望健康、追求和谐的生活态度是不谋而合的。因此，小毛驴市民农园一经推出，便受到了北京市民的热议和积极参与。

二是业务创新。发展租赁农业，把农地租给市民，是市民农园的基础业务，也是德国、日本和我国台湾地区市民农园的经营内容。小毛驴市民农园在提供劳动份额的同时，结合自身实际，推出了配送份额，不仅扩大了经营范围，增加了园区收入，而且创新了农产品直销模式，受到了市民的欢迎。目前，有机农产品在市民心目中的信誉不高，在很大程度上取决于供需双方不见面，产业链长，在产业链两端的消费者与生产者之间缺乏应有的信任。小毛驴市民农园通过吸收市民为社区支持农业成员，发展配送份额，将自产的蔬菜通过配送网络直接送到市民家里，缩短了产业链，增加了信任度，让消费者吃得放心。随着消费者认可度的提高，小毛驴市民农园在常季配送份额的基础上，相继推出了常季附加份额、冬季配送份额、冬季附加份额等新业务，市民选择的空间越来越大。此外，小毛驴市民农园还根据市民的需求，推出了农业教育、技术培训、社会实践、亲子社区、农夫市集等新的业务内容，取得了良好的效果。坚持与时俱进，推进业务创新，形成良性循环，是小毛驴市民农园发展的不竭动力。

三是管理创新。海外市民农园的单体规模较小，承租户也不多，管理机构与服务内容都相对简单。与之相比，小毛驴市民农园建立了比较精干的管理队伍，形成了比较健全的管理体系，制定了较为完善的管理制度。①专家顾问团队。聘请中国人民大学十几位专家学者担任顾问，对小毛驴市民农园的发展方向、重大问题、技术要点等提供咨询，并与地方政府进行沟通，协调解决出现的矛盾与问题。②管理团队。由国仁城乡（北京）科技发展中心负责管理，下设小毛驴市民农园运营部、会员部和推广部。该中心是非营利性的社会企业，在业务上接受中国人民大学乡村建设中心指导，旨在"以解决社会问题为出发点，不追求利润的最大化，而是用一种商业形式形成可持续的对乡村建设公益项目的反馈和支持"。③实习生团队。从2008年开始，小毛驴市民农园每年从全国招募10个左右的社会青年或即将毕业的大学生来农园实习。他们3月份来，11月份离开，学制9个月。实习生一边学习，一边劳动，学习农园经营管理知识，参与整个农业生产周期中的各项工作，体验乡村生活。他们不仅是农园工作团队的骨干力量，而且在结业后，将成为各地的青年农业人才，成为各地发展社区支持农业的带头人。④劳动份额社区委员会。为了让市民参与农园的管理，增进劳动份额成员之间的交流，2012年10月，成立了劳动份额社区委员会筹委会，并出台了《小毛驴市民农园劳动份额社区委员会筹委会暂行管理办法》，旨在让市民组织起来，通过自我管理和自我服务，参与农园社区的经营。上述4个团队或机构，相互关联，形成一个有机的整体，保障了农园的规范运作和高效运营。

四是服务创新。小毛驴市民农园除了提供农用工具、有机肥料、农作物种子、浇水灌溉等公共服务外，还提供信息服务，并举办农业节庆活动。①公共服务。小毛驴市民农园设有导览牌、工具室、打谷场、停车场、食堂、田间学校、配菜棚、木工坊、宣传栏、生态厕所、垃圾分类箱、堆肥池、田间地头茶棚、乡土家园等公共服务设施。承租市民在认领地块并缴纳年费后，可免费利用农园提供的农具、农作物种子、种苗、有机肥料、其他农资、灌溉网络，并可及时获得农园技术人员提供的农业技术指导。这比笔者在台湾参观考察市民农园时看到的公共服务项目要多，内容更丰富，服务更规范。②信息服务。为给承租户提供专业、及时的信息服务，建立了小毛驴市民农园网站，编印了《小毛驴市民农园 CSA 简报》《劳动份额入门指导手册》《CSA 配送份额成员指导手册》，设置了宣传栏。③农业节庆活动。包括春天的开锄节（4月）、立夏粥（5月），夏天的端午节（6月）和秋天的丰收节（10月）。每个农业节庆活动，既有固定的内容，也结合季节和文化传统，有不同的特色。比如，开锄节突出劳动份额成员开春后到农园来报到、抽签、分地、开耕；立夏粥突出市民自带米豆杂粮等，集体煮"百家粥"；端午节突出包粽子；丰收节突出农产品采收、市集和展览。据课题组现场调查，承租的市民对农园提供的服务满意度较高。

五是组织创新。小毛驴市民农园除自身发展外，还通过组织创新，推动生产者联合，推动消费者联合，以及推动生产者与消费者面对面，以实现更大范围、更多层面的城乡联合和互助发展。①推动生产者联合。北京国仁绿色同盟（以下简称"绿盟"）成立于 2006 年，是国内首个绿色生产合作社的联合体。为了填补小毛驴市民农园除生鲜蔬菜之外的粮油副食空白，支持更多的小农向生态农业转变，2012 年 10 月，农园将绿盟成员生产的农产品引入配送份额业务，为小毛驴市民农园 CSA 成员提供代销份额，旨在通过农园与"绿盟"的合作，在生产型合作组织之间形成联合，进一步整合资源，构建城乡绿色农产品生产网络。2015 年 11 月，在第六届国际 CSA 大会暨第七届中国 CSA 大会上，揭牌成立"中国社会生态农业 CSA 联盟"和"中国乡村建设参与式保障体系（RRPGS）"，将在更大范围内促进生产者之间的联合。②推动消费者联合。从 2009 年起，借助 CSA 会员群体和社区工作基础，小毛驴市民农园开始尝试发动社区开展共同购买活动。2010 年，在回龙观的一群妈妈们发起了"回龙观妈妈团"；中关村的一些学生家长组成了时安健康合作社。2011 年，小汤山、芍药居、望京、月坛西街等社区也纷纷发起共同购买型的社区团购活动。通过建立消费者之间的联合，形成"共同购买型"消费合作社，可凭着集体的力量，减少交易成本，降低有机农产品的销售价格，并可更有效地与生产型合作社对接，实现资源合理分配与利用。③农夫市集。农夫市集是欧美流行的农产品销售模式。与普通市集不同，农夫市集的参与者一般是城市近郊的农场或小型加工企业，出售自产当季产品。在定时定点的农夫市集中，市民与农民通过面对面交流，彼此形成一种互相信任的社区氛围，这是普通超市或商场所无法实现的功能。小毛驴市民农园参与推动的北京有机农夫市集始创于 2009 年 9 月，在一些市民志愿者的推动下，每周末在北京不同城区开集，对推广生态农业、社区支持农业的理念，支持北京周边小型生态农场的发展，起到了不可忽视的作用，也产生了积极正面的社会影响。

（四）教育农园模式

1. 模式概述。2015 年年底，《国务院办公厅关于推进农村一二三产业融合发展的指导意见》（国办发〔2015〕93 号）就明确提出，要"加强统筹规划，推进农业与旅游、教育、文化、健康养老等产业深度融合""统筹利用现有资源建设农业教育和社会实践基地，引导公众特别是中小学生参与农业科普和农事体验"。2017 年中央一号文件再次强调，要

"充分发挥乡村各类物质与非物质资源富集的独特优势，推进农业、林业与旅游、教育、文化、康养等产业深度融合"。

教育农园是休闲农业园区的一个类型，丁家强、王树进（2003）认为，教育农园是农业园区的一种特殊类型，它兼备农业科技示范园的科普教育功能和休闲农业园区的观光休闲娱乐功能，以青少年学生为主要服务对象，提供农业认知、体验与相关教学服务。教育农园也是城市居民休闲度假、知性旅游的一个理想去处，一般可纳入休闲农业的范畴，但更突出知识的传播和体验，兼顾有关技能的传授。在此基础上，谭文列婧（2012）从农业的文化功能方面出发，指出教育农园正是基于农业文化功能而形成和发展起来的，以青少年学生为主要服务对象，通过利用农业生产资源、农民生活资源和农村生态资源，提供农业认知、体验与相关教学服务的一种特殊农业经营形态。陈彪（2009）提出，教育农园（场）又称为认知农园，是观光农业的一种类型，它是利用农林业生产、自然生态、动植物、农村生活文化等资源，设计体验活动及进行教育解说，让一般学生、民众可以体验、学习的农场（园）。其更突出知识的传播和体验，兼顾有关技能的传授，以在生态教育、休闲体验中获取知识为主要目的。比如，在日本虽然水稻种植和收割早已实现了机械化，但在学童农园里，经常可以看到学生们或插秧或割稻等活动。学校这样做的目的是为了让孩子们都有体验农业的机会，以便更好地掌握农业科技知识和增进对农艺的了解。

根据上述界定和分析，教育农园具有如下共性特征：①资源基础。从本质上看，教育农园的基底是农业园区，它属于观光休闲农业的范畴，而不是一般的观光休闲场所。它是充分利用农业文化、自然生态、乡村风俗、农业生产、动植物等资源，提供农业认知、体验和相关的教学服务。②服务对象。教育农园的服务对象以儿童、中小学生为主，兼顾大中专院校学生和其他成年消费者。③功能作用。除教育功能外，教育农园兼具参与体验功能、文化传承功能、社会功能等。④区位条件。教育农园既可以独立对外经营，也可以园中园的形式存在。从选址上说，教育农园一般位于城郊，或者虽然离城区较远，但交通便利，可进入性强。

教育农园在北京市具有广阔的发展前景。基于社会大课堂标准，通过深入挖掘北京农业农村资源，设计融入农耕、寓教于乐的体验项目和体验产品，不仅是深化教育部门课程改革的内容，可弥补学生实践活动的缺失，拓宽学生能力的培养路径，而且通过农业与学校教育的深度融合，增加了农业园区的收入来源。

北京市教育农园模式比较典型的园区有北京阳光少年教育实践基地（朝阳区），中国农业机械化科学研究院北京农机试验站（昌平区），北京农业职业学院学农教育基地（昌平区）等。在此，以大兴区中华耕织文化园作为典型案例进行分析。

2. 案例研究：中华耕织文化园。

（1）基本情况。中华耕织文化园位于北京市大兴区安定镇佟家务村，乡村游览观光大道南侧，占地120亩，由北京华夏耕织文化有限责任公司历经10年精心设计建设而成。院内苍松翠柏，繁花绿草，环境优雅，是大兴区唯一以耕织为主题的园区。园内陈展物件10余万件，多数为总经理侯立宽近10多年来在大兴区200多个拆迁村收集的涉农用具、用品，其余为在外地收集的非遗产品和地方特色物品。每一件馆藏品都在诉说着农业大国的古往今来，展示了我国悠长绵延的农业历史和灿烂辉煌的农业文明。2015年，中华耕织文化园成为大兴区社会大课堂资源单位，与区教委及周边多所中小学校建立良好的合作关系，2017年共接待各级各类学生达7万人次。该园雇用周边农户为管理人员，维护园区日常卫生，培训挑选高知农户为园区讲解人员，为农户提供就业机会，推动当地经济文化发展，取得了良好的社会效益。

（2）园区构成。园区分男耕女织博物馆、老北京民俗街、民俗馆、非物质文化遗产体验厅、五谷种植园、农村场院等六大展区。

①男耕女织博物馆。男耕女织博物馆占地2000平方米，展示的内容以耕织历史为主，贯穿了中华悠久的耕织文化、科技、社会这一主线，按照使用人、景、物相结合的方式，向游客生动地展示出我国悠久而又厚重的农耕文化，让游人感悟先人的智慧，体验先人的发明创造。该展厅分"男耕"和"女织"两大主题，其中由"男耕"延伸出"中国农业文化科普""中国农业非物质文化遗产"；由"女织"延伸出"中华棉文化""蜡染扎染工艺科普"，共四个板块。整个馆的展示背景为《康熙御用耕织图》，配有康熙皇帝御题七言诗一首，以表达其对农夫织女寒苦生活的感念。

②老北京民俗街。老北京民俗街主要包括"坐贾""行商"两部分，其中"坐贾"是指那些有店铺的商家，在自己的店里做生意；"行商"是指以前走街串巷吆喝着做买卖的商人。民俗街的物品包括两类：一类是招幌（即招牌和幌子）。"招"最初字意为召唤；"幌"原指布幔，悬挂在门前，吸引路人视线。招牌和幌子既有密切联系，又有明显区别，其中，前者是店铺的店标，后者是从事行业的行标。招牌和幌子是我国商业习俗的一种特殊表现形式。另一类是各行当的实物。比如，剃头用的响器"唤头"、剃头挑子，稻香村最初走街串巷卖糕点用的小推车、糕点盒等。在这条街中，参加的学生们可以真实体验到老北京民俗街的魅力与乐趣，通过跟由实人扮演的商贩之间的交流沟通，也能提高学生们的语言交流能力。

③民俗馆。民俗馆中有万余老物件，分30个主题，分门别类诉说流金岁月；百年京华，各类证件，包罗万象，彰显历史足迹。

④非物质文化遗产体验厅。非物质文化遗产体验厅主要提供非物质文化遗产参观课程。园区专门聘请国家非遗传承人来到体验厅内，向学生们传授非遗技艺。

⑤五谷种植园。五谷种植园占地900平方米，是以西周时期出现的"井"田制为雏形设立的室外农作物种植区。共种植荞麦、黍子、谷子、麻籽、黄介、芝麻、小麦、棉花、玉米以及各种豆类等28种农作物，其种子分别来自山西、山东、河南、河北等偏僻农村的最原始自留种。在这里，学生们可通过亲身所看、所想、所感，体会到中国传统农作物最原始的味道。

⑥农村场院。农村场院占地500平方米，展示农村场院文化，再现20世纪60—80年代农村家庭的场院场景。学生们在此亲身体验辘轳灌溉、石碓舂米、石磨碾面等项目，进而体会一粥一饭的来之不易。

（3）主要做法。

一是开发实践课程。中华耕织文化园通过开发实践课程，将中国古代的民俗文化传递给学生，锻炼学生的意志，感悟先人的智慧。学生通过观看老师现场演示纺线织布，然后自己亲自练习，可逐步了解掌握纺线织布的过程、操作技巧，这有助于开发学生智力，锻炼四肢协调能力，而且在实际操作过程中，接受了农耕文化教育。此外，学生通过观察与亲身参与手工磨制豆浆，不仅明白食品制作的过程，享受自己劳动的成果，而且从中也感受了劳作的辛苦。

二是弘扬民俗文化。中华耕织文化园重在挖掘每一个活动背后的历史文化，充分发挥出其历史文化气息。比如，以老北京叫卖为例，学生通过叫卖老师现场演示，体验老北京民俗文化，发挥弘扬传承民族文化、营造传统与现实穿越的氛围，寓教于乐。手工纺线实训的开展有助于学生感受古代先民"半丝半缕"之艰辛。为展示最真实的非遗技艺，园区专门聘请云南白族扎染、贵州苗族蜡染、安徽桑皮纸制作、传统手纺手织、京剧脸谱制作等五项国家级非物质文化遗产的传承人来到园内，向广大学生传授非遗文化和技艺。

三是闲置物中收集"文化基因"。中华耕织文化园中展品10余万件，每件背后都有着一段历史故事，并非单纯仿真做旧而成。园区创始人侯立宽凭借对昔日大兴区乡村难舍的情怀，不忍老旧物件因村落拆迁而被村民遗弃，于是将它们收集起来，建展馆供人参观体验，将其变为中华农耕文明的符号。

四是组建专业教育团队。创始人亲力亲为进行监督指导，层层把关，雇佣周边农户为工作人员，解决部分周边农户就业问题。为提高工作人员专业性，定期进行人员培训，邀请非物质文化遗产继承人进行非遗活动的讲授。

（4）经验借鉴。

一是活动主题明确。耕织文化园以宣传、弘扬中华农业文化遗产，彰显古代农业成就，揭示中华民族对世界文明的贡献，解密中华文明绵延不绝的原因，传承农耕文化为宗旨，课程活动紧密贴合主题，内在的专业性以及外在的周边环境烘托了活动主题。

二是重在实践感知。中华耕织文化园以非物质文化遗产传承为主旨，不同于参观农业展览馆、其他休闲农业区等。耕织文化园在展览各种农具、老物件的基础之上，模拟古时环境，采用学生动手参与的方式，使其通过实践去切身感受古人的生活，感悟先人的智慧，体验先人的发明创造。

三是注重运营管理。注重团队建设，定期进行人员培训，突出教育，强调专业性。邀请非物质文化遗产传承人进行非遗活动的讲授。多种渠道同时宣传，提高知名度。开发体验课程，开拓教育市场，形成了属于自己的且富有竞争力的品牌，提高知名度。

（五）葡萄酒酒庄模式

1. 模式概述。北京地区具有葡萄种植和葡萄酒发展的自然条件和资源优势。葡萄与葡萄酒产业是集葡萄种植、葡萄酒酿造、酒庄休闲观光旅游于一体的融合性产业，近年来发展很快。葡萄酒酒庄既是葡萄酒生产的核心环节，也是葡萄酒文化传播、游客参与体验葡萄生产加工过程和葡萄酒旅游的重要载体。据统计，截至2014年底，全市已建酒庄（酒堡）文化基地 33 个，酿酒葡萄生产基地面积 1.67 万亩，年加工能力 1.04 万吨，年接待游人 15.07 万人次；部分葡萄酒酒庄在北京已有较高的知名度。

所谓葡萄酒酒庄，是指以可控、稳定的葡萄园种植的葡萄为原料，就地加工灌装成葡萄酒，拥有标志性的主体建筑，具有良好观赏价值的综合园区（《葡萄酒酒庄旅游等级划分与评定》DB13/T2339-2016）。葡萄酒酒庄具有如下特征：①主题鲜明。游客到访葡萄酒产地的葡萄种植园，参与葡萄酒生产加工过程，了解葡萄酒酿造工艺，体验葡萄酒文化。②带动的产业链长。以葡萄酒酒庄为载体，把葡萄的种植、鲜食葡萄的采摘、葡萄酒的加工、葡萄酒文化的鉴赏、葡萄酒休闲旅游等链接起来，形成完善的产业链条。③体验庄园文化。酒庄在西方为城堡之意。庄园生产模式源自欧洲中世纪的庄园经济，它不仅代表了一种高雅的文化品位，使人们在酒庄旅游、休闲、娱乐等附加功能中领悟葡萄酒文化，而且还代表了一种无可挑剔的卓越质量，并由此建立良好的企业理念和产品信誉度、美誉度及消费者认知度。④景观协调。为了满足游客的需要，现代葡萄酒酒庄的建筑、景观和室内环境不仅要体现当地的地域文化特点，还要做到建筑风格与自然景观相协调，在传承当地历史文化的基础上，打造美好的生态庄园环境，实现人与自然和谐共生。

葡萄酒酒庄具有良好的发展前景。随着第十一届世界葡萄大会在延庆举办，全市上下对葡萄与葡萄酒产业和葡萄酒酒庄的认识有了提高。今后应结合"四个中心"建设，积极培育和发展具有复合功能的高端葡萄酒酒庄产业集群，引领京郊山区转型升级提质；要与山区发展相结合，进一步创新葡萄酒酒庄产业带发展模式，打造集葡萄采摘、红酒加工、休闲度假、商务会议、温泉养生、科技示范等功能于一体的葡萄酒酒庄产业综合体；与小城镇建设相结合，实现葡萄酒酒庄发展与小城镇建设的深度融合；与打造旅游功能区相结合，深入探索葡萄和葡萄酒酒庄与现代旅游业融合发展的模式。

北京市葡萄酒酒庄模式比较典型的园区有北京莱恩堡葡萄酒酒庄（房山区）、欧菲堡酒庄（顺义区）、圣露庄园（朝阳区）、玛莱特庄园（大兴区）、天葡庄园（密云区）等等。在此，以房山区莱恩堡葡萄酒酒庄作为典型案例进行分析。

2. 案例研究：北京莱恩堡葡萄酒酒庄。北京莱恩堡葡萄酒酒庄成立于 2010 年 4 月 20 日，位于北京市房山区长阳镇稻田一村西侧，临近京石高速与地铁房山线，位置优越，交通便利。酒庄占地 1000 亩，年生产葡萄酒 10 万瓶。依托景色怡人的千亩生态园区，在原有高端酿酒葡萄种植和葡萄酒酿造的基础上，积极发展观光休闲产业，成为农村一二三产融合发展的综合性现代农业企业。

（1）从培育高端酿酒葡萄品种入手，提高葡萄酒质量。酒庄种植酿酒葡萄 600 亩，选用的主要是法国葡萄品种。由于气候的差异，葡萄出现了"抗寒性不强、抗病性不强、酿酒品质差异变化大"等问题。为了解决这些问题，在葡萄酒专家邹福林的带领下，成立了科研小组，围绕高端酿酒葡萄新品种培育、栽培新技术研发和野生酵母菌酿造等方面开展科学研究和技术攻关。

一是培育出了适合我国种植的高端酿酒葡萄新品种。经过几年的技术攻关，经过了上千次的杂交组合，成功培育出了第一代酿酒葡萄新品种，具有了"抗寒、抗病、抗逆性"等特性。园区全部种植了酿酒葡萄新品种，也不用费时费力实施烦琐的冬埋了，结节和茎秆的直立性均好于法国品种，实现了酿酒葡萄品种的本土化，改写了酿酒葡萄品种长期依赖进口的历史。

二是实施了高端酿酒葡萄种植新技术。为提高葡萄质量，酿造高端葡萄酒，莱恩堡独创了酿酒葡萄"四个一致"管理模式，即"发芽一致、开花一致、结果部位一致、成熟期一致"，并根据当地风候特色，因地制宜探索出"独干、多主蔓、水平结果枝、单侧密植、宽行高架面"的便于机械化作业的栽培技术，且种植的每一行葡萄树都实现了"三带"（通风透光带、结果带、光合作用带）分明，保证了葡萄品质。酒庄还引入"乔木护根草毯覆盖"新技术，将草毯覆盖于葡萄树根部，建设"草地果园"，采取有机种植的方式，在葡萄生育期内不使用农药、化肥，通过秸秆还田的方法培肥，改良土壤，涵护风土，从源头上保证了酿酒葡萄质量的安全。

三是实施了葡萄酒酿造新技术。为了酿造出高品质的葡萄酒，在酿造环节，与中国农业大学专家合作，采用野生酵母菌酿造技术，酿造了高端红葡萄酒，获得20多项国际重大比赛的金奖。

（2）建设葡萄酒博物馆等配套设施，打造休闲产业。酒庄依托景色怡人的千亩生态园区，开发农业休闲旅游观光服务产品，打造良性循环的酒庄葡萄酒全产业链，带动地区社会经济发展。

建立了国内第一个世界红酒博物馆。为传播红葡萄酒文化，建设了以世界名酒屋为代表的藏酒阁60个，收藏世界各国红酒2000多瓶，挖掘了不同国度的葡萄酒文化内涵，展示了不同国度红酒样品，为广大红葡萄酒爱好者提供了解葡萄酒文化的场所。

完善接待服务设施。建设了旅游接待大厅、西式餐厅、大型会议中心、婚庆木屋，创新推出影视拍摄、婚纱摄影、草坪婚礼等项目，常年对外开放，可承接500人以上的大型会议；年接待大型西式婚礼30场以上。

开发了农业休闲旅游观光服务项目。结合AAA级旅游景区创建，建设了地下管网、污水处理设施、园区甬道，建成了农业观光走廊、游客观光桥、薰衣草园、儿童迷宫、旅游景观标志设施等，使酒庄内可参观景点达到20个以上。配套建设了两个国标型足球场，常年对外开放，能承接各类大型的国际性足球比赛，同时组建了自己的足球队。

举办了宣传推介和培训活动。酒庄与逸香国际红酒培训机构合作，开展各类红酒师、侍酒师培训，年培训人数20名以上。2017年，举办了"莱恩堡葡萄酒嘉年华"等大型对外宣传活动近20次，参加人数达到5000人以上。

（3）促进一二三产业融合，带动当地经济发展。近年来，酒庄通过发展现代农业，依托一产带动二、三产业的发展，在自身不断发展壮大的同时，对带动农民致富和地区经济社会发展发挥了积极作用。

高端酿酒葡萄新品种、栽培新技术和野生酵母菌酿造技术的研发成功，在提升酒庄自身经济效益的同时，也为房山产区红葡萄酒产业的发展提供了新品种和新技术。酒庄的自产红酒连连获奖，也促进了房山区红酒产业整体知名度的提升。

带动了农民致富。酒庄固定用工 80 多人，季节性临时用工 100 人左右，每年为农民增加工资性收入 500 万元以上，带动了当地农民致富。

促进了地区经济社会发展。近年来，酒庄累计投入资金近亿元，加强基础设施建设，填补了当地缺乏高端葡萄酒庄的空白。从 2015 年对外开放以来，累计接待游客达到了 3 万人次以上，对地区知名度和影响力的提升发挥了积极作用。酒庄每年都要开展各类公益性捐助活动，向一些困难村的老人、学生送温暖，为社会稳定贡献了一分力量。

（六）乡村民宿模式

1. 模式概述。民宿的称谓，最早源自日本，一般是指利用闲置的房屋，或者自用住宅空闲房间，结合当地人文、自然景观、生态、环境资源及农林渔牧生产活动，以家庭副业方式经营，提供旅客乡野生活之住宿处所。从北京来说，2017 年修订的《北京旅游条例》对民宿的定义是："民宿是指城乡居民利用自己拥有所有权或者使用权的住宅，结合本地人文环境、自然景观、生态资源以及生产、生活方式，为旅游者提供住宿服务的经营场所。"民宿分城区民宿和乡村民宿两种，其中乡村民宿主要以民俗旅游户为基础，依托乡村当地旅游资源及民俗文化，为游客提供特色化住宿服务。进一步细分，乡村民宿又分为传统的民俗旅游接待户和在传统农家院基础上改造升级后的精品民宿。本课题所称的乡村民宿主要是指后者，即高端精品民宿。

一般来说，高端精品民宿具有以下特征：①闲置农宅整体打造。由村集体对村内闲置农宅统一租赁回收，通过引入外来资本或自筹资金，进行整体度假化改造，构建具有一定规模的度假区域。②高端度假品牌塑造。对于闲置农宅的改造要求文化性、乡土性与品质感兼顾，追求外旧内新、外朴质内奢华的效果，塑造独立的度假品牌。③村民参与方式营造。度假乡居模式根植于乡村生活，村民的参与必不可少。通过探索村民房产、土地入股，或返聘村民为度假村（区）员工等多种方式，促进村民就地就业，激发村民参与乡村旅游的热情，实现社区居民的持续参与。④受众群体定位在城市中高端消费人群。由于此类民宿定位为"高端"服务，价格相对较贵，有的一间客房住一晚要在 2000 元以上，受众群体定位为城市中高端消费人群。⑤在大城市郊区有较大的发展潜力。在休闲农业和乡村旅游提档升级的大背景下，高端民宿有一定的发展潜力。但由于高端民宿受众群体比较小，因此一地不能建设太多，同时要在服务上保证高端。

近几年来，京郊的一部分乡村，通过引进社会资本、自我投资或者与第三方合作等形式，对闲置农宅资源进行改造利用，开发了一批精品民宿，取得了较好的效果。根据投资主体和民宿的组织形式的不同，大致可以分为 3 种类型：一是以社会资本为主导，把老旧农家院改造成乡村酒店。此种类型前期投入大，有社会资本作为支撑，规模大，装潢精致或有独特的风格，拥有成熟的推广和运营团队，收费较高（500—1000 元之间），餐饮、住宿、娱乐分离式管理，全部投入成本预计回收期大约在 8—10 年，运营成本回收要在 3—5 年。密云黑山寺村的风林宿，延庆大庄科乡山楂小院、八达岭镇的石峡古堡客栈等，采用的就是这种类型。二是以村民合作社为主导、社会资本参与，把闲置农宅进行整体改造提升。通过合作社众筹投资，引入外来资本、创意设计协助发展，也可以获得政府扶植。该模式兼具社会资本参与的各种特点。例如延庆区的"左邻右舍"。三是以村民个体投资为主导发展的农家院。规模较小，一般是在原宅基地上改建，或利用承包的荒山、荒地等，成本低，收益快，但民宿环境一般，人手不足，多为农户夫妻两人包揽所有经营活动。从数量上看，这种类型占比较大。

北京市乡村民宿比较典型的有山里寒舍（密云区）、原乡里（延庆区）、左邻右舍（延庆区）、明明山居（怀柔区）、老友季（密云区）、隐居乡里（延庆区、房山区）等。在此，以隐居乡里打造的延庆区下虎叫村"山楂小院"作为典型案例进行分析。

2. 案例研究：延庆区"山楂小院"。下虎叫村，地处延庆区东部山区刘斌堡乡，是该乡14个低收入村之一。自2015年以来，该村通过与远方网合作，发展高端民宿"山楂小院"，促进了产业转型升级，带动了村民增收致富。

（1）基本情况。下虎叫村有村民82户176人，其中农业户62户，农业户籍人口141人，劳动力78人。低收入农户32户76人，占全村农业户籍人口超过一半，属于全市低收入村。该村村域面积4939.2亩，其中耕地面积769亩、山场面积3460亩，村庄没有集体经营性建设用地。从产业看，下虎叫村以农业为主导产业，主要种植玉米、谷子，山场有1200余亩山杏，另有少量养蜂业。2016年，全村农民人均收入10698元，分别为全市农民人均收入的48%、延庆区的54.6%。

（2）主要做法。近年来，下虎叫村由于村僻地远，农业收入微薄，村里年轻劳动力纷纷外出就业，有能力的家庭举家搬出山外，村庄"空心化"现象开始出现。全村71处宅院，闲置的约有30来处，很多宅院由于常年无人居住，逐渐荒芜废弃，甚至变成了残垣断壁，整个村庄慢慢失去了往日生气。在推进低收入农户增收及低收入村发展的帮扶工作中，作为结对帮扶单位的延庆区种植业服务中心，帮助联系和引入社会资本，盘活闲置农宅，发展特色高端民宿产业，给村庄发展注入了新的发展动能。

一是引入社会资本。2015年，经区种植业服务中心牵线搭桥，在刘斌堡乡党委政府和村两委的共同努力下，下虎叫村与远方网合作，盘活村里8个农家小院、10处房屋，在保留乡土民居结构和外观的前提下，对屋内进行现代化改造，并借助远方网强大的网络营销能力，发展了乡村精品度假项目——"隐居乡里·山楂小院"民宿，并于当年12月对外营业。

二是合理确定合作方式。下虎叫村开发的8个"山楂小院"，每个院落投资约30万元，按照统一标准进行改造后，全部交由远方网统一运营。根据投资主体不同，分为两种合作运营模式。①"农户+集体+企业"模式。下虎叫村将农户的6个闲置宅院流转到村集体，村集体再与企业签订合作协议，租期10年。由远方网全额投资，对院落进行改造和运营。在收益分配上，农户房屋租金9000元/年，上缴村集体管理费5000元/年。这种模式下，远方网负责小院的日常运营成本。②"农户+企业"模式。由农户作为投资主体，按照统一标准对2处自家院落进行改造，然后交由远方网运营。销售收入分配采取"三七"分成，即远方网占30%、农户占70%。这种模式下，需要农户负担小院的人工、餐食、水电等运营成本支出。

三是实行管家包院制。"山楂小院"每一处院落配备一位管家，负责小院的餐饮、接待、保洁、维护等日常工作。管家主要选自本地村民，由远方网统一培训上岗。管家收入除了每月3000元的工资外，还有两项奖励收入，一项是接待奖励，即月接待客人超过75人后，每多一人奖励5元；另一项是销售农产品提成，如每销售一瓶山楂汁可提成5元等。

四是社区共同参与共享收益。在建设"山楂小院"中，下虎叫村还积极组织本村的种植业专业合作社、村民直接或间接参与项目建设，实现共享发展成果的目的。一方面，依托合作社，以高于市场的价格收购村民的农产品，制成野生山楂汁等特产销售给游客，既解决了山楂的销售问题，还有力地带动了农民经营性增收。另一方面，由合作社组织社员负责完成村庄的日常卫生保洁、绿化美化、设施维护等工作，为游客提供一个干净、整洁、舒心的旅游环境，并享有"山楂小院"销售收入的5%作为用工支出，由此直接带动了本村农民就业增收。

（3）面临的困难。从目前来看，下虎叫村发展"山楂小院"民宿项目，立足自身资源禀赋，找准了村庄产业发展方向，找对了合作方。但今后如何做强做大民宿业，促进一二三产融合，带领更多的村民增收致富，也面临着一些问题。

一是基础设施及旅游设施建设缺资金。下虎叫村作为一个深山区村庄，本身村庄基础设施建设水平就不高，而发展精品民宿，提升游客体验质量，至关重要的就是要改造村庄道路、绿化美化环境、新建污水处理设施、增加电网负荷等基础设施建设，同时还要兴建停车场、游客接待中心、登山步道、农产品加工作坊等旅游配套设施。但由于集体经济薄弱，处于刚刚起步阶段的民宿也鲜有积累，难以筹措急需的发展建设资金。因此，在对低收入村进行产业帮扶过程中，政府给予适当的基础设施和产业发展引导资金支持，有利于产业的快速成长和发展。

二是村庄集体建设用地指标缺乏。建设旅游配套设施首先需要地，但在现有土地管理制度下，村庄建设用地指标普遍比较紧缺。调研中，村支部书记反映："想建点儿设施吧，动哪都不让动。"今后，在开展集体建设用地规划编制工作中，应统筹优化城乡建设用地布局，在控制农村建设用地总量、不占用永久基本农田的前提下，加大盘活农村存量建设用地力度，允许村庄改造、宅基地整理等节约出的建设用地，通过入股、联营等方式发展乡村休闲旅游、养老等产业，促进村庄经济发展。

三是本地旅游接待服务人员供给不足。"隐居乡里·山楂小院"项目中每一个院落的接待、餐饮等服务，采用的是管家包院制，对管家的要求比一般民俗接待要高，同时也是薪资含金量较高的岗位。而本村村民因观念、眼界等原因，不习惯于从事旅游服务接待工作，有意愿且能够胜任迎来送往、待人亲切、落落大方的"巧媳妇儿"不多。调研中遇到的两位管家，一位从外村聘请，一位来自河北省。因此，发现、选择和培训本地本村的"巧媳妇儿管家"，是促进民宿业发展并带动本地农民增收的一项重要任务和途径。

四是个别农户坐地起价，不利于闲置农宅的有效利用。下虎叫村村民在看到原有破烂不堪的旧有宅院也能带来可观收入的情况下，现在已有盲目提高宅院价格的冲动。比如，紧挨村委会的一处荒废多年的宅院，村集体有意收回，用于建设游客接待中心，但房主在看到潜在收益后，将价格由 10 万元提升至 50 万元。

（4）经验启示。

一是盘活闲置农宅发展民宿产业成为山区村庄发展的一条重要途径。目前，北京市人均 GDP 已经达到 1.7 万美元，城市居民对乡村高端民宿有了现实需求。类似下虎叫村这样的深山区村，过去由于传统资源禀赋、区位条件较差，制约了村庄发展，但现在通过转换发展思维，盘活闲置农宅，打造特色民宿产业，把原来偏僻、宁静的山村民居，转换为充满乡愁、满足城市居民"归园田居"心理诉求的度假目的地，有效实现资产经营起来。既激活了农村"沉睡的资产"，给农户带来了财产性收入，又给村庄发展带来新的生机，实现了集体产业发展、村民就地就业增收。

二是集体经济组织的积极有效参与不可或缺。过去，在郊区风景资源较好的地区，附近农户自发地开展农家乐，现在面临的一个问题就是普遍发展水平较低，统一升级转型难。下虎叫村通过村委会和集体经济组织的积极参与，不仅仅是把闲置农宅简单出租给第三方赚取租金收益，而是有效把握集体话语权，充分发挥集体的组织协调职能，把农民组织起来，代表农户以双方合作的方式，共同参与"山楂小院"项目，积极探索"集体主导、公司化运作、市场化操作"的运营管理模式，统筹实现了集体经济发展、企业经营收益、农宅出租收入和村民就业增收，构建完整的民宿产业生态链、多方共赢的发展格局，有效保证产业的长期可持续发展。

三是引导资本下乡更要吸"知本"下乡。"山楂小院"的成功表明，将一个偏僻山村发展成为充满希望的山村，达到"化腐朽为神奇"的效果，不仅需要社会资本的投入，更需要有现代管理运营理念等智力资本的投入。下虎叫村通过与远方网的合作，一方面，通过其强大网络营销能力，广为宣传，带来了源源不断的客流，保证了各方的投资收益。另一方面，下虎叫村在传统乡村旅游发展基础上，对发展乡村精品高端民宿产业的独特理念，通过高点定位、匠心设计、现代管理，实现原乡营造与现代化居住的完美结合，带来不一样的格调和体验，提高了乡村旅游产品的供给质量，提升了附加值。而这一方面恰恰是当前乡村旅游提档升级最需要的智力支持。

四、北京休闲农业和乡村旅游产业融合模式研究

在产业融合模式中，主要研究创意农业模式（农业与文化创意产业的融合）、农业嘉年华模式（农业与会展业的融合）、田园综合体模式（农业与文化创意、旅游等多种产业的融合）等三种典型模式。

（一）创意农业模式

1. 模式概述。创意农业源于创意产业，是农业与文化创意等产业的融合，是一种新型农业产业化运作方式。创意农业利用自然、文化、科技、资本等资源，以策略、技术、产品和营销等方面作为切入点，对农业生产经营的过程、形式、工具、方法、产品进行创意

和设计，将传统农业与文化创意融合，将农业资源变为资本，从而创造出多元效益，提升农业附加值。创意农业是休闲农业的重要内容，是都市型现代农业转型升级的重要标志。

创意农业具有如下特征：①独特性。创意、创新是创意农业发展的不竭动力。通过创意的手段，对农业生产经营的过程、形式、工具、方法、产品等进行重新策划、包装、设计，提升文化内涵，开发出具有独特性、唯一性的创意产品，才能获得市场的认可与消费者的青睐。②文化性。创意农业是创意灵感在农业中的物化表现。创意农业具有高文化品位，它能够将单纯的农业生产与丰富的多元文化相结合，通过语言、文字、艺术等手段，将农产品和农业生产过程赋予文化内涵和价值，使人获得超越物质的精神享受。③科技性。许多好的创意需要通过一系列的科技手段才能实现。创意农业的发展离不开科技进步。④融合性。在整个创意农业体系中，一二三产业要互融互动，传统农业与现代农业要有效嫁接，农业、科技、文化等要素相互交融，最终实现集成创新，达到引领消费潮流的目的。⑤高附加值。传统农业的产出依赖于对自然资源的消耗，产业链条短，市场需求单一，因此附加值较低。而创意农业是通过"人的智慧"这一新生产要素的注入，把农业与文化、科技等要素整合，生产出的产品具有特色化、个性化、艺术化、智能化的特点，提高了附加值。从经济可行性的角度看，只有实现了高附加值，创意农业的路才能越走越宽广，才能实现可持续发展。

北京发展创意农业具有良好的基础和条件。北京是著名的历史文化名城，有3000多年的建城史，800多年的建都史，人文资源众多，农耕文化积淀深厚。北京地貌类型多样，自然资源丰富。特别是近年来，通过推进都市型现代农业建设，发展文化创意产业，促进了产业融合，形成了多层次的农业产业链，培育了一批创意农业点，不仅提高了农业的综合效益，而且拓展了京郊农民的就业空间，实现了多环节增收，为今后创意农业的发展奠定了重要基础。

北京市高度重视创意农业的发展。近年来，认真实施"现代农业创意增效行动"，围绕农业生产、农民生活和乡村风貌，推进农业与文化创意、科技发展、生态建设等的融合，培育集农业观光、体验、科教及文化传承于一体的农业经济新业态；支持建设多功能主题农业园，培育农业休闲旅游新品牌；加强创意科普和科技惠农，推动都市农业、会展农业融合发展。通过发展创意农业，改变了传统的农业生产体系，优化了农村经济结构，拉近了城市和乡村的距离，促进了农民素质的提升和城乡融合发展。

从实践看，北京创意农业已取得初步成果，呈现良好的发展势头。正如我国创意产业知名专家、全国政协原副主席厉无畏所言，"北京作为首都，作为历史文化名城，具有发展创意农业的独特优势。近年来，通过推进都市型现代农业建设，促进产业融合发展，北京市的创意农业呈现出类型多样、特色鲜明、科技含量高、文化内涵丰富等特征，不仅提升了北京农业的内涵与品味，也为全国创意农业的发展发挥了领头羊的作用"。

2. 案例研究：顺义区北京葫芦艺术庄园。北京葫芦艺术庄园位于北京市顺义区龙湾屯镇柳庄户村，是集葫芦观光、参与体验、休闲娱乐、文化旅游、非遗传承和葫芦文化交流于一体的创意农业园区，也是顺义区文化创意产业重点项目。"老北京火绘葫芦"

为顺义区非物质文化遗产和北京市葫芦文化创意产业知名品牌，由牛成果牵头成立并担任理事长的北京吉祥八宝葫芦手工艺品产销专业合作社被评为"北京市农民专业合作社示范社"。

（1）传承开发非遗产品，提高核心竞争力。"老北京火绘葫芦"技艺起源于清代末年，已有近300年的历史。"火绘葫芦"又称烫画葫芦，是通过金属笔产生高温后在葫芦上结合中国画技法进行创作，利用高温烧烤、速度、力度产生出国画中"墨分五色"的视觉效果，表现山水、花鸟、人物、动画风格，表达创作者的人文情怀，成为中华传统文化的载体和传播者。作为特色旅游商品，"老北京火绘葫芦"具有体积小便于携带和邮寄，本土文化底蕴浓厚，特色鲜明，纪念性、艺术性、收藏性强等特点。

为了向普通大众普及"火绘葫芦"的制作方法，非遗传承人牛成果先生经过多年研究创作，总结出适合大众学习掌握的加工技法。在不破坏传统工艺的基础上，从加工工具创新改良入手，与国内电器厂家合作，共同成功研发了可调控温度、便于把握、安全性能高的新型"火绘葫芦"加工设备。现已普及应用于社员加工生产当中，为实现加工批量生产能力提供了有力保障。

"老北京火绘葫芦"产品分为四大系列，30多个品种。旅游商品类又衍生出"车挂件""酒具""餐具""茶具""灯具"等实用器皿系列产品，是馈赠亲友的上等文化礼物。"老北京火绘葫芦"产品材质属于标本加工类，符合国家相关标准要求，产品档次适合高、中、低端旅游消费人群，深受广大游客喜爱。

2016年，火绘葫芦被认定为"顺义礼物"，并得到了"顺义礼物"旗舰店建设资金扶持。2017年，吉祥八宝合作社利用60亩葫芦种植区建成全国最大的"九宫八卦葫芦文化植物迷宫"，为游客参与提供了新的项目。

（2）延长产业链，培育创意产业。为配合"顺义区舞彩浅山旅游发展战略"，实现合作社转型升级，发展葫芦文化特色旅游休闲产业，吉祥八宝合作社于2015年利用自筹资金380万元和顺义区文化创意产业专项扶持资金510万元，建设了"北京葫芦艺术庄园"。葫芦艺术庄园占地186亩，设立了"葫芦艺术博物馆""中华鸣虫文化馆""葫芦手工艺体验馆""非遗技艺体验馆""葫芦种植观光长廊""垂钓娱乐园""满族风情葫芦宴""葫芦工艺种植体验区""特色果蔬种植采摘区"等多个观光体验功能区及停车场、公共卫生间等服务配套设施，各体验区全部配备先进的体验设备、器材和声光电多媒体互动设备。北京葫芦艺术庄园已经成为顺义区"舞彩浅山"特色文化旅游新亮点，填补了顺义区以本土民间文化为主题的旅游空白。2016年3月开始试运营，5月份正式对外接待，当年葫芦艺术庄园被纳入顺义区中小学生社会大课堂资源单位。丰富多彩的参与体验内容，吸引学生们积极参与、互动交流，受到顺义区教委领导及教师们的一致好评。

（3）依托农民专业合作社，带动农民就业增收

北京吉祥八宝葫芦手工艺品产销专业合作社成立于2009年5月，注册社员人数228户。通过合作社，把当地农民组织起来，共同从事葫芦种植、葫芦手工艺品加工销售、发展特色乡村旅游及休闲农业产业。2016年，吉祥八宝专业合作社生产葫芦手工艺产品

10.5 万件，实现销售收入 367.5 万元。当年吉祥八宝合作社被评为北京市农民专业合作社示范社，合作社理事长牛成果作为"老北京火绘葫芦"技艺第四代传承人，被评为全国乡村旅游致富带头人、北京市高级农村实用人才，是他的大胆创新改变了"非物质文化遗产""老北京火绘葫芦"技艺的传统传承方式，开辟了中国传统文化传承保护与发展的新途径。把传承保护转化为传承带动文化创意产业发展，利用农民专业合作组织带领社员发展特色葫芦文化创意产业发展和特色乡村文化旅游产业，受到政府和广大农民的广泛好评。现在，吉祥八宝合作社特色文化旅游产业已经成为促进顺义区舞彩浅山旅游发展的主力军，同时得到政府政策的大力扶持，全国政协、北京市委和顺义区委的领导同志先后来合作社视察指导工作，对吉祥八宝合作社的带动示范能力和所取得的成绩给予了充分肯定和高度评价。中央电视台、北京电视台、《人民日报》《农民日报》、顺义电视台等多家媒体相继做了专题报道。

（二）农业嘉年华模式

1. 模式概述。嘉年华音译自英文"Carnival"，是起源于欧洲的一种民间狂欢活动，相当于中国的"庙会"，最早起源于古埃及，后来成为古罗马农神节的庆祝活动。多年以来，嘉年华逐渐从一个传统的节日，发展到今天成为包括大型游乐设施在内，辅以各种文化艺术活动形式的公众娱乐盛会。现在，全世界各地有着花样繁多的嘉年华活动，其中有很多已经成为城市的文化名片（徐城响，2013）。

伴随着农业会展和农业节庆的兴起，农业开始与嘉年华活动结合，逐步形成了令人耳目一新的"农业嘉年华"。2004 年 4 月，我国台湾南投县以当地主导产业花卉为主题，结合农业景观设计、民俗文化活动、地方农特产品展售等内容，举办了为期一个月的"南投农业嘉年华"。从 4 月 3 日到 5 月 2 日，共吸引了 86 万观光客，极大地促进了南投地区的花卉与其他农产品销售，以及餐饮、住宿、旅游等行业的发展。

2005 年 9 月，借鉴嘉年华形式，中国大陆地区成功地打造了第一个以农业为主题的都市型现代农业盛会——"南京农业嘉年华"，受到了广大市民的欢迎。南京农业嘉年华以"农民的节日·市民的盛会"为主题，以展示都市农业新成果、新科技，郊区农村新面貌，农民生活新风采等为主要内容，具有展览、娱乐、购物、宣传、招商等多种功能。南京农业嘉年华每年举办一届，至今已举办 13 届，已经成为南京市休闲农业节庆品牌。

2015 年，广西玉林"五彩田园"农业嘉年华成功举办，开辟了农业嘉年华项目全年运营的新纪元。玉林农业嘉年华通过"科技园＋嘉年华主场馆"的模式，以农业为基础、以科技为支撑、以文化为纽带、以旅游为特色，同时每个场馆代表着一个主导产业，通过农业科技高度集成展示，为当地农业产业发展提供持续动力。此外，玉林农业嘉年华将农业嘉年华活动与农民培训、美丽乡村建设、当地农村经济发展结合起来，开启了农业嘉年华在地方的真正扎根发展。

深入分析，农业嘉年华是以农业生产活动为背景、以狂欢活动为载体的一种农业休闲体验模式。它以市民需求为导向，以农业科技为支撑，以农产品为道具，充分体现了农业的多功能性，从而达到使全民关注都市农业发展与健康生活方式的目的（王有年，2014）。

农业嘉年华具有以下特征：①市民导向性。农业嘉年华主要是为那些不了解农业、不熟悉农村的城市居民服务的，目标客户群体明确。②科技支撑性。农业嘉年华不仅是农业新品种、新技术、新设备、新工艺的展示窗口，而且要通过依托科技支撑，实现栽培模式、栽培设施、表现形式的创新，提高农业的可赏性、趣味性、奇特性、参与性，增加市民的猎奇体验。③项目集成性。在有限的场馆空间内，把农业项目、休闲项目、娱乐项目、体验项目等集聚在一起，可以在短时间内给游客提供视、听、触、嗅、尝等多种感官的直接体验，项目集成度高，可以较好地发挥集聚效应。④产业融合性。借助于农业嘉年华平台，把农业生产与农产品加工、销售、流通、服务等结合起来，实现了农业一二三产业的融合。⑤功能多样性。农业嘉年华具有展示、观光、休闲、参与、科普、教育、体验、文化、娱乐等多种功能。

近年来，随着国家政策对三农的大力支持和消费者需求的多元化，越来越多的地方和企业开始兴办农业嘉年华。安徽和县农业嘉年华、贵州农业嘉年华、辽宁农业嘉年华、湖北武汉农业嘉年华、河北邢台南和农业嘉年华、山东莘县农业嘉年华等活动或项目相继成功举办。到2018年6月底，全国共有10余个省市已建设农业嘉年华项目14个，其中设施面积在5万平方米以上的项目有7个，占50%。通过发展农业嘉年华，促进了农业与会展业的融合，延伸了农业产业链条，培育了农业节庆品牌，为当地经济发展注入了活力。

2.案例研究：北京农业嘉年华。2012年2月，北京市昌平区在草莓博览园成功举办了第七届世界草莓大会。为充分利用昌平草莓博览园的原有设施，更好地发挥世界草莓大会的引领带动作用，2013年3月23日至5月12日，在草莓博览园举办了首届北京农业嘉年华并获得了成功。此后，每年举办一届，至今已累计举办了6届。作为北京每年初春的农业盛会，北京农业嘉年华在创新都市型现代农业实现形式，打造农业休闲旅游品牌，促进农业与二、三产业融合发展等方面，发挥了积极作用。

（1）北京农业嘉年华的实践与探索。北京农业嘉年华以"自然、融合、开放、共享"为主题，不断创新和拓展都市型现代农业实现形式、发展方式和运行模式。自2013年以来，每届都有新的实践与探索。

首届北京农业嘉年华于2013年3月23日至5月12日在草莓博览园举办，共策划设计了"三馆""两园""十项活动"。①"三馆"是创意农业体验馆、草莓科技展示馆、精品农业展销馆。"创意农业体验馆"包括蔬菜森林、番茄迷宫、欢乐农庄、梦幻花乡、芽菜世界和创意集市6个板块，主要向市民展示都市型现代农业最新成果，让市民直观体验和参与互动。"草莓科技展示馆"包括3个板块：一是草莓世界，包括草莓公社、草莓天瀑、草莓大观；二是农科博览，包括都市农业与节气养生共同组成的现代都市农业新模式；三是城市农业展示，包括欢乐家庭、空中菜园、绿色CBD、创意乐园4个单元。"精品农业展销馆"主要用于北京优质农产品展销、食品加工展示，国内知名企业产品和各地名优特产品展卖，世界各地代表性的农产品销售。②"两园"是主题狂欢乐园和采摘体验乐园，其中"主题狂欢乐园"利用草莓博览园室外场地现有基础设施，开发了花海扬波、激情广场、美食坊、儿童乐园、购物街5个分园；"采摘体验乐园"依托兴寿镇香屯村农户日光温室，供市民采摘草莓、西红柿等时令果蔬，兼具休闲、观光、体验等功能。③"十项活动"包括开幕式暨文艺表演、创意农业体验、草莓炫舞音乐节、草莓科技展、中国精品草莓擂台赛、主题摄影大赛征集展、万名青少年嘉年华农业体验、农业嘉年华狂欢娱乐、优质加工农产品展销暨北京区县特色农产品展销、高品质鲜食果蔬品尝会等活动。本届农业嘉年华以市民喜闻乐见的形式，集中展示400余种农作物，展销700种优质农产品，推出了30余项农业创意活动。在首届农业嘉年华期间，共接待游客101.71万人次，销售门票30.47万张，实现门票收入962.73万元，农产品销售收入2428.27万元，周边草莓采摘销售收入1.8亿元。

第二届北京农业嘉年华于2014年3月15日至5月4日举办。以"多彩农业、点亮生活"为宣传口号，以突出趣味性、知识性、科技性、互动性、参与性为原则，紧扣农业基调，共策划设计了"一展""二区""三乐园""十活动"。与首届活动相比，第二届农业嘉年华突出了"全国性""动态性""农业景观"3个特点。①举办了全国休闲农业创意精品展。由28个省区市的产品创意、景观创意、包装创意、活动创意等方面的产品、样品和图片等构成，让首都市民不出北京就可以看到外地创意农业发展的成果，许多参观者认为"大饱眼福"。②突出了展览的动态性。在场地规模几乎没有多大变化的情况下，第二届农业嘉年华增加了展览的内容，变换了展示的风格，如"蜂彩世界"打破了以往静态植物展示的传统，将动态农业完美地融入第二届活动之中。③突出了农业景观、美丽田园的展示。举办了中国美丽田园图片展，设立了农业艺术体验区，利用各种农产品打造丰富多彩的立体农业景观，受到了市民的欢迎。

第三届北京农业嘉年华于2015年3月14日至5月3日在草莓博览园举办。以"美丽乡村·快乐生活"为主题，按照"三馆、两园、一带"的空间布局，分为六大功能板块。与前两届相比，第三届农业嘉年华的突破主要体现在以下三个方面：一是突出了京津冀协同发展，增设天津、河北展馆，并开展了主题日、文化民俗推介、优质农产品展示等活动。二是以农业嘉年华为推广平台，突出对草莓产业和周边民俗旅游的带动作用，开展了"游客走进草莓园——微博达人与草莓的约会""挖掘草莓产业文化内涵之草莓摄影展以及草莓票香"等活动。三是文化创意、创意农业等更为突出，互动体验活动更为充分，趣味性更强，游客的参与度更高。

第四届北京农业嘉年华于2016年3月12日至5月8日举办。本届农业嘉年华的突出亮点是：优化场馆设计，增加航天英雄走进农业嘉年华，吴桥杂技，各场馆别致体验等项目；新增延寿休闲游，开展"农业嘉年华健康走""游农业嘉年华·品昌平草莓·览延寿美景"等系列活动；提升科技含量，增加了"科技农业""互联网＋农业""太空农业"等板块内容；突出国际特色，展示"一带一路"沿线国家农业发展状况及与中国的农业交流。总之，本届农业嘉年华的时尚性、科技性、参与性更加突出，在打造名副其实的"农业游乐场"上迈出了坚实的一步。

第五届农业嘉年华于 2017 年 3 月 11 日—5 月 7 日举办。本届农业嘉年华的主题是"科技农业·绿色生活"。自然学院、社区农场、豆彩工坊、薯国演义等十多个主题展区首次亮相，以趣味互动的形式向游客展示都市型现代农业的魅力。在往届"三馆两园一带一谷"的基础上，本届农业嘉年华增设了"一线"，即以京藏高速为主轴的"京北黄金旅游线"。在草莓博览园作为主会场的同时，首设延寿、乐多港两个分会场，同时全力打造京北黄金旅游线，促进昌平全域旅游的发展。

第六届农业嘉年华于 2018 年 3 月 17 日至 5 月 13 日在草莓博览园举办。紧扣乡村振兴战略蓝图，以"乡村让生活更美好"为口号，以"创新、协调、绿色、开放、共享"为发展理念，共设置"三馆两园一带一谷一线"八大板块，主题构思亮点纷呈，内容丰富多彩。本届农业嘉年华的功能定位更广，注重区域产业联动以及对昌平相关产业的辐射带动作用。通过场馆设置、景观创意、板块策划，将农业嘉年华打造成展示农业产业、全域旅游产业、文化创意产业、科技创新产业的平台，同时通过嘉年华活动与区域内农业、旅游、文创、科创等优质企业的合作，推动嘉年华特色品牌打造，促进产业发展。

通过梳理北京农业嘉年华的发展脉络可以看出，农业嘉年华的发展与壮大，是在充分发挥昌平草莓博览园的区位优势、京津冀地区农业资源优势的基础上，通过创意的手法，把各种农业产品和文化要素积聚起来，降低交易成本，满足首都居民的多样化需求，而且年年有变化、届届有创新，从而使农业嘉年华的内容越来越丰富，形式越来越多样，发展效果逐步显现。

（2）北京农业嘉年华的特色与创新。农业嘉年华的生命力在于创新。农业嘉年华不仅是都市农业的有效实现形式，也是农业会展的一种崭新的实践活动。通过不断总结经验教训，在模式、科技、设计、服务等方面持续改革创新，使北京农业嘉年华始终保持了旺盛的生命力，取得了明显的成效。

①模式创新。北京农业嘉年华紧扣"创新、协调、绿色、开放、共享"的发展理念，通过产业融合、资源共享，不断探索和拓展都市现代农业的实现形式、发展方式、运行模式。这种融合，在深度上体现了功能和产业的融合，在广度上体现了区域和领域的融合。一是农业嘉年华各板块的融合，通过资源共享、流程再造，提高了运行效率；二是"一、二、三产业"的融合，丰富了农业的多功能性，延长了农业产业链，促进了都市型现代农业的转型升级；三是农业嘉年华与当地周边产业的融合，促进了农业与餐饮、住宿、旅游、教育、文化等产业的联动，带动了昌平草莓产业和民俗旅游业的发展；四是区域之间的融合，通过农业嘉年华这个平台，把京津冀农业部门和涉农要素连接起来，促进了京津冀农业协同发展。可以说，融合的深度与广度，决定了农业嘉年华模式创新的成效。

②科技创新。坚持农业与科技相结合，提高农业嘉年华的科技含量，是活动持续吸引市民的魅力。以首届农业嘉年华为例，无论是新奇特品种，还是高科技种植栽培，以及物联网配送、二维码食品安全追溯等，处处彰显农业科技的魅力。一是农业新品种多。在51 天里，集中展示 400 余种农作物，展销 700 余种优质农产品，展示了 60 余项农业科技成果，推出了 30 余项农业创意活动。二是农业新技术多。展示了无土栽培、微喷滴灌、

变量施肥、人工促进光合作用等反季节栽培技术，3S远程控制农业生产精准农业技术，智能温室控制技术，喷雾助长等新型栽培技术以及维生素家庭检测技术，等等。三是农业新设备亮相。展示了声波助长仪、蔬菜嫁接机器人、黄瓜和草莓采摘机、多功能种植菜果盆等农业新设备。从第二届到第六届，每届都展示了新的农业科技成果。游客表示，年年都去嘉年华，届届都有高科技。

③设计创新。创意是农业嘉年华活动的灵魂，而策划设计是创意的表现形式。把文化创意产业和农业结合起来，把新理念、新创意、新设计、新景观等融入农业嘉年华活动，开发独特性的创意农产品，开展农味十足的参与性活动，可显著提高农业嘉年华对市民的吸引力。比如，第五届的"本草华堂"展馆以中草药为主题，展馆内设计了李时珍与夫人用中药名为串联写的"草药情书"，既普及了中药材知识，又传递了相思、惦念之情，很多游客驻足欣赏；第六届的"百卉含福"以花卉为主题，传递了《千里江山图》《百福图》以及四季花月令、诗词歌赋等花文化，受到游客的广泛赞誉。因此，以策划设计为基础的农业创意与农耕文化展示是每届农业嘉年华活动内容的重头戏。

④服务创新。组织运行高效，服务保障有力，是农业嘉年华成功的有力保证。北京农业嘉年华的运维团队积极探索活动运行体制机制，推动场馆内部运行与外围保障工作无缝衔接。实施精确点位管理，编制人员物资点位图和每日运行时间表，扎实有效落实场馆运维部署。加强人流疏导、车辆引导，突出重点区域秩序维护工作。为服务游客，开通了票务网站、手机APP、预约电话、代理旅行社等多个售票渠道，方便了游客刷卡购票及现场兑票。合理规划餐饮服务区、商业服务网点，完善咨询站点、旅游标识等硬件服务，加强志愿引导、园区讲解等软件服务。通过设置免费停车场，并在节假日期间安排免费摆渡车，保障了交通运行的总体顺畅。始终把安全工作放在活动运行的首要位置，公安、安监、质监、信访、工商、卫生、消防等各部门坚持落实日值守制度，周边各镇深入开展社会面防控工作，实现了农业嘉年华平安运行、万无一失。

（3）北京农业嘉年华的作用与成效。北京农业嘉年华的成功举办，打造了农业休闲体验平台，展示了都市型现代农业成果，带动了当地产业发展，引导都市型现代农业走进家庭、走进学校、走进社区，促进了城乡居民交流互动。

一是展示了都市型现代农业成果。北京农业嘉年华坚持以会搭台，突出"农味十足、农技彰显、农果殷实、农调和谐"的会展农业主旋律，全面展示都市型现代农业新成果、京郊农村新面貌、首都农民新风采，吸引了更多的市民走出城区、了解农业、关注乡村。以第六届农业嘉年华为例，活动期间，集中展示农业新技术80余项，汇集农业优新特品种660余个，馆内包含科普知识点1900余个，打造创意农业景观180余个，设置互动体验活动200余项，现场销售各类农特产品、美食及工艺品1000余种，让游客来到北京农业嘉年华既可感受农业科技、观赏农业美景、了解农耕文化、体验农趣活动，又可品尝各地特色美食、购买各类国际特色农产品，是一次与北京都市农业的亲密互动。

二是培育了农业休闲体验品牌。北京农业嘉年华借助会展农业模式，通过游园、娱乐、购物、体验等一系列喜闻乐见的方式，提升农业节庆活动的参与性、趣味性和延展性。在生产者和消费者之间搭建一个交流、互动、发展的良好平台，让更多的市民关注农业、了解农业、参与农业，进一步拉近了城市与农村、企业与农业、市民与农民的距离（刘福志，2013）。自2013年以来，北京农业嘉年华已连续举办6届，对市民的影响力逐渐增强，品牌效应逐步显现。据中国农业科学院农业经济与发展研究所的评估测算，北京农业嘉年华的品牌价值为17.23亿元。如今，北京农业嘉年华已成为首都都市型现代农业的一张绚丽的"名片"，引起全国各地纷纷效仿和借鉴，对推动我国都市农业的创新发展，丰富城乡居民的休闲文化生活，促进农业科技进步，打造美丽中国起到了示范带动作用。

三是带动了周边产业发展。农业嘉年华不仅取得了明显的经济效益，而且带动了周边产业的发展。比如，第六届北京农业嘉年华安全、高效运行58天，累计接待入园游客112.86万人次，实现门票收入1011.12万元，实现园区总收入4520.37万元。农业嘉年华通过与周边产业的融合，促进了农业与餐饮、住宿、旅游、教育、文化等产业的联动，带动了周边地区草莓产业和民俗旅游业的发展。据调查，昌平区草莓采摘率可达50%—70%，草莓采摘的最低价格40—50元/公斤，较批发价每公斤高20余元。在第六届农业嘉年华活动期间，周边各草莓采摘园接待游客达256万人次，销售草莓197.8万公斤，实现收入1.23亿元；有效带动延寿、兴寿、小汤山、崔村、百善、南邵6个镇的民俗旅游，活动期间共计接待游客73.26万人次，实现收入1.16亿元。

（三）田园综合体模式

1. 模式概述。田园综合体是休闲农业和乡村旅游发展的重要方向之一。尽管北京还没有国家批准的田园综合体试点项目，但已对田园综合体模式进行了初步探索，并基本形成田园综合体的雏形。

国内最早提出"田园综合体"概念的是江苏无锡田园东方项目创始人张诚。他在其北大光华管理学院的EMBA论文《田园综合体模式研究》中提出，"田园综合体经济技术原理，就是以企业和地方合作的方式，在乡村社会进行大范围整体、综合的规划、开发、运营，核心点在于'农业＋文旅＋地产'"。有学者指出，田园综合体是以农业为主导，以农民充分参与和受益为前提，以农业合作社为主要建设主体，以农业和农村用地为载体，融合工业、旅游、创意、地产、会展、博览、文化、商贸、娱乐等三个以上产业或行业而形成的多功能、复合型、创新性的地域经济综合体。2017年中央一号文件对田园综合体进行了定性的描述，即"以农民合作社为主要载体，让农民充分参与和受益，集循环农业、创意农业、农事体验于一体的田园综合体，通过农业综合开发、农村综合改革转移支付等渠道开展试点示范"。

通过上述定义或界定，可以看出田园综合体具有以下特征：①业态多样化。田园综合体的产业经济结构是多元化的，实现了由单一产业向一二三产业联动发展，从单一产品到综合休闲度假产品开发升级，从传统住宅到田园体验度假、养老养生等为一体的土地综合开发模式升级。②功能复合性。在一定的地域空间内，将现代农业生产空间、居民生活空间、游客游憩空间、生态涵养发展空间等功能板块进行组合，并在各部分间建立一种相互依存、相互裨益的能动关系，从而形成一个多功能、高效率、复杂而统一的整体。③开发园区化。田园综合体作为原住民、新移民、游客的共同活动空间，在充分考虑原住民的收入持续增长的同时，还要保证外来客群源源不断地输入；既要有相对完善的内外部交通条件，又要有充裕的开发空间、有吸引力的田园景观和文化等，其开发模式和布局是相对集中的，具有园区化的特征。④主体多元化。田园综合体的出发点是主张以一种可以让企业参与、城市要素与乡村资源融合、多方共建的开发方式，促进产业加速变革、城乡融合发展、农民收入稳步增长和新农村建设稳步推进，重塑中国乡村的美丽田园、美丽小镇。因此，它的参与主体是多元化的。

北京作为首善之区和发展都市型现代农业的重要区域，随着城乡一体化发展步伐加快、一二三产业融合发展加速，社会资本向农业农村流动力度加大，农业农村发展已到了转型升级、全面创新的新阶段。《北京城市总体规划（2016年—2035年）》明确提出："利用现有农业资源、生态资源以及集体建设用地腾退后的空间，探索推广集循环农业、创意农业、农事体验于一体的田园综合体模式。"建设田园综合体模式恰恰顺应了京郊农业农村发展趋势和历史性变化，反映了农业农村内部和外部的客观要求，未来发展前景广阔。

田园综合体模式在北京还处于探索阶段，一些村庄，如密云区蔡家洼村、密云区溪翁庄镇金叵罗村、延庆区旧县镇东龙湾村、顺义区龙湾屯镇柳庄户村等正在积极规划田园综合体建设。在此，以密云蔡家洼村作为典型案例进行分析。

2. 案例研究：密云区蔡家洼村。

（1）基本情况。蔡家洼村位于密云区城区东南，潮河东岸，北临101国道，距京承高速公路第17出口500米，地理位置优越，交通便利。近几年来，蔡家洼村依托良好的区位条件和自然景观，以休闲旅游需求为导向，以建设田园综合体为目标，以保护生态环境为基础，以完善基础设施为突破口，走出了一条农村一、二、三产业融合发展的新路子，跨入了全国新农村建设先进村，成为"北京最美的乡村""中国最有魅力休闲乡村""国家级生态文明村"。2017年，蔡家洼村常住人口3500人，其中户籍人口2600人，村集体资产突破10亿元，村民人均纯收入4.6万元。

自然、区位条件较好。蔡家洼地处丘陵地带，地貌类型多样，林木覆盖率达到80%以上，山清水秀，这为发展田园综合体提供了得天独厚的自然条件。从景观来说，蔡家洼初步形成"一环、两带、多点"的网络化绿地空间布局，可为市民及游客提供高品质的绿色公共活动空间。从交通来说，蔡家洼地处京承高速第17出口附近，地理位置优越，游客可进入性强。

资源丰富。蔡家洼村域面积735公顷，其中一般农用地167公顷，山坡地230公顷，原村庄占地150公顷（其中新型农村社区30公顷），其余为山场，自然资源丰富，发展潜力巨大。从农业资源来说，蔡家洼的种植业、加工业体系完善，品种资源丰富，基本做到了"三季有花、四季有果"。从旅游资源来说，村域范围内有国家4A级景区——北京张裕爱斐堡国际酒庄、全国休闲农业与乡村旅游五星级园区——聚陇山庄，周边有首云铁矿公园等。特别是密云区为全国百个"休闲农业与乡村旅游示范县"之一，为发展田园综合体提供了资源依托。

产业基础雄厚。昔日的蔡家洼村是远近闻名的贫困落后村。近年来，蔡家洼村通过实施旧村改造，以完善基础设施为突破口，以推进综合改革为动力，以发展休闲旅游为主线，以提升生态环境为重点，以增加农民收入为目的，积极调整产业结构，大力发展农村一、二、三产业，走出了一条三次产业融合发展的新路子。

产权清晰。从2008年开始，蔡家洼村实施了农村集体经济产权制度改革，将村民共同所有的集体资产科学合理地进行股份量化。通过改革，实现了资产变股权、农民当股东，建立起归属清晰、权责明确、利益分享、保护严格、流转规范、监管有力的农村集体经济组织产权制度，明确了农村集体经济组织的管理决策机制和收益分配机制，形成了保护农村集体经济组织和成员利益的长效机制。在农村地区，产权清晰是发展田园综合体的重要前提，可以减少很多不必要的矛盾与纠纷。

（2）主要做法。蔡家洼村立足于产业发展，按照田园综合体开发模式，促进农村一、二、三产业的融合。主要做法是，以一产促进二、三产业发展，反过来又以二、三产业带动一产，三次产业之间互相促进、融合发展，初步形成了产业链。其中，"一产"主要为建设农业休闲园区，发展特色农业，生态农业、高效农业，改变传统的农业生产方式，在园区内实现休闲、观光、品尝、采摘、体验等功能于一体；"二产"主要指与农产品相关的深加工，建设观光工业园区，实现了集农加品加工生产、观光临摹、品尝购买、销售服务于一体，提高了农产品的附加值；"三产"则是以张裕爱斐堡国际酒庄为龙头，建设总部基地、海峡两岸农业交流中心、会议中心等，发展集度假、旅游、休闲、会议、培训为一体的多功能综合商务旅游区。整个模式如图2所示。

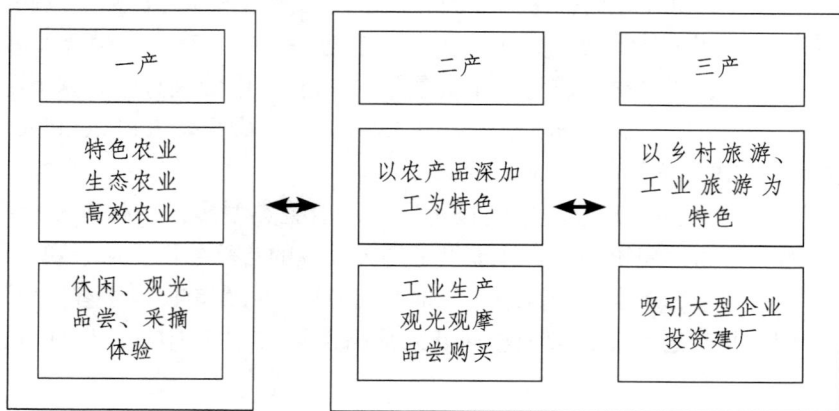

图2 蔡家洼村产业发展模式

一是整合土地资源，优化土地利用。蔡家洼村从整合土地资源入手，以流转合同的形式，把耕地、山场全部有偿流转到村集体，由村集体统一经营，实现由资源变资产、土地作股本、农民当股东。这些流转出来的耕地、山场，用于集中建设都市型现代农业园区，发展特色农业、观光农业、休闲农业项目。为节约村民居住用地资源，蔡家洼实施了旧村改造，新建的居住生活区占地 26.7 公顷，建成多层住宅楼 23 栋，置换出的 120 公顷原村庄建设用地全部用于发展二、三产业，建设观光工业园区。

二是大力发展都市型现代农业，调整农业结构。建成 333 公顷的都市型现代农业园区，发展设施农业。栽植 7 万棵大樱桃，20 余个品种，成为华北地区最大的有机樱桃采摘基地。沿环山公路两侧，种植近百种本土化水果，如冬枣、海棠、桃、杏、李子、葡萄等，打造环山百果长廊，实现了"有路就有树、有路就有林、有路就有园"，成为独特的山区农业景观。利用林下空间，种植金银花、葛根、枸杞等中草药，发展林下经济。与北京市农科院林果所等科研院所合作，建成 53 公顷智能化阳光温室大棚，栽植了木瓜、杧果等 13 种热带果树及 20 多种蔬菜和花卉，成为北方少有的大规模热带果树观赏基地。建设聚陇山科技开发大楼，开展农业科技项目交流，成为农产品研发、成果展示的场所。大楼内设有 2000 平方米的农业科普展厅，是青少年科普教育基地。培育了 70 多公顷的玫瑰情园，为北京市远郊区县首个人工种植打造的玫瑰花园，集休闲观光、展示、科普以及销售等多功能于一体。园区结合自然地形，在山坡丘陵地上依势而种，呈阶梯状，成片的玫瑰花海与周围的草地景观和背后的山体景观，形成一幅美轮美奂的浪漫乡村画卷。

三是打造观光型农产品加工园区，大幅提高农产品附加值。加大招商力度，以集体土地入股的方式与企业合作，建设占地 27 公顷的农产品加工园区。利用当地丰富的干鲜果品、蔬菜、菌类、豆类等农副产品，开展深加工，生产休闲系列食品；利用蔡家洼山泉水资源，生产"聚陇山"小分子团饮用水；发展"一村一品"蔡家洼卤水豆腐，让传统小磨豆腐生产与现代工业生产形式并存，既传承发扬了传统手工豆腐的制作工艺，又使游客体验了现代化、规模化生产豆腐的流程；开辟了手工豆腐体验区，游客可自己亲手制作豆腐；拥有一个容纳 120 人的影视厅，游客可以坐下来观看录像视频和各个工厂生产现场。在所有生产车间设有观光走廊，游客可通过透明玻璃，将所有生产、制作过程尽收眼底。农产品加工园区将农产品加工、商品销售、科普教育融为一体，成为远近闻名的观光工业新亮点。

四是努力改善旅游环境，发展商务旅游业。蔡家洼村以北京张裕爱斐堡国际酒庄为龙头，努力改善旅游环境，发展商务旅游业。张裕爱斐堡国际酒庄位于蔡家洼村北，是由烟台张裕集团融合美国、意大利、葡萄牙等多国资本，占地 100 公顷，投资 7 亿余元，于 2007 年 6 月全力打造完成的。该酒庄聘请前国际葡萄与葡萄酒局（OIV）主席罗伯特丁罗特先生为酒庄名誉庄主，参照 OIV 对全球顶级酒庄设定的标准体系，在全球首创了爱斐堡"四位一体"的经营模式，即在原有葡萄种植及葡萄酒酿造基础上，新增了葡萄酒主题旅游、专业品鉴培训、休闲度假三大功能，开启了中国酒庄新时代，被定义为"国际酒庄新领袖"。结合酒庄扩规，蔡家洼积极完善村容村貌，改善旅游环境。陆续建设游客接待中心、培训中心、文化艺术博物馆、演出场地、吕祖山观光平台、停车场及其他配套设施。在工业园区及周边，修建观光路 5 公里，建设了停车场、椰林广场、园区中心公园，建设了三叠水的大型瀑布景观和中心湖，栽植了各种观赏树和花草，开设了咖啡厅、茶艺厅。对新村社区、25 公里旅游公路两侧及农业园区，进行大规模绿化、美化，重新装修完善园区公厕，建成南山观景台，建设欧式风格的停车场、导视系统等服务设施，改造全村 12 大景点，对接待、餐饮、住宿等各方面条件和设施进行了完善。所有这些，为建设4A 级景区奠定了基础。

五是完善功能分区，促进生产、生活协调有序发展。蔡家洼地域面积 735 公顷，这在农村中村域面积是比较大的，为发展农村产业特别是田园综合体提供了空间。从产业布局上，蔡家洼结合周边环境与巨各庄镇建设"酒乡之路"产业带的契机，规划构建"一环、两带、五区"的空间结构，其中"一环"是指串接蔡家洼村主要旅游项目的特色景观环路，"两带"是指依托现有水体形成潮河绿化景观带、结合山体绿化形成中央休闲景观带，"五区"是指葡萄酒产业区、商业及旅游服务区、生态旅游区、都市观光农业区和农民生活区。

（3）发展成效。近几年来，蔡家洼村按照田园综合体模式，促进一、二、三产业融合发展，取得了明显成效。乡村产业步入了持续、快速、健康发展的轨道，农民生活水平提高很快，旅游配套得到较大改善，农村环境质量显著提升。

一是农业园区变成了景区。蔡家洼村以市民的休闲旅游需求为导向，立足当地良好的生态环境，应用前沿农业科学技术，引进现代化管理理念，优化产业结构，整合资源优势，科学规划，合理布局，将都市型现代农业园区建设成了集观光采摘、农耕体验、科普教育、技术示范、休闲度假等功能于一体的生态公园。2017 年，接待游客 33 万人次。

二是农民变成了产业工人。本地农民在企业里上班，不仅拿工资，而且还能分红。蔡家洼不仅解决了本村劳动力就业，而且吸纳周边乡村剩余劳动力几百人。过去的穷山村走上了多彩的光明路，传统的农耕人开始了绚丽的新生活。

三是农村变成了休闲空间。蔡家洼培育了市民的"第三空间"，成为市民除生活空间、工作空间以外的休闲空间，营造了"生活工作在现代都市、休闲度假在美丽乡村"的和谐氛围。目前，休闲旅游者在蔡家洼村可以看新村美景、赏玫瑰花海、游工业园区、采奇珍果蔬、品红酒文化、住乡村酒店、喝健康泉水、吃豆腐全席，体验别具特色的乡村休闲旅游生活。

五、北京休闲农业和乡村旅游产业布局模式研究

（一）集群发展模式

1. 模式概述。在产业布局模式中，主要研究集群发展模式。在全域旅游背景下，休闲农业和乡村旅游发展的方向和重点是规模化、集聚化、产业化，其中集聚化发展是核心、是基础、是突破口。它是由休闲农业和乡村旅游产品构成的，但表现为休闲农业和乡村旅游产业的相对集中布局；它一头连接着供给端，是乡村旅游供给侧结构性改革的重要内容，另一头连接着需求端，是解决市民短途游、过夜游等的空间载体。但休闲农业和乡村旅游产品的集聚，不能走工业开发区的完全集中的路子，而要走相对集聚的路子，即集群

发展模式，这是由休闲农业和乡村旅游产业的特点所决定的。

所谓产业集群，是指在某个特定产业中相互关联的、在地理位置上相对集中的若干企业和机构的集合。产业集群的形式多样，没有统一和固定的模式。目前世界上的产业集群大致有以下几种形式：①由产业纵向关联而形成的产业集群。集群中的企业同属于一个产业上、中、下游，企业彼此间存在着生产过程的投入产出联系，产业链成为维系集群生产与发展的动力，企业作为参与主体，在产业链上占据合适的位置，形成一种合理的分工和协作状态。②由产业横向关联而形成的产业集群。这类集群通常以区域内某一主导产业为核心，通过企业间的横向关系，外部形成多层次的产业群体。由于这些群体之间相互享受着彼此所带来的外部经济效应，因而充满了活力。③由区位优势指向而形成的产业集群。这类集群通常是由同一产业或不同产业的众多小企业组成，它们充分利用区位优势，如廉价劳动力集中地、信息和技术发达地、原料或燃料集中地、产品的主要市场地、交通运输枢纽地等，形成各类专业化的小型产业集群。

休闲农业和乡村旅游产业集群是由区位优势指向而形成的产业集群。比如，意大利的葡萄酒集聚区，国内浙江湖州的莫干山，河南栾川的重渡沟，河北的葡萄酒庄集聚区，云南丽江、大理的民宿集聚效应，陕西关中地区的袁家村餐饮集聚区等。从北京地区来说，近年来也已形成一些休闲农业和乡村旅游集群发展的案例，如怀柔区的不夜谷夜渤海、密云区的云蒙风情大道、延庆区的百里山水画廊等。通过发展休闲农业和乡村旅游产业集群，可以加快休闲农业企业的集中营销，促进生产与消费的有效对接，增进旅游资源的高效利用，搞好以休闲农业和乡村旅游为主的第三产业的功能创新，提升乡村旅游目的地的竞争能力、创新能力，扩大产业规模。

北京市集群发展模式比较典型的有延庆区百里山水画廊、怀柔区"夜渤海"、白河湾、密云区"酒乡之路"、云蒙风情大道等。在此，以房山区张坊运动休闲小镇作为典型案例进行分析。

2. 案例研究：房山区张坊运动休闲小镇。张坊镇位于北京市西南55公里的拒马河畔，是房山世界地质公园和十渡国家风景名胜区的重要节点，也是连接京冀、外埠进入首都的西南门户。近几年来，张坊镇以休闲农业和乡村旅游为主导产业，按照"一镇两区"发展战略，即以"醉山水、最运动"为行动主旨，建设中西文化融合、具有山地风情、独具特色的运动休闲小镇；不断开发观光农业、农耕文化体验等休闲农业模式，建设葡萄酒文化旅游区与体育休闲产业区，创建以休闲农业和乡村旅游为主要特色的民俗旅游区，强化生态环境建设，大力发展生态农业和乡村旅游，实现富民增收。

（1）加强基础设施建设，培育乡村景观。张坊镇地理特征独特，绿色生态景观资源丰富，自然生态原始状况完好，自然的风貌景观具有个性特色，民俗和历史文化资源多姿多彩，民风淳朴，村民热情好客。张坊镇充分发挥房山世界地质公园这张世界名片的品牌效应优势，提升公共服务功能和旅游综合承载力，构建方便快捷、服务周到、信息齐全的旅游服务平台。与此同时，张坊镇大力推进美丽乡村与农业基础设施建设，重点完善村庄基础设施、改善村容村貌、加强农业基础设施配套等。经过努力，目前张坊镇的乡村景观有很大改观，基础设施和配套服务设施日趋完善，标示系统更加清晰，为发展运动产业和休闲旅游产业打下了坚实的基础。

（2）建设重点项目节点，培育体育休闲运动示范区和葡萄酒文化旅游区。张坊镇依托丰富独特的旅游资源，瞄准生态屏障和运动休闲定位，突出生态休闲功能，积极整合旅游资源，推进旅游产业发展。按照"一镇两区"的发展战略，不断开发观光农业、农耕文化体验等项目，建设体育休闲产业试验区和葡萄酒文化旅游区。

①乐谷银滩。乐谷银滩是体育休闲产业试验区的重要节点。建设户外运动休闲区、体验科普文化区及房车营地等内容。通过打造华北地区最大的人造沙滩，把沙滩休闲、户外运动、青少年教育、山居文化等内容融入其中，构建沙滩娱乐休闲区、中国青少年户外运动嘉年华、太行山山居文化体验谷三大功能板块，最终形成以品质旅游为特色的旅游综合体。

②仙栖谷沟域。2011年，仙栖谷沟域被市农委列为市级国际招标规划沟域，确定为全市7条重点建设沟域之一。几年来，重点建设了"一环两带三园区13节点"，实施了3000亩彩叶林生态景观带、300亩水蜜桃采摘基地，建成了金鸡岭生态园、蜜蜂文化产业园、七彩庄园等项目，仙栖谷沟域初具规模。

③葡萄酒文化旅游区。引进龙熙堡、拓普威、年度、丹世红、京沃德、兴丰基业等6家酒庄，种植酒用葡萄5000亩，修建观光道路及登山步道近3万米，形成了具有一定规模的酒庄产业集群。张坊镇葡萄酒文化旅游区被市有关部门确定为"一带一路"重点参观区域，其中"红酒大道"途经种植丘陵葡萄的丹世红、拓普威、年度、龙熙堡酒庄，最后到达种植山地葡萄的京沃德酒庄，实现集旅游、观光、休闲、品酒、采摘为一体的观光之旅。

④薰衣草庄园。园区占地200亩，种植薰衣草150亩，并搭配了天人菊、马鞭草、波斯菊、千日红、柳叶、百日草、硫华菊、玫瑰、四季薰衣草、二月兰等品种，是目前北京市薰衣草种植比例较高的园区之一。庄园借助位于黄金旅游主干线的优势，发展集婚纱摄影、微电影拍摄、水上世界、休闲观光于一体的综合休闲体验项目，年接待游客12万人次以上，形成了具有乡土特色的乡村休闲庄园和北京农业休闲旅游示范基地。

⑤大峪沟磨盘柿种质园。磨盘柿是张坊镇的特色优势产业，而在张坊镇，大峪沟村的磨盘柿最为知名。为促进磨盘柿产业提升与发展，在大峪沟村建设了集磨盘柿品种展示、观光休闲示范于一体的磨盘柿种质园。通过新品种嫁接、树体改造、有机栽培技术集成示范，大大提升了磨盘柿的科技含量，带动了张坊镇磨盘柿产业发展，进一步促进了农民致富增收。目前，全镇磨盘柿种植总面积1.9万亩，总株数40万株，平均年产鲜柿500万公斤左右，收入1200万元左右。

（3）规范行业管理，培育知名品牌。张坊镇积极引导休闲农业企业和乡村旅游，推进庭院改造、美化绿化，严格执行行业标准，满足游客饮食安全、生活卫生、住宿方便等方面的要求。发展休闲农业促进了农民就业增收，促进了社会主义新农村建设，横跨一、二、三产业，融合生产、生活和生态功能，紧密联结农业、农产品加工和服务业。加快民俗旅游、休闲采摘等旅游服务业发展，以开发旅游品质化为目标，使旅游接待服务、旅游品牌建设等方面成效显著。坚持政府推动、部门支持，坚持农民主体、市场运作，坚持因地制宜、突出特色，着力优化乡村旅游环境，加快完善基础设施，努力提高从业农民素质，推动全域旅游健康发展。2009 年，张坊镇被国际休闲产业协会评为"国际最佳休闲名镇"，成为名副其实的京西南旅游名胜聚集地。2014 年，被市农委等五部门评为"休闲农业与乡村旅游示范镇"。2017 年，被国家体育总局评为运动休闲特色小镇。

总之，张坊镇以"一区两镇"发展战略为指导，以磨盘柿、酿酒葡萄为依托，结合深厚的文化底蕴、丰富多彩的旅游资源，精心打造中西文化融合、具有山地风情、独具特色的休闲旅游名镇，推动了运动与休闲两大产业的协同发展，使之成为京郊独具特色的运动休闲小镇。

六、休闲农业和乡村旅游精品发展的目标、路径与对策

模式的总结与提炼，主要目的是转化与落实，用来指导今后的实践。要在明确休闲农业和乡村旅游精品发展思路与目标的基础上，实施休闲农业和乡村旅游精品工程，推动休闲农业和乡村旅游高质量的发展。

（一）休闲农业和乡村旅游精品发展的主要思路与目标

当前，休闲农业和乡村旅游发展已进入成熟阶段，市场由卖方市场转向买方市场，主要由消费者说了算；同业竞争越来越强，利润越来越薄；消费者的选择性越来越大，对休闲农业和乡村旅游产品品质和规范服务的要求越来越高。在市场需求的拉动和资源环境的刚性约束下，北京市休闲农业和乡村旅游亟须进行供给侧结构性改革，发展休闲农业和乡村旅游精品，更好地满足市民对于美好生活的需要。

新时期休闲农业和乡村旅游精品发展的主要思路是：全面贯彻落实习近平新时代中国特色社会主义思想、党的十九大精神以及习近平总书记两次视察北京重要讲话精神，践行"绿水青山就是金山银山"的发展理＝念，立足首都城市战略定位，适应京津冀协同发展新要求，顺应首都居民过上美好生活新期待，以环境生态化、居住特色化、活动民俗化、饮食本地化、服务规范化、管理网络化为方向，以"存量抓升级、增量重转型"为主线，以激发消费活力、促进产业升级、实现产业富民为着力点，坚持农耕文化为魂，美丽田园为韵，生态农业为基，传统村落为形，创新创造为径，促进农业与旅游、教育、文化、体育、健康、养老等产业深度融合，加强规划引导，完善基础设施，创新开发模式，强化公共服务，加快品牌培育，推进规范发展，提高组织化水平，培育一批天蓝、地绿、水净、安居、乐业的美丽休闲乡村和功能科学、布局合理、设施完善、机制健全、带动力强的休闲农业精品园区，提升休闲农业和乡村旅游中高端产品供应能力，推动休闲农业和乡村旅游提档升级和健康发展。

到 2020 年，休闲农业和乡村旅游产业规模进一步扩大，接待人次、经营收入年均增长 5% 和 8% 以上，实现发展模式多样化、业态产品细分化、产业发展融合化、区域布局集群化、经营主体多元化、服务设施现代化、经营服务规范化，打造一批生态优、环境

美、产业强、机制好、农民富的休闲农业和乡村旅游精品，支撑农业现代化、带动农民增收、促进美丽乡村建设的作用更加突出，满足城乡居民美好生活需要的能力进一步增强。

（二）实施休闲农业和乡村旅游精品工程

发展休闲农业和乡村旅游精品，实现北京休闲农业和乡村旅游的提档升级与可持续发展，需要从环境、产品、技术、体制、政策等方面进行顶层设计，综合改革，合理配套，有序推进。今后一个时期，应着力实施以下重点工程：

1. 基础设施建设工程。改造提升农村"六网"（供水管网、污水管网、垃圾收运处理网、电网、乡村路网、互联网），切实改善乡村旅游地区的基础设施条件。到 2020 年，民俗旅游村集中供水实现全覆盖，饮水符合国家《生活饮用水标准》；污水处理率达到 95% 以上；生活垃圾收运处理率达到 100%；乡村民宿生活用能基本采用清洁能源；公共交通和 4G 网络实现全覆盖。加快休闲农业和乡村旅游场所的道路、电力、饮水、通信等基础设施建设，建立明晰的路标指示和完备的停车场，提高游客的可进入性。大力推进旅游用厕建设，完善上下水设施，粪便经无害化处理，做到数量充足、干净无味、长年开放、管理有效。积极兴建垃圾、污水无害化处理等设施，使休闲场所的卫生条件达到公共卫生标准，实现垃圾净化、环境美化。

2. 乡村景观提升工程。从农田景观、廊道景观、村落景观建设入手，开展景观建设与培育，全面提升乡村景观。针对规模农田镶边、农田缓冲带种植、闲置地景观遮挡和覆盖等不同地域类型，开展景观作物品种筛选及栽培技术研究，筛选适宜的景观作物品种资源。围绕农田残膜污染综合治理、冬季景观再造等难点问题，开展生态景观建设试点。在对不同类型农田景观栽培模式进行探索的基础上，研究制定农田景观建设规范。继续开展农田观光季活动，吸引市民广泛参与，转化农田景观建设成果。在都市型现代农业走廊和主要交通干道两侧，试点营造创意景观。切实搞好村庄绿化美化，鼓励各村在村域内可绿化的边角空地栽花种草、植树绿化，培育廊架景观、庭院景观、阳台盆栽景观，让景观进村入院。适时开展景观特征评价，编制乡村景观建设规划，制定技术规程，建立以农民为主体的乡村景观培育和管理体系。

3. 休闲产品开发工程。休闲农业和乡村旅游产品是乡村旅游供给的核心，也是休闲农业提档升级的主要内容。要结合精品模式与市场需求研究的成果，以首都市民和旅游者需要为出发点，从"吃、住、行、游、购、娱"六个方面，改变产品设计，丰富产品内容，提升文化内涵，延伸休闲农业产业链，提高游客单体消费额。同时，要培育高端产品，优化休闲农业和乡村旅游产品结构。一是以增加体验性、参与性项目为重点，推进休闲农业园、民俗旅游村等传统产品的升级，延长游客逗留时间；二是以让游客住下来为重点，按照新修订的《乡村旅游特色业态标准及评定》，积极开发居住类、度假类休闲产品，巩固提升特色业态，发展乡村度假、老年养生；三是以引导消费潮流为重点，培育时尚消费、高端消费新业态，适度开发乡村旅游高端产品，提高产品附加值。

4. 乡土文化挖掘工程。乡土民俗文化是我国传统文化的瑰宝，也是休闲农业和乡村旅游持续发展的灵魂。针对目前区域同构和产品同质问题，今后一个时期要加大乡土民俗文化资源收集整理挖掘力度。结合北京市重要农业文化遗产的资源调查和认定工作，按照传承与创新相结合的原则，搞好农业文化遗产价值的发掘，促进乡土文化创意产业发展。要开发利用农村民俗文化资源，逐步使京郊民俗文化成为休闲农业和乡村旅游项目的一大卖点与核心吸引物。农业创意是文化的一部分，农业因创意而精彩，创意因与农业结合而丰富。实现休闲农业和乡村旅游的文化升级，要搞好创意农业的开发，以产品创意、节庆创意、园区创意、产业创意、功能创意为载体，提高农业的文化附加值和休闲农业项目的吸引力。

5. 乡村旅游集群发展工程。通过政策引导和机制创新，实现休闲农业和乡村旅游相关业态在一个区域的集群发展，以便在更大的空间内为游客提供"六要素"服务，而不局限在一个项目内解决所有问题。坚持培育和引进相结合，提高休闲农业和乡村旅游龙头项目的单体规模，只有把"龙头"做大，使"龙头"舞起来，才能更好地带动"龙身"和"龙尾"。支持符合条件的休闲农业和乡村旅游企业走出去，实现品牌输出、连锁经营、上市融资，扩大市场份额。要相机调整休闲农业和乡村旅游组织结构、体制机制和发展模式，通过优化配置乡村旅游资源，把休闲农业和乡村旅游有关业态紧密连接起来，打造休闲农庄"奥特莱斯"，实现区域化布局、一体化经营、社会化服务，促进农业产业链的"接二连三"和乡村旅游的成片开发。

6. "互联网＋休闲农业"工程。把互联网的创新成果与休闲农业深度融合，发挥现代信息技术对休闲农业发展的支撑和引领作用，推动休闲农业领域技术进步、效率提升和组织变革，提升休闲农业产业的经济、社会和生态效益。围绕休闲农业全产业链，加强涉农部门协作，促进跨部门、跨领域的信息资源整合，构建覆盖全市的"互联网＋休闲农业"公共服务信息平台。依托市场机制，以促进休闲农业供需衔接为重点，引导休闲农庄、民俗旅游村、乡村旅游合作社、家庭休闲农场等市场主体加大物联网技术应用，建设一批"互联网＋休闲农业"示范园、示范基地、示范项目。加快发展休闲农业电子商务，有计划地推出乡村旅游微博、微信平台，开发休闲农业 APP，实现线上线下相结合，将移动互联网技术与休闲农业营销、电子商务、游客体验等融合起来。做好智慧乡村旅游推广普及工作，到 2020 年，全市三星以上的休闲农业园区和民俗旅游村实现免费 Wi-Fi、智能导游、电子讲解、在线预订、信息推送等功能全覆盖。

7. 乡村旅游"创客"培育工程。落实大众创业、万众创新，引导和支持返乡农民工、大学毕业生、专业技术人员等通过经营休闲农业实现自主创业。鼓励首都文化界、艺术界、科技界专业人员发挥专业优势和行业影响力，在有条件的乡村进行创作创业。支持大学生村官领办休闲农业企业，鼓励受过高等教育的农民子弟回村"接班"，在京郊农村扎根就业。组织烹饪协会、玩具协会、工艺美术协会等专业社会团体的厨师、艺人、工艺美术大师与北京郊区乡村民俗旅游村、休闲农业企业"结对子"活动，促进专业技术人员下乡创业或兼业，改进和提升乡村旅游商品开发与休闲农业经营水平。加强对民间艺人的指导与服务，为他们在京郊休闲农业领域创业或就业创造良好的外部环境。到 2020 年，在京郊建设一批乡村旅游"创客"示范基地，形成一批高水准文化艺术旅游创业就业乡村。

8. 京津冀协作工程。落实京津冀协同发展战略，建设首都乡村旅游圈，既是一项重要而现实的任务，也为休闲农业和乡村旅游的发展提供了新空间。京津冀三地具有地缘区位优势，资源互补性强。北京拥有壮阔的山林、丰厚的历史文化资源，天津的水、河、湖、海、湿地资源丰富，河北地域空间大，乡村景观多样，开发潜力大。过去由于受行政区划和体制机制的限制，造成三地各自为政、产品同构、客源市场分散、资源利用率低、产业链短、效益不高。在京津冀一体化的背景下，三地开展合作，共享市场、信息、资源、线路，可实现优势互补、共赢发展。因此，今后京津冀三省市应充分沟通协调，联合制定京津冀休闲农业和乡村旅游发展规划，在市场对接、线路推介、项目策划及规划协调等方面开展合作，共同推出"京津冀休闲农业和乡村旅游"精品线路，努力形成京津冀休闲农业和乡村旅游一体化发展新格局。

（三）促进休闲农业和乡村旅游精品发展的对策建议

1. 编制行业规划，加强顶层设计。休闲农业和乡村旅游产业的发展，应以规划为先导。通过规划，来解决布局分散、资源浪费、发展模式单一、产品同质同构严重、公共服务配套不足等问题。回顾历史，北京市于1998年出台了《北京市观光农业发展规划》，2004年编制了《北京市乡村旅游发展规划（2005—2010）》，之后休闲农业和乡村旅游进入了一个较快的发展时期。但随着时间的推移，北京市休闲农业和乡村旅游发展的外部环境发生了很大变化，消费者需求也有质的提高。面对新形势、新问题，亟须编制新的《北京市休闲农业和乡村旅游发展规划》，明晰发展目标，明确重点任务，加强对休闲农业和乡村旅游行业的指导。

2. 坚持因地制宜，打造高端精品。上述10种典型休闲农业和乡村旅游精品发展模式，所要求的资源、区位条件各不相同，目标消费群体大相径庭，经营策略和盈利模式千差万别。坚持因地制宜，多种模式并存，积极打造高端精品，推动休闲农业和乡村旅游转型升级。依托全域旅游示范区、田园综合体、生态文明沟域建设等载体，积极开发观光农业、游憩休闲、森林康养、文化体验、生态教育等服务。培育精品民宿、高端养生、私人定制等高端市场。注重保护传统村落、民族村落，建设一批具有历史记忆、地域特点、民族风情的民俗旅游村。充分发挥"互联网＋"在宣传推介中的作用，加强品牌建设，培育一批特色突出、品质优秀、创意新颖的知名品牌。

3. 完善基础设施，解决用地问题。产业用地成为制约休闲农业和乡村旅游发展的最大障碍。目前，休闲农业项目缺乏建设用地指标，对辅助生产的农业设施用地认定严格，很难获得配套服务设施的用地许可。最近开展的"大棚房"清理工作，有借休闲农业之名行房地产之实，但也有很大一部分是实实在在进行休闲农业和乡村旅游经营的，这就说明了在法律和政策上缺乏对休闲农业和乡村旅游项目用地的相关规定和认定。要发挥农业休闲、观光、旅游等功能，必须建设配套乡村旅游道路、停车场、厕所等公共服务设施和商业设施，应有建设用地的支持。要研究出台符合农村产业融合发展趋势、适应农村新产业新业态需求的用地政策。鼓励各区将年度新增建设用地指标安排一定比例用于支持农村新产业新业态。鼓励利用村内的集体建设用地或盘活农村闲置宅基地等资产资源发展休闲农业和乡村旅游。

4. 拓宽融资渠道，加大支持力度。依托京郊旅游融资担保服务体系，采取"政府引导，市场运作"的方式，撬动金融资本，引领资金投向休闲农业和乡村旅游。鼓励银行业金融机构开发特色休闲农业金融产品，拓宽抵押担保物范围，开展农村承包土地的经营权抵押贷款业务。鼓励银行业金融机构加强与农业担保机构合作，适当扩大保证金的放大倍数，满足休闲农业发展的资金需求。要对特色鲜明、管理规范、带动就业的休闲农业园区和民俗旅游村给予贴息支持。支持社会资本依法合规利用PPP模式、众筹模式、"互联网+"模式、发行债券等方式，投资休闲农业产业。推进乡村旅游政策性保险。

5. 加强政策集成，借势借力发展。整合国家及市级相关部门政策资源，加大对休闲农业和乡村旅游的投入力度，进一步集成美丽乡村建设专项行动、特色小城镇建设、平原地区百万亩造林工程、农业产业扶持等方面的政策，支持休闲农业和乡村旅游发展。加强部门之间的协调沟通与协作，从用地规划、基础设施建设、项目资金支持、品牌宣传推介、培训服务等多方面密切配合。借助举办2019年世界园艺博览会、2020年世界休闲大会、北京2022年冬奥会和冬残奥会等大型会展机遇，推动周边休闲民俗旅游村和休闲农业园发展。结合北京城市副中心建设、新机场建设、美丽乡村建设、平原造林等重大工程，积极植入休闲农业和乡村旅游元素。

参考文献

[1] 北京市旅游局. 乡村旅游"北京模式"研究 [M]. 北京：中国旅游出版社，2010.

[2] 陈奕捷，严晓辉，黄志友，等. 北京市民农园建设标准与经营规范研究 [J]. 北京农业职业学院学报，2018（1）：5-12.

[3] 陈奕捷，李敏. 农业与教育融合发展研究——从休闲农园到教育农园 [J]. 北京农业职业学院学报，2018（3）：16-23.

[4] 陈志永，李乐京，梁玉华. 乡村居民参与旅游发展的多维价值及完善建议：以贵州安顺天龙屯堡文化村为个案研究 [J]. 旅游学刊，2007（7）：40-46.

[5] 范子文. 北京休闲农业升级研究 [M]. 北京：中国农业科学技术出版社，2014.

[6] 范子文. "十三五"时期北京市休闲农业与乡村旅游发展研究 [J]. 北京农业职业学院学报，2016（5）：5-16.

[7] 刘福志，张宏图. 关于首届北京农业嘉年华活动的调查 [J]. 北京农业职业学院学报，2013（5）：5-10.

[8] 杨骁. 第五届北京农业嘉年华调查报告 [J]. 京郊调研，2017（23）：1-8.

[9] 市农委研究室. 关于延庆区下虎叫村发展"隐居乡里·山楂小院"民宿的调研 [J]. 京郊调研，2017（5）：1-6.

[10] 王琪琪，苏勤.《旅游学刊》近十年国内乡村旅游研究综述 [J]. 重庆交通大学学报（社会科学版），2018（3）：99-109.

[11] 杨振之. 城乡统筹与乡村旅游 [M]. 北京：经济管理出版社，2012.

[12] 苑雅文. 科学界定休闲农业模式分类 [N]. 中国社会科学报，2016-7-7（007）.

[13] 张天柱. 农业嘉年华规划、建设与案例分析 [M]. 北京：中国轻工业出版社，2017.

[14] 赵晨. 北京小毛驴市民农园发展的困境与对策 [J]. 北京农业职业学院学报，2017（3）：10-16.

课题负责人：刘军萍

      （北京市农村经济研究中心党组成员、北京市城乡经济信息中心主任）

课题主持人：陈奕捷（北京市农村经济研究中心资源区划处处长）

课题组成员：张燕、吴国庆、张新民、李佳、张颖、李敏、朱文颉、赵晨、乔通

执 笔 人：刘军萍、陈奕捷、张燕、吴国庆、张新民、李佳、张颖、李敏、

     朱文颉、赵晨、乔通

乡村振兴视阈下首都休闲农业发展困境与解决策略

北京作为中华人民共和国的首都，有着得天独厚的地理、经济、政治、文化优势，有着国际化的视野和格局，北京的休闲农业也一直作为全国农业发展的风向标。党的十九大提出乡村振兴战略，乡村振兴中很重要的一环就是产业振兴，而休闲农业是乡村产业振兴的重要载体之一。首都的休闲农业面临着怎样的困境，在乡村振兴当中应当如何发挥自己的优势和作用，是亟待研究的课题。本文试从政策、产业、规划、机制、人力这些方面来分析和研究。

一、乡村振兴战略与首都休闲农业

党的十九大报告指出："实施乡村振兴战略。农业农村农民问题是关系国计民生的根本性问题，必须始终把解决好'三农'问题作为全党工作重中之重。"2018 年中央一号文件《中共中央国务院关于实施乡村振兴战略的意见》中指出："实施休闲农业和乡村旅游精品工程，建设一批设施完备、功能多样的休闲观光园区、森林人家、康养基地、乡村民宿、特色小镇。"

2018 年 3 月 8 日，习近平总书记在参加山东代表团的审议时指出，实施乡村振兴战略是一篇大文章，要统筹谋划，科学推进。要推动乡村产业振兴、人才振兴、文化振兴、生态振兴、组织振兴，要推动乡村振兴健康有序进行。

《中共北京市委北京市人民政府关于实施乡村振兴战略的措施》指出，坚持服务首都、富裕农民的方针，努力将乡村生态优势转化为发展生态经济的优势，走绿色发展、绿色兴业、绿色富民之路。运用现代信息技术、先进设计理念、市场运作模式变革传统农业，促进农业与旅游、教育、文化、节庆、体育、健康、养老等产业深度融合，培育休闲农业、乡村旅游、特色民宿、养生养老、农村电商等新产业新业态，打造绿色生态环保的产业链。加快推进休闲农业、乡村旅游提档升级和优质发展，依托全域旅游示范区、田园综合体、生态文明沟域等载体，积极开发观光农业、游憩休闲、森林康养、文化体验、生态教育等服务，切实转变乡村旅游粗放式、同质同构的发展模式；培育乡村优质旅游品牌，继续推进 100 个旅游休闲村镇创建工作，打造一批精品农业节庆、农事体验活动；发展乡村智慧旅游，将农家乐、特色民宿、休闲农庄等编织成网，提供便捷服务。建立健全农村新产业新业态发展用地保障机制，在符合城市总体规划的前提下，将年度新增建设用地指标安排一定比例用于支持乡村休闲旅游、养老等产业。允许村庄改造、宅基地整理等节约出的建设用地，以入股、联营等方式，发展特色民宿和农村电商。

北京市《实施乡村振兴战略扎实推进美丽乡村建设专项行动计划（2018—2020年）》指出，利用田园风光、山水资源和乡村文化，大力发展各具特色的农村生态旅游、乡村休闲旅游、民俗旅游和农业传统体验游，促进一、三产业融合，打造美丽乡村最亮处、市民休闲好去处。推进绿色农业新业态发展，加快建设北京农产品绿色优质安全示范区，将农村生态环境优势转化为绿色发展优势。

二、乡村振兴视阈下首都休闲农业发展的原则

（一）紧扣首都功能定位

北京的休闲农业是为首都功能服务的，要发展有首都特色的农业。北京的城市功能定位是全国的政治中心、文化中心、国际交往中心、科技创新中心。北京的休闲农业要围绕四个中心的功能定位来发展，促进功能定位的实现。2018年以来，北京市委市政府实施的"疏功能、减人口、稳增长""疏解、整治、促提升"政策也是紧紧围绕首都功能定位。2014年，北京市市委市政府印发了《关于调结构转方式发展高效节水农业的意见》，提出积极推进区域内粮食种植结构调整，实施菜田补贴，实现高标准节水全覆盖，优化畜牧业产业布局和产量，创新"三农"工作机制。首都城市发展目标为把北京建设成为在政治、科技、文化、社会、生态等方面具有广泛和重要国际影响力的城市，建设成为人民幸福安康的美好家园。充分发挥首都辐射带动作用，推动京津冀协同发展，打造以首都为核心的世界级城市群。北京还具有"大城市小农业""大京郊小城区"的特点，北京的休闲农业要在这些背景和框架下进行培植和发展，走具有首都特色的休闲农业之路。

（二）坚持城乡融合发展

发展休闲农业必须坚持城乡融合发展，城乡融合发展比城乡统筹、城乡一体化程度更进一步，更加注重城乡要素的双向流动，城乡之间关系的密不可分。更加强调城乡发展的有机联系和相互促进，解决好乡村的问题需要城市全要素的参与，城市与乡村应当水乳交融、双向互动、互为依赖。坚持城乡融合发展，需要处理好政府与市场的关系，充分发挥好政府和市场各自的优势。坚决发挥好市场在资源配置中的决定性作用，形成城乡人才、资金、技术、信息等要素的充分自由流动，根本改变现存的城乡二元结构。同时，城乡融合要满足世界城市和京津冀协同发展的要求，做到跨区域城乡融合、大体量融合发展。同时，建立城乡融合发展的机制体制和政策体系，破除城乡分割的制度藩篱。

（三）切实保障农民的权益

休闲农业是首都乡村振兴中产业发展的重中之重，发展休闲农业，要以农民为利益发展的主体，切实保障农民的权益不受侵害。应杜绝变相地夺取农民手中权益，将休闲农业发展成另一种圈地运动。更要避免随着开发者的强势介入，农民逐渐失去自己话语权的局面。休闲农业项目中所涉及的利益主体不尽相同，在不同的阶段有不同的利益主体，在现实的博弈过程中，要建立合理的机制体制和政策体系，保证农民是休闲农业发展主体利益

的受益者，避免农民因各种要素、信息掌握渠道不畅通而造成被动局面。

三、乡村振兴视阈下首都休闲农业发展困境

（一）政策不连续与稀缺

有些郊区作为世界文化遗产保护政策地区，设施农业、养殖、投入、房屋建筑面积均受到方向性限制。在景区周边村落受景区辐射影响大，是否营业直接影响餐饮住宿。政府政策不连续，之前提倡旅游养殖，目前政策禁养，正进行拆迁腾退。农家院经营方面有很多限制，在环保方面与宾馆饭店同等要求，自有住房无法增建，资金投入没有保障。有些景区经营管理不是同一主体。受平原造林的带动，亟须林下经济相关政策。对于现有观光园区，要出台差异化政策，不能一刀切。

（二）产业缺乏基础和动力

乡村振兴最重要的是产业兴旺，目前还有的村落缺乏产业和景观。守着历史文化遗产，但却需要保护。有些村庄有产业，但是缺乏文化和特色。在之前的新农村建设中，村里的房子已经改变了旧时面貌，不是原汁原味，无法满足现代民宿保留古朴原貌进行改造的要求。目前现有产业需要升级，需借助现代信息手段管理现代农业园区。借助信息化、物联网建设，让信息能够追溯，产销能够匹配。高端民宿的营收农民分成比例小。农民在出房入股过程中，既得利益较小，利润的大部分都赚取在运营方面。休闲农业仍然处于小散低的业态，有特色的生态休闲产品供给能力不足。休闲农业的内容品质仍有较大的提升空间。

（三）缺乏长远规划和设计

缺乏长远的规划和设计，无法预测民宿是否是未来本区域的发展方向，担心同质化严重。也考虑从疏解非首都功能出发，承接高新技术产业向周边疏解带来的花园式社区的打造。有些区域虽然向着旅游产业链方向发展，但是集团化发展受限，虽然统一了价格、品牌，但是产品不统一、不标准，缺乏规范化标准。平原造林之后感觉未来的发展受限。

（四）休闲农业多头管理缺乏统筹

乡村旅游和休闲农业是归农委管还是旅游委管，机制无法理顺，导致多头管理，缺乏统筹。有些景区建设碎片化，没有形成统一的合作机制。政策碎片化，体制没有理顺，政府缺乏统筹管理，发展休闲农业和乡村旅游的限制较多，导致村民们没有打算，等着拆迁。政府应承担相应职能，考虑联村打造，互为依托、互为补充，包括景观及农业项目设施。

（五）人力资源素质总体偏低

北京市从20世纪80年代开始出现乡村旅游（农家食宿接待）的雏形，从业人员以农村中青年农妇为主，30多年过去了，出现人员老化、后继乏人的情况。现有的人力资源素质总体偏低，农家院经营对年轻人没有吸引力，由于农家院经营从业人员还是前期从事经营，所以导致目前从事经营的人员年龄普遍偏大，都在五六十岁之间。农民没有出路，普遍就业方向是村内的工艺品店、玉器店，很多农民没有工作，也不知道何去何从。

四、乡村振兴视阈下休闲农业的发展策略

（一）统筹协调做好顶层设计

休闲农业是多元化的产业，同样的实体往往加载不同的运营内容，所以在休闲农业项目运营管理过程中，涉及的财政资金也来自各口。要健全机制体制，加强休闲农业的归口管理，统筹由一个部门进行综合管理和指导，形成联动机制，联合发文，统一管理，分工负责。强化休闲农业发展的顶层设计，抓好定位，聚焦主题，要以全局的视角统筹各个部门分工责任，有分工有配合，有长远的规划计划，避免重复工作和拉链工程。

（二）提高站位抓牢规划根基

提高政治站位，切实从北京的城市功能、城市定位和城市特点出发，对休闲农业进行布局谋篇，要认识到北京的产业是为首都功能服务的，农业包括休闲农业也是如此，要以更高的站位、更宽的视野来加强谋划、统筹规划。休闲农业要在《北京市城市总体规划（2016—2035年）》《北京市土地利用总体规划》《北京市"十三五"都市现代农业规划》框架范围内进行发展、规划和设计，把握休闲农业规划的前瞻性、综合性，要一张蓝图绘到底，有一以贯之的长远规划和目标任务。要根据当地自然环境以及资源禀赋条件，合理制定休闲农业的发展目标、发展方向、发展模式，整合现有资源，优化战略结构和空间布局，建立健全机制体制，充分发挥市场在资源配置中的主体地位，激发不同经济主体在推动休闲农业发展中的活力。

（三）培植产业深掘内生动力

按照产业发展规划和当地资源禀赋的要求，切实培育好主导产业。不断整合资源，形构筑产业联动发展，吃住行游娱购学串联形成产业闭环，最大限度地增加游客的有效驻留时间。深挖文化内涵，因地制宜打造特色产业。切实从供给侧结构性改革入手，提高产业的深度和有效链接性，让产业和艺术、产业与文化有机结合，让产业成为历史文化呈现的符号，扎根于乡村，厚植于沃土，成为城乡相互碰撞、释放、传承的有机结合。继续推动"公司＋合作社＋农户""合作社＋农户"、土地合作入股的新模式，努力培育特色产业品牌，拓展产业发展的新路径。坚持产业融合、环境改善和公共治理相结合，坚持多样化和差异化的发展路径。坚持资源的集体属性，壮大集体经济，培育发展动能，扩大非农就业。

（四）多措并举振兴人才支撑

加快培育农业职业人才、农业科技人才、农村专业人才、农村乡土人才以及"懂农业、爱农村、爱农民"的各类返乡创业人才在农村干事创业的平台，借乡村振兴发展的机遇留住乡情和乡愁。依据协会和各培训机构的力量，有步骤、有计划、有目的地培训现有农民，逐步提高乡民的素质，让乡亲在乡村振兴的过程中有切实的参与感和获得感，有持续就业的能力和源源不断的内生动力，让乡村振兴的源头在内部不断地喷涌，持续发力、久久为功。

新时代北京休闲农业的发展面临着巨大的挑战和机遇。发展新时代的休闲农业，必须

要走深入开发农业多功能、提升农产品附加值、促进农民增收的正路，不能走"村村点火、户户冒烟"低水平重复建设的老路，更不能走跑马圈地、污染环境、变相搞房地产开发的邪路。我们的乡村民宿、休闲农庄，站在新的历史关口，必须要对自身进行重新审视，对休闲农业的内涵和外延进行重构，以"二次创业"的精神，在乡村振兴的大业中贡献力量！

执笔人：陈奕捷

京津冀协同发展中的会展农业发展研究

一、本课题研究概论

（一）本课题研究的背景与意义

1. 研究的背景。2014 年 2 月 26 日，在京津冀协同发展工作座谈会上，习近平总书记明确提出实现京津冀协同发展"是一个重大国家战略"，这标志着京津冀 协同发展上升到国家战略的高度。同年 6 月，京津冀达成《京津冀协同创新发展战略研究和基础研究合作框架协议》，把京津冀联动发展推上一个更高的台阶，协议达成以下共识：要搭建三地共同研究战略平台，重点聚焦科技创新一体化、产业协同发展、政策协同创新、科技资源共享等方面，打造中国经济的又一个增长点。而农业协同发展是京津冀协同发展战略的重要内容之一。推进京津冀农业协同发展，有利于形成特色鲜明、优势互补、市场一体、城乡协同的区域发展新格局，对于深入推进京津冀协同发展意义重大。为深化京津冀地区现代农业发展，京津冀三地制定了《京津冀现代农业协同发展规划（2016—2020 年）》。规划提出：到 2020 年，京津冀现代农业协同发展在产业融合水平、协同创新能力、基础设施建设、农业资源利用效率、协同发展效益五方面取得明显进展；基本实现产业发展互补互促、科技平台共建共享、生态环境联防联控、资源要素对接对流，在经济社会发展中的基础地位更加巩固。

2. 研究的意义。北京的农业是典型的都市现代农业。都市现代农业与大型的区域化、产业化农业的差别在于：一是靠近大城市多样化的消费市场，不论是产业结构还是产品结构都应该是多样化的，而产业化农业则是区域专业化的；二是大城市消费水平较高，都市现代农业的产品应该以高端化、精品化的特色农产品为主，普通大路农产品呈迅速减少或退出的趋势；三是都市现代农业的生产方式更加园艺化、设施化、基地化，科技含量较高和前沿化，更具有展示、示范的功能；四是农业的生产功能与教育、休闲旅游、展览展示等服务功能直接融合，派生出以农业为基础的服务业和文化创意产业，形成新的经济增长点；五是背靠国际化大都市的国际交流平台，具有强大的会展资源，便于举办各种类型的农业会展活动，使农业更具"窗口农业"的展示功能和示范效应。

会展业是一个新兴的服务行业，是文化创意产业的重要组成部分，包含会议、展览、节事活动、奖励旅游等多种业态。会展农业是会展业和现代农业发展到一定阶段的必然产物，是会展业和现代农业的有机结合，其本质属于贸易服务型产业。会展农业对国民经济发展的带动作用主要体现在：一是促进农业交流与合作，打造区域性品牌，加快农业国际化，引领现代农业发展；二是带动相关的制造业、建筑业、物流业、乡村旅游业、餐饮住宿业、通信业、广告业、印刷业等发展，以及相关的新材料、新技术和新产品的开发，促使相关产业优化升级；三是推动当地加强基础设施建设，强化当地与外界的人员交往，拉动区域经济社会开放式发展。从北京都市现代农业的多功能性的角度看，会展农业既是一般会展业向农业的渗透和拓展，又是都市现代农业的高端产业形式和经济形态，是引领北京郊区现代农业全面升级和布局结构调整优化的重要手段。因此，发展会展农业是北京经济社会发展现阶段的客观要求，也是首都农业发展方向和路径的必然选择。

"十二五"时期，北京郊区一些区县承办了一系列高层次、高规格的农业展会，带动了区域特色农业的蓬勃发展，促进了农民的增收致富。如昌平区2012年承办的第7届世界草莓大会，以及之后由其演进而形成的每年一届的北京农业嘉年华，不仅促进了昌平东部及周边地区草莓产业的发展，更为当地农民增收致富创造了非常有利的条件；通州区2012年承办的第18届世界食用菌大会，以及在当地形成的永乐店蘑菇文化节，促进了处于通州东南部的永乐店地区的食用菌产业的发展，带动了这一地区的经济发展和农民致富；丰台区2014年承办的第75届世界种子大会，进一步扩大了连续举办了19届的北京种子交易会的影响，并促进了北京种业的发展；延庆县（今延庆区）2014年承办的第11届国际葡萄遗传与育种会议（世界葡萄大会）和2015年承办的第9届世界马铃薯大会，有力地促进了延庆西部及河北张家口地区葡萄与葡萄酒产业和马铃薯产业的发展。除此之外，各个区县还举办了一系列国家级和地区级的农业展会，以及根据本地农业资源禀赋和特色农产品营销需要举办了一系列具有本地特点的农业节庆活动（如表1所示），有效地带动了当地的农业发展和农民增收。

表1　北京各区县主要农业节庆活动一览表

区县	农业节庆活动名称
海淀区	金秋果品采摘节暨冬枣节，农民艺术节，樱桃节，车耳营杏花节
朝阳区	蟹岛农耕节，郎家园枣采摘节、蓝调篝火节
丰台区	长辛店大枣采摘节，青龙湖龙舟赛，王佐登山节，南宫温泉养生节
昌平区	苹果节、草莓节，农业嘉年华
顺义区	果品采摘节，郁金香文化节，菊花文化节，农业博览会
通州区	葡萄采摘节，金秋捉蟹节，蘑菇文化节
大兴区	西瓜节，梨花节，安定桑葚文化节，采育葡萄文化节，大兴春华秋实
门头沟区	妙峰山玫瑰节，金秋采摘节，门头沟灵之秀山茶文化节，樱桃节
房山区	张坊镇金秋观光采摘节
平谷区	北京平谷国际桃花音乐节，平谷金秋采摘观光节，国际养生旅游文化节，红杏采摘节
怀柔区	虹鳟鱼美食节，九渡河栗花节，绿色果品采摘节，中国（怀柔）汤河养生文化节，汤河川满族民俗风情节
延庆县	张山营葡萄文化节，新庄堡杏花节，里炮红苹果采摘节，千家店千亩葵海观光节，沈家营菊花节，西红寺西瓜节，古家窑端午文化节，西王化营甘薯采摘节，大庄科栗蘑采摘节，柳沟豆腐文化节
密云县	农耕文化节，"鱼王"美食节，不老屯贡梨采摘节，国际板栗节，金秋采摘节

资料来源：包仁艳，罗昊澍. 北京会展农业发展研究. 中国农学通报，2015（31）：285-290.

"十二五"时期，学术界和实践领域对会展农业的认识、探索和研究，都获得了一定的进展，为"十三五"时期会展农业的进一步发展奠定了基础。北京的会展农业发展势头良好，已经成为都市现代农业的高端产业形式，成为引领北京郊区现代农业全面升级和布局结构调整优化的重要手段。

由于京津冀协同发展是"十三五"时期发展的主旋律，作为首都的北京，如何实现会展农业的提档升级、进一步引领京津冀都市圈现代农业的发展和带动这一地区广大农民增收致富，促进京津冀现代农业协同发展，需要对目前北京郊区的会展农业发展进行前瞻性研究，以在理论研究方面填补空白，并为实际工作提供指导。因此，我们需要在总结北京郊区近年来会展农业发展经验的基础上，进一步明确对京津冀现代农业协同发展中的会展农业提档升级指明方向和重点发展领域，以进一步提升北京会展农业的影响力和对区域现代农业发展的带动力，进而促进京津冀三地农业和农村经济社会的发展，为农民致富创造更为有利的条件。因此，本课题将进一步研究总结近年来北京会展农业发展的现状、特点、类型和经验，客观分析面临的机遇和挑战，正确把握未来京津冀现代农业协同发展过程中北京市会展农业发展的基本趋势，以正确定位、明确重点、探索路径、搭建协同发展平台、创新合作发展模式等，为进一步拓展北京都市现代农业的功能，使蓬勃兴起的会展农业在京津冀协同发展中发挥更加重要的作用提供政策支撑，有效推进三地农业的协同发展。

（二）研究现状综述

关于会展农业的研究，目前主要有两个方向：一是对农业会展或者农业会展经济的研究，二是对会展农业的研究。从对中国知网"中国学术文献网络出版总库"中这两类文献的检索来看，前者的成果要明显多于后者；从对会展农业的研究成果来看，对北京会展农业发展的研究，要明显多于其他城市和地区。

在对会展农业研究方面，"会展农业"这个词最早见诸文献的当属吴春晖的论文《丰台会展农业模式》，其主要对1992年以来连续举办的16届丰台种子交易会的做法、效果与启示进行了归纳、梳理和分析。[1] 与此同时，马俊哲等撰写的论文《对北京市发展会展农业的若干认识与建议》，对会展农业的概念、类型、重要作用及北京会展农业的发展特点与趋势进行了明确论述，并对北京会展农业的未来发展提出了六点建议。[2] 之后，王弢（2011）[3]、朱京燕（2012）[4]、马俊哲（2012）[5]等对青岛、上海和寿光等城市的会展农业进行了考察与研究；而且朱京燕（2012）对会展农业的概念与内涵、类型与功能作用及形成条

① 吴春晖.丰台会展农业模式 [J].北京农业，2010（01 上）：1-2.
② 马俊哲，张文茂，等.对北京市发展会展农业的若干认识与建议 [J].北京农业职业学院学报，2010（02）：15-18.
③ 王弢，鄢毅平，朱京燕，等.以会展促转型以优势创品牌——青岛市会展农业及其对北京的启示 [J].北京农业职业学院学报，2011（06）：17-21.
④ 朱京燕，李伟伟.搭建会展平台服务地区现代农业产业发展——上海会展农业发展调查 [J].北京农业职业学院学报，2012（01）：17-21.
⑤ 马俊哲，朱京燕，鄢毅平，等.上海、青岛和寿光发展会展农业的做法及启示 [J].农产品加工，2012（03）：74-78.

件与运行机制等理论问题进行了系统论述。[①]随后，李伟伟等（2013）[②]对北京发展会展农业的优势、前景与对策进行了研究，赵海燕等（2013）对北京会展农业的发展特点[③]、发展模式与产业特征[④]进行了系统研究，汪海燕等（2013）[⑤]对北京会展农业的运行模式和运行机制进行了研究，包仁艳等（2015）[⑥]对北京会展农业发展状况进行了系统研究。而王起静（2015）[⑦]认为，都市型会展农业的发展模式一般经历初级、中级和高级三个阶段。期间，还有一些学者针对当时所举办的专题性大型农业展会对带动特定的农业产业发展进行了研究。总体来看，"十二五"时期，学术界和实践领域对会展农业的认识、探索和研究，都获得了一定的进展，为"十三五"会展农业的进一步发展奠定了基础。由于京津冀协同发展是"十三五"时期发展的主旋律，这一时期非首都功能的疏解，会对大型农业展会的举办提出新的要求，从而对北京郊区会展农业的发展产生影响。如何以会展农业发展为契机，深入落实京津冀三地现代农业发展合作协议，加快推进农业供给侧结构性改革，找准各自的产业发展重点，共同构建京津冀三地市场开放、深度融合、共建共享、互利互赢的现代农业协同发展新格局是必须深入研究的。

（三）本课题研究的方法

1. 资料搜集法。通过访问、调查、上网以及文献检索等多种有效方法，系统采集国内外对会展农业发展的研究成果和相关信息。

2. 理论研究与实证分析相结合的方法。应用会展经济及农业等的相关理论，对京津冀地区会展农业进行实证方面的研究和分析，并提出具体的政策建议。

3. 比较分析法。通过对京津冀三地会展农业的比较，力求对京津冀地区会展农业的研究有更全面的认识、更科学的分析和把握。

二、会展农业的构成要素、形成条件与运行机制

（一）会展农业的构成要素

从会展农业的实践看，会展农业的构成要素包括特色农业产业、农业会展、龙头企业或经济组织、生产展示基地、政府政策等。

1. 特色农业产业。特色农业产业是会展农业的核心。特色农业要以市场为导向，发挥资源优势，选择带动性强并能形成较长产业链的产业，带动区域经济发展和农民收入的提高。培育和发展特色农业产业要统筹规划，突出区域特点。

2. 农业会展。农业会展是会展农业的引擎和支撑要素。首先，农业会展活动可刺激

① 朱京燕. 关于会展农业的若干理论思考 [J]. 中国农垦，2012（04）：58-60.
② 李伟伟，汪海燕，朱京燕. 北京发展会展农业的优势、前景与对策分析 [J]. 北京农业职业学院学报，2013（01）：26-30.
③ 赵海燕，桂琳，刘芳，等. 北京会展农业的发展特点探析 [J]. 北京农学院学报，2013（03）：41-45.
④ 赵海燕，何忠伟. 北京会展农业发展模式与产业特征分析 [J]. 国际商务（对外经济贸易大学学报），2013（04）：93-102.
⑤ 汪海燕，朱京燕. 北京会展农业运行机制研究 [J]. 农学学报，2013（05）：66-69.
⑥ 包仁艳，罗昊澍. 北京会展农业发展研究 [J]. 中国农学通报，2015（01）：285-290.
⑦ 王起静. 都市型会展农业发展模式 [J]. 北京第二外国语学院学报，2015（01）：84.

需求而创造供给，进而改变资源利用的方式；其次，农业会展活动可大幅度提高农业投资的吸引力，其表现出来的信息、交通、物流等优势条件，本身就是投资商关注的重点；再次，农业会展可以吸引不同地区、国家的客商的合作，这样不仅提高了不同地区、国家的对外开放水平和对外开放能力，而且可增加贸易流动的规模和速度，引起农业产业结构调整优化。总之，农业会展可以通过刺激需求或使有效需求尽可能地得到实现，而改变人们的消费需求决策、需求行为、需求预期、需求结构，进而改变人们的投资预期、投资决策、投资行为、社会投资格局，从而引起农业产业结构的调整。

3. 龙头企业或经济组织。龙头企业或经济组织是会展农业的载体，是会展农业运行的关键。龙头企业或经济组织承担着会展农业技术应用推广；组织生产，提高农业标准化、规模化、市场化程度；提供产前、产中和产后服务；协调关系，规范经营行为，提高产品质量等的重要职能。培育和发展龙头企业或经济组织要有相应的扶持和优惠政策，同时要积极发展与之相配套的农产品加工及运销体系，解决好部门间利益分割的问题。

4. 生产展示基地。生产展示基地是面向市场、连片开发、具有较大规模的农产品生产、展示、观光游览体系。会展农业要实现规模经济，进行集约化经营，农产品生产展示基地是会展农业的依托。要根据规模化、专业化、区域化的总体要求，搞好基地基本设施建设，促进基地的科技进步。

5. 政府政策。政府是会展农业的组织者和监管者。政府的作用是：整合相关资源，做好会展农业发展定位、发展规划，对会展农业建设内容、发展方向进行宏观指导，制定相关政策，协调各方利益；建设会展农业基础设施条件，在农业会展活动建设用地、土地流转、资金筹集、简化办事程序等方面给予支持，保证良好的内外发展环境；协调相关科研力量，建立科技研发和服务推广体系，对区域农业产业发展发挥导向作用；搭建科技成果转化服务平台、信息交流服务平台、农产品加工服务平台、招商引资服务平台，为会展农业提供相应的服务。

（二）会展农业的形成条件

会展农业的形成和发展，离不开基本的条件支撑。从北京等地的实践看，会展农业的形成一般都是依托地区具有优越自然禀赋条件的特色农业产业，一定的经济社会条件，科技优势以及举办农业会展活动的条件。

1. 特色农业产业基础。特色农业是一定区域内依托当地独特的地理、气候、资源、产业基础和条件形成的、具有明显比较优势和区域差异的农业产业。发挥比较优势是经济学的一般原理，也是区域经济发展、产业布局调整的重要依据。地区特色农业产业是会展农业形成的基本条件。会展农业在地区特色农业产业的基础上，运用新的发展理念、科技手段、现代经营方式改造特色农业，提升特色农业产业标准和产品品质，打造农产品区域品牌，形成规模和优势，参与国内外市场竞争。北京昌平的草莓、平谷的大桃、大兴的西瓜，上海马陆的葡萄、南汇的水蜜桃、金山的蟠桃都是当地最具特色或具有特色产品生产条件的农产品。优越的自然禀赋是生产优质农产品的前提。例如，北京昌平区位于40°N，这一纬度是国际公认的草莓最佳生产带，为草莓产业发展提供了基础条件。因此，要深入地研究地区的农业比较优势，科学地把握比较优势，顺应天时地利，顺应市场规律，把优势充分发挥出来，借助农业会展活动，把特色产业做大做强。

2. 经济社会条件。一个地区的经济社会条件影响着会展农业的发展。这些条件包括政府的政策和措施、城市和工业的发展、市场的需求等。会展农业是依靠科技创新发展起来的现代农业，需要必要的设施投入，其发展离不开政府的引导和政策的扶持。为了确保区域内会展农业的发展，政府部门应制定会展农业发展规划，明确产业的发展思路和发展目标；加大投入，进行必要的水电路基础设施配套工程建设；制定会展农业发展补贴政策，鼓励农民和社会各界投入会展农业经营；建设农资配送体系，从源头上保证会展农业产品的质量和安全；打造会展农业产业种苗繁育基地，为会展农业产业提供优质种苗；构建科技研发、示范、服务体系，为会展农业产业发展提供科技支撑。此外，巨大的市场需求是会展农业发展的必要条件。

3. 科技优势。会展农业的形成需要科技优势作支撑。会展农业融一、二、三产业于一体，融经济、生态、生活功能于一身，需要生产和生态技术相结合，娱乐休闲和生产技术相结合，强调绿色有机，这离不开科技支撑，科技优势是会展农业形成的基本条件之一。

4. 农业会展举办条件。会展农业的一个重要组成部分就是要举办农业会展活动。农业会展活动的举办离不开市场、产地这些重要的因素，但它们不是农业会展活动成功举办的必要条件。成功举办农业会展的必要条件是经济政策环境、管理水平、人才、场馆及其他基础设施等。北京等地的会展农业之所以能发展起来，除具备上述条件之外，良好的农业会展活动举办条件也是一个重要方面。

（三）会展农业的运行机制

会展农业的运行机制是会展农业系统内在要素或系统环节之间的联系和实现方式。会展农业涉及多个领域、多个环节，要使之形成合力、充满活力，在目前情况下，必须建立"政府主导，农业牵头，部门联动，企业管理，社会参与，市场运作，整体推进"的运行机制，以推动会展农业的持续健康发展。

1. 政府主导。当前我国农业经营规模小，农业发展条件差，经济效益也比较低，因而在会展农业发展中，政府的支持和推动是极为重要的。实践证明，政府根据本地区的资源禀赋、现实条件，以及国民经济与社会发展目标，针对当地特色农业产业发展的要求，推动会展农业的发展，不仅带动了当地特色农业和旅游业的发展，而且还推动了当地经济社会的全面发展。因此，在会展农业的发展过程中，政府要担当主导推动的角色，在财政、金融、税收和价格等政策上予以扶持和优惠，建立健全会展农业补贴制度、保险制度、利益补偿制度等，促进其蓬勃发展。

2. 农业牵头。发展会展农业，应是农业部门的分内职责，应在政府的领导和支持下由农业部门牵头组织。农业部门要根据本地区的特色农业发展情况与农业产业的区域布局，积极借助会展的聚集效应，发展会展农业，带动农业产业升级和与农业旅游的融合，提高农业的经济效益，带动农村发展和农民增收致富。

3. 部门联动。会展农业的发展常常涉及农业、科技、旅游、道路、交通、安保等部门，因此发展会展农业就需要这些部门的鼎力支持和协调配合。只有各部门的工作相互促进、形成合力，才能给会展农业的发展创造条件，才能促进会展农业的大力发展。

4. 企业管理。会展农业作为一种类型化的农业产业，其生存与发展也取决于有没有应有的经济效益。因此，发展会展农业应进行企业化管理，特别是要采取企业效益核算的方式进行成本效益分析，从而使会展农业更具有生命力，实现持续健康发展的目标。

5. 社会参与。会展农业的发展需要社会各界的广泛参与，特别是社会各方的多元化投入，以解决会展农业的要素突入问题。政府应制定相应的政策，鼓励和吸引社会各界投身会展农业的参与，引导社会力量为会展农业的建设和发展添砖加瓦。

6. 市场运作。在社会主义市场经济条件下，经济运行符合市场规律，就会有活力，否则就不可能持续发展。因此会展农业的发展要引入市场机制，利用这只"看不见的手"有效配置资源，并按照市场化运作的方式行事，使会展农业的发展充满活力。

7. 整体推进。会展农业的建设和发展是一项复杂的系统工程，需要各个环节要素的协调配合和各个部门工作的整体推进，因此会展农业的发展需要强调全局意识和整体观念，避免各行其是式的内耗，使会展农业的整体效益达到最佳。

三、京津冀地区会展农业发展的现状和特点

（一）京津冀地区会展农业发展现状

1. 北京。早在1997年，北京市就提出把发展设施、籽种、精品、加工、创汇、观光农业等6种农业作为农业结构调整的切入点和推进农业现代化建设的重要途径，农业多功能性得到充分拓展。近年来，北京郊区各区依托当地特色产业优势，积极申请承办各类具有国内和国际影响力的大型农业会议展览，在筹备过程中，以会展农业促进本地产业结构转型，有效地促进了经济社会的发展。随着会展农业的进一步发展，北京对会展农业的政策支持也逐渐集中于产业融合、农业功能拓展、休闲观光农业等。北京都市农业"十二五"规划中提到"促进休闲农业、创意农业、农产品流通业、会展农业等融合性产业得到发展，融合性产业成为农业新的增长点"，该规划中特别提到要在北京近郊农业区重点发展会展农业。随着北京市农业新兴产业的迅速发展，北京陆续成功举办了世界草莓大会、国际食用菌大会、世界种子大会、世界葡萄大会等具有国际影响力的农业会展，带动了北京农业产业升级。在展览方面，北京举办的品牌农业展览数量较多，连续举办的届数较多，国际化水平也较高；在会议方面，北京举办的会议呈现规模大、层次高、国际化的特征；在节事方面，北京节事活动众多，多为文化、艺术、民俗题材，也有依托地方产业的节事活动，如平谷的桃花节、昌平的草莓节、大兴的西瓜节等。近年来，北京的农业节事活动呈现"井喷"态势，政府主管部门对其进行了筛选和控制，取消了一部分文化含量和举办水平不高的活动。

2. 天津。天津市"十二五"农业发展规划提出要"大力发展休闲体验农业、创意农业和会展农业"，"建设一批农业休闲观光园区、农业体验园区、农家乐旅游园区、农业会展

和物流平台"。在其"十二五"休闲农业发展规划中则提出了"休闲农业的发展必须走农业与二、三产业相结合的道路，以农业的生产功能为基础，结合农产品加工、手工艺品制作、餐饮、养生、康体、运动、会展、交易、服务、创意等多种产业形态，拓展农业在生态保护、科普教育、文化传承、休闲观光等方面的功能，形成多产业、多产品、多品种和多功能的统筹协调发展格局"。可见天津市已将休闲农业和会展农业作为同等重要的一个农业产业形态。在展览方面，天津市举办的农业展览数量较北京为少，而且受场馆条件限制，展览规模也相对较小；许多展览以"国际展"命名，国际化水平相对较高；在会议方面，天津承接的高水平、国际化会议活动较少，全国性会议活动数量也明显少于北京；在节事方面，天津的节事活动主要以民俗文化、旅游、消费类活动为主，其中较著名的有杨柳青民俗文化节和天津啤酒节，影响范围为本地与周边的京冀地区。

3. 河北省。河北省"十二五"农业发展规划并未提及会展农业，但提出了大力发展"观光农业"和"休闲农业"，"科学规划以京津客源为目标市场的休闲农业发展规划，建设集农家游、旅游观光、生活体验于一体的现代农业观光园"。从政策角度看，河北省政府对会展农业发展的政策设计层面落后于京津。在展览方面，受场馆条件、办展水平和市场规模限制，河北省的农业展览规模普遍较小，尚未出现具有全国或国际性影响的农业会展品牌；在会议方面，河北省承接的全国或国际性会议也较为罕见；在节事方面，河北省的节事活动基本以民俗文化为主题，较著名的张家口坝上草原文化月等，但普遍存在选题雷同、活动历史短、文化含量不高等问题。

4. 综述。综观京津冀三地的会展农业发展现状，主要存在以下几个方面的问题：一是发展不均衡，呈现两极化状态。在品牌农业会展发展方面，北京优势突出，借助其政治中心和国际化优势承接了大量优质农业会展活动。与北京相比，天津的品牌农业会展起步相对较晚，发展较为缓慢；受硬件条件限制、起步较晚及受京津虹吸效应的影响，河北省的农业会展在品牌化方面发展相对滞后。二是品牌会展农业项目仍需大力培育。结合农业会展的活动总量来看，京津冀地区品牌农业会展数量和比例仍然较低。品牌农业会展比例较低与当地的硬件设施、市场开放程度、会展业发展历程等因素有关，但办展质量是最关键的因素。北京与上海、广州相比，仍存在办展质量上的差距，京津冀地区的农业会展品牌化也处在相对较低的水平上。三是品牌传播环节薄弱，影响品牌会展农业的进一步发展。由于缺少必要的品牌传播途径和有效手段，造成京津冀地区会展农业品牌化程度相对较低。目前，京津冀地区会展农业项目已经普遍树立起品牌传播和品牌形象塑造的意识，但在品牌塑造的途径、手段等方面仍缺乏成熟的经验，大部分会展农业从业者的传播意识不强、媒介素养不够，导致在办展质量不断提升的过程中品牌传播无法跟进，给会展农业品牌化发展带来不利影响。四是与文化产业关联少，缺少当地特色。京津冀地区品牌农业展览题材基本集中在种子和部分农产品方面，与文化产业关联的品牌展会较少；会议题材覆盖较广，节事活动与文化、艺术、民俗、旅游等题材联系紧密。但总体上看，京津冀地区的品牌会展农业发展仍缺少十分清晰的主线，尤其是品牌展览题材与其他地区差别不明显，地域特色不够突出。

尽管京津冀三地会展农业的发展阶段和特点各不相同，但已开始探索协同发展机制，如2015年3月京津冀三方签署的《推进现代农业协同发展框架协议》，未来三地将重点在籽种农业、会展农业、观光休闲农业、沟域经济等方面开展交流与合作，共同开发农业的生产、生活、生态等多种功能。这为会展农业促进京津冀农业协同发展提供了制度保障。

（二）会展农业在京津冀农业协同发展中的平台表现

1. 区域资源有机整合平台。在现代农业发展中，会展农业提供了一种促进区域资源整合的有效实现形式。一些地区分别借助自身区域资源禀赋的优势建立合作，实现了区域农业产业链的升级。在合作中，政府对区域农业合作起着主导作用，如制定各自的产业规划和功能定位等。

2. 区域品牌互鉴推广平台。如北京农业嘉年华活动以农业主题为背景，设专馆或场地展示天津和河北的农业发展成就和农产品品牌，让游客在参观和互动参与的过程中更加深入了解、认识天津和河北。此外，在北京农业嘉年华中还举办京津冀现代农业协同发展座谈会、"惠农、汇民、会生活"主题活动、全民欢乐农嘉行、北京农业嘉年华主题日活动等多项重要活动，实现农业区域品牌的互鉴推广。

3. 区域产业联动发展平台。由于京津冀三地会展农业的联动发展具有良好的合作基础，政策优势明显，基础设施相对完善，产业体系基本健全，三地协同发展既能促进三地农业融合，也能促进一体化发展。

（三）会展农业在京津冀农业协同发展中的功能

通过对会展农业在京津冀农业协同发展中的平台表现分析，我们发现，会展农业促进京津冀农业协同发展的功能有以下几个方面：

1. 创新会展农业的实现形式。举行各种类型的会展农业活动，不仅是农产品展销、农产品成果展示，也可以在交流文化、体验农业、休闲农业方面促进区域农业品牌的推广和展示。

2. 在农业发展理念上的交流互鉴。京津冀农业基础不同，京津两市的科技、人才和资金要素密集，河北的土地、劳动力和生态资源丰富，这使得京津冀农业发展的理念必然存在区别，而未来农业的发展是现代农业的竞争，对农业科技、农业产业链升级有更高的要求，因此三地可借助地理区位邻近的优势进行农业发展理念上的交流。

3. 整合区域农业资源。区域农业协同发展的根本建立在区域资源互补和禀赋比较优势的基础上，会展农业为区域农业资源整合提供了平台，这里的资源整合包括农产品、农业技术、农业营销方式、农业信息资源的整合。

4. 加强农业信息交流。现代社会是一个信息高度发达的社会，信息的数量和质量决定了决策的科学性，而农业信息的及时获取不仅可以带动一个企业，更可以拉动一个产业。会展农业为京津冀三地农业信息的供求双方搭建了一个信息交流的平台，由于最大化减少了区域农业相关信息的不对称，因此可大大促进京津冀农业企业的交流与合作。

5. 在会展农业活动现场实现人才对接。人力资源要素是京津冀农业协同发展的核心，在区域协同发展中如何有效对接不同农业类型所需人才是关键。京津拥有全国优质的教育资源，高校及科研院所众多，培养了大量的农业人才，各种农业类展会可以为京津冀农业企业及政府农业部门提供一个招贤纳士的良好平台。

6. 发挥农业技术交流和合作功能。在农业展会上各个参展商都会将自己最新的农业科技成果展示出来，不仅满足了京津冀三地各类农业企业的技术升级需求，更有利于京津冀农业类企业进行农业技术研发与合作。

四、京津冀协同发展中会展农业发展的典型案例

（一）京津冀联手举办的北京农业嘉年华带动都市现代农业发展

北京市昌平区借助 2012 年成功举办第七届世界草莓大会的经验，之后每年一届，已连续举办了六届北京农业嘉年华。2015 年，在京津冀协同发展的大背景下，第三届北京农业嘉年华首次由京津冀联合举办，首次设立了天津馆、河北馆，举办了天津、河北主题日和文化民俗推介、优质农产品展示等活动。京津冀三地的特色农业、民俗文化和优质农产品同台亮相，描绘了京津冀三地现代农业协同发展的美好前景。

2015 年以来，各届北京农业嘉年华均由北京市昌平区人民政府主办，同时得到了北京市农村工作委员会、天津市农村工作委员会、河北省农业厅等单位的大力支持。京津冀联手举办北京农业嘉年华，搭建了休闲农业发展的服务合作平台，促使三地信息互通、互为市场、资源共享、互利共赢，为三地现代农业发展铺路搭桥，这就让三地资源利用最大化，促进了三地特色农业、民俗文化宣传推广一体化，实现协同发展、互惠共赢。北京农业嘉年华已成为京津冀都市现代农业展示的窗口、产业融合的平台和城乡互动的缩影。

（二）北京种子大会首次走出北京在河北省廊坊市举办

因丰台区 2014 年承办的第七十五届世界种子大会而影响进一步扩大的北京种子大会，从 1992 年开始到 2017 年，在北京市丰台区举办了 25 届。2018 年的第二十六届北京种子大会走出北京在河北廊坊举办。该届大会以"振兴民族种业、助力扶贫攻坚"为目标，全力打造一届有特色、有内涵、有成效的种业盛会。

第二十六届北京种子大会着眼于创新打造京津冀现代种业协同发展的大格局，会议地点首次移师河北廊坊国际会展中心，展出模式提档升级，更加规范。本届大会国内外展商云集，国际味十足。专设的特装展示区，集中展示京津冀沪渝种业成果；而国际融合展示区，则展示了"一带一路"国际种业成果。

该届大会在精准扶贫方面全力搭建良种捐赠、品种推介、培训指导、技术服务、回购农产品等全产业链精准扶贫体系。

为满足各个参会代表的需求，大会呈现多论坛形式：分别为亚太地区知识产权与植物新品种保护论坛、中国原创育种家圆桌座谈会、精准扶贫论坛、京津冀沪渝论文交流座谈会、DNA 指纹检测技术应用论坛、"'一带一路'倡议在种业国际合作中的机遇和挑战"，邀请美国、荷兰、德国、菲律宾、印度尼西亚、中东地区等国家的种子协会和相关机构代

表，以及国内主管部门、种企代表、行业专家等相关人士，参与研讨。

北京种子大会经过多年的发展已成为国内最具规模、最有影响力的行业展会，为中国现代种业发展做出了突出的贡献。北京种子大会具有种业基础性、战略性核心产业的突出作用，通过努力，紧紧围绕国家（北京）现代种业创新示范区建设，创新驱动民族种业发展，构建国家级现代种业交易、交流、展示平台。大会一直致力于为商户、企业搭建交易平台，为广大农户提供最新种植技术、为广大商户提供最新试种品种，助力扶贫攻坚。

（三）从世界葡萄大会到延怀河谷葡萄文化节

2014年，北京市延庆县（今延庆区）与河北省张家口市怀来县成功合作承办第十一届国际葡萄遗传与育种会议（世界葡萄大会）。在此基础上，2017年和2018年，延庆区与怀来县再次携手举办了两届"延怀河谷葡萄文化节"。北京市延庆区和河北省怀来县山水相连、地缘相接、地域一体、文化一脉，经济社会交流源远流长。延怀两地紧紧抓住2019年世界园艺博览会、2022年冬奥会举办的契机，进一步加强区域合作，共同推进葡萄产业发展，打造京津冀产业协同发展的典范。

2014年，北京延庆县政府和河北怀来县政府宣布，将联合推出集聚150家高端酒庄的延怀河谷葡萄及葡萄酒产区，目标是打造国际一流的葡萄和葡萄酒产区。延怀河谷产区规划范围包括延庆县、怀来县27个乡镇，约2000平方公里，以官厅水库为核心，以妫河、桑干河、洋河、永定河流域为重点，以葡萄种植、葡萄酒酿造和酒庄文化旅游为主导产业，是具有资源共享、产业融合、一体化发展特征的区域经济体。该规划打破区划分割、谋求协同发展，无疑将使延怀河谷的葡萄种植和葡萄酒产业之路更有韵味、更具魅力。

依据规划，到2030年，"延怀河谷"葡萄种植面积将稳定在40万亩，其中酿酒葡萄28万亩，鲜食葡萄12万亩；建成酒庄150座，规模化酿造企业达到2家，相关延伸加工企业达到10家，葡萄酒年产量达30万吨，形成一批具有国际影响力和竞争力的精品葡萄酒品牌；以交易、科研、培训、会展为主的产业服务体系迅速形成；建成一批葡萄酒庄和文化休闲旅游项目；葡萄及葡萄酒产业总产值达到140亿元，新增就业岗位12万个，农民人均收入在2010年的基础上翻两番，真正实现产业富民；同时，将官厅水库周边地区打造成京津冀水源涵养功能区的示范区，将产区打造成国家生态文明建设试点示范区。

目前，延怀河谷葡萄种植面积26.32万亩，其中，鲜食葡萄15.9万亩，酿酒葡萄10.42万亩，葡萄品种达210余种，年产量16.85万吨。延怀河谷产区共有酒庄酒堡43家，年接待游客90万人次。通过大力发展葡萄观光游和采摘体验游，深度挖掘葡萄及葡萄酒文化，宣传推介延怀河谷葡萄及葡萄酒地标品牌，为实现全域旅游重大战略目标提供精品旅游资源，打造最具知名度和美誉度的葡萄及葡萄酒产区，从而推动延庆和怀来两地葡萄产业协同发展向更高层次迈进。

（四）京张马铃薯产业迎来"牵手"机遇

地缘优势让延庆在京津冀协同发展上越走越深入。2015年7月，延庆举办了第九届世界马铃薯大会，这是京冀现代农业发展的又一次历史性机遇。北京延庆和河北怀来拥有极具规模的马铃薯种植地，通过举办世界马铃薯大会更加快了马铃薯亚太中心的建设，同时吸引来一批马铃薯总部企业入驻两地。

世界马铃薯大会由世界马铃薯大会公司与主办地合作，每三年举办一届，致力于促进世界马铃薯行业各方面信息的共享和交流，为全球马铃薯种植户、马铃薯产业和研究领域的代表、生产设备研发领域专家等提供交流平台和市场机会。世界马铃薯大会公司主席大卫·汤姆森表示，共有加拿大、秘鲁、中国三个国家申办 2015 年世界马铃薯大会，考虑到中国巨大的马铃薯消费和产业市场，以及前期的周密准备，举办权最终落户北京延庆。

马铃薯是重要的粮食作物，种薯及各种加工产品已成为全球经济贸易中的重要组成部分。当前，中国是世界马铃薯生产与消费第一大国。延庆政府积极扶持马铃薯产业发展，引入了国际马铃薯中心亚太中心、国家马铃薯工程技术研究中心等科研机构和企业，把马铃薯产业作为区域农业产业结构调整的重要内容。延庆作为中国马铃薯重要的育种研发基地，为马铃薯品种引进、良种繁育、品种推广等提供了良好的技术支持。延庆区拥有中国最大的种薯生产企业北京希森三和马铃薯有限公司，种薯年生产能力 1.5 亿粒，接近全国总产能的 10%。所以大卫·汤姆森说："延庆马铃薯种植历史悠久，产业基础扎实。同时，生态环境优良，旅游资源丰富，基础条件优越，公共设施完善，是世界马铃薯大会理想的举办地。"

张家口市则是河北省马铃薯的集中产区，目前，马铃薯常年种植面积为 160 万亩，产量 240 万吨，两个数字均占河北省的 60% 以上，覆盖各贫困县区。每年可向全国提供优质种薯、商品薯 100 多万吨，已成为全国重要的马铃薯生产、加工基地。该市马铃薯产业持续发展和产业链条不断延伸，得益于当地适宜的气候土壤条件、坝上土地平坦易于机械化的优势和研发团队人才集聚、基地生产标准化的优势。马铃薯产业已成为当地四大优势产业之一，形成了较为完整的马铃薯产业链，辐射带动 60% 的贫困人口实现了增收。

世界马铃薯大会会议期间，北京市延庆区还与河北省张家口市签订了马铃薯产业战略合作框架协议，未来两地将在马铃薯品种选育推广、科技协作攻关、高产高效示范、主食产品开发等方面深化合作，共建科技园区和产业基地，加快科技成果转化，为京津冀协同发展做出有益的探索。

薯业盛会，开启了京冀农业合作新模式。两地携手发展马铃薯产业，既促进产业垂直分工、互补共进、提档升级，又推动了马铃薯全产业链的形成与发展。可以看到，京冀地区马铃薯产业的发展，科研力量在北京，产业基础在张家口。从某种意义上讲，张家口地区的马铃薯种植、加工是产业发展之基，延庆的微型种薯研发、新品种繁育是产业腾飞之翼。双方只要发挥各自比较优势，相互借力、协同发展、强基固本，实现资源共享、园区共建，加快马铃薯科技成果的转移、转化，将会引领全国薯业发展的新航标。

（五）以京张优质农产品推介会为平台加强京津冀蒙农业交流与合作

自 2016 年京张优质农产品推介会创立以来，北京市与河北省张家口市密切合作，积极推进京津冀蒙等地的农业交流与合作。2018 年，第三届京张优质农产品推介会由北京市延庆区农委主办，北京市农村工作委员会、延庆区人民政府、《中国食品安全报》作为特别指导单位。会议期间吸引了来自北京、天津、河北、内蒙古、山东等地的 160 余家企业参展，展览面积 6400 平方米，展出品类 600 余种。

第三届京张优质农产品推介会秉承"展示成果、推动交流、促进贸易"的办展宗旨，参展产品涵盖了京津冀蒙等地的农产品、食品企业，集中展示推广了京津冀蒙优质农产品发展的最新成果。此次推介会集中打造京张乃至京津冀地区优质农产品展销的品牌展会，成为立足北京、覆盖京西北的农业合作、农产品促销的权威平台。在展会前期，延庆区积极开展"10.17"国家扶贫日消费活动，邀请内蒙古兴和县、河北省张家口市宣化区、怀来县等受援县（区）合作社、经济体、扶贫企业等参加 2018 年京张优质农产品推介会，推销当地优质农畜产品，拓展进京销售渠道，助力脱贫攻坚。同时还举办京津冀食品安全与农贸高峰论坛、"延庆金禾奖"京津冀优质农产品排行榜颁奖典礼等众多丰富多彩的论坛及活动。相比前两届京张优质农产品推介会，既有传承和延续，更有创新和发展，是涵盖范围更广、触及层次更深的一场全方位推介活动。

京张优质农产品推介会旨在增强京津冀蒙等地农业产业技术成果的交流合作，促进京西北地区农产品资源的互补与相通，促进京津冀蒙等地优质特色农产品的跨区域流通合作，为实现京津冀农业产销对接做出贡献，进而推动农业供给侧结构性改革，加速京津冀一体化协同发展，更好地服务 2019 年世界园艺博览会和 2022 年冬奥会。

（六）产销对接助力京津冀农业合作

为贯彻落实党中央关于乡村振兴和环京津冀扶贫的重要指示，加快环京津冀贫困地区特色农业产业协同发展，推进京津冀贫困地区农产品产销对接，农业农村部市场与信息化司自 2016 年开始，组织有关单位举办了连续三届的京津冀品牌农产品产销对接活动。第三届对接活动现场由前两届的全国农业展览馆移师到了亚洲最大的"菜篮子"——新发地市场。农业农村部、中国农产品市场协会、京津冀三地农业农村部门的领导亲临现场，共同助力京津冀三地品牌农产品的宣传推介。

京津冀地区既有巨大的消费市场，又有广阔的农业生产基地。因此，京津冀农业合作具有天然的互补优势，目前已经天然地形成了农产品生产流通大格局。已连续举办了三届的京津冀品牌农产品产销对接活动，推动了京津冀三地品牌农产品产销对接长效机制的建立，促成了稳定购销合作关系，构建起京津冀优质高效现代的农产品流通体系，市场机制的推动作用越来越明显。通过京津冀大品牌的塑造，增强了三地优势特色产业的品牌效应，为京津冀特别是河北贫困地区特色产业提质增效发挥了积极作用。

（七）天津积极举办京津冀优质农产品展示交易会和京津冀年货节

1.2018 中国（武清）京津冀优质农产品展示交易会。正值中秋佳节和中国农民丰收节，2018 中国（武清）京津冀优质农产品展示交易会暨对口帮扶地区特色农品展在天津市武清区举办，不少京津冀地区市民前来"赶大集"。本次展会共设置 100 个展位，现场人山人海。除了京津冀地区农特产品外，还有甘肃省、西藏自治区商户带来的当地特产，如甘肃静宁县苹果酿成的 XO 酒、西藏江达县的章子菌和野生枸杞……此次活动的目的是为了加快融入京津冀协同发展，增强区域内农业资源整合，延展农业产业链优势和竞争力，武清区计划以此展会为平台，进一步深化"通武廊"地区农业合作。作为国家级现代农业示范区，武清区近年来不断加快农业供给侧结构性改革，发展现代农业取得了累累硕果，农业产值和规模在全市名列前茅，绿色农业已经成为"京津卫星城美丽新武清"城市品牌形象的重要组成部分。

2. 品味静海·京津冀年货节。天津市静海区结合京津冀协同发展的重要战略，积极与全国各省市携手打造 2018 "京津冀年货节"这一独特的产业平台，精准对接市场。不仅有来自北京、天津、河北、山东的产品参展，年货节作为产业平台还向甘肃、西藏、新疆等对口支援地区发出了邀请，将办年货与扶贫攻坚有效结合，如新疆大枣、甘肃苹果等特色展品也同时亮相年货节，让产业扶贫增加了更多的自身"造血"功能，加速了扶贫对口地区特色农产品的集中发力。

（八）京津冀蔬菜产销对接大会

2014 年落成的北京新发地高碑店农副产品物流园，是河北省保定市承接北京产业转移的重要招商项目，也是北京新发地农产品有限公司"内升外扩"战略布局的亮点工程。随着京津冀一体化步伐的加快，作为民生保障的首要条件，农副产品的生产、流通、供应如何更好地协同发展，京津冀三地的农业部门通过搭建产销对接平台，探索出一条服务京津冀农产品供应、提升区域现代农业和流通产业发展的有效途径——2016 年 9 月 21 日，京津冀首届蔬菜产销对接大会在河北省高碑店市新发地物流园拉开了帷幕。会议由河北省农业厅（省农工办）、北京市农委、天津市农委、保定市人民政府联合举办，会议围绕"绿色、生态、高端、发展"主题，全面展示河北蔬菜产业发展成果，搭建京津冀蔬菜产销合作平台，促进京津冀蔬菜产业深度融合，推动建设优势互补、产销一体的蔬菜产业发展新格局。大会集中展示了农产品生产流通领域的新设施、新装备、新品种、新技术、新产品。河北省蔬菜种植基地与来自京津等地的买家签订了战略合作协议和采购协议，番茄、黄瓜、青椒、豆角等 68 万吨蔬菜在会上找到买家，交易金额 16.3 亿元。京津冀三地联合举办首届蔬菜产销对接大会，是落实京津冀现代农业协同发展规划、引领河北蔬菜产业供给侧结构性改革的一次盛会，也是促进京津冀三地优势互补、市场相通的重大举措。本次大会通过搭建京津冀蔬菜产销合作平台，建立蔬菜产销对接的长效机制，促进了京津冀蔬菜产业深度融合发展，辐射带动了京津冀周边区域蔬菜产业的转型升级，从而推动三地蔬菜产品向优质、高端、精品快速提升，帮助农民脱贫致富。

在二期项目中，河北新发地将走"旅游＋市场"的创新之路，围绕创新驱动和产城融合发展，把高碑店打造成我国最大的进出口食品国际贸易港。主要建设三大园区：国际食品科技博览园、国际食品保税物流园、"天下食都"主题公园。"天下食都"主题公园将参照好莱坞"环球影城"的模式进行打造，以体验式旅游为主轴，汇聚世界各地的食品文化，构建一个具有科普性、娱乐性和体验性的主题公园。游客可以亲身尝试制作和品尝中外小吃，去科技博览馆了解世界各地的农业发展史与现代农业科技，也可以亲自到农场务农或体验各种围绕务农主题设计的游乐设施。

2017年，第二届京津冀蔬菜产销对接大会秉承"展示精品、宣传推介、深化合作、促进对接"的办会宗旨，围绕"绿色、高端、共享、发展"主题，安排了现场观摩、冀菜精品展、装备物资展、局长卖菜、产销洽谈、对接扶贫、专家讲座等活动。北京农产品流通协会、天津市农副产品流通协会、河北省蔬菜行业发展联合总社共同发起成立京津冀蔬菜产业联盟，与会领导现场为产业联盟举行揭牌仪式。第二届京津冀蔬菜产销对接大会，全面展示了河北省蔬菜发展成果，提升了河北蔬菜的知名度，促进了京津冀三地蔬菜产销合作，有力地推动了河北蔬菜产业朝着"科技、绿色、品牌、质量"的方向迈进。

继2016、2017年成功举办两届京津冀蔬菜产销对接大会后，为有效落实京津冀现代农业协同发展规划，促进京津冀蔬菜食用菌产销对接，2018年5月河北省高碑店市又继续举办了第三届京津冀蔬菜食用菌产销对接大会。对接活动秉承"保障京津、服务雄安、展示精品、促进对接"的宗旨，突出"绿色、高端、共享、发展"的主题，通过精品展销、冀菜盛宴、局长卖菜、产销洽谈、专题讲座、扶贫对接等多种交流形式，别开生面地展示河北省蔬菜、食用菌和产业扶贫成果，促进三地产销深度合作，推动京津冀现代农业协同发展。河北省蔬菜、食用菌等特色农产品生产基地和贫困县重点农业企业负责人，同京津等地经销商和京东、阿里巴巴等电商采购代表，以及蔬菜食用菌生产装备企业负责人等2000余人齐聚大会，面对面洽谈合作。

（九）面向京津的第二十二届中国（廊坊）农交会聚焦乡村振兴

2018年9月举办的第二十二届中国（廊坊）农产品交易会（以下简称"农交会"），以"科技、绿色、品牌、质量"为主题，由农业农村部、中华全国供销合作总社、河北省人民政府主办；中国农科院、中国林科院、中国农业大学、《农民日报社》协办；廊坊市人民政府、河北省农业厅、河北省供销社等承办。

之前，中国（廊坊）农产品交易会已连续成功举办了21届，搭建起农产品产销衔接的良好平台，成为展示农业新产品、新技术推广的窗口，深受广大农业客商、农民朋友和科技人员的关注。本届"农交会"进一步聚焦实施乡村振兴战略，面向京津、放眼全国，围绕"展示成果、推动交流、促进贸易"的办会主旨，紧密结合河北省农业供给侧结构性改革三年行动计划，精心设置了科技绿色、品牌质量、展示贸易三大板块和大会分会场等四部分内容，共有13个专题展、13项活动、4个分会场，以及领导巡馆、大会开幕式、项目签约和多项各地自办活动。

雄安新区农业科技创新高地孵化论坛、农林科技成果转化展、科技创新助力现代农业展、河北国际绿色农业周、河北现代农业发展论坛、电子商务进农村高端论坛、中国国际农业遥感应用技术高峰论坛、水资源保护与可持续利用展、现代农业机械装备展、气象服务现代农业展、农业综合开发成果展、绿色粮油展等12项科技绿色板块活动，河北省十大特色产业工作先进县等评选发布、河北省品牌农产品产销对接、大型农产品批发市场发展论坛、环渤海奶业发展论坛、京津冀果品争霸赛暨获奖产品展、都市现代农业暨乡村旅游发展峰会、农业产业化联合体评选等 7 项品牌质量板块活动，农业供给侧结构性改革综合展、区域特色农业展、河北省现代农业展、供销系统农业社会化服务展、优质特色农产品销售活动、"一带一路"国际农产品展、河北省对口帮扶地区特色农产品展等 7 项展示贸易板块活动，在农交会期间得到了集中亮相登场。

此外，大会还设置了金丰农科园、第什里风筝小镇、林城村美丽乡村和新苑阳光农业高科技园区等 4 个分会场，对外集中展示现代农业园区建设及发展模式，将现代创意农业拓展、高新农业示范、农业科技成果交易、农业科普教育、美丽乡村等进行普及推广。

本届"农交会"大会主题更加鲜明，通过组织高端论坛、专题对接、贸易展览等系列活动，充分展示河北省农业供给侧结构性改革最新成果，努力打造现代农业成果展示窗口和高质量发展促进平台。板块布局更加合理，大会活动板块围绕主题，组织举办多项优势互补的主题论坛、贸易展览、项目签约、新闻发布等活动，努力做到错位展示、相得益彰。会议内容更加超前，围绕增强农业可持续发展能力、提升农产品有效供给能力、提高市场占有率，在进一步明确各项活动主题、展览重点的基础上，首次创新设立举办多个展览和活动，努力打造现代农业发展风向标，引领农产品结构调整方向。

五、京津冀协同发展中会展农业面临的突出矛盾和主要问题

从京津冀会展农业协同发展现状可以看出，京津冀会展农业已经具有一定成效，围绕京津冀，会展农业已经积极展开了多种活动和项目，京津冀在会展农业协同发展方面拥有很大的潜力。但是，京津冀地区会展农业发展过程中还存在如下一些突出矛盾和主要问题。

（一）京津冀三地农业的功能定位不同

从京津冀三地各自情况来看，北京、天津、河北三次产业结构呈现出较大差异，分别处在现代化建设中的不同阶段。北京、天津第一产业增加值分别达到 159 亿元、200 亿元，占比仅为 0.7%、1.3%，体现出发达的都市型产业结构；河北省第一产业增加值达到 3447.5 亿元，占比为 11.7%，比全国平均水平高出 2.5 个百分点。北京、天津农业功能定位主要是都市型农业、休闲型农业、设施农业、会展农业和城郊型现代农业，传统农业规模明显下降。而河北省仍然是农业大省，农业在河北国民经济发展中仍占据重要地位，在京津冀协同发展过程中，主要承担的是保障京津农产品有效供给的重要责任。

（二）京津冀三地农业协同发展意识相对较弱

京津冀现代农业区域协作涉及 2 个直辖市和 1 个邻省的整体协调关系，跨越多层行政区，由此导致长期以来区域内普遍存在各自为政的现象。此外，与长江三角洲和珠江三角洲相比，京津冀地区较多依赖政府投资对区域经济合作的推动作用，缺乏利用市场机制推进区域共同建设和公共产品合作共建的意识，从而阻碍了三地农业的公平合作和协同发展。

（三）农业会展过度依赖政府支持，协会、中介组织建设滞后

会展行业具有高投入、高风险的特点，加上农业的弱质性，需要政府出台优惠政策和专项资金给予扶持。但政府部门主办会展往往"重招展、轻服务""重形式、轻内容"，

有的甚至为了"政绩"形象而过度干预，经常重复举办相同主题和内容、规模小、档次低的农业会展，不仅大量浪费了会展资源，达不到预期的交易效果，反而引发同类展会之间的恶性竞争。

政府过度干预农业会展的原因主要是农业会展相关的行业协会和中介组织建设缓慢，滞后于农业会展的发展。目前还没有建立权威的全国性农业会展行业协会组织，虽然有许多地方性行业协会，但大多隶属于地方政府管理部门，缺乏独立性，这束缚了农业会展的管理和监督能力。农业会展中介组织数量严重不足，主办方和会展企业之间缺乏有效沟通，导致信息不对称，市场供求失衡，会展资源得不到充分优化组合和有效利用。

（四）国际竞争力低，国外会展巨头冲击国内市场

客观来说，京津冀地区的农业会展行业处于粗放型发展阶段，发展思路和市场定位也不明确，市场化程度低、管理不科学，过度注重展会规模、交易金额、合同意向等经济指标，忽略了会展品牌效应的建立和核心竞争力的提升。此外，对外推广和宣传力度不够，目光局限在少数国家和地区，忽略其他国家的优质资源，导致参展的国际参展商数量少，参展意愿不强。许多冠以"国际"字样的农业会展活动中，参展商和观众绝大多数都来自国内，不符合"国际性会展要求国际参展商占参展商总数 10% 以上、国际专业观众占专业观众总数 5% 以上"这一业内标准。此外，大量国外知名会展集团来华办展冲击国内会展市场，一方面，国际展览巨头具有资金实力强大、品牌信誉度高、管理水平高、市场运作经验丰富、超国民待遇等优势；另一方面，随着国内会展市场竞争环境越来越开放、透明，国外会展企业大有占领和瓜分国内市场之势，对本土农业会展产业的发展壮大造成一定冲击，给企业带来很大的竞争压力，对这些企业走出国门、进军国际高端市场有不利的影响。

（五）高素质人才严重缺乏

总体上看，全国会展学历教育发展迅速，会展相关专业毕业生供不应求。会展行业具有专业化程度高、系统性强、涉及知识面广等特点，对高素质、高层次的复合型人才需求旺盛。虽然开设会展专业的高等院校和学生数量增多，但其中高职院校数量和高职学历学生占有较大比例，而本科学历的会展从业者较为缺乏，硕士和博士学历的高层次会展人才更为稀缺，这主要是由于我国会展教育体系建设不完善，培养机构层次不高，会展教育的师资力量薄弱，高质量教材缺失等原因造成的。

在实际工作中，由于农业会展总体效益较低，薪酬和福利待遇水平相比其他行业会展较低，因而对高素质会展人才缺少吸引力。多数从业人员半路出家，未经系统学习和培训，且对农业相关的农学、生物科技、农业机械知识不精通。熟练掌握外语、擅长会展组织策划、了解国际惯例的复合型人才更是缺乏。此外许多农业会展企业只看重会展所带来的经济效益，对高素质专业人才的培养缺乏主动性，没有建立合理的人才培养机制。

（六）会展举办时间、地域分布不均衡

由于农业生产具有时序性和地域性特点，客观上造成我国农业会展举办时间、地域分

布不均衡。农业会展举办主要集中在每年的金秋季节（9—11月），反映了京津冀地区农业生产的季节性和农产品营销的需要。但会展活动举办时间过于集中，导致"扎堆"和"撞车"问题严重，影响企业和观众的参展积极性，某种程度上降低了会展的交易效率。

（七）会展配套服务发展滞后

总体而言，京津冀地区的会展配套服务在全国算是名列前茅的，但与欧美发达国家差距大。大多数会展场馆展位装潢设计、外语同声传译系统、消防安全等服务不到位；场馆信息技术设备落后，没有开通电子商务平台或网上支付客户端，导致交易程序烦琐、费时，无法提供方便、快捷的服务；部分会展举办城市交通不便利、公共基础设施不完善、星级酒店数量不足等，造成跨区域尤其是国外参展商、采购商、观众出行的不便，影响其参会积极性，不利于农业会展行业的可持续发展。

六、京津冀协同发展中会展农业发展的 SWOT 分析

（一）优势分析

京津冀地区依托其地理优势和集聚能力，近年来每年在京津冀地区特别是北京市举办的大型农业会展活动络绎不绝，展销会也有很多，而每年会展业带动的地方直接收益也较高。其发展会展农业具有众多优势：

1. 政府高度重视。京津冀地区重视对会展业的规范，积极贯彻落实国务院《关于进一步促进展览业改革发展的若干意见》等文件精神，明确提出规范三地展会发展环境，提供制度保障，完善展会设施建设，丰富展会类型，倡导低碳、环保、绿色理念，引导农业企业加入农业展会行列。

2. 区域位置优越。京津冀地区优越的区域位置主要体现在：一是京津冀是华北地区的经济、政治、文化、科技和教育中心，经济辐射作用强，对外开放程度高，为会展农业提供了充足的人才资源和雄厚的经济条件；二是处于环渤海经济发展区域，衔接内陆、临近东亚的地理优势为京津冀会展农业带来潜在市场；三是便利的交通条件和完善的配套设施，满足了会展活动人员参展的各种需求。

3. 会展场馆资源丰富。北京素有"会展之都"之称，其成熟的会展产业体系能够为举办农业展会提供先进的基础设施。此外，北京市在每一年的"城市展览业发展综合指数"排名中均名列前茅。目前，京津冀地区城市群拥有大批重点场馆以及众多中小型的场馆，形成了各个层次的场馆相互配合的有利局面。

（二）劣势分析

1. 农业展会市场化程度低。京津冀地区的农业类展会多以政府主办，委托其他部门、行业协会或者企业承办，如北京农业嘉年华、北京种子大会等，都被打上了政府的印记。为了引进资金、打造品牌、促进农产品交易，政府部门加大对会展农业的举办力度，农业展览会在一定程度上受到束缚，难以发挥市场的自我调节作用。而且重复举办的会展活动也挫伤了企业的积极性，造成农业、场馆、信息等资源的浪费，降低展览会的经济效益。

2. 会展农业现代技术应用不足。"互联网＋农业"时代的到来，推动了现代农业的发展，会展农业成为农业转型发展的重要组成部分。但是由于传统农业模式的根深蒂固，京津冀地区会展农业还存有模式固化、结构不合理、国际竞争力较弱等问题。在京津冀地区举办的大多数农业展会仍然是采用传统的形式，借助视频、报刊、宣传册、模型进行宣传展示，而在国际农业会展中广泛应用的现代虚拟技术在京津冀地区举办的农业展会上难得一见。

3. 会展农业专业人才缺乏。会展农业要求的专业人才是具有扎实的会展知识基础、较强的实践能力和策划组织能力，同时具备农业素质、对农业市场具有较强的洞察力的复合型人才。虽然京津冀地区尤其是北京的农业会展专业人才在全国占比相对较高，但是由于没有明确的专业类别，导致会展设计人才较为紧缺。同时，设有会展相关专业的院校相对较少，设有具有农业特色的会展农业专业的院校更是屈指可数。此外，院校与企业尚未达成统一的协议，仍未建设起会展产学研用基地，高素质会展农业人才依然缺乏。

（三）机会分析

1. 经济实力强劲。目前，各地均高度重视市场对农业的导向作用，各农业龙头企业也重视通过在展会上展示其所拥有的优质农产品、农业新技术，促进农产品的市场化，以此来为自己带来实实在在的经济效益。近年来，京津冀地区的经济实力不断增强，这为当地现代农业发展和会展农业的举办奠定了基础。

2. 信息集聚。京津冀地区作为我国北方的"桥头堡"，具有聚集区域内的农民和农业类企业，减少中间交流的误差，提供直接交流合作的机会，促进农民更好地了解农产品消费者的需求等作用。通过信息共享，农业行业最新的资讯为众涉农企业及农户所知，使其明确农业发展的方向，有助于加快农业资源的优化配置。如每年一届的北京种子大会，成为下一年种植业的重要风向标。

3. 科学技术投入力度不断加大。近年来，农产品的生产产业链条广泛运用新型技术。科学技术广泛应用于现代农业，降低了农业生产的难度，也达到了生态保护的目的，有助于推行名特优新品种，加深企业对农业科学技术的了解，推动科技企业的研究步伐。由于会展农业对农业发展的促进作用不断显现出来，把先进的宣传、交流、展示、体验的现代技术应用到展会中的实践越来越多。

（四）威胁分析

1. 周边城市竞争激烈。京津冀地区面临的挑战主要来源于我国的长三角、珠三角、中原地区及东北地区会展农业的发展，尽管京津冀地区位于环渤海地区的核心位置，但是上述地区的会展农业发展有的已形成品牌，在国家加大对会展农业扶持力度的情况下，各省市也加大对会展农业的投入。尽管京津冀地区是具有诸多区位优势，但是依然存在服务不完善、类型单一、重复办展情况严重、还未形成竞争力等问题，制约了会展农业的发展。

2. 品牌农业展会不足。虽然京津冀地区举办的农业展会数量庞大，但是通过 UFI 认证的为数不多，即在京津冀地区举办的品牌展会数量少，更不用说起步较晚的农业展会。此外，京津冀地区会展农业多为政府组织和举办，还未形成良好的市场机制，降低了京津冀地区会展农业的发展活力和优势。

七、在京津冀协同发展中加快会展农业发展的政策建议

（一）建立京津冀地区会展农业联动发展机制

京津冀虽已具有一定数量的会展农业形式，但其区域联动效应还较弱，分散、各自为营不利于京津冀会展农业的协同发展。为保障京津冀会展农业协同发展的可持续性，三地会展农业之间关联性还有很大的提升空间。首先，要建立京津冀地区会展农业联动发展的机制，包括区域规划联动机制、企业与协会联动机制、产业与物流联动机制、人才教育与战略培养机制以及品牌展会拓展机制。通过五大联动机制深化区域之间会展农业领域的合作，助力会展农业的联动发展。其次，要制定京津冀会展农业联动发展的对策，包括加强政府间合作，建立省级协调机制；重视行业协会的力量，推进联动发展；联动规划，制定差异化策略以及整合三地会展资源，联动办展，进而解决当前三地会展农业孤立发展、联动效应弱等问题。通过以上机制和对策推动三地会展农业合作与发展，并加强产业内与产业间的联系，从而提升京津冀会展农业的整体实力与辐射力，带动区域农业的快速发展。

（二）明确政府定位，加强行业协会、中介组织建设

从欧美会展行业发展的成功经验来看，在会展行业的发展中，政府应遵循"有所为，有所不为"的方针，明确职责，不干预会展活动的具体管理事务，推动会展市场化发展，积极协调组织交通、工商、消防、海关等部门为农业会展举办创造有利的外部条件。创建权威性的行业协会，如德国贸易展览业协会（AUMA）、美国展览管理协会（IAEM）等，行使会展行业管理职能和规范权力，制定会展农业行业评估、认证标准，协调政府和企业之间的交流，促进农业会展市场有序健康运行。此外应加大农业会展中介组织建设，调节农业会展市场供求，实现会展资源高效配置和利用。

（三）健全会展配套服务，加强信息化建设

会展农业产业属于第一产业与第三产业相融合的产业，本质上是一种服务业，服务质量的好坏决定会展农业发展的成败。会展行业的关联性特点决定其发展需要其他行业配套服务的支持。政府加大城市基础设施建设力度，完善住宿、餐饮、交通、娱乐、零售、通讯、物流、金融保险、广告印刷、安保反恐等配套服务，为农业会展的举办创造一个方便、快捷、安全的外部环境。着力提升会展场馆硬件服务水平，场馆应加强网络信息化建设，利用现代多媒体技术可以生动、直观、全面地展示展品特性；依托信息技术搭建电子商务平台，促使商家和顾客低成本、高效率开展商贸洽谈活动；通过网络及时发布会展信息，促进信息共享，保证人流、物流、信息流准确顺畅，提高农业会展运营效率。

（四）着力加强会展农业人力资本投资和人力资源建设

会展业的竞争归根结底是人才的竞争，拥有大量高层次、高素质，具有全球视野的会展人才是会展业取得成功的关键。京津冀地区的会展农业转型升级需要大量高水平既懂农业又懂会展的人才作为支撑。根据京津冀地区会展农业发展的实际情况，应从以下三个方

面加强会展农业专业人才的建设：一是建立完善会展农业教育体系，提高教师专业教学能力，优化课程设置，采取"产教结合""校企联合"等方式，理论学习和岗位实践交替培养的模式；严格规范会展农业人才资格考核、认证工作，建立完善奖惩机制，保证教育质量。二是学习国外先进的管理经验和服务理念，加强人才交流，引进国外优秀会展农业人才或者资助国内从业人员到国外参加培训，全面提高京津冀地区会展农业工作人员的专业素质。三是政府管理部门和会展农业企业出台优惠政策，完善用人机制，吸引优秀人才为京津冀地区会展农业的发展贡献力量。

（五）积极实施"走出去"和"引进来"战略，提高国际竞争力

会展农业作为国内外农产品和生产资料贸易的重要平台，必须重视其对农业贸易经济的促进作用。京津冀地区会展农业产业应立足国内市场，积极开拓国际市场，朝着全球化的方向发展。应从以下三个方面加强建设：一是支持有实力的农业会展加入国际会展组织（如 UFI、IAEM、ICCA），依照高标准规范改进会展服务，把握行业发展趋势，增加国际化元素，提升国际知名度；二是鼓励有特色、有条件、品牌化的农业参展商走出国门，积极参加国际高端农业会展，对外推广和宣传京津冀地区优质特色农产品，建立品牌效应，打造国际美誉度和竞争力；三是大力吸引国际知名的会展集团、会展创意和策划公司来京津冀地区举办农业会展，并积极与国际会展企业和机构交流沟通，学习其科学的组织结构和运作模式，推动京津冀地区会展农业产业的转型升级。

（六）创新和丰富会展农业发展模式

创新和丰富会展农业发展模式，结合各地区特征，采用多种发展模式。加强农业会展与节庆、会议、旅游、文化等行业的互动与结合，发挥会展农业的产业联动性和行业辐射力。结合京津冀地区独特的风俗习惯、农耕文化、原生态旅游资源，因地制宜，举办会展业、农业、旅游业产业融合的农业旅游会展，宣传旅游目的地独特的农业成果，带动当地农业经济发展，使农业、会展业与旅游业发展相得益彰，探索现代会展农业转型升级的新路径。

通过农业嘉年华，展示农业、会展业和娱乐业三者的有机结合，以"休闲、体验、娱乐"为活动主题，搭建参展商和观众之间交流、互动的平台，通过艺术、文化、创意、休闲、品美味等形式增加农业会展的丰富性、趣味性，吸引观众参与。例如北京市昌平区举办的农业嘉年华，通过设立农事体验乐园、拓展休闲乐园、主题狂欢乐园、农业时尚秀场，吸引了大量参与者，商家和观众满意度非常高。

参考文献

[1] 洪晔. 京津冀地区品牌会展发展现状与发展策略 [J]. 出版广角，2015（11 上）：78-79.

[2] 徐杰. 京津冀会展产业联动发展机制与对策研究 [D]. 天津：天津商业大学，2016.

[3] 张越. 基于产业生命周期理论的京津冀展览业发展策略研究 [D]. 天津：天津商业大学，2017.

[4] 王军强，申强，苟天来. 会展农业促进京津冀农业协同发展的机理分析 [J]. 农村经济与科技，2018（2）：167-168.

[5] 吴南清，方凯. 广州市农业展会发展的 SWOT 分析 [J]. 南方农村，2018（1）：10-14.

[6] 王双进，梁辰. 当前推进京津冀农业协同发展的思考 [J]. 中国经贸导刊，2018（5）：30-31.

[7] 孔祥智，程泽南. 京津冀农业差异性特征及协同发展路径研究 [J]. 河北研究，2017，37（1）：115-121.

课题负责人：曹四发
课题主持人：杜力军
课题组成员：刘树、马俊哲、吴新生、陈雯卿、阚丽虹、郑玲俐
执　笔　人：刘树、马俊哲

基于社会共治的农产品质量安全治理体系信息机制与制度效果探讨①

农产品质量安全问题一直是我国政府高度关切的重大民生问题。经过近 20 年的农产品质量安全治理体系建设，农产品质量安全治理的顶层设计和地方实践日趋成熟，以法治思维维护农产品质量安全的思想逐渐融入治理路径中。2006 年，第十届全国人民代表大会常务委员会第二十一次会议通过《中华人民共和国农产品质量安全法》（以下简称《农产品质量安全法》）。2009 年，第十一届全国人民代表大会常务委员会第七次会议通过了《中华人民共和国食品安全法》（以下简称《食品安全法》）。2015 年，第十二届全国人民代表大会常务委员会第十四次会议修订通过新修订的《食品安全法》，为食品安全监管建立了更为严格的体制制度保障。2018 年正在启动和推进《中华人民共和国农产品质量安全法》的修订工作，力图与《食品安全法》衔接配套，更加适应当前与今后的治理形势与要求。在现行的《食品安全法》中，首次将"社会共治"的现代多元治理理念融入进来，要求充分发挥消费者、行业协会、新闻媒体等社会主体的监督作用，引导社会各方有序参与治理、形成食品安全社会共治格局，明确规定了消费者、消费者协会和其他消费者组织的监督权利，新闻媒体的舆论监督权利和有关部门公布安全信息的法定义务，也详细规定了安全信息的公布、发布、互通、交流等程序和要求以及违法编造、散布虚假安全信息的法律责任，这些有关安全信息的管理条款共同构成了社会各方依法科学参与治理的重要法律依据，也从信息经济学角度为各方参与治理提供了基本的信息保障。这一指导思想同样适用于农产品质量安全的治理保障。没有信息的互通、交流，很难真正实现农产品质量安全的社会共治。那么基于社会共治的农产品质量安全治理体系的信息运行机制是怎样的？现实中有关制度安排如何应对农产品质量安全的信息不对称问题？对农产品质量安全的治理会产生怎样的影响？本文试图从学理和实证两个角度探讨以上问题，并提出相关政策建议。

一、农产品质量安全治理体系的信息运行机制

一直以来，农产品质量安全中的信息不对称理论已经成为学界、政界的共识，成为农产品质量安全作为准公共物品和政府加大监管的重要理论依据。吴淼（2016）将农产品质

---

① 该研究为北京市社会科学基金项目"京津冀协同发展中北京市安全优质农产品有效供给对策研究"（17YJC035）的阶段性成果。

量安全定义为信誉品属性，即生产者无法有效证明，且消费者难以低成本识别，导致农产品质量安全市场的信息不对称，从而使得价格机制失灵，理性的农户没有动机约束自己的经营行为自觉生产安全农产品，相反却竞相选择低质的逆向经营策略，形成需要公共治理的"柠檬市场"。然而，"信息不对称"理论虽已成为社会各界认识农产品质量安全监管必要性的共识，但是应对"信息不对称"带来市场机制失灵等后果的对策却没有实现认识与行为的高度统一。当前我国推行的农产品质量安全监管方式更加突出的是承认"信息不对称"基础上的监管强化，而非采取措施改变或弱化"信息不对称"问题，这并不利于打通信息屏障，促使市场机制更好地发挥作用。

（一）信息运行机制传导的理论依据

西方微观信息经济学从微观的角度入手，研究信息的成本和价格，并提出用不完全信息理论来修正传统的市场模型中信息完全的假设，重点考察运用信息提高市场经济效率的种种机制。美国哥伦比亚大学教授威廉·维克里和英国著名经济学家詹姆斯·米尔利斯在信息不对称的前提下，延伸提出了委托代理理论，把掌握信息多的一方称为代理方，另一方称为委托方，通过引入"激励相容"等概念，把信息不对称问题转化为制度安排和机制设计问题。这一理论的提出得到国际学术界的高度重视，两位经济学家也因此被授予1996 年度诺贝尔经济学奖。激励经济理论认为，每个人（委托方）都会以自己的利益最大化来指导自己的行为，当你委托别人（受托方）做一件事的时候，如果他与你的利益不一致，那就别指望这事能如你所愿，这种现象被称为"激励不相容"。如果能有一种制度安排，使受托方追求利益的行为正好与委托方价值最大化的目标相一致，这一制度安排就是"激励相容"，在"激励相容"条件下，得到的结果是委托方与受托方利益的共同最大化。

在社会共治的农产品质量安全治理格局中，大致存在三类角色：一是作为市场交易方的生产者、经营者和消费者；二是作为监管方的地方政府及其监管部门；三是作为监督方的媒体、行业协会等。由于三类角色各自拥有的权力、掌握的资源、市场的地位、获取的专业知识各不相同，因此其所掌握的农产品质量安全信息在真实性、完整性上存在着较大的差异。在农产品质量安全的保障中，三类角色以交易、监管、监督等形式相互作用，存在着委托代理关系。这使得"激励经济理论"成为研究农产品质量安全治理中信息运行机制的有效工具。在社会共治的农产品质量安全治理体系中，如何做好相关制度安排，促进三方彼此激励相容，是农产品质量安全治理中信息运行机制的努力方向。"三方激励的相容"能够有效地促进消费者对市场信号的正确响应，提高市场对农业资源的配置效率，提升生产者、经营者的收益水平，提高政府相关部门的管理效能。反之，"三方激励的不相容"会产生资源配置的低下、经济效益和管理效率的减损和市场诚信的缺失。

（二）信息运行机制机理

下面我们以四组委托代理关系，模拟在信息不对称条件下农产品质量安全治理中信息运行机制机理和现实激励效果。

1. 监管部门委托人与生产者代理人。在监管部门和农产品生产者这对委托代理关系中，监管部门是委托人，农产品生产者是代理人，监管部门委托农产品生产者生产安全有保障的农产品。《食品安全法》第四十九条明确规定，食用农产品生产者应当按照食品安全标准和国家有关规定使用农药、肥料、兽药、饲料和饲料添加剂等农业投入品，严格执行农业投入品使用安全间隔期或者休药期的规定，不得使用国家明令禁止的农业投入品。禁止将剧毒、高毒农药用于蔬菜、瓜果、茶叶和中草药材等国家规定的农作物。这是监管部门与生产者之间委托代理关系的法律表述。现实中，在信息对称性上，二者之间的农产品质量安全信息存在较大差异，每一个生产者个体都是农产品质量安全信息的制造者和提供者，对于农产品质量安全信息掌握得较为真实，但是缺乏完整性和全局性。监管部门除了主动抽检能够获得一手的农产品质量安全信息外，其余信息均来自他方提供的安全信息，因此对于信息的掌握具有完整性、全局性，但是真实性不足，并且高度依赖他方。在利益诉求上，监管部门的利益在于履行保障农产品质量安全的监管职责，生产者的利益在于获得最大的利润。在优质优价市场机制下，理论上二者可以做到"激励相容"。但在生产者不能通过优质优价获得相应的市场报酬时，二者之间会形成隐性的"激励不相容"，生产者在"柠檬市场"中，会采取降低农产品质量安全的投入成本来确保获得市场的平均报酬率。事实上，由于"激励不相容"的存在，国内生产者置道德与法律于不顾，明目张胆滥用剧毒农药的问题屡禁不止，2010年1月，海南省陵水县5个城镇的豇豆被测出水胺硫磷高毒农药残留超标，由此掀起海南毒豇豆的轩然大波。2010年4月，青岛九名食用韭菜的患者中毒住院，之后被查出韭菜农药残留严重超标，这种毒韭菜正是被使用了国家禁止的高毒农药甲拌磷。2013年5月，山东省潍坊市峡山区爆出毒生姜事件，部分农户使用的剧毒农药神农丹，50毫克就可致一个50公斤重的人死亡。在这些被曝光的村庄中，都出现同一种现象，就是农户对使用剧毒农药的危害非常清楚，备有自留地供自己种植食用。可以看出在"激励不相容"的条件下，农户不会主动提供真实的安全信息，对于监管部门的要求会假性执行，进一步降低监管部门获得信息的真实性，造成对市场健康程度的误判，影响监管的科学决策和市场机制作用的发挥。

2. 监管部门委托人与市场开办者代理人。在监管部门和市场开办者这对委托代理关系中，监管部门是委托人，市场开办者是代理人，这里的市场开办者主要指经营农产品批发零售业务的批发市场或农贸市场。监管部门委托市场开办者做好农产品质量安全的管理工作。《食品安全法》第六十一条规定，集中交易市场的开办者、柜台出租者和展销会举办者，应依法审查入场食品经营者的许可证，明确其食品安全管理责任，定期对其经营环境和条件进行检查，发现其有违反本法规定行为的，应当及时制止并立即报告所在地县级人民政府食品药品监督管理部门。这是监管部门与市场开办者之间委托代理关系的法律表述。在信息对称上，市场开办者常年直接与农产品经营者接触，与监管部门相比能够获得较为真实的农产品质量安全信息。在利益诉求上，市场开办者作为独立的市场主体，更多追求的是企业竞争力和自身的经济利益。在不同的制度安排下，二者会有不同的"激励相容"状态。如在国企开办的市场中，市场法人作为体制内部人，个人会倾向于将经济利益让位于政治要求，在决策时会主动让渡市场的经济利益诉求，所以会更加注重市场对农产品质量安全的管理，更容易与监管部门形成"激励相容"。但笔者认为，这种"激励相容"方式较为不稳定，很多国有市场负责人表示在政治要求和企业利益之间存在两难选择和发展困境。在其他所有制形式的市场中，市场开办者以企业竞争力和经济利益为第一目标，当市场的盈利模式使得开办者与场内交易者的利益结合较为紧密时，市场开办者会选择与场内交易者结成利益联盟，也就不会真正成为入场食品经营者的监管者，此时监管部门和市场开办者就形成了隐性的"激励不相容"。如《食品安全法》规定食用农产品批发市场应当配备检验设备和检验人员或者委托符合本法规定的食品检验机构，对进入该批发市场销售的食用农产品进行抽样检验；发现不符合食品安全标准的，应当要求销售者立即停止销售，并向食品药品监督管理部门报告。但是由于检验检测费用较高，且会加大管理会损失商户资源，对市场来说"得不偿失"，大多数市场的检测室被长期闲置，只供检查使用。再如尽管相关部门要求市场在准入环节进行索证索票（索取产地证明、购货凭证和合格证明文件），但是很难被严格执行。在2018年5月6日央视《焦点访谈》曝光"有机蔬菜有玄机"的新闻节目中，记者采访某批发市场中的蔬菜批发商，询问其蔬菜品种和等级时，经销商回答没有有机蔬菜，都是普通蔬菜。记者问道，是需要拿去检测吗？批发商回答道，检测证明这个不用过多去操心，你需要，我们给你办理就行，产地证明都是市场给盖的公章，我们自己填的。可见，市场开办者并没有真正承担起法律规定的管理要求。

3. 地方政府（监管部门）委托人与媒体代理人。在地方政府（监管部门）和媒体这对委托代理关系中，地方政府（监管部门）是委托人，媒体是代理人。《食品安全法》规定媒体应开展食品安全法律、法规以及食品安全标准和知识的公益宣传，并对食品安全违法行为进行舆论监督。作为市场供求关系以外的第三方，无论是作为监管者的地方政府（监管部门），还是媒体，理论上都具有"激励相容"的合理性，二者都希望向市场传递出优质与劣质农产品的安全信息，以便引导消费者用适合的价格支付相应质量的农产品。但是在现实生活中，地方政府（监管部门）与媒体的关系似乎演变成对立的关系，一方面，某些专家质疑媒体曝光农产品质量安全违法行为的专业性，认为媒体不能作为发布农产品质量安全违法信息的第一信源，担心媒体发布的新闻报道会误导公众的认知，扰乱市场的秩序，损害政府的公信力。比如2014年发生的北京草莓农药残留事件，专家学者几乎一边倒地质疑央视记者购买的草莓样品中检测出乙草胺农药的真实性，结果被普遍认为这次事件不属于安全问题，而是宣传问题。另一方面，地方政府出于上级政府的绩效考核，不愿意所辖区域内出现重大农产品质量安全事故的曝光，而被连带问责。曾有学者指出由于上级政府特别是中央政府因缺乏全面、真实信息而无法对实际负责农产品质量安全的部门和个人进行考核，除非国家进行大面积的抽检（巨额的费用导致不可行），自上而下的激励与约束机制不可行，对农产品质量安全管理部门的制度化、日常化管理机制无法建立起来，只能借助重大农产品质量安全事故对具体部门及人员进行追责和威慑性惩罚，以求警示效应。由此可见，一旦媒体曝光了重大农产品质量安全事件，对地方政府（监管部门）来说是部门的追责和相关负责人政治生涯的停滞。正因为如此，现实生活中二者的"激励不相容"关系，将影响媒体行使舆论监督权利，也不利于消费者获得真实的市场信息。

4. 经营者委托人与消费者代理人。在经营者和消费者这对委托代理关系中，消费者是委托人，经营者（包含生产经营者）是代理人，消费者委托经营者提供质量安全的农产品。这是市场供求关系中最重要的一个环节，只有有效需求承接的供给才是能够真正实施的有效供给。没有消费者的有效承接，以安全优质绿色为导向的农业供给侧结构性改革就很难改革到位。在交易的最后一环，如果消费者不认可经营者提供的高品质安全农产品，或者说不愿意支付比较高的价格去购买真正优质安全的农产品，经营者就无法获得与成本投入相匹配的利润率，其投入产出困境就会像多米诺骨牌一样，往上游一环接一环地传递下去，最终伤害的是生产者生产安全农产品的积极性。和以上三种"激励不相容"的后果相比，作为委托人的经营者与作为代理人的消费者之间的激励对立，带来的是对市场机制发挥作用的最根本最严厉的挑战，也是对安全农产品供应链条和产业发展的整体性冲击。根据多位学者的实证调研，消费者对于市场上农产品质量安全性的总体判断和评价不高。如安玉发、任燕等（2011）在北京市海淀区、西城区和朝阳区的35个社区采取随机问卷方式调查了1800位消费者（发放问卷1800份，有效问卷1530份）有关食品安全的认知和行为，35.3%的消费者认可当前食品安全状况，64.7%的消费者否定或说不清当前食品安全状况。洪岚、张娣杰（2014）在北京京客隆超市、大洋路批发市场和某农贸市场以及小型食杂店随机抽取了200位正在购物的消费者，进行了生鲜食品安全认知的调研，结果显示，65.2%的消费者关注食品安全信息，53.8%的消费者为食品安全感到担心和不信任。2015年，北京市农村经济研究中心随机抽取了1020位职工消费者进行农产品安全认知和消费习惯的调查，调查显示，92%的消费者表示对当前农产品安全高度关注，同时84.3%的消费者表示不太认可当前总体食品安全情况，42.3%的消费者不能准确说出"三品"（无公害农产品、绿色食品、有机食品）安全性等级特征。从三次调研的结果来看，消费者对于农产品质量安全的感受呈现出高关注度、高不信任度、低辨识力的特征。这种农产品市场末端的消费者低认可率与政府部门发布的高合格率形成了强烈的信息反差，深层次的问题是市场秩序的维护与政府行政的监管没有实现很好的耦合效应，简单讲就是政府的监管成效没有很好地体现在市场反应中。笔者认为，这对委托代理关系需要更为审慎的制度安排，促进两者之间的"激励相容"。

从以上四组委托代理关系的信息运行机制机理来看，相关的制度设计在一定程度上产生了"激励不相容"效应，背离了"激励相容"。农产品质量安全是涉及多元主体共同治理的重要课题，如果主体之间存在多种"激励不相容"效应，势必会造成主体之间相互的负向影响，产生连带反应，无法达到社会共治的效果。这种负向影响或者连带反应在不出现重大农产品质量安全事件曝光时，不会凸显出来。但是，一旦发生重大农产品质量安全事件的曝光，将对市场产生重大的冲击，消费者对市场与政府的不信任会像打开潘多拉盒子一样加倍地释放和爆发出来，迅速传播到问题产品所在的地方产业，打击的不仅是个别问题产品或个别问题产品的种植区域，还会蔓延波及该地方的整个产业发展。

二、信息机制弱化下的制度效果

（一）制度困境

为了确保人民群众"舌尖上的安全"，中央提出农产品质量安全既是产出来的，也是管出来的，要求执行"四个最严"的要求，以最严谨的标准、最严格的监管、最严厉的处罚、最严肃的问责建立健全食品安全治理体系。由此，从中央到地方的农产品质量安全监管体系与相关制度建设进一步得到巩固和强化。信息经济学相关理论告诉我们，市场经济中的信息不对称问题需要通过机制的设计和制度的安排来提高市场经济效率。政府和市场作为保障农产品质量安全的"两只手"的力量总是此消彼长，当政府的监管力量逐渐强大起来后，市场的资源配置力量会相应减弱，其背后的原因就是信息机制作用的弱化。在政府的监管力量逐渐增长起来后，现实当中的农产品质量安全相关信息会得到进一步的管控，进而弱化市场的资源配置作用。此时，一些专家会以市场失灵为由呼吁政府加强监管保障农产品质量安全，进一步催生了对"政府之手"的需求，同时也进一步抑制了"市场之手"的自我约束。事实上，由于监管部门财力有限、执法人员数量有限、检验检测设备配置不足、执法专业技能有待提升等现实问题，政府也无法做到全范围、无缝隙、无死角的全域监管。笔者认为，这是一种被动式的管理方式，而非调动市场机制的自我净化、自我管理作用，也没有充分利用社会的力量进行有效的监督，可概括性称之为"重监管、轻市场、轻社会"的制度设计。这种制度设计本质上阻碍了信息运行机制的作用，放大了农产品市场固有的信息不对称缺陷，混淆了市场上的产品质量信息，导致市场中真假信息难辨，参与治理的各方都无法获得真实完整的信息，只能基于片面的甚至是不真实的信息做出相应的判断和决策，最终导致多种机制无法发挥正常的作用，笔者将这种制度安排下形成的多种"激励不相容"效应和制度绩效结果称为农产品质量安全治理的"制度困境"。

（二）多重失灵

在"重监管、轻市场、轻社会"的农产品质量安全治理的"制度困境"下，可能会造成多个领域不同程度的机制失灵。

1. 市场机制的失灵。市场机制运行的前提是各个环节交易信息的对称。农产品由于有信誉品特征，消费者很难用肉眼识别其安全性，而此时政府对于信息缺失的补位也并不及时，同时由于客观上存在"塔西佗陷阱"，政府即使公布相关信息也会受到消费者的质疑，使得政府在很多时候选择少公布信息或者保持沉默。如2016年北京被报道的多家超市停售活鱼事件中，消费者一直在质疑超市活鱼下架的原因，并做出各种猜测，北京市食药局尽管第一时间内进行发文回应，但连续两次发声都只是说明全市水产合格率达九成以上、总体情况良好，并未对活鱼停售的原因等一系列工作展开做出任何正面的回应和解释，结果引起公众更大的质疑声。这样的信息沟通不但没有给予消费者迫切希望知道的市场信息，反而刺激了公众对政府不信任的心理，加大了公众对政府不信任的累积。消费者在市场和政府双重信任危机下，主观上认为无法获得真实有效的市场信息，只能接受定价在质量安全平均预期区间内的农产品，使得高于平均质量的农产品退出，劣质不安全农产品把优质安全农产品挤出市场，导致市场机制失灵。一些生产经营者甚至利用市场上信息的不对称，浑水摸鱼，以次充好、制假售假，如2018年央视曝光的假有机、掺假盘锦大米事件就是市场机制失灵下企业逆向选择、制假售假的例证。市场机制失灵短期内看似能给某些生产经营者带来利润，长期来看损害的是消费者对国内市场的信心和信任，损害的是企业的长期经济利益。如有关部门推广实施的食用农产品合格证试点工作就遇到了推广困境，企业按照政府要求开具和使用食用农产品合格证，但是市场并不买单，企业增加了成本，并没有在市场上获得相应报酬，使得企业贴标动力减弱。又比如前几年很多农业信息技术企业对农业生产合作社推广质量追溯二维码技术，但是即使是农业信息技术企业为了前期推广市场，帮助合作社前期免费安装相关监控传输设施设备，仅仅需要合作社花1元钱为每件包装产品贴上一张二维码，合作社都不能坚持下来，就是因为市场对于追溯二维码标签反应不大，能够接受并且愿意支付较高价格的消费者不多。如果市场机制长期失灵，会影响整个农业产业的绿色生产环境、相关业者的技术创新能力、生产者的持续安全生产动力，更不利于提高我国农业大国的竞争力。

2. 法律实施的失灵。在《食品安全法》和《农产品质量安全法》中，都有有关信息发布的条款规定，如《农产品质量安全法》第七条就规定国务院农业行政主管部门和省、自治区、直辖市人民政府农业行政主管部门应当按照职责权限，发布有关农产品质量安全状况信息。第二十一条规定国务院农业行政主管部门和省、自治区、直辖市人民政府农业行政主管部门应当定期对可能危及农产品质量安全的农药、兽药、饲料和饲料添加剂、肥料等农业投入品进行监督抽查，并公布抽查结果。《食品安全法》对于农产品质量安全信息的发布、共享、管理做了更加系统的规定，第一百一十八条至第一百二十条，详细规定了国家层面、省级地方政府层面、县级政府层面各自的信息公开义务要求和权限范围，规范食品安全信息发布，强调监管部门应当准确、及时、客观地公布食品安全信息。在关于《食品安全法（修订草案）》的说明中，特别指出2014年的修订增加了风险分级管理要求，实施风险分级管理，建立食品安全违法行为信息库，向社会公布并实施更新。从当前两部法律对于食品安全信息发布条文的执行情况看，结果不甚令人满意。以北京、上海两个直辖市为例，在上海市政府农业行政主管部门名为"上海农业"官网中单独设置了"食用农产品安全"网页，在该网页上有"执法监督"和"检验检测"栏目，但是两个栏目中均没有农业投入品监督抽查的结果公布，只有相关制度文件、工作方案或通知类文件；在北京市政府农业行政主管部门官网上没有发现单独标有"农产品质量安全"字样的栏目，笔者只好进入政府信息公开目录，也未发现任何有关农产品质量安全信息发布的文字。笔者在网上搜寻，也无法找到拟对公众开放的食品安全违法行为信息库。据有关部门反映，《农产品质量安全法》自2006年11月1日施行以来，2018年才被有关部门首次执法检查。仅从信息管理的冰山一角考察两部法律的执行情况，结果不尽如人意，全面执行情况更是不得而知。

3. 社会监督的失灵。根据《农产品质量安全法》第三十八条规定："国家鼓励单位和个人对农产品质量安全进行社会监督。任何单位和个人都有权对违反本法的行为进行检举、揭发和控告。有关部门收到相关的检举、揭发和控告后，应当及时处理。"现实中这样的法律条款很难被执行。首先，依靠消费者个人对农产品质量安全违法行为进行监督，步履维艰，由于缺乏相应的法律知识、农业知识、食品安全知识等储备，消费者很难做出科学有效的判断，且获得信息的渠道有限，也很难接触并借助专业的仪器设备进行检测，所以即使法律规定个人有权利对农产品质量安全进行社会监督，大多数消费者也没有能力去行使这项权利。但不是说消费者没有愿望行使这项权利，大多数消费者高度关注农产品质量安全问题，有强烈的农产品质量安全的知情需求。其次，即使一些单位、团体能够行使社会监督的权利，仍存在较大阻力。如以上分析的地方政府与媒体的委托代理关系中，由于双方各自利益诉求的不同，产生了对立与冲突，在一定程度上影响到媒体的舆论监督，而在政府对于市场信息及时发布缺位的情况下，媒体的舆论监督实际上是公众获得农产品安全信息的主要来源。根据洪岚、张娣杰（2014）在京客隆超市、大洋路批发市场和某农贸市场以及小型食杂店随机抽取的 200 位正在购物的消费者，进行了生鲜食品安全认知的调研，84.2% 的消费者日常获取食品安全信息的主要渠道是媒体。又如消费者协会作为消费者权益的维护组织，享有社会监督权益，但是在行使权力过程中仍然遇到相关地方保护主义的巨大阻力。

三、政策建议

党的十八届三中全会审议通过的《中共中央关于全面深化改革若干重大问题的决定》提出，使市场在资源配置中起决定性作用和更好发挥政府作用。这为深化经济体制改革，进而牵引和带动其他领域的改革指明了方向。在农产品市场中，我们要用辩证思维去理解传统理论对于农产品质量安全的信息不对称与准公共物品的含义。理论的发展应紧跟实践的变化。在小农经济环境下，由于缺乏相关科学技术和制度经济学理论的支撑，人们确实很难去辨识农产品质量安全信息。但是，随着时代的进步和科技的发展，农产品质量安全的信息不对称问题正在通过各种制度设计和技术创新的方式不断得到缓解和克服，这为市场机制发挥作用提供了前提条件。对此，政府更多应在市场监管、法治保障、政策支持、消费教育上发挥积极作用，其角色功能应是为市场保驾护航、为社会监督创造条件，绝不是挤压市场机制发挥作用的空间和阻碍合理的社会监督。要冲破当前"重监管、轻市场、轻社会"的制度困境，真正建立起基于社会共治的农产品质量安全治理体系，应从恢复信息机制做起，加大法律制度执行力度，使得多元治理主体形成激励相容、凝心聚力的良性局面。

（一）严格依法执行农产品质量安全信息的公布

《食品安全法》和《农产品质量安全法》明确规定了相关主体履行农产品质量安全信息公布的责任，但是一些法律条款表述尚为宽泛，尤其是《农产品质量安全法》相关规定较为笼统和粗放，不利于法律的执行。建议立法部门依据《食品安全法》和《农产品质量安全法》，制定农产品质量安全信息公布条例，细化地方人民政府各相关监管部门对于农产品质量安全日常监督管理信息公布的责任划分、内容要求、公布程序、时间频次、法律责任等，使得法律法规便于执行实施，避免一些地方政府的各监管部门在信息公布责任上相互扯皮、相互推诿的现象。对于向公众公布的抽查检测结果、执法检查情况等信息，建议在公示抽查检测结果时，既要公布抽查检测或执法检查中统计后的农产品合格率比例，也要公布不合格生产经营者的详细信息和产品品类、批次等信息，以便消费者可以有的放矢地淘汰不安全农产品或者不诚信经营者。对于信息共享互通，建议严格执行省级以上人民政府相关部门建立定期的相互通报食用农产品安全风险监测信息。在当前农产品大流通的环境和趋势下，某地的个别努力很难维护好当地的农产品质量安全，需要各个省市加强信息公布和严格执法，加强对农产品市场环境和秩序的共同维护。

（二）落实全程溯源基础上责任主体的依法追责

加强农产品质量安全信息公布的目的是依法处置责任主体，保护守法主体，维护公平正义的市场环境与交易秩序。只有落实全程溯源基础上责任主体的依法追责，才能真正激活市场机制。首先，依法追责要建立在实现农产品生产经营主体全程可溯源的基础上，无法做到全程主体溯源，很难落实责任主体的依法追责。建议进一步强化食用农产品产地准出与市场准入的衔接工作，做好农产品生产经营主体全程溯源基础性工作，为依法治理农产品质量安全提供准确的执法对象。其次，依法追责要处理好物权转移和农产品质量安全责任转移的关系。建议严格区分问题环节与责任主体，问题环节主要指发现问题所在的环节，对于出现问题的环节要进一步分析具体原因，如果问题环节的生产经营主体已经严格按照法律法规的要求做到职责和能力范围的监管，但仍然出现了问题产品，这种情况应采取尽职免责的处理方式，进一步往上游查验问题原因，寻找真正的责任主体；如果问题环节因为失职渎职，没有履行好相关管理责任，导致问题产品的出现，应依法追责。第三，建议将小农户纳入《农产品质量安全法》的监督检查和法律责任中，同时政府加强对可能影响农产品质量安全的农业投入品许可的执行力度，对小农户合理用药用肥、用生长调节剂加强技术指导，对于抽查检测中发现小农户上市的农产品存在农药超标等问题，应将小农户与农业企业、合作社一视同仁，进行信息公布与责任追究。第四，进一步加强对地方政府执法的监督和不履行相关法律责任的依法追责。

（三）建立全国性农产品质量安全违法主体与违法行为信息库

为加强农产品质量安全违法主体和违法行为信息的披露，促进形成全社会共同监督的多元治理格局，建议国家农业农村部和市场监管总局联合建立面向社会公众开放的全国性农产品质量安全违法主体与违法行为信息库，供社会各界查询和监督。信息库的信息来源可借助于三个渠道：第一，各省、自治区、直辖市人民政府上报的农产品质量安全违法主体与违法行为信息。第二，国家农业农村部和市场监管总局联合成立全国农产品质量安全执法检查组，不定期在全国各地方开展巡逻式农产品抽查检测，将发现的农产品质量安全违法主体与违法行为纳入该信息库，该信息来源渠道可以有效制约地方保护主义。第三，接受单位或个人对违反《食品安全法》和《农产品质量安全法》的主体和行为的举报，通过调查核实，将确认的最终违法主体与违法行为纳入该信息库，同时注意保护举报人的相关隐私信息。

（四）广泛加强消费者的农产品质量安全知识普及

目前，国内消费者普遍缺乏农产品质量安全的基本知识储备，加之农产品种养殖的各种"高科技"投入品层出不穷，消费者没有相关的知识更新，更加无法科学有效地判断农产品质量安全问题。但与此同时，"民以食为天"，绝大多数消费者对农产品质量安全问题极为关注，这就造成了消费者对农产品质量安全高关注心理与低识别能力之间的矛盾。解决这样的矛盾，不能因为无法和消费者取得有效的沟通而采取回避的方式，减少农产品质量安全负面信息的公布，这样的结果只能是增加消费者对于公共部门的不信任。建议全面深入开展农产品质量安全法律、法规和安全标准和知识的普及工作。首先，地方政府应该承担起消费教育的公共责任，定期并持续组织举办消费者农产品质量安全大课堂，鼓励有关部门或权威老师进入各大城市社区或组织消费者进入生产基地，开展相关现场讲课，利用微信信息推送、公共场所屏幕等现代信息传播技术手段，制作和传播老百姓看得懂、愿意看的动画或文字类知识普及课件。其次，建议采取政府购买的方式，鼓励社会公益组织、农产品生产经营者开展各种形式的消费者教育活动。再次，将"3·15"维权公益晚会形式常年化、常态化，加强消费者关于农产品质量安全知识的普及和违法违规行为的曝光，让消费者更好地维护自己的合法权益，忠实维护农产品市场经济秩序。通过持续不断的消费教育努力，提高消费者对于农产品质量安全的科学精神与科学素养，让消费者具备与公共部门进行有效沟通的能力，同时提升消费者有效开展社会监督的能力。

（五）规范媒体监督的程序与要求

当前，媒体对于农产品质量安全问题事件的信息发布仍然是消费者获得信息的主要来源，媒体监督是一种重要的社会监督方式。针对目前媒体监督受到专业性、程序性、合法性等问题的质疑，建议进一步用制度的方式细化媒体监督的内容、程序与要求。第一，明确媒体只能转载政府部门发布的全局性农产品质量安全相关信息，不能作为第一信源发布某区域的农产品质量安全合格率等综合信息。第二，媒体有权依法对于农产品质量安全违法行为进行舆论监督，依法进行真实、公正的新闻报道。第三，国家相关部门应在官网的显著位置提供符合《食品安全法》规定和按照国家有关认证认可的规定取得资质认定的农产品检验机构名录和地址，供媒体记者以单位名义送样检测，相关检测机构保证出具的检验数据和结论客观、公正，不得出具虚假检验报告。第四，对于媒体报道的新闻事件，有关部门要及时调查、处理，并对提出的问题进行针对性反馈，不可避重就轻，采取迂回的应对方式。第五，严格执行《食品安全法》对于媒体追责的有关法律规定，媒体编造、散布虚假农产品质量安全信息的，由有关部门依法给予处罚，并对直接负责的主管人员和其他直接责任人员给予处分；使公民、法人或其他组织的合法权益受到损害的，依法承担消除影响、恢复名誉、赔偿损失、赔礼道歉等民事责任。

（六）鼓励促进市场信息交流的农产品流通制度创新

农产品流通制度创新可以有效促进产销信息的沟通，减少信息不对称问题的发生。建议如下：一是鼓励建立多种形式的农产品直供制度，促进产地与消费地一对一的供给对接。鼓励城市社区消费者团体、大型企事业单位、农产品加工企业、餐饮企业直接到农村建立长期的农产品生产供应基地，提倡建立社区支持农业或参与式保障体系等产消沟通机制，减少中间环节，来加强消费端与生产端的信息交流与互动，通过建立相互信任的、可持续的农产品供求关系，来保障农产品的质量安全。二是鼓励农民合作社开办市民集市，以合作社为单位组织相关农户到社区周边定期开办农产品集市和售卖农产品，取代松散的市民集市开办方式，以生产销售组织化方式进一步提高农户对生鲜农产品安全生产的自律性。三是鼓励农产品批发市场从传统的租赁业态向现代化的交易市场转变，逐渐摒弃收取商户租金的盈利模式，建立以收取交易费用为主的盈利模式，有利于加强市场对于经营商户的农产品质量安全的监管。

执笔人：刘雯

京津冀协同发展战略背景下
农业产业化联合体案例研究

——以北京凯达恒业农业产业化联合体为例

农业产业化联合体是龙头企业、农民合作社和家庭农场等新型农业经营主体以分工协作为前提、以规模经营为依托、以利益联结为纽带的一体化农业经营组织联盟。为深入了解农业产业化联合体在京津冀地区的发展情况，课题组于 2018 年 5 月开始，对凯达恒业农业产业化联合体进行了深入调研，现报告如下。

一、凯达恒业农业产业化联合体基本情况

凯达恒业农业产业化联合体由龙头企业北京凯达恒业农业技术开发有限公司，北京、河北、内蒙古等地的 20 多家合作社及若干新型经营主体、农户共同组成。各主体间通过多年的市场交易行为，联系日益紧密，逐渐形成了联合体的发展雏形。

（一）联合体构建主体

1. 龙头企业。北京凯达恒业农业技术开发有限公司总部位于北京市房山区，成立于 2000 年，主要生产经营 VF 马铃薯、VF 果蔬脆片和各类豆皮制品等 80 多种产品。经过十几年的发展，目前公司固定资产达到 8.2 亿元，全年生产总值 3.4 亿元，拥有员工 460 人。公司先后获得国家级高新技术企业、中关村高新技术企业、国家知识产权优势企业、全国农产品加工示范企业、原农业部农产品及加工副产物综合利用试点单位、第十二届农交会金奖产品等多项荣誉，取得了 40 多项科研成果，获得了 35 项国家专利、13 项合作专利和 60 多项企业核心技术，已初步成长为集产、学、研、种、加、销为一体的农业高新技术企业，具有研发、加工、销售等企业核心竞争力。

2. 农民合作社及中小企业。凯达恒业农业产业化联合体目前总计带动北京、河北、内蒙古等地 20 多个合作社，拥有订单原料基地面积 10 万亩，带动种植农户 1 万余人，形成了完整的产业供应链条，使公司、合作社与农户间的利益串联，相互依存发展。2017 年公司主要农产品供应商及采购地分布等情况如下表所示：

表 1　凯达恒业公司主要农产品供应情况

供应商名称	采购地分布	提供农产品种类	年收购量（吨）	平均收购价格	产地市场价格（元／吨）
清扬食用菌合作社	河北省平泉市	香菇	1500	6000	5500-6800
临沭县三利红薯产销专业合作社	山东省临沭县	红薯（紫罗兰、苏薯八号）	10000	紫罗兰 2600—3400 苏八 1700—2600	根据质量不等
乌兰察布市上善绿色农业开发有限公司	内蒙古自治区乌兰察布市及周边	马铃薯	20000	1400	1300—1700
		洋葱	5000	900	800—1400
		胡萝卜	2000	900	800—1100
		南瓜	500—1000	1400	1300—1600
康保县腾益农业科技有限公司	坝上区域内蒙古锡林郭勒盟、赤峰	马铃薯	20000	1450	1300—1700
河北海田网加农业发展有限公司	河北省全境、天津	马铃薯	12000	1450	1300—2000
北京金利农机服务专业合作社	北京琉璃河附近	马铃薯	1000	1450	1300—1550
北京金北联红小豆专业合作社	北京及河北周边	胡萝卜	1500	1100	1000—1300
		马铃薯	12000	1800	1700—2500

3. 种植大户、家庭农场。凯达恒业农业产业化联合体中涉及的种植大户、家庭农场等新型经营主体，主要有两种参与方式：一种是大户本身就是合作社成员，接受合作社日常管理，参与合作社年底分红；另一种是不作为合作社成员，与合作社联系较为松散，仅利用合作社的平台与龙头企业进行交易。

（二）联合体成员分工情况

凯达恒业公司作为龙头企业，在生产前期统一制定生产规划和生产标准，以高于市场的固定价格收购农产品，负责农产品的深加工，并通过营销方式将最终产品推向市场；农民专业合作社上联企业、下接农户，起到中介纽带的作用，为农户提供产前、产中、产后服务；家庭农场、种植大户等新型经营主体及小农户按要求进行标准化生产，向企业提供安全可靠的农产品，并获得高于市场价格的收益。

（三）联合体的经营规模与市场销售情况

经过十几年的发展，目前北京凯达恒业联合体生产的 VF 马铃薯、VF 果蔬脆片和各类豆皮制品等 80 多种产品已出口 30 多个国家和地区，受到国内外市场的一致认可和好评。凯达恒业公司下辖北京香豆豆食品有限公司、内蒙古薯都凯达公司两个子公司，拥有脆脆乐、薯都薯、香豆豆、犁响等自主品牌，并先后与众多国内外知名食品集团合作，公司全年生产总值达到 3.4 亿元。

二、凯达恒业农业产业化联合体主要做法

（一）"订单"模式发展原料基地

公司通过提前签署购销合作协议发展原料基地，在全国范围内通过订单带动农户种植

企业所需的农产品原材料。具体方式为：企业与合作社签订合同，将原料订单交予合作社，由合作社组织农民进行种植，并将农产品统一贮藏管理，根据订单要求随时满足企业的需求。如凯达恒业公司与河北省张家口市康保县某合作社已形成了收购马铃薯的长期合作关系，于每年生产季前签订当年购销合作协议，约定具体的土豆品种、数量、单价、产地、包装方法、供货时间标准和合同金额等。

（二）"六统一"管理体系建设原料标准化种植基地

凯达恒业公司通过"六统一"管理体系建设原料标准化种植基地，公司统一制定方案并提供专业技术指导，由合作社具体执行。"六统一"具体为：统一订单种植品种、统一使用高效生物农药、统一使用有机肥、统一价格收购、统一技术规程、统一质量检测。在种植前期，公司采购技术员根据原料情况制定种子、化肥品种与采购价格，由合作社统一进行采购并负责具体管理，供货时公司进行统一质量检测，并根据合同价格进行收购。与公司最早合作的北京金北联红小豆专业合作社，通过率先推行"六统一"模式，与农户建立了稳定的产销关系，使原本小规模种植的小杂粮实现了规模化、标准化生产。目前该合作社已拥有标准化种植基地1500亩，年产值5500吨，带动周边5000余农户参与种植。金北联红小豆专业合作社也由原来单一进行红小豆业务，发展成为多元化服务的合作社，年生产总值达到5900万元。

（三）通过联合提升各方抗风险能力

1. 防范自然风险和行为风险。在凯达恒业农业产业化联合体中，公司通过"六统一"管理体系，统一了种子、农药、肥料的选用，选派技术人员加强田间技术管理，打造原料标准化种植基地，在很大程度上提升了合作社和家庭农场、大户在种植过程中抵御虫害等自然风险的能力，有效减少了伪劣种子、化肥和农药等农业生产资料造成的农业生产损失，同时保障了农产品的质量安全。此外，为提升合作社在收储过程中的抗风险能力，凯达恒业公司协助合作社建立了一些用于储存农产品的原料储存气调库。气调库由凯达恒业公司提供场地与后期维护，合作社拥有完全所有权，不需缴纳使用费、维护费等其他费用。

2. 避免市场波动风险。前凯达恒业公司在种植前期根据历年情况，分析预测出当年的预计价格，并在购销合同中约定农产品单价及收购总金额。合同生效后，不管市场价格如何波动，均按照合同约定价格进行收购。从凯达恒业公司的角度看，订单收购稳定了原料成本，企业避免了因原料价格大幅上涨增加生产成本而产生的损失；从合作社和农户的角度看，公司对于优质农产品的收购价格基本高于市场价格，在种植前期已有确定的收益，避免了找不到买家、市场价格下降、效益差等问题。

三、凯达恒业农业产业化联合体的主要效果

（一）经济效益

对于作为龙头企业的凯达恒业公司来说，通过基地建设，企业得到稳定的优质原料供货渠道，稳定原料成本，企业随时可以生产出高质量的深加工产品并避免了因原料价格大

幅上涨增加生产成本而产生的损失。企业依靠科技创新，引进行业顶尖自动化装备，将农产品原料转化为高端休闲食品，增加产品的附加值；同时借助于企业完善的销售渠道和团队，使产品可以快速走向市场，保证销量。

对于合作社来说，通过上联企业，合作社能够获得企业的技术支持和农资信息，能够更好地服务农户；通过下联家庭农场、大户，合作社在统一组织生产资料购买和农产品销售时，通过少量的批零价差留成和服务费用的节省，除能够解决合作社日常所需要的资金问题外，合作社还能产生经营收益，可用于发展壮大和年底分红。

对于家庭农场和大户来说，通过加入凯达恒业农业产业化的联合体，能够得到合作社提供的低于市场价格的生产资料，获得全程技术指导，所生产的农产品确保能够高于市场价格卖出，免除种植的后顾之忧。

（二）社会效益

1. 促进农民就业，助力精准脱贫。通过凯达恒业农业产业化联合体的产业带动，使基地大量农民实现了在地就业。除从事农业种植外，联合体通过对农民的职业技能培训，使其掌握一技之长，招聘他们进入公司在北京、内蒙古的园区工作。目前北京与内蒙古的基地可同时提供 500 个以上的长期固定就业岗位，公司为员工办理五险一金，可保证平均年收入在 5 万元以上。

作为联合体中最具有经济实力的龙头企业，凯达恒业公司长期参与公益慈善事业，履行企业社会责任。对于建档立卡的贫困户，凯达恒业公司在招聘岗位中预留出 100 个名额，为当地建档立卡的贫困农户精准安排就业。公司通过合作社，对贫困户提供种子、田间指导、价格优惠等精准帮扶措施，确保其当年脱贫且不再返贫。在援蒙建设期间公司制定了涉及 100 名贫困学生的帮扶计划，目前已与当地三中签订帮扶协议，每年对于贫困入学新生给予生活资助，持续帮扶三年直至升学。

据测算，凯达恒业农业产业化联合体内蒙古乌兰察布基地 2017 年共带动周边农户种植马铃薯 3 万亩，其中涉及贫困户 1000 户，每户年均增收 5000—9000 元。

2. 规范全产业链生产，促进农产品质量安全。通过农业产业化联合体的建设，凯达恒业。联合体可以将马铃薯等农产品的种植、加工、销售等各生产环节串联起来，覆盖从田间到餐桌的全产业链。通过制定联合体内部的生产标准和服务规范，使家庭农场、农户按标准生产，合作社依照规范服务，能确保农产品质量达到或高于国家标准，提高安全优质农产品的供给能力。

四、农业产业化联合体的完善方向

（一）应注重优势互补和政策统筹，鼓励组建京津冀协同发展的农业产业化联合体

在当前京津冀协同发展的大背景下，发展现代农业产业化联合体作为当前和今后一个时期推进农业产业化工作的重要抓手，有助于解决农产品供需错配、稀缺要素导入不畅、食品安全难以保证等难点问题。建立龙头企业在京，生产基地在津、冀的产业化联合体，能够充分利用首都企业的创新优势、信息优势、渠道优势，同时帮助家庭农场和

生产基地解决技术、资金、市场、社会化服务等问题，也使得合作社有了稳定的服务对象，几大主体以契约形式结成稳定的同盟关系，建立紧密的要素链接、产业链接、利益链接，能够有效促进京津冀地区一、二、三产业的融合发展，带动对口帮扶地区农民增收。

（二）应鼓励联合体通过章程固化并创新合作模式

凯达恒业农业产业化联合体各主体间仅靠合同和协议联结，虽然各方已形成长期合作，但整个联合体没有明确的章程，不利于模式复制和发展壮大。应鼓励和引导在交易模式成熟的基础上将合作模式通过章程的形式固化下来，设立土地、资金、人才、信息等内部要素的流动机制，促进长期稳定合作，形成利益共享、风险共担的责任共同体、经济共同体和命运共同体。在章程的制定上，应进一步完善内部制度建设、强化民主管理与监督机制，坚持透明的决策程序及公平的利益分配，同时应注重在要素流动、激励机制方面进行创新探索。

（三）发展产业化联合体应高度重视合作社的培育和发展

合作社作为联系龙头企业和家庭农场、大户等新型经营主体的纽带，对整个联合体组织化的发展起着非常重要的作用。因此，农业产业化联合体的发展应将重点和关注点放到合作社的建设上来，在合作社内部制度建设完善的基础上，结合龙头企业与合作社双方合作意愿，引导双方结成同盟，组成产业化联合体，形成生产、加工到销售一体化的完整产业链。不能对联合体的数量定指标和下死命令，在合作社内部机制不完善的情况下强行"拉郎配"，造成整个联合体的低效率和财政资金的浪费。

具体到对合作社的建设上，一是应加大对合作社专业管理人才的补贴力度；二是引导和鼓励合作社拓宽服务范围，由提供单一农资购买、生产指导服务等向农机服务、土地托管、农产品加工、销售等环节延伸，开展农作物耕种收、农产品产加销等全产业链服务。

（四）京津冀地区联合体发展不能忽视小农户的加入

与安徽、山东等农业大省相比，京津冀地区尤其是北京地区的农地面积小、生产规模小，农业标准化程度低、收益低，农户兼业化严重。因此，在京津冀地区农业产业化联合体的发展和培育中，联合体不能只是关注龙头企业、农民合作社和家庭农场等新型农业经营主体，还应充分激励合作社发挥团结、带领农户的作用，将生产基地的零散小农户吸纳进联合体中来，将一家一户小生产融入农业现代化大生产之中。

参考文献

[1] 孙正东 . 现代农业产业化联合体的理论分析和实践范式研究 [M]. 北京：人民出版社，2017.

[2] 芦千文，张益 . 对现代农业产业化联合体发展的调查与思考——以安徽省宿州市为例 [J]. 农业经济与管理，2017（2）：24-31.

[3] 芦千文. 农村一二三产业融合发展的运行机理和理论阐释：例证皖省现代农业产业化联合体 [J]. 山西农业大学学报（社会科学版），2017，16（4）：24-29.

课题负责人：张英洪
课题主持人：李婷婷
课题组成员：刘雯、王丽红
执　笔　人：李婷婷

第三篇

农村改革与集体经济发展

京郊农村集体经济产权制度改革历程

党的十一届三中全会拉开了京郊农村改革的序幕。40多年来，在党中央一系列方针政策的指引下，从落实粮田联产承包责任制到建立和完善以家庭经营为基础、统分结合的基本经营制度，从探索社队企业经营承包、重组转制到乡村集体经济组织推行产权制度改革，目标不断清晰：就是要在农村城镇化、现代化进程中推进集体经济产权制度改革，保护和发展农民的所有者权益，建立起农村集体经济现代产权制度。

京郊进行的农村集体经济产权制度改革，主要集中在三个方面：一是在推行以家庭经营为基础统分结合双层经营制度的基础上，进一步落实农村土地承包经营权，保护农民作为承包经营者的权利。二是在乡镇企业推行以产权改革为重点，大力推进乡镇企业制度创新的"重组转制"，使"投资主体单一，经营模式落后"的集体企业通过兼并、租赁、出售、股份制和股份合作制改造，最终形成"以公有制为主体，多种所有制共同发展"的产权结构。吸引农民和社会资本进入乡镇企业，促进乡镇企业实现"二次创业"。三是推进农村集体经济"资产变股权，农民当股东"的产权制度改革。通过上述改革，逐步实现农村集体经济产权制度构建"归属清晰、责任明确、保护严格、流转顺畅"的现代产权体系。完善市场化资源配置的机制，进一步解放和发展农村生产力。这三大改革，相互借鉴，相互促进，不断深入，有效探索出农村集体经济新的实现形式。

产权制度是指既定产权关系和产权规则结合而成的且能对产权关系实现有效的组合、调节和保护的制度安排。我国农村经济体制改革中所说的集体经济产权制度改革，就是将人民公社时期形成的归属不清、产权模糊的旧体制，改造成为"归属清晰、权责明确、保护严格、流转顺畅"的现代产权制度。适应市场经济发展需要，完善农村基本经济制度。京郊农村集体经济产权制度改革，不同时期不同重点，具有明显的阶段性和渐进性。

一、建立以家庭经营为基础统分结合双层经营体制

与外省市相比，京郊集体经济相对比较发达，但同时，"一大二公"的人民公社旧体制根深蒂固。当时郊区并不是都实行"三级所有，队为基础"，根据《北京志·农村经济综合志》的数据，1969年，北京市有255个大队合并了生产队，实行大队核算。而海淀区的四季青、玉渊潭、东升、海淀等乡则实行乡级核算。党的十一届三中全会以后，京郊农业承包经营责任制推行，经过了三个阶段：

（一）联产计酬阶段

从 1978 年开始，中共北京市委在大兴县（今大兴区）和昌平县（今昌平区）举行联产计酬试点，有联产到组和联产到劳两种形式。据统计，到 1981 年年底，在郊区种植业中，97% 的生产队建立了生产责任制。其中 75% 的生产队是包产到组，但依然是集体统一核算、统一分配。

（二）大包干阶段

1982 年"保证国家的，留足集体的，剩下都是自己的"的大包干责任制早已在外省市大面积推开，但是当时在北京郊区还存在许多不同认识。有人认为大包干是分田单干，"辛辛苦苦几十年，一夜回到解放前"；也有人认为大包干会破坏集体财产和已经形成的生产力。1982 年 9 月，时任中共中央总书记的胡耀邦针对大兴县石佛寺大队抵制包干到户的问题做出批示："北京郊区还有一些干部对责任制不通，甚至以各种借口来抵制，这一定要教育过来。"中共北京市委针对这件事，查找思想和工作差距，主要是"左"的思想没有肃清。并根据北京郊区实际，提出了六条意见，加强和改进工作，积极推进大包干责任制。这件事对推动郊区农村改革起到了促进作用。到 1982 年年底，种植业实行大包干责任制的队达到 69%；通过三年努力，到 1985 年，郊区大田实行大包干分配的队达到 96.9%。保留工分、实行联产计酬的队还有 350 个，占总队数的 2.8%。

（三）以家庭经营为基础，统分结合双层经营阶段

大包干责任制最终发展到家庭经营，因为它已经不是集体统一分配了。但是由于基层都是"摸着石头过河"，没有经验可以借鉴，不免会出现一些问题。大包干使不少地方的生产队解体，原来许多统一服务的东西也被解体了，特别是农机、水利等服务，带来生产上的诸多不便。北京市委从 1983 年开始完善统分结合、双层经营。一是从统一服务问题上完善大包干责任制。当时在种植业开展种植区划、机械作业、良种、排灌和植保"五统一"。二是要求村合作经济组织在双层经营中发挥经营、管理、服务三位一体的作用。三是于 1985 年秋后开始进行村级集体经济的清理和整顿，根据新的形势建立健全财务管理制度。四是利用家庭经营后释放出来的剩余劳动力，集体兴办乡镇企业。乡镇企业异军突起，不仅吸纳了大量农村劳动力，而且增加了非农产业收入，活跃了农村经济。1988 年，郊区乡镇企业已经发展到 18582 家，总收入达到 118.9 亿元，占农村经济总收入的 66%。农村经济总收入达到 178.6 亿元，比 1978 年翻了三番。实行家庭经营，集体经济组织不仅没有垮台，而且壮大了实力，在后来全国农业生产遇到低迷时，许多乡村出台"以工补农"政策，北京郊区的农业却实现了增长。1987 年，郊区粮食总产量达到 22.7 亿公斤，亩产达到 487 公斤，分别比 1978 年增长了 22% 和 38.5%。菜、蛋、肉、奶、果五种农产品比 1978 年分别增长了 46.5%、700%、30%、190% 和 28.6%。

1985 年，随着郊区乡镇企业蓬勃发展，农村劳动力大部分转移到企业。而农业生产由于家家包地形成的细碎化经营，导致比较利益低，农民种粮满足"够吃就得"，种田积极性下降。北京郊区针对农业生产面临的问题，开展了以农业专业化、市场化、现代化为特征的农业适度规模经营试验。北京市农口 1985 年 7 月召开会议，分析总结顺义县（今

顺义区）、房山县（今房山区）典型经验，首次提出"通过扩大土地经营规模，提高农业机械化水平和技术水平，来提高劳动生产率，提高粮食收益"。8月，市政府领导在全市三秋种麦会上，提出了实现土地集约经营的具体办法，分析了土地规模经营需要具备的四个条件：一是允许承包土地转移，并对转移者在土地上的投资给予补偿；二是土地转移者要有新的就业机会；三是机械化和科学技术要跟上；四是要有社会化服务并逐步配套。到1995年，郊区实行土地适度规模经营的粮田达17.2万公顷，占粮田总面积的71.7%。主要有三种形式：一是集体农场1655个，经营粮田9.2万公顷，占53.3%；场均66公顷，劳均近3公顷。二是专业队管理下承包到劳。三是专业户承包。后两种形式共经营粮田8.1万公顷，劳均0.8公顷。顺义县安排6.4%的农村劳动力种田，劳均经营土地2.9公顷，产粮3万公斤，劳均纯收入6000元。

京郊实行的土地适度规模经营，是在统分结合双层经营体制下，顺应农村专业化分工的需要，实现土地专业化、市场化、现代化规模经营的有益探索。1988年6月，国务院批复同意在顺义县建立农村改革试验区，进行农业适度规模的经营试验。中央农村政策研究室主任杜润生，带队深入顺义县调查研究，几次听取汇报、指导工作。不少中央领导同志也到顺义考察。但是，这项改革试验被少数权威媒体当作"重新归大堆""走回头路"的典型报道，没有坚持下来。

土地延包与确权流转。北京郊区家庭承包责任制基本是从1982年开始的，到1985年种植业实行土地包干责任制的生产队达到12206个，占全市生产队总数的96.6%。这一过程属于一轮承包。全国一轮土地承包期限是15年，1997年到期。为了稳定农村土地承包关系，1997年8月27日，中共中央办公厅、国务院办公厅发出《关于进一步稳定和完善农村土地承包关系的通知》（中办发〔1997〕16号）。按照这个文件要求，农村土地承包期再延长30年不变。为落实中央文件精神，中共北京市委、市政府于1997年11月11日发出《关于进一步深化农村经济体制改革，落实农村经济政策若干问题的意见》（京发〔1997〕14号）。按照文件要求，已经实行家庭承包经营的土地，不论是粮田还是经济作物都坚持长期稳定，认真落实中央将土地承包期再延长30年的政策。同时，为了规范农村土地延包工作，1998年7月，北京市人大常委会对1989年颁布的《北京市农业联产承包合同条例》进行了修订。修改后颁布的条例根据《中华人民共和国农村土地承包法》的规定，增加了"农村集体经济组织成员，对本农村集体经济组织所有的土地享有承包权，任何组织和个人不得非法剥夺农民的承包权"。到2002年年底，郊区二轮土地延包工作基本结束。据北京市农村合作经济经营管理站统计，全市有集体土地的村有3030个，已经延长承包期的村有2885个，占有地村数的95.2%。荒山租赁面积为6.95万公顷，租赁期一般都在50年左右。2004年5月，北京市委、市政府组织有关部门对郊区农村土地承包期进行了全面调查。调查发现，截至4月30日，全市农村可以确权的农用地面积为33.13万公顷，实际落实到农户的农地面积为19.73万公顷，占应确权农地面积的59.5%。需要进行确权的农地还有13.41万公顷，占40.5%。调查还发现，有些土地并没有确权到户，有的统一流转到集体经营，也没有给农民补偿；有些集体把土地对外租赁、承包管理不公开。没有认真落实土地承包政策，甚至引发纠纷，影响农村社会稳定。针对上述问题，2004 年 8 月 26 日，中共北京市委、市政府颁布了《关于积极推进农户土地承包经营权确权和流转的意见》，以落实农户土地承包经营权、确保农民土地收益为目标，进一步明确了土地确权范围和补偿原则。坚持从实际出发，因地制宜，分类指导。在充分尊重农民意愿的前提下，分别采取了"确权确地""确权确利""确权入股"等多种形式，确保了农民土地承包权的落实。对那些由集体或大户承包租赁的土地，则采取"先确权、后流转、再分利"的做法，在明确农户土地承包经营权份额、确保农户土地收益的情况下，尽量保持原有经营形式不变，并依据《土地承包法》的规定，对原承包合同进行必要的完善和调整。截至 2004 年 10 月 15 日，全市 13.41 万公顷需要确权的农地，已经完成确权的有 12.86 万公顷，完成了 96%。其中采取确权确地的有 4.63 万公顷，占 36%；确权确利的有 6.76 万公顷，占 52.5%；确权入股的有 1.48 万公顷，占 11.5%。经过这次全市土地确权工作，共有 32.59 万公顷土地确权到户，占应确权土地的 98.4%。坚持"依法、自愿、有偿"的原则，积极推进农户土地承包经营权流转，是保护农民土地收益的有效途径。截至 2010 年年底，全市农户自愿有偿流转土地的已经达到 14.33 万公顷，占农户承包土地的 46.3%。其中流转到其他农户的有 5.1 万公顷，占 35.5%；流转到专业合作社的有 0.94 万公顷，占 6.6%；流转到农业企业的有 2.4 万公顷，占 16.8%；流转到其他主体的有 5.9 万公顷，占 41.2%。

二、乡镇企业从承包经营到重组转制

党的十一届三中全会以前，北京郊区的乡镇企业是农村集体经济的重要组成部分，产权形式几乎都是人民公社和大队集体所有。集体对企业的人、财、物、酬管得死死的，企业只有生产的权利，经营者和生产者当然没有积极性。十一届三中全会以后，农业生产经营实行了多种形式的联产计酬和经营承包责任制，打破分配大锅饭，极大地调动了广大农民的生产积极性。1981 年，农牧渔业部在北京召开全国乡镇企业经营管理工作会议，提出乡镇企业要借鉴农业联产承包责任制的经验，实行经营承包责任制。自此，拉开了农村集体企业改革的序幕。

（一）借鉴农村土地承包经营的成功经验，社队企业推行承包经营

与农业联产承包责任制相似，1981 年京郊社队企业开始实行"几定一奖惩"的集体承包责任制。北京市公社企业局（后来的北京市乡镇企业局）总结了昌平县沙河公社社办企业、房山县琉璃河公社社办企业和怀柔县（今怀柔区）北宅砖厂等实行"几定一奖"承包责任制的做法和经验，向全市推广，促进了全市社队企业承包责任制的建立。怀柔县总结北宅砖厂实行"五定一奖惩"（定人员、定产量、定质量、定利润、定上缴利润，超奖减罚）责任制经验并向全县推广，在全县 915 家社队企业中，有 841 家企业（占 93%）签订了承包经营责任制。当年全县社队企业完成产值 7498 万元，实现利润 1455.4 万元，分别比承包合同指标超出 42.6% 和 36%。全市有 6561 家社队企业实行了承包责任制，占全市社队企业总数的 73.8%。乡镇企业推行承包经营，开始只是对经营管理者放权，一定程

度上调动了经营者的积极性，但很快就发现了一些问题。1994 年 1 月 14 日，北京市十届人大常委会第八次会议审议通过了《北京市乡村集体企业承包经营条例》，为规范乡村集体企业承包活动，解决"以包代管"、负盈不负亏和损害企业所有者和经营者利益问题，提供了法律依据，在实践中发挥了很好的作用。

1983 年中央一号文件，第一次提出"社队企业要实行多种形式的生产责任制。有的企业可以试行厂长承包责任制"。北京郊区社队企业根据中央文件精神，认真总结完善了"几定一奖惩"责任制，有条件的企业以集体承包（厂长负责）为主，有的是厂长承包，一些小规模的企业还承包给了个人。到 1986 年，京郊社队企业实行厂长承包（或为主）的企业达到 81.3%。这种责任制使企业经营者有了自主权，调动了负责人的积极性。但是因为都是经营管理层次的改革，没有触动基本的产权制度，依然出现负盈不负亏的现象。所以在实践中一直不断完善。特别是 1987 年国家农牧渔业部下发《关于完善乡、村集体企业承包责任制的意见》以后，北京郊区在落实中，采取四个途径进行了完善：（1）推行厂长（经理）任期目标责任制。任期一般至少三年。（2）整顿和完善个人承包办法，清理整顿了原来在承包中存在的"口头合同""感情承包"以及掠夺式经营等问题。进一步明确了承包、发包双方的权利义务，完善了承包合同。（3）实行风险抵押金，强化承包人的责任意识和风险意识。1988 年，全市乡村集体企业中，有 3600 多家实行了风险抵押承包责任制，占全部企业的 24.5%。（4）引进竞争机制实现人尽其才。1988 年，有 2782 家乡村集体企业实行竞争招标承包，占全部企业的 18.5%，使一批懂管理、善经营的人才跻身企业领导岗位。

1990 年，农业部发布了《乡镇企业承包经营责任制规定》。北京市政府农林办公室在此文件基础上，结合近 10 年乡村集体企业承包经营责任制的经验，制定了《北京市贯彻农业部〈乡镇企业经营承包责任制规定〉的实施细则》。《细则》明确规定了发包方和承包方的权利和义务，规定了生产经营、经济效益、企业管理、企业发展等四大承包指标。为了完善承包责任制，不少区县制定了统一规范的合同文本。这期间，京郊企业开始学习江苏省无锡县（今无锡市）和吴县（今苏州吴中区）生产要素承包经营责任制的经营，实行资产承包。按照企业固定资产、流动资产和职工创造价值三者平均利润水平确定承包基数，使企业承包与资产和职工贡献结合起来，越来越体现企业经济活动的规律。

企业承包经营责任制从开始集体承包，到后来厂长或企业班子集体承包，再发展到资产承包、租赁经营，逐步深入、完善，在经济发展中收到了显著效果。首先是不断扩大了企业自主权，较好地理顺了所有者和经营者的关系；其次是引入竞争机制，企业领导由"让我干到我要干"，而且能上能下；三是引入风险机制，初步解决负盈不负亏的问题；四是促进摆正所有者、经营者、生产者利益和企业自身发展的关系。

（二）重组转制，促进乡镇企业二次创业

1996 年 9 月，中共北京市第八次代表大会提出，郊区乡镇企业要加大重组转制力度，优化产业、产品结构，促进乡镇企业进一步发展。为此，1997 年 3 月，北京市政府举办了郊区企业资产重组、人才交流洽谈会。京郊共有 1242 家乡村集体企业参展，16 个市属局（总公司）及所属企业、国内 20 多个省市代表参加洽谈会，还吸引了美国、日本、德国等 10 多个国家和地区的客商参会。参展企业采取合作、联营、出售、租赁、托管等形式招商引资、资产重组、引进名优产品，引进人才。洽谈会收到很好的效果，会上签订合同 132 份，金额总计 22.6 亿元，引进各类人才 600 人。在年底召开的郊区乡镇企业重组转制工作会上，进一步提出了乡镇企业重组转制的指导思想：解放思想，实事求是，因厂制宜，分类指导，通过抓好"六个一批"，即"引进一批、组建一批、创新一批、放活一批、盘活一批、聘用一批"，实现企业重组转制。引进高起点增量，推动企业结构优化，增加经济总量，彻底改变企业的徘徊局面。从 1996 年全面推行乡镇企业产权制度改革起，到 1998 年，全市乡村两级实行重组转制的企业达到 5388 家，占乡村企业总数的 34.3%，其中联营 987 家、中外合资 272 家，股份制和股份合作制 892 家，出售 602 家，租卖结合 86 家，租赁 2549 家。重组转制企业共盘活存量资产 27.2 亿元，引进资金 46.4 亿元。重组转制为企业二次创业打下了基础。2000 年，北京市委、市政府下发了《关于大力推进乡镇企业二次创业的意见》，提出了二次创业的目标，就是通过产权制度改革，培育市场经营主体进行结构调整，普遍建立现代企业制度。

三、京郊乡村集体经济组织的产权制度改革

随着北京农业现代化、市场化和产业化进程的不断加快，农村集体经济原有的产权制度限制了生产要素的市场化配置。同时，北京城镇化发展，使农村集体经济特别是整建制转居的村资产处置所产生的纠纷，已经影响到农村社会稳定以及农村城镇化的健康发展。同时，京郊乡镇企业的重组转制，也促进了乡镇集体经济组织的产权制度改革。因此，京郊农村集体经济产权制度改革首先是从最先城市化的地区开始的，经历了三个阶段：

（一）理论准备与试点阶段（1985—1995 年）

1985 年，中央一号文件首次提出：股份合作制的办法值得提倡。所以京郊农村集体经济产权改革的形式是从采用股份合作制开始的。就在这一年，京郊通县（1997 年改为通州区）城关乡永顺大队第二生产队在京郊率先改制成为股份合作制的"滨河实业公司"。1992 年 5 月，北京市委农工委和北京市农研中心举办北京市农村股份合作制讲习班，请北京农业大学（现为中国农业大学）以及山东淄博的同志做报告，介绍农村股份合作制改革的理论与实践。农村经济研究人员开展调查研究，探讨京郊实行股份合作制的政策和策略。在城乡结合部的区成立由区委副书记组成的股份合作制工作领导小组，开展试点工作，先后涌现了丰台区南苑乡东罗园村、长辛店电石厂和朝阳区洼里乡九阳太阳能设备厂等一批先试典型。这些试点单位，是在学习外地经验，结合自己实际摸索出的方案，既具有开拓性，也有不完善的地方。如，开始量化个人的股份只有收益权，没有所有权，不能转让；只是量化了部分资产等。

（二）总结经验、扩大试点阶段（1996—2006 年）

在近郊区开展试点的基础上，总结试点经验，同时就有关理论和实践问题开展研讨，产生了共识，形成了一批政策文件。特别是 1996 年 9 月 6 日，北京市人大常委会第三十

次会议通过《北京市农村股份合作企业暂行条例》，为指导后来的产权制度改革提供了法律依据。1997 年 3 月，北京市委、市政府进一步明确，"在城乡结合部和有条件的地方，进行社区股份合作制试点，认真解决国家征用农民土地后集体资产处置问题"。实践证明，农村进行产权制度改革，核心是搞好"两个界定"，即资产界定和成员界定。为此，1997 年 7 月，中共北京市委农工委市政府农林办公室转发了《北京市经管站关于郊区农村清产核资工作中涉及产权界定几个问题的处理意见的通知》，为实践中遇到的具体问题提出了解决办法。到 2000 年 2 月，市委、市政府进一步明确了农村产权制度改革的指导思想和遵循的原则，即"深化农村经济改革，以产权制度改革为重点，对原有乡、村集体经济组织进行股份制或股份合作制改造。基本原则是'撤村不撤社、转居不转工、资产变股权、农民作股东'。即撤销行政乡或村的建制后，保留原有的农民农村集体经济组织，并改造成新型的股份制或股份合作制经济"。在近郊区试点区经验的基础上，试点范围开始稳步向远郊区扩展。到 2005 年，14 个郊区县，已经基本完成产权制度改革的乡村集体经济组织达到 125 个（其中乡镇集体经济组织 2 个），此外，还有 108 个村和 11 个乡集体经济组织进入改革程序。

（三）产权制度改革全面推进阶段（2006 年至今）

2006 年 3 月，中共北京市委、北京市人民政府发布《关于统筹城乡经济社会发展推进社会主义新农村建设的意见》。《意见》要求："积极推进乡村集体经济产权制度改革……对具备条件的乡村集体经济组织，要按照资产变股权、农民当股东的方向，积极推进农村集体经济产权制度改革。"2006 年 5 月 16 日，市委、市政府召开了有区县委书记、区县长和乡镇党委书记参加的农村经济体制改革工作会。通州区、昌平区、丰台区和密云县（今密云区）在会上介绍了经验。市委分管副书记、市政府分管副市长分别作了重要讲话。提出要加快农村经济体制改革步伐，为社会主义新农村建设奠定制度基础。这次会议标志着全市农村集体经济产权制度改革全面展开，并开上了快车道。截至 2006 年年底，14 个郊区县基本完成产权制度改革的乡村集体经济组织累计达到 203 个，比 2005 年完成数增加了 62.4%。从 2007 年开始，农村集体经济产权制度改革工作被列入"市委、市政府 2007 年度折子工程"，要求全年新完成产权制度改革的乡、村集体经济组织要达到 100 家。到年底，实现乡级产权制度改革完成 1 家，村集体经济组织完成 99 家，圆满完成年初的任务。2008 年，市委、市政府一号文件提出："继续推进乡村集体经济产权制度改革，鼓励探索农村集体经济新的实现形式。"2008 年 12 月 30 日，市委发布了《关于率先形成城乡经济社会发展一体化新格局的意见》。要求"按照'资产变股权、农民当股东'的思路，全面推进农村集体经济产权制度改革，盘活存量资产，转变经营方式，激发农村集体经济内在活力，建立与市场经济接轨的产权清晰、责权明确、政企分开、管理科学的新型经济组织"。截至 2008 年年底，全市已经完成产权制度改革的乡村集体经济组织 303 家，其中乡集体经济组织 4 家；14 个郊区县都已经开展。进度快的丰台区完成农村集体经济产权制度改革的村达到 90%。2010 年 1 月，市委农工委、市农委发出《关于进一步加快推进农村集体经济产权制度改革工作的意见》，要求各区县加大力度、加快进度。有关部门增强政策支持、奖励制度，强化服务指导，加强领导，建立工作月报和季度分析制度，并于 10 月 12 日召开全市农村产权制度改革经验交流会。6 个单位在会上介绍经验，总结了 9 个产权制度改革的典型模式，有力促进了全市改革进程。2010 年，农村集体经济产权制度改革进度开始加快，当年新完成改革单位 1672 家。全市完成乡村集体经济产权制度改革的单位已经达到 59.6%。改革使 52 万农民成为集体经济组织的股东。2011 年新完成改革单位 1161 家，累计完成 3645 家，其中村集体经济组织 3635 家，占全市总村数的 91.6%。2015 年，全市村集体经济组织完成产权制度改革的村达到 3892 家，占总村数的 98%，基本完成村集体经济产权制度改革工作。据北京市农经办统计，已经完成产权制度改革的村，共量化资产 830.29 亿元，股东总数 329.2 万人。2015 年，股金分红总额 45 亿元，平均每个股东分红 3367.5 元。

执笔人：焦守田

北京市乡村集体经济发展的总体分析

党的十九大提出实施乡村振兴战略，精准定位实施主体是关键。习近平总书记历来重视乡村集体经济，把集体经济组织称为农民进入市场的"龙头"，并指出要在指导思想的高度重视增强乡村两级集体经济实力。北京市作为中国超大城市，2017年人均GDP已接近2万美元，"十二五"以来城镇化率长期维持在86%—86.5%的区间以内，标志着北京市地区已经先行达到发达国家标准，并进入后工业化社会发展阶段。北京市郊区实施乡村振兴战略要体现首都发展阶段所赋予的新特点，重视发挥集体经济的重要作用。

北京市农村集体账面资产规模约占全国的五分之一，含集体土地资源在内的总资产估值10万亿元，是京郊实施乡村振兴战略的天然主体，发挥着"火车头"的作用。近年来，北京市乡村集体经济呈现出"双重升级"的新趋势新特征：产业结构由"瓦片经济"向现代服务业升级；经济体制由家庭承包经营为基础的双层经营体制向乡镇统筹下的复合型体制升级。北京市乡村集体经济面临着缺乏市场主体地位、缺乏规范化管理、地区差距固化等突出问题。作为超大城市郊区特点的乡村振兴，要在党建、产业、体制、人才、文化、规划等诸方面对壮大乡村集体经济进行顶层谋划，让农民依托集体经济有组织地完成农业农村现代化。

一、北京市乡村集体经济发展的基本趋势与阶段性判断："一主两升"

作为公有制的一种基本类型，集体所有制是我国农村地区的基本经济制度，集体经济是一种与国有经济并行的独立的经济形态，具有社区性、合作性、综合性、稳定性等典型特征。通过改革开放40多年，特别是"十二五"以来郊区乡村集体经济发展变化的现实观察，可以发现京郊集体经济发展的总体变动趋势和阶段性特征，为研究提出乡村振兴战略的制度政策和具体措施提供逻辑起点和基本支撑。

（一）集体经济是农村经济社会发展的主导力量

乡村集体资产总量增长迅猛。2017年，北京市共有村级集体经济组织3945个、乡镇级集体经济组织195个，参与分配人口310.7万人。全市乡村集体资产总额为6879.6亿元，同比增长14.0%。其中，乡镇级集体资产总额2461.5亿元，占35.8%；村级集体资产总额为4418.1亿元，占64.2%。乡村集体净资产为2309.6亿元，同比增长8.4%；农民人均净资产达到7.4万元，同比增长8.3%。如图1所示，1978—2017年，集体资产总额增加了

6868.2 亿元，年均增长 17.8%，分配人口人均总资产由 294 元增加到 22.1 万元，年均增长 18.5%，成为农民增收致富的重要物质基础。

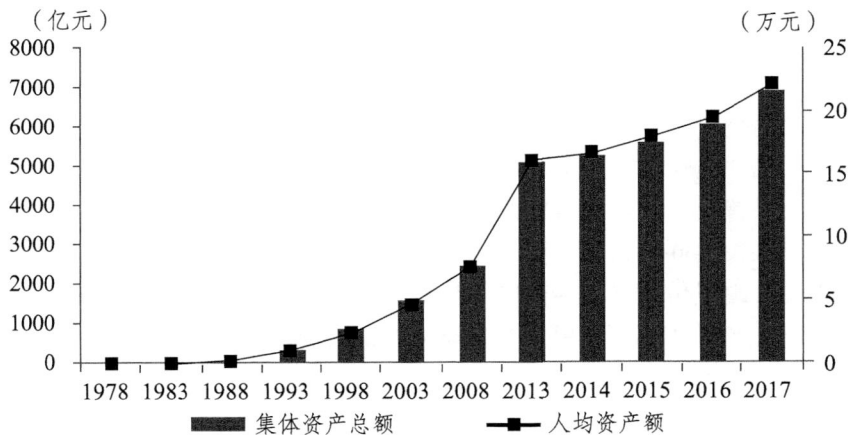

图 1　改革开放以来郊区农村集体资产规模变化情况

集体经济产权主体功能日益突出。以现代农业产业组织体系培育为例，家庭经营侧重生产环节、专业合作社侧重供销环节、农业企业侧重加工环节，而集体经济组织作为土地资源整合的产权主体趋势明显。2017 年北京市农研中心新型农业经营主体问卷调查显示，66.6% 的被调查农户认为土地流转给村集体利益最有保障，其次是专业合作社与龙头企业。专业合作社供销服务与带动农户优势突出，政府部门往往是外部性较强的社会化服务体系的主要供给者，农户更适合作为生产主体。如图 2 所示。

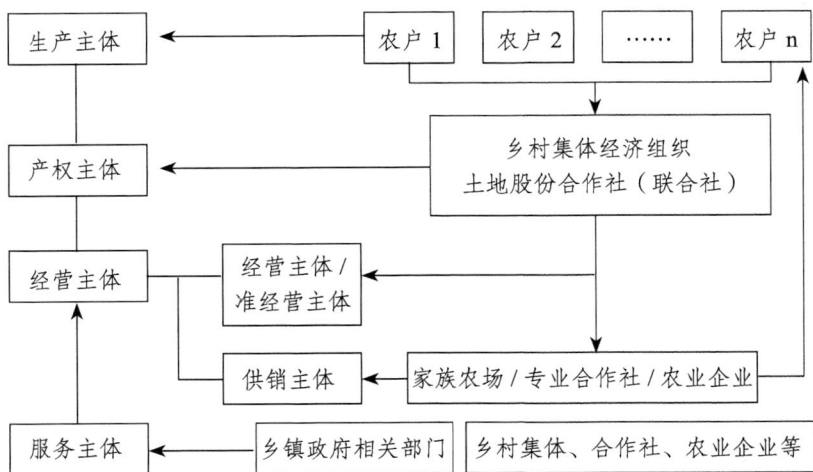

图 2　农业产业组织体系功能分解示意图

在镇域集体建设用地统筹集约利用过程中，村集体为股东形成的土地联营公司也是产权主体，表明农业和非农业领域，集体经济组织发挥产权主体功能具有一般性。

集体经济组织发挥着重要的社会功能。2011 年以来，村级社会性负担没有明显下降，表明集体经济组织的社区特征仍较突出。2017 年，北京市乡村两级集体经济组织社会性负担约 18.5 亿元①，占集体经济组织总收入比重达到了 11.2%，其中，乡镇级集体经济组织社会性负担比重为 12.9%，村级为 10.7%。此外，集体经济仍然是农民就业的重要渠道。尽管集体经济占农村经济总收入比重从 2010 年的 32.3% 持续下降到 2015 年的 19.3%，但集体经济带动参加分配劳动力就业人数仅从 37.5 万人下降到 34.3 万人，占当年（2015 年）就业劳动力人数的 20.0%。考虑到集体经济产业结构向服务业进一步转型，特别是公益性服务业，对于农民就业存在巨大的潜力。

集体经济是农民共同富裕的重要载体。从财产性收入角度看，2017 年，全市 1356 个村集体经济组织实现股份分红，占改制村集体经济组织的 34.8%；股份分红总金额为 48.7 亿元，同比增长 2.9%；131 万农民股东参与分红，人均分红为 3712.3 元，同比增长 7.5%。2011 年以来，集体经济组织每年股份分红总金额、人均分红不断增加，人均股份分红占农村居民人均可支配收入比重保持在 15% 左右。

综上，集体经济在京郊农村地区资产规模迅速增长，是农民稳定就业、实现共同富裕的重要物质基础，是农村地区经济社会稳定可持续发展的基本制度保障，在京郊农村经济社会可持续发展中发挥着主导性作用。

（二）集体经济产业结构演化进入地产经济向现代服务业升级阶段

2011—2017 年，集体经济主营业务收入中农业、工业与建筑业和服务业（包括服务、餐饮、运输和其他）之间比例由 1.3∶47.9∶50.8 变为 1.0∶30.2∶68.8，与全市产业结构中服务业比重扩大的趋势相一致，表明集体经济正在融入首都城市经济体系。

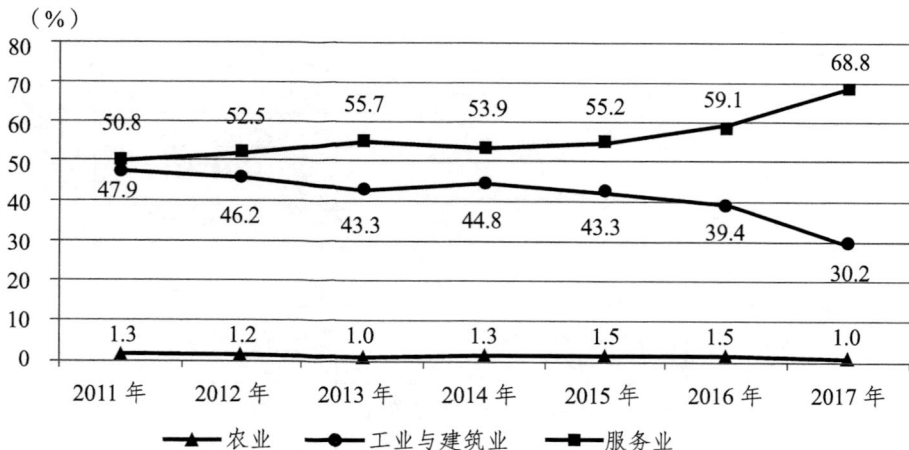

图 3　2011—2017 年以来北京市乡村两级集体经济产业结构变化趋势

---

① 数据来自北京市农村经济研究中心"三资"平台统计。其中，乡镇级集体经济组织社会性负担总额＝乡镇级集体经济组织应交税费＋公益事业支出；村级集体经济组织社会性负担总额＝村级集体经济组织应交税费＋（当年公益性基础设施投入—其中各级财政投入）＋当年村组织支付的公共服务费用；集体经济组织收入＝主营业务收入＋其他业务收入。

　　集体经济产业结构总体上契合了不同历史阶段的国家发展战略目标，并呈现出相应的经济体制结构形态。新中国成立以来，郊区农村集体经济经历了四个重要的历史阶段：一是以粮为纲的农业经济阶段，主要是以"三级所有，队为基础"的人民公社体制为支撑，按照"以粮为纲"的总方针，大规模建设农田水利，提高了农业生产水平，增加了粮食产量，基本解决了吃饭问题，支持了国家工业化建设，促进了工业化的原始积累。二是改革开放以来，以乡镇企业为主导的农村工业化阶段，加快农民向二、三产业转移，促进了农民增收。三是21世纪以来，以工业大院建设为代表的地产经济为主的农村城镇化阶段，随着大城市产业和功能向农村腹地扩散，以地产经济为核心的租赁业得到快速发展。经营土地成为集体经济发展的中心工作。四是以现代服务业为主的城乡融合发展阶段，应对疏解非首都功能的现实要求，集体经济产业结构要从以地产经济为代表的一般竞争性产业向以高端服务业为主的现代服务业转变，因地制宜发展文化创意服务、会议会展服务、医疗保健养老服务、以观光休闲旅游为主的都市服务型农业，包括平原造林、山区生态养护为主的生态环境服务及竞争性较弱的基础设施维护的公共服务业，郊区产业经济发展全方位地为首都提供保障和服务。

　　从北京全市角度来看，产业的空间布局日趋专业化，与首都各区域主体功能定位日益契合，基本完成向现代服务业领域的转型：中心城区以金融、零售等高端服务业为主；城市功能拓展区主要聚集信息、科技、租赁商务、批发零售等；城市发展新区以制造业、租赁商服等为主；生态涵养区主要向都市型现代农业、现代服务业方向发展。2000年以来，金融业、信息传输业、科技服务业等产业增加值占全市地区生产总值的比重显著上升。总体上看，北京市工业比重下降趋缓，农业、工业与建筑业、服务业的比例结构调整逐步趋于稳定状态，服务业内部也趋于稳定状态。

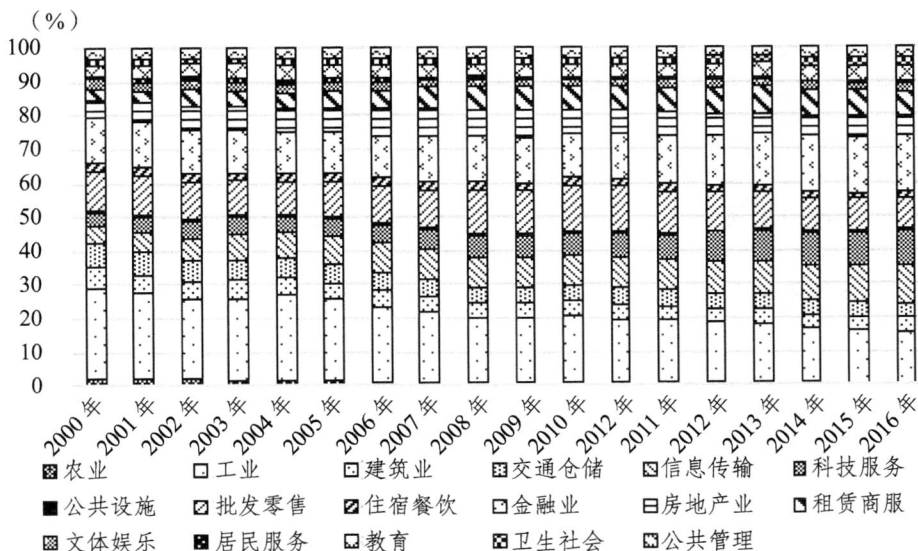

图4　2000—2017年北京市产业结构变化

（三）集体经济由双层经营体制向"两级所有，多层经营"的复合型体制升级

"统分结合，双层经营"的家庭承包经营体制的演变方向，主要有家庭经营主导、工商资本主导和集体经济主导三种基本体制类型。据北京市农经办 2014 年全市农村集体土地资源普查，家庭经营主导类型占经营农地比例的 59.7%；工商资本经营主导类型占 19.2%；集体经营主导类型占 13.7%。其中，集体经营的平均规模达到了 152.7 亩，企业租赁经营 67.8 亩，专业合作社经营 41.6 亩。总体上呈现为"户自为战、村自为战"的发展格局，亟待完成三个突破：一是由"户自为战"的家庭承包经营向"村社一体，产权清晰"的新型集体经济组织转变；二是由"村自为战"向乡镇统筹转型；三是集体产权制度改革由"切蛋糕"（理顺产权关系）的所有制改革进入"做大蛋糕"（增强集体经济实力）的法人治理结构改革阶段，实质是完成集体经济进入市场的最后一步。2015 年以来，针对集体经济登陆新三板受阻的问题，北京市农经办牵头启动东升镇博展股份社（东升科技园）法人治理结构改革试点。目前，以大兴区为代表的联营公司随着集体土地直接入市，集体资产快速增加，联营公司法人治理结构建设也亟待加快。

二、集体经济发展面临的突出难题："两缺一分"

近年来，中央关于集体经济组织的支持政策密集颁布。2015 年 8 月，中共中央办公厅颁布了《深化农村改革综合性实施方案》，提出集体经济是中国特色农业农村现代化的基本制度支撑，与村民自治共同构成了我国农村治理的基本框架。2016 年年底，中共中央、国务院颁布了《关于稳步推进农村集体产权制度改革的意见》，在土地、金融、财税等方面提出扶持壮大集体经济的总体思路。2017 年年初，十二届全国人大五次会议通过的《民法总则》规定："农村集体经济组织依法取得法人资格，属于特别法人。"党的十九大进一步提出要实施乡村振兴战略，壮大集体经济，并在 2018 年 1 月印发的《关于实施乡村振兴战略的意见》中提出要"研究制定农村集体经济组织法"。但是，由于长期的集体经济组织制度建设上的历史欠账，集体经济仍然面临着市场认可度低、资产经营效益低、地区结构性分化等突出问题。2013 年以来，乡村两级集体经济主营业务收入持续下降。2011 年以来，北京市集体经济的资产负债率均在 61% 以上，2017 年达到了 66.4%，远高于全国规模以上工业企业资产负债率（55.5%）和北京市企业资产负债率（44.6%）。突出表现在以下三个方面。

（一）缺乏法律地位及相应的配套政策支持

政府职能部门在法规、政策等方面，对集体经济关注支持不够，政策之间缺乏有效配套，集体经济组织市场认可度低。

一是特殊法人地位缺乏实现路径，市场认可度低。现有的股份经济合作社都是由原来的农工商公司转制而来，多数没有进行工商登记，缺乏融资能力，也很难以正常市场主体身份签订合约。

二是税收政策不完善。原集体经济组织出于避税考虑，未完成产权制度改革中的资产划转，多数新型集体经济组织存在新股份社股东与股份社资产分离错位，影响合作社的正常经营。

集体经济组织分红还面临着红利税过高的问题。土地补偿款收益面临是否纳税的模糊地带。

三是规划国土方面，拆除腾退后的集体建设用地由于缺乏规划支撑，项目难以立项而大量闲置，造成资源的浪费。

四是金融支持方面，至今没有专门支持集体经济发展的政策性金融机构。

五是投资方面，农村巨额的土地补偿款不能进入市场，大致以10%的速度贬值，相当于年年向社会缴纳"通货膨胀税"和"铸币税"。基层同志说："看着真心疼！"

六是经管部门作为集体经济主管部门，职能弱化、队伍老化，经管队伍体系不完善。

（二）集体经济组织治理结构缺乏规范

一是乡村两级集体经济组织分别与镇党委政府、村民委员会之间职责不清晰，所有者缺位，易产生"被越位"问题。如从集体资产经营方面看，法人决策权受到多重制约，一些村股份合作社超过10万元或5000平方米的投资项目都要由乡镇党委政府决策。

二是集体经济组织和企业两种组织形式不分，社与公司性质混淆。在乡村产权制度改革过程中，一些地方简单地将社变为公司，导致集体经济组织的治理结构与治理机制设计上出现一定程度的混乱。

三是集体经济组织缺乏有效的激励机制，对职业经理人、专业化管理人员等高端人才要素吸引力不足，工作队伍年龄偏大。村支部书记、村集体经济主要管理人员待遇偏低，缺乏有效的激励手段。

四是监事会作用发挥不充分。需要在加强集体资产外部监管的同时，强化内部监管，为集体经济长远发展保驾护航。

五是从集体建设用地跨村联营方面看，作为联营公司股东的村集体，在联营公司的民主决策、民主管理、民主监督等方面缺乏权利体现。

（三）集体经济呈现结构性分化态势

京郊集体经济发展的农村地区内部差距已经基本固化，极化特征突出。

一是集体经济薄弱村数量持续增加。2017年，北京市资不抵债村集体有395个，占村集体总数的10%，较2016年增加9个；收不抵支村达到1983个，占总数的50.3%，较2016年增加了117个。

二是村域经济发展呈现等级固化特征。根据2006—2014年北京郊区40个村的调查发现，村经济总收入呈现"好""中""差"的跨期序列等级固化特征。演化概率矩阵显示，"好—好"概率为0.79、"中—中"概率为0.62、"差—差"概率为0.69。这表明"村自为战"格局下村庄发展的空间已经十分有限了。这对于乡村振兴战略中的美丽乡村建设、农村城镇化以及扶贫工作具有重要的启发意义。

三是地区发展差异突出。从集体净资产分布上看，城乡结合部占全市比重为59.1%，平原地区为31.3%，山区为9.5%，地区间集体净资产总量差距进一步拉大。

三、以乡村两级集体经济为基础，实施特大城市郊区乡村振兴战略

探索首都特点的乡村振兴之路，需要立足北京郊区集体经济实力较强、发展潜力巨

大、乡村两级组织体制较完整的优势特征，顶层设计京郊集体经济发展的战略思路，充分发挥集体经济组织凝聚群众"一把米"的重要作用，打造京郊乡村振兴的"发动机"。

（一）加强党对集体经济的坚强领导

要增强各级党委对发展集体经济重要性的认识。以集体土地所有制为基础的乡村两级集体经济组织具有社区性、综合性、稳定性，是一类特殊法人，是农村地区组织化程度最高的经济组织，是带领农民实现共同富裕和福利最大化的组织载体和龙头，是任何其他经济组织所不能取代的。要坚定和弘扬"农为党本""党管农村"的执政理念和优良传统，树立发展壮大集体经济的信心，牢固树立集体经济作为农村基层党组织的凝聚力和战斗力的物质基础的坚定信念。进而在规划、国土、投融资、财政、税收等完善政策体系和政策机制方面，全方位支持壮大集体经济实力。

出台《北京市农村集体经济组织条例》。在全国立法尚未完成的情况下，北京市人大应借鉴广东省、浙江省经验，研究先行颁布地方性法规条例，对农村集体经济的性质、组织原则、经营体制、产权制度、治理结构、利益分配等重大原则问题进行法律规范，提升经管部门登记的法律效力和权威性，落实集体经济组织法人的主体地位，让集体经济在税收优惠、融资等领域享有和其他所有制经济同等的法律保护。

出台《转化集体经济薄弱村的意见》。重点在集体产业立项、规划手续、税收征缴、房产登记、消防审查等领域明确支持集体经济发展的相关政策。借鉴浙江省的经验，按照村集体经济年收入 30 万或 50 万的标准，转化集体经济薄弱村。通过壮大集体经济，解决低收入户稳定增收的问题。

（二）完善市、区、镇三级政府统筹体制

市级统筹。核心是加强宏观规划指导和引导，为集体经济预留发展空间。一是明确全市总体规划与功能分区定位，制定相应的差异化的考核机制；二是优化产业和重大项目布局，促进集体产业转型升级；三是加大土地流转、规划指标、金融信贷等重大改革政策的制定与指导力度，提纲挈领，推进改革；四是财政转移支付向集体经济倾斜，以集体经济为杠杆转化低收入户、低收入村；五是加快城乡社会保障一体化，分批次推进整建制转居，提升农民社保水平；六是加快城乡基本公共服务职能向郊区的延伸。鼓励集体经济组织承担绿化、基础设施与公共设施维护项目。

区级统筹。核心是要扩大区级权责，形成区级主导的乡村振兴工作机制。一是统筹全区范围内的城镇体系和产业布局，明确重点镇、一般镇和主导产业。平谷区、怀柔区、密云区等远郊山区多数未经历充分工业化，村庄"宜稳不宜并"，更多布局新农村社区，实施配套提升或就地整体改造；在大兴区、通州区、顺义区等二道绿隔和远郊平原地区，要鼓励农民集中上楼，积极探索城镇化社区发展。二是推广海淀区农资委、朝阳区集体产业专项基金、大兴区区级统筹过程中所形成的成熟的经验做法，发挥集体经济的组织和监管职能。在条件成熟地区试点成立由区农委、区经管为主要构成的区级农资委，作为农业农村局的内设同级机构，健全区级乡村振兴的工作机制，全面提升集体资产经营水平。在规划用地指标等方面，与相关部门协同推进镇域发展权益的区级平衡；专项基金负责农村改

造发展项目资金融资抵押等事项；农村产权交易服务平台主要负责集体土地股权交易、集体土地流转、指标置换等。

乡镇统筹。就政府层面而言，乡镇统筹主要是指乡镇党委重大决策和乡镇政府的专业化管理。乡镇党委主要负责重大事项的决策与协调，如大额资金投资、重要人事任免等。乡镇政府负责具体行政管理工作，为乡联社或联营公司提供工作计划统筹、政策资源集成、规划布局调整、相关标准设定、基础设施投资和专业化服务等方面的支撑。乡镇通过组建镇农资委，将决策和管理两项职能合二为一。具体任务主要有镇域集体产业布局、农村集体建设用地和农民宅基地的整理置换、农用地的流转、现代农业的产业规划和合作经济组织建设、各项支农惠农政策的集成、人口向城镇的集中、社会资本的引入、基础设施和公共设施建设和运行、村庄的整治与迁并等事业的发展、农村社会治理等方面。试点探索"村地乡管区统筹"的体制机制，实现土地利用的集中管控。

（三）加快集体产业结构升级

做好对集体经济产业升级的指导服务。要从宏观产业布局和不同区位功能的高度，指导集体经济做好产业发展规划，加快低端产业退出后的集体产业结构调整升级，避免低水平重复建设。

按照"两类园区"的思路，优化空间与产业布局。核心是要明确镇村两级集体经济组织的分工协作。一是在镇一级集体经济组织发展软件、通信、设计等高科技类、金融或高端制造类产业园区，生成具备产业与功能集聚能力的小城镇内核；二是在村一级集体经济组织发展生产、生活、生态多功能的现代农业产业园区。打好国家现代农业示范区、国家农业可持续发展试验示范区、农产品质量安全示范区和国家现代种业自主创新试验示范区四张牌。重点在镇域范围内探索农用地的跨村统筹利用，打造农业全产业链。

培育集体经济新的增长点。一是以乡村集体经济为核心，培育新型农业产业组织体系，落实乡村集体经济组织的土地占有和规划权、土地发包和调整权、收益权和处置权。二是修改完善《北京市征地补偿费征缴监督管理暂行规定》，通过信托、理财等多种方式，探索土地征占补偿金资本化经营的新路径，并建立健全与市场风险相应的容错机制，培育和保护企业家精神。三是围绕产业园区、重点产业功能区配建集体租赁住房。鼓励联村联营建设租赁房，统筹好农民上楼、市民需求、城乡生态环境等多个因素。四是养老、卫生、环保、绿化等竞争性较弱的社区公益性事业主要交由村集体经济组织承揽。

（四）加快新形势下集体经济经营体制结构升级

通过村集体联营联建形成乡级产权主体，提升资源配置效率。集体积累实力强的乡镇侧重在资产型统筹，推进资金资产联合经营，大多数农村地区重点是进行资源型统筹，如工业大院整治需要跨村集中配置集约利用后的建设用地指标、山区地区重点要探索闲置农宅的资源整合开发等。从区镇层面上着眼，鼓励强弱联建、统筹发展，提升集体资产存量配置效率，整合资金资产资源要素。主要涉及三个方面：一是实施空间统筹经营管理，明确统筹片区，集中优化配置集体土地资源；二是组建乡镇土地资源联社或联营公司，各村以集体土地入股，设立乡镇土地资源联社或联营公司，作为乡镇统筹工作实施平台；三是确定各村股权比例。按照各村人口、各地块所处区位、面积等要素，确定各村股权比例，并作为收益分配的主要依据。

推进乡村两级集体经济组织的法人治理结构规范化建设。一是理顺股东与资产之间的产权对应关系，实现资产"归位"，最终解决所有者缺位问题。原则上董事长由社区集体经济组织成员担任，经理人由董事会通过市场聘任方式确定。同时，制定股权管理意见、股权流转实施细则等专项政策。二是落实和规范"社"一级的特殊法人地位及其法人治理结构。经济合作社（股份经济合作社）由经管部门直接登记，获得进入市场的基本权利。既享有民事权利的资质，又承担民事责任的能力。同时，确保"社"一级坚持党支部的核心领导作用，并实施民主管理，一人一票。主要以改制后的乡村两级集体经济组织和乡级土地联营公司为重点，从党的领导、经管部门外部监督和内部治理机制建设三个层面，推进集体经济组织法人治理结构。其重点是集体资产经营，优化资产结构，加快"资本化管理"。三是明确"社"与公司之间的关系。集体经济组织独资、控股或参股办企业，也可以采取专业合作社形式发展集体经济。四是完善公司层面的法人治理机构。要按照《中华人民共和国公司法》的要求，推进集体经济组织下属总公司、专业公司和市场化公司等三类公司的法人治理结构建设。其重点是融入市场经济，如股权开放式管理、扩大法人决策权、由董事会聘请职业经理人、稳步探索管理人员持股激励机制、监事会体制改革等。

要处理好乡村两级党政社企之间的关系，完善党的基层组织为核心的乡村治理体系。按照责权利匹配的原则，协调好镇党委、镇政府与乡级农工商公司或村党支部、村委会和村集体经济组织之间的关系。党组织负总责，是领导主体；集体经济抓经济，是产权主体；镇政府是服务与监管主体，村委会重点做好社区服务工作，是服务主体，做到各司其职，分工有序。党支部书记原则上兼任集体经济组织的主要负责人。核心是乡镇政府或村委会，不能替代乡村两级集体经济组织直接决策。

（五）加强人才队伍体系建设

加强经管队伍和工作体系建设。针对农村经管队伍已经被严重弱化、人员缺编制、职能不明确的诸多问题，亟须充实队伍，明确职责，纳入公务员管理体系，使之能够发挥对集体经济履行行政管理和指导服务的职能。经管部门应积极支持农村集体经济的发展，认真研究集体经济发展中的各类问题，从政策、法规、财务、管理、金融、信息等方面为集体经济提供服务。健全经管队伍和工作体系，切实加强镇村集体资产的监督管理。

制定集体经济带头人培训规划。立足北京市乡村振兴实施的总体规划，制定集体经济人才培养专项规划。通过统一组织授课、实地参观考察、专题解剖研讨、选好培训对象、鼓励老典型传帮带、从机关选派"第一书记"等方式，大规模培训集体经济经营管理干部，既要大公无私，又要有经营头脑，作为推进乡村振兴战略的骨干力量。

创新乡村集体经济组织人事管理规程。改革传统的村干部工资津贴的发放标准与方式，比照公务员体制，更改为等级支付体制。根据村集体经济经营效益和规模，划分为若干等级和级次，对照执行不同的工资津贴标准。鼓励镇级干部优先由村级干部中提拔产生。

（六）弘扬集体主义价值观，培育集体主义文化场

加大集体主义价值观的宣传。发挥中华民族优秀传统文化的影响力，弘扬集体经济互助合作的文化精神，对农民形成强有力的舆论引导。

对村民形成集体经济文化场的约束机制。通过村规民约的形式，让以集体主义为特征的优秀思想文化占领农村阵地，在农村内部形成大公无私的文化氛围和主流思想意识，用好的乡风聚人聚心聚气。

夯实乡镇统筹、抱团发展的文化基础。通过集体主义观念的教育和影响，让农民抛弃"小富即安""一亩三分地"的思维方式，顺应社会化大生产背景下产权社会化的客观趋势要求，推进跨村联营、均衡发展。

（七）依托集体经济组织完成城镇化社区和新农村社区改造，彻底完成农村社会结构转型

城镇化社区改造。对镇中心规划区内的村庄进行城镇化改造，建设农民保障房，推进农民集中上楼。发展城镇基础设施及公共服务设施建设，提高中心区的城镇化建设水平。打造绿色智慧、宜居宜业的特色小城镇。

新农村社区改造。按照彻底重建、保留改造和环境整治三种类型打造美丽宜居乡村，尽量维持"一户一宅"的庭院式格局，保留传统农耕文化的历史文脉，同时完成公共基础设施和服务设施的配套，使农民的住宅由一般的居住功能扩展至乡村旅社的经营服务功能。

村集体作为集体土地的所有者，利用村民自治机制降低土地整理成本，进而作为集体土地的产权主体与社会资本合作，有效整合资源要素，完成两类社区的改造。从而跨越农村社会结构的转型期，实现农业农村现代化的宏伟目标。

课题负责人：熊文武

课题主持人：陈雪原、李理

课题组成员：孙梦洁、王洪雨、虞贞桢、郗蕙、李尧、王蕾、尤颖洁、阎建苹、
刘鑫、孙临琳、张宇、王伟男、韩莹、李德先，等

执　笔　人：陈雪原、王洪雨

农业经营体制改革"二次飞跃"的"西营经验"

——兼论集体经济新的有效实现形式："两级多层"的复合型经济体制

早在 20 世纪 80 年代，邓小平同志就提出了中国农业家庭联产承包体制改革之后的"第二次飞跃"，即适度规模经营、科学种田、发展集体经济。2017 年，北京市人均 GDP 突破 2 万美元，达到发达国家水平，已率先进入后工业化社会和高度城镇化阶段。新时代的北京郊区，培育现代农业产业组织体系，既有全国一般地区的普遍性，也要突出超大城市郊区的特殊性、超前性和创新性，更要强调发挥集体经济的重大作用，对于农地"三权分置"路径、社会资本引入以及一般农业地区农村经济体制演变方向等具有重要引领作用。近年来，北京市平谷区峪口镇西营村进行了集体产权制度改革，将市场化方式引入新型农业经营主体，农地资源整村整合，实现了农业经营体制的"二次飞跃"。目前，周边村的农地也已向西营村流转，跨村发展局面初露端倪。"西营经验"以乡村集体经济组织为平台，培育立体式复合型的新型农业产业组织体系，对于探索京郊农业地区实施乡村振兴战略，具有重要的理论和实践意义。

一、基本情况

西营村位于北京市平谷区峪口镇北部，属于浅山区，紧邻密三路，交通便利。村域面积 1600 亩，其中农用耕地面积 1050 亩。全村共有 286 户，人口 891 人，现有劳动力 400 人。经过 20 年来的探索和实践，培育形成大桃主导产业，西营村由过去一个默默无闻的传统种粮村，变成现在欣欣向荣、美丽和谐幸福的"世外桃源"。

1984 年一轮土地承包，西营村按每人 0.6 亩口粮田，将土地承包到户，完成了邓小平同志讲的"第一次飞跃"。剩余 260 亩以 200 元 /（亩·年）的价格承包给 9 户农民种植果树。由于人多地少，种粮不挣钱，农民收入增长缓慢。1998 年，平谷区鼓励发展大桃产业，西营村桃树发展到 700 亩，吸引了 90% 以上的农户种植，亩收益 5000 元左右，是种粮的 10 倍。

为进一步促进农民增收，从 2009 年开始，西营村开始尝试果品升级，发展有机大桃，但是，出现了许多新的问题：一是生产技术的标准化。有机大桃生产过程有施肥、用药等十几个环节，需要进行 36 项技术的规范化操作。二是组织管理的一致性。在"户自为战"的条件下，难以达到统一的标准严格管理，形成独立和封闭的同质化区域。如果一户使用了违规农药，可能造成相邻的几十户都不能达标。三是高端市场的销路。有机大桃品质高，成本也高，存在价格刚性而农户缺乏高端市场营销的能力。四是农业劳动力老龄化。据 2017 年市农研中心问卷调查，北京市农业劳动力平均年龄为 50.9 岁，而据平谷区农委专项调查，平谷区劳动力平均年龄已达到 58 岁。据调研访谈，该村青年劳动力一般在土地规模化的条件下才可能从事农业经营活动。五是村集体收益分配缺乏规范的组织制度保证，农村与集体之间信息不对称，削弱了党支部和村集体的凝聚力、战斗力。

由此，一场由"分"到"统"的农业经济体制的深刻变革应运而生。

二、主要做法

西营村立足实际，在市区镇各级部门的指导和帮助下，历经"三步走"，理顺了三重产权关系，搭建了现代农业产业组织体系的基本架构，形成了复合型的集体经济新体制。

（一）推进集体产权制度改革，理顺农民和集体之间的产权关系

2008 年，西营村启动了集体产权制度改革，组建了凤凰山投资管理中心，注册资金 106.2 万元，每股金额 969.89 元。主要设置了集体股、户籍股、土地承包经营权股，分别占总股本的 30%、49% 和 21%。户籍股设置比例较高，体现了对大多数村民利益的保障。拥有土地承包经营权股的人员依据 2004 年土地确权为标准界定，后来有一部分人员已经有了基本保障，配股比例从低。此外，吸收一部分现金股作为集体经济发展的启动资金，由享有户籍股的集体经济组织成员缴纳，每人缴纳 300 元，最高不超过 2000 元，最低不低于 100 元，并按股本比例参与分配。

通过集体产权制度改革，村集体每年的收益分配规范透明，理清了农民和集体之间的产权收益分配关系，有利于保护农民和集体的利益，增强了集体的凝聚力，维护了社区和谐稳定，为后续改革奠定了组织和制度基础。

（二）创新农业经营管理模式，理顺"三类主体"之间的产权关系

2012 年，经过区经管站的产权交易服务中心在网络平台进行招投标，620 亩果树地由北京金果丰果蔬产销合作社承包，期限为 2016 年 1 月至 2028 年 1 月。西营村集体和金果丰合作社签订合同，前三年金果丰合作社每亩给村民流转金 1500 元，村委会给村民每亩补 1500 元，到第四年金果丰合作社每亩地给村民 4000 元。承包第四年后，按纯利润进行分红，西营村村集体占 40%，金果丰合作社占 30%，土地流转农户占 30%。村集体为解决土地流转后剩余劳动力的问题，根据农民个人情况，推荐部分农民到金果丰合作社工作，参与标准化果园的建设，其中长期工 238 人，月工资 2800—3500 元。从而形成了村集体经济组织作为产权主体、金果丰果蔬产销合作社作为经营主体、农户作为生产主体的立体式复合型的新型农业经营体系，有效保证了果品产业产销"六统一"的管理，保障了村集体、专业合作社和果农三方的利益，消除了以往单户果农分散经营盲目性的弊端。2010 年，西营村有机桃园获得有机食品转换期认证，2012 年被认定为"北京名优果品出口示范园"，2015 年正式获得有机食品认证。

（三）村集体整村整合土地资源，理清农民和土地的产权关系

一是将原大户专业承包土地流转回村集体。早在 2008 年，村集体就针对果农各自独立经营、产品质量有高有低致使收入不高的情况，经过和果农协商，制定和实行了土地流转方案。村集体收回 9 户农户承包的 260 亩果园，以每年每亩 1500 元流转给社会企业，每年递增 3%，收益的 70% 用于股东分红，30% 留作集体积累。通过平谷区果品办公室的评估，确定农户果树作物的补偿方案，社会企业共补偿 1050 万元，其中补偿村集体老果树 500 万元，其中，70% 分给全村农户，30% 留作集体积累，其余补偿承包户新果树 550 万元。

二是流转部分种粮户的土地承包经营权。2012 年，部分种粮户看到种桃和土地流转的好处，纷纷要求向村委会流转土地，共有 200 亩土地与村集体签订了流转合同。每年每亩流转费 1500 元，每年递增 3%。村集体统一实施矮化密植果树种植。

三是流转剩余大部分种粮户承包地。2016 年，经村集体协调整合，西营村经济合作社又流转 420 亩土地，加上 2012 年流转的 200 亩，共流转土地 620 亩（这些土地租赁给了金果丰果蔬产销合作社）。经过三次流转，村集体从农户手中流转回土地累计 880 亩。土地流转后实行规模化种植、标准化生产、商品化处理、品牌化销售和产业化经营，提高了土地产出率、劳动生产率和果品附加值。果农除了每年得到土地流转金外，还可以得到薪金、股金，提高了农民的实际收入。

2018 年年初，为了解决产权制度改革后有户籍但无地的新增村民无法享受分红的问题，村集体筹建益农绿蔬产销合作社，主要按照 500 元 / 股的标准，设立 760 股现金股，有户籍股的集体经济组织成员均可以加入。并计划下一步凤凰山投资管理中心与益农绿蔬产销合作社合并，形成包括土地承包经营权股、户籍股和现金股在内的村社合一的新型集体经济组织。

三、几点启示

（一）农业产业结构升级是农业组织体系变迁的主要动因

新中国成立以来，郊区农业产业体系经历了四个重要的历史阶段。一是以粮为纲的农业经济阶段。这一时期，主要是以"三级所有，队为基础"的人民公社体制为支撑，为了推进国家工业化建设。二是农业多种经营阶段。党的十一届三中全会以后，家庭联产承包责任制逐步确立起来，极大地调动了农户生产的积极性和主动性，出现了蛋、禽、奶等多种农业经营。三是以地产经济为主的农业规模经营阶段。随着工业化、城镇化进程加快，土地股份合作社或以土地股份合作社为实质内容的各类专业合作社如雨后春笋般发展起来。四是后工业社会的农业高端化阶段。目前，农业产业正在面临着地产经济主导向精品农业和高端服务业主导转变的历史性转折点。西营村产品结构不断升级客观上要求土地利用的规模化，加快一、二、三产业的融合发展，推进农业经营体制机制的不断改革，恰好处于第三到第四阶段。

（二）现代农业组织体系的基本架构包括产权主体、经营主体和生产主体

在现代市场经济条件下，适应专业化分工的要求，所有权与经营权往往需要分离开，形成产权主体、经营主体和生产主体（生产主体往往是包括在经营主体内部）的三类基本经济主体。处理好三者之间的关系，明晰各自功能定位，是发展现代农业产业组织体系的一般规律。

1. 村集体作为产权主体。村集体是农业产业组织体系的核心，充分发挥组织、协调、服务的职能，引导果农按照有机标准化技术进行生产，帮助合作社遵循市场经济的要求，提高销售能力，负责果品生产资料、植保、技术等环节组织与协调，全程服务于有机果品产销的各个环节。

2. 社会资本（专业合作社）作为经营主体。金果丰专业合作社负责以订单的方式组织果农生产，统一包装销售、打造品牌和开拓市场，实现有机富硒果品的高端价值。主要有两条途径保证果农的收益：一是订单、高价收购，既保证全部收购，又承诺高价收购，确保收购价格高于周边价格平均在1元以上；二是二次分红，按照合同规定，合作社采取针对果品不同品质，按照甜度、重量等指标确定不同的二次分红标准。2014年，西营村桃园实现平均亩效益2万元，果品总收入1000万元，果农人均增收8000元。

3. 果农作为生产主体。严格按照订单的要求进行有机果品生产，产出符合标准的果品。农地逐渐流转到村集体后，果农以农业工人身份在经营主体内部从事生产活动，并通过农地承包经营权股权化，成为收益主体。

（三）集体经济组织是小农户与现代农业生产相互衔接的桥梁

集体经济是一种独立的经济形态，具有社区性、综合性、合作性、稳定性等特征，是农村地区社会主义公有制的基本实现形式，是农村各类经济社会组织的母体。在2013年农村工作会议上，习近平总书记将农村集体土地所有制称为农村基本经营制度的"魂"。随着向市场经济体制转型的深入推进，集体经济需要探索新的有效实现形式，形成"归属清晰、权责明确、保护严格、流转顺畅"的现代产权制度。在纯农业地区，集体经济的功能和作用主要体现为农地流转后的产权主体，架起小农户与现代农业生产的桥梁。

一是集体经济组织的公有性特征决定了其优势主要体现在农业生产的外部成本内部化，规避了"户自为战"条件下农业生产的"小、散、低"，特别是进行农产品质量控制；二是村集体具有规模效益，进行土地规划整理更有效率，分散小农难以彻底解决土地产权细碎化的问题；三是解决了小农"户自为战"方式难以融入工业化、城镇化、市场化进程。

四、"西营经验"的一般意义探讨：乡村集体经济走向"两级多层"的复合型新体制

经历了"三级所有，队为基础"的人民公社、家庭承包经营为基础的双层经营体制之后，乡村集体经济的有效实现形式正在向复合型方向发展，由"分"到"统"的历史性转折点已经到来，这意味着农村经济体制改革进入新阶段。西营村推进集体产权制度改革、市场化引入社会资本、成立村社一体的合作社整合整村农地资源，并为深化集体产权制度改革进行股权结构调整，下一步还要计划进行旧村改造，呈现出一条纯农业地区的农业农村现代化路径，形成了"西营经验"的一般性意义。就全国而言，集体经济的基本组织形

态是"社＋公司"下的"两级多层"，即乡村两级集体经济组织所有，乡村两级集体经济组织下属企业的多层经营。具体来看，代表性的主要有以下四类典型模式。

1. 集体所有，双层经营。土地股份合作型。主要适应集体账面资产较少、农地资源较多的村。在确立农户土地承包经营权并保持长期不变的基础上，土地承包经营权入股，将原有村集体经济组织改革为村社一体的土地股份经济合作社，并通过社区空间规划、产业布局、组织重构，解决"谁来种地，谁来养猪"的问题。自2016年年底中央颁布《稳步推进农村集体产权制度改革的意见》以来，全国大部分地区在缺乏集体经营性资产的情况下，主要以土地股份合作社形式推进改革，如贵州省的塘约村（图1）、陕西省的马季沟村、赵家峁村等。山区地区一些具有可开发利用的山场、林木等资源性资产的村，将集体山场等自然资源作股，按照集体经济组织成员人口数量，量化为集体经济组织成员的个人股份，如密云区的花园村、桃源仙谷，昌平区的木林村等。

2. 两级所有，多层经营。农民投资入股型。发动集体经济组织成员用现金、实物等资产投资，共同组建新型农村集体经济组织。主要适应具有良好市场经营项目、集体又急需资金扩大经营规模的村。具体做法：首先，发动集体经济组织成员以现金或者实物投资入股；其次，将集体历年积累作为集体股份，有条件的地方，也可以吸收社会法人或者自然人投资入股，共同组建股份合作制企业。如顺义区的北郎中村（图2）、陕西省咸阳市的袁家村等。

3. 集体所有，统一经营。存量资产股份量化型。主要适应那些集体账内存量资产数量较多的农村集体经济组织，基本形式是"由共同共有到按份共有"[1]。存量资产量化型是我国东部经济发达地区或大中城市郊区农村集体产权制度改革的主要形式。目前，北京市的乡级集体产权制度改革以一道绿隔、二道绿隔地区为重点，正在由近郊向远郊推开。上海市松江区已经全部完成了全区乡镇级产权制度改革。就乡级集体产权制度改革来看，主要有三种方式：一是把集体净资产直接量化给每个村集体经济组织成员，如上海市的新桥镇联社；二是把部分资产量化给辖区内每个村集体经济组织，其余资产量化给在乡镇集体企业工作的集体经济组织成员，这些人员不参与村级资产量化，如东升镇；第三种做法是将乡镇集体资产全部量化给辖区内的村级集体经济组织，具有集体经济组织成员身份的乡镇集体企业职工回各自户籍所在村参与股份量化，如石景山区级农工商改制（图3）。

4. 三级所有，多层经营。乡镇统筹的组织体制建设步伐加快。主要是指改变过去"村村点火、户户冒烟"的发展方式，通过跨村联营联建，实现集体土地资源的集中优化配置，集体产业结构转型升级。乡级联营公司为产权主体，以集体建设用地使用权作价入股，与社会资本联合成立经营主体，进行工业大院改造，发展壮大镇级集体经济。一般呈现为"多级、多层"的组织架构（图4、图5）。

---

[1] 这里的"份"不是真正意义上的股权，而是集体经济组织成员的收益分配权。

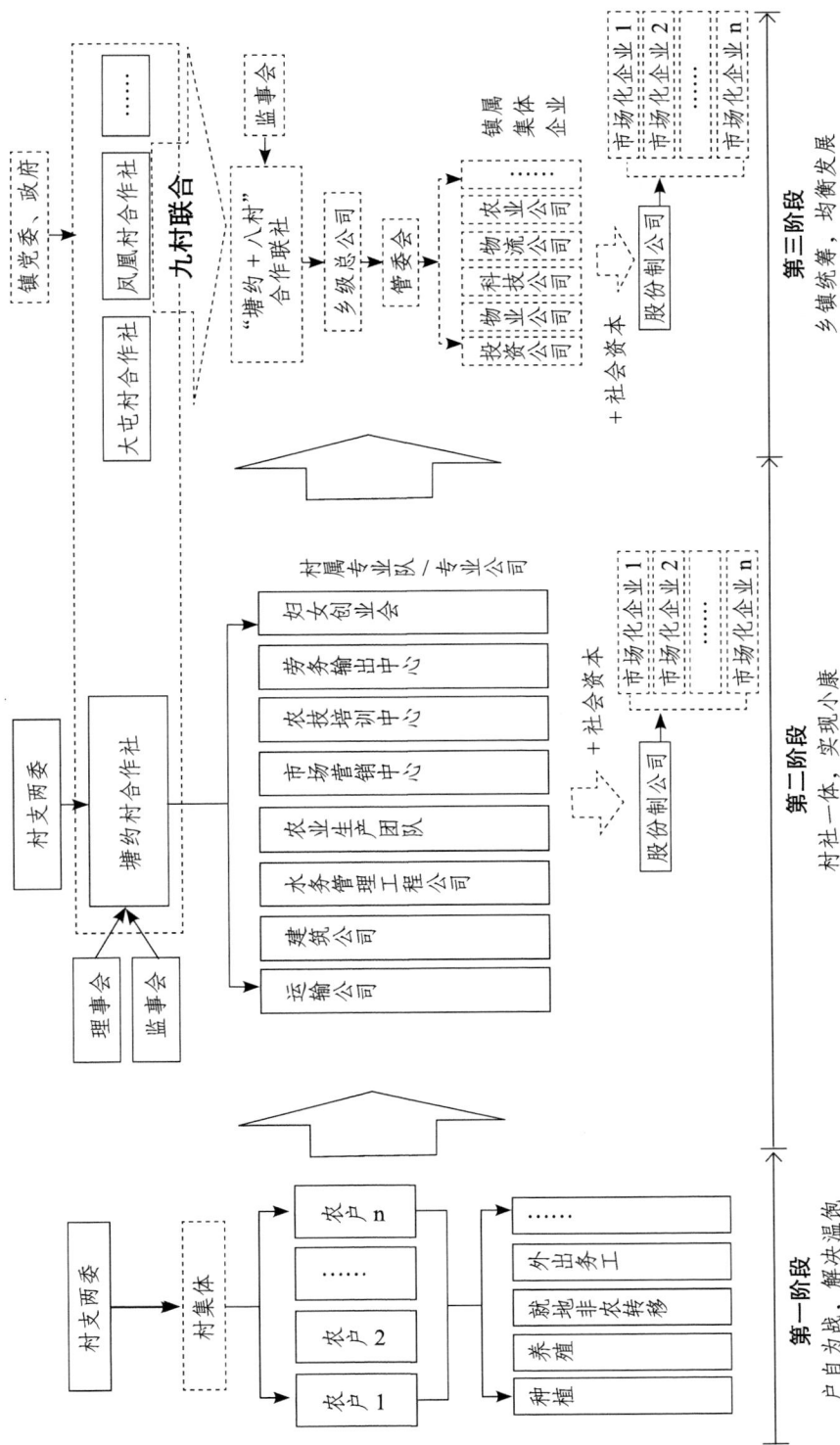

图 1 贵州省塘约村集体经济体制演变图

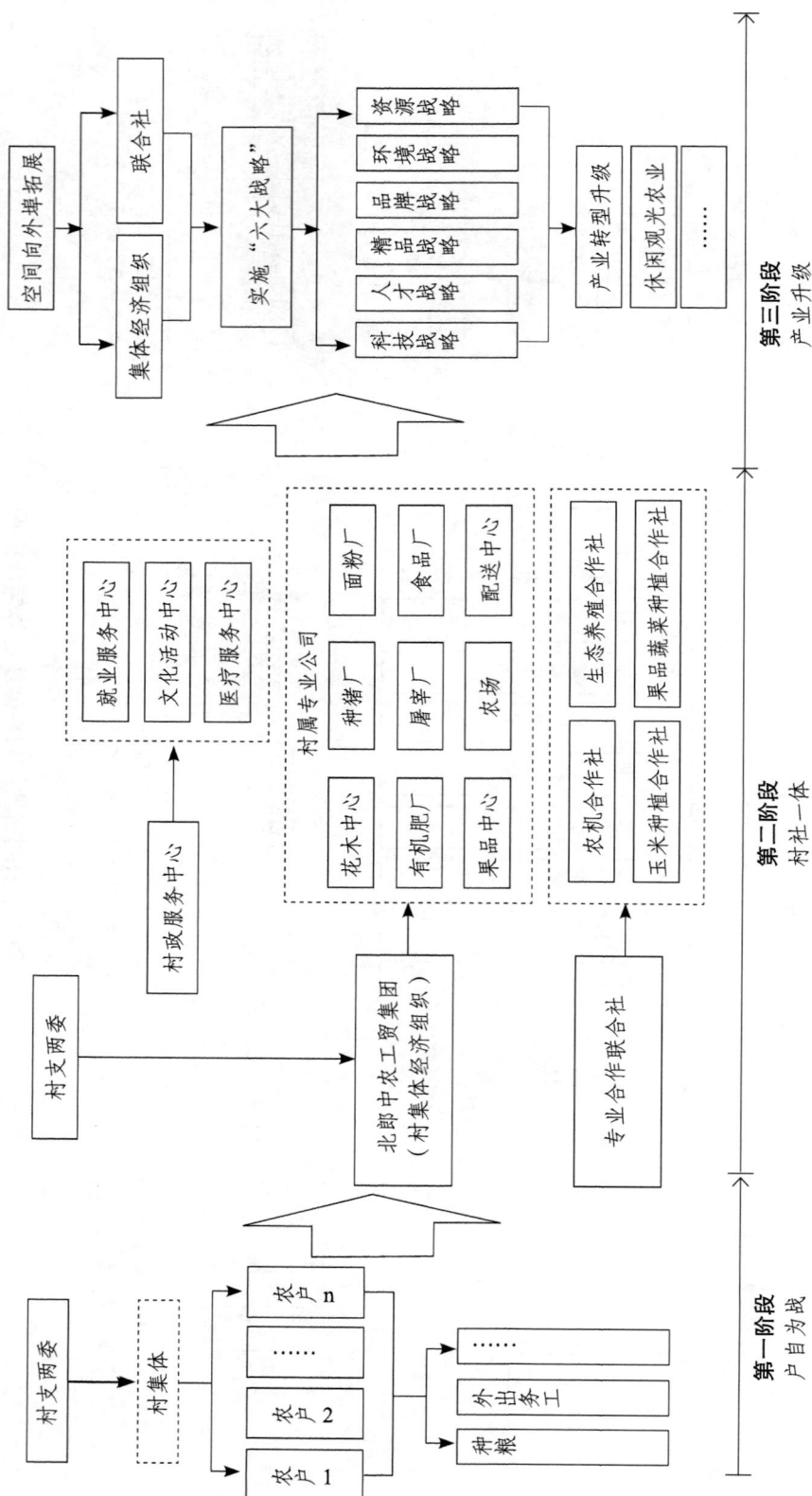

图 2 北郎中村集体经济体制变革示意图

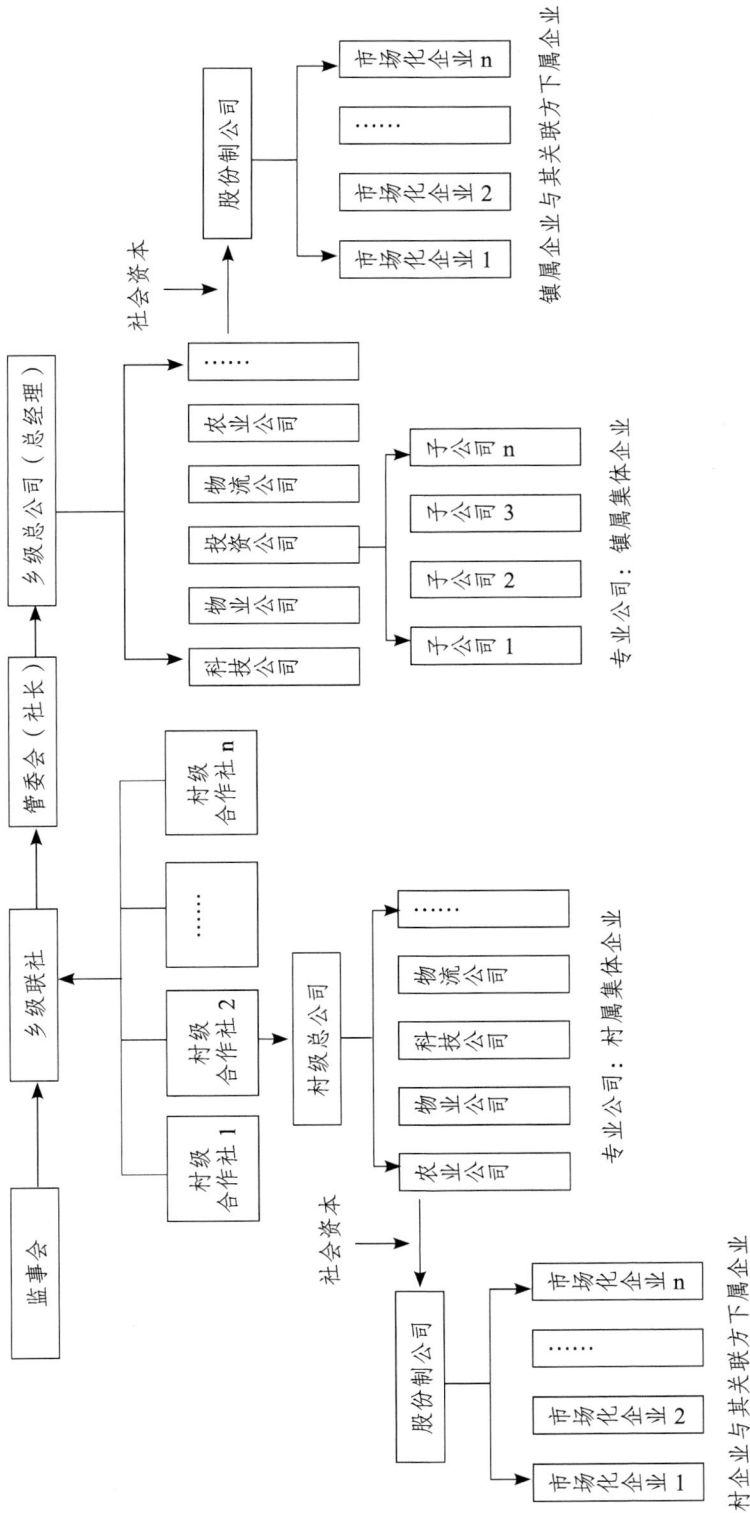

图3 乡镇统筹下的"两级所有，多层经营"的农村集体经济微观组织体系（联社）

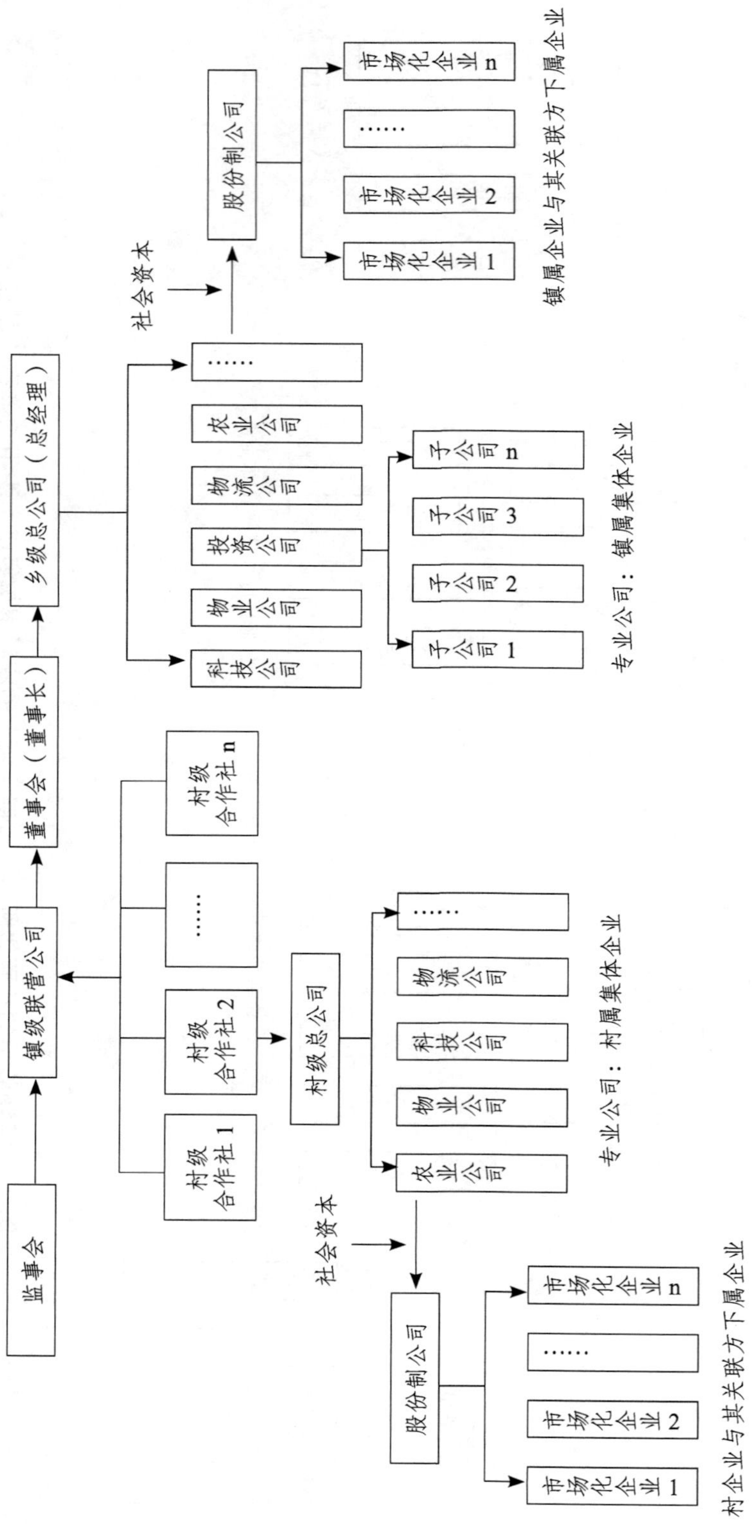

图 4 乡镇统筹下的"多级所有，多层经营"的农村集体经济微观组织体系（公司）

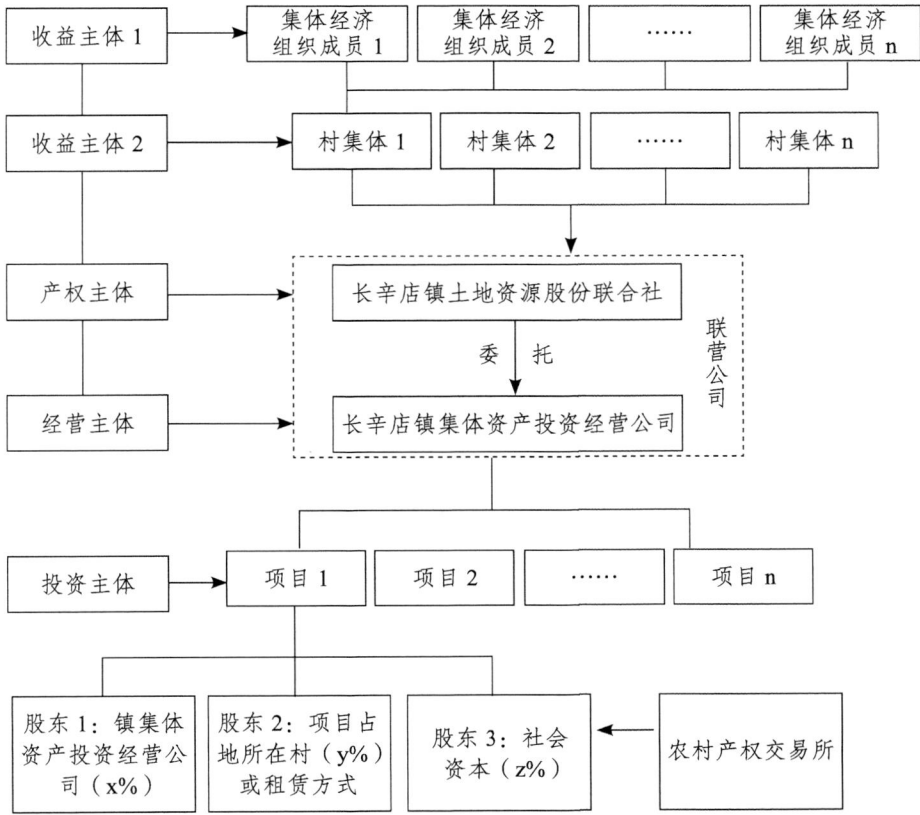

图5 长辛店镇统筹利用集体建设用地组织架构图

市农研中心新型农业经营主体政策体系创新研究课题组

课题组组长：吴宝新

课题组负责人：熊文武、侯书江

课题组成员：任玉玲、方书广、冯建国、曹晓兰、范宏、韩生、林子果、胡春雷、
王轶群、孙梦洁、张颖、万敏波、杨阳

执　笔　人：陈雪原、王洪雨

关于推进乡镇集体经济产权制度改革的问题与对策

乡镇集体资产是农村集体资产的重要组成部分，特别是城近郊乡镇集体经济实力强，资产规模大，因此乡镇集体经济产权制度改革应是北京市下一步农村改革的重点。

一、乡镇集体经济组织历史沿革

北京市乡镇级集体经济组织经历了艰难曲折的成立、发展、演变过程。1952—1955年乡村两级办初级农业生产合作社，1956年取消合作社土地分红，过渡到高级农业生产合作社，为最初的乡村集体经济组织。1958年实现人民公社化，1961年形成了公社、大队、生产队三级所有制。

1983年北京市取消了人民公社制度，实行政社分设，在建立乡镇政府的同时，成立乡镇农工商联合总公司，行使原公社级的财产所有权和经营处置权，形成了"党、政、社"三套班子。1991年北京市委、市政府出台了《关于加强乡村合作社建设巩固发展集体经济的决定》（京发〔1991〕2号），郊区多数乡镇依据此决定对乡镇级合作组织进行了规范，有些地方建立了乡镇合作经济联社，也有些地方仍然沿用农工商总公司的名称。

2001年乡镇机构改革，实行"三改二"，撤销了乡农工商总公司。因此在2001年乡镇机构改革时，北京市近郊区和远郊区根据实际情况做出了不同形式、不同程度的调整。多数远郊区乡镇撤销了乡镇级集体经济组织，部分建立了隶属于乡镇政府的资产管理委员会或者集体资产管理办公室。而多数近郊区乡镇均保留了乡镇级集体经济组织，但部分乡镇的集体经济组织又重新归属于乡政府，回到了政社合一的老路。至此，北京市乡镇级集体经济组织的管理系统呈现出了较为复杂混乱的局面。

二、乡镇集体经济组织的发展现状

乡镇集体经济组织是乡镇集体资产的经营主体，建立起管理规范并且充满发展活力的集体经济组织是实现集体资产规范化经营管理的重要前提。但现阶段北京市乡镇集体经济组织由于历史变革、政策调整等原因，建设和发展情况比较复杂，规范化管理的步伐远远滞后于村集体经济组织，极大地影响了北京市乡镇集体资产的经营管理。

在2001年乡镇机构改革时，北京市近郊区和远郊区根据实际情况做出了不同形式、不同程度的调整。多数远郊区乡镇撤销了乡镇级集体经济组织，部分建立了隶属于乡镇政府的资产管理委员会或者集体资产管理办公室。而多数近郊区乡镇均保留了乡镇级集体经济组织，但部分乡镇的集体经济组织又重新归属于乡政府，回到了政社合一的老路。至此，北京市乡镇级集体经济组织的管理体制呈现出了较为复杂混乱的局面。根据调查，全市195个乡镇集体经济组织中，集体资产管理大体上分为三种类型。

第一种类型：实行政社分开，乡镇集体资产账目单独设置，有独立的经营活动。全市共有20个这种类型的乡镇，仅占全市乡镇总数的10.3%。具体包括丰台区的全部5个乡镇、海淀区的7个乡镇和朝阳区的8个乡镇。这种类型因为有独立的组织机构和人员，账目单独设置，乡镇集体资产相对完整，经营状况总体上较好。

第二种类型：建立了隶属于乡镇政府的集体资产管理委员会或办公室，账目单独设置。全市共有94个这种类型的乡镇，占全市乡镇总数的48.2%。具体包括顺义、通州、门头沟、房山、密云的全部乡镇以及朝阳的13个乡、海淀的1个镇和石景山的1个镇。这种类型由政府所属的乡镇集体资产管理公司或办公室进行管理，虽然单独建账，但实际上其经营收益归乡镇政府支配使用。

第三种类型：乡镇集体资产、账目等并入政府账目。全市共有81个这种类型的乡镇，占全市乡镇总数的41.5%。具体包括昌平、大兴、怀柔、延庆和平谷的全部乡镇。这种类型中有相当一部分乡镇集体经济资不抵债，已经没有经营性资产，原账目已经封存，管理工作纳入乡镇政府有关科室统一管理。

三、乡镇集体资产总体情况

乡镇集体资产属于全乡镇农民集体所有。郊区乡镇集体资产源于合作化时期，全乡镇各村农民将土地、山场、林地、耕畜及主要生产工具入社转为乡镇级集体所有，经过国家信贷支持、合作社多年积累而逐渐形成，因此来源渠道主要有三个：所属各村集体经济组织投入，农村集体经济发展逐年积累，政府投入支持与社会各界捐赠。乡镇集体资产先后经历了合作化和人民公社、农村经济管理体制改革、计划经济向市场经济过渡以及社会主义市场经济四个时期。经过数十年的发展已经形成一定规模，在郊区农村社会经济发展中具有重要地位和作用。

截至2017年年底，北京市乡镇集体资产总额为2461.5亿元，占全市农村集体总资产的35.8%，平均每个乡镇12.6亿元，人均总资产为7.9万元；净资产为560.6亿元，同比增长5.1%，占全市农村集体净资产的24.3%，平均每个乡镇2.9亿元，人均净资产1.8万元。

郊区乡镇集体资产分布极不平衡，主要分布在近城郊区。从三大功能区看，城市功能拓展区乡镇集体资产为1930.3亿元，规模最大，占全市乡镇集体资产总额的78%；城市发展新区乡镇集体资产为411.4亿元，占全市乡镇集体资产总额的17%；生态涵养区乡镇集体资产为119.7亿元，占全市乡镇集体资产总额的5%。

四、乡镇级产权制度改革进展情况

目前全市195个乡镇集体经济组织中，已经有21个乡镇完成了产权制度改革。正在进行改制的乡镇有 12 个，其中朝阳区 2 个，海淀区 5 个，丰台区 3 个，石景山区 1 个，延庆区 1 个。这 21 个改制设立的新型乡镇集体经济组织在坚持基本改革方向的前提下，结合自身实际情况，因地制宜，探索创新出多种形式。按照不同的分类标准主要分为以下形式：

（一）按照持股股东，可以分为三类

一是个人股东持股型。如朝阳区大屯乡、奥运村乡和海淀区的玉渊潭乡和东升乡，都是将乡镇集体净资产直接量化给享有乡镇集体资产所有权的集体经济组织成员个人。

二是村集体经济组织持股型。如朝阳区的崔各庄、金盏、孙河三个乡，丰台区的卢沟桥、王佐两个乡镇以及门头沟区的 9 个镇，都是村集体经济组织作为团体股东持有乡镇新型集体经济组织的股份。

三是个人股东与团体股东共同持股型。只有丰台区南苑乡采取此种改革形式。

（二）按照股份构成，可以分为两类

一是集体净资产量化型。即将乡镇集体净资产按照一定标准（如集体经济组织成员劳动工龄、占用村级土地数量、村集体经济组织成员数量等指标）直接量化给集体经济组织成员个人或者村级集体经济组织。北京市有 16 个乡镇采取的是集体净资产量化型改革。

二是土地股份合作制。朝阳区的崔各庄、金盏、孙河三个乡实行的是土地股份合作制改革。主要做法是在村级实行产权制度改革组建村股份经济合作社的基础上，由村股份经济合作社股东代表大会做出决议，将本村集体土地使用权作为股份投入乡镇土地股份联合社，乡镇土地股份联合社负责统一开发利用各村集体土地，所得收益按照各村持有的土地股份分配。这三个乡之所以实行土地股份合作制，根本原因是乡域内农村集体土地实行统一规划利用，为了平衡各村土地利用性质的不同而采取此类改革形式。

五、存在的问题

与村级产权制度改革相比，乡镇级产权制度改革更为复杂，造成北京市乡镇集体经济产权制度改革总体进展缓慢的原因，主要有以下三个方面：

一是对乡镇集体经济产权制度改革的重要性和必要性存在思想认识上的差距。现在乡镇党委、政府领导班子许多同志都是区党委、政府派下去任职的，许多年轻干部学历水平很高，但是农村工作经验不足，对乡镇集体经济产权制度改革缺乏认识。再加上乡镇集体经济产权制度改革涉及乡镇与村级集体经济组织、与乡镇企业职工之间的众多历史问题，说不清扯不明。启动乡镇集体经济产权制度改革必然涉及历史问题的处置，许多乡镇党委、政府领导干部采取了回避、拖延的策略。有的乡镇党委、政府主要领导换了三四届，一拖就是十几年，至今毫无进展。

二是推进乡镇集体经济产权制度改革存在体制机制上的障碍。乡镇机构经过多轮改革，但"政社合一"的问题并未得到根本解决。多数乡镇集体经济组织由乡镇政府代行其职能，乡镇级集体资产产权主体长期处于缺位状态，主要由乡镇党委、政府支配和使用乡镇级集体资产，用于弥补财政预算和经费不足。大部分乡镇级集体资产只是从概念上讲属于乡镇全体社员，实际上多数区的乡镇级集体经济与乡镇政府财务混在一起，产权不清，缺乏明晰统一的管理制度。农民作为乡镇级集体资产所有者的主体地位得不到体现，这不仅影响到乡镇集体经济的发展，也严重侵害了广大农民的基本财产权益。此外，改制要付出成本，解决历史问题，兑现原成员劳动贡献需要大量资金。如正在改制的海淀区四季青镇参加资产量化的人员达到 6.7 万人，总劳龄年数 116 万年，资产量化后进行份额流转，对于选择兑现的人员，现金需求量非常大。

三是推进乡镇集体经济产权制度改革的力度不够。乡镇集体经济产权制度改革与村集体经济产权制度改革的不同之处在于村级改革与农民群众发生直接利益关系，改革进度不仅受上级领导关注，也受到本村农民群众的关注。而乡镇集体经济产权制度改革与农民群众较远，不受农民群众直接监督，乡镇领导感受不到群众监督的力量。北京市委、市政府从一开始就要求推进乡村集体经济产权制度改革，从实践上看对村级改革抓得比较紧，要求比较严，对乡镇集体经济产权制度改革只有要求，却很少督查。没有给区、乡镇下达硬性指标任务，导致区、乡镇年复一年拖延、敷衍了事。

五、几点建议

针对上述问题，现就进一步推动北京市乡镇集体经济产权制度改革提出以下几点建议。

（一）加强宣传引导，凝聚改革共识

乡镇集体经济产权制度改革是农村产权制度改革的重要组成部分，必须充分认识这项改革的重要性，切实增强推进改革的紧迫感和责任感。各区、乡镇党委和政府应把这项工作摆在重要的议事日程，加大改革宣传，进一步统一思想认识，使加快推进改革成为各级的共识。要充分认识改革在破除城乡二元结构、构建城乡一体化体制机制中的重要意义，充分认识改革对于坚持和完善农村基本经营制度、创新和加强社会管理的重要作用，总结改革发展壮大集体经济、增加股东财产性收入的生动案例，宣传改革促进基层民主政治和党风廉政建设的鲜活事例，着力营造改革推进的浓厚氛围，使忽视改革的领导重视改革，从而激发各级乡镇改革意愿和动力，提高改革推进的本领和能力。

（二）加强组织领导，落实改革责任

乡镇集体经济产权制度改革事关农村集体财产和利益关系的调整，涉及面广、政策性强、工作量大、影响深远。要层层建立由各级分管领导牵头、相关部门参加的产权制度改革工作领导小组，设立专门的办公室和工作指导组，加强对改革的组织领导、协调服务和指导督促。要把推进产权制度改革工作纳入各乡镇党委、政府目标责任制考核中，使改革"软要求"上升为"硬任务"，充分调动各级各部门的积极性和主动性，努力形成层层有责任、层层抓落实的良好局面。各区、乡镇是开展产权制度改革工作的主体，要切实承担起改革推进的责任，放到全局中统盘考虑、综合规划、强化措施。在推进改革过程中，要按照有关法规政策要求，做到认真细致、程序到位、操作规范，确保公开、公平、公正，确保改革顺利推进。北京市有关部门要结合各自工作职责，对改革工作给予积极的支持，协同推进。

（三）加强调查研究，坚持分类推进

乡镇集体经济产权制度改革程序复杂，要对延续几十年的历史问题做出处理，更要对未来一段时间的发展做出安排，要注意方法步骤，逐步推进。针对推进改革工作中的难点问题及遇到的障碍要全面调查、深入研究和探讨。各乡镇的情况千差万别，区域特色各异，发展水平不尽一致，推进过程不能搞一刀切，要注意从各自的实际出发，既认真学习借鉴已有的经验做法，又不生搬硬套、互相攀比，允许改革的具体方案和做法有所差别，做到原则性和灵活性相统一。要根据自身的资产、资源、区位的特点等实际情况大胆创新，采取灵活多样的改革形式，分批、分类指导，积极稳妥地推进改制工作。

（四）明确组织功能定位，不断深化治理结构

乡镇集体经济产权制度改革中面临的一个重要的障碍就是政企不分，因此明确乡镇集体经济组织功能定位，完善现代企业治理结构非常重要。一是逐步推行政企分开。理顺乡镇党委、政府和乡镇集体经济组织之间的关系，条件成熟时，推行政社分设，政府不再直接管理经济，剥离集体经济组织的社会管理、行政管理职能，充分体现乡镇农民作为集体资产所有者的地位和作用。二是明确股份合作经济组织的法人地位。制定相应的法律、规章，规范股份合作经济组织设立的条件和程序，使其登记注册有法可依。三是不断明晰个人产权。当前已经完成改革的乡镇大多还留有集体股，在条件成熟时，应进行集体股的二次分配。四是完善相关制度，加强民主监督。加快制定财务收支、投资融资、工程建设等各项制度，规范经营管理行为。规范民主议事流程，明确"三会"召开标准。完善"三会"成员选举、任免制度，充分发扬民主，体现股东地位。

（五）制定政策意见，强化改革推动

乡镇集体经济产权制度改革时间跨度大、资产状况复杂、历史遗留问题严重，各方面都需要政策的支持。研究制定加快推进乡镇集体经济产权制度改革的政策意见，进一步明确改革的目标任务、工作要求和保障措施，确保改革有序有力、平衡高效地推进。在改革对象上，积极推动城近郊乡镇以及重点小城镇的产权制度改革工作，鼓励远郊乡镇做好改革的基础性工作，认真梳理历史遗留问题，摸清资产底数，理顺产权关系；在改革规范上，既要抓制度健全，又要抓日常监管；在改革发展上，既要抓内部动力激活，又要抓外部扶持引导。并适时召开改革推进会，以进一步加强对改革的动员部署，加快改革推进的步伐。

执笔人：胡登州、林子果

北京市农村集体股权管理问题研究

一、引言

（一）研究背景

1. 深化农村改革成为新课题。目前，全国各行各业都在进行改革，就农村改革而言，乡村振兴已经成为我国的一项重大战略。农村集体产权制度改革，农用地、建设用地、宅基地等的流转探索，农村要素的流动，都成为热门话题。

北京市农村集体产权制度改革完成以后，新型集体经济组织如何规范化运营、如何发展壮大、如何实现开放搞活创新、如何实现集体资产的保值增值，让广大农民充分享有发展和改革成果等都成为新的课题，亟待研究。

2. 加强农村集体股权管理的现实要求。目前，股权管理范畴有许多值得从理论到实践进行深入研究的问题：一是在股权结构方面，如何合理设置各类股权，是否保留集体股；二是在股权权能方面，如何实现股权流转，如何开展股权抵押、担保、继承、有偿退出；三是在股权投资方面，如何开展股权投资管理，加强对子公司的经营管理和监管，提高投资效益，防范集体资产流失。所有这些问题都值得我们进行全面系统的探讨。

3. 赋予农民对集体资产股份权能的政策要求。2015 年中央一号文件《关于加大改革创新力度加快农业现代化建设的若干意见》提出，开展赋予农民对集体资产股份权能改革试点，试点过程中要防止侵蚀农民利益，试点各项工作应严格限制在本集体经济组织内部。全国首批 29 个股份权能改革试点于 2015 年启动。

2016 年 12 月，中共中央、国务院《关于稳步推进农村集体产权制度改革的意见》指出，将农村集体经营性资产以股份或者份额形式量化到本集体成员，作为其参加集体收益分配的基本依据，有序推进经营性资产股份合作制改革；同时，保障农民集体资产股份权利，赋予农民对集体资产股份占有、收益、有偿退出及抵押、担保、继承权等权能。

根据上述文件要求，农村集体股权管理相关工作亟待完善。因此，对北京市农村集体股权管理研究迫在眉睫。

（二）研究意义

1. 理论意义。农村集体股权管理研究比较少，观点不一，本课题从实践层面进行探讨，而且从理论层面进行分析，可以丰富相关的理论，对于已有研究成果也将是一个有价值的补充。

2. 现实价值。一是研究成果能够为制定股权管理相关政策提供参考。政策制定必须在充分研究的基础上进行，了解股权管理现状、问题和各阶层的意向等成为股权管理政策制定的必要条件，研究成果可以为相关顶层设计提供有价值的参考。

二是研究成果可以为农村集体股权管理实践提供指导。目前不仅理论界对于农村集体经济组织如何进行股权管理有不同的见解，实践界也有不同的做法，北京市大兴区作为赋予农民对集体资产股份权能改革试点之一，进行了相关探索、总结和分析，结合北京市的实际情况开展深入研究，在此基础上提出具有可操作性和建设性的相关意见和建议，以便指导北京市农村集体股份规范化管理实践。

（三）研究现状

1. 股权管理模式研究。农村集体股权管理模式在各地都有不同的实践，主要有动态、静态、动静结合三种方式。从全国范围来看，只有少部分地区实行动态管理模式，多以"生不增、死不减"的静态管理为主（黄延信、余葵等人，2014；方志权，2016）。从政策规定上来看，股权管理提倡实行不随人口增减变动而调整的方式，即静态管理模式。从全国试点地区的实践来看，静态管理有利于稳定农民对其所持股份的预期，有利于推进城乡要素平等交换，有利于兼顾公平和效率，得到了农民的拥护和支持（高云才，2017）。

2. 股权权能研究。吴庆（2010）认为，在法学语境下，权能应是权利的内容和具体表现形式。股权的内容就是股权的权能，自益权和共益权不是单独的权利，而是股权的具体权能，自益权和共益权共同构成股权的具体表现方式。所以股权的权能是由股东享有的、构成股权内容的权利。股权权能包括占有、使用、收益等的财产性权能以及参与合作社事务的经营管理性权能。杨世锁（2017）认为，在农村集体经济组织中，农户获得的股权是通过占有、收益、转让、退出、合作社事务表决权、知情权等权能表现出来的。

3. 权能实现研究。全国农村集体股份权能改革仍在探索试点中，在产权制度改革基本完成的地区，农村集体股份权能主要体现在占有权和收益权上。

在占有权方面，完成产权制度改革的地区普遍设置了股权登记管理制度，建立成员股权台账，颁发股权证书，有"一人一证"和"一户一证"之分（黄延信、余葵等人，2014；高云才，2017），有效将成员对集体资产股份的占有权落到实处。北京市大兴区、广东省东莞市等地建立了股权管理系统，实现了股权管理的信息化、动态化。从实践经验来看，需要提高股权证的法律效力，做法不规范将留下许多隐患（叶兴庆，2016）。

在收益权方面，集体经济组织股东按照持有股份享有集体经济组织收益。从实践经验来看，应注意防止两种倾向，一是分红占集体资产收益的比重过低，二是分红只能增加不能减少（叶兴庆，2016）。

在有偿退出方面，全国各地实行集体资产股份流转和有偿退出的案例很少，组织成员将股权流转的意愿不高，股权和股东均处于封闭状态。中央政策、各地实践要求，现阶段农村集体资产股权不宜对外开放流转，应限制在集体内部或由集体赎回（包宗顺，2014；

徐秀英、赵兴泉，2015；方志权，2016）。但也有学者指出农村集体股权流动的封闭性尽管是农民理性选择的结果，却也是低效率的表现。

在抵押、担保方面，应慎重稳妥推进，明确规定内部成员持股比重，严格规范外部人员持股，综合考虑多种因素进行股权作价（叶兴庆，2016）。从各地实践来看，主要有按照资产市场价评估、资产股份的预期收益或信用定额进行抵押担保三种做法（王静、蔡蔚，2016），且抵押担保的风险是可控的，出现贷款风险完全能够通过股份转让、分红收益来弥补（方志权，2016）。

在继承权方面，从全国试点情况来看，路径选择大体分为两派：一派认为农村集体资产股份应该严格控制在内部，采取完全权继承模式；另一派认为应该从保障继承者应得利益的视角，采取股份收益权继承模式（李明星等，2017）。

（四）研究目标和研究内容

1. 研究目标。本课题的主要研究目标是通过了解北京市部分农村社区股份合作社股权管理现状，对其存在的问题进行分析，并借鉴北京市部分农村社区股份合作社股权管理的经验，提出完善北京市农村社区股份合作社股权管理的对策建议。

2. 研究内容。本课题通过查阅文献和实地调研，深入了解北京市部分农村社区股份合作社股权结构管理、股权权能管理、股权投资管理的现状，分析目前存在的问题，提出完善北京市农村社区股份合作社股权管理的对策措施和建议。

（五）研究方法和资料来源

1. 研究方法。

（1）文献资料研究法。通过研究资料、相关政策文件和其他二手资料的收集、归纳梳理，了解农村社区股份合作社的股权管理相关现状、做法、存在问题、需要探讨的关键问题，明确改革方向，为提出完善建议提供基础。

（2）经验借鉴法。借鉴北京市内部分农村社区股份合作社股权管理的相关经验、参考部分社区股权管理办法，分析北京市农村社区股份合作社股权管理相关问题的完善途径。

（3）实地访谈法。在北京市区、乡镇、村各级选择部分单位进行实地访谈，了解北京市农村社区股份合作社股权管理现状、问题、经验、观点和意向等问题，并进行讨论。

（4）问卷调研法。针对北京市农村社区股份合作社股权管理相关内容设计问卷，对北京市各级相关主管部门和农村社区股份合作社进行问卷调研，获取一手数据。

（5）统计分析法。利用调查问卷获得的一手数据对北京市农村社区股份合作社股权管理的现状、问题和解决方案等多项内容进行统计分析，总结归纳出有价值的信息。

（6）案例研究法。北京市和其他省市都有一些股权管理方面做得较好的乡镇和村组级股份社，对其经验进行深入调研、仔细解剖、归纳总结，对于完善其他地区农村股份社的股权管理具有很好的借鉴意义。

2. 资料来源。本文的资料来源主要有两个方面：

（1）二手资料主要来源于学术网站、图书资源及北京市部分农村社区股份合作社的实地访谈。通过学术网站获取大量关于农村社区股份合作社的相关研究，总结分析现有农村社区股份合作社的研究现状及当下存在的问题，确定本课题研究内容的重点；通过查阅有关农村集体产权改革相关书籍，总结全国各地在农村社区股份合作社股权管理上的相关经验；通过实地走访北京市部分农村社区股份合作社，获取相关股权管理经验。

（2）一手数据资料主要来自调查问卷。调查问卷的数据主要用于描述性统计分析，利用数据主要分析北京市农村社区股份合作社股权管理的现状。

（六）相关概念界定

股权管理是研究对象，本研究的股权管理主要涉及三个方面：股权结构管理、股权投资管理和股权权能管理。

1. 股权结构管理。股权结构是指股份公司总股本中，不同性质的股份所占的比例及其相互关系。

本研究讨论的是农村股份社的股权结构，是指各种性质的股份（如集体股、个人股、劳龄股）构成和所占比重。

2. 股权投资管理。股权投资是指企业购买的其他企业的股票或以货币资金、无形资产和其他实物资产直接投资于其他单位。股权投资的主要动机是追求利益的最大化，根本目的则是实现资本的保值甚至达到增值。

本研究中的股权投资管理，是指农村社区股份社对于其股权性质出资的管理，包括出资兴办全资和控股企业以及出资进行参股投资的管理。

3. 股权权能管理。股权权能是拥有股权而产生的一系列权利，是指股权的功能，它与产权概念相似。产权是经济所有制关系的法律表现形式，包括财产的所有权、占有权、支配权、使用权、收益权和处置权。农村集体股权权能具体是指农民对集体资产股份享有占有、收益、有偿退出以及抵押、担保和继承、知情权、表决权、股东代表投诉权等权利。

二、北京市农村集体股权管理现状

（一）农村集体股权结构管理现状

股权结构设置是产权界定的基础。但在各地实践中，股权设置标准较为混乱。此次通过对大兴、昌平、海淀、丰台等区股份经济合作社进行走访座谈，课题组对北京市各区股权结构情况有了初步的了解。目前，北京市各区股权结构不尽相同，集体股与个人股的比例关系，以及个人股内部的比例关系均存在较大差异。

大兴区对于整建制转非村，已将集体净资产百分百量化到成员股东，不再保留集体股。个人股在不同村可体现为基本股（即户籍股）、劳龄股、独生子女奖励股等，其中，对于劳龄股，大多选择直接兑现，不再保留；对于传统常态村，一般情况下保留了集体股。昌平区设有集体股和个人股，规定集体股不得超过30%，个人股由基本股、劳龄股、独生子女奖励股构成，但三者比例由村集体经济组织成员或村民代表大会确认。海淀区以东升镇为例，东升镇成立了经济合作总社，总社占各分社股份的20%；组建了博展、海升、新东源三个新的股份合作社，保留了集体股，个人股由基本股、劳龄股构成。丰台区保留了集体股及个人股，集体股占比30%以上。

1.集体股保留情况现状。此次问卷随机抽取了北京市13个区、39个乡镇进行调研，共计回收农村集体经济组织干部问卷303份。其中，67位所属的农村集体未保留集体股，占样本总量的22.11%；236位所属的农村集体选择了保留集体股，占样本总量的77.89%。

2.集体股比例设置现状。此次问卷调查中，236位社区股份社干部所属股份社设置了集体股，其集体股比例各有不同，如表1所示：

表1　不同集体股比例分布情况

集体股占总股数比例	5%及以下	5%—10%（含）	10%—15%（含）	15%—20%（含）	20%—25%（含）	25%—30%（含）	30%以上
样本数量	38	19	18	44	10	75	32
占设置集体股样本总量的比例	16.10%	8.05%	7.63%	18.64%	4.24%	31.78%	13.56%

从表1中可以看出，大多数集体股比例占比在30%以下，其中，31.78%的社区股份合作社集体股占比在25%—30%，占比较大。而集体股比例在30%以上的占13.56%。

（二）农村集体股权权能管理现状

所谓权能，是指农村社区股份合作社的股权除了分红外，还可能具有哪些功能，能否继承、转让，能否转让给非成员（若能转让的话），是否具有抵押、担保功能等等。从实践中看，股份的权能取决于管理方式，即是动态管理还是静态管理。

1.股权占有现状。

（1）成员身份界定与股权占有现状。

①成员身份界定现状。集体经济组织成员资格界定涉及每个农民的切身利益。当前，北京市不同地区立足自身发展实际，对成员身份界定有着不同的规定。

大兴区作为全国产权改革首批试点之一，早在2006年11月出台的《关于积极推进农村集体经济产权制度改革的意见》（京兴发〔2006〕23号）中，即提出了集体经济组织成员身份确认标准，2015年以来，深化改革开展股份权能改革试点期间，"以改制时点在册农业户口为基准线，采取三放宽、两限制的成员资格确认"的办法，三榜公示后确定成员身份。"三加两减"即：改革基准日在册农业户籍人员＋农转非大中专在校生＋户口未进驻的外埠婚嫁人员＋小城镇户口人员－1984年以后外来户且未缴纳入社资金人员－子女接班顶替工作的居转农退休人员。改革基准日时死亡的不认定为集体经济组织成员，其他特殊人员身份确认情况交由成员（股东）代表会讨论决定。

②股权占有现状。由于农村情况复杂，成员身份与股东身份相互交错，存在部分人是集体组织成员却可能不是股东，是股东却不是集体组织成员的现状。例如丰台区的做法是，在改制以后的集体经济组织内部，新增人口（如新妇、新生儿）是集体组织成员，却没有股份。昌平区回龙观镇的东村家园股份经济合作社有接近700人拥有股份，而其中是该合作社成员的人数仅为50%左右，造成这种现象的一个主要原因是在股权量化时，已

嫁出去的、户口已迁移出去的女子仅仅拥有劳龄股且未兑现，但无户籍股。

（2）股权占有管理模式现状。此处的股权占有管理模式，是指实际中的股权管理模式。主要模式有两种：一是随人口变动而调整的动态管理模式；二是不随人口变动调整的静态管理模式。大兴区采取的做法是，对于整建制转非村，以转非时点划分，实行固化成员、固化股份，"生不增死不减"的静态管理模式；对于传统常态村，暂时采取动态管理模式。调研发现，目前北京市大多数村庄采用静态管理模式。

2. 股权收益现状。

（1）总体概况。随着北京市农村集体经济组织产权改革工作的有序进行，改革后的新型集体经济组织积极创新收益分配机制，使得股东收益权得到保障。昌平区回龙观镇北店嘉园股份经济合作章程中明确规定，股份社在当年依法缴税后的剩余利润按照一定顺序进行利益分配：首先冲销经营不善带来的财产损失或弥补亏损、其次按税后利润的10%提取公积金（公积金达到注册资本的5%时可不再提取）、然后按税后利润的5%提取公益金、最后付股东红利或配股。截至2017年，北店嘉园股份经济合作社已连续为全体股东分红11年，分红总额共计1.26亿元。

不过就目前北京市整体情况来看，分红形势并不乐观。针对"是否每年分红"，随机抽样调查了北京市13个区的497名股东（467份线上问卷，30份线下问卷），结果显示，每年得到红利的股东占比为56.54%，尚不足六成。统计得知，股东分红人数占比率最低的三个区是密云区、延庆区、平谷区。而昌平区、海淀区、大兴区等股份经济合作改革较好的地区股东分红率较高。具体情况如表2所示。

表2 北京市13个区随机调研股东分红情况表 （单位：人）

是否每年分红？	是	否	合计	分红占比	不分红占比
昌平区	50	2	52	96.15%	3.85%
朝阳区	46	15	61	75.41%	24.59%
大兴区	32	3	35	91.43%	8.57%
房山区	19	29	48	39.58%	60.42%
丰台区	35	8	43	81.40%	18.60%
海淀区	21	6	27	77.78%	22.22%
门头沟区	31	15	46	67.39%	32.61%
密云区	0	42	42	0.00%	100.00%
平谷区	1	17	18	5.56%	94.44%
石景山区	12	3	15	80.00%	20.00%
顺义区	16	22	38	42.11%	57.89%
通州区	18	12	30	60.00%	40.00%
延庆区	0	42	42	0.00%	100.00%
合计	281	216	497	56.54%	43.46%

（2）分红机制。目前，北京市各股份合作社对于股份分红机制不尽一致。主要有两种方式：一是按照股权账面价值的一定比例分红；二是股份社确定每股收益，用每股股利乘以股数确定分红。

昌平区北店嘉园股份经济合作社按照上述第一种方式分红，分红比例逐年增加，2007年分红比例为3%，截至2017年，分红比例达到9%，人均最高分红19159元。诸如此类分红的还有丰台区六里桥北京天创伟业投资公司、海淀区东升博展股份经济合作社等等。

大兴区黄村镇后辛庄村股份经济合作社则按照第二种方式分红，用当年确定的分红总额除以股份社总股数得到每股股利，个人股数乘以每股股利即为个人的当年分红额。2017年实现人均分红3万元左右。大兴区黄村镇小营村股份经济合作社、昌平区回龙观镇东村家园股份经济合作社等也按照此种方式进行分红。

3. 股权有偿退出现状。

（1）股权退出总体情况。股权退出，是指股东以股权转让和股权赎回两种方式将自身所持部分或全部股权变现的行为。从北京市整体情况来看，实现股权有偿退出的案例极少，股东退出意愿弱。从调查问卷结果来看，随机选取的13个区467名股东中曾经有过股权退出行为的，占3.78%，将来愿意将股权退出的比例仅仅为8.10%。股权退出意愿不高主要有三方面原因：一是股东认为股份社未来发展趋势会更好，留有股权将来收益会持续增加；二是股东认为现在股权退出人数少，存在一些担心；三是股权退出带来的收益低，达不到预期收益。具体如图1所示：

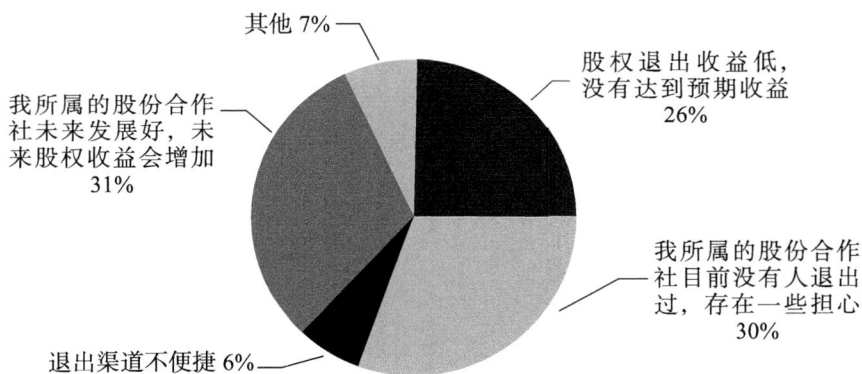

图1　股东不愿意股权退出原因

（2）股权退出价格。北京市多数农村股份经济合作社中，股权转让价格主要由转让人和受让人自行协商确定。大兴区《农村集体资产股份管理办法》规定股份集体赎回价格应严格按照股份获得时的原始价值确定。

（3）有偿退出限制条件。目前，国家将股权流转限制在农村集体经济组织内部。北京市大多股份经济合作社尚未对股权有偿退出做出明确且完善的限制条件。北京市大兴区《农村集体资产股份管理办法》对于股权退出相关限制条件有着较为全面的规定：一是现阶段股份有偿退出严格限定在本集体经济组织内部；二是股份转让双方应具有完全民事行为能力，限制民事行为或无民事行为能力的成员按相关法律、法规办理，董事会、监事会成员在任职期间不得转让股份；三是受让人最终所持有的总股份，一般不能超过本组织总股份的 3%，且不能超过股东平均股份的 5 倍。

（4）有偿退出程序。北京市多数区尚未出台股权管理办法对股权退出程序做出规定。大兴区《农村集体资产股份管理办法》对于股权退出程序有着较为全面的规定。

股权转让的基本程序如下：①股份转让人自行在本集体经济组织内部选择受让人，双方商定转让数额、价格、支付方式、权利义务等，转让双方签订规范的《股份转让协议》；②转让双方当事人携带相关材料，交由村集体经济组织进行审核。审核通过后，在《股份转让协议》上加盖村集体经济组织公章，予以确认；③村集体经济组织根据转让双方提供的材料，办理股权证变更手续；④董事会应在召开成员（股东）代表大会时对股份转让情况进行通报。根据实地调研，除大兴区以外，实行静态管理的农村集体经济组织大部分都按照上述基本程序进行股权转让。

股权赎回的基本程序如下：①转让人向董事会提出书面申请，并提供股权证、身份证、医疗证明、事故证明等相关原始材料；②董事会对申请材料进行审核，并在 10 个工作日内通知申请人审核结果；③董事会对符合赎回条件的，提交全体成员（股东）代表大会讨论，讨论通过后，通知转让人与村集体经济组织签订《股份集体赎回协议》，并办理股权证变更手续；④村集体经济组织在办理完赎回手续后，对赎回结果向全体股东公示。

4.股权继承现状。

（1）股权继承总体情况。北京市实行静态管理的农村集体经济组织中，大多都发生过股权继承案例。随机走访调研的海淀区、昌平区、丰台区、大兴区的六个村中，截至 2017 年年底，股权继承人数比例达到 6% 左右（具体如图 2 所示）。北京市 13 个区 467 名股东填写的调查问卷显示，未来愿意股权继承的比例为 48.39%。

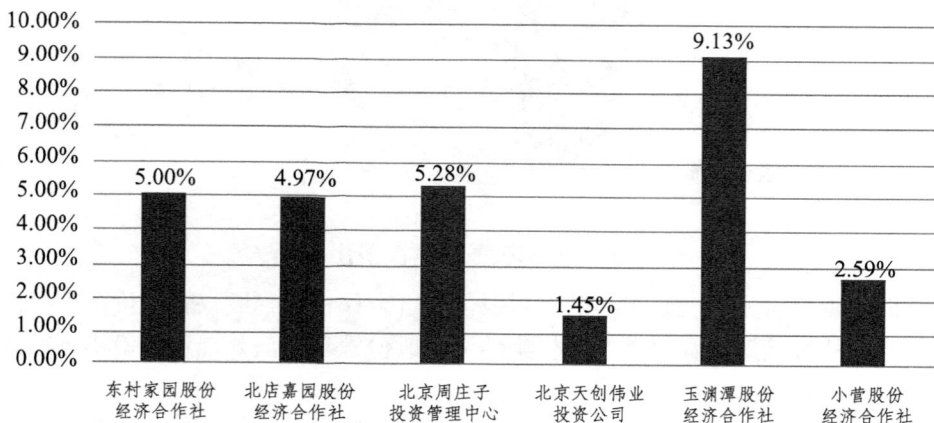

图 2 部分组织内股权继承比例

注：本文的股权继承比例是以农村集体经济组织股权固化以来累计被继承人数除以原始股东数计算得到。

（2）股权继承条件。北京市农村集体经济组织发生股权继承时，股权继承人资格多是按照《中华人民共和国继承法》确定。但对于股权继承的条件，不同集体经济组织有着些许不同的规定。主要体现在两方面：一是继承人人数最高限制；二是股权继承人身份限制。大多股份社对于继承人人数没有限制，但是有些集体组织限制最多只能由1人继承，比如东升博展股份经济合作社。对于继承人身份，有的集体经济组织仅仅允许继承人是本集体经济组织成员，有的也允许符合继承人资格的非本集体经济组织成员继承。

（3）股权继承程序。北京市多数社区股份合作社没有形成明文规定的股权继承程序。大兴区规定股权继承程序为：①继承人向董事会提出书面继承申请；②董事会对继承人的申请进行审核，并在公开栏专项公示；③公示期届满，由董事会按相关程序办理股份继承手续，发放相应的股权证，登记或变更其股份信息，同时注销被继承人的股东资格。

5. 股权抵押、担保现状。当下，北京市在试点区审慎开展集体资产股份抵押、担保。截至2017年，北京市尚无股东将股份进行股权抵押、担保。主要原因有二：一是目前股东持有的股份能够抵押、担保的金额数量少；二是股东们正常收入能够满足日常生活需要。大兴区出台了关于股权抵押、担保的规定，规定了可进行股权抵押、担保的情况、办理程序及提交材料。

（三）农村集体股权投资管理现状

在303份乡镇级与村级农村社区股份合作社干部填写的问卷中，只有30位股份合作社干部表示其所在的股份合作社存在下属全资子公司，占总数的9.90%，273位股份合作社干部表示其所在的股份合作社不存在下属全资子公司，占总数的90.10%。由此可知，存在全资子公司的农村社区股份合作社仍占少数。在30份股份合作社存在下属全资子公司的问卷中，丰台区11份占36.67%，海淀区6份占20%，昌平区5份占16.67%。

1. 股权投资流程现状。

（1）股权投资方案评估。调研数据统计显示，多数农村社区股份合作社按照投资方案评估、签订投资合同等相关文件、投资方案审批的步骤开展股权投资，而只有少数股份合作社对股权投资方案进行了风险分析，并制定了应对措施（如表3、图3所示）。由此可见，农村社区股份合作社的股权投资流程是比较完整的，但需要提高方案评估方面的风险意识。

表3 股权投资方案管理（制度或实施）情况统计

股权投资存在的流程	被访股份社中的实施比例
投资方案评估（可行性分析）	83.33%
签订投资合同等相关文件	60.00%
投资方案审批	53.33%
分析风险及应对措施	33.33%

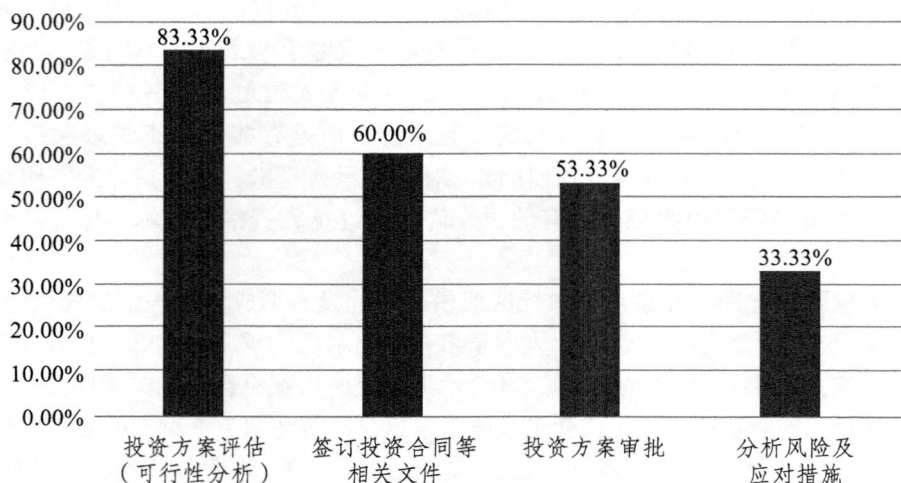

图 3　股权投资方案评估情况统计

（2）股权投资审批程序。大多数农村社区股份合作社股权投资都交由股份合作社董事会与乡镇主管部门进行审批（如表4、图4所示）。可见股份合作社的股权投资审批程序是比较完整且谨慎的，不只是股份合作社总经理个人的决策，而是需要经过董事会商议决策甚至上报乡镇主管部门进行审批。

表 4　股权投资审批部门（组织）统计

股权投资审批部门（组织）	被访股份社中的实施比例
股份合作社董事会	86.67%
乡镇主管部门	86.67%
股份合作社股东（代表）大会	80.00%
股份合作社总经理	66.67%
区级及以上主管部门	20.00%

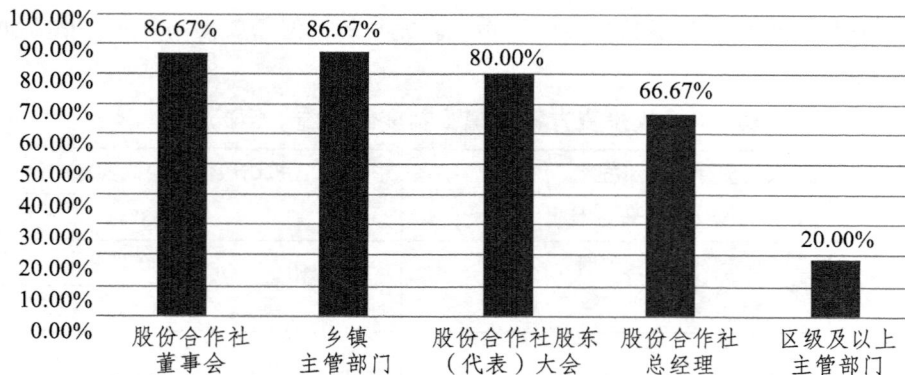

图 4　股权投资审批部门（组织）统计

2.股权投资管控现状。

（1）全资子公司管控。本文主要通过描述性统计方法研究农村社区股份合作社对其全资子公司管控的相关问题，包括全资子公司是否存在对经理层的激励制度、重大支出审核审批制度、审计制度与信息披露制度等。

①对经理层的激励制度。从调查结果来看，全资子公司经理层的激励制度主要集中在薪酬激励，占60%。福利激励，如住房福利、带薪休假等较少，仅占6.67%，而股权激励则不存在，这可能与股份合作社股权的特殊性质有关。另外，无激励制度的股份合作社占16.67%。（如表5、图5所示）

表5　对全资子公司经理层的激励情况统计

激励制度	被访股份社中的实施比例
薪酬激励	60.00%
其他激励	20.00%
无激励制度	16.67%
福利激励（如住房福利、带薪休假等）	6.67%
股权激励（包括股票期权激励等）	0.00%

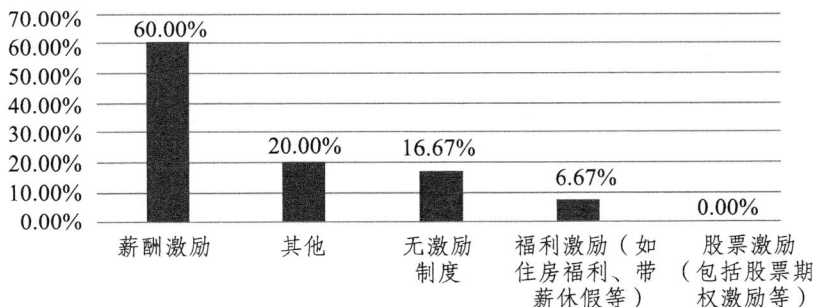

图5　对全资子公司经理层的激励情况统计

②重大支出审核审批程序。大多数股份合作社全资子公司的重大支出需经董事会或是股东代表大会审核审批，占总数的90%（如表6、图6所示），说明对于重大支出，全资子公司有较为完整的审核审批制度，绝大多数是由公司的治理层进行决策的，避免了总经理权力过大的情况。

表6　全资子公司重大支出审核审批制度

全资子公司重大支出审核审批制度	被访股份社中的实施比例
总经理向董事会申报，董事会做决定	40.00%
总经理向董事会申报，董事会再向股东（代表）大会申报	40.00%
总经理向董事会申报，超过一定金额则向股东（代表）大会申报	10.00%
不存在审核审批制度，由总经理决定	10.00%

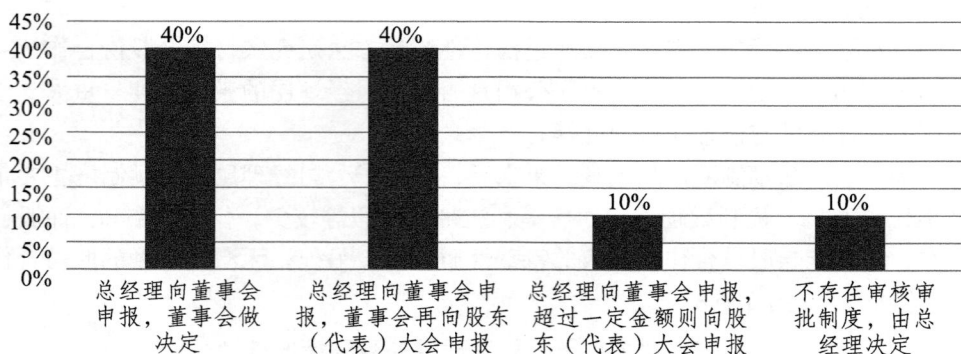

图6　全资子公司重大支出审核审批制度

③审计制度。有73.33%的股份合作社全资子公司每年进行年度审计，仅少数的全资子公司多年审计一次或未审计（如表7、图7所示），说明股份合作社对其全资子公司的管控是比较严格且谨慎的。

另外，问卷结果显示，由外聘的会计师事务所开展外部审计的全资子公司占76.67%，由上级主管部门开展审计的占56.67%，由股份合作社内部审计机构开展审计的占20%。由此可以看出对于全资子公司的审计工作，股份合作社及其上级主管部门采取了内部审计与外部审计并行的制度，以确保全资子公司运行的规范化与透明化。

表7　全资子公司审计频率情况统计

审计频率	被访股份社中的实施比例
每年进行年审	73.33%
2年进行一次审计	10.00%
3年至5年进行一次审计	3.33%
5年以上进行一次审计	0.00%
未审计	3.33%
其他	10.00%

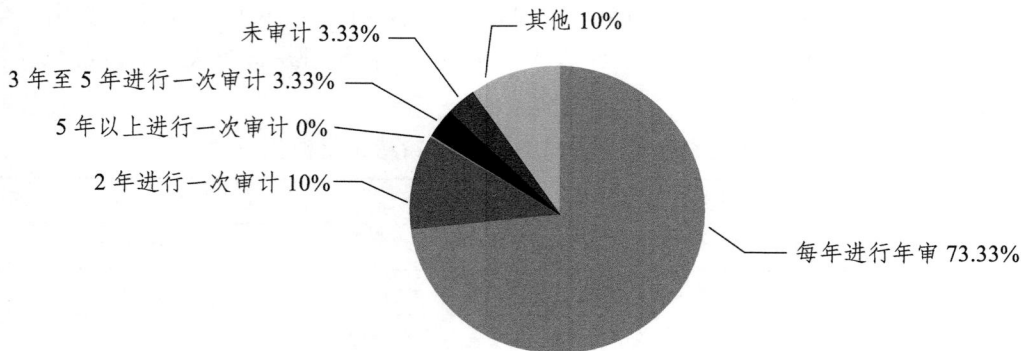

图7　全资子公司审计频率情况统计

④信息披露情况。农村社区股份合作社全资子公司信息披露的主要方式是召开股东（代表）大会或在公告栏公开，较为新型的信息披露方式有广播、网络、信息披露平台、电子触摸屏（由表8、图8可知）。信息披露方式的转变是股权投资成果愈加透明化的体现，有助于股东了解股份合作社全资子公司经营与收益的状态，更好地保护集体资产。

另外，问卷结果还显示全资子公司信息披露的内容主要有财务报表、收入来源、支出去向与债权债务情况。信息披露的频率较为普遍的是每月披露、每季度披露与每年披露。股东对于所披露信息的质疑渠道也基本可以得到保障，主要集中于信息披露后有特定时间可供股东的质疑与提问或股东可随时向股份合作社提出质疑并要求解答。

表 8   全资子公司信息披露方式统计

信息披露方式	被访股份社中的实施比例
召开股东（代表）大会进行披露	56.67%
张贴在固定的公告栏	46.67%
其他	16.67%
通过广播、网络等媒介	10.00%
有信息披露的平台可登录个人账号查询	10.00%
通过电子触摸屏	6.67%

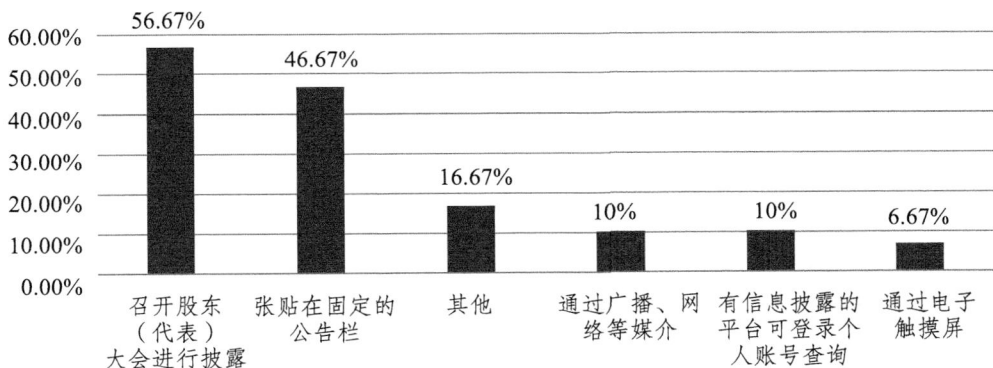

图 8   全资子公司信息披露方式统计

（2）控股子公司管控。在实地访谈中了解到，农村社区股份合作社存在控股子公司的情况不太普遍，多数属于商业广场等楼宇经济，是股份社以土地作为股份，与建筑商合资成立公司。与全资子公司的管控不同，股份合作社对于控股子公司的管控大多通过在董事会任职期间进行治理，不直接参与经营管理，多数仅收取固定金额的租金。

（3）参股企业管控。在实地访谈中了解到，农村股份合作社的参股企业多为多个股份合作社合资成立的公司或乡镇与多个股份合作社合资成立的公司。对于这些参股公司，股份合作社基本不参与经营管理，当所占股份较多时会委派股份合作社内部管理人员担任该参股公司的董事进行治理。

3. 股权投资处置现状。

（1）股权投资处置决策。大多数农村社区股份合作社制定了股权投资处置制度（如表9、图9所示），这体现了股份合作社对股权投资具有较高的风险防范意识。股权投资处置决策的方式主要集中于计算投资回报率等财务指标以设置止损点、签订合同时设定固定的业绩指标，这两种方式及时有效地防止股权投资失败造成的集体资产流失，是股权投资管理中十分重要的部分。

表 9 股权投资处置决策方式统计

股权投资处置决策方式	被访股份社中的实施比例
计算投资回报率，设置止损点	66.67%
签订合同时设定业绩指标，未达成指标则撤回投资	23.33%
不处置股权投资	6.67%
仅在股份合作社有资金需求时撤回	3.33%

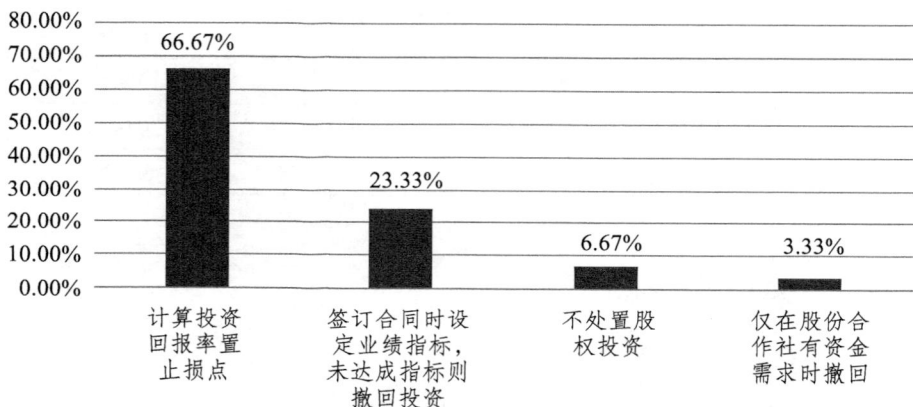

图 9 股权投资处置决策方式统计

（2）股权投资处置审批。大多数农村社区股份合作社的股权投资处置都需要经过乡镇主管部门、股份社的股东（代表）大会、董事会与总经理等审批（如表10、图10所示）。对比股权投资的审批，股权投资处置的审批显得更为严格，这也表明了上级主管部门、股份社的治理层与管理层对于股权投资的处置与收益情况的重视。

表 10 股权投资处置审批部门（组织）统计

股权投资处置审批部门（组织）	被访股份社中的实施比例
乡镇主管部门	80.00%
股份合作社股东（代表）大会	76.67%
股份合作社总经理	73.33%
股份合作社董事会	73.33%
区级主管部门及以上	13.33%
不存在审批流程	3.33%

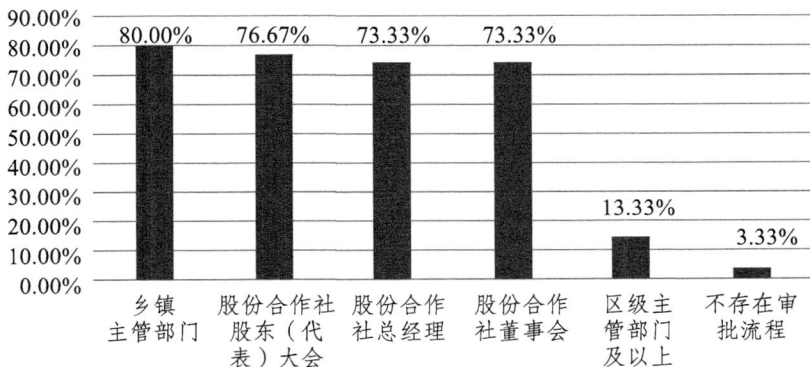

图10　股权投资处置审批部门（组织）统计

三、北京市农村集体股权管理存在的问题及其探讨

（一）集体股存废及比例探讨

1. 集体股是否保留。集体股为共有财产未量化给个人的部分，即为集体共有，体现为不可分割的共同财产。集体股主要用于两个方面：一是用于集体经济组织成员变动引起的股份调整。如新生人口、嫁入本村落户人口、大学生毕业后未就业人口等。二是用于农村公益事业支出。如修路、水电设施等公共设施以及缴纳保险等社会福利。随着城镇化的发展，一些较发达的地方选择了直接取消集体股。但是，对于集体股是否应保留仍然有一些争议。

主张废除集体股的主要理由是，建立归属清晰的产权制度，是加快完善市场经济体制的内在要求。在集体资产折股量化时不应设集体股。农村集体产权制度改革的目的，就是要解决集体资产归属不清晰的问题，在集体资产折股量化到成员时，如果再留集体股，就是保留了一块归属不清晰的资产，改革就是不彻底的，与完善市场经济体制、建立产权保护制度改革的目的相悖。此外，集体股资产是成员集体所有，但具体每个成员拥有多少资产并不清楚。再者，集体股应该留给谁，集体股和每个成员分别持有的股份权利是否一样，谁来代表成员行使集体股的权力，所留的集体股是否参加收益分配，如果参与分配，通过分配集体股的财产归谁所有，将来这部分集体股的资产增值时，人口结构更复杂。所以，不宜再留集体股。

而部分人认为应该保留集体股，一方面是要维护集体所有制的性质，集体产权制度改革不留集体股，不是集体经济，只有保留集体股才叫集体经济，主张设集体股。将集体资产全部量化到个人无异于瓜分共有财产，使得集体所有制在改制的集体经济组织内完全丧失基础。另一方面，则出于公共物品和社会福利的考虑。

随着改革进一步深化，只有将集体经济全部量化到成员，不再保留集体股，才会使得农村集体经济组织产权明晰。但是否保留集体股，应根据农村集体的实际情况及发展水平进一步因地制宜、因时制宜。

2. 集体股比例探讨。目前，北京市新型农村集体经济组织按规定可以保留集体股，但保留股份存在差异。集体股的存在及比例直接影响股东与新型农村集体经济组织的利益关系。若集体股比例过高，则意味着过多的经济利益及权利留在了集体经济组织，成员获得的现实收益就会相对减少；但若集体股比例较低，意味着较多的利益偏向于成员个人。集体股从本质上讲仍然是产权不清晰的资产，因此需要在深化改革时进一步降低其比例。

（二）股权流动困难及股权权利探讨

1. 股权流动困难。调研发现，虽然实行股权静态管理的村股份经济合作社均规定股权可以在内部转让，但实际上股权流转并不活跃。北店嘉园股份经济合作社自2007年股权固化以来，累计发生病故转让28例，自愿转让15例，转让人数比例仅为1.76%。

从股东的流转意愿看，股权流转面临"二难"困境：如果集体经济组织经营不善、分红较少，则其股权因为价值偏低将难以找到受让人，从而难以流转；如果集体经济组织经营良好、收益稳定，则股权因为分红较高，股东不愿意转让。

从政策上看，为了保障农村集体经济组织的集体性及集体资产的安全性，股权转让仅允许社内流转且不得退股，一定程度上限制了股东持有股份的价值。

从股权流转渠道看，北京市目前没有形成完善的、统一的农村股权流转交易市场，严重阻碍了那些经济迅速发展、资产规模高的股份经济合作社的股权流转、高度限制了其股份价值的实现。

2. 股权权利探讨。股权权利完善与否也影响着股权流动。根据《物权法》规定，所有权人对自己的不动产或者动产，依法享有占有、使用、收益和处分的权利，这是所有权的法定权能。目前，在农村集体股权管理实践中，尽管占有、使用、收益权能已经得到较好的体现，但是其处分权能仍不明确。尽管赋予了股权的有偿退出和继承权，但多数目前只允许内部转让且不得退股变现，非本社集体成员的继承人继承的股权无投票权、选举权。这种"股权"尽管在实践中被称之为"产权"，但其实质上并不具有完全的产权，主要是收益分配权。

（三）股权投资管理内部人控制问题探讨

1. 股权投资管理中内部人控制问题理论分析。日本经济学家青木昌彦首先提出内部人控制这个概念并对其做出了解释，在他的研究文章中，内部人控制涉及到两种形式：法律层面的和区别于法律层面的（事实层面的）。法律层面的内部人控制指的是企业内部人员在法律上合法持有公司的股权，通过手中的股权掌控着公司的经营活动，后者指的是企业内部人员手中并无股份，但是实际其拥有可以使用公司的财产并对其处理和分配等的权利。

在股份合作社与其工商注册的子公司中，存在两种委托代理关系：股东与董事之间的和董事与经理之间的。其中，董事扮演着代理人和委托人的双重角色。董事会成员可以分为内部的和外部的，内部董事包括：（1）兼任公司经理职务；（2）名义上虽然不兼任，但实际上要从公司获取报酬。在一个企业中，内部董事与"内部人控制度"正相关，这是因为，在经理兼任董事的同时，而监事会起到的监管作用比较弱时，董事和经理各自所应承担的责任、拥有的权利和履行的义务就很不容易分清楚，这样就为经理人员创造更多更有利的机会来利用自己的权利谋取更多的个人利益，从而损害了所有者的权益，对于这种现象其实不太容易监管以及纠正。所以，在董事会里面如果没有一批能干、敢干、具备专业经营能力的高素质的董事的话，董事的权利、义务及职责在企业的实际经营活动中无法真正的展现其价值，董事会就容易纵容并包庇经理层的一些舞弊行为。

2. 股权投资管理内部人风险分析。在实地调研的过程中，通过与多位农村社区股份合作社干部的访谈了解到其下属子公司一般不设董事会，且子公司的总经理基本由股份合作社的董事会成员或监事会成员兼任。这样就形成了同一套人马管理股份合作社及其下属所有子公司的治理结构。对于子公司而言，管理者同时也属于治理层，或者管理者同时也是监管者。但是在访谈中了解到，之所以会出现这样的治理结构，是由于农村社区股份合作社独特的性质，所有的管理人员都来自股份合作社内部，这也是对集体资产保护的一种途径。

而从风险防范的角度来说，目前的治理结构是存在问题的，容易导致内部人控制股权问题。股份合作社是集体所有制，其股东名义上拥有控制权，但实际上存在所有权缺位的问题。股份合作社的治理层、管理层甚至其中的几个人是整个组织的管理核心，对股份合作社的重大事项进行决策。随着农村集体的市场化日益明显，内部人控制的问题也渐渐显现，另外，股份合作社管理人员的管理能力与自身素质能否适应市场化的组织也是一个问题。

四、加强北京市农村集体股权管理的建议

（一）加快出台统一的股权管理办法

目前，由于缺少统一的股权管理办法，北京市农村集体股权管理实践受到影响。尽管众多村股份经济合作社已经对股权实现固化，但是股权有偿退出、抵押、担保等权能尚未受到村股份经济合作社的重视。究其根源，由于缺乏明确的、完善的股权管理办法，没有完备的风险规范机制及具体措施，管理人员对退出、抵押、担保几项权能采取谨慎的态度。这种做法有利于保障集体资产安全，但是如果一味谨慎，只会使集体资产要素不流动，从而限制集体经济组织的发展。因此，北京市农村集体股权管理当务之急是出台统一的、完善的股权管理办法。

（二）为集体股"减负"，因地制宜解决集体股

妥善解决集体股所承担的社会职能。对于社会福利职能，增加政府对农村公益事业的财政投入，减轻新型农村集体经济组织的社会负担。实现集体股"减负"，为取消集体股做好准备。

对于经济水平发展不同及城镇化水平不同的农村集体经济组织，采取不同的政策。对于未完成撤村建居的集体经济组织，可以保留适当比例的集体股，主要解决社会性负担；对于已完成撤村建居的社区，社会性负担转移至政府财政，集体股应逐步减少直至消除，转为集体公积金来负担集体经济日常公共支出。实现集体股取消"分步分区走"。

（三）完善股权权利，增加农村产权流转交易内容

在市场经济体制下，只有完善股权权利，让集体资产股权自由流转，才能实现生产要素的优化组合，才能体现农民所持集体资产股份的价值，也才能发现其作为要素的市场潜

在价值。

完善股权权利，在股权的投票选举权上，可实行"一人一票"决策与"一股一票"有机结合，让每块资产和每一个股东都有更直接的发言权、选择权和决策权。

同时，完善股权权利也应让股权体现其处置权。为充分发挥集体资产股份自由流转的巨大效应，在农村产权流转交易平台中增加集体股权流转交易内容，推动股东股权流转交易公开、公正、规范运行。在股权转让上，对城市化和公司化治理水平较高的股份经济合作社，建议允许各类股权在社内外转让，在同等条件下优先转让给社内股东；对纯农村地区的经济合作社，建议人口股转让一般以社内为主，审慎向社外转让。在股权抵押融资上，建议主要是那些拥有可观、稳定、可持续分红的股份经济合作社，可用股份分红作为偿还贷款的保证。

（四）健全和完善法人治理结构

北京市农村经济发展水平居于全国前列，拥有较大规模的资产，为了管理好集体资产，农村集体及其子公司需要健全和完善法人治理结构。做到治理层与管理层人员分离，子公司总经理与农村集体领导干部人员分离，改变农村集体及其子公司由一个人或是少数几个人控制决策权的现状。合理保证组织内部岗位分离，是预防内部人控制弊端产生的重要途径。

此外，对于发展较快、市场化程度较高的农村集体，可适当引入职业经理人来管理其下属的子公司。一方面，职业经理人有着相对更强的管理能力与更丰富的管理经验，可以提高企业的运行效率，从而使农村集体资产更高程度地保值增值。另一方面，完善的董事会、监事会制度与管理层约束激励制度能够发挥其制约与监督的作用，从而规避职业经理人侵占农村集体资产的风险。

（五）加强农村审计与信息披露力度

首先，随着北京市农村经济的不断发展，农村集体不断向现代企业发展，所以完善审计制度，加强审计力度是亟待解决的问题。一方面，上级主管部门，如乡镇经管站需要对农村集体及其子公司定期进行审计，确保上级主管部门对农村集体的经营与资产拥有情况了解与合理监督。另一方面，具有较高市场化的农村集体需要引入第三方审计机构，如会计师事务所进行审计，其重要的全资子公司也应该在审计的范畴之中。

其次，要加强农村集体及其子公司的信息披露力度。由于农村集体的大部分股东没有参与到具体的管理中，所以信息披露是股东对集体经营情况进行了解与监督的重要途径。加强与完善信息披露制度，还需要上级主管部门对信息披露制定相关规范，对其进行详细的规定及说明，强制农村集体披露重要的信息，以防止农村集体资产的流失。

参考文献

[1] 盘活集体资产，增添发展活力，让广大农民共享改革发展成果——韩长赋在国新办发布会上就《关于稳步推进农村集体产权制度改革的意见》答记者问[EB/OL].http//www.moa.gov.cn/zwllm/tpxw/201701/t20170103_5423298.htm.

[2] 年志远.二元产权经济学研究 [M].北京：经济科学出版社，2008.

[3] 李培序.中国农村集体经济组织产权制度改革研究 [D].长春：吉林大学，2017.

[4] 王红敏.上市公司股权结构与公司绩效关系研究——基于沪深两市 A 股上市公司经验数据 [J].财会通讯，2013（24）：59-61.

[5] 许小年，王燕.中国上市公司的所有制结构与公司治理 [C].北京：中国人民大学出版社，1999.

[6] 王轶群.中国上市商业银行股权结构与公司绩效实证分析 [J].中国乡镇企业会计，2014（3）：27-28.

[7] 方志权.农村集体产权制度改革：实践探索与法律研究 [M].上海：上海人民出版社，2015（12）：46-54.

[8] 农业部课题组.农村集体产权制度改革的实践与探索（续）[J].农村工作通讯，2014B（4）：35-39.

[9] "农村集体产权制度改革和政策问题研究"课题组，夏英，袁崇法.农村集体产权制度改革中的股权设置与管理分析——基于北京、上海、广东的调研 [J].农业经济问题，2014（8）：40-44.

[10] 邱俊杰，李承政.农村社区股份合作制改革科技管理研究 [J].科技管理研究，2011（24）：213-216.

[11] 徐秀英，赵兴泉，沈月琴.农村社区股份合作经济组织的治理代经济探讨——以浙江省为例 [J].现代经济探讨，2015（10）：69-73.

[12] 张晓敏.浙江省农村集体资产股份流转实践、意愿及其影响因素研究 [D].杭州：浙江农林大学，2017.

[13] 吴庆.试析股权权能的界定 [J].技术与市场，2010，17（11）：130.

[14] 卿松，蒋毅，徐腾，凌先富.股权管理模式及其应用的实践研究 [J].特区经济，2017（10）：125-127.

[15] 张承耀.内部人控制问题与中国企业改革 [J].改革，1995（3）：26-28.

[16] 费方域.控制内部人控制——国企改革中的治理机制研究 [J].经济研究，1996（6）：15-16.

[17] 左庆乐.企业集团母子公司管理模式和管理控制 [J].云南财经学院学报，2003（5）：59-60.

课题负责人：吴志强

课题主持人：胡登州

课题组成员：吴汝明、曹洁、姜能志、刘婧、崔光淇、李清清、熊小青、冀琼辉

执　笔　人：吴汝明、刘婧、崔光淇

撤村建居、农民财产权与新型集体经济

——基于北京市丰台区卢沟桥乡三路居村的调查与思考

一、引言

随着城市化的快速发展，北京摊大饼式的城市向外扩张模式，使城郊地区的大量农村快速消失。北京市常住人口城镇化率从 1978 年的 55% 提高到 2017 年的 86.5%，城市建成区面积从 1990 年的 339.4 平方公里扩大到 2016 年的 1419.7 平方公里。在这个城乡经济社会结构历史性转型变迁的背后，是农民财产权利和身份的巨大变化。在快速城市化进程中，北京近郊村庄逐步消失，出现了一批无农业、无农村、无农民的三无村。这种因城市化冲击导致的三无村存在两种形态：一种是虽然没有农业、没有农村、没有农民，但仍然保留有村委会牌子的空壳村，如北京市大兴区黄村镇北程庄村；另一种是已经整建制撤村建居的村。

撤村建居是我国推进农村城市化的重要举措。20 世纪 90 年代以来，全国各地纷纷采用撤村建居的方式推动农村社区向城市社区转变。在农转居中，如何处理农村集体土地、集体资产，如何安置农民，如何保护农民的财产权利都成为社会关注的焦点。有学者指出，撤村转居中农村集体资产处置不合理严重削弱了生产力、损害了农民利益，也阻碍了集体经济的长远发展；导致撤村建居中出现问题的原因是农民安置政策的价值取向缺乏正义性、统一性和法律保护，政策执行缺乏统一协调机制等。深化农村集体产权制度改革，切实保护农民财产权利和发展新型集体经济至关重要，然而已有研究缺乏对城市化进程中撤村建居的相关重大问题诸如农民权利维护、集体经济发展以及城乡治理转型等方面的系统性分析，特别是对城市化进程如何维护和发展农民的财产权利缺乏深度研究和思考。我们关注的是，在城市化过程中，村庄是如何消失的，农村集体的土地是如何失去的，集体资产是如何处置的，农转居过程中村集体和农民支付了多大的身份转换成本，新集体经济是如何发展的，农民在城市化进程中的财产权利是如何维护和实现的？带着这些问题，最近，我们对 2012 年已撤村建居的北京市丰台区卢沟桥乡三路居村进行了详细的调查和思考。

三路居村位于北京市西南二环与西南三环之间的丽泽路中段，隶属于北京市丰台区卢沟桥乡，村域面积约 1610 多亩，其中国有划拨地约 80 亩，集体土地约 1531 亩，村域东至菜户营西街、南至万泉寺公园、西至金中都西路、北至三路居路。在撤村建居前的 2011 年 10 月 31 日，三路居村共有常住人口 2762 人，其中农业户籍人口 1853 人，非农业户籍人口 909 人；全村总户数 1211 户，其中农业户 952 户，非农业户 259 户。2012 年，三路居村完成撤村建居工作，村委会建制被撤销，相应成立了金鹏天润社区，仍隶属于卢沟桥乡政府（卢沟桥地区办事处）管辖。

二、城市开发建设与集体土地国有化

改革开放以来，北京市先后三次制定了征地补偿安置政策，一是 1983 年 8 月 29 日北京市政府发布实行的《北京市建设征地农转工劳动工资暂行处理办法》，二是 1993 年 10 月 6 日北京市政府发布实行的《北京市建设征地农转工人员安置办法》，三是 2004 年 4 月 29 日北京市政府常务会议通过、自 2004 年 7 月 1 日起施行至今的《北京市建设征地补偿安置办法》（俗称 148 号令），148 号令规定实行"逢征必转""逢转必保"的政策，凡是征收农民土地的，要根据规定将农民转为城镇居民，同时将农民纳入城镇社会保险体系之中。

三路居村演变为三无村，直接源于城市化建设征用和征收该村土地。从 1998 年开始，三路居村土地陆续被征用。特别是 2005 年以后，随着丽泽金融商务区的发展，[①]三路居村土地全部纳入丽泽金融商务区规划。截至 2016 年年底，三路居村的土地 98.2% 被征收，仅剩余近 30 亩集体土地，仍归集体经济组织所有，并按原用途使用管理。从土地征收原因来看，主要是由于城市开发建设征地。从征地补偿标准来看，从 1998 年的每亩 9 万元，增加到 2016 年的每亩 278 万元。其中，1998 年丽泽道路建设征用三路居村集体土地 132.68 亩，补偿标准仅为 678.32 元／亩。2003 年以前，三路居村被乡政府和开发商征用了集体土地 236.93 亩，其中 39.4% 没有给予任何补偿。政府对征收土地进行一级开发后，通过实行招拍挂将已变性的国有土地使用权出让给开发商，以获取可观的土地出让收入。2007 年，北京金鹏公司通过自挂、自拍、自筹、自建的方式开发建设"金唐国际金融大厦"14.1 亩，缴纳土地出让金 1157.25 万元，平均每亩 82 万元，其中包括三路居村集体土地。2012 年，北京金鹏公司与丰台区其他集体经济组织合作，通过土地招拍挂取得丽泽商务区 C9 项目二级开发建设权，涉及土地面积 8.1 亩，土地出让金 3.9 亿元，平均每亩 487.5 万元。2015 年，北京金鹏公司通过土地招拍挂取得丽泽商务区 D10 项目二级开发建设权，涉及土地面积约 30 亩，土地出让金 25.1 亿元，平均每亩 836.6 万元。

三、拆迁上楼、整建制转居与农民市民化

在征地城市化进程中，农民的市民化路径主要是通过拆迁上楼实现居住方式大转变、农转居实现身份社保大转换、撤村建居实现社区治理大转型后完成的。

---

① 北京丽泽金融商务区地处北京西二环、西三环路之间，以丽泽路为主线，东起菜户营桥，西至丽泽桥，南起丰草河，北至红莲南路。北京丽泽金融商务区是北京市和丰台区重点发展的新兴金融功能区。

续表

（一）拆迁上楼：居住方式大转变

2003 年 8 月 1 日起施行的《北京市集体土地房屋拆迁管理办法》（北京市政府令第 124 号），规定因国家建设征用集体土地或者因农村建设占用集体土地拆迁房屋，需要对被拆迁人进行补偿、安置。对于宅基地上的房屋拆迁，可以实行货币补偿或者房屋安置，有条件的地区也可以另行审批宅基地。拆迁宅基地上房屋补偿款按照被拆除房屋的重置成新价和宅基地的区位补偿价确定。拆迁补偿中认定的宅基地面积应当经过合法批准，且不超过控制标准。北京市国土资源和房屋管理局发布的《北京市宅基地房屋拆迁补偿规则》（京国土房管征〔2003〕606 号）明确房屋拆迁补偿价由宅基地区位补偿价、被拆迁房屋重置成新价构成，计算公式为：房屋拆迁补偿价＝宅基地区位补偿价 × 宅基地面积＋被拆迁房屋重置成新价。

1998 至 2016 年，三路居村较大规模的农民上楼有 6 次。一是 1998 年丽泽路修建，征用该村土地，安置农民 744 人。二是 2002 年东管头电站、企业建设、丽泽路南侧绿化等项目，安置农民 200 人。三是 2009 年丽泽商务区 B6-B7 地块一级开发，安置农民 545 人，其中超转人员 138 人。四是 2011 年丽泽商务区 B9-B11 地块一级开发，安置农民 312 人，其中超转人员 88 人。五是 2015 年丽泽商务区北区 B 区地块一级开发，安置农民 284 人，其中超转人员 79 人。六是 2016 年丽泽商务区北区 C 区地块一级开发，安置农民 49 人。

三路居村各时期搬迁上楼的补偿安置政策有所不同。以 2013 年丽泽金融商务区北区项目用地范围内宅基地房屋搬迁为例，根据《北京丽泽金融商务区北区农民宅基地房屋搬迁补偿安置办法》，拆迁补偿安置方式分为货币补偿和房屋购置两种，以拆迁户为单位，只能选择一种补偿安置方式。货币补偿方式对被搬迁的房屋及设备、装修、附属物补偿，以评估公司的评估结果为准，宅基地面积补偿参照《北京市集体土地房屋拆迁管理办法》及《丰台区人民政府关于〈北京市集体土地房屋拆迁管理办法〉的实施意见》的规定进行补偿，补偿标准按搬迁起始日评估公司市场评估结果为准。房屋购置的补偿款包括被拆迁房屋及设备、装修、附属物补偿款以评估公司的评估结果为准。宅基地面积补偿款＝宅基地面积补偿单价 × 认定宅基地面积，宅基地面积单价为每平方米 9000 元。

认购房屋安置面积的标准为人均建筑面积 46 平方米（超计划生育人员 36 平方米），每一个被搬迁户内的被安置人口指标合并计算。由于所购成套房屋户型原因，实际购房面积超过本被搬迁户购房指标的部分，被搬迁人有两个选择：一是每一被搬迁农户不得超过 60 平方米上限，超出指标建筑面积 30 平方米以外的部分，在优惠售房价格基础上再上浮 20%。二是人均不得超过 17 平方米上限，超出指标建筑面积 30 平方米以外至上限的部分，在优惠房价的基础上再上浮 20%。购房安置补助费标准针对经认定的被安置人口，补助标准为 5526.8 元 / 平方米，补助控制标准为人均 46 平方米（超计划生育人员 36 平方米）。定向供应北京丽泽金融商务区北区四个搬迁安置房项目，售房价分别为：菜户营定向安置房项目 6500 元 / 平方米，规划 A02 地块的 A02 定向安置房项目 6500 元 / 平方米，彩虹家园（期房）6100 元 / 平方米、春风雅筑项目（现房）6100 元 / 平方米。

（二）整建制农转居：身份社保大转换

随着城市化的发展，实行征地农转居即农民土地被征收后按政策转为城镇居民，这是特大城市征收农村集体土地后安置失地农民的一项重要政策。在 148 号令颁布前，2002 年 12 月 1 日，北京市石景山区共 15535 名农业户籍人口一次性转为城镇居民，这是北京市整个行政区全部农业人口整建制农转居的范例。2004 年 7 月 1 日 148 号令颁布后，2010 年至 2012 年，北京市对城乡结合部 50 个重点村进行集中改造并实行整建制转居。按照 148 号令，50 个重点村应转居 31999 人，缴纳社会保险费约 96 亿元，人均约 30 万元。加上历史遗留已转居但未加入城镇职工社会保险人员 28313 人，转居缴纳社会保险总费用 307.3 亿元，人均约 23.89 万元。

在农转居人员参加社会保险方面。148 号令规定，自批准征地之月起，转非劳动力应当按照国家和本市规定参加各项社会保险，并按规定缴纳社会保险费。转非劳动力补缴的社会保险费由征地单位的征地补偿费中直接拨付。北京市劳动和社会保障局印发的《北京市整建制农转居人员参加社会保险试行办法》（京劳社养发〔2004〕122 号），对征地农转居劳动力参加城镇社会保险做了具体规定，详见表 1。

表 1　北京市整建制农转居人员参加社会保险规定情况

| | 缴费基数及比例 | | 缴费年限 | 补缴规定 | |
	个人	集体		补缴原因	补缴办法
基本养老保险	以上一年本人月平均工资为缴费基数，按照 8% 比例缴纳	按全部农转居人员月缴费工资基数之和的 20% 缴纳	符合国家规定的退休年龄（男年满 60 周岁，女年满 50 周岁），缴纳基本养老保险费累计满 15 年	缴纳基本养老保险费累计不满 15 年的	男年满 41 周岁、女年满 31 周岁的，应当补缴 1 年基本养老保险费；此后，年龄每增加 1 岁增补 1 年基本养老保险费，但最多补缴 15 年。以农转居人员办理参加社会保险手续时上一年本市职工平均工资的 60% 为基数，按 28%（集体经济组织 20%，农转居人员 8%）的比例一次性补缴
基本医疗保险费和大额医疗互助资金	个人以上一年本人月平均工资为缴费基数，按照 2% 比例缴纳基本医疗保险费，按每月 3 元缴纳大额医疗互助资金	集体经济组织按全部农转居人员月缴费工资基数之和的 9% 缴纳基本医疗保险费，按 1% 缴纳大额医疗互助资金	无	参加基本医疗保险的农转居人员达到国家规定的退休年龄时，基本医疗保险累计缴费年限男不满 25 年、女不满 20 年的	（一）农转居人员男年满 31 周岁的补缴 1 年基本医疗保险，此后至年满 51 周岁前年龄每增加 1 岁增补 1 年，最多补缴 10 年；年满 51 周岁的补缴 11 年基本医疗保险费，至退休前每增加 1 岁增补 1 年，最多补缴 15 年。（二）农转居人员女年满 26 周岁的补缴 1 年基本医疗保险费，此后至年满 41 周岁前每增加 1 岁增补 1 年，最多补缴 5 年；年满 41 周岁的补缴 6 年基本医疗保险费，至退休前年龄每增加 1 岁增补 1 年，最多补缴 10 年。补缴基本医疗保险费，以其办理参加社会保险手续时上一年本市职工平均工资的 60% 为基数，按 12% 比例（集体经济组织 10%，农转居人员 2%，其中 9% 划入统筹基金，1% 划入大额医疗互助资金，2% 划入个人账户）一次性补缴

	缴费基数及比例		缴费年限	补缴规定	
	个人	集体		补缴原因	补缴办法
失业保险	以上一年本人月平均工资为缴费基数，按照0.5%比例缴纳	集体经济组织按全部农转居人员月缴费工资基数之和的1.5%缴纳	无	无	—
工伤保险	农转居人员个人不缴纳工伤保险费	集体经济组织以全部农转居人员个人上一年本人月平均工资之和为基数，按照本市工伤保险差别费率的规定缴纳	无	无	—

注：农转居人员无法确定本人上一年月平均工资的，以上一年本市职工月平均工资为基数缴纳基本养老保险费、基本医疗保险费、大额医疗互助资金和失业保险费、工伤保险费。

来源：根据《北京市整建制农转居人员参加社会保险试行办法》整理。

2012年，三路居村在撤村建居过程中，确认全村农业人口960户、1857人。全村劳动力1155人，其中农业人口1077人；超转人员547人。根据丰公人管字〔2014〕59号文件，目前三路居村已转居1850人[①]。根据148号令规定，由村集体统一从征地补偿款中一次性趸缴社会保险费给丰台区社会保险部门。据测算，三路居村农转居劳动力1552人共需缴纳社会保险费8049.3万元，人均51864元（见表2）。

表2 三路居村转居劳动力一次性趸缴社会保险情况

人员合计 \ 险种	趸缴养老保险 男（41—59岁）女（31—49岁）		趸缴养老保险 男（31—59岁）女（26—49岁）		合计金额（元）
	趸缴人数（人）	趸缴金额（元）	趸缴人数（人）	趸缴金额（元）	
男	292	22573555.20	425	15230073.60	37803628.80
女	390	33775660.80	445	8913585.60	42689246.40
合计	682	56349216.00	870	24143659.20	80492875.20

来源：作者根据调查整理。

在超转人员生活补助和医疗费用方面。148号令规定，对于征地转为非农业户口且男年满60周岁、女年满50周岁及其以上的人员和经认定完全丧失劳动能力的超转人员的

[①] 截至2018年8月，该村仍有2户、7位农民由于不满意拆迁补偿没有上楼、转非。

安置办法，依照北京市人民政府有关规定执行。2004 年 6 月 27 日，北京市人民政府办公厅转发市民政局《关于征地超转人员生活和医疗补助若干问题意见的通知》（京政办发〔2004〕41 号），规定超转人员生活补助费用和医疗费用，由征地单位在征地时按照规定标准和年限（从转居时实际年龄计算至 82 周岁）核算金额，一次性交付民政部门接收管理，资金纳入区县财政专户，实行收支两条线管理。超转人员需缴纳的生活补助费用标准和医疗补助费标准以及相应享受的生活补助待遇标准和医疗补助待遇标准，见表 3。

表 3 北京市征地超转人员生活和医疗补助情况

	生活补助费标准		医疗补助费标准	
	一般超转人员	孤寡老人和病残人员	一般超转人员	孤寡老人和病残人员
接收标准（超转人员缴费标准）	在当年本市城市最低生活保障至当年本市最低退养费标准的范围内确定标准接收。以当年确定的接收生活补助标准为基数，按照 5% 的比例环比递增向征地单位收取费用	在当年本市城市最低生活保障至当年本市最低基本养老金标准的范围内确定标准接收。以当年确定的接收生活补助标准为基数，按照 5% 的比例环比递增向征地单位收取费用	按照每人每月 120 元接收。同时，按照 5% 的比例环比递增向征地单位收取费用	按照每人每月 500 元接收。同时，按照 5% 的比例环比递增向征地单位收取费用
支付标准（超转人员待遇标准）	按照接收标准支付。今后如标准调整，一般超转人员按照本市最低退养费标准的调整比例调整	按照接收标准支付。今后如标准调整，孤寡老人和病残人员按照本市最低基本养老金标准的调整比例调整	按照每人每月 30 元支付医疗补助，年内符合本市基本医疗保险支付规定的医疗费用累计超过 360 元以上的部分报销 50%，全年累计报销最高限额 2 万元	病残人员医疗费用按照比例报销：年内符合本市基本医疗保险支付规定的医疗费用 3000 元（含）以下部分报销 80%；超过 3000 元以上的部分报销 90%，全年累计报销最高限额 5 万元。孤寡老人医疗费用实报实销

注：一般超转人员是指有赡养人的超转人员。

来源：根据《关于征地超转人员生活和医疗补助若干问题意见的通知》（京政办发〔2004〕41 号）整理。

在撤村建居过程中，三路居村认定的超转人员共有 528 人（其中 82 岁以上 19 人），据测算，需一次性趸缴超转费用 3.83 亿元，人均 72 万多元（表 4）。

表 4 三路居村超转人员超转费用测算表

性别	人数（人）	费用（万元）
男	95	6841.9
女	433	31407.7
合计	528	38249.6

来源：作者根据调查整理。

由于需一次性缴纳的超转人员费用巨大，根据区乡有关超转人员可以只转户口、不委托民政部门接收管理超转人员的精神，三路居村对超转人员实行自我管理服务，于 2012 年 7 月制定了《北京金鹏天润置业投资管理公司超转人员管理办法》，设立了专门机构负责超转人员养老、医疗及福利费用的管理工作。据介绍，该公司为超转人员缴纳全部保费，办理了"一老医保卡"，每年用于居民工资、退休金、福利、保险、医疗报销等方面费用 6000 余万元，人均 11.36 万元 / 年。

（三）撤村建居：社区治理大转型

进入 21 世纪后，丰台区城市化发展明显加快，城乡两种管理体制的矛盾比较突出。2004 年，丰台区委、区政府制定了《关于改革城乡二元管理体制推进城乡协调发展的意见》（京丰发〔2004〕35 号），着力推进城市化进程中的撤村建居工作，并选择卢沟桥乡精图村、南苑乡成寿寺村作为整建制撤村建居试点，2005 年 9 月和 11 月，这两个村的行政建制分别撤销，相应地建立了社区居委会。2010 年 3 月，丰台区委办、区政府办发布《丰台区整建制撤村建居工作方案》（京丰办发〔2010〕13 号），规定了整建制撤村建居的主要条件：一是集体经济组织完成改制，资产处置全部完成；二是人均农用地少于 0.2 亩，或农用地总面积低于 50 亩，没有基本农田；三是村集体经济组织具有一定的经济实力；四是 80% 以上的农民搬迁上楼。因重点工程建设或其他原因需要整建制撤村建居的，经所在乡镇政府同意也可以提出申请。2011 年 3 月 16 日，中共卢沟桥乡委员会印发《关于深化产权制度改革推动撤村建居工作的意见》（丰卢发〔2011〕11 号），决定于 2011 年年底前完成大井、六里桥两个村的撤村建居工作，启动西局、周庄子、小瓦窑、东管头、菜户营、马连道、三路居、万泉寺、大瓦窑、岳各庄 9 个村的撤村建居工作。

2010 年 9 月 8 日，三路居村召开整建制撤村建居工作两委会议，同年 12 月 14 日召开了村民代表大会和股东代表大会，表决通过了启动三路居整建制撤村建居工作的决议。经过 2 年多的撤村建居工作，三路居村于 2012 年 12 月 31 日正式选举产生了金鹏天润社区第一届社区居民委员会，标志着三路居撤村建居工作的完成。金鹏天润社区的党组织为中共丰台区卢沟桥地区金鹏天润社区委员会，行政组织为丰台区卢沟桥地区办事处金鹏天润社区居民委员会，集体经济组织为北京金鹏天润置业投资管理公司，其产权归全体股民所有，该公司的外部监管暂由区经管站负责。

四、集体资产处置、产权改革与新型集体经济

处理集体资产、推进集体经济组织产权制度改革，发展以股份合作制为主要形式的新型集体经济，是城市化进程中维护和发展农村集体以及农民财产权利的重大举措。

（一）北京市农村集体资产处置与产权改革

我国农村集体所有制建立于 20 世纪 50 年代。在集体资产处置上，长期以来没有制定出台规范统一的政策制度。1956 年至 1985 年，北京市对农村集体资产的处置实行"撤队交村、撤村交乡"的政策。1985 年 9 月 30 日，北京市委农工委、市政府农办转发市农村合作经济经营管理站《关于征地撤队后集体资产的处置意见》（京农〔1985〕69 号），提出"主要资产上交、部分资产分配"的集体资产处置政策。在城市化进程中，简单地处置

集体资产，造成了集体资产严重流失和农民利益的重大损失。

20世纪90年代初，北京市开始推行以"撤村不撤社、转居不转工、资产变股权、农民当股东"为基本方向的农村集体经济产权制度改革，发展股份合作经济，主要经历了以下四个阶段：

一是改革试点探索阶段（1993—2002年），北京市通过10年的试点探索，提出了"撤村不撤社，转居不转工，资产变股权，农民当股东"的改革思路，一般将集体净资产划分为集体股和个人股，集体股占30%以上，个人股占70%以内。到2002年年底，北京市完成24个村的集体经济产权制度改革。

二是扩大改革试点阶段（2003—2007年），在股权设置上，将人员范围扩大到16岁以下的未成年人，并对改革试点工作做了进一步规范。到2007年年底，北京市完成303个乡村集体经济产权制度改革任务（村级299个、乡级4个），全市30多万农民成为新型集体经济组织股东。

三是全面推广阶段（2008—2013年），农村集体产权改革全面提速。到2013年底，全市3873个单位完成集体经济产权制度改革（村级3654个、乡级19个），村级完成改革的比例达96.9%，全市324万农民成为新型集体经济组织的股东。

四是深化改革阶段（2014年以来），北京市重点加大对未完成的村级集体经济产权制度改革力度，有序推进乡镇集体产权制度改革，解决早期改革中集体股占比过高的问题，加强和规范新型集体经济组织的经营管理问题等。到2017年年底，全市3920个单位完成集体经济产权制度改革（村级3899个、乡镇级21个），村级完成比例达到98%，331万农民当上新型农村集体经济组织的股东。

（二）三路居村先后两次集体产权制度改革

三路居村分别于2005年和2010年开展了两次集体产权制度改革，实现了传统集体经济向新型集体经济的跨越。

在第一次集体产权制度改革之前，据第三方评估，三路居村农工商联合公司总资产9902.13万元，负债4619.9万元，所有者权益为5282.23万元。2005年3月7日，三路居村开始推进集体经济产权制度改革。从净资产中提取原始股金20万元退还给原入社人员，760.38万元用于处置给亡故、转居转工、外嫁女等人员，预提不可预见费用264.11万元，三项合计1044.49万元，占改革前三路居村集体经济组织所有者权益的20%。三路居村所有者权益剩余4237.74万元，作为新型集体经济组织北京金鹏天润公司的注册资本金，其中集体股占30%，持股人为三路居村集体资产管理委员会；个人股占60%，个人股东1851人，以农龄为依据量化给集体经济组织成员。2005年12月28日，三路居村农工商联合公司改制为北京金鹏天润置业投资管理公司，改制后为股份合作制企业，形成了新型集体经济组织。

在整建制撤村转居过程中，三路居村集体土地已经基本被征收或被规划，预期土地资源将全部转变为货币资产。为了解决集体资产量化和重组问题，三路居村于2010年年底开展了第二次集体产权制度改革。一是取消集体股，将之全部量化给股东个人。按照《中共卢沟桥乡委员会关于深化产权制度改革推动撤村建居工作的意见》（丰卢发〔2011〕11号）中有关"增加个人股比例、减少集体股比例，增加基本股比例、减少劳动贡献股比例，增加按股分红的比例、减少传统分配的比例"的规定，三路居村将集体股全部量化给个人，继续保留金鹏天润公司作为股东行使权利和分红的平台，注销了部分下属机构及企业。二是拉平股权比例差距。以现有股权最高比例为标准，允许低于该标准的村民股东出资购买股权比例差额部分，购买价格按照2005年改革时审计确认后的净资产额计算每股价值，购买后全体股民股东基本持有相同的股权，村民股东出资额作为金鹏公司增加注册资本的来源。三是将金鹏公司大部分优质资产实行重组，设立符合《公司法》和《证券法》规定的金唐天润股份有限公司。四是由金唐天润股份有限公司通过全资、控股和参股等形式，并购重组金鹏公司未注销的下属企业，成立金鹏天润集团。五是设立金鹏天润集体资产管理公司，管理集体资产。

（三）三路居村的新型集体经济

经过先后两次集体经济组织产权制度改革后，三路居的集体经济已由传统的产权模糊的集体经济转型为产权清晰的新型集体经济。

1. 在治理结构上。第二次改制后的三路居村集体经济组织的组织架构为金鹏天润置业投资管理公司（简称金鹏公司）下辖金唐天润置业发展集团（简称金唐集团），金唐集团以金唐天润置业发展有限公司（简称金唐公司）为母公司，下辖29个子公司，包括地产科技、金融物业、文化教育和综合服务四个模块。金鹏公司作为集体资产所有权主体，是全体股东行使权利、投资控股及分红的平台。金鹏公司法人治理结构包括职工股东代表大会、董事会、监事会、经理层组成。金鹏公司的股东为原三路居农工商联合公司集体共同共有股，股东为1844名集体经济组织成员。金唐公司作为金鹏集团的母公司，是实际的经营主体，按照现代企业运行机制，建立现代企业法人治理结构，实行完全的市场化管理。金唐公司的治理结构为股东、董事会、监事会和经理层。金鹏公司是金唐公司的唯一股东，出资额为1亿元。金唐公司不设立股东会，股东做出决定时，采取书面形式，股东签字后金唐公司存档。金唐公司董事会设立成员5人，由股东任命。董事每届任期三年，任期届满，可以连任。董事长为公司法人代表。

2. 在集体资产管理上。三路居村集体资产管理分为两个部分，一是金鹏公司设有集体资产管理委员会，属于领导机构，主要负责集体经济组织成员的股权管理，包括股权转让与继承，完成遗留土地征地补偿事务，处理应付未付的部分补偿款，处理遗留债权等。二是金唐集团设立了资产管理中心，属于日常办公机构，主要负责对金唐集团公司资产的运营、管理和监督。总体来看，金鹏公司及所辖的金唐集团对集体资产管理具有五个特点：一是创新了集体经济组织的所有权与经营权相分离的制度安排。二是股权管理固态化。集体经济组织在股份合作制改革中规定普通股属于股东个人所有，可以继承，在公司同意的情况下，可以按股份原值转让给公司，但不得退股。股权不增设，新生人口只能通过继承的方式获得股权。三是资产管理制度化。2017年，金唐集团正式执行《北京金唐天润置业发展集团制度汇编》《北京金唐天润置业发展集团内控管理手册》，使资产管理进一步规范化、制度化、常态化。四是内控管理信息化。2017 年启动集团 OA 办公自动化系统，实现了集体内控管理信息化。五是审计监督常态化。

3. 在集体资产经营上。三路居村新型集体经济组织抓住丽泽商务区发展的机遇，推动集体资产经营从传统瓦片经济向更加符合北京城市发展和首都功能定位的产业转型发展。目前，集团涵盖了地产、科技、教育、金融、物业、环卫、园林绿化、建材等多个行业。房地产业是金唐集团的支柱产业，2005 年以来，完成项目开发面积 69 万平方米，包括自主开发建设的"金唐国际金融大厦"项目，丰台区政府授权的 14 万平方米"保障房"项目，乡级统筹联营联建的 C9 公建项目，与主体合作开发的丽泽商务区 D10、D07-08 地产项目，对外投资购置潘家园、世界公园及酒店物业项目等，获得了自持物业 30 万平方米，实现了年收益 3 亿元。到 2017 年 12 月底，金唐集团资产总收入为 2.9 亿元，资产总额由 2005 年的 1 亿元增加到 160 亿元，增长了 160 倍；村民人均收入由 8286 元增加到 15476 元，增长了 1.9 倍。劳均年收入由 2005 年的 1.4 万元增加到 6.8 万元，翻了近 5 倍，福利待遇翻了 3 倍。

4. 在社区公共服务上。金鹏天润社区的公共服务仍由集体经济组织承担，2017 年金唐集团承担的金鹏社区水费、电费、环境整治、公共卫生及相关人员费用达 297 万元，其中还部分费用因与集团其他相关业务费用联系紧密未计算到集体经济组织负担中。

5. 在股东分红上。金鹏公司章程规定"每年第一季度向股东分配上一年度的股红"。但在实际操作中，该公司主要是每年为原三路居村集体经济组织成员发放 3000 元现金福利，未进行过分红。

五、思考与建议

三路居村的城市化转型案例向我们揭示的核心问题是在城市化进程中如何维护和发展农村集体和农民的财产权利。发源于 20 世纪 80 年代的以股份合作制为主要方式的农村集体经济产权制度改革，是处于城市化发展前沿地区的广大农村基层干部和农民群众应对城市化冲击的伟大创造，在很大程度上维护和发展了农村集体和农民的财产权利。但值得我们深思的是，来自农村基层和农民群众的伟大创造，仍然受制于长期形成的思想观念和政策制度的制约，农村集体和农民财产权利的维护和发展面临许多问题，迫切需要我们从推进国家治理体系和治理能力现代化的高度转变观念、深化改革，着力加强体现城乡一体、公平正义的制度建设。

（一）关于农村土地：关键是要坚持和实现集体所有制与国有制的平等地位

我国现行《宪法》规定，城市的土地属于国家所有，农村和城市郊区的土地，除由法律规定属于国家所有的以外，属于集体所有。国家为了公共利益的需要，可以依照法律规定对土地实行征收或者征用并给予补偿。实际生活中，不管是公共利益需要还是城市开发建设需要集体土地，都一律实行土地征收。现行的征地模式，就是征收集体土地，将之变性为国有土地，从而使集体土地不断减少、国有土地则不断扩张。2016 年 4 月，习近平总书记在安徽凤阳县小岗村主持召开农村改革座谈时强调，"不管怎么改，都不能把农村土地集体所有制改垮了"。要真正坚持土地集体所有制，就要不断改革和完善现行的征地制度。

一是明确国家为了公共利益的需要，可以对国有土地或集体土地实行征用并给予公正补偿。国家应立法明确界定公共利益范围。因公共利益的需要可以对国有土地或者集体土地的使用权进行征用，但不改变两种土地的所有制性质并要给予公正补偿。对于全民所有的国有土地，应当明确建立从中央政府到地方各级政府的分级所有权制度，推动国有土地所有权的分级确权登记。涉及全国范围的河流、草原、森林等土地，有由中央政府行使所有权；其他有关土地根据实际情况可分别由各级地方政府行使所有权。国家因公共利益需要，不仅可以征用集体土地，也可以征用国有土地。征用国有土地，就是收回国有土地的使用权，应当对国有土地使用权人进行使用权征用后的合理补偿；征用集体土地，必须明确只是征用了一段时间内的集体土地使用权，而土地的集体所有制并没有改变，同时必须对被征用集体土地的所有权人以及使用权人给予公正的补偿。需要强调的是，集体土地的所有权代表（集体经济组织或村委会）不能借口土地是集体的而独享土地征用补偿费，应当区分和明确农村集体土地所有权和使用权的补偿及其比例。

二是因城市开发建设和其他经营性事业发展非公共利益需要使用集体土地的，一律根据市场原则实行土地租赁或土地出租，建立健全农村集体建设用地平等入市制度。第一，凡是农村集体经济组织以外的组织和个人因建设需要开发使用集体土地的，应按照市场契约原则，实行土地出租和土地租赁制度，由农村集体经济组织将土地出租给使用方使用；第二，凡是农村集体经济组织自身需要建设使用集体土地的，则实行集体建设用地与国有建设用地平等入市的制度，依法依规进行土地自主开发建设。现在正在开展的集体经营性建设用地入市试点，需要进一步解放思想，理清思路，加大改革力度，尽快实现两种公有制土地权利的完全平等。应当从国家层面制定《土地法》，界定土地权利关系；全面修改《土地管理法》，改变土地立法中的计划经济思维和部门利益法制化倾向；加强集体土地出租以及集体建设用地入市等法规的制定工作。

三是废除土地财政，健全土地税制。地方政府依靠先征收集体土地、再出让国有土地使用权来创造财政收入的模式，严重破坏了土地集体所有制的稳定性，极大地扭曲了政府的公共定位和行为。2017年，全国国有土地使用权出让收入达52059亿元，同比增长40.7%，其中北京市土地出让收入2796亿元，同比增长228%，居全国第一位。必须从现代国家构建的高度，摆正地方政府的公共职责定位，明确规定政府只能从合法税收中获取收入，坚决废除持续20多年的土地财政。同时加快土地税制改革，建立健全地价税、土地增值税、土地交易税、物业税、房产税等土地税制，全面建立起现代文明国家通行的财税制度，这是实现国家治理体系和治理能力现代化的必然要求。

（二）关于农转居和社会保障：核心是要保障和实现城乡居民的同等待遇

在城市化进程中，农民的城市化转型涉及城乡户籍制度和城乡社会保障制度两个基本的政策体系转换问题。在户籍制度改革上，因征地拆迁等原因而实行的农业户籍人口转为非农业户籍人口即征地农转居政策，在20世纪50年代建立起来的城乡二元户籍制度框架下曾有一定的现实意义。但随着户籍制度改革的深入，特别是 2014 年 7 月国务院发布《关于进一步推进户籍制度改革的意见》以及 2016 年 9 月北京市政府发布《关于进一步推进户籍制度改革的实施意见》，明确规定取消农业户口和非农业户口划分、统一登记为居民户口后，农转居就失去了最基本的法理依据和现实条件。但北京市一些地方至今仍然按照《北京市建设征地补偿安置办法》中有关"逢征必转"的规定，继续推行征地农转居政策，这就显得极不合时宜，呈现出户籍制度改革与征地制度改革相互脱节的两张皮现象，也使公安部门负责的户籍制度改革与农口部分负责的农转居政策相互矛盾和冲突。在社会保障制度上，地方政府将转居农民纳入城镇社会保障体系时，规定农村集体和农民缴纳巨额社会保障费用且政府并未承担社会保障成本，这种政策制度安排具有极大的不合理性。

一是必须立即停止实行征地农转居政策。应当尽快全面修改《北京市建设征地补偿安置办法》，废除其有关"逢征必转"的规定，确保国务院和北京市有关户籍制度改革的政策落到实处，切实改变户籍政策实施中的部门脱节和政策打架现象。不管是否征地，原来所有的农业户籍人口都一律统一登记为居民户口。城乡户籍制度并轨后，农民户口登记的改变，并不改变其集体经济组织成员身份及其所享有的集体经济组织的各项权益。此外，由于国务院和北京市政府发布的户籍制度改革的意见属于政府规范性文件，其效力等级不及法规。建议全国人大常委会根据改革发展的新形势，制定户口登记法规。

二是彻底改变转居农民加入城镇社会保障体系需一次性趸缴社会保险等巨额费用的规定。在传统城乡二元结构中制定的《北京市建设征地补偿安置办法》《北京市整建制农转居人员参加社会保险试行办法》《关于征地超转人员生活和医疗补助若干问题意见》等政策文件，带有很强的城乡二元思维，在政策上进一步强化了城乡二元社会保障制度，推卸了政府为农民提供社会保障的重大责任，同时以将农民加入城镇社会保险体系之名，变相攫取了农村集体和农民的巨额征地补偿费，农村干部和农民群众对此意见很大，必须予以根本性的改革。要将征地补偿与社会保障脱钩，征地只需对被征地人进行公正合理的财产补偿。社会保障是每个公民都应当享有的基本权利。农民作为公民，不管其土地是否被征收或征用，都应当享有平等的社会保障权利。要加快实现城乡基本公共服务均等化，取消和废止各种类型和差别化、碎片式的社会保障政策体系，全面构建城乡居民统一而平等的免费医疗、免费教育等制度，大幅度提高农村居民养老保障水平，加快建立现代城乡居民普惠型的社会福利制度。

三是政府要负责承担起补齐农民社会保障待遇水平差距的基本职责。长期以来，农民被排除在国家社会保障体系之外，这是政府对农民的历史欠债。进入 21 世纪后，国家逐步建立起农村的社会保障制度。但城乡之间社会保障待遇水平的差距还比较大。在城市化进程中，获取巨额土地出让收入的地方政府，其正确的做法应当是加大对农村社会保障的财政投入，全额予以补齐农民在城乡社会保障待遇水平的差距，这既是政府对历史欠债的应有补偿，也是政府真正支持"三农"工作的重要体现，更是政府强化服务职能的内在要求。现在执行的让农村集体经济组织和农民全部承担补缴城乡社会保障制度待遇差距费用的政策，严重推卸了政府的责任，加重了农村集体经济组织和农民的负担，应当予以彻底纠正。要着眼于城乡居民大致享有均等的基本公共服务，优化财政支出结构，降低行政成本，提高民生支出比例，重点是政府要全面补齐农村居民与城镇居民之间社会保障水平差距的短板。

（三）关于撤村建居和公共服务：重点是强化和落实政府的公共职责

在城市化进程中，城郊地区部分农村城市化是不可避免的经济社会发展规律。据北京市"三农普"数据，2016 年在北京市 3925 个村委会中，无农民的村 169 个，无农业的村 461 个，无耕地的村 924 个，无农业、无农村、无农民，仅保留有村委会牌子的空壳村 103 个，常住人口不足户籍人口 50% 或闲置农宅超过 30% 的空心村 338 个，外来人口多于本村户籍人口的倒挂村 498 个，其他传统村落 1432 个。由此可见，城市化已经使不少村庄发生了明显的分化，与此相适合的公共政策应当及时跟上。撤村建居是城市化的必然产物，也是适应农村城市化转型的重要选择。撤村建居事关农村集体经济组织和农民的财产权利，事关农民参与社区公共事务民主管理的权利，也事关政府公共产品和公共服务的供给与保障。但至今从国家到地方层面都没有制定撤村建居有关的法律法规，各地在撤村建居工作中随意性较大，有的已经完全具备撤村建居条件的村却没有开展任何撤村建居工作；有的撤村建居后，政府却没有为新建立的居委会提供统一规范的基本公共产品和公共服务，仍然由原来的村委会或农村集体经济组织承担社区居委会公共治理成本等等，这种状况实质上是政府的严重缺位，必须尽快纠正过来。

一是加快制定撤村建居专门法规，对撤村建居工作进行统一规范。在快速城市化进程中，对撤村建居进行统一的指导与规范十分必要。2012 年 3 月 29 日，北京市民政局、北京市委农村工作委员等六部门印发《关于推进城乡社区自治组织全覆盖的指导意见》（京民基发〔2012〕108 号），其中提到撤销村民委员会建制的条件：（1）村民全部转为居民；（2）村集体土地已经被征占；（3）村集体资产处置完毕，或者已经完成村集体经济产权制度改革，成立新的集体经济组织；（4）转制村民全部纳入城镇社会保障体系。该《意见》规定撤村建居基本程序是由街道办事处、乡镇政府（地区办事处）提出，经村民会议讨论同意，报区县政府批准。该文件虽然明确了撤村建居的基本条件，但全市已有不少符合撤村建居条件的村却没有开展撤村建居工作。例如北京市"三农普"统计的 103 个无农业、无农村、无农民的空壳村，就完全具备撤村建居条件，但却没有开展撤村建居工作。全市撤村建居工作缺乏顶层制度设计，严重滞后于城市化发展的现实需要。上述《意见》作为部门文件，其效力也较低。国家有关部门以及省市区级层面都应当制定专门的撤村建居法规，进一步明确和规范撤村建居的条件、程序以及相关管理服务等问题，强化政府提供公共产品和服务的基本职责，有序推进撤村建居工作。

二是切实保障农村集体经济组织和农民的财产权益。撤村建居的核心问题是公平合理地处置集体资产，维护和发展农村集体经济组织和农民的财产权益。各级党委和政府应当将保障和实现农民的财产权利作为重大责任，加强产权制度建设和产权保障工作。1999年 12 月实施的《北京市撤制村队集体资产处置办法》（京政办〔1999〕92 号）对撤制村、队集体资产的做了规定，在一定程度上维护了农村集体经济组织和农民的财产权益，但也存在不少缺陷，亟须修改。例如，应将撤制村、队名称应更改为撤制村、组；取消集体股不低于 30% 的规定，降低集体股所占比例或取消集体股；赋予集体经济组织成员对集体资产股份享有占有、收益、有偿退出、抵押、担保、继承等更分充分的权能；对征收或征用土地的补偿费，应区分对土地所有权的补偿和土地使用权人的补偿，明确各自的补偿比例，一般来说，对承包土地的补偿费，所有权人和承包使用权人的分配比例为 15∶85，对宅基地补偿费，所有权人和使用权人的分配比例为 10∶90；明确和保障农民在撤制村、队集体资产处置中的知情权、表达权、参与权、决策权、监督权。

三是强化政府在提供城乡社区公共产品和公共服务上的基本职责。在城市化进程中，一些完全符合整建制撤村建居条件的村之所以没有继续保留村委会建制而没有相应建立城市社区居委会，一个重要原因在于政府仍然习惯于在城乡二元结构中开展工作，在公共产品和公共服务上重城市、轻农村的施政惯性没有得到根本扭转，缺乏承担新建立的城市社区公共产品和公共服务供给的动力与意愿。在已经撤销村委会建制、建立城市社区居民委员会后，政府却不能与时俱进地承担起社区公共产品和公共服务供给保障责任。政府在公共产品和公共服务供给上的严重滞后和缺位，造成撤村后新建立的城市社区的公共产品和公共服务仍然由集体经济组织承担的普遍现象。政府未能积极履行公共服务供给职责的状况一定要纠正过来。各级党委和政府应当将撤村建居所新增加的公共产品和公共服务支出纳入年度工作计划，列入财政预算予以制度化保障，切实减轻集体经济组织承担的社区公共产品和公共服务供给的负担。

（四）关于集体经济组织和集体经济：目标是加快构建市场化法治化的发展环境和现代治理体系

农村集体经济组织和集体经济是我国农村特有的组织形式和经济形态。农村集体经济组织属于经济组织，但又不是一般的经济组织。2017 年 10 月 1 日施行的《中华人民共和国民法总则》将农村集体经济组织规定为特别法人，区别于营利法人和非营利法人。农村集体经济组织可以划分为农村集体产权改革之前的传统集体经济组织和农村集体产权改革以后的新型集体经济组织，二者之间的最大区别在于传统集体经济组织强调劳动者的劳动联合，否定劳动者的资本联合，劳动者的个人产权不清晰，而新型集体经济组织既承认劳动者的劳动联合，也承认劳动者的资本联合，并通过集体产权制度改革明晰了个人产权，实现按股分红。农村集体经济也可以划分为农村集体产权改革之前的传统集体经济和农村集体产权改革以后的新型集体经济，二者之间的最大区别在于传统集体经济是在计划经济体制下的封闭性经济，只强调集体利益而否认个人产权，而新型集体经济是在市场经济条件下的开放式经济，既强调集体公共利益，也重视个人产权利益。对于农村集体经济组织和集体经济，既不能唱高调迷信之，也不能一概否定之，而应当通过不断深化改革、加强制度建设，营造农村集体经济组织和集体经济发展的市场化法治化环境和现代治理体系，维护和发展农民的财产权利和民主治理权利。

一是要充分认识和保障农民的公民权、成员权和自治权。第一，农民作为中华人民共和国公民，享有国家《宪法》规定和保障的公民权利，各级党委和政府应当充分保障《宪法》赋予公民的基本权利和自由。公民权具有开放性特征，农民无论身居农村，还是迁入城镇，都应当平等享有基本的公民权利。第二，农民作为集体经济组织成员，享有成员权，主要包括财产权利和民主权利两大类，财产权利是指农民享有集体经济组织的集体财产所有权、土地承包经营权、宅基地使用权、集体收益分配权、林权等，民主权利是指农民享有对集体经济组织的知情权、参与权、表达权、监督权、决策权等权利。成员权具有封闭性特征，只有具有农村集体经济组织成员身份的人才拥有成员权。第三，农民作为社区成员，享有自治权，即享有对社区公共事务参与管理的权利，包括知情权、参与权、表达权、监督权、决策权。自治权具有从封闭性向开放性转变的特征。在村庄人口流动不明显的地方，自治权具有封闭性特征，即自治权只面向当地户籍村民，而当村庄在城市化冲击下出现明显的人口流动时，自治权应当赋予包括外来流动人口在内的所有社区常住人口，这样自治权就具有开放的特性。随着城市化的发展，当传统村庄转型为现代城市社区后，农村居民的自治权相应地转变为城市社区的自治权。尊重、保障和实现农民的公民权、成员权、自治权，是推进乡村治理体系和治理能力现代化的重要体现和根本要求。

二是要及时转变农业农村工作的方式和重点。快速的城市化发展，对传统农村社会结构产生了重大的冲击，各级党委和政府的农业农村工作方式和工作重点也应当与时俱进地实现转变。像三路居村这种无农业、无农村、无农民而已实现城市化转型的"村"，已经从以土地为纽带的集体所有制转变为以资产为纽带的集体所有制，加强集体资产的监督管理，维护好股东的正当权益，应当成为农业农村工作的重中之重。而更为深层次的问题是，已经实现城市化的撤村建居"村"，农村集体经济组织事实上已转变为城镇集体经济组织，对这类由农村集体经济组织转变为城镇集体经济组织的，到底是继续由农业农村工作部门管理相关事务，还是转交给城镇有关部门管理和服务更为合理？如果仍由农业农村工作部门进行管理和服务，就需要相应地创新管理服务的基本方式。三路居村自改制以来，集体资产增长迅速，2017年三路居"村"集体资产总额高达160亿元，相当于北京市平谷区和怀柔区两个区集体资产的总和，是密云区农村集体资产的2.6倍。三路居"村"除了每年给股东发放约三千元的福利外，至今未按章程规定实行年度分红。面对如此庞大的集体资产，如何加强集体资产监管？如何防止集体资产被内部少数人控制和利用？如何加强新型集体经济组织内部的规范化经营管理？如何有效维护股东的收益分配权和民主管理权？这些都是各级党委和政府相关部门应当高度重视并切实加以解决的重大现实问题。

三是实现集体经济组织和集体经济封闭性与开放性的统一。传统的集体经济组织和集体经济都具有明显封闭性的特征，在计划经济体制下，人口流动相对静止，集体经济组织和集体经济发展的时间还不长，集体经济组织和集体经济封闭性后果并没有充分体现出来。但在市场经济条件下，随着城市化的发展，以及历经60多年的发展演变，集体经济组织和集体经济的封闭性问题已经突显出来了。既要维护农村集体经济组织及其成员的正当权益，又要实现集体经济的市场化转型升级发展，这是两个必须予以考量的重大问题。侧重于维护农村集体经济组织及其成员权益的人士倾向于保持农村集体经济组织和集体经济的封闭性，而侧重于发展市场经济的人士却倾向于推进农村集体经济组织和集体经济的开放性。其实这两种诉求都具有合理性，关键是要找到二者相结合的有效途径和方式。三路居"村"似乎提供了使二者实现结合的一条有效路径，那就是通过集体产权制度改革，建立新型集体经济组织即股份合作制集体企业——金鹏天润置业投资管理公司，保持了集体经济组织成员的封闭性，同时，在金鹏天润置业投资管理公司这个封闭性集体经济组织下面设立完全面向市场的开放性的金唐天润置业股份有限公司（金唐集团母公司）。这种组织架构创新，实现了集体经济组织和集体经济封闭性与开放性的统一，具有一定的创新意义。但是，面对进入市场、实行现代企业经营管理的下属公司，集体经济组织如何有效进行管理监督并有效维护股东权益，是一个重大的现实问题。同时，随着时间的推移，集体经济组织成员将逐步自然消亡，如果股东只有继承权和内部转让权，那将出现集体经济组织成员的不断萎缩和成员分布的空间广阔性，实现股权的开放性仍将是必须予以考量的长期选项。应当按照特别法人的定位，从国家和地方层面，加快城乡集体经济组织的立法工作，从法律上明确界定和规范集体经济组织的治理结构和权利义务关系，规范和保障集体经济组织的市场主体地位，维护和促进集体经济组织成员参与集体经济组织管理、发展集体经济的民主权利，建立健全有利于集体经济组织规范化运作、集体经济发展壮大的政策制度框架，形成有效维护和发展农民参与集体经济组织管理的现代民主治理体系，为实现乡村治理体系和治理能力现代化提供有力的支撑。

执笔人：张英洪、王丽红

北京市完善承包地"三权分置"制度研究报告

2016 年 10 月，中共中央办公厅、国务院办公厅联合印发了《关于完善农村土地所有权承包权经营权分置办法的意见》（中办发〔2016〕67 号），正式提出将土地承包经营权分为承包权和经营权，实行所有权、承包权、经营权分置并行。党的十九大报告提出了实施乡村振兴战略，指出要巩固和完善农村基本经营制度，深化农村土地制度改革，完善承包地"三权分置"制度。保持土地承包关系稳定并长久不变，第二轮土地承包到期后再延长三十年。为此，我们利用农经统计数据和调研资料对北京市承包地确权、流转的现状和问题进行了分析研究，为稳定北京市的承包关系，完善"三权分置"制度提供借鉴。

一、北京市承包地确权情况

在北京市土地确权实践中，各区依据北京市委、市政府《关于积极推进农户土地承包经营权确权和流转的意见》（京发〔2004〕17 号），结合自身实际情况创造性地采取了"确权确地""确权确利""确权确股"三种模式。确权确地就是在按集体经济组织成员人口落实农户土地承包经营权的基础上，把集体可承包的土地分包到各户，确定各户所承包土地的具体地块，实行"人头对地头"，由农户直接自主经营。确权确利就是在按集体经济组织成员人口落实农户土地承包经营权的基础上，经过村集体经济组织成员民主决议，农户把应承包的土地份额流转给集体经济组织，集体经济组织将承包土地收益按年度分配给享有土地承包经营权的农户。确权确股就是在按集体经济组织成员人口落实农户土地承包经营权的基础上，经过集体经济组织成员代表会议讨论，将农户土地承包经营权转变为股权，农户依据土地股份参与集体土地收益或者全部资产经营收益的分配。确权确利和确权确股主要出现在二、三产业发达，农民收入水平较高的村庄。这些地区在大城市的辐射带动下，农村经济发展较为迅速，农民收入渠道较为宽广，因此对土地的依赖程度相对较低。以海淀区为例，因为城市化进程快，依法享有承包权的农户普遍在二、三产业就业，不直接从事农业生产，人均土地面积也较少，因此采取了确权确利和确权确股的形式保障了农户的土地承包权益。

在确权确利和确权确股两种形式中，村集体经济组织依法将承包权确定给本集体经济组织农户，通过签订确权确利合同和土地承包经营权折股量化等，在农用地和农户之间依法建立土地承包对应关系。对这些享有土地承包资格，但没有直接耕种土地的农户或农民发放"确利收益"或"股金"。这种做法维护了农户享有的土地承包资格权利和由此产生的收益权。在实践中,无论是确权确利还是确权确股,都要经过村集体经济组织成员民主决议,充分尊重农民的意愿。

2014年中央一号文件规定,"充分依靠农民群众自主协商解决工作中遇到的矛盾和问题,可以确权确地,也可以确权确股不确地",肯定了北京的做法。2015年中央一号文件规定,"总体上要确地到户,从严掌握确权确股不确地的范围",虽然收紧了政策的适用范围,仍然认可"确权确股不确地"的方式。

据统计,截至2017年年底,北京市农村土地确权面积428.5万亩,其中确地257.6万亩,占60.1%;确利127.1万亩,占29.7%;确股43.8万亩,占10.2%。目前,北京市正在开展农村土地承包经营权的确权登记颁证工作,截至2018年年底,全市10个涉农区的124个乡镇开展了农村承包地确权登记颁证工作,除发证外,前期工作已经完成有2540个村,共涉及确权地块85.85万块,确权承包地面积277.35万亩;涉及承包农户61万户,承包方家庭成员211.13万人。

二、北京市承包地流转情况

(一)土地流转总体情况

据统计,北京市农村确权土地流转总面积共计290.9万亩,占确权总面积的67.9%。其中:由确权确地农户转出120万亩,占到确权确地总面积的46.6%,占全市土地流转总面积的41.3%;确权确利(股)流转后由村集体直接经营或转出的有170.9万亩,占全市土地流转总面积的58.7%。从土地流向上看,在本镇、村集体经济组织内部流转182.6万亩,占流转总面积的62.8%;租赁给外部企业和个人经营的108.3万亩,占流转总面积的37.2%。从区域分布来看,3个城市功能拓展区、5个城市发展新区和5个生态涵养发展区的土地流转比重分别为95.2%、79.8%和43.6%,其中,流转比重最高的是朝阳区为100%,最低的是怀柔区为27.4%。

(二)流转土地的经营规模情况

全市已流转土地中,单体经营规模在50亩以上的土地总面积为205.8万亩,占流转总面积的70.7%,占确权总面积的48%;经营主体7011个,平均经营规模293.5亩。具体是:50—100亩的经营主体2787个,总面积20.5万亩,平均经营规模73.6亩;100—200亩的经营主体1917个,总面积27.6万亩,平均经营规模143.8亩;200—500亩的经营主体1389个,总面积45.2万亩,平均经营规模325.4亩;500—1000亩的经营主体580个,总面积39.7万亩,平均经营规模684.7亩;1000亩以上的经营主体338个,总面积72.8亩,平均经营规模2154.5亩。

(三)流转土地的产业结构情况

在已流转土地中,用于种植粮食的40.2万亩、蔬菜20.3万亩(设施农业16.5万亩),共占流转总面积的20.8%;平原造林81.7万亩,"一绿""二绿"及其他绿化用地21.3万亩,共占流转总面积的35.4%;果园及散生果树用地33.9万亩,占流转总面积的11.7%;花卉、农业观光园区等其他用地 87.3 万亩，占流转总面积的 30%；养殖业用地 6.2 万亩，占流转总面积的 2.1%。

三、北京市承包地确权流转中存在的问题

（一）土地确权方面存在的问题

1. 实测面积与二轮承包证书面积不一致。在 2004 年确权时，土地大多采用人工徒手丈量，方式相对简单，导致土地的实际边界划分相对模糊。而在本次确权登记颁证过程中，采用了卫星遥感影像图图解法与实测法相结合的办法，其测绘结果与二轮土地承包证书的土地在面积、边界等方面存在差异，主要体现在实测面积往往大于合同记载的承包面积。针对实测面积与二轮承包证书面积不相符的情况，在本次调研中发现，各地主要存在两种做法：一是采用实测面积进行确权颁证；二是仍然采用二轮承包时的合同面积进行确权颁证。

（1）从农民角度出发，包括粮食直补在内的国家补贴，以及未来可能发生的土地征占补偿款等都是依据原承包合同面积进行分配，而从大部分实测面积大于原承包合同面积的现实来看，这种做法在一定程度上损害了农民的权益。

（2）从地区整体规划看，同一部门内存在着实测和原承包合同两种数据，可能导致在未来的行政管理、行政执法等工作中出现种种矛盾。从长远考虑，此次确权登记颁证工作所获得的成果和目的并不仅仅局限于二轮承包到期，而是为开展下一轮土地承包、土地经营权流转、调处土地纠纷、完善补贴政策、进行征地补偿和抵押担保等提供重要依据、打下基础，不同部门间数据的不共通，或者说政府层面与村级数据不统一，对于未来相关政策实施等存在着一定的影响。

2. 暂不确权与中央要求存在差距。目前北京市暂不确权农地面积占 30% 以上，开展确权登记颁证工作的各个区均存在暂不确权土地。主要考虑到确权登记颁证工作程序复杂、投入较大，对此类土地进行确权登记颁证后，如果近期进行开发建设则还要做变更登记，实际意义不大。但是，对上述地区，应当严格界定暂不进行确权登记颁证的土地范围，且在开发建设前，必须按照原有土地确权关系，依法保障农户确权土地收益。同时也应明确暂不确权和永不确权的土地范围，充分保障该地区农民的基本权利。

尽管根据北京实际，暂不确权有一定的合理性，但从中央政策精神出发，暂不确权属于权宜之计，"暂不"不等于"永不"。因此，无论是在政策制定上，还是实际操作上都面临着选择与博弈，可能存在风险。目前的暂时性做法在一定程度上缓解了各区在处理土地问题上的困境，但若暂不确权的土地成为常态，会为将来埋下隐患。

3. 确权确利、确权确股与确权确地存在差距。根据现有数据，北京市采用确利、确股方式的确权土地面积大约占 40.9%。在法律关系上，这两种确权形式属于同一类，在实际操作中，确利、确股的区别仅在于向本集体经济组织成员分配利益的方式上的差异。按照中央和北京的文件规定，确权、确股的方式都有一定的政策合法性，但不可忽视的是，确权确利、确股较之确权确地，在确权过程中存在着先后次序，确地方式应当优于确利、确

股,且确利、确股较确地存在一定问题。

"三权分置"土地确权方式的核心在于稳定,即稳定农户的权益。确权确地是将土地直接发包给农户,在法律层面稳定了农民的承包权益;且党的十九大报告进一步指出,第二轮土地承包到期后再延长三十年。由此农户会对未来的土地利用方式和权利实现方式有更多选择的愿望。确利、确股通过股权、利益分配的方式将土地的收益转化为农民收益,虚化了土地的承包边界,但是这一做法存在不确定性,其关键在于是否能够稳定农户的权益,以及满足农户选择土地权利方式的愿望。目前海淀区为适应不断变化的人口变动,采用五年一调整的方式。尽管在一定程度上体现了公平原则,但其实际上并没有稳定农民在土地上的权益,即每五年农民的权益就会出现变动,这与中央要求存在差距。因此,从"三权"分置的政策目标出发,确权确股的前提是不能确权确地,应是一个次位方案,与确权确地不是并列关系。

(二)土地流转过程中的问题

1. 价格过高限制土地流转。从承包农户角度出发,承包农户必然希望流转价格越高越好,期望获得更高的流转收益。从经营者角度出发,希望以较低价位流转土地,而在同一块土地上从事农业种植的收益相对固定,流转价格加上种植成本、人工成本等,每块土地的基本成本投入的增加就会压缩经营权人收益的空间,从而损害土地流转的活跃程度,特别是市场化土地流转的活跃程度。从政府角度出发,希望能够保障农民在土地上的财产权益和经营权人的使用权益,因此对于土地流转价格设置指导价格,即流转最低价。即使是没有直接设定流转指导价的区域,政府也会参考其他区域,抑或是平原造林项目的流转价格对于流转土地的最低价格给予一定限定。

目前北京市的土地流转价格相较于农业产业收益,经营权人从事农业生产的利润空间十分有限,因此市场化流转并不发达。大规模的流转面积来源于平原造林项目这一非市场化的流转形式。但由于此项目出于公益性目的而非通过经营权获得收益,且涉及区域广、面积大,其较高的流转价格直接影响了正常的市场化流转,导致市场化的土地流转价格升高、难度加大。同时,也存在个别区将土地流转作为精准扶贫手段产生的半市场化流转。以延庆区四海镇为例,当地政府通过打造四季花海沟经济域景观、支持合作社等方式,将土地流转作为提高农民收入的主要方式。土地流转的资金及经营主体补贴全部由政府财政或相关补贴资金支付。这一脱离了市场的土地流转形式在特定地区创新了土地的经营管理方式,带动了地区农民的增收,但是否具有可复制性,以及是否符合搞活经营权的政策目标,值得深入研究。

2. 经营权人的需求限定土地流转。从流转土地概念上看,经营权人更加期待通过规模化种植来获得收益。从自然环境看,北京周边土地地形丰富,大体上可以分为山区和平原两种。对于门头沟、延庆、密云为代表的山区,从实现规模经营这一土地流转的制度目标而言,在自然条件上存在着一定的限制作用。远山区土地大多采用确权确地的承包方式,土地零散,经营权人流转土地的谈判成本较高;山区土地的地形特征,不便于机械化作业;远离城区消费者,发展休闲农业等提高农业溢出效应的作用有限;山区环境导致的土地可能出现的缺水、渗漏、交通不便等自然条件限制了土地流转的活跃性。

相较于山区土地，平原地区的自然环境更符合经营权人流转土地的期望。但是根据调研数据，北京山区土地流转均价为 927.03 元／亩，平原地区为 2079.42 元／亩。平原地区较高的流转价格以及现有的规模化耕种基础，使得流转的收益空间更多在于品牌、规模与市场运行方式，经营权人获得收益相对有限，在一定程度上导致了非农倾向。因此，最终影响平原地区土地流转的是受让方与流出方对于土地非生产性收益期待导致的矛盾。而这一利益期待已经超过了现行流转方式的可能受益，也是目前限制平原地区土地流转的核心矛盾。

此外，伴随着土地流转，社会环境成本也在一定程度上影响着平原地区的土地流转。例如北京艾食种植合作社为非京籍理事长，在房山区流转土地开展农业生产。合作社雇佣的社员大多为临近地区的河北籍农民，因此伴随着合作社发展，与当地农民的矛盾不断升级。合作社在土地流转、经营上导致的种种不确定的风险，致使合作社在社区融合和维护社会环境稳定上的成本投入也不断升高。此外，北京市相关部门在农民权益、生态保护、精准扶贫等方面的积极实践与探索，使经营权人除去社区融合成本，都主动或被动地承担其流转土地后的生态保护、区域内农民利益保障等社会责任。尽管政府对于承担公益目标的经营权人给予一定的激励，但社会环境成本的投入仍不断压缩着土地经营收益。

总体而言，由于经营权人流转土地从事农业生产的需求与意愿相对较低，但意图通过土地的非农化利用来获得收益又面临着法律政策的约束，所以北京市土地流转积极性受限。

3. 承包权人区域特性影响土地流转。以门头沟、延庆为代表的远郊区，农民流转意愿相对旺盛。相较于其他区，由于更多地采用了确权确地的方式，土地流转自主权更多地掌握在农民自己手中；且延庆和门头沟从事纯农业和以农业为主业的农民比例较高，分别占本地区 74.7%、68.1%；同时家庭年收入在 3 万元以下的分别占本地区的 76.5%、75%，收入水平远低于其他区。加之近些年来，退耕还林等生态保护政策的红利消失，两地区农民希望将土地流转，获得租金收益的愿望较高。农村老龄化问题导致缺乏劳动力也成为农民更希望将土地流转出去的原因。与之相反，在海淀区等近郊，农户的流转愿望相对较低。原因可能在于两地区农民的收入相对较高，土地种植收益、流转收益占总收入比重较低。加之人均土地持有量较低，土地流转的租金收入也相对有限。综上所述，对近郊农民而言，目前土地租金对于其收入影响有限，但考虑到未来本地区城市化进程不断加快，土地非农利用带来可能的巨额收入，担心土地流转可能产生的与经营权人的纠纷对其未来预期收益的影响，从而导致农民不希望流转土地。但在平原地区，较多采用确权确利和确权确股方式，土地实际经营权已流转给土地股份合作社等经营主体，农民的土地流转意愿对于实际的土地流转的影响微乎其微，土地是否流转，向谁流转，采用何种流转方式，以及如何确定流转价格，往往是由集体决定，而不取决于农民意愿。

总体来看，农民收入相对较高的区，农民流转意愿较低；农业收入占总收入比重较高的农户，流转意愿较强。

（三）"三权分置"实现方式上存在的问题

对于京郊农业而言，其都市农业的发展方向与传统意义上通过适度规模耕作以实现经营收益的方式有所不同，但在"三权分置"的实现方式上，不同的模式最终所反映出的核心是一致的，即如何平衡在农地流转中集体经济组织、承包农户和经营者之间的关系，实现农业的可持续发展。在这方面，北京市有很多探索和创新，具有借鉴意义。

1. 土地流转关系有所创新，但承包农户的流转意愿不能充分体现。京郊农村大部分拥有规模庞大的集体资产，其中很大一部分是土地。该部分土地多以确利、确股形式进行确权。按照各区农委和经管部门的理解，确权确利和确权确股，意味着农民的承包土地已经入股到集体统一经营或者委托其他经营权人经营，与确权确地再流转后再入股到集体、合作社和农业企业的最终后果没有区别，因此，确权确利和确权确股已经实现了土地流转，体现了"三权分置"的政策内涵。北京市将确利、确股土地记入了流转面积，占已流转总面积的67.9%。事实上，确权确利和确权确股中的"确权"，不是确定农户的土地承包权，而是确定集体经济组织的成员身份，以及缘于该成员身份参与土地经营收益分配的权利。相比于确地的方式，确利确股对于土地向经营权人流转具有一定的优势，因为经营权人降低了为取得连片土地而需要面对单个农户的谈判成本。因而，北京市在确权方式上的创新对于农业规模经营者是具有吸引力的。在这两种形式下，经营权人一般先将租金支付给村集体经济组织，再由村集体经济组织向确利、确股农户进行分配。

确权确地后进行流转，也倾向于通过村集体经济组织或者乡镇政府来进行规划和统筹，如大兴区的庞各庄镇成立的镇级联合社，就在辖区内起到了土地流转中介的作用。这种方式也降低了经营权人的谈判成本，因而对土地流转具有一定的刺激作用。但是，由于村集体经济组织在组织经营权流转时，往往是以村民代表同意的方式进行的，不能充分体现确地农户的流转意愿。

更能体现承包方意愿的是农户之间或者农户与新型经营权人之间的自愿流转。在村内农户之间的流转（转包），由于文化因素、亲属关系的存在，并非完全市场化，其价格往往也不符合相关土地流转最低指导价的规定。对村外个体或组织的流转（出租），项目组调研发现，享有承包经营权的农户对于流转价格的期待则是比较符合地区市场价格的，但对于经营权人而言，通过这种模式流转土地的意愿受交易成本过高的限制。

2. 政府导向的土地流转实现了生态目标，但郊区农业的多功能性难以实现。据统计，在已流转土地中，45.3%流转给了外部企业及个人，20.7%流转给了村集体组织，23.6%流转给了村内成员，1.5%流转给了合作社组织。这表明，在北京市的土地流转中，村集体和农户对于流转对象的选择是比较开放的，各类经营主体均有获得土地的机会。

但从土地流转用途来看，第一、第二道绿化隔离用地和平原造林用地占目前北京市土地流转面积的32.5%，虽然承担绿化任务的土地流转体现了农业的生态功能，但是，丰富首都市民菜篮子、城市居民体验农业、发展休闲观光农业等以土地为载体的农业经济和社会功能的发挥空间被挤压。

3. 土地流转价格稳定，但资源要素市场化程度不高。为了保障农户在土地流转上的合法权益，部分地区设计了以土地流转最低指导价为核心的地价调控监管体系并开展了实践，为各镇具体流转土地划定价格红线，确保土地流转过程中既可以维护土地流转市场的稳定，避免无序竞争，又能够充分保护现有承包经营权人的合法权益。土地流转最低指导价对于解决因为流转信息不对称而造成的利益分配不公现象，具有积极效果。政府出于环保绿化和景观目的实施的土地流转，对农户而言，也具有较高的安全性。

但是，政府主导的土地流转项目，限定了流转区域的土地用途，高于市场价格的政府流转土地定价提高了农民的土地收益期待值，影响了经营权人在农地农用政策限制下的流转土地积极性，市场化的土地流转机制难以形成。对于已经市场化流转的，会促使土地经营者投身于高风险行业与品种，进而加大了租金的偿付风险。在调查中发现，64% 的农户认为政府不应该指定流转价格，81.7% 的农户认为土地流转价格应该自主协商。这就说明，为保护农户权益而设置的土地流转最低指导价并没有得到被保护对象的认可。在实地调研中发现，在没有政府主导土地流转的山区，政府出于保护农户利益而设置的山坡地最低指导价因为远高于土地的正常收益水平，使得农户期待的流转受阻。

政府对于农业经营的潜在影响还表现在经营主体的用工价格上，由于公益岗位等政府雇工方式的存在，大大提高了经营权人对当地人工的用工成本，迫使经营权人选择其他方案以替代高昂的人力成本，对于农户的工资性收入的实现有着不利的影响，从长远来看，也不利于当地农业产业的发展。

四、政策建议

北京市的"三权分置"实践，从 20 世纪 90 年代即已开始，总体上符合目前中央的文件精神，符合农民意愿，符合京郊农业的功能定位。在各区工作中，既有在确权方式和流转引导上的制度创新，也存在对农户土地承包权保护不力和市场化流转发育迟缓等问题。

（一）稳定承包权的政策建议

当前，北京市土地承包经营权确权颁证工作基本完成，从总体上看，存在暂不确权比例过高、实测面积与合同面积不一致，确利、确股比例过高等突出问题。对此，在下一步工作中应当坚持：

第一，逐渐缩小暂不确权的土地范围。对暂未开展确权登记颁证工作的村，各区要继续创造条件，深入细致地开展工作，做到应确尽确。对于确权确利、确权确股土地，在合同到期时应当力争转为确权确地方式。

第二，确保证书发放到位。目前，大部分区刚启动证书的打印工作，有的区还没有启动。各区要加快整改，认真组织证书的打印工作，尽快将证书颁给每一户农户，让农民吃上长效"定心丸"。要杜绝村集体将证书截流、侵害农民利益的现象。

（二）促进土地经营权流转的政策建议

第一，应当鼓励各区、各镇农业管理部门、农村集体经济组织和广大农民在经营权流转形式上的创新，允许以承包权人自主经营、向本集体经济组织其他成员转包、向本集体经济组织以外的单位和个人出租，也允许在承包权人同意的基础上委托集体统一对外流转，鼓励有条件的地方将土地经营权向农民专业合作社和农业企业入股。不论采取何种流转方式，必须坚持承包方自愿原则，不得违背承包农户意愿。明确村集体在土地流转中的角色定位，村集体可以是土地流转的受让方，也可以是土地经营权对外流转的中介方。作为中介方角色出现时，必须取得土地承包方的书面同意。

第二，建立和完善土地经营权流转信息服务体系，激活土地经营权市场化流转。在既有农村集体产权交易平台的基础上，鼓励民间资本建立土地经营权流转信息交流平台，以满足小规模农户对外流转土地经营权和城市居民小规模承租农民土地的需求。

第三，土地流转的政府指导价的确定，应当广泛征求农民意愿。强调指导价的指导性而非强制性，对于承包方和受让方在自愿基础上达成的流转协议应当认可其合法性。

第四，为实施退耕还林和平原造林项目而实施的流转，其流转价格应当符合当地土地农业用途的一般收益标准，促进市场化土地流转。

（三）放活、保护经营权的政策建议

第一，土地经营权流转应当体现为向扶持新型农业经营主体的倾斜政策，强化对新型农业经营主体在新增农业补贴、信贷支持、农业保险、建设用地供给、设施农用地面积和比例等方面的政策支持，改善新型经营主体通过土地经营权流转发展现代农业的政策环境。

第二，建立承包农户在现代农业发展中的利益分享机制，强调现代农业发展对小农户的带动作用。对因为土地经营权流转而增加农民就业机会、改善低收入户的生活水平、改善农村生态环境等的土地经营权人给予重点支持。

第三，充分发挥平谷、大兴两区在土地经营权抵押试点中的创造性，在确保承包方利益不受侵害的前提下，探索金融机构土地经营权抵押中抵押权的实现方式，为土地经营权人提供更加优质的融资担保服务。

第四，流转合同到期时，土地经营权人在同等条件下有优先续租的权利。合同不再续期的，土地经营权人有权就其在土地上的投入向承包农户或者农村集体经济组织主张合理补偿。

此外，区镇农业管理部门应当履行土地用途的管制、及时发现可能纠纷的风险防范等对工商资本租赁土地的监管职能。

课题负责人：熊文武
课题主持人：方书广
课题组成员：陈娟、万敏波、刘瑶、涂皎
执笔人：万敏波

京郊宅基地"三权分置"权益分配研究报告

一、绪论

（一）研究背景

1. 中央深入推进宅基地"三权分置"制度改革。随着我国工业化、城镇化的深入推进，以及生产力的不断提高，农业现代化进程不断加快，农村产生了大量剩余劳动力，出现了农村人口向城镇转移的现象，农村宅基地出现了所有人和使用人分离的问题，还存在部分闲置问题，甚至有的地方出现了空心村，造成了农村土地资源的浪费。为加强农村宅基地管理改革，借鉴农村土地"两权分离"成功经验，中央对宅基地"三权分置"的相关政策研究和部署。2015 年，中央提出针对农村土地征收、集体经营性建设用地入市、宅基地管理制度的"三块地"改革试点要求，确定了北京市大兴区等 33 个试点地区开展相关改革试点工作。

2. 对探索宅基地"三权分置"提出新要求。经过近三年的探索，2018 年，中央一号文件《关于实施乡村振兴战略的意见》中提出，完善农民闲置宅基地和闲置农房政策，探索宅基地所有权、资格权、使用权"三权分置"的有关要求，旨在通过探索闲置宅基地"三权分置"来突破宅基地管理制度改革的困局，促进农村土地节约集约利用、带动农村经济增长，增加农民经济收入。

3. 乡村振兴战略对宅基地"三权分置"改革做出部署。2018 年中共中央、国务院印发的《乡村振兴战略规划（2018—2022 年）》文件中，对宅基地"三权分置"改革做出部署：一是建立健全依法公平取得、节约集约使用、自愿有偿退出的宅基地管理制度；二是盘活农村存量建设用地。完善农民闲置宅基地和闲置农房政策，探索宅基地"三权分置"的有关要求。

4. 北京城市总规对宅基地"三权分置"明确方向。《北京城市总体规划（2016 年—2035 年）》文件中，在城乡资源利用配置中提出：推进农村土地征收、集体经营性建设用地入市、宅基地制度改革，探索建立城乡统一的建设用地市场。在符合规划和用途管制前提下，探索扩大集体经营性建设用地有序入市。深化集体产权制度改革，在农村土地确权登记颁证的基础上，积极探索农村土地所有权、承包权和经营权"三权分置"的有效形式，促进集体经济组织向现代企业转型，实现规模化、集群化发展。规范农村住房建设标准，制定农村建房和升级改造规程，多措并举盘活闲置宅基地等农村闲置资产，依法保障农民和集体合法权益，鼓励农民带着资产融入城市。

（二）研究对象及内容

1. 宅基地及"三权"的范畴。根据《土地管理法》第四条规定，按照土地利用总体规划，土地分为农用地、建设用地和未利用地。其中，就建设用地而言，又分为国有建设用地和集体建设用地。因此，宅基地是农村集体经济组织的成员在集体所有的土地上建设房屋等主要用于生产生活居住使用的集体建设用地。

宅基地所有权：根据《土地管理法》第九条规定，宅基地属于农民集体所有。其指的是宅基地集体所有的社会主义土地公有制度。根据《物权法》第三十九条规定，所有权是"所有权人对自己的不动产或者动产，依法享有的占有、使用、收益和处分的权利"。在所有权制度领域，宅基地属于农民集体所有，在物权法领域，农民集体则是集体土地所有权的权利主体，而集体土地所有权就包括对集体农用地、集体建设用地以及集体未利用土地的所有权。所以，集体建设用地的所有权主体是农民集体经济组织，由此可以推断出，宅基地的所有权主体为农民集体经济组织。农村土地的农民集体所有权，实际上是一种由所有农民集体经济组织成员行使的集体共同共有权。《物权法》第九十五条规定了共同共有，即共同共有人对共有的不动产或者动产共同享有所有权，这就包括占有、使用、收益和处分的全部职能。但是，《物权法》规定宅基地的管理与使用由《土地管理法》进行规范，由于我国的土地公有制度，宅基地的所有权只能是公有。而按照现行法律制度，宅基地等集体土地的集体所有权，需要经过国家征收等环节，才能进入土地市场进行流通。

宅基地资格权：宅基地的资格权，是与宅基地所有权、使用权相一体的权利。农民集体的土地所有权，实际上由每个具备农民集体经济组织成员的身份成员共同行使，由这种成员的身份关系，产生了所谓的宅基地使用权，这种因成员引发的身份权、所有权以及使用权，共同构成了宅基地的资格权。所有权是完整物权，本质上是一种财产价值，而用益物权是一种对他物进行利用的权利，是物的使用价值，因而，宅基地的资格权，是一种兼及财产与身份的双重权利。按照现行的土地法律制度，宅基地的所有权、使用权、资格权实际上是三权合一，不能分开的。

宅基地的使用权：宅基地使用权属于《物权法》用益物权的范畴。《物权法》第一百一十七条规定，用益物权是指"用益物权人对他人所有的不动产或者动产，依法享有占有、使用和收益的权利"。用益物权与所有权的区别是不能对他人物权进行最终处分，用益物权是他物权，是不完全所有权。《物权法》第一百五十二条规定了宅基地使用权的概念。宅基地使用权是指"宅基地使用权人依法对集体所有的土地享有占有和使用的权利，有权依法利用该土地建造住宅及其附属设施"。这里有必要说明一下宅基地使用权人的概念。宅基地的所有权属于农民集体，而农民集体实际上是由农民集体经济组织的所有成员共同构成。《土地管理法》规定，宅基地的使用权人有明确的资格限制，即必须是农民集体经济组织的成员身份。因此，宅基地使用权人是独立的法律概念，有着特殊的身份资格要求。

2. 课题研究内容。在宅基地"三权分置"改革实践中，平衡好集体、农户和流转受让人之间的权益是改革能落地的关键。同时，使宅基地的集体所有权、农户资格权、宅基地和农民房屋使用权得到具体的市场价值体现是"三权分置"的一种具体实现形式。由于宅基地"三权分置"改革处于试点阶段，课题将从"闲置宅基地和闲置农房"和"整村改造"两个侧重点出发：一是以案例分析为支撑来总结宅基地"三权分置"改革试点的主要做法和经验；二是对"闲置宅基地和闲置农房"的权益分配进行探讨。

二、当前宅基地"三权分置"改革的重点内容

2015年中共中央办公厅、国务院办公厅印发《关于农村土地征收、集体经营性建设用地入市、宅基地制度改革试点工作的意见》，在全国15个地区开展宅基地制度改革试点，根据中央统一部署，宅基地制度改革主要围绕宅基地权益保障和取得、有偿使用、有偿退出和改革宅基地审批制度等四个方面展开。

（一）完善宅基地取得方式

试点地区坚持因地制宜、分类施策，采取多种方式，确保农户"住有所居"。对宅基地资源比较丰富的传统农区继续实行"一户一宅"制度：对人均耕地少，二、三产业比较发达的"城中村""城郊村"，在农民自愿的基础上，探索实行"统规统建""集中统建""多户联建"等方式；在土地利用总体规划确定的城镇建设用地规模范围内，探索集中建设农民公寓和农民住宅小区。从试点地区看，无论是占用新增建设用地还是利用存量建设用地，宅基地无偿取得的分配方式都难以为继，开始探索有偿取得的方式。浙江义乌等地对宅基地取得实行择位竞价，共收取有偿择位费30多亿元。

（二）建立宅基地有偿使用制度

宅基地使用混乱、未批先建、一户多宅、超标准盖房等问题是宅基地制度改革的最直接诱因。试点地区针对超标准占用宅基地、一户多宅以及非集体经济组织成员通过继承等方式实际占有和使用宅基地等情形，探索建立有偿使用制度。例如，江西余江等试点地区收取有偿使用费，浙江义乌则将违法侵占使用宅基地的问题，区分为严重违法和轻微违法等不同情形，严重违法的结合"三改一拆"专项行动予以拆除，轻微违法的则纳入有偿使用范围，收取一定费用。

（三）建立有偿退出和流转机制

从目前来看，试点地区开展农户宅基地有偿退出和流转机制方面的探索比较活跃，改革方式也比较灵活。如浙江义乌开展宅基地所有权、分配资格权和使用权"三权分置"试点，对已完成乡村建设及更新改造的村庄，允许宅基地使用权在本市集体经济组织成员间跨村转让，并对转让后的宅基地颁证。

（四）完善宅基地管理制度

宅基地产权制度是基础，管理制度是准则。产权不完善与权能不充分，直接导致了宅基地管理制度跟不上形势变化的需要。从2008年党的十七届三中全会开始，中央就提出

要严格宅基地管理，完善宅基地制度。目前，试点地区正开展通过简化审批流程、优化审批程序，下放宅基地审批权。比如，对使用存量建设用地的，审批权由县级政府下放至乡镇政府；对使用新增建设用地的，由县级政府审批。有些试点地区还探索乡村治理重心下沉，成立农民自治组织，协助开展宅基地管理工作。如江西余江探索在村民小组建立村民事务理事会，由村民事务理事会确定分配标准与分配办法。

三、外省市宅基地改革试点经验做法及启示

课题组选取义乌和余江两个宅基地"三权分置"改革试点的做法、经验进行深入剖析，为北京市宅基地改革提供参考和借鉴。

（一）义乌模式

1. 构建完善制度体系。义乌市通过构建完善的制度体系，多途径将宅基地所有权、资格权、使用权的市场价值显化。义乌市农村宅基地制度改革的核心是"1+7+9"的制度体系，即："一意见、七办法、九细则"，从宅基地的取得置换、抵押担保、入市转让、有偿使用、自愿退出、明晰产权及民主管理7个方面进行了制度创新。在坚持维护农村宅基地集体所有权、稳定宅基地资格权、完善宅基地使用权、保障农民基本居住权的基础上，最大限度促进宅基地价值增值，增加农民财产性收入。

2. 试点取得的成效。

（1）实现土地节约利用改善城乡人居环境。据测算，改革试点以来，共实现节约土地5975亩，其中7个城乡新社区集聚建设项目比传统四层半改造模式节约土地约51%，比村庄现状用地节约36%。同时，城市品质得到有效提升，城市规划范围外的农村建成了美丽乡村。

（2）增加农民收入壮大集体经济。一方面允许宅基地使用权的有条件转让和抵押融资，进一步使农民宅基地使用权和房屋价值大大提升，增加了农民的财产性收入。改革前义乌农村居民收入25963元，其中人均财产净收入3063元；改革后义乌农村居民收入33393元，其中人均财产净收入预计超过4000元。另一方面，宅基地有偿选位费、有偿使用费、有偿调剂收益、"集地券"交易收益和奖补收入、宅基地转让所有权收益归村集体所有，通过宅基地所有权的体现，解决了村集体经济不足的问题，帮助15个村摘除了经济薄弱的帽子。

3. 经验启示。

（1）加快制度创新提供政策保障。义乌市以切实保障和维护农民宅基地权益为出发点和落脚点，改革宅基地分配制度从而控制宅基地总量，探索农民住房的多种实现形式，确保农民"户有所居"，完善宅基地权能结构，保障宅基地用益物权，建立了"规划管控、集约利用、兼顾公平与效率"的农村宅基地管理制度，并系统设计了农村宅基地制度改革试点"1+7+9"的制度体系。

（2）基准地价体系发挥土地经济效益。基准地价的建立，一方面让银行在办理宅基地抵押贷款时有了评估标准，盘活了农民资产，另一方面可为宅基地有偿使用、转让服务。

编制宅基地基准地价，不仅可以完善我国的地价体系，也可为政府加强土地市场管理、实现土地资源合理配置，使有限的土地资源发挥最大的经济和社会效用创造条件。

（3）充分融入市场经济释放宅基地活力。义乌宅基地"三权分置"改革的模式充分利用了供求、价格、竞争和风险等市场机制的驱动功能，形成统一开放、竞争有序的农村宅基地市场体系，盘活土地资源，增加农民收入。义乌市在满足农民对宅基地各方面诉求的同时，开拓多种宅基地的使用用途，除了保证农民人均不少于15平方米的合法住宅，还可以出租、入股村集体经济项目、转让交易、有偿调剂等，通过宅基地有偿退出、有偿使用及集体经营性建设用地入市等，也显著增加了村集体和农民的收入。

（二）余江模式

1. 构建完善制度体系。余江县在推动宅基地制度改革的过程中，在调研的基础上，结合实际，研究制定了一系列操作流程、规则，形成了"4阶段+15步骤"的工作流程，"4阶段"即先行探索、稳妥展开、全域覆盖、统筹推进；"15步骤"即强化基层组织、组建理事会、学习培训、宣传发动、调查摸底、制作影像、制定制度、有偿使用、退出流转、规划用地收回、分配宅基地、村庄环境整治、完善基础设施、村务公开、总结评估。这套操作流程让基层在实施中有参照的依据和标准，能更好更稳妥地推动宅基地制度改革。

2. 试点取得的成效。通过"政府+村民事务理事会"，低成本推动宅基地制度改革。余江通过政府"自上而下"构建符合实际、切实可行的制度政策以及群众"自下而上"发挥村民事务理事会作用，以较低的改革成本推动了全市宅基地制度改革取得阶段性成果，截至2018年5月，全市816个自然村（占79%）全部完成改革验收，无偿退出宅基地24015宗3190亩，村集体收取有偿使用费7391户1107万元，流转宅基地89宗24亩，新建农房择位竞价136宗22.3亩，集体支付退出补助款1448万元。余江在改革的过程中探索村民事务理事会自我管理模式，激发村民内生动力，有效破解群众工作难的困境。

3. 经验启示。

（1）完善的制度体系推动工作有效施行。余江县在宅基地制度改革过程中，宅改办出台了一系列的制度，包括《余江县农村宅基地有偿使用、流转和退出暂行办法》规范了宅基地有效利用；《余江县农村集体经济组织成员资格认定办法》为界定宅基地资格权提供了依据；《余江县农村宅基地增值收益分配指导意见》明确了涉及各方的宅基地权益等。通过构建一整套完善的制度体系，减少了政府与村民之间的摩擦，有效地保证工作有序施行。

（2）村民的自我管理节约改革成本。在余江县宅基地制度改革试点过程中，围绕改革的总体目标，各个自然村的面积标准、有偿标准等都是村民事务理事会结合本村实际情况拟定的，对于执行过程起到了很大的推动作用，同时在很大程度上节约了改革的成本。

四、京郊闲置宅基地和闲置农房"三权分置"权益分配

随着新型城镇化的推进，北京市远郊区人口流出村庄进城务工经商或在城镇安家置业的情况成为普遍现状，山区地区人口逐渐稀少、闲置农宅较多，"空心村"现象越发突出。

闲置农宅的低效率使用使得农村财产性收益无法提升，城乡居民财富差距愈拉愈大。

2018 年 5 月，北京市委市政府发布《关于实施乡村振兴战略的措施》，提出盘活利用农民闲置宅基地和闲置农房的政策，探索宅基地所有权、资格权、使用权"三权分置"，落实宅基地集体所有权，保障宅基地农户资格权和农民房屋财产权，适度放活宅基地和农民房屋使用权，不得违规违法买卖宅基地，严格实行土地用途管制，严格禁止利用农村宅基地建设别墅大院和私人会馆。由此可见，如何盘活闲置农宅，唤醒这块沉睡的资产，进而增加农民财产性收入，完善农民土地有效利用、激活农村经济是北京市农村改革中的一个重要问题。目前，北京市在闲置农宅的开发利用方面进行了初步探索，尚需进一步发挥市场在资源配置中的决定性作用以及更好地发挥政府的作用。

（一）京郊农宅现状

1. 一户多宅与新宅难批并存。目前，农村宅基地实行福利性分配和无偿占用，在管理中重批轻管，只注重宅基地的审批，缺少批准后的监督和约束制度，特别是没有及时督促拆除旧房屋，限期交出旧宅基地，导致大量农户占新不腾旧。加之分户、因灾搬迁、改建、新农村建设等多方面原因，造成广大农村地区"一户多宅"现象普遍，此外由于老宅基地闲置没有及时回收利用，新的建房需求无法得到满足，以至于土地闲置和需求旺盛的矛盾也日益尖锐。

2. 人员外迁与放而不弃并存。北京市郊区县农村中相当数量的年轻人进城务工，但从目前来看这种迁移尚未构成永久性迁移流动，许多进城务工者，不能也不愿意放弃宅基地为其带来的生活保障，造成了相当数量宅基地的闲置。另有一些先富起来的市郊居民进城购房，使得宅基地处于闲置状态，这些在市区购房的居民留在农村的宅基地由于受现行法律、法规的限制，不能进行转让，村集体组织也难以收回。随着城市化的进一步加快，在当前宅基地退出机制缺失的状态下，宅基地的闲置比例还将进一步上升。

3. 法规禁止与私下流通并存。北京市农村法治研究会在《北京市农村宅基地及农民住宅条例》的法规预案研究报告中称，我国明确禁止向城镇居民出售农村宅基地，但私下交易现象屡禁不止。据原国土资源部统计，在经济发达地区特别是城乡结合部，农村宅基地通过房屋买卖、出租、抵押变相流转已是普遍现象，形成了自发的隐形市场，流转的宅基地占比在 10% 至 40% 之间。据调查，北京市郊区农村宅基地变相流转，主要集中为买卖、租赁两种方式，其中以租赁最为活跃。

（二）主要利用模式

1. 房山黄山店模式。房山区通过"村委会＋企业"模式，多方努力开发利用闲置宅基地。房山区周口店镇黄山店村村集体有偿将闲置农宅回收为集体资产，拥有所有权，由集体与企业合作，开发、运营、管理均有企业负责。

（1）资源优势。黄山店村位于北京市房山区中部，处于浅山区，距离北京市区 50 公里，全村地域面积 20.2 平方公里，共有 565 户、1500 余人。村内拥有丰富的自然资源，包括明清时期京西燕南八景之一的"红螺三险"、鬼斧神工自然天成的"白龙山奇石林"、漫山红叶层林尽染的"坡峰岭"和明代道观遗址"龙天观"等人文景观和自然生态环境。

近年来，黄山店村通过产业转型、生态旅游等发展举措，在沟域经济发展和新农村建设中取得了不小的成绩。

（2）运作模式。黄山店村开发利用闲置农宅的方式主要有：一是农宅统一回收为集体资产。"7·21"特大自然灾害之后，村集体借助房山区对自然灾害易发点民居搬迁的契机，异地选址重建新村，村民整村搬迁上楼。有偿将340余处农宅院落（其中包括5套古宅院落）回收为集体资产。新建成的住宅，农民以每人40平方米、每平方米400—800元的村集体补贴价格购买。村集体对原农宅进行集中改造、管理和运营，并给每名配合搬迁的村民1份产业股，让村民享受集体资产的收益分成。二是政府助力村集体改造升级农宅。村集体考虑到未来人口自然增长情况，共建设新住宅800余套，满足全村人口的搬迁需求。为了适应市场的需求，对原农宅开发利用时需要对其进行现代化改造，每套改造成本约为40万元。房山区农委为了支持该村产业发展，2014年开始将其确定为房山区农宅开发利用试点，连续两年共投入800万元，支持其进行农宅改造和村内的基础设施建设。截至2016年11月，共改造完成30个院落，在建十余个院落。三是引入社会资本进行市场运营。农宅改造后，黄山店村集体独自管理运营一段时间，市场没有打开。随后，引进远方网合作，由远方网对改造完成的农宅进行统一运营和管理，市场宣传、工作人员招聘使用和工资支付，均按照市场化方式进行，村集体与远方网以5∶5的比例进行收益分成，并约定村集体保底享受所有开发利用院落每年100天收益的五成，市场化运作之后，院落住宿价格由原来的1000元/晚，提升到2600元/晚，入住率也大幅提升，旺季需提前3周预定。四是拓展新兴业态，壮大集体经济。经过村内领导班子的研究决定，民宿小院的打造告一段落，计划引入新的业态。目前引入的新业态有：中医养生馆、人民公社大食堂、咖啡屋、针灸大师、商业食品街等。这些新业态的引进不光是资金的考量，对于引进的人群需要严格把关，需要能够形成带动效应，比如引入中医大师其自身的带动性如何，能不能形成核心动力都是考量要素。将旅游跟民宿的市场带动起来，让游人来了后有玩、有乐、有吃的同时，从而壮大集体经济。

（3）取得效果。黄山店村闲置农宅利用效果：一是村集体收入大幅增加。农宅改造利用为村集体经济组织带来了可观的收益。据不完全统计，2016年"十一"期间，黄山店村打造的三大品牌，云上石屋销售65间，接待248人，盈利9.4万元；桃叶谷销售27间，接待268人，盈利8万元；姥姥家销售1间，接待55人，盈利7000元。蛰伏在宅基地上的农宅，千百年来作为农民挡风遮雨的居所。如今，农宅迎来作为农民财产的另一个使命，将这份财产转化成实实在在的收益，黄山店村走出了坚实的一步。二是村民实现就近就业并获得工资性和分红收入。在黄山店村，村集体通过打造坡峰岭景区、云上石屋、桃叶谷和姥姥家餐饮住宿品牌，为村民提供了200余个就业岗位，实现村民的就近就业，并获得2000—4000元不等的月工资。另外，村集体经济通过资产运营的收益也会给村民进行分红。三是产业发展前景乐观。随着村内乡村旅游产业的蓬勃发展，配套的酒店用品需求也随之增加。为了保证品牌的服务质量，黄山店村内住宿服务的用品都是手工打造的。未来村集体将顺势成立相应的产品生产企业，产品涵盖千层底的拖鞋、手工皂、各种手工工艺品摆件等。此外，已经有社会资本想要租赁农宅投资开办咖啡馆、休闲吧等，黄山店村利用农宅发展乡村休闲旅游产业的前景十分乐观。

（4）经验启示。从黄山店村宅基地开发利用的经验中，可以得出五点启示：一是村集体有力的组织保障。首先是建立完善的组织保障体系。黄山店村成立了村股份经济合作社，并在合作社之下成立了旅游管理公司和开发公司两个经营实体，村书记当选为合作社社长。这种组织管理模式，在黄山店村统一回收闲置农宅方面发挥了巨大作用，为闲置农宅提供了组织保障和强力的资金支持，同时，还充分调动了农民参与的积极性。其次是建立合理的利益保障机制。村集体在与社会资本合作开发运营过程中，充分考虑村集体和村民的权益保护，制定了合理的利益保障机制。二是统筹资源，配套产业发展。闲置农宅如何贴合市场需求，保证持续收益是一项重要课题，只有深度挖掘资源条件，让游客来了有得看、有得玩，饿了有得吃，累了有地休息，才能对游客形成持续的吸引力。黄山店村统筹各项资源，实行配套发展。现已开发了坡峰岭红叶、快活林戏水、醉石林观景、观光采摘、农事体验等自然和农业资源，同时，还将继续开发奇石山景区、打造特色餐饮，以别有特色的田园高端民宿为配套，形成可持续的吸引力，保证农宅开发利用的现实可能性。三是抓准产业转型时机，关注产业链的延伸。随着资源型农村地区资源枯竭、经济结构单一、农业产业模式落后等问题的凸显，抓准产业转型时机、确立高附加值主导产业、延伸产业链是实现农村发展的重要课题、黄山店村现在已开始规划拖鞋、牙刷等民宿配套产品供应的产业链打造，实现了农村发展的先行先试，为农村发展带来了新的生机。四是渐进推进改造工作，密切关注市场反应。逐步分阶段推进闲置农宅改造工作，既能给市场充分反馈的时间，又能为后续改造工作留出调整空间，促使推出一批就成功一批。黄山店村的闲置农宅改造工作，没有采取全面铺开的模式，而是分阶段分批改造，首批推出 10 处农宅，在总结这批农宅经营状况的基础上，陆续改造 20 处农宅，并设计出两种不同风格，试探市场偏好，为后续的农宅开发利用累积经验。五是注重品牌的打造，提高各方文化认同感。闲置农宅的利用要注意品牌的打造，避免同质化现象，吸引力不足问题的出现。黄山店村采取高端民宿品牌和景点品牌结合打造的方式，注重住宿和景点观赏同民俗风情、特色餐饮、农业生产活动的结合发展，现已形成了云上石屋高端民宿品牌、坡峰岭红叶节品牌、中国最美休闲乡村品牌等，结合特色餐饮和农业生产场景还原，对游客形成了强烈的吸引力和文化认同感。

2. 怀柔田仙峪模式。怀柔区田仙峪村通过"农户＋合作社＋企业"的经营模式，积极推进盘活农村闲置房屋，发展休闲养老社区、乡村旅游试点。

（1）资源禀赋。田仙峪村位于北京市怀柔区渤海镇东北部，村域面积 9.5 平方公里，属于怀柔浅山区。村庄坐落于箭扣长城脚下，东侧 3 公里是慕田峪长城景区；怀沙河从村中流过，龙潭泉和珍珠泉水为该村水产养殖业提供了天然优势，田仙峪村是北京最早、规模最大的虹鳟鱼养殖基地。该村有山场 4400 亩，主要种植板栗、核桃等果品，种植面积 3400 亩。村内现有农户 297 户，680 余人，其中，乡村旅游专业户 31 户，虹鳟鱼养殖专业户 19 户。当前有农宅 240 处，因外出务工等形成长期整院落闲置农宅 35 处，平均每套闲置院落在 200 平方米左右。

（2）运作模式。怀柔区田仙峪村通过政策集成盘活闲置农宅，发展乡村休闲养老社区。在政策方面，集成了市发改委、市农委、市民政局的相关政策，为村庄煤改电、农宅节能保温改造、医疗卫生、基础设施提升、养老设施运营等提供资金支持。2014 年 8 月，田仙峪村成立"田仙峪休闲养老农宅专业合作社"，35 处闲置农宅所有人与农宅专业合作社签订房屋租赁合同，将闲置农宅的使用权流转到农宅专业合作社，租期 20 年；田仙峪村将村集体的房屋、土地的承包权和使用权等进行股份制改造，成立"田仙峪村社区股份合作社"；此外，在政府部门的牵头下，引进国奥（北京）文化产业投资有限公司，引入资本和固定资产。农宅专业合作社、村集体和公司三方按照一定的股权比例成立股份合作社，并由国奥公司负责养老社区的建设和运营。

（3）取得成效。田仙峪村试点取得的成效：一是利用优势资源，既盘活了闲置宅基地，又带动了区域产业发展。目前村庄已经改造完成 3 个样板院落。并依靠优美的环境和坚果种植、虹鳟鱼养殖等特色产业带动了养老产业和旅游业的发展。二是保障了农民的权益，提高了农民的收入水平。农民将来的收入主要包括房屋租金和经营收益分红。村民按照每间房屋 5000 元 / 年、租期 20 年的价格获得一次性租金，由合作公司承担。此外还有经营收益分红，其中国奥公司获得经营收益的 90%，合作社和村集体获得收益的 10%，并对其进行二次分配，其中 10% 分配给农宅专业合作社社员，另外 90% 为村集体公益服务经费和分配给全体村民的资金。

（4）经验启示。从田仙峪村试点改革的经验中，可以得出三点启示：一是采用企业运作模式，多主体通力合作。采用企业运作的模式对闲置宅基地进行管理、经营，真正实现与市场的对接，保证经营效益。在盘活利用村庄闲置宅基地过程中，村集体、政府部门和企业应进行通力合作：村集体负责村民和企业之间的承接工作，集中村庄资源，代表村民实现和企业的对接；相关政府部门应该切实做好土地确权发证工作，从政策和资金上提供支持，并负责配套完善基础建设；企业应发挥其专业性，负责盘活利用后的闲置宅基地充分发挥其资产增值功能，在此过程中应严格遵守相关法律政策规定。二是合理集中村集体资源，保障农民权益。可以通过股份制改造、租赁的形式集中村中资源，成立专业合作社负责资源转租、收益分配等工作。须保证宅基地归集体所有，宅基地地上物归农户所有，建立合理的、可持续增收的利益分配机制。三是发挥资源优势，依托合适产业。山区农村的资源优势大多在于优美的环境、古朴的院落建筑、淳朴的民风民俗以及一些旅游资源。闲置宅基地的盘活利用应充分利用这些资源优势，实现组合优化提升，推向市场。闲置宅基地的盘活利用可以依托的产业主要有民俗旅游、旅游服务、养老产业等，应结合村庄的资源优势、区位条件，选择合适的依托产业。

五、对京郊宅基地改革的政策建议

（一）完善组织领导机制体制

2018 年的中央一号文件指出，要盘活农村宅基地与农村房屋的使用权，通过农村闲置宅基地与闲置农房的多元化利用为乡村振兴战略助力。2018 年 3 月 26 日，北京市农委等七部门也联合制定了《关于规范引导盘活利用农民闲置房屋增加农民财产性收入的指导意见》，有了纲领性指导意见后，还需要配套性的细则文件。通过健全完善领导管理机制，制定具体实施办法，进一步理顺政府与市场、政府与社会的关系，该管的事管好管到位、该放的权放足放到位、该提供的服务提供到位，加快质量变革、效率变革、动力变革，推动农村宅基地管理工作取得实效。

（二）加大干部群众培训力度

在盘活农村宅基地与农村房屋的过程中，一方面，政府相关部门负责人员尤其是基层干部对政策制度的了解不充分，执行中易造成偏离政策的情况，应加强对基层干部的培训，不定期开展专项讲座等，提高干部的专业素质；另一方面，当前农户对政策法规并不十分了解，应从宣传资料发放、张贴宣传物料等多方面着手提高农户的认知水平，同时利用新时代农民讲习所，通过对广大农民群众的政策宣讲、技术培训和文明教育，促进宅基地的盘活。

（三）建立规范农宅流通市场

目前，北京市农村集体建设用地流转还未形成有效的管理运作，宅基地隐形交易市场已有相当规模。建立起农村集体建设用地的自由流转市场的需求逐渐凸显，只有实现农村集体建设用地与城市国有建设用地"同地同价同权"，使要素市场平等化，宅基地使用权才能真正流转。应加速规范对宅基地使用权自由转让、抵押和出租等方面的政策措施。

（四）建立自愿有偿退出机制

随着城镇化的推进，每年有大量农村居民变成城市居民，还有大量农民在城镇买房。应深入探索农民宅基地退出机制，不再局限于村集体统一回收利用的模式，创新探索农户自我发展的新模式。因为统筹发展会存有农户对价格不认同的情况，不利于宅基地退出市场的形成，也不利于农民获得资金在其他区域的发展安置。近年来全国不少地区都在探索农民宅基地有偿自愿退出，效果不错。

（五）建立宅基地民主管理制度

健全农村土地管理议事决策机制、民主监督机制、财产管理机制、服务群众机制、矛盾纠纷调处机制，促进农村土地基层管理的民主决策、民主管理、民主监督。探索农村集体组织以出租、合作等方式盘活利用空闲农房及宅基地。加强农村土地利用、乡村建设规划与管理工作，通过强化和优化规划来管控农村宅基地利用。

课题负责人：曹四发
课题主持人：季虹
课题组成员：刘先锋、赵雪婷、赵术帆、胡梦源、苑云、钱宁、罗玲、崔燃燃、赵隆飞、斯达威
执　笔　人：赵术帆、钱宁、苑云

关于北京市农村宅基地改革管理的几个问题研究

近年来，我们一直开展以新型城镇化为核心的调研；同时也围绕农村宅基地的制度改革和北京郊区通过农宅利用增加农民收入等方面进行了重点研究。通过调研我们发现，农村宅基地制度利用中的矛盾和问题非常集中，这是在整个土地制度和管理体制大背景下所产生的。下面笔者就从农村宅基地管理制度的演变与特征、京郊农村宅基地管理中的几个问题以及农村宅基地制度改革的思考探讨等三个方面进行汇报。

一、农宅管理制度的演变与特征

新中国成立以来，农村的宅基地经历了从农民私人所有到集体所有、农民使用的历史性变化，其管理和使用呈现出越来越收紧的态势，整个历程大致可分为四个阶段。

（一）新中国成立初期农村宅基地私有制度（1952—1962 年）

新中国成立后在土地改革中分配土地的同时，没收地主多余房屋分配给少数贫雇农，使其居住条件有所改善。1952 年，北京郊区完成了房地产登记发证，向农民颁发了"北京郊区土地房产所有证"，证书上明确印有"为该户全家私有产业，有耕种、居住、典当、转让、赠与等完全自由，任何人不得侵犯"。这个时期实行的是宅基地农民私人所有的政策。

（二）人民公社化中期"六十条"宣布农村宅基地集体所有（1962—1982 年）

1962 年 9 月党的八届十中全会通过的《农村人民公社工作条例修正草案》（常称"六十条"），改变宅基地私有制，宣布宅基地归生产队集体所有，不准出租和买卖；同时承认房屋归社员私有，可以出租买卖，从此确定了宅基地与地上房屋的"一宅两制"特点。

（三）改革开放后宅基地管理逐步规范化（1982 年—20 世纪 90 年代后期）

党的十一届三中全会后，农村出现了建房高潮，同时出现了乱占滥用耕地，在承包地上盖房等问题。1981 年起，相关政策文件连续出台，强化农村宅基地的管理制度，主要有 1982 年的《村镇建房用地管理条例》和 1986 年出台的《土地管理法》。这一时期的政策仍允许某些非农人口（回乡落户的离休、退休、退职职工和军人，回乡定居的华侨）无偿或有偿使用农村宅基地。

（四）1990 年代后期至今是宅基地政策持续收紧时期

从 20 世纪 90 年代后期开始，随着市场经济发展，城乡人口流动加速，宅基地管理不断加强，其使用权流转不断收紧，形成了我国宅基地制度"集体所有，农民使用，一宅两制，一户一宅，福利分配，免费使用，无偿回收，限制流转，不得抵押，严禁开发"的基本特征。

二、京郊宅基地管理过程中存在的主要问题

从农村宅基地管理制度本身来看，我国缺乏统一、规范、全面、系统的农村宅基地法律法规，目前包括《宪法》《土地管理法》《物权法》《民法通则》及一些规章中都涉及到农村宅基地，但所占分量很小，内容有的笼统模糊，存在不少法律空白和明显的缺位。因为篇幅有限，在这里不对农村宅基地权属界定、无偿使用难以为继、有偿退出机制建立、使用权流转探索等问题展开说明，仅就调研过程中遇到的基层较为关注的热点问题进行汇报。

从宅基地的管理实践来看，村民和基层干部较为关注的问题集中在局部宅基地短缺、农宅超标、搬迁后的宅院复垦和局部宅基地上违章建设泛滥等几个方面。

（一）局部农村宅基地短缺

根据国土部门的相关规定，符合条件的本集体成员可以向所在村村民委员会提出申请，由所在区政府批准使用宅基地。而现实情况是，由于受土地资源和规划控制的限制，局部宅基地短缺问题突出，有的地方最长已经有十几年不再新批宅基地。一部分青年等房结婚申请宅基地，但没有指标。有些近郊村，土地已被占光，无地可分。这两种情况是造成上访的主要原因。

（二）农村宅基地有超标现象，成因多样

《北京市人民政府关于加强农村村民建房用地管理若干规定》（1997年修订）规定：村民每户建房用地的标准，由各区、县人民政府根据本行政区域的情况确定，但近郊区各区和远郊区人多地少的乡村，每户宅基地最高不得超过0.25亩；其他地区最高不得超过0.3亩。1982年以前划定的宅基地，多于本规定的用地标准的，可按每户最高不超过0.4亩的标准从宽认定，超过部分按照乡村建设规划逐步调整。然而在现实中宅基地使用超标情况较多，产生原因也多种多样，有历史遗留的，有政策变动引起的，有使用者自己开垦的，有违规占用的。超标占用的宅基地是开展宅基地确权的一大难点，须慎重处理。

（三）搬迁后大量农宅原址并未进行复垦

为了解决本市山区及生存条件恶劣地区农民生产生活面临的困难和危险，改善落后地区人民群众生产生活条件，自2003年开始，北京市农委共开展四轮山区农户搬迁工程，其中2012年的（第三轮）《北京市人民政府关于实施新一轮山区地质灾害易发区及生存条件恶劣地区农民搬迁工程的意见》中开始明确规定："农民搬迁后，除必须保留的古民居、古文化遗迹外，原址土地必须进行复垦或生态修复。"可是在政策执行过程中，农户搬迁后的农宅原址很少复垦，有的闲置，有的集体回收利用，有的甚至由农户继续占有使用。

（四）局地违建泛滥，安全隐患巨大

随着城市的不断扩张，外来人口大量涌入，催生了城乡结合部地区的"租房繁荣"，

短期利益诱惑和"多建多租多收入"的心理，使得这些地区"瓦片经济"畸形发展，也成为该地区农民生活的主要经济来源。城市扩张过程中农民生计被迫无奈的理性选择与外来人口廉价住房需求相结合，导致了违章建筑的泛滥，地区人居环境恶化，安全隐患风险增大，给乡村管理带来巨大挑战。本市这种安全隐患很大的倒挂村就有498个。我们专门参加了市政府研究室对朝阳区十八里店乡史家营村进行的典型调查，发现农民出租房的安全隐患巨大，村里仅对其管理费用就高达1.2亿元，十分艰难。

三、宅基地制度改革的思路与探讨

（一）进一步巩固落实集体土地所有权

北京市农村宅基地的管理需要明确界定所有权的界限，集体所有的土地归哪级集体经济组织所有，落实到具体的地块，在操作层面以推进宅基地确权登记颁证工作的有序开展为基础。进一步建立起集体经济组织维护集体所有权的机制，持续推进乡村两级的政经分离分开，赋予集体经济组织的独立市场主体法人地位，明确其成员资格与确认，成员的权利义务等方面内容。

（二）保障宅基地资格权与放活宅基地使用权

保障宅基地的资格权首先需要对哪些人依法享有资格权进行界定。其次要在宅基地置换整理节约出建设用地和依托宅基地进行开发利用时，在国家、地方政府、企业、集体和农民之间建立合理的收益分配机制，既要能够保障集体经济组织所有权的体现，也要保障农民资格权的权益，操作层面上体现在收益分配上合理设置集体和农民的股份份额。

（三）建立宅基地差别化有偿使用与有偿退出机制

实行差别化的有偿使用宅基地，主要分为三类：1.农村本集体组织成员的宅基地继续采取的无偿永久使用制度；2.集体组织成员使用宅基地超过规定面积，需缴纳超额使用费；3.非本集体经济组织成员买受农村房屋使用宅基地的，可以认作其与房屋所在的集体经济组织建立了土地租赁关系，应向集体经济组织交纳宅基地有偿使用费。

建立宅基地有偿退出制度需要围绕明晰退出前后的宅基地权属关系，以宅基地登记制度为基础，制定退出主体条件，尊重农民意愿，建立起宅基地退出补偿机制等方面的配套措施。

执笔人：季虹

北京市农村金融服务问题研究

一、农业融资主体缺乏抵质押品和大型金融机构不擅长对"软信息"的获取与利用是北京农业经营主体融资难的重要原因

随着城市化进程的推进，农村劳动力不断流向城市，农地流转规模逐步扩大，农业经营的规模化、机械化特征日益明显。相应地，农业融资需求呈现出长期化、规模化的特征（林乐芬和法宁 2015；中国人民银行南昌中心支行调查统计处课题组，2013）。城市化水平的提高也促进了都市农业的发展，北京市作为国际化大都市，形成了多样性的都市农业，包括大宗农产品种植、流通与加工、农业休闲观光、高端农产品研发、农业示范教育和农业信息服务等。长期以来，我国农村普遍受到正规金融机构的金融排斥，农业新型经营主体和一般农户的融资难题始终未得到根本有效的解决（何广文等，2018；王修华等，2013）。北京市都市农业总体具有投资大、见效慢、周期长的特征（毋青松，2013），同样面临着融资难的困境。根据课题组 2018 年的调研，北京市新型农业经营主体和农户依然面临着比较严重的正规信贷约束，受访的 71 个新型农业经营主体中，仅有 11.27% 的新型农业经营主体从正规金融机构获得了信贷资金，而且每个新型农业经营主体从正规金融机构获得的信贷资金额度平均只有 22.49 万元；受访的 229 户农户中，务农家庭有 126 户，占比约 55%，其中近三年有过借款（包括正规借贷和非正规借贷）的务农家庭只有 39 户，这 39 户农户中仅有 7.69% 的农户从银行融资。

农村从正规金融机构融资难的重要原因有两点：第一，在金融供需信息不对称的情况下，新型农业经营主体和一般农户缺乏符合银行等金融机构贷款要求的抵质押品；第二，大型商业性银行机构决策链条长，侧重于考察融资主体的"硬信息"[1]，不擅长对融资主体"软信息"的获取和充分利用，而农业融资主体往往因财务制度和财务管理模式不完善而难以提供较为透明和完备的"硬信息"。如表 1 所示，2018 年对北京新型农业经营主体的调研显示，在 71 家新型农业经营主体中，31 家没有设立专门的会计机构，占比 43.7%；记账核算工作由专职会计人员完成的只有 23 家，仅占比 32.4%，并且有

---

[1] 融资主体的"硬信息"一般指以数字形式存在的定量信息，包括财务报表、相应科目汇总表和明细账目和其他体现融资主体还贷能力且容易被识别的信息。

13个新型经营主体不记账；有30个新型经营主体在财务与会计工作方面未形成完善的内控制度，占比42.2%。不规范的财务管理加剧了金融机构和新型农业经营主体之间的信息不对称程度，不利于金融机构对融资主体进行信用评估和授信。

表1 北京市新型农业经营主体财务制度规范情况

	是	否
是否设立专门的会计机构	56.34%	43.66%
是否有专职会计人员	32.4%	67.6%
是否有完善的内控制度	57.8%	42.2%

因此，要改变新型农业经营主体的融资难题，扩大正规金融机构的金融供给，关键是要推动农村金融服务创新，进一步完善抵质押制度和利用农业农村的"软信息"资源实现抵质押品替代。

一方面，进一步凸显农民所拥有的资源和资产的价值及其财产功能，提升其抵押效力。农村并不缺乏资源与资产（见图1），包括土地、大棚等地上附着物、集体资产股份和农产品等，但是由于制度供给不足，长期以来这些资源和资产的抵押融资功能受到抑制。通过制度创新，赋予各类资源与资产抵押权能，有助于解决农业融资主体抵押品不足的问题。比如，农地即是农民非常重要的一项资产，然而由于长期以来相关制度强调土地产权的成员身份性和福利保障功能，农地并不能用于抵押融资，权能残缺。通过实行土地制度改革，促进农地流转，赋予农地抵押权能，可以增加农户和新型农业经营主体的融资渠道。再如，农产品价值链上相关主体拥有的农产品存货也是重要的资产，通过相应的制度创新，也可以赋予其担保融资功能。

另一方面，充分运用农业和农村融资主体的"软信息"，推动抵押品替代机制创新。农村属于熟人社会，具有差序格局的特征（费孝通，2013），充分发挥村庄能人和声誉机制的作用可以有效减轻金融供需的信息不对称程度。同时，农产品价值链上不同主体之间存在贸易等密切联系，发挥农产品价值链上核心企业的担保作用也有助于降低信息不对称程度，促进正规金融机构的金融供给。

北京市进行了多项金融服务探索和创新（见图1），[①]其中农地经营权抵押和农产品价值链创新是两类重要的模式创新。2015年，国家开始进行农地经营权抵押贷款试点，[②]北京大兴、平谷两区成为试点区县，以期激活农地的抵押权能，缓解农村融资难题。农产品价值链金融方面，北京市也探索出了仓单质押融资和核心企业担保融资等模式。另外，北京市农村金融服务也发挥了小银行在地化支农支小的作用。那么，这

---

① 图1中部分金融服务创新还处于酝酿或草创阶段，调研获取的资料也较少，故本文主要探讨相对成熟的土地经营权抵押和农产品价值链金融方面的内容。

② 参见《国务院关于开展农村承包土地的经营权和农民住房财产权抵押贷款试点的指导意见》（国发〔2015〕45号）以及《全国人大常委会关于授权国务院在北京市大兴区等232个试点县（市、区）、天津市蓟县等59个试点县（市、区）行政区域分别暂时调整实施有关法律规定的决定》。

些金融服务模式创新对于解决新型农业经营主体和农户的融资难题有怎样的效果？具体机制是怎样的？还存在哪些问题？针对这些问题，本文将分析北京市的农村金融服务创新模式，包括产品创新和制度创新（见图1），并针对创新探索中还存在的问题提出相关建议。

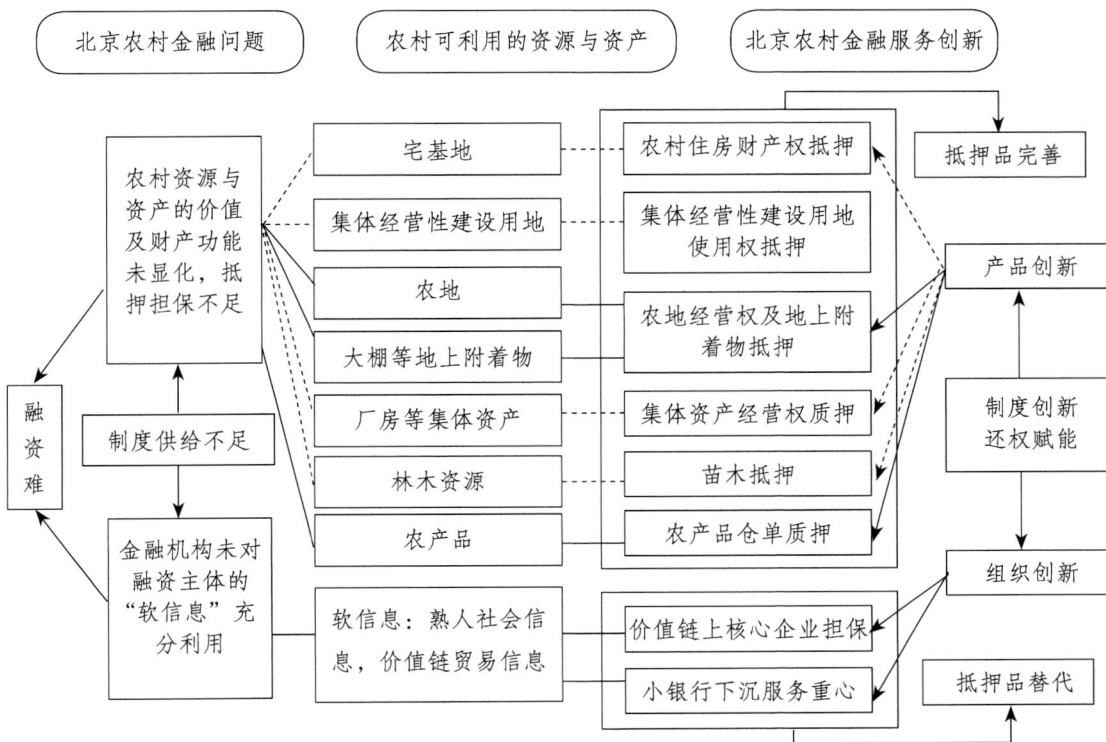

注：实线及带实线箭头代表本文拟具体讨论的内容，虚线及带虚线箭头代表非本文具体讨论内容。

图 1　本文内容与分析框架

（一）北京市农村金融产品创新

金融产品创新是农村金融创新的重要方面，通过开发符合需求的农村金融产品有助于改变抵押品不足的局面。本节主要探讨两方面内容，一是北京市农地经营权抵押贷款，二是北京市农产品价值链金融，各部分将具体分析其模式及机制。

1. 政府推动建立农地经营权抵押融资多方合作模式。2016 年和 2017 年，《北京市大兴区农村承包土地的经营权抵押贷款试点实施办法》和《平谷区农村承包土地经营权抵押贷款暂行办法》相继出台。在政府的大力推动和支持下，北京农村产权交易所、北京市农业融资担保有限公司、北京大兴华夏村镇银行、北京银行与北京农商银行部分分支机构等参与其中，形成了政府主导的多方合作模式（见图2）。一方面，北京市、区两级相关政府部门进行制度供给，积极推动农地经营权抵押融资政策的开展，协调银行、农村产权交易所、政策性担保公司（北京农担公司）之间的分工与协作（各个机构的具体职能和作用将在后文详述）；另一方面，政府对农地经营权抵押融资主体的担保费和利息进行全额补贴，减轻融资主体的负担。从 2017 年 1 月到 2018 年 9 月底，北京市银行机构累计办理农地经营权抵押贷款 38 笔，累计贷款金额 2003 万元。

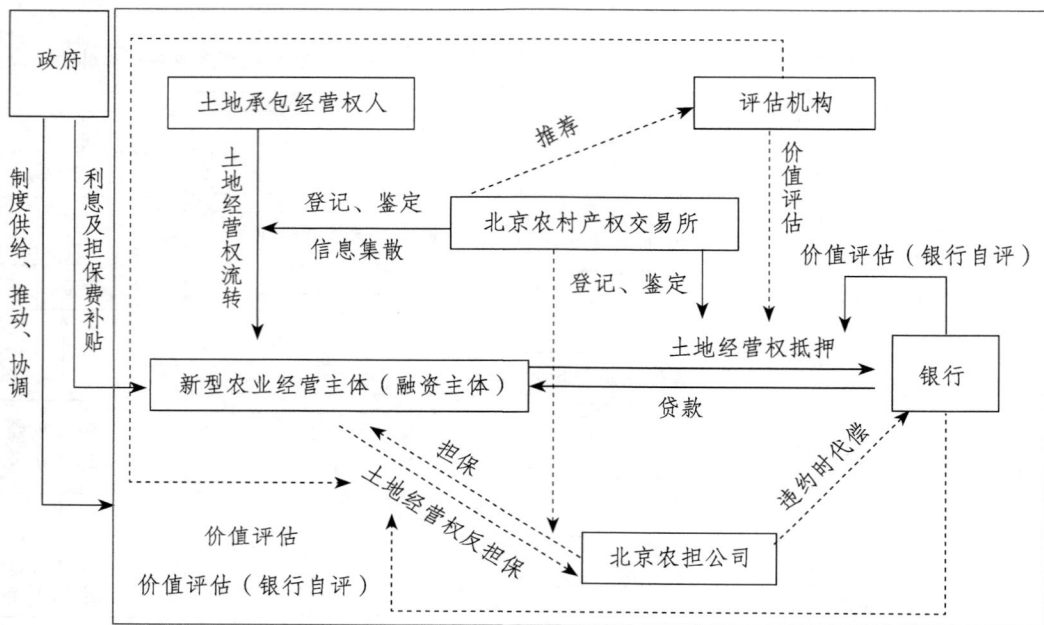

注：1.当未发生土地流转时，融资主体为土地承包经营权人，直接以承包土地经营权作为抵押物或反担保物。2.带虚线箭头表示其他可能的情况。

图 2　政府推动建立的农地经营权抵押融资多方合作模式

2.依托国有农村产权交易平台实现抵押登记、鉴定和资产价值评估。一种资源或资产要成为抵押品，应具备权属清晰、易变现且有较高的价值等条件（拉丁美洲开发金融机构协会和联合国粮食及农业组织（ALIDE & FAO），1996）。由于农村土地普遍存在权属关系复杂、土地流转程序不规范、土地经营权价值难以评估等问题，仅仅依靠银行的力量难以完成这项专业性强且成本高的系统性工程。为推动工作开展，北京市相关政府部门委托北京农村产权交易所（以下简称北京农交所）建立土地经营权抵押登记、流转、评估和处置机制，为土地经营权抵押融资提供基础性服务（见图 2）。

第一，北京农交所作为农村产权交易平台，业务之一为引导土地流转。通过农交所集散土地流转信息并进行土地流转登记，规范土地流转市场。

第二，政府委托北京农交所负责抵押登记和鉴定工作。凡北京市农地经营权抵押融资均需通过农交所登记，并由北京农交所进行鉴定。《平谷区农村承包土地经营权抵押贷款暂行办法》和《北京市大兴区农村承包土地的经营权抵押贷款试点实施办法》都规定，通过合法流转方式获得农村土地承包土地经营权的农业经营主体申请贷款需要符合多个条件，其中包括：一，用于抵押的土地权属无争议；二，已与承包方或者承包方委托的组织签订了合法流转合同，或者持有北京农村产权交易所出具的《北京农村产权交易所交易鉴证》。为保证抵押登记权利人的合法权益，北京农村产权交易所利用专业优势设置了七道防伪技术保证交易鉴证的可靠性。交易鉴证登记了抵押权利事项、土地位置、抵押方式、抵押金额和债务履行日期等，同时将这些信息汇集入库，为可能发生的抵押物处置创造条件。如果未发生土地流转，土地承包经营权人直接以承包土地经营权作为抵押物或者反担保物，仍然需要通过北京农教所进行抵押登记和鉴定。

第三，发挥北京农交所在抵押品价值评估方面的作用。抵押品价值评估是土地经营权抵押贷款的另一关键环节，北京市土地经营权抵押贷款试点采取了三类评估方式，包括第三方评估机构评估、银行机构自评或者借贷双方协商，其中银行机构自评为主要方式。如果通过第三方评估机构进行评估，银行机构通过与北京农交所合作，由农村产权交易所推荐其会员机构中资质较好的评估机构进行评估。不过由于专业评估机构评估工作周期较长，收取的评估费用较高，在实际操作中仅少数几笔贷款通过此种方式进行评估。实际中更多地采用银行机构自评，这种方式仍然需要发挥北京农交所的作用，尤其是平台数据的参考作用。比如，北京大兴华夏村镇银行为了降低农户的融资成本，提高工作效率，在2018年3月印发《北京大兴华夏村镇银行农村承包土地经营权价值认定操作规程（试行）》，改变了以往委托第三方评估机构进行评估的方式，小额农户贷款由客户经理和审批人员对抵押品进行评估，但需要参照北京农交所官网上近期成交案例的价格等信息。

第四，违约处置方面。当前还未发生违约处置情况，从制度设计和运行模式来看，北京农交所作为土地流转平台的信息集散和登记鉴定作用非常重要。首先，通过北京农村产权交易所前期的土地流转和抵押贷款鉴定，实现了抵押品产权的清晰界定，并明确了抵押品具有一定的价值。其次，产权交易所通过长期交易会员积累和土地流转信息的及时集散，有助于为抵押品寻找新的经营主体进行接盘，提高了抵押品的处置变现能力。随着土地经营权抵押贷款的继续推进，抵押品处置机制将会不断完善，北京农交所的功能也会得到进一步检验。

3. 政策性担保嵌入建立复合型抵押担保机制。规模化经营的融资需求额度相对较高，仅仅通过土地经营权抵押可获得的融资额度有限，并不能完全满足融资主体的融资需求。为满足融资主体的融资需求以及降低银行的风险，北京市通过引入政策性担保公司对融资主体进行担保增信。

如上文图2所示，新型农业经营主体通过流转获得土地承包经营权人一定期限的土地经营权，然后将土地经营权作为反担保物以获取北京农担公司提供的担保；如果未发生土地流转，则土地承包经营权人可将承包土地经营权作为反担保物。由表2可知，在38笔贷款中，由担保公司担保的有12笔，其中有9笔是为一般农户进行担保增信的。担保公司担保模式中，单位面积土地平均抵押额度和平均贷款额度分别比无担保公司担保模式的要高 0.3 万元 / 亩和 0.6 万元 / 亩。因此，引入政策性担保确实起到了增信的作用。

在有土地经营权抵押的情况下再引入政策性担保，实际上建立了复合型抵押担保机制，这在政策推行初期对于培育土地经营权抵押融资市场有其合理性。不过由于土地经营权抵押价值不高，担保增信的额度也有限。所以，有必要进一步提高抵押品的价值，比如引导经营主体注重长期投资，提高地上附着物的价值，实行土地经营权和地上附着物一并抵押。在此基础上引入担保公司担保，则有助于进一步满足经营主体的融资需求。

表 2　担保公司担保模式和无担保公司担保模式对比（2017.01—2018.09）

	担保公司担保模式	无担保公司担保模式
贷款笔数（笔）	12	26
抵押土地面积（亩）	403.6	969.6
抵押总额度（万元）	757	1516
贷款总额度（万元）	757	1216
单笔抵押土地面积（亩 / 笔）	33.6	37.3
平均抵押额度（万元 / 笔）	63.1	58.3
平均贷款额度（万元 / 笔）	63.1	46.8
土地平均抵押额度（万元 / 亩）	1.88	1.56
土地平均贷款额度（万元 / 亩）	1.88	1.25

4. 通过物权性抵押或债权性抵押物权化以提高抵押品抵押效力。当前学界对农村承包土地的经营权抵押融资的一个争议点在于抵押品的权利性质及其抵押效力。一种观点认为土地经营权属于用益物权（朱继胜，2017；蔡立东和姜楠，2017）。一种观点认为土地经营权为债权（单平基，2016）。还有一种观点认为土地经营权的权利属性应依流转方式而定，如果将通过入股等物权性流转取得的土地经营权进行抵押，或者农村土地承包经营权人以原土地承包经营权进行抵押，根据承包经营权的用益物权属性，抵押品的权力性质应为物权；如果抵押品是通过租赁获得的土地经营权，则抵押品的权利属性为债权（罗兴和马九杰，2017）。与物权性抵押相比，债权性抵押的效力较弱，处置风险较高，银行等金融机构提供信贷供给的积极性相对较低，故而可能影响农业经营主体的信贷可得性。

其实，在实际操作中银行机构很清楚土地经营权抵押的效力，如果在流转方式和租金支付方面存在可能导致潜在纠纷的问题，银行会非常谨慎，甚至不愿提供贷款。从调研情况来看，银行确实是从流转方式、租金支付方式以及地上附着物的价值来评判抵押品抵押效力，银行更倾向于为承包经营权人原有的承包经营权抵押提供贷款，或者为租金支付时间范围覆盖了贷款期限的经营主体提供贷款，另外，有条件的融资主体还将地上附着物一并抵押。

第一，多数贷款是农村土地承包经营权人以其承包土地的承包经营权进行抵押。如表 3 所示，从 2017 年 1 月到 2018 年 9 月，北京市金融机构累计在平谷和大兴两地发放了 38 笔农地经营权抵押贷款，其中 30 笔的承贷主体为农户个人，占总比数的比例为 78.9%，抵押标的为承包土地经营权。

表 3　承包土地经营权和土地经营权（租赁）的抵押情况对比

	农户个人	合作社或农业企业
抵押标的	承包土地经营权	土地经营权（租赁）
贷款笔数（笔）	30	8
抵押土地面积（亩）	261.6	1111.7
抵押金额（万元）	453	1820
贷款金额（万元）	453	1520
单笔贷款金额（万元／笔）	15.1	190

第二，38 笔土地经营权抵押贷款中，有 8 笔为合作社或农业企业将通过租赁获得的土地经营权进行抵押。为了提高抵押效力和减少违约处置时可能的纠纷，部分银行机构强制要求抵押人在银行放款前交付贷款期限内的土地租金。如表 4 所示，有 6 笔的租金支付方式为一次支付多年租金，2 笔为一年一付。这 8 笔贷款中有 4 笔贷款设定的抵押期限短于土地租金交付覆盖的期限，这种情况中获得的土地经营权的抵押效力较强，因为即使发生贷款违约，抵押权人有缓冲时间处置抵押品，所以可以将这种情况中的土地经营权视为物权化的债权。但是，也有 2 笔的抵押截止日期与土地租金覆盖的截止日期相同，另有 2 笔的抵押截止日期超过了租期，如果发生贷款违约，在债务人没有其他还款来源的情况下，对抵押品的处置很可能损害土地流出方的权益，因为下一期的土地租金未支付，土地经营权实际应该归属土地流出方。

表 4　租赁土地的租金支付情况及抵押物的权利性质

土地租赁期限	土地租金缴付期限	设定抵押期限	抵押物权利性质
2015.12.01 至 2029.09.20	2017.09.20 至 2021.09.20	2018.01.16 至 2021.01.16	物权化的债权
2011.03.01 至 2028.09.20	2011.03.01 至 2028.09.20	2018.10.01 至 2020.10.01	物权化的债权
2017.01.01. 至 2034.09.30	2017.01.01 至 2019.01.01	2017.09.01 至 2018.09.01	物权化的债权
2014.10.01 至 2022.12.01	2014.10.01 至 2022.12.01	2017.12.26 至 2020.12.25	物权化的债权
2000.03.06 至 2030.06.20	2018.01.01 至 2018.12.31	2018.03.20 至 2020.03.05	债权
2015.01.01 至 2034.12.31	2015.01.01 至 2018.03.31	2017.02.08 至 2018.03.31	债权
2015.09.01 至 2035.08.31	2017.09.01 至 2018.08.31	2017.09.01 至 2018.08.31	债权
2011.10.15. 至 2021.10.14	2011.10.15 至 2018.10.14	2017.12.19 至 2018.12.18	债权

第三，为了提高贷款额度和抵押效力，有两个新型农业经营主体将价值较高且标准化程度较高的地上物（如大棚等农业设施）一并抵押。由于承贷主体具有对大棚等地上附着

物的所有权，并且地上附着物的标准化程度和价值也较高，一旦发生违约，抵押权人对抵押品进行处置相对更容易。

总体来看，北京市土地经营权抵押满足了农业经营主体的部分资金需求，其中单家独户的小农户承包土地面积较小，融资额度也较小；新型农业经营主体融资需求额度较高，通过将租赁获得的面积更大的土地经营权进行抵押，融资额度也更高（见表3）。

可以看出，北京市农地经营权抵押贷款探索注意到了抵押物的权利性质及其抵押效力问题，主要实行的是物权性抵押或者物权化的债权性抵押，这种方式有助于减少违约处置时可能发生的纠纷，提高银行放贷的意愿。

（二）利用农产品仓单与价值链"软信息"实现农产品价值链金融创新

农业价值链金融或供应链金融是解决农业中小企业和农户融资难题的有效形式（邵娴，2013；张庆亮，2014）。农业价值链金融可分为价值链内部融资和价值链外部融资，其中价值链内部融资是指农业价值链条上各参与者之间发生的赊销、租赁、预付订金等融资活动；农业价值链外部融资则指金融机构以价值链作为一个整体，对价值链上的参与者提供融资（张庆亮，2014）。农业价值链外部融资可以有效将外部金融资源和价值链内部治理机制相结合，缩小金融机构与价值链上单个主体之间的信息鸿沟，降低融资风险。北京市相关金融机构在农业价值链金融上进行了积极尝试，探索出了仓单质押融资和核心企业担保融资等模式。

1. 依托北京农副产品交易平台推动仓单质押融资服务创新。北京农副产品交易所（以下简称北农所）作为北京市重要的专业性农副产品交易平台，专注于提供冻肉制品和板栗、腰果等干果的现货交易服务。农副产品现货交易需要大量资金，在仓储、采购和销售等环节，农业中小企业往往面临现金流不足的困难。为了帮助价值链上交易主体解决融资难题，北农所利用其深耕部分农副产品价值链的专业优势和交易平台的资源整合作用，引进资金会员为平台的交易会员提供融资服务。当前，北农所已经形成了以仓单质押为主的价值链融资服务模式。

北农所为其交易会员单位提供一揽子交易服务，包括信息集散、在线竞价和仓储等服务，其中仓储方面由北农所指定合作仓库，交易会员可以利用形成的仓单进行仓单质押融资。一般的仓单质押融资模式很简单，北农所交易会单位将自有的存货存入北农所指定仓库，然后向北农所申请生成质押物仓单，北农所资金会员单位（银行）对其提供贷款，质押期间存货可随时销售，销售资金用于还款。另一种模式中，如果买方交易会员单位在采购环节就有融资需求，则仍然可以通过仓单质押获得融资。如图3所示，北农所交易会员单位通过平台签订采购电子合同并交割货物，向北农所预付一定比例的交易保证金，货物存入北农所指定的仓库并生成仓单。买方交易会员单位如果资金不足，可将采购合同向北农所申请融资，用于支付合同尾款；同时将货物仓单质押，北农所资金会员单位（银行）向有资金需求的买方交易会员单位提供贷款，并代其向卖方交易会员支付货款；最后，买方交易会员向银行还款解押赎货。下文案例1提供了一个很好的例子。

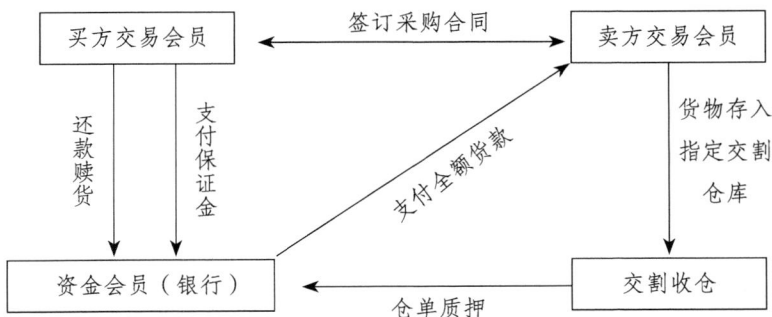

图 3　北农所仓单质押融资（采购环节）模式

【案例 1】

北农所仓单质押融资服务助买方交易会员解决采购难题

北农所平台买方交易会员 a 是一家农业企业，计划向卖方交易会员 b（另一家农业企业）采购 2017 年产鲜板栗，但资金不足。为解决 a 的采购需求，北农所交易平台资金会员 c 出资，于 2017 年 9 月与 b 签订采购协议，采购金额为 1000 万元，代替 a 采购鲜板栗，板栗采购后货物存入北农所指定仓库，生成仓单；c 与 a 签订服务协议及销售协议等相关合同，约定 2 个月后由 a 向 c 支付此笔货款，进行还款赎货。

2. 核心企业担保助力农业价值链上中小融资主体融资。除了仓单质押融资之外，核心企业担保融资也是重要的价值链融资方式，不过这种模式的机制主要是运用了农产品价值链上核心企业与其他主体之间的"软信息"。核心企业具有相对健全的财务制度和符合金融机构贷款条件的抵质押品，经营绩效较好，还贷能力较强，银行等金融机构更愿意为这一类企业提供融资服务。但是整个农业产业链上其他中小企业、各类商贩和农户往往缺乏足够的抵质押品，财务制度不健全，和银行之间的信息不对称程度较高。银行惧于风险，对其提供融资服务的意愿不强。不过，这些中小企业、商贩或农户与核心企业存在密切的业务关系，核心企业对其合作伙伴比较了解。如果价值链上中小融资主体通过核心企业担保向银行融资，可以降低金融供需之间的信息不对称程度和银行的风险，从而扩大银行信贷供给，润滑整个价值链条。下文案例 2 论述了北京市大兴区华夏村镇银行在这方面的创新实践。

【案例 2】

农业价值链核心企业担保融资模式——北京大兴华夏村镇银行的探索

大兴区榆垡镇一家肠衣生产企业为全国最大的肠衣生产厂家之一，其产品出口国外。该肠衣厂上游的供货商为其供应原材料，不过肠衣厂的供货商还需要从上游屠宰场等主体中收购原材料，所以肠衣厂的供货商通常需要大量收购资金。苦于缺少合格的抵质押品，这些供货商难以单独从银行等金融机构融资。该肠衣长作为肠衣生产链条上的核心企业，生产规模大，产品出口国外带来的经济效益较高、信用较好。为了保证原料供应，该肠衣厂与北京大兴华夏村镇银行合作，由北京大兴华夏村镇银行为这些供货商提供贷款，肠衣厂为各个收购商融资提供担保，银行对收购商进行直接的账户监管。每个商户单笔贷款不超过 500 万元，共贷款 4000 万元。该融资模式通过核心企业担保，实现了抵押品替代，解决了收购商的融资难题，反过来也进一步润滑了肠衣价值链。该产品在 2015 年获得了北京银监局的嘉奖。

二、北京农村金融服务组织创新：充分发挥本土小银行在地化的支农支小作用

农业经营主体的资金需求具有小而分散的特点，金融机构为农村提供金融服务的成本普遍较高；同时，农业经营的自然风险和市场风险较大，金融机构向农业经营主体提供融资服务的风险较高。所以，大型商业性银行支农支小的动力不足。与大型商业性银行相比，小银行体量小，在大额融资服务方面难以与大银行竞争，为了生存与发展，需要寻找大型银行遗漏或者忽视的市场空白。村镇银行本身规模小，与国有商业银行和股份制银行相比具有市场后入劣势，加上银监部门对其业务范围的监管（陆智强，2015），使得村镇银行的服务重心在"三农"。不过，作为本土银行，村镇银行小而灵活，贴近农村，决策链条短，具有支农支小的优势。

北京市农地经营权抵押贷款实践也充分发挥了中小银行的作用，尤其是发挥了村镇银行的作用。北京大兴华夏村镇银行是由华夏银行设立的第一家法人村镇银行，2010 年 12 月正式对外营业。北京大兴华夏村镇银行作为地方本土银行，深耕于大兴农业和农村，致力于在银行业竞争中凸显与大中银行的差异化优势。第一，充分发挥村镇银行贴近农村、了解农村的优势，积极与村庄能人合作推广产品。第二，由于非常了解农村情况，在抵押品价值评估方面可充分依靠本行员工进行风控，不需要向大中型银行一样依靠第三方评估机构。第三，决策链条短，经营方式灵活，贷款程序简单。

2013 年，北京大兴华夏村镇银行已经开始探索农地经营权抵押贷款；在 2017 年大兴区出台了农地经营权抵押贷款的具体实施办法之后，该行进一步开辟农地经营权抵押市场，成为北京市银行业开展农地经营权抵押贷款的主力军。如表 5 所示，从北京市 2017 年 1 月到 2018 年 9 月的农地经营权抵押贷款数据来看，所有金融机构累计提供贷款金额 2273 万元，共 38 笔，[①] 平均每笔贷款金额约 60 万元，其中单笔贷款在 20 万元以下的有 25 笔，占总笔数的比例为 65.8%；单笔贷款金额在 20 万元至 50 万元之间的有 6 笔，剩下 8 笔的单笔贷款金额在 100 万元至 300 万元之间，总体起到了支农支小的作用。北京大兴华夏村镇银行支农支小的作用尤其明显，在农地经营权抵押贷款方面累计提供贷款 31 笔，占北京银行业机构农地经营权抵押贷款总笔数的

---

① 平谷区 4 笔、大兴区 34 笔，北京大兴华夏村镇银行在大兴区提供农地经营权抵押贷款融资服务。其他金融机构主要是北京银行和北京农商银行在两区的分支机构。

81.6%，累计贷款金额 949 万元，平均每笔贷款金额约 30.6 万元，且大部分为农户贷款，为大兴的部分西瓜种植户解决了融资难题。下文案例 3 可以很好地说明北京大兴华夏村镇银行支农支小的作用。

表 5　北京大兴华夏村镇银行在农地经营权抵押贷款方面支农支小作用（2017.01—2018.09）

	北京市所有银行机构	北京大兴华夏村镇银行
累计贷款笔数（笔）	38	31
累计贷款金额（万元）	2273	949
平均每笔贷款金额（万元/笔）	60	30.6

【案例 3】

北京大兴华夏村镇银行"短平快"的土地经营权抵押融资服务

北京大兴区是"中国西瓜之乡"，其中庞各庄等 10 个乡镇西瓜种植面积较广，西瓜种植成为当地农村居民的重要收入来源。每年三四月份是一年西瓜种植忙季的开端，在种植、管理、收获过程中，种植户需要投入较多的资金购买各类生产资料以及雇工，而上一年的销售收入在当年开销之后往往难以满足第二年的开支，所以金融机构提供及时的信贷服务很有必要。

2018 年 3 月，北京大兴华夏村镇银行在大兴区庞各庄镇发放了第一批 8 笔农地经营权抵押贷款，在整个贷款过程中充分发挥了本土化小银行的优势：第一，发挥村庄能人的带头引导作用。北京大兴华夏村镇银行熟悉大兴农村经济和社会情况，通过发动村庄中的能人（农技推广员）对农户宣讲土地经营权抵押贷款政策及其意义，引导有需求且符合条件的农户利用土地经营权抵押融资，此举有效提升了农户对政策和产品的认知和接受程度，极大降低了交易成本。第二，开通绿色通道，提供"短平快"的服务。北京大兴华夏村镇银行作为独立法人，可以自主决定多数贷款事宜，为了及时为西瓜种植户提供贷款，北京大兴华夏村镇银行邀请农户代表和镇经管站、产权交易所相关领导进行座谈，现场制定授信方案，开辟绿色通道，于 7 个工作日内向 8 户瓜农发放了 74 万元农地土地经营权抵押贷款，及时解决了西瓜种植户的资金需求。这个过程中没有依靠第三方评估机构进行评估，大幅缩短了放贷流程。贷款户表示，这样的融资服务很符合其生产融资需求，并希望在下一年继续向银行融资。

三、北京市农村金融服务创新中存在的一些问题

北京市农村金融服务创新有不少亮点，但是由于农地经营权抵押融资等相关模式还处于初期探索阶段，实践探索中也存在一些困难和问题。

（一）政府政策的连续性及土地经营权抵押的商业可持续性问题

前文已经论述了政府在推动农地经营权抵押贷款融资中的重要作用，包括对相关机构

的推动和协调，以及对融资主体进行担保费与利息全额补贴。当前处于土地经营权抵押融资市场培育阶段，土地经营权抵押融资完全依靠市场机制运行的商业可持续性还未能显现，金融机构比较担心试点期结束之后政策的连续性问题。如果在试点结束后没有政策缓冲期，政府的支持力度降低，融资主体和金融机构参与土地经营权抵押融资的积极性将会降低，相应的风险也可能难以处置。

（二）部分土地流转中一年一付的租金支付方式导致土地经营权的抵押效力不强

虽然在已经放款的土地经营权抵押贷款中仅有 8 笔的抵押标的是租赁土地获得的土地经营权，但其中仍有 4 笔的土地租金支付方式为一年一付或者租金支付覆盖的时间范围短于抵押期限。另外，到 2017 年年底，北京郊区土地流转总面积 252.1 万亩，通过租赁方式流转的达 99.2 万亩，占流转面积的 39.3%，其中一年一付的租金支付方式很普遍。如果租金一年一付或租金覆盖的时间范围短于抵押期限，在租期结束时，抵押人实际上已经没有土地经营权了。如果不能按时还贷，对土地经营权的处置很可能损害承包经营权人的权益而引起纠纷。另外，土地经营权抵押价值不高，仅仅抵押土地经营权并不能够完全满足融资主体的融资需求。当前，除少数贷款中将标准化程度较高且价值较高的地上附着物一并抵押外，大多数贷款仅仅抵押土地经营权，抵押价值和贷款额度不高。

（三）新型农业经营主体不健全的财务制度严重影响了金融机构进行信用评估与授信

前文已提及该问题，大中型商业银行机构注重考察融资主体财务等方面的"硬信息"，但是新型农业经营主体财务制度并不健全，财务管理不规范，财务信息不透明，更不用说一般农户的情况。大中型商业银行决策链条长，服务重心远离农村，不擅长获取农业经营主体的相关"软信息"，从而影响了对农业经营主体的信用评估和授信。

（四）农业经营主体对土地经营权抵押贷款政策认知和接受度不高

当前农业经营主体对土地经营权抵押贷款认知和接受程度较低，原因主要有两点：第一，农业经营主体知识水平不高，且相关机构宣传力度不足。银行机构总体宣传力度不足；部分村干部不理解该政策，且觉得动员、组织农户签字等方面非常麻烦，也认为存在风险，无心协助推行该政策。第二，土地是农民最重要的资产，是安身立命之本，农民普遍认为一旦失去土地既会对家庭生活保障构成冲击，也会在乡村社会中失掉面子，所以对土地经营权抵押非常敏感，多数农户进行土地经营权抵押的意愿不强，尤其反对承租方进行土地经营权抵押。

四、结论及政策建议

农业融资主体缺乏抵质押品与大中型商业性金融机构不擅长对融资主体"软信息"的获取与利用是北京农业经营主体融资难的重要原因。北京市通过在农地经营权抵押贷款和农产品价值链金融方面实行产品创新和组织创新，促进了抵质押品机制的完善和利用"软信息"进行抵质押品替代机制创新。研究发现，政府在农地经营权抵押贷款中发挥了制度供给、组织协调和补贴等作用，在当前市场培育阶段有其合理性和必要性。农业和农村中存在待开发利用的资源和信息，包括农地和各类"软信息"，通过合理的制度创新，可以降低因缺乏抵押品导致的融资难度。推动农地经营权物权性抵押有助于增强抵押效力，提升金融机构信贷供给的意愿。另外，本土小银行在地化支农支小的作用很明显。

不过，北京市农村金融服务创新探索中也存在如前文所述的一些问题。基于北京市农村服务创新中的亮点和存在的问题，提出如下建议：

（一）进一步加强金融基础设施建设，润滑金融供应链

政府作为市场的监管者和服务者，在信贷市场培育初期应保持支持政策的连续性，推动银行、各类交易平台、担保公司和保险公司等机构参与金融供给，对融资主体也要加大支持力度。随着信贷市场的逐步完善，政府在后期应进一步加强金融基础设施建设和提供基础服务，在补贴等方面可适当退出，促进和提升信贷市场商业运行的可持续性。

（二）进一步促进农地经营权债权性抵押物权化，提升抵押品抵押效力

由于农地经营权本身价值不高，加之部分土地流转中租金一年一付，使得单位面积土地经营权抵押贷款的额度不高，抵押效力不强。为了提高抵押品的抵押效力和贷款额度，可以从两方面着手：第一，鼓励农业经营主体加强对土地的投资，提高地上附着物的价值和标准化程度，在抵押时可与土地经营权一并抵押；第二，进一步引导和规范融资主体转变租金支付方式，可以一次支付多年租金，且租金覆盖的时间范围应该长于贷款期限，为处置抵押品提供缓冲期，提升抵押品抵押效力。

（三）引导新型农业经营主体建立较为完善的财务管理制度，提升财务信息的规范度和完备度

为了促进金融机构对有资金需求的新型农业经营主体提供融资服务，政府应该引导新型农业经营主体建立较为完善的财务管理制度，促进新型农业经营主体提升其财务信息的规范度和透明度，降低金融供需之间的信息不对称程度。比如，可以在财会知识和财会规范方面加强对新型农业经营主体的培训，提升新型农业经营主体规范的财务管理意识和能力。

（四）鼓励金融组织创新，积极发展本土化中小银行并鼓励其提供在地化金融服务

本土小银行具有为小而散的客户提供在地化金融服务的优势和需求。推动金融机构进行组织创新，下沉服务重心，充分利用农业和农村中的"软信息"资源，探索建立和不断完善抵质押品替代机制。另外，充分发挥村庄能人在政策宣传和农村金融产品推广方面的带动和引领作用，提升农户和新型农业经营主体对农村金融政策和产品的认知度和理解度，降低金融机构提供农村金融产品和服务的交易成本。

参考文献

[1] 拉丁美洲开发金融机构协会和联合国粮食及农业组织（ALIDE & FAO）. Collateral in Rural Loans[R] .Rome,1996:5-6.

[2] 蔡立东，姜楠．农地三权分置的法实现 [J].中国社会科学，2017（5）：102-122.

[3] 单平基．"三权分置"理论反思与土地承包经营权困境的解决路径 [J].法学，2016（9）：54-66.

[4] 董晓林，朱敏杰．农村金融供给侧改革与普惠金融体系建设 [J].南京农业大学学报：社会科学版，2016（6）：14-18.

[5] 费孝通．乡土中国 [M].上海：上海人民出版社，2013.

[6] 何广文，何婧，郭沛．再议农户信贷需求及其信贷可得性 [J].农业经济问题，2018（2）．

[7] 林乐芬，法宁．新型农业经营主体融资难的深层原因及化解路径 [J].南京社会科学，2015（7）：150-156.

[8] 陆智强．基于机构观与功能观融合视角下的村镇银行制度分析——以辽宁省30家村镇银行的调查为例 [J].农业经济问题，2015（1）：101-106.

[9] 邵娴．农业供应链金融模式创新——以马王堆蔬菜批发大市场为例 [J].农业经济问题，2013，34（8）：62-68.

[10] 王修华，傅勇，贺小金，等．中国农户受金融排斥状况研究——基于我国8省29县1547户农户的调研数据 [J].金融研究，2013（7）：139-152.

[11] 毋青松．城市化进程中都市农业发展路径创新 [J].农业经济问题，2013（9）：34-37.

[12] 吴本健，罗兴，马九杰．农业价值链融资的演进：贸易信贷与银行信贷的替代、互补与互动 [J].农业经济问题，2018（2）．

[13] 张庆亮．农业价值链融资：解决农业融资难的新探索 [J].财贸研究，2014（5）：39-45.

[14] 中国人民银行南昌中心支行调查统计处课题组．新型农业经营体系变化带来的融资渠道以及制度政策跟进 [J].金融与经济，2013（12）：23-27.

[15] 朱继胜．"三权分置"下土地经营权的物权塑造 [J].北方法学，2017，11（2）：32-43.

课题负责人：曹晓兰
课题主持人：黄丽
课题组成员：林子果、王芳、黄建、崔恒瑜
执　笔　人：黄丽、黄建

北京市农村集体经济转型升级统计分析报告

自改革开放以来，北京市农村集体经济经过几个阶段的积累和发展，在整体上表现出总量大、分布不平衡、利润率不高、产业结构持续调整、农民收入增速减缓等特点，由此产生了集体资产保值增值压力大、集体经济效益偏低、集体经济组织化程度下降、农民增收动力不足等问题。如何在当前疏解北京非首都核心功能的形势下实现集体经济的转型升级，需要以城市总体规划为出发点，引导集体经济向服务型产业升级；需要以乡村治理现代化为着力点，提高集体经济组织化程度；需要以促进农民增收为落脚点，探索农民持续增收长效机制。

一、北京市农村集体经济主要特点

（一）农村集体资产总量持续增长，增速有所下滑，区域分布不平衡

1. 集体资产总额持续增长，近年增速下降。2006 年以来，北京市农村集体资产总额保持逐年递增的趋势。但 2009 年以后，集体资产增速呈下降趋势，尤其是 2012 年以来增速下滑明显。2015 年，全市农村集体资产总额 5590 亿元，同比增速为 7.3%。[①]

（亿元）　　　　　　　　　　　　　　　　　　　　　　　（%）

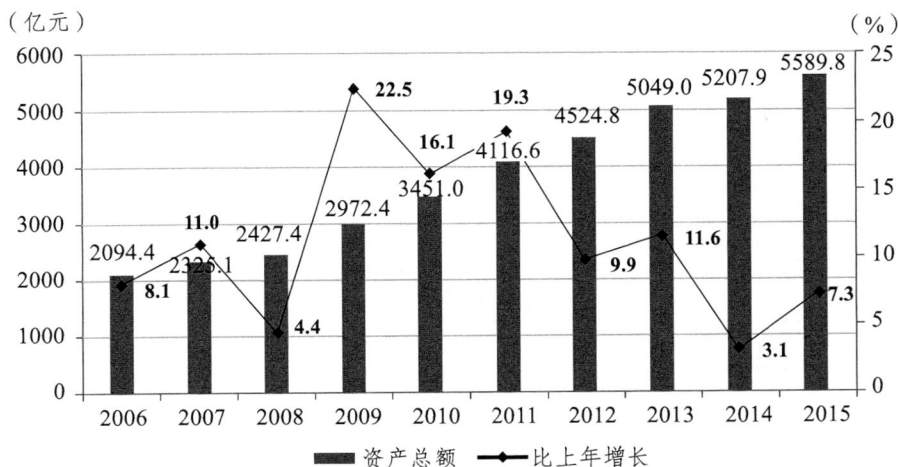

图 1　2006—2015 年集体资产总额及增长情况

---

① 2016 年，北京集体资产总额为 6063 亿元，同比增长 8.5%。由于 2016 年统计口径发生变化，不具有横向对比性，相关数据仅供参考。

2. 集体资产区域分布不平衡现象逐渐加大。（1）空间结构分布上，中心城区集体资产占比超过六成。"一主"地区（中心城区，包括朝阳、海淀、丰台、石景山）集体资产总额占比最大，且逐年增加，2015 年超过 60%；"一副"与"多点"地区（通州，大兴、房山、昌平、顺义）集体资产总额占比从 42% 降至 32%；"一区"（生态涵养区，包括门头沟、平谷、怀柔、密云、延庆）集体资产占比逐步降至 10% 以下。

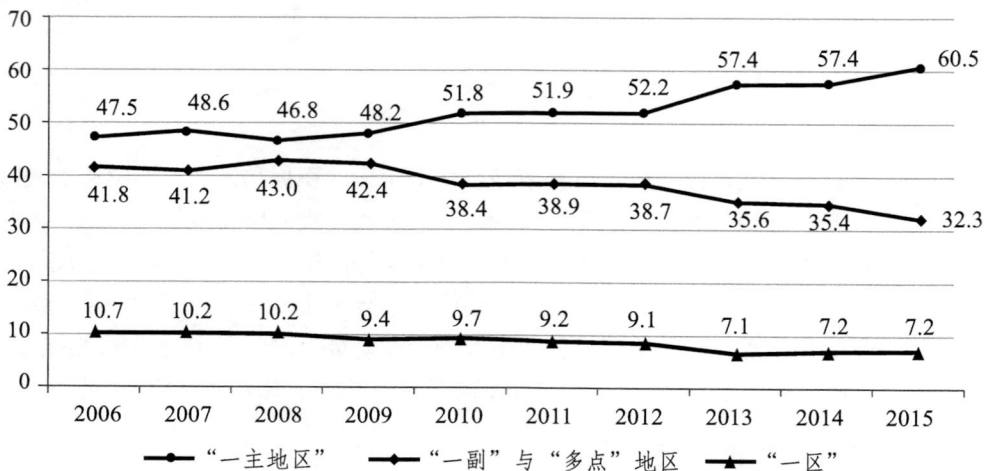

图2　2006—2015 年集体资产总额占比情况

（2）行政区域分布上，海淀、丰台、朝阳三强超过"半壁江山"。2015 年，海淀、丰台、朝阳的集体资产分别在千亿元以上，三区集体资产总额合计占比接近 59%；而平谷、怀柔、密云、延庆、石景山的集体资产都不足百亿元。从图3 可以看到，2009 年以后，各区之间的差距开始逐步加大。

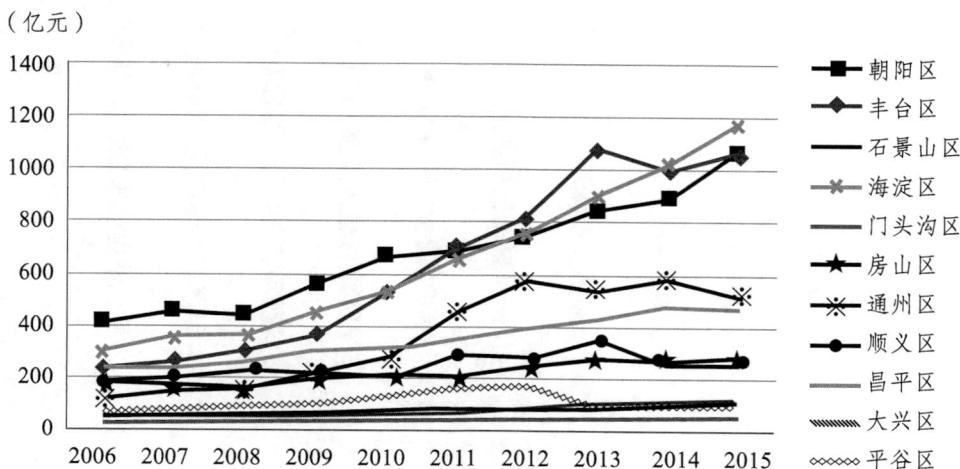

图3　2006—2015 年北京市各区集体资产变化情况

3.集体资产负债率稳中有降。集体资产负债率基本保持在 60% 左右，其中，村级集体资产负债率与总体走势基本一致，在 2014、2015 两年有一定程度的下降。对于一部分村集体来说，资不抵债现象已经影响到集体经济的可持续发展。

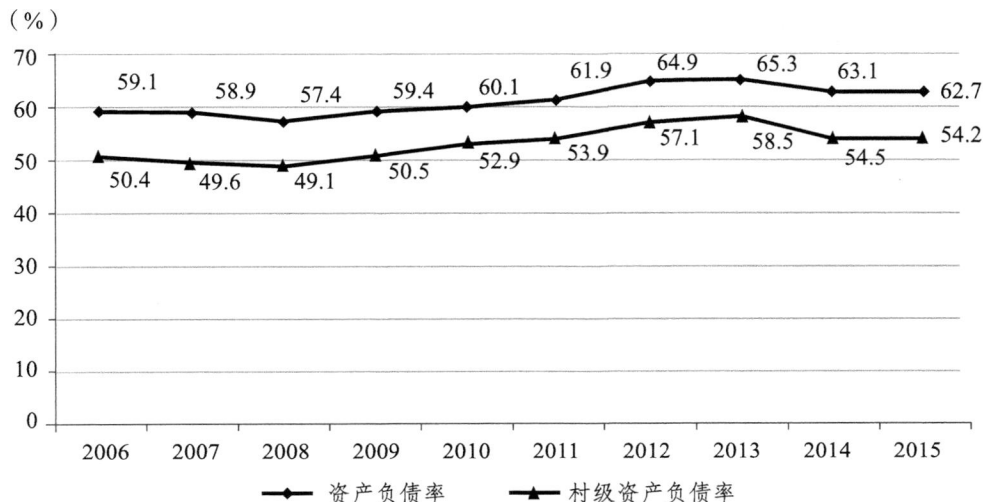

图 4　2006—2015 年集体资产负债率变化情况

（二）农村集体经济利润率偏低，产业结构仍需优化，集体经济增长贡献率有所下降

1.集体经济整体利润率偏低。农村集体经济整体利润率不足 4%，一产利润率明显低于二产和三产。其中，一产利润率不足 1%，二产和三产的利润率为 3%—4.5%。

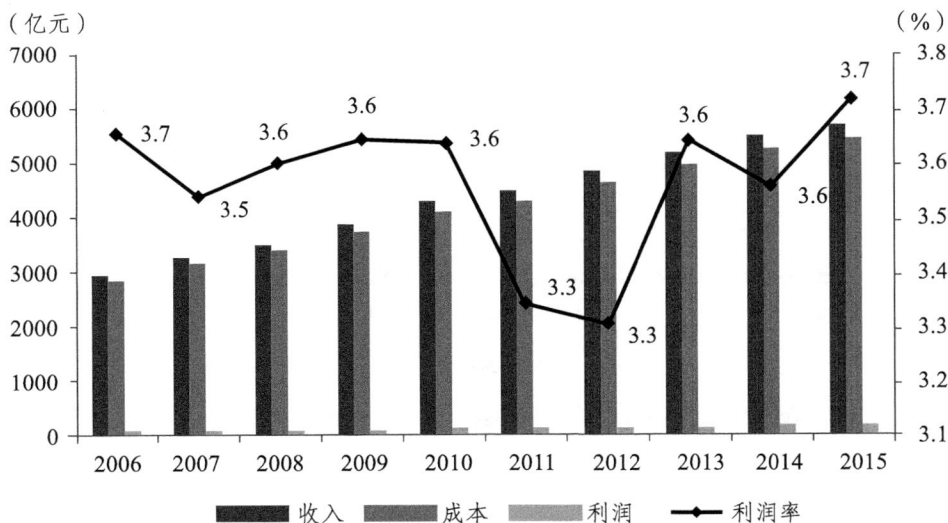

图 5　2006—2015 年北京市农村经济组织整体运行情况

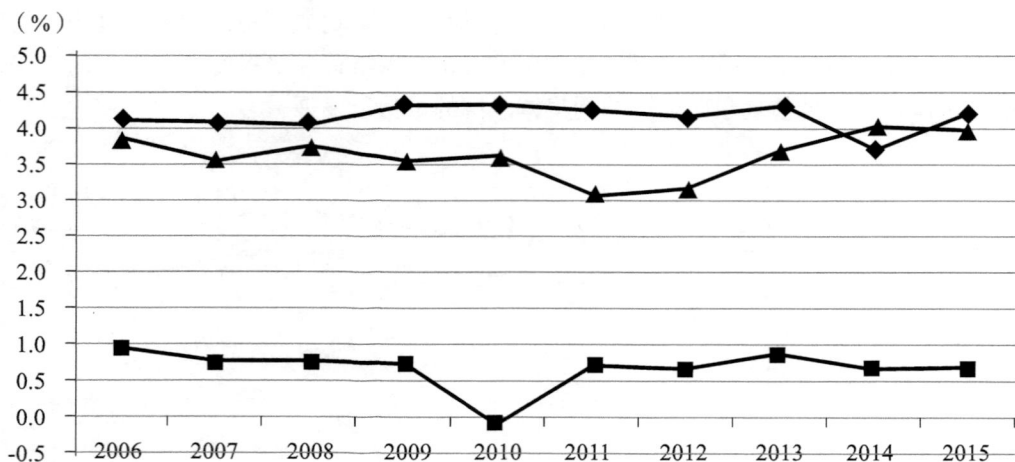

图6　2006—2015年北京市农村经济组织产业结构利润率

2. 集体产业结构持续优化，三产比重上升，但幅度不大。

（1）从产业结构来看，集体经济三产占比保持上升趋势，但上升幅度不大。2015年，第三产业占比56.8%，第二产业占比42.3%，与2015年全市三产和二产占比79.8%、19.6%相比，集体产业结构仍需继续调整，应加大对低端产业的疏解力度，增加服务业比重。

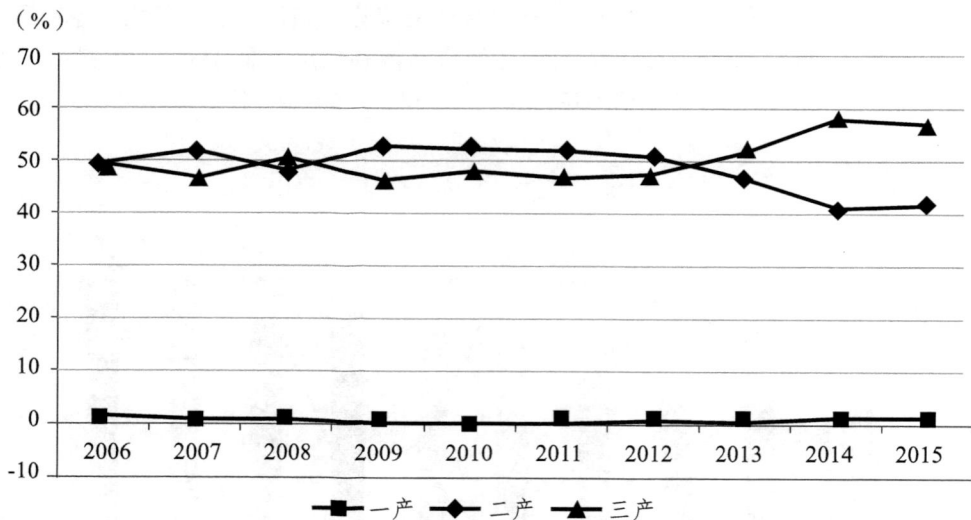

图7　2006—2015年北京市农村集体经济组织三大产业收入构成情况

（2）从行业来看，集体经济收入由主要依靠工业逐渐转向主要依靠服务业。工业占集体经济主营业务收入比重逐渐下降，服务业比重增加。从2013年开始，服务业收入占比超过工业，成为集体经济收入最大来源。北京市农村集体经济由以工业为主转向以服务业为主，初步呈现出从中低端产业向高端产业转变的特点，与北京市新增产业的禁止和限制目录（2014年开始颁布）要求相适应。

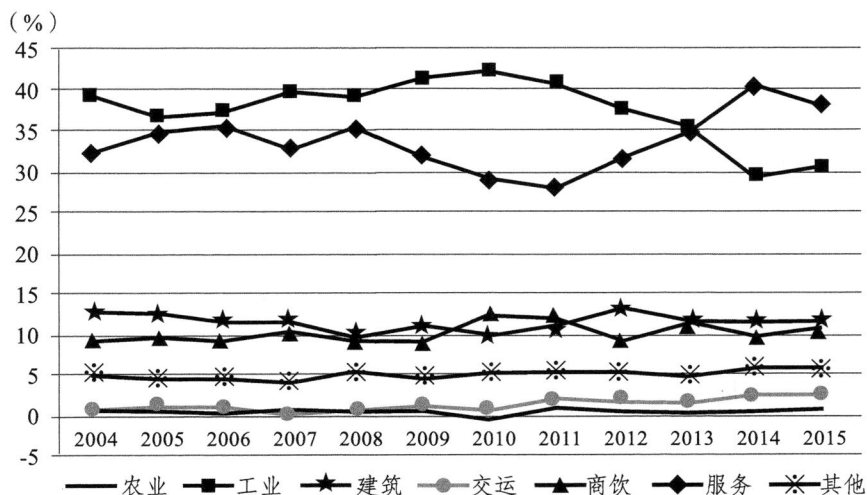

图 8　2004—2015 年北京市农村集体经济产业结构变化情况

3. 农村集体经济收入比重和增长贡献率"双下降"。

（1）农村集体经济收入占农村地区经济收入比重持续下降。北京市农村集体经济收入持续下降，2015 年为 1140.3 亿元；同时，农村集体经济收入占农村地区经济收入比重持续下降，从 2006 年的 41% 下降为 2015 年的 19.8%，体现了北京市农村集体逐步退出产业经营领域的阶段性特点。

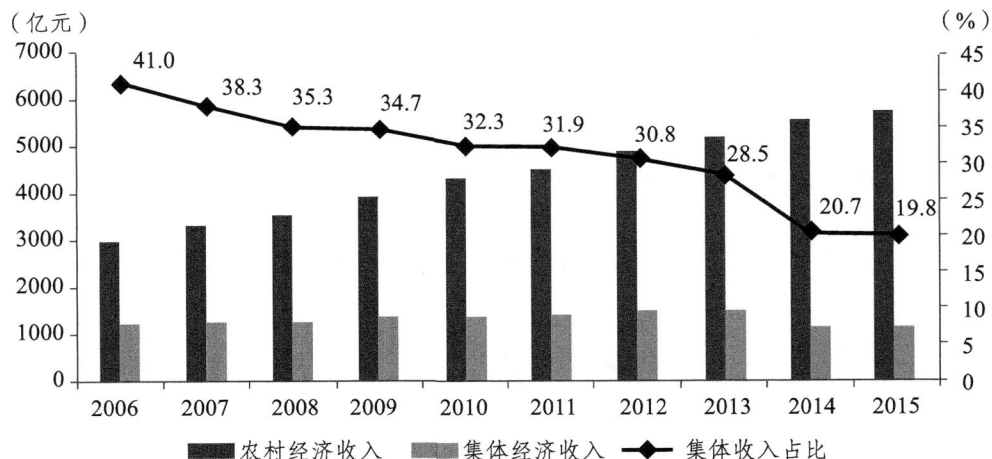

图 9　2006—2015 年北京市农村经济整体运行情况

（2）农村集体经济对全市经济增长贡献率基本呈下降趋势。农村集体经济增长贡献率为农村集体经济收入增量占全市 GDP 增量的比率。北京市农村集体经济对全市经济增长贡献率情况基本以 2013 年为分界点。其中 2013 年之前，北京市农村集体经济对全市经济增长贡献率基本保持为正值，2013 年及以后全部呈负值，且在 2014 年北京市农村集体经济对全市经济增长贡献率达到十余年来的最低值，为 −18.11%。

（%）

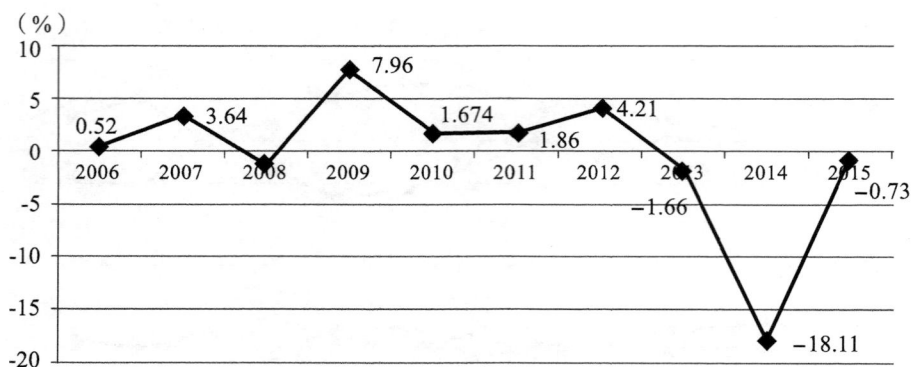

图 10　2006—2015 年北京市农村集体经济增长贡献率情况

（三）农村居民收入增速有减缓势头，工资性收入是主要影响因素

1. 农村居民收入增速减缓，有被城镇反超的趋势。从 2015 年开始，农村居民人均可支配收入增速与城镇居民可支配收入增速逐渐拉近，并在 2017 年上半年反被城镇拉开 0.8 个百分点。要实现农村居民收入增速超过城镇，压力较大。

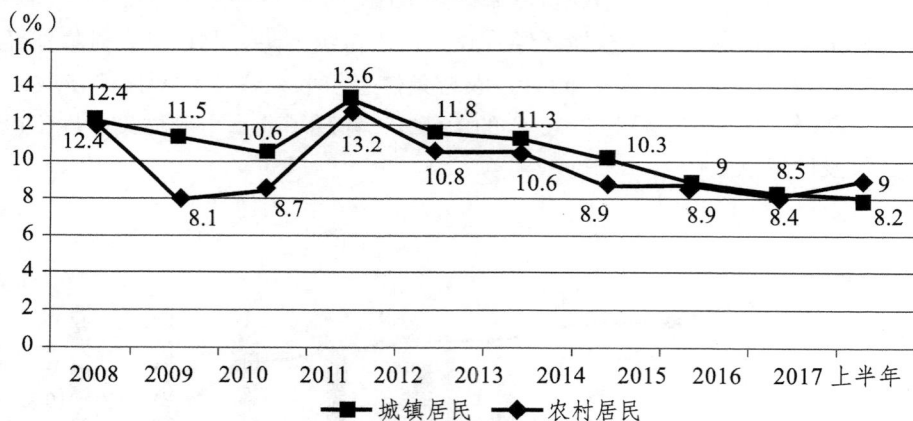

图 11　2008—2017 年上半年北京市城乡居民人均可支配收入增速情况

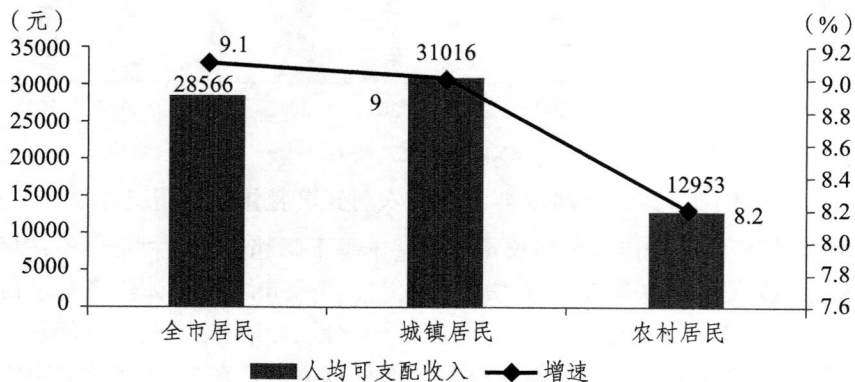

图 12　2017 年上半年北京市城乡居民人均可支配收入情况

2. 农民工资性收入的重要性进一步凸显。

（1）工资性收入近年来占城乡居民可支配收入六成以上。2016 年，农村居民工资性收入占农村居民人均可支配收入的 74.6%；城镇居民工资性收入占城镇居民人均可支配收入的 62.3%，工资性收入是城乡居民收入的主要来源。

（2）农民工资性收入占可支配收入比例从 2015 年开始超过城镇。2015 年和 2016 年，北京市农村居民工资性收入占可支配收入的比重达到 75% 左右，比城镇居民这一比重高出约 13 个百分点，农民工资性收入的重要性进一步凸显。

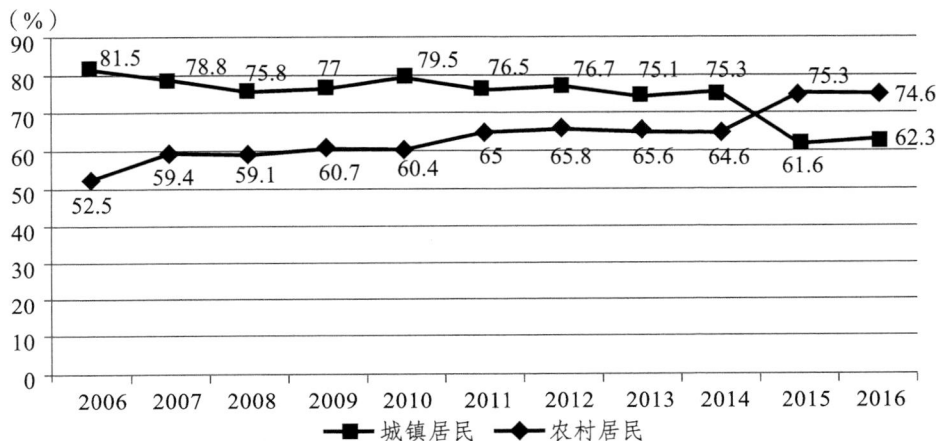

图 13　2006—2016 年北京市城乡居民工资性收入占比情况

3. 农民财产净收入中半数以上为房屋租金收入，但 2016 年财产净收入占可支配收入比重只有 6.1%。2006—2014 年，北京市农村居民的财产净收入逐年增加。从收入构成看，房屋租金收入占财产净收入的比例也基本呈逐年增长趋势，直到 2013 年，北京市农村居民房屋租金收入占比达到七成以上。但是数据显示，财产净收入和租金收入在农村居民人均可支配收入中的占比仍然很小，2016 年分别只占 6.1% 和 3%。

表 1　2006—2016 年北京市农村居民租金收入情况

年度	财产净收入（元）	出租房屋净收入（元）	租金比重（%）	租金同比增加（%）
2006	773	405	52.4	12.2
2007	927	487	52.5	20.2
2008	1199	587	49.0	20.5
2009	1402	656	46.8	11.8
2010	1590	674	42.4	2.7
2011	1537	991	64.5	47.0
2012	1717	1120	65.2	13.0
2013	2023	1562	77.2	39.5
2014	2452	1767	72.1	13.1
2015	1204	551	45.8	−68.8
2016	1350	673	49.9	22.1

二、北京市农村集体经济面临的主要问题

（一）集体资产保值增值压力大

北京市农村集体账面资产总量庞大，如果将集体土地等资源性资产计算在内，总体规模达到 10 万亿元级别，但近年来集体资产增速从之前持续多年的两位数高增长降低至 3%—8% 的中低速区间，使得集体资产如何更加有效地实现保值增值成为迫切需要解决的问题。

（二）集体经济效益偏低

根据前面的特点分析，集体经济效益偏低体现在三个方面，即利润率低、增长贡献率低、产业结构仍需优化。造成集体经济效益低的主要原因是在现有制度条件下，集体经济组织在市场经济中相对封闭，土地、资本、劳动力等生产要素难以实现与外部市场的自由流动，从而缺乏创造提升价值的能力。此外，集体经济组织需要承担村级公共服务开支与成员分红，一定程度上也使得集体经济扩大再生产能力受到限制。

（三）集体经济组织化程度下降，话语权缺失

在农村地区经济收入中，集体经济收入比重持续下降，从 2006 年的 41% 下降为 2015 年的 19.8%，主要原因在于，随着北京市乡镇企业体制改革，农村集体逐步退出产业经营领域，转而发展土地、厂房的物业租赁，集体经济进入地产经济阶段，而镇、村两级私有企业的规模与份额不断扩大。由于缺乏具体的经营业务，集体经济组织化程度有所下降，人才体系建设跟不上，在市场经济中话语权缺失。

（四）集体产业发展方向不明确，农民增收动力不足

为了促进经济发展质量在疏解整治中的不断提升，北京市从 2014 年颁布《新增产业的禁止和限制目录》，由于集体产业以工业、建筑业为主，在一定程度上限制了集体产业的发展，而由于新的产业方向不明确以及审批手续原因暂时无法落地，集体产业出现"空档期"，农村就业岗位与人才缺失，导致以工资性收入为主的农民收入增长机制动力不足。

三、北京市农村集体经济转型升级的几点建议

新阶段北京市集体经济不再是单纯的生产型和加工型产业，而是为首都"四个中心"功能服务的城市整体发展战略的有机组成部分。新阶段北京市集体经济面临转型升级，不仅是贯彻中央精神的必然要求，也是城市阶段性发展的必然规律。

（一）以城市总体规划为出发点，引导集体经济向服务型产业升级

1. 引导发展集体经济六大服务型产业。北京市集体经济转型升级的总体思路是以发展服务经济和绿色经济为主，拓展集体经济功能，延伸产业链条，提高附加值，增进效益。具体可根据区域功能定位，引导发展生态涵养、文化创意、会议会展、健康养老、基础设施维护和公共服务、都市现代农业等服务型产业。

2. 研究制定差异化的集体经济分区发展指导意见。以《北京城市总体规划（2016 年—2035 年）》为指导，根据区域功能定位和集体经济发展水平，出台集体经济分区发展指导

意见。例如，"一主"（中心城区）以文化创意、会议会展和都市现代农业等服务型产业为主要发展方向；"一副"（城市副中心）以会议会展、文化创意等服务型产业为主要发展方向；"多点"（平原新城）以文化创意、康健养老、都市现代农业等服务型产业为主要发展方向；"一区"（生态涵养区）以生态涵养、会议会展、健康养老、基础设施维护和公共服务型产业为主要发展方向。各区具体情况可根据规划和需求具体分析。

（二）以乡村治理现代化为着力点，提高集体经济组织化程度

推动乡村治理现代化是推进国家治理体系与治理能力现代化的有机组成部分。对集体经济来讲，基层党组织要发挥好领导核心作用与社会服务功能，明确集体经济组织市场主体地位，充分发挥集体经济组织集聚农村资源的"特别法人"作用。

1. 强化基层党组织核心作用，转变发展观念。充分认识到非首都功能疏解的政治意义，集体经济转型升级是现实需要，要加强基层党组织领导，积极宣传政策，做好群众服务工作。改变过去认为只有工业、矿业、制造业等行业才能致富的观念，认识到通过服务经济、绿色经济也能实现增长，而且能持续健康增长，引导村民参与集体经济转型升级，提高自身收入。

2. 放活集体经济组织市场主体地位，提高经济效益。通过构建现代化的治理结构，放活集体经济经营管理。在城乡结合部，应当实现基层治理体系的政经分离，通过制度化的形式将各类组织的职责界定清楚，明确集体经济组织市场主体地位，提高集体经济效益。在偏远山区，应当加强基层干部治理能力的培养，不但要培养干部党务、政务管理能力，而且要培养干部搞活经济、创新经营的能力。通过集体经济的发展壮大，为农村基层发展提供坚实的物质保障。

3. 提升集体经济组织化程度，增加市场话语权。从组织结构上看，集体经济组织为发展服务型产业提供了三个有利条件：一是组织条件，服务型产业不要求很高的专业技能，但同样需要分工合作，需要一定的组织载体，这就要求集体经济组织及专业合作社真正发挥作用。二是资源条件，分散家庭不便于提供发展产业所需的土地、劳动力等要素，而集体经济组织在要素供给上具有相对便利性，同时也可以为集体经济组织成员提供就业岗位，提高成员工资性收入，有利于地区稳定。三是政策条件，以集体经济组织为载体，可以享受相关政策优惠和涉农补贴。通过集体经济组织这三个条件，可以有效提升服务型产业发展的组织化程度，增加经营主体在市场交易中的话语权。

（三）以促进农民增收为落脚点，探索农民持续增收长效机制

1. 增加集体就业岗位，提高农民工资性收入。作为农民可支配收入中最大的组成部分，增加工资性收入不仅可以有效促进农民增收，还有利于社会稳定。具体来说，培育规范的劳动就业组织，提高从业人员职业化水平；引导各级财政出资的绿色生态建设项目和社会公共管理服务项目，安置低收入农户劳动力就业；适当将基础设施维护、公益性就业岗位向低收入群体倾斜。

2. 实现集体资产保值增值，增加农民财产性收入。强化集体资产的规范监管，明确经管部门职责，探索多种形式的资产保值增值渠道。城乡结合部地区应充分发挥集体资产的区位优势，利用信托、资产管理、委托代理等方式提高集体资产收益；山区继续探索利用闲置农宅发展民宿经济等方式，增加农民财产性收入。

3. 适当加大集体产业疏解地区的转移性支付力度。在疏解整治过程中，部分地区农村居民付出了一定的代价，在短期内收入减少，市级公共财政可以考虑适度加大对这些地区的转移性支付力度，提高生态岗位补贴。

4. 加大农村实用人才培训。建立农村实用人才培训机制，通过基本技能培训、职业技能培训、组织农技专家下乡、组织对外考察交流等方式，提高农民的职业技能，逐步解决农村劳动力技能无法胜任相关岗位的问题。

执笔人：　周颖、武梅丽

贯彻党的十九大精神暨改革开放四十年 北京市全国农村固定观察点村户调查报告

　　为学习贯彻党的十九大精神，庆祝改革开放四十周年，北京市农经办农村经济统计处开展了"贯彻党的十九大精神暨改革开放四十年"的主题调研活动，对北京市全国农村固定观察点村户（以下简称观察点村户）进行了全面调查。调研对象涉及延庆区永宁镇王家堡村、通州区潞城镇大营村、密云区溪翁庄镇石马峪村和房山区琉璃河镇官庄村及其观察点农户 140 户，调研内容涵盖村户基本情况、对党的十九大精神学习和贯彻情况、改革开放以来的变化情况等。

一、村级调查

（一）各村基本情况

　　被调查村庄 60 岁以上老年人在 20% 以上。各村人口及劳动力构成如表 1 所示，王家堡村、大营村、石马峪村和官庄村人口分别为 154 人、629 人、1925 人和 1049 人，大营村劳动力占比（33.5%）及老年人占比（23.8%）均为最低，王家堡村劳动力占比为 49.3%，老年人占比为 26.0%，石马峪村和官庄村劳动力占比均已达半数以上，且老龄化人口分别占 34.6%、38.7%。

表 1　　被调查村庄人口结构基本信息　　　　　　　　　　单位：人

	人口	劳动力	60 岁以上老人
王家堡村	154	76	40
大营村	629	211	150
石马峪村	1925	1117	667
官庄村	1049	580	406

（二）十九大精神学习贯彻情况

　　村干部对十九大精神比较了解，且积极组织进行十九大精神宣传。从认知情况来看，村干部均认为十九大精神与村民的生活关系比较密切，对于十九大提出的相关政策例如"土地关系稳定不变，到期后再延长 30 年"以及"深化农村集体产权制度改革，保障农民财产权益，壮大集体经济"等决策的认知比较清楚。各村均组织村民学习十九大精神，大营村、马家峪村和官庄村还在村中设置了有关十九大精神的文化墙、宣传栏等。为了更好地贯彻党的十九大精神，在宣传方面，村庄希望获得对十九大精神详细解读的相关书籍等材料。

村庄积极规划未来发展，务工、特色种养为主要增收渠道。各村基本都对村庄建设规划进行了编制（王家堡村正在编制），其中石马峪村和官庄村还编制了产业发展规划。目前，除了大营村外，其他各村均有特色林果业，石马峪村还发展了其他特色产业。村庄未来增收渠道方面，各村都认为务工、特色种植养殖、经商等是主要的增收渠道，另外大营村认为房屋出租也是该村未来主要的增收渠道之一。分红普遍不被看作主要增收渠道，发展较为成熟的石马峪村和官庄村已进行集体产权制度改革，官庄村分红在 2 万元以上，而石马峪村分红不足 200 元，王家堡村和大营村未分红。

村庄基础设施、文化娱乐环境得到改善，各村之间存在差距。各村庄经过多年建设，村容村貌基本达到干净整洁，生活垃圾分类处理、日产日清，较少出现侵占街道、乱搭乱建的情况，村庄绿化较好。除王家堡村，各村供水安全、合格、有保障，建立了污水收集管道，改用清洁能源和卫生厕所。王家堡村发展相对滞后，虽然供水可以保障，但水源质量不佳，街面仍存在污水横流且尚未改用清洁能源的情况。文化生活方面，石马峪村、官庄村文化活动室和体育健身器材等完备，且时常开展文化活动；大营村虽具备相关文化室和器材，但较少开展活动；王家堡村尚未具备相关硬件设施。

（三）改革开放后变化情况

改革开放后各村居民收入显著提高，生活环境明显改善。户均收入方面，改革开放初期，各村户均收入均在 1000 元以下，2017 年户均收入已逾万元。受收入影响，户均支出在改革开放前均低于 500 元，如今户均支出基本已超过万元（王家堡村除外，只有 2000 元左右）。从主要的增收渠道来看，粮食和其他作物的种植收入、务工收入、经商收入和社会保障性收入（低保、福利养老金）为主要的收入增加渠道。改革开放后，村民生活环境明显改善，居住质量提升，社会风气较好，道路和街道状况得到较大改善，出行更方便。

改革开放后村民文化程度提高，生活方式发生转变。改革开放前各村出现的最高学历为高中，如今随着高等教育普及，各村均有接受过高等教育的村民，村民素质普遍提高。随着整体生活水平的提高，生活方式也发生了转变，选择更加多元化。改革开放初期，各村村民主要的出行方式为步行或骑自行车，以国营商店和集体经济商店为主要购物渠道，基本没有家用电器（偶尔有电视），如今出行可选择公交、地铁、电动车等，购物可以选择农贸市场、百货商场、超市等，且基本的家电（如电视、电脑、冰箱）都已具备。

（四）各村未来发展规划及调研建议

处于不同发展阶段的村庄受到的制约不同，但各村未来发展方向基本一致。缺乏产业发展资源、缺乏劳动力、基础设施薄弱是各村在发展中面临的共性问题，除此之外，已经有所发展的村庄还面临组织化程度低、缺乏管理人才和农户增收意愿不强的问题。在未来发展方向的选择上，村庄基本都将林果业、休闲农业和乡村旅游业等附加值高的产业作为主要方向。特别是在被调查村中，大营村被纳入城市副中心建设，村庄已完成转居安置，面临的主要是城市化后村民就业和生活保障问题，更关注撤村转居后集体经济的存在形式。

为更好地贯彻十九大精神，王家堡村建议农经部门对农村、农业种植投入更多关注；就改革开放为村庄带来的变化方面，各村均认为改革开放提高了生活水平，改善了生活环境，住房条件更加舒适，交通出行更加便利，文化生活更加丰富。对于固定观察点的工作，各村希望多交流并坚持长期跟踪。

二、农户调查

（一）农户基本情况

本次调查的农户户均人口数为 4 人（户均人口为 3.66 人，四舍五入后为 4 人），但以两口之家最多，占比为 27.6%；三口之家、四口之家、五口之家和六口之家占比分别为 19.4%、16.4%、14.2% 和 11.9%，一口之家与七口以上（含本数）之家占比合计 10.9%。

户均家庭劳动力数量为 2 人，其中，拥有 2 个劳动力的家庭为 41.1%，占比最大；有 3 个劳动力的家庭位居其次，占比为 18.6%；没有劳动力或者有 1 个劳动力的家庭分别占 13.2% 和 14.0%，拥有 4 个劳动力的家庭占比约为 11.6%；拥有 5 个及以上劳动力的家庭相对较少，占比合计为 1.6%。

农村空巢家庭相对较多。家中拥有 1 位 60 岁以上老人的家庭比重为 31.9%，拥有 2 位 60 岁以上老人的家庭比重为 36.3%，家中没有 60 岁以上老人的比重仅为 29.2%。根据户均家庭人口数量和劳动力数量信息，可以发现，农村存在大量的空巢家庭，很多老人并未休养生息，仍然在承担着劳动者的角色。

（二）农户对党的十九大精神学习和贯彻情况

农户对党的十九大较为关注。61.4% 和 30.3% 的农户认为十九大报告的内容与自己的生活"密切相关"和"比较相关"，19.9% 和 63.2% 的农户认为自己"非常了解"和"比较了解"十九大精神，85.2% 的农户能够准确回答出十九大召开时间，在一定程度上说明了农户对党的十九大的关注。

农户学习和贯彻十九大精神的途径方式多种多样。农户学习十九大的方式既有电视、广播、网络、报纸等，也有文化墙、宣传栏等，村干部也会组织村民专题学习十九大精神，但就学习途径来看，93.4% 的农户首选了电视，而将广播作为首选的农户只占 4.1%。

农户对十九大报告中关系切身利益的内容更为关心。关于习近平新时代中国特色社会主义思想，有 83.3% 的农户回答知晓，但就十九大报告中所提出的具体内容而言，农户对不同方面的问题表现出迥异的关注度，如对于"两个一百年"的奋斗目标，"非常了解"和"比较了解"的农户占比合计为 73.3%，"不太了解"和"不了解"的农户占比合计达到 26.7%；对于关系农户切身利益的土地承包问题，"非常了解"和"比较了解"农村"第二轮土地承包到期后再延长三十年"政策的农户占比为 80.2%，"非常赞同"和"比较赞同"该政策的农户占比合计高达 90.4%。可以看出，农户在学习和贯彻十九大精神的时候更关心与自己切身利益相关的政策。

农村整体环境符合生态宜居标准。党的十九大提出了"开展农村人居环境整治行动"，对该政策"非常了解"和"比较了解"的农户占比合计达到76.1%。农户对所在村的村容村貌整体评价较高：认为村容村貌"非常干净整洁"和"比较干净整洁"的农户分别为35.8%和61.3%，而认为"不干净、不整洁"和"脏乱差"的农户占比合计仅为2.9%，而就生活垃圾处理、生活饮用水、村庄道路、污水处理、村庄绿化指标而言，70%以上的农户认为所在村符合生态宜居或者比较符合生态宜居标准，但就庭院美化而言，仅有56%的农户认为符合或者比较符合生态宜居的标准。此外，煤改清洁能源和"厕所革命""已经完成"或者"正在进行"的农户比重均在80%以上，农村生态环境进一步改善。

农村文体设施相对健全，但文体活动开展相对欠缺。87.6%的农户认为所在村有文化活动室且开放，89.1%的农户表示村内的健身器材或者体育活动场所能够满足村民需要；但就村内开展的文化活动情况来看，45.0%的农户认为当前的文体活动开展还"很少开展"和"不开展"，30.4%的农户表示村内"很少有"甚至"几乎没有"文化墙、宣传栏，可以看出，文化墙、宣传栏的作用在村内还有较大发挥空间。

农户普遍认为集体经济发展对自己收入具有较大影响。31.9%的农户认为集体经济发展对自己的收入"影响非常大"，另有46.7%的农户表示对自己的收入"影响比较大"，而认为对自己收入"影响比较小"或者"没有影响"的农户分别占8.9%和12.6%。需要加大向农民宣传农村集体产权制度改革的力度。超过三分之一的农户表示对当前的"深化农村集体产权制度改革""不太了解"或者"不了解"。

绝大多数农户了解十九大报告提出的"支持和鼓励农民就业创业，拓宽增收渠道"，10.4%的农户认为自己"非常了解"，53.3%的农户选择了"比较了解"，而"不太了解"和"不了解"的农户占比分别为32.6%和3.7%。就未来增收渠道而言，46.3%的农户首选了务工，19.4%的农户拟通过特色种植养殖，13.4%的农户则打算通过从政府获取低保金、福利养老金等来实现增收。可以看出，农户在增收途径的选择上较倾向于务工实现增收。

医疗、养老、教育、住房、扶贫、反腐等各项改革工作深入民心，农户对近年来社会改革评价较高。70%以上的农户对十九大报告中提出的"全民参保计划"、农村教育、扶贫等改革工作"比较了解"，部分农户对以上政策"非常了解"。但就当前农村收入发展现状而言，仅有7.6%的农户对自己的收入"很满意"，29.7%和41.5%的农户则对自己的收入"比较满意"和"基本满意"，另有21.2%的农户则对当前收入"不太满意"，在一定程度上反映了我国当前"人民日益增长的美好生活需要和不平衡不充分的发展之间的矛盾"。随着改革深入，80%以上的农户认为我国医疗、养老、扶贫、收入分配、环境状况、依法治国、从严治党等各项事业改革取得成效，但在住房方面，仍有17.8%的农户认为住房问题依然没有改善。

（三）改革开放对于农村及农民生活的影响

农户对于改革开放的认识较浅。农村居民对于改革开放的了解普遍较少，从调研结果来看，明确知道改革开放起始时间的为106人，占总人数的78.5%，仍有21.5%的农户不知道改革开放的起始时间。对于改革开放具体内容方面，仅有 39.1% 的受访者对其有深入了解，半数以上的农户对于改革开放了解不多，另有部分农户对改革开放不关注或完全不了解。

改革开放以来，农民收入、消费水平显著提高。改革开放初期，农村居民收入基本在1000 元以下，占受访户的 86.8%；经过 40 年的发展，农村居民收入普遍大幅提高，2017年，农村居民收入在 2 万元以上的达到 80.9%，其中收入过 10 万元的有 20 人，占受访户的 15.9%。收入构成方面，种粮、种菜、务工、房屋出租、低保、福利养老金等收入全面大幅提升，其中务工收入的增加最为明显。随着收入增加，消费水平也显著提高，改革开放初期多数农户年消费在 1000 元以下（占 88.19%），2017 年消费过万的农户占 84.3%。消费构成方面，食物、衣服、建房和医疗方面的消费支出有明显增加，其中食物消费支出的增幅最大。

改革开放改善了农村居民的生活方式。改革开放初期，农村居民的休闲娱乐方式较为单一，主要休闲方式是听收音机，随着电视的全面普及，目前主要的休闲方式为看电视。同时，休闲方式呈现多元化，看书看报、逛街、玩游戏和旅游等逐渐进入农村居民的生活，成为常见的休闲娱乐项目。出行方式上，改革开放初期以步行和骑自行车为首选，目前出行方式则主要为公交、电动车和汽车，也呈现多元化趋势。家用电器方面，改革开放前电视是主要的家用电器，改革开放后电视机、电脑、电冰箱、洗衣机、空调等常见家电基本普及。购物渠道方面，改革开放初期主要从国营商店和集体经营的商店购物，如今主要从百货商场、超市及农贸市场购物，网购等其他方式的普及使购物渠道更加丰富。

改革开放后，居住条件、受教育水平明显改善。71% 受访户的居住条件在改革开放后发生了很大变化，居住面积、居住质量和居住环境有了显著改善，25% 的农户居住环境有较大变化，居住环境得到改善。同时，居民反映村庄道路得到修缮，出行更加方便。改革开放以来，农村居民受教育程度逐渐加深，高等教育逐渐普及。改革开放前，农村居民主要为小学和初中文化水平，初中以下文化水平占 86%，如今家中有接受过高等教育的受访户达到 67%。

改革开放后，农村社会保障、村容村貌水平显著提高。随着农村医疗、养老体制的完善，医疗、养老等福利的普及率达到 94%。居民反映村庄内社会风气、居民道德修养普遍提高，村庄环境得到很大改观。从农村居民自身的认知角度，改革开放为村庄带来的变化主要有：经济快速发展、人民生活水平提高、社会治安更好、思想观念转变、民主程度提高、休闲娱乐及文化教育迅速发展等；认为改革开放带来的好处中生活水平提高、交通条件改善和国家地位增强最为显著；同时认为改革开放仍需从提高医疗卫生水平、提高人的素质和环境治理等方面进一步加强和完善。总体而言，农村居民对于改革开放的满意程度较高，95% 的人认为改革成果很好，非常支持。

（四）观察点工作

本次调研的受访户均为参与固定观察点记账工作的农户，参与起始时间有所差异。最早参与的记账户自 1985 年开始记账，最近的自 2017 年参与记账。调研户中，主要起始参与年份为 1985、1999、2005 和 2017 年，分别占总数的 10%、25%、26% 和 31%。

固定观察点的参与户覆盖范围广泛。除了一般农户外，还包含民政低保户 6 户、民政低收入家庭 14 户、水库移民户 14 户、残疾人户 4 户以及五保户 1 户。

受访户多数有补贴收入。本次受访的农户中领取补贴的占总数的 76%。从补贴覆盖率来看，农业支持保护补贴（即粮食直补、良种补贴、农资综合补贴）覆盖面最广，占领取补贴户总数的 58%。平均来看，各项补贴中低保金额最高，为每年 13000 元，公益岗位补贴其次，为 10739 元，覆盖面最高的农业支持补贴额为每年 755 元。

表 2　各项补贴平均值　　　　　　　　　　　　单位：元

	低保金	福利养老金	残疾人补贴	农业支持保护补贴	公益岗位补贴	林权补贴	其他
均值	13000	7110	1240	755	10739	2434	904

参加记账工作的农户对固定观察点的工作比较满意。调研结果显示，92% 的记账户对于观察点每年支付的补助金额比较满意，且 95% 的人表示愿意继续从事固定观察点的记账工作。多数记账户表示参与记账工作利于自身清楚了解家庭收入来源和支出情况，有助于精打细算减少不必要开支。近半数的受访户表示记账也有助于了解家庭各项情况变迁。

（五）意见和建议

为了更好地贯彻十九大精神，总结改革开放成果和进一步完善农村固定观察点的工作，本次调研征集了农户对于相关事项的意见及建议。

农户对农经部门落实十九大精神的建议主要集中在三方面：第一，关注养老问题，提高养老基金，改善农村老年人生活水平；第二，建设美丽乡村，加强乡村建设，改善居住条件、村容村貌，做好清洁卫生；第三，继续坚持惠农措施，关注特色农产品、林产品，注重解决前期物质资本购买和后期农产品销售问题。

对于改革开放成果的实际感受方面，农户的心得主要有：第一，生活水平显著提高，从吃饱穿暖到物质文化水平极大丰富；第二，医疗、养老等补贴的普及为生活提供了保障，老年人生活得到一定改善；第三，生活环境改善、交通便利，出行更加便捷。

对于固定观察点进一步完善工作的建议主要为：第一，加强对记账员的培训交流；第二，进一步提高记账补助金额。

课题负责人：李理、郗蕙
课题组成员：阎建苹、朱长江、张军、孙琳临、刘鑫、张宇、王伟男、王磊

北京市发展公平贸易促进合作社规范发展研究

一、背景

自从 2006 年 10 月《中华人民共和国农民专业合作社法》（以下简称《合作社法》）颁布并于 2007 年开始实施以来，农民合作社的数量迅速增加。根据最新统计，2018 年 10 月底全国农民专业合作社数量为 213.8 万家，入社农户超过 1 亿户，约占承包农户总量的 48.5%（原国家工商行政管理总局课题 2018）。到 2018 年 10 月底，全国依法登记的农民专业合作社达到 214.8 万家，是 2007 年底（农民专业合作社法实施之年）的 82 倍，带动农户超过 1 亿。国家级示范社近 6300 家，县级以上各级示范社超过 18 万家。全国每个行政村平均有 3 家合作社，入社农户占全国农户总数的 48.7%。合作社通过共同出资、共创品牌、共享利益，组建 1 万多家联合社。2017 年，北京市已有 7000 余家农民专业合作社，带动了 34 万农户（张天佐，2018）。

合作社经营范围覆盖粮棉油、肉蛋奶、果蔬茶等主要农产品生产，并由种养业向农产品加工、民间工艺制作和服务业延伸。目前，有 23.4 万家合作社从事服务业，3.3 万家创办加工实体，1.6 万家发展农村电子商务，6000 多家发展休闲农业和乡村旅游。

合作社为成员提供农资购买、技术信息、仓储运输、加工销售等服务，其中提供产加销一体化服务的合作社占比 53%。合作社提供统一经营服务的总值超过 1.1 万亿元，实现经营收入 5890 亿元，可分配盈余 1100 亿元，为每个成员平均分配 1644 元。1.16 亿亩家庭承包耕地流转入合作社，占流转总面积的 22.7%。10 万家合作社实施标准化生产，8.5 万家合作社拥有注册商标，4.7 万家合作社通过"三品一标"农产品质量认证。全国有 237.5 万个建档立卡贫困户加入合作社，约 10% 的国家示范社位于国家级贫困县中，带动成员 22.8 万户。

毫无疑问，在让小农户参与快速变化的农产品市场方面，合作社发挥了重要作用：如果没有合作社，大多数小农户就只能将产品卖给流动商贩或拿到当地市场销售。合作社可以更好地获取市场信息，并且通常由一人或多人专门负责营销，因此，与小农户相比，合作社总是能表现得更好，能进入更广阔的市场。但是合作社发展面临一个关键问题：小农户是否能平等地获益。这归根结底是合作社的治理问题，或简言之，谁拥有以及谁控制合作社。

尽管近年来合作社蓬勃发展，大量理论研究和实证研究都表明目前我国的农民合作社运行效率不高，提高农民收入的作用不明显，其中一个重要原因就是合作社的治理问题

（徐旭初、吴彬，2011）。合作社发展具有重大缺陷，但是鉴于经济发展目标及政治经济环境，这却是我国农业产业化的结果。尽管如此，农民合作社是不断发展的机构。党的十九大报告提出要健全农业社会化服务体系，实现小农户和现代农业发展有机衔接，这就要求农民专业合作社向更加规范、更加高效的水平发展，让小农户从合作社获得更多利益及控制。随着合作社外部发展条件的改善，健全和完善内部治理结构和治理机制将是促进农民合作社规范运行和持续发展的重要内容（熊思娟，2013）。

空壳社的现状不容乐观。在8省12县的调研中，发现普遍存在空壳社的现象，部分地方比较严重，空壳社数量占已注册合作社数量的一半以上，甚至占绝大多数（苑鹏，2018）。这影响了农民合作组织在社会中的整体形象，导致了政府相关资金使用的低效和不公平分配，没有达到精准扶贫政策和其他农业农村发展的目标。

2001年，FINE[①]对公平贸易（Fair Trade）进行了权威定义。公平贸易通过市场的方式给予小农户帮助——特别是处于劣势的小农户，以"造血"代替"输血"，让他们更加平等地分享农业全产业链上产生的价值，是促进农民收入增长的新机制。在国际上，公平贸易已经被联合国认定为扶贫领域的最佳实践之一。而且，公平贸易仅支持符合条件的特定的小生产者：采取民主治理的、集体控制的小生产者，以确保他们能真正地、平等地分享公平贸易提供的支持。

公平贸易组织明确承诺公平的贸易是其使命的主要核心。在消费者的支持下，公平贸易组织积极支持生产者（特别是脆弱的小生产者），积极推动改进常规国际贸易的规则和实践，使其更有利于发展中国家的小生产者。

21世纪以来，公平贸易在中国保持稳定的发展。2001年，江西省上饶市婺源县大鄣山有机茶农协会成功通过了公平贸易认证，成为中国第一家公平贸易生产者组织。经过近20年的发展，目前，在中国共有16家公平贸易合作社／协会，产品包括茶叶、咖啡、花生、蜂蜜、苹果、栗子等。这些合作社的公平贸易产品全部是出口到欧盟和美国市场。由于加入了公平贸易组织，他们不仅可以获得较好的价格、稳定的销售渠道，还可以获得金额可观的返款，将返款用于改善当地的生产和生活条件（例如修路、购置新设施设备），促进社区发展（例如建立奖学金、更新学校的教学设备、修建社区中心）。而且，公平贸易强调小生产者组织（合作社）的治理，要求合作社按照公平贸易标准加强自身的治理，提高透明、公平、平等，因此公平贸易也逐渐促进了这些合作社治理的规范，成员在合作社决策中发挥越来越积极的作用，并促进了当地社区的民主建设。

合作社的规范发展除了需要政府、研究机构、NGO（非政府组织）等的引导和支持外，还可以借鉴国外经验，例如，公平贸易——公平贸易利用基于市场的手段来推动合作社主动改进完善治理。2016年以来，北京市农研中心（市农经办）开展了《北京发展农民合作促进低收入农户增收试点》等一系列活动，借鉴并宣传国际公平贸易理念，帮助能

---

① FINE 是指一个由国际公平交易标签组织（Fairtrade Labelling Organizations International）、国际公平交易协会（International Fair Trade Association）、欧洲世界商店连线（Network of European Worldshops）及欧洲公平交易协会（European Fair Trade Association）四个公平交易的主要组织所组成的非正式连线。

够带动低收入农户的农民专业合作社进入公益市集平台、开展国际公平贸易认证。

本课题通过理论研究和实地考察，总结公平贸易对合作社治理、社区民主建设的影响，为在更大范围内推广公平贸易的成功经验——特别是进一步规范合作社的发展——提出建议，供其他发展实践者参考借鉴。

二、我国农民专业合作社治理面临的挑战

在过去的十年中，我国的农业部门经历了巨变。由于高速经济发展及大规模城市化，我国现在已经变成全球最大的农产品生产国和消费国。然而，广大欠发达地区的农业部门依然面临着严重挑战及迫切的需求。作为一种生产者组织，合作社是组织个人生产、满足紧密协调的农业产品生产系统需求的理想工具。并且，合作社有助于改善农民对产品及农投物市场的进入，支持技术创新的产生及应用，支持新活动的多样化，以及自然资源管理等。发达国家经验表明，农民合作社对农村发展及农业产业化有重要作用。全国 200 多万家合作社组织带动农户超过 1 亿户，有效提高了农业生产经营组织化程度，促进了小农户和现代农业发展的有机衔接（张天佑，2018）。

在北京，合作社也迅速发展。截至 2017 年 12 月底，北京共有农民专业合作社 6409家。在 10 个远郊区中，密云、平谷两区合作社数量最多，分别达到了 1393 家和 1236家。合作社实有成员 21.8 万名，辐射带动农户 14.5 万户。合作社资产总额 77.8 亿元，其中成员出资额 29.9 亿元。2017 年，合作社总收入 42.9 亿元，实现盈余 6.04 亿元，其中提取公积金 0.5 亿元，盈余返还总额 2.7 亿元，分红 1.1 亿元。

尽管发展迅速，我国合作社的治理还非常薄弱，缺乏透明和公平。目前，由小农户成立的、向其成员提供有效支持和服务的、可持续的、运转良好的合作社还很少。很多合作社被试图获得政府支持和优惠政策的农业公司及（或）大型企业所控制。这些合作社的特点是被少数被允许向合作社入股投资的投资者所控制，而其余成员——特别是贫困的小农户——则被排斥在外，导致合作社的权利被精英俘获：在村镇里具有明显经济政治影响的富裕大户、企业，甚至政府官员常常可以左右合作社的决定并且获得大部分利益，而绝大多数成员没有投票权，而且不能理解、影响决策过程（世界银行，2015）。尤其是在公司（企业）牵头成立的合作社里，公司与农户之间的关系是不平等的，因此，在利润过程中，公司往往获得更多利益，剥夺了农户的利益（张晓山，2004）。在不同的农业产业化经营模式下，只有以农户为主体的纵向一体化经营模式下，广大农户才有可能获得最多的利益（苑鹏，2013a，2013b）。

合作社虽然按照《合作社法》规定建立了三会制度（理事会、监事会、成员大会），但是它们往往形同虚设，并不具有合作社的实际决策权力。一方面，成员大会通常是被用来传播信息或技术培训，而很少参与重要决策的制定。决策权则常常由理事长及理事行使，他们往往也是合作社的主要出资人。另一方面，管理层和理事的重合使得成员很难让理事会对其负责——由于缺少制衡。这对合作社的治理结构提出了重要问题，而这些问题对小生产者和普通合作社成员的作用有重大意义。另外，《合作社法》中有些区别合作社

与其他企业的关键要素虽然在名义上体现在了合作社的章程里，但是普遍没有被实践且没有被监管。在分配盈余、保持成员账户（特别是平等地向所有成员分配政府资金）、民主治理（包括由成员大会行使决策权）等方面，尤其如此。此外，合作社的财务管理和其他信息也不透明。《合作社法》中描述的治理结构还普遍停留在字面以满足注册要求，但是在实践中则往往被忽略（世界银行，2015）。

在北京，情况也是如此。从全市 6409 家合作社看，由于注册合作社门槛较低，"小、散、弱"合作社占有相当比重。目前，全市规模较大、带动和服务能力较强、运行较规范的区级以上示范社有 621 家，占比只有 9.7%。多数合作社为没有或很少生产经营活动的"小微社""僵尸社"和"空壳社"。从合作社成员数量看，10 户以下的合作社 4312 家，占总数的 67.3%；从合作社收入情况看，总收入不足 10 万元的 5302 家，占总数的 82.7%；从成员入资情况看，入资不足 10 万元的 4693 家，占总数的 73.2%。

合作社治理运营规范水平低：一是利益联结不紧密。企业领办型合作社大多数是由农业企业收购农户产品衍生而来的，建立合作社后，基本延续之前的农产品收购合作关系，合作社经营与成员没有形成紧密的利益连接机制。此外，大多数合作社的成员构成异质性较大，从合作社的出资情况看，成员出资的大部分资金主要来源于领办的企业、能人或村集体，普通农户成员一般出资额很少，容易出现"有利则聚、无利则散"的局面，没有真正形成利益共享、风险共担机制。二是治理机制不健全。除一部分企业领办型合作社由领办企业导入了公司制的管理机制外，大部分合作社在经营管理方面仍过于依赖领办人个人的能力和资源，其他成员参与较少。例如，北京西红寺种植专业合作社等几家示范社，理事长因为个人健康状况等原因无法正常工作，导致合作社管理出现混乱，经营陷入困境，最终失去示范社资格甚至停止经营。三是经营管理水平低。从合作社人员聘用情况看，受资金实力和经营规模限制，多数大户领办的合作社是由领办人任理事长、家庭成员及亲属帮忙日常工作，很少聘请专业管理人员和技术人员。

为了引导合作社规范发展，北京市共培育创建示范社 621 家，占全市合作社总数的 9.7%，其中国家级示范社 118 家，市级示范社 192 家，区级示范社 429 家。示范社成员总数 74260 个，社均 120 个；带动社外农户 106617 个，社均 172 个；资产总额 35.6 亿元，社均 572.9 万元；经营收入 27.4 亿元，社均 440.6 万元。比非示范社分别高 2.5 倍、6.4 倍、3.7 倍和 5.5 倍。示范社在建立健全"三会"制度、规范财务管理、生产基地建设、标准化生产、统一各项服务等方面规范程度高，引领作用显著。

三、引导和促进农民合作社规范发展的总体思路、基本原则和主要目标

合作社的本质是由成员所有的、由成员民主治理的、为成员提供服务的互助组织。合作社能否真正实现成员平等获益、可持续的发展，在很大程度上取决于合作社的治理是否与合作社的本质高度一致，换言之，合作社的治理结构是否能促进成员们为了实现共同目标而有效合作。合作社规范发展的一个重要方面是规范合作社的治理，即合作社的治理要符合《合作社法》及相关法律法规的规定。

针对农民合作社发展中出现的问题，我国政府、有关专家和学者提出了要规范合作社的要求或倡议。2014 年 8 月 27 日，原农业部、国家发展和改革委员会等九部门印发《关于引导和促进农民合作社规范发展的意见》（农经发〔2014〕7 号）（以下简称《意见》）。《意见》指出引导和促进农民合作社规范发展具有重大意义，并明确了引导和促进农民合作社规范发展的总体思路、基本原则和主要目标、主要任务。

总体思路。全面贯彻落实党中央精神，按照"服务农民、进退自由、权利平等、管理民主"的要求，以构建新型农业经营体系为主线，以促进农业稳定发展和农民持续增收为目标，坚持发展与规范并举、数量与质量并重，健全规章制度，完善运行机制，加强民主管理，强化指导扶持服务，注重示范带动，不断增强农民合作社的经济实力、发展活力和带动能力，使之成为引领农民参与国内外市场竞争的现代农业经营组织。

规范合作社发展的基本原则：一是坚持农民主体地位。尊重农民的主体地位和首创精神，以服务成员为宗旨，坚持成员地位平等，实行民主管理、民主监督，使全体成员共同受益。二是坚持分类指导。因地制宜、因社施策、循序渐进，根据不同产业、不同类型采取差别化的政策措施，增强指导的针对性和有效性。三是坚持典型示范。树立一批规范运行的先进典型，充分发挥其示范带动作用，提升农民合作社发展质量。四是坚持市场引导与政府监督相结合。在充分发挥市场配置资源决定性作用的基础上，强化政府对法律法规政策落实的督促检查，促进农民合作社规范治理、信用自治、有效运行。

规范合作社发展的主要目标：经过 5 年的努力，农民合作社规模扩大、成员数量增加，运行管理制度比较健全，组织机构运转有效，民主管理水平不断提高，产权归属清晰，财务社务管理公开透明，服务能力和带动效应明显增强，成员权益得到切实保障，发展质量显著提升。力争有 70% 以上的农民合作社建立完备的成员账户、实行社务公开、依法进行盈余分配，县级以上示范社超过 20 万家。

规范合作社发展的 12 项主要任务：发挥章程的规范作用、依法登记注册、实行年度报告制度、明晰产权关系、完善协调运转的组织机构、健全财务管理制度、建立成员账户和管理档案、收益分配公平合理、定期公开社务、坚持诚信经营、稳妥开展信用合作、推进信息化建设。

四、国际公平贸易规范农民合社发展的主要做法

合作社的规范发展除了需要政府、研究机构、NGO 等的引导和支持，还可以借鉴国外经验，例如，公平贸易利用基于市场的手段来推动合作社主动改进完善治理。

（一）什么是公平贸易

公平贸易的出发点是解决贸易关系中权力不平衡问题（FLO，2013）。公平贸易让消费者为了购买公平贸易产品支付较高的价格，从而为生产者提供了更高的价格，让他们足以收回成本、维持生计。这种经济支持不仅有助于生产者改善他们的生活和生计、减轻贫困，而且还能刺激他们对减轻贸易不平等的渴求，激励生产者制定适合的社会政策为自己的产品打开、维持，甚至扩大（出口）市场，并且为他们所在的社区创造更多的就业机

会，提高生活质量，甚至让整个社区繁荣和发展。除了价格保护外，公平贸易生产者还可以获得一定比例的返款用于生产、生活条件的改善，甚至用于社区的发展。

1. 公平贸易定义。2001年，FINE对公平贸易进行了权威定义：公平贸易是一种基于对话、透明及互相尊重基础之上的贸易伙伴关系，它旨在追求国际交易的更大公平性，以提供更公平的交易条件、确保被边缘化的劳动工人及生产者的权益（特别是南半球）为基础，致力于永续发展。

2. 公平贸易目标。公平贸易鼓励发达国家的消费者为在发展中国家的、在对社会负责且可持续的条件下生产的初级产品支付更高的价格。作为一种另类贸易伙伴，公平贸易的战略目标是：帮助被边缘化的生产者和工人摆脱其脆弱的处境，实现安全和经济上的自给自足；向生产者和工人赋权，使其真正成为自己组织的利益相关者；在国际舞台上发挥积极和广泛的作用，以实现更大的、公平的国际贸易。

3. 公平贸易的基本原则。在交易关系中，公平贸易运动倡导支持下列的一般原则与做法：

原则一：为贫穷及弱势生产者提供改善生计的机会。所有公平贸易组织和成员都必须致力于改善在经济上处于弱势的或在贸易关系中被边缘化的小生产者的贫穷状态，为他们创造经济机会，为弱势个人、家庭农场或集体生产者提供支持，使他们获得更好的工作合约，获得更多的回报。

原则二：运作及买卖过程要透明，并进行问责。所有成员的商业贸易过程必须符合公开透明的原则。公平贸易讲求透明的管理模式与商业关系，促使贸易伙伴之间追求平等与尊重的关系。

原则三：协助合作伙伴提升能力，以保持持久的贸易关系。公平贸易不只关心价格，更关心生产、管理、营销等知识的传承与培训，目的是让所有的会员能具备足够能力将产品销往国际市场。在追求公平价格之外，也培育生产者的独立性与持续成长，让生产者具备管理技巧与开发市场的能力。

原则四：推广公平贸易运动。让全球消费者了解公平贸易的内涵，进而一同加入扶助弱势、消灭贫穷的行动中。另外，成员也应自律，遵守诚实的消费行为，清楚告知消费者产品的生产过程和原料来源，建立生产者和消费者之间的互信。

原则五：给予生产者合理的价格。透过与生产者的对话机制，共同参与合理定价的过程，形成双方都能接受的价格。价格公平包括两方面，除了生产者能获得与其劳力付出对等的合理报酬外，公平贸易商品在市场中的可持续发展，也是定价因素。公平价格不只包含了生产成本，同时也符合社会正义与环保的原则。另外，公平贸易经销商保证尽快付款于生产者，以帮助他们度过收获前期或生产前期的财务困难时期。与合作伙伴在平等互惠的原则下长期合作，对于特定弱势群体提供提前收购及提前付款以支持公平贸易的成长。

原则六：提供健康、安全的工作环境。世界公平贸易组织（WFTO）成员要提供安全及健康的工作环境，包括清洁的饮用水，怀孕及哺乳期间妇女的需求，合理的工作时数和医疗照顾。

原则七：禁止使用童工或强迫劳动。公平贸易提供生产者一个健康及安全的工作环境，如有儿童参与，则不能影响儿童的完整成长、安全及教育的要求，同时也必须符合联合国儿童权利的惯例及当地的法规。

原则八：敬畏自然。要有可持续管理及使用原生资源的观念，谨防滥采及在生产过程中可能造成的浪费，鼓励资源回收及使用天然的物料以维护环境的可持续发展。公平贸易积极鼓励更好的环保实践及负责任的生产方法。

原则九：反对歧视、促进性别平等、尊重文化多样性。所有成员与合作伙伴，必须保障工作中没有性别歧视，无论男女皆能获得均等的工作机会、升迁渠道与同等报酬，并赋予妇女在组织中应得的权力。另外，不同宗教信仰、文化或传统都应获得适当的尊重。

4. 公平贸易支持对象。公平贸易并不直接支持小生产者，而是通过支持小生产者的组织——以合作社为主——来为小生产者提供支持。公平贸易支持的重点是以家庭为基础的、脆弱的小生产者，希望获得公平贸易支持的小生产者们必须成立自己的组织。在一个越来越受价值链和全球化规则支配的世界里，竞争力是生存的条件，而成立生产者组织是提高小生产者竞争力的一个有效途径。实践表明，在发展中国家，作为小生产者自己拥有、自己控制的组织，小生产者组织（主要是合作社、协会）在提升成员和当地社区的社会经济条件方面可以发挥重要作用。为了确保小生产者组织能够真正代表其成员，公平贸易要求小生产者组织是由其成员所有的，并且由成员通过全体大会民主控制，且成员们民主选举产生组织的领导者，后者要对小生产者组织负责。

经过近百年的发展，公平贸易发展出了涵盖了从咖啡到棉花、新鲜水果和运动球的300多种原料产品的标准（FLO，2013），采取由第三方独立进行的全产业链认证，使用公平贸易标签，以确保加入公平贸易体系的小生产者只有在承诺并遵守各项标准后方可销售公平贸易的产品，获得公平贸易支持。

（二）合作社治理的相关理论

合作社的本质是由成员所有的、由成员民主治理的、为成员提供服务的互助组织。国际合作社联盟（ICA）提出合作社应符合七大基本原则，即自愿入社，民主治理，成员经济参与，自治和独立，教育、培训和信息，合作社之间的合作，关注社区。[①]

根据 ICA 的七大合作社基本原则，Sherwood 等提出了合作治理四大支柱模型，合作社治理的四个要素是：团队合作，为了实现共同目标而有效的合作；负责任的授权，成功地赋予权力，同时要对其问责；战略领导，成功地阐明合作社的方向/目标，并让组织朝着这个方向努力；民主，成功地实践、保护、促进和延续健康的民主制度。

这四个要素相辅相成，互相作用，缺一不可。Scholl & Sherwood（2014）指出，一个合作社要想取得成功，每一个成员——不论其具体作用如何——都要负责任地开展有效的合作，要被问责，还要能够向其他人赋权、专注于目标，并参与其中，以确保民主治理的制度真正发挥作用。这是每个合作社都要努力实现的治理目标——不仅在理事会会议上，

---

① 见 https://www.ica.coop/en/cooperatives/cooperative-identity。

而且在工作场所以及在合作社的成员中间：治理——包括为实现共同目标而指引、做出关键决策，共同努力——体现在合作社的方方面面。

不难看出，ICA 基本原则、合作社四大支柱治理模型与《意见》中对合作社规范发展的要求是一致的：即都强调由成员民主选举产生的理事会代表成员管理合作社（直接或间接——如通过聘请经理人），同时，理事会要对全体成员负责。理事会必须实践、保护、促进和延续合作社的民主本质，这不仅仅体现在投票权和投票上，还体现在为成员提供有意义的参与机会（如参与重大事项的讨论和决策），让他们逐渐开始反思和改进他们的合作社，实现合作社的可持续发展。

（三）公平贸易推动合作社规范治理的途径

公平贸易采取基于市场的途径对合作社治理施加影响。如前所述，公平贸易为生产者带来可观的直接经济利益：（1）公平贸易产品价格是不低于公平贸易最低限价的价格——这个价格可确保生产者能至少收回生产成本。当市场价格急剧波动（特别是市场低迷时），公平贸易限价能为生产者提供一定程度的价格保护；（2）公平贸易生产者还可以收到额外的公平贸易返款（或社会返款）。需要特别指出的是，对于合作社来说，公平贸易返款是销售收入以外的额外收入，而且返款占销售价格的比例虽然因产品而异，但是总体来说依然是非常可观的。以茶叶为例，返款比例为销售价格的10%。因此，一旦因违反标准而影响认证状态，合作社将遭到直接的、巨大的，甚至是难以承受的经济打击。

对合作社来说——特别是理事会，良好的治理意味着更多的责任，而且良好的治理虽然重要，但并不一定立即就会转化为可以看得到的好处，反而会导致额外的成本（例如，民主的决策制定过程可能导致决策成本增加、决策不及时），因此可能会缺少动力。可是，公平贸易的价格保护和社会返款所带来的直接的、可观的经济利益却成为促使其向着公平贸易要求的更好的合作社治理努力的巨大动力。

此外，由于公平贸易支持的生产者组织不仅包括合作社（一级生产者组织，即成员为小生产者的生产者组织），也包括合作社联合社或联盟（二、三级生产者组织，即成员包括一级、二级生产者组织），公平贸易也通过二、三级生产者组织促进其生产者组织成员改善治理。根据公平贸易的要求，二、三级生产者组织有义务向其成员解释、宣传公平贸易的理念、要求、标准，并有义务检查其下属成员是否遵守公平贸易的标准、是否按照公平贸易要求和成员自己制定的计划使用公平贸易返款。

在我国，公平贸易生产者组织中有数家是二、三级组织，他们基本都是合作社联合社或协会，主要负责从成员处收购农产品，完成产品加工和包装后，销售产品（包括公平贸易产品在内）。由于成员几乎所有产品都要依靠二、三级组织销售出去，因此，他们高度依赖二、三级组织，并愿意按照后者要求改善自己的生产技术、经营管理。

（四）公平贸易针对合作社治理的标准

作为生产者组织，要加入公平贸易体系，就必须达到公平贸易的生产者组织标准：《公平贸易小生产者组织公平贸易标准》。《标准》共分为四章。其中第四章"商业与发展"

是关于公平贸易生产者组织治理的标准。第四章分三节，共有 28 条标准，其中的第二节"民主、参与和透明"、第三节"不歧视"分别有 13 条、4 条标准，明确规定经公平贸易认证的生产者组织是符合国际合作社联盟（ICA）的七大基本原则的组织。

具体而言，公平贸易要求所有经过认证的合作社（在中国全部为合作社）必须有一个清晰的民主治理的框架（标准 4.2.1），即：

合作社的最高决策机构是成员大会，由成员大会对所有重大事项进行讨论和决策制定；并且在成员大会上，所有成员享有平等的投票权；并且成员在成员大会上以自由、公平和透明的方式选举理事会。理事会管理合作社雇员（如经理、工人等），并对成员大会负责。

公平贸易还规定了一系列具体的、清晰的配套标准以确保上述治理结构真正发挥作用，而不是流于形式。例如，公平贸易要求合作社必须制定书面规定，明确对成员的入社要求，即谁可以入社、谁不可以入社，同时还要制作并及时更新书面的成员记录——记录中要包括成员姓名、地点、土地、雇工数量、成员状态等基本信息（标准 4.2.2）。合作社不仅要制定规则和规定，还必须要执行这些规则和规定，如章程、附则和内部政策，包括选举、入社流程以及代表制度（标准 4.2.3）。合作社每年至少要召开一次全体成员大会（标准 4.2.4），并要以适合的方式及时通知成员大会的时间、地点、议程（标准 4.2.5）。全体大会必须制作会议记录，并由理事长及至少另外一名理事签字，记录中还必须包括一份全体大会的参会人员名单（标准 4.2.6）。合作社要向成员大会提交年度报告、预算和账目，并获得大会批准（标准 4.2.7）。合作社必须有专人负责行政和会计（标准 4.2.8），并且向所有成员公开记录和账簿（标准 4.2.9）。除非条件不允许，否则合作社的公平贸易银行账户必须有一个以上留印鉴人（签字人）（标准 4.2.10）。非成员理事必须按照合作社章程/规章和国家法律经成员大会批准，并且必须明确他们是否享有投票权或只是顾问职能（标准 4.2.12）。

上述 11 条标准（4.2.1—4.2.10、4.2.12）均为核心标准，即所有经过公平贸易认证的合作社在任何时间都必须遵守上述标准。一旦合作社被发现其违反上述标准中任何一条，则其必须在规定期限内采取纠正措施，否则将会影响其认证状态，并直接对其产生经济影响：即在合作社采取改正措施、且改正结果被公平贸易认可并恢复其认证状态之前，合作社将不能销售公平贸易产品、享受公平贸易最低价格保护、获得公平贸易返款。

为了促进合作社的良性发展，公平贸易还有两条发展标准，要求从认证后第 3 年起合作社必须向成员提供内部机制培训，即向成员解释参与合作社管理的方式（标准 4.2.11），以便于其对组织的管理进行控制，及以适合的方式向成员公布审计结果（标准 4.2.13），目的是为了提高组织成员对其所在组织运营的了解和认识，使其能够更积极地参与到组织的管理中去。

第 4.1 节中关于公平贸易返款使用的规定也进一步强调了合作社的民主、透明的决策制定过程：合作社必须制定公平贸易发展计划，推动合作社、社区的发展（4.1.1）；在实施公平贸易发展计划之前，合作社必须提交计划并经成员大会通过（标准 4.1.3）；且，合作社每年必须向成员大会报告公平贸易发展计划的成果（标准 4.1.6）。

（五）公平贸易通过严格审计实现标准的执行

公平贸易不仅制定出合作社治理标准，还通过严格的审计确保这些标准得到执行。公平贸易每年都要对合作社进行严格的审计，以确定它们是否落实、达到公平贸易的各项标准，从而确保合作社的民主治理框架发挥实际作用。

合作社的空壳社问题可以通过借鉴公平贸易审计的做法来进行有效解决，例如合作社发起人进行政策投机，地方政府政绩考核催生，涉农经营主体为套取政策优惠，精准扶贫尤其是产业扶贫政策引发的种种空壳社。

公平贸易通过独立的审计机构 FLO—CERT 监测合作社是否真正遵守了各项适用的公平贸易标准。FLO—CERT 的审计员每年实地审计合作社，随机抽选合作社成员进行访谈。例如，第 4.2.3 条标准规定，"您必须遵守自己制定的规则和规定，比如章程、附则和内部政策，包括选举、成员流程以及代表制度（如适用）"。在每年的公平贸易审计中，审计员会对照合作社的章程、规章等，严格检查合作社的文件，随机选择成员进行访谈，以评估合作社的遵守情况。审计时，审计员会根据公平贸易的审计重点以及合作社章程中的重要规定、制度，选取重要事项进行审计。例如，审计员可能会询问成员合作社是否、何时召开成员大会，何时通知成员将要召开大会，以何种方式通知成员大会的时间、地点和议程，大会有哪些重要决定，是否表决等；接着审计员会交叉检查合作社提供的书面记录，确认二者是否一致；然后审计员对照合作社章程中的相关规定，确认合作社的做法是否与相关规定一致（例如成员大会是否达到法定出席人数，表决结果是否有效等）。类似地，审计员会对合作社章程中其他重要的规定的遵守情况一一进行审查，最后，根据打分系统的规定对合作社对这一标准的履约情况进行打分。在审计中，对于发现的违反标准的做法，审计员会向合作社解释公平贸易标准中的要求，遵守标准对合作社发展的重要性，并向合作社建议纠正错误的补救措施。

与返款有关的标准对督促合作社采取民主、透明的治理具有更加重要的现实意义。据了解，返款使用是公平贸易审计中的一个重点。除了要审查返款用途是否合法、符合合作社的返款使用计划之外，审计员还要审查返款使用的程序是否符合标准：即返款使用计划必须经过成员大会批准，且要向成员大会报告返款的具体使用情况。同样地，审计员抽查成员以评价他们是否了解合作社的返款使用计划、计划过程以及实际使用情况，返款实际使用情况与上报给公平贸易的计划是否相符等，再核对合作社提供的相关会议记录、账目与成员提供的信息是否吻合，最后按照打分标准进行打分。据课题组了解，在实践中，合作社因为被发现理事会未经成员大会批准、自行决定如何使用返款而导致其公平贸易合作社身份被暂停的情况在国内并不罕见。

虽然公平贸易审计可能并不全面，但是审计的深度是足够的：如审计员检查合作社的许多文件、随机抽选合作社成员访谈、召开审计总结会议。因此，在某种程度上，公平贸易通过审计监督合作社对自己制定的各项制度的落实情况（Shields，2013）。上述分析也说明审计对合作社及其成员来说并不只是一个外部的检查过程，也是一个帮助他们学会自我检查的，总结、发现和解决问题的，实现自我发展的过程。公平贸易对合作社治理的标准虽然看似简单，但是由于采用一个有效的审计机制，在实践中，不仅这些标准能得到比较有效的落实，而且还能促进合作社治理的健康发展。这一点，在课题组走访的公平贸易合作社中也得到了验证。

（六）公平贸易促进生产者之间的良好实践宣传

目前在 75 个公平贸易产品生产国中，有 1599 个公平贸易认证的生产者组织，代表着 160 万小农户和工人。2013 年，公平贸易全球销售额达到 55 亿欧元，比 2012 年增长了 15%。2017 年大约 1.78 亿欧元被返还给生产主要七种产品（香蕉、咖啡、可可、糖料、茶、花卉、棉花）的社区，用于当地的社区发展比 2016 年增长 19%。如果公平贸易小农户和工人的家人计算在内，估计 600 万人直接从公平贸易中受益。2017 年全球公平贸易销售额达到 84.9 亿欧元，通过 2400 销售商销售的 30000 种产品。在 32 个国家成立了公平贸易组织。为了管理这个庞大的贸易体系并实现可持续发展，公平贸易建立了比较完善的管理制度。

公平贸易还支持生产者组织之间的合作（即合作社之间的合作）。这种合作不仅体现在二级、三级组织与其下属成员组织之间的合作，还包括公平贸易生产者组织之间的合作。公平贸易为生产者组织建立了一个联系紧密的网络，以促进各国、各地区生产者之间的互相学习与交流。为此，公平贸易每年都会开展多种多样的能力建设活动，如要求技术专家讲解有机生产技术、环境保护技术、气候智慧型农业等，也开展活动倡导合作社的民主治理，宣传合作社基本原则，呼吁生产者组织向小生产者赋权，让他们更好地掌控自己的生产、生活和未来。这些活动都有助于促进合作社改善治理。

1. 尼加拉瓜的 SOPPEXCCA 咖啡合作社。该合作社依靠同一个管理团队，从一个破产公司重组为一个合作社，逐渐还清全部债务、最终实现盈利。一个重要原因就是在重组后，SOPPEXCCA 做出了符合合作社基本原则及公平贸易标准的制度安排，将合作社成员的利益作为合作社的核心，采取民主的决策，确保合作社的决策符合大多数成员的利益。因此，尽管依然存在这样或那样的问题（例如，理事会成员的能力不足），但 SOPPEXCCA 获得了发展。但 SOPPEXCCA 虽然是一个个例，但是它也凸显了合作社治理对于合作社发展的重要作用，并说明了公平贸易对改善合作社治理的积极意义（Utting，2009）。

2. 泰国象山咖啡合作社。象山位于泰国北部著名的金三角地区。这里山峦重叠，虽然土地肥沃，但是可耕地少，交通也十分不便。当地的咖啡种植者们——阿卡人——由于是外来民族，在社会上一直处于被孤立、被边缘化的状态，过着极端贫困的日子，而且泰国政府不承认他们为国民，不向他们提供医疗和教育服务。从 20 世纪初开始，阿卡人靠种植罂粟勉强维持自给自足的生活，但是，他们也因此饱受毒品所带来的战争、武装冲突。这个地区也逐渐成为臭名昭著的金三角地区。

20 世纪 80 年代初，在联合国的帮助下，泰国王室决定在泰国彻底结束鸦片贸易，引进农作物来替代罂粟，例如，茶、咖啡、玉米。居住在象山的阿卡人得到了优质的 Arabica 咖啡苗、茶以及其他一些作物，但是由于阿卡人都是独立生产经营，没有销售经验，再加上与世隔绝，只会说自己的语言，很难与外界沟通，他们的生活并没有因此得到好转。

转机出现在他们成立合作社以后——他们受到一个了解公平贸易的有情怀的咖啡商人的影响，最终决定团结起来成立一个独立的咖啡合作社。自从成立合作社以后，阿卡人一直坚持公平贸易提倡的成员所有、服务成员、成员民主治理的基本原则，不断完善治理，发展生产经营，让社员真正获益。如今，象山咖啡合作社已经实现了一、二、三产业融合，象山牌咖啡豆已经名列全球前十名之内。阿卡人的生活一天比一天好过了，他们所取得的成就也得到了认可和赞扬，泰国的政府官员称赞阿卡族是其他山地部落的榜样。阿卡人成功实现了他们的最终目标：让山地部落作为有生产能力的、对社会有所贡献的人而被接受、被认可。

五、公平贸易对我国合作社规范发展的作用

（一）公平贸易在我国的发展

进入 21 世纪后，公平贸易在我国得到稳健发展，令小生产者（小农户们）获益（如更好的价格、更稳定的销售渠道、用返款支持的生产和生活条件的改善）。据课题组了解，在这一过程中，小生产者组织，即合作社的治理也得到改进。在此对我国典型的公平贸易合作社的规范化发展进行案例分析。

1. 大鄣山有机茶农协会。大鄣山有机茶农协会 2001 年顺利通过了公平贸易生产者组织认证，是我国第一家通过公平贸易认证的生产者组织。

按照公平贸易的规定，在其出售公平贸易绿茶的收入中，要按照 0.5—1 欧元／公斤的标准向其返款，而且返款全部直接汇入协会账户，由协会按照公平贸易规定的用途和方法使用。随着大鄣山有机茶销量不断上升，公平贸易返款也成正比例增加，现在协会每年获得的公平贸易返款资金超过了 100 万元。协会一直严格遵守公平贸易返款的使用原则，通过代表大会民主决定使用返款的用途。按照公平贸易的规定，返款可以被用于促进茶农改善生产条件、产品质量和产量，如按有机农业生产操作模式进行田间管理、采取气候智慧型种植技术，从源头抓好茶叶质量安全，或改善茶农及当地社区的生活条件，为当地创造经济、社会、环境效益。

在决定如何使用返款时，所有代表都要根据所在分会会员的意见和建议提出计划和项目，经过充分地讨论之后，民主表决做出决定，并向会员公布。对于当地茶农来说，最担心的问题不是温饱，而是子女的教育问题。所以，协会将大部分返款投入到茶农子女的教育上：由于协会的支持，当地女童也有机会上学接受正规教育；协会还设立了奖学金，对每个考上大学的茶农子弟，奖励 1000 元奖学金，对进入重点中学的茶农子弟，奖励 600元。2004 年，协会投资 20 万元返款为大鄣山中学（初中）建了一栋综合楼，综合楼主要用于照顾农村子弟，为他们（特别是留守儿童）提供心理辅导。协会还出资 20 万元给浙源中心小学兴建了宿舍。

除此之外，协会还开展了针对会员的小额信贷计划，解决他们的融资难问题；组织岗位培训提高茶叶的品质；对有需要的茶农提供支持，帮助他们添置新设备，改善生产条

件；开展各种有机耕作方法的培训；投资基础设施建设，例如新建 3 个初级加工厂。协会还利用返款改善协会工人的福利待遇，提高工资水平。

2. 兴城正民花生种植专业合作社。兴城正民花生种植专业合作社成立于 2011 年，其目标是组织花生的生产和销售，引进新技术、新品种，为成员提供培训及相关咨询服务。

兴城是中国东北部地区的重要花生产地。成员的土地面积平均每户 10 公顷，高于全国平均水平。由于当地很多农民到城市里去打工，不再务农，所以成员的土地一部分是其自己拥有的，另一部分则是其向亲戚或邻居租的。

当地经常采取玉米和花生轮种。年产量大约 600 吨。成员可以通过使用小型拖拉机、利用邻居的帮助（交换劳动力）管理土地。他们利用机械进行土地整理和收获。每户都有一个花生收割机，他们将收获后的花生晒干、人工脱壳后加以储存。合作社向成员收购花生或花生米。最终的加工由出口商负责。

目前，合作社有 6 名工作人员，负责生产、销售、财务和行政管理。在公平贸易认证的第一年，合作社的公平贸易返款就达到了 5 万美元。由于合作社所在地区近年来经历了严重的干旱，成员大会决定修建一个蓄水池解决缺水问题。

3. 云南思茅昌盛咖啡种植专业合作社。2013 年，为帮助当地种植咖啡的小农户脱贫增收，在普洱市政府的支持下，当地 11 家咖啡种植专业合作社与北归公司共同组成普洱市咖啡专业合作社联合社，通过公司龙头带动的方式拉动当地咖农的咖啡销售。思茅昌盛咖啡种植专业合作社就是联合社的成员之一。在联合社的带领下，2015 年思茅昌盛咖啡种植专业合作社通过了公平贸易认证。

合作社现共有社员 64 户，其中建档立卡的贫困户有 18 户。在加入了国际公平贸易体系后，合作社的公平贸易产品出口额逐年增长，贸易返还款也越来越多。2017—2018 年度，合作社卖出 138.6 吨公平贸易咖啡豆，共获得了约 26 万元的返还款。

在使用返还款方面，合作社严格遵守公平贸易的要求，执行全体成员充分、民主讨论后做出的决定。每次收到返还款后，合作社都要召开全体成员大会，共同商议返还款的用处。"一年至少开三次全体社员大会。社员都非常积极，几乎很少有人缺席。"合作社理事长邓家昌说，"经全体社员商定，我们把返还款的 25% 用于合作社生产，提高产品质量；75% 用于社区公益事业，已经修了 8.3 公里的砂石路，陆续资助了 1 个大学生和 4 个小学生，还帮助贫困户购买了生产资料。"

4. 沂水兴业花生专业协会。沂水兴业花生专业协会于 2008 年作为一个专业合作社成立，社员来自 4 个村。花生是所有社员的主要收入来源，占他们全部收入的 80%。除了花生以外，其他收入来源包括畜牧（山羊、猪、鸡）玉米和白薯。很多农户利用小型拖拉机平整土地，但是大多数农田工作是靠人力完成的，如耕种和收获。雇佣工人是不现实的。农户可以依靠家人及邻居（交换劳动力）管理自己的土地。平均产量为每公顷 5 吨。

目前，协会还没有开展任何经营活动，主要是为社员和买家提供服务。协会负责组织和记录销售情况，农民直接将晒干的花生卖给出口商，出口商负责组织将花生运到仓库，在自己的加工厂加工。

由于可以卖出更好的价钱，社员们对公平贸易很满意。而且，他们用返还款购买有机肥、花生种苗，并聘请了一个会计。社员们希望公平贸易能为他们带来更多更好的机会，获得更多返还款用于自己社区的发展。

5. 北京老栗树聚源德种植专业合作社。该合作社地处怀柔区渤海镇，现共有900户栗农，以生产、销售板栗为主。

2010年，合作社取得了外贸出口权，2017年作为试点合作社在北京农联的支持下顺利通过了公平贸易认证。在加入公平贸易之后，合作社积极参加公平贸易组织的各种活动，如公平贸易培训、展销会等，向其他公平贸易合作社取经。

老栗树合作社的负责人李思鹏说："加入公平贸易将为栗农增收再创一条新路。当前，国内板栗的收购价并不稳定，忽高忽低。合作社成立后，不仅栗农收入有了一定保障，我们还不断提升板栗质量、打造品牌。现在加入公平贸易，除了想增加订单、为栗农创收外，我们还想将中国板栗品牌擦亮打响，让优质的燕山板栗在国际市场获得更多认可。"

（二）北京市发展公平贸易规范合作社主要成效

公平贸易是一种市场化的精准扶贫模式。它是通过给予贫困农户更公平的价格，帮助他们建立稳定的市场渠道，不断提高他们的能力，使他们获得更公平的发展机会，达到贫困地区农户可持续增收的目标。公平贸易通过市场的方式给予低收入农户帮助，以"造血"代替"输血"，让农民享有农业全产业链的价值分配，是促进农民收入增长的新机制。

2016—2017年，北京市农研中心开展了北京市发展公平贸易促进农民增收试点工作。2016年以来，北京市农村经济研究中心发展公平贸易促进低收入农户增收课题组以北京市农民专业合作社联合会为主体，按照公平贸易原则，选择北京市门头沟、密云、怀柔、房山、通州等地8家农民专业合作社为试点单位，联合北京市符合条件的有关合作社、商超、互联网公司等多元社会主体，通过传理念、搭平台、定标准、拓市场、促提升等方式，大力探索以公平贸易理念和市场机制帮扶低收入农户持续增收的新路径。

试点工作显示，公平贸易不仅是通过构建更加公平的贸易条件帮助贫困群体有尊严地脱贫，而且对合作社的规范化建设具有很好的引导和推动作用。具体表现在三个方面：

1. 公平贸易推动合作社治理机制不断完善。公平贸易原则要求所有的公平贸易返还款必须由全体社员代表大会共同商议决定如何使用，返还款使用的范围必须是增强社员能力、社区发展、教育医疗等，社员利益得到保障和充分体现。公平贸易原则返还款的具体使用范围包括：一是经营发展，改善小生产者的生产条件；二是培训和能力建设；三是社会公共事业建设，如公共事业服务的改善（如用水、卫生等）、学校和教育项目；四是支持公共健康项目，支持社会福利的其他方面（如重病、单亲母亲等）；五是支持环境保护的发展；六是应对经济危机和自然灾害。北京市发展农民合作社促进低收入农户增收试点工作组赴江西调研了解到，江西省婺源县溪头乡茶农协会于2007年获得公平贸易认证，并加入了世界公平贸易标签组织（FLO），11年来，婺源县溪头乡茶农协会返款金额500万元左右，这些返款按照公平贸易标签组织的要求，全部用于生产者所在地，帮助溪头乡茶农发展生产、保护环境、改善生活。一是溪头乡茶农协会投资新建一所小学，并为当地的贫困学生提供支持，对每个考上大学的茶农子弟，奖励1000元奖学金。目前协会已经扶持了160多名茶农子女上大学。二是协会为社员提供医疗保险，并支付社员的急诊费用。看望患大病的茶农及家属，给他们力所能及的帮助。三是根据茶农的共同协商决定，帮助当地的茶农新建了一座建筑面积为3000多平方米的茶叶初制加工厂房，购买了新的机器设备，还修缮了6座茶叶初制加工厂。四是改善交通条件，帮助边远山区修路、安装路灯。五是向茶农提供技术支持，帮助茶农解决生产中的技术难题。

2. 公平贸易倒逼合作社规范财务管理水平。国际公平贸易组织对合作社的章程、财务制度等都有非常严格的要求，要通过国际公平贸易认证必须要有健全的财务管理制度，要定期进行财务公开并保护敏感商业秘密。北京布韵传奇手工编织专业合作社是第一批参与北京市发展农民合作促进低收入农户增收试点的合作社，该合作社是市级示范社，成立于2013年，以传统手工布艺的传授、制作、销售为主业，带动了门头沟区3个镇10余个村近400人弹性就业和居家就业，其中下清水村低收入农户达到83户。2016年，该合作社通过参与公平贸易试点，在北京农联公益市集公平贸易专区、门头沟公益市集等多个平台销售手工艺品，不仅拓宽了渠道也增加了低收入农户的收入，一年来，合作社产品销量大幅提升，同比2015年增加了20%以上。截至2016年年底，合作社通过培训带动弹性就业人数从2014年底的245人增加到了396人，就业农民每天的收入能够达到35—50元，年收入能达到5000元至9000元。2017年，试点工作组帮助该合作社进行了国际公平贸易认证。北京布韵传奇手工编织专业合作社理事长王慧芳表示，在参与国际公平贸易认证的过程中，真正提升了合作社财务规范化、运行规范化，并且还主动提出要按照公平贸易的标准提高手工材料的环保性和安全性。因此，国际公平贸易是用市场倒逼合作社对其财务公开、管理规范。

3. 公平贸易有助于提升合作社的人才吸附力。公平贸易模式是一种用贸易的方式开展造血式的扶贫，让贫困农户有尊严地脱贫，是一项非常温暖的事业。在参与国际公平贸易的过程中，参与者都有很高的社会价值获得感，并且能够与国际直接接轨，公平贸易组织为获得认证的小农户专业合作社提供免费的国内外培训、参加公平贸易国际展会、合作社专家上门指导等，大幅提升了农民专业合作社的实力，拓宽了农民专业合作社的视野，对于高端人才具有很大的吸引力。北京市聚源德老栗树板栗种植专业合作社和北京京纯蜜蜂养殖专业合作社于2017年参与了北京市发展公平贸易促进低收入农户增收试点，在试点工作组的支持下开展了国际公平贸易认证工作，11月这两家合作社顺利通过了国际公平贸易认证。直接负责的两位工作人员李丽娜和杨丽鹤都是80后的新农人，都是本科学历，她们都表示做这件事情很自豪、很有成就感。特别是聚源德老栗树种植专业合作社在申请公平贸易板栗认证时，国际公平贸易组织还没有板栗这个产品的认证标准，在试点工作组的努力下，推动国际公平贸易组织以怀柔板栗为参照制定了板栗公平贸易标准。这让参加公平贸易认证的李丽娜更是感觉自己在做一件非常有价值的事情，这个认证过程中有专业人士指导，她个人的能力也得到了提升。

六、北京市发展公平贸易参加合作社规范发展的建议

发展农民合作组织必须给农户成员带来切实的利益，否则农户不会在乎合作社是否遵守合作社的根本原则。但是，为了实现利益并被大多数农户分享，需要制定政策和机构框架执行这些政策。

合作社与投资者控制的公司具有本质区别：合作社是成员所有、由成员控制、成员受益的经济组织，采取一人一票的民主控制制度，收益按成员的交易量（额）分配。这些本质特点决定了合作社的特殊属性，具体到我国的实践就是决定了农民合作社是"民办、民管、民受益"，支持合作社就是支持农民。这也就构成了国家大力扶持合作社发展的政策基础。

目前，合作社正处在加快发展的关键时期。根据实际情况和存在的问题，促进农民专业合作社快速稳定发展，需要有针对性的措施。其中一个问题就是规范合作社的治理。合作社发展与规范是有机统一、相辅相成的：发展离不开规范，规范也离不开发展。只有按照"发展中注重规范，规范中鼓励发展"的要求去做，才能实现发展与规范共促共长。

随着《合作社法》允许农民专业合作社联合社，许多地方都成立了合作社联合社，促进合作社的规范经营和健康发展。例如，北京市农民专业合作社联合会（简称"北京农联"）于2014年3月成立，由郊区200余家合作社共同发起组建，覆盖北京10个远郊区县，其宗旨是按照"农民自治，市场运作"的总体要求，为全体合作社成员提供多元化的服务，促进北京市农民合作事业健康快速发展，为推进新农村建设、构建社会主义和谐社会贡献力量。北京农联主要通过搭建信息服务平台、市场营销平台、投融资平台、农资服务平台和交流合作服务平台这5个平台来做具体的资源整合的工作。特别值得一提的是，2017年，在北京市农研中心开展的公平贸易促进低收入农户增收试点工作中，推动北京农联与国际公平贸易亚太区联盟进行技术合作，借鉴了国际公平贸易的良好做法，成立了京合公平贸易联盟，在北京推动让消费者和生产者双赢的贸易方式。凡支持或认同公平贸易理念（即通过更加公平的贸易条件消除贫困），关注处于弱势的小农户生产者利益的，自愿加入的，从事农产品生产、加工、销售的农民专业合作社、企业、批发零售业界实体、媒体和相关支持服务机构，经过申请，通过审核，都可以成为会员。这对于促进合作社规范发展可以起到重要作用。课题组认为，公平贸易的经验对北京市推动合作社规范发展有重要的借鉴意义：

第一，合作社及其联社必须能够为农户成员提供有价值的服务，合作社有主动实践、良好治理的巨大内在动力。合作社之所以加入公平贸易体系就是为了进入公平贸易市场、享受公平贸易最低限价带来的价格保护以及可观的公平贸易返款。如果合作社不采取行动达到公平贸易规定的治理标准，那么它们就面临因失去公平贸易认证、无法获得这些利益的风险。对于公平贸易销售额所占比重较高的合作社来说，这一风险是尤其巨大的，而且很可能是其无法承受的。因此，公平贸易合作社有动力主动采取行动完善治理，达到公平贸易的要求。

第二，公平贸易的做法不会导致市场扭曲。与政府的政策、资金支持和引导不同，公平贸易没有为合作社提供任何额外的资金、物质，甚至市场支持。相反，公平贸易让合作社自己决定是否要加入公平贸易体系、自觉认清加入体系的重要性、继而主动采取公平贸易期望合作社采取的行动。由于没有额外的物质支持，因此，公平贸易的做法不会影响资源配置，导致市场扭曲，是更加可持续的。

第三，公平贸易制定了关于合作社治理的标准，这些标准为合作社的治理不仅提出了最低要求（公平贸易标准），而且还利用打分系统让合作社知道了其应努力的方向。例如，对于标准4.2.1，合作社必须达到的最低要求是：采取民主的治理结构，成立全体成员大会，在章程中规定其是合作社的最高决策机构、成员具有平等的投票权；而合作社努力的方向是除了达到最低要求外，合作社的全体成员大会要非常积极履行其职责，参与合作社的重要事项（例如，大会要有充分的时间讨论重大事项）。因此，公平贸易标准不仅指明合作社治理的最低目标，还明确了治理的长期发展目标。

第四，公平贸易还制造机会让合作社逐渐了解、采取良好治理实践，而且通过深入的年度审计来检查合作社的治理情况。例如，公平贸易返款的使用对合作社来说是一个很好的逐渐改善治理的机会。公平贸易要求由成员民主决定公平贸易返款的使用，并且要将返款使用情况向全体成员公开。课题组了解到，很多刚刚加入公平贸易的合作社一开始对此并没有给予足够重视，往往由理事会来决定返款的使用。在审计过程中，审计员发现很多问题，如返款使用的记录不完整或与计划用途不相符。例如，某合作社计划将返款直接返回给成员，但是却无法提供付款记录，如银行转账记录、成员的收条等。审计员将发现的问题对合作社进行逐一解释说明，建议合作社如何按照公平贸易的要求加以纠正，并给合作社留出一定时间对发现的问题加以改正。从这个角度看，公平贸易审计也是一个对合作社提供技术支持，帮助其自我检查、自我完善的过程。而且，这个过程对于合作社及其成员来说都是一个能力建设的过程。因此，必须要建立健全的激励、监督和制衡机制，并由独立的第三方实施，从而促进完善合作社的治理，使大多数农户成员能够参与决策，让小农户成员能实实在在地获益。

第五，公平贸易的做法是更加可持续的。一方面，公平贸易采取的是基于市场的途径，由于可以见到的实际经济利益的刺激，合作社有动力主动采取行动，向着公平贸易期望的方向完善治理，而不需要以任何额外的物质支持为前提。另一方面，治理的完善将促进合作社的进一步发展，使其更好地为成员服务，并吸引更多的成员加入。另外，公平贸易合作社的退出机制是完善的，无法达到标准的合作社会被警告，直至取消资格，并在系统中明确标出。而目前的农民专业合作社的注销程序比较繁复，这也导致了大量空壳社的存在。

总之，我国可以借鉴公平贸易的经验，根据我国法律、法规、政策的要求，建立一套符合我国实际情况的合作社规范治理和经营的标准，将规范发展与对成员合作社的各种支持有机结合起来，促使成员自觉遵守标准，逐渐完善治理，实现规范发展，更好地支持农民发展。

参考文献

[1]FLO. Unlocking the Power: Annual Report 2012-2013[R]. Bonn, Germany.2013.

[2]Scholl M. & Sherwood A.. Four Pillars of Cooperative Governance: A New Model Grounded in the Cooperative Difference[J]. Cooperative Grocer, 2014（1）：18-21.

[3]Shields, K. Fairtrade and labour standards: Why Fairtrade is succeeding where international law has failed. In: Granville, B. & Dine, J. (eds.). The Processes and Practices of Fairtrade: Trust, Ethics and Governance. London: Routledge. 2013.

[4]Utting K.. Assessing the Impact of Fairtrade Coffee: Towards an Integrative Framework[J]. Journal of Business Ethics.2009,86(1): 127–49.

[5]World Bank. A Cooperative Study Report – Enhancing the Role of Farmers' Cooperatives in the Inclusive Agricultural Development[R].2015.

[6]熊思娟.我国农民专业合作社治理机制最新研究综述 [EB/OL].http://www.docin. com/p-951521391.html.

[7]徐旭初，吴彬.治理机制对农民专业合作社绩效的影响——基于浙江省526家农民专业合作社的实证分析 [J].中国农村经济，2010（5）：43-55.

[8]苑鹏."公司＋农户＋合作社"下的四种农业——从农户福利改善的视角 [J].中国农村经济，2013a（4）：71-78.

[9]苑鹏.中国特色的农民合作社制度的变异现象研究 [J].中国农村观察，2013b（3）：40-46，91-92.

[10] 苑鹏.空壳农民专业合作社问题不容乐观 [J/OL].http://www.cssn.cn/jjx_yyjjx/jjx_nyyfzjjx/201906/t20190620_4921315.shtml.

[11] 张天佐.提升农民合作社发展质量，助力乡村全面振兴 [J].2018（12）：29-30.

[12] 张晓山.——以浙江省农民专业合作社的发展为例 [J].中国农村经济，2004（11）：4-10，23.

课题负责人：熊文武（市农研中心副巡视员）

课题主持人：任玉玲（市农研中心合作社指导处处长）

课题组成员：张英洪、魏杰、韩生、吴浩涛、赵钧、王丽红、白雪、王宇新、李建黎

执笔人：魏杰、吴浩涛、赵钧、王丽红

课题负责人：李理、郗蕙

课题组成员：阎建苹、朱长江、张军、孙琳临、刘鑫、张宇、王伟男、王磊

第四篇

乡村治理

健全自治、法治、德治相结合的乡村治理体系研究

党的十九大报告提出健全自治、法治、德治相结合的乡村治理体系。2018 年，中央一号文件强调构建乡村治理新体系要坚持自治、法治、德治相结合，确保乡村社会充满活力，和谐有序。近年来，市委、市政府按照中央要求，结合首都特色，致力于构建与首都功能定位相适应的乡村治理体系。随着城镇化进程的快速发展，京郊农村社会结构发生了较大变化，出现了新的矛盾和问题，给乡村治理带来新的挑战。为有效推动首都乡村治理体系和治理能力现代化，市委农工委与市农村经济研究中心、华北电力大学组成调研课题小组，共同开展了健全自治、法治、德治相结合的乡村治理体系专题调研。课题组通过深入走访和问卷调查，深入分析了首都乡村治理的现状与问题，并提出健全自治、法治、德治相结合的乡村治理体系的对策与建议。

一、构建"三治"结合乡村治理体系的重要性和必要性

党的十九大明确了"三治"结合的乡村治理体系，是新时代乡村治理的目标和要求，更是实现乡村振兴的重要内容和重要途径。只有把乡村自治、法治、德治"三治"并重、有机结合，才能构建更加完善的乡村治理体系，实现乡村治理能力现代化；也只有构建"三治"结合的乡村治理体系，才能更好地推动乡村振兴战略，建设"产业兴旺、生态宜居、乡风文明、治理有效、生活富裕"的美丽宜居乡村。

（一）"三治"结合共同构成了乡村治理的完整体系

乡村是一个复杂多元、发展变化而又相对稳定的社会空间，乡村治理应当是一个多元主体参与、多层面结合的制度体系和实践过程。实现乡村治理的现代化，必须坚持多元综合治理。"三治"既有独立的内涵与要求，又相互紧密联系、各有侧重，缺一不可，三者共同构成了乡村治理的有机整体、完整体系。具体而言，自治是村民自我管理、自我服务、自我教育和自我监督，它是乡村治理的核心。从本质上看，乡村治理体系建设的目标就是完善村民自治，强化自治能力。法治是乡村治理有序的根本保障。唯有依法实行的自治，才是真正的自治；唯有法律框架内的德治，才是真正的德治。德治是乡村治理的社会文化基础，为乡村治理提供价值支撑，没有良好的社会风气、积极的价值观念，自治就难以实施，法治也将不堪重负。以法治规范自治、实现自治；以德治支撑自治、滋养自治；在自治中实现法治、践行德治，才能最终实现民意、法律和道德相辅相成，自治、法治和

德治相得益彰，达到乡村社会的善治。

（二）构建"三治"结合体系是乡村治理的必然要求

随着乡村经济社会的快速发展，基层组织管控农村社会的单一化格局已经打破，需要以治理的思维对农村社会发展的主体进行重新建构。管理是由上而下的垂直性管控，主要采用行政手段进行管理，而治理则是平等主体的平行性共治，需采用多元手段，由多元主体共同参与、协同治理。由管理到治理，蕴含了价值理念和思维方式的重大创新。所以，摒弃单一化格局下"管理、管控"的方式，构建包括基层党组织、村民自治组织、农村经济社会组织和村民等多元化主体治理的新格局是大势所趋。在此意义上讲，"三治"并重、补齐短板、构建"三治"结合体系是乡村治理的必然要求。

（三）"三治"结合的乡村治理体系对推动乡村振兴具有非常重要的作用

党的十九大做出了实施乡村振兴战略的重要部署，把"治理有效"列入乡村振兴战略的总要求。实现乡村振兴，需要建立健全"党委领导、政府负责、社会协同、公众参与、法治保障"的现代乡村治理体制，以自治增活力、以法治强保障、以德治扬正气。"三治"结合的乡村治理体系，体现了坚持党的领导、人民当家作主、依法治国的有机统一，回答了乡村社会"治什么、怎么治、谁来治"的问题，是对乡村治理各主体、各要素、各机制的统筹融合，有效激活了各方面参与乡村治理的主动性和创造性，为推动乡村振兴，打造充满活力、和谐有序的乡村社会提供了强有力的制度保障。

二、北京市乡村治理的现状

从调研的情况看，如何实现乡村善治，多年来京郊各地一直在进行不断的探索，积累了不少经验，取得了一定成效，主要表现为以下四个方面：

（一）治理主体更加多元

目前，北京市乡村治理已由相对单一的乡镇党委政府以及村"两委"向更加多元参与的治理主体转型。在"乡政村治"的治理模式下，逐步形成了由乡镇党委政府、村党组织、村民委员会、经济合作组织（各类型的农民专业合作社、互助社等）、农村社会文化组织（各种协会、文化社团等）、群众组织、乡村公益组织（农村社区服务组织、农村养老驿站等）共同构成的乡村治理组织架构和多元主体共治的态势。该架构既包括村庄内部各组织之间的共治共管，又涵盖农村与市、区、乡镇各级之间的互动机制。在多元化的乡村治理主体中，村"两委"是乡村治理的中坚力量，农村基层党组织发挥领导核心作用；村委会在党组织的领导下，以村民代表会议（村民会议）为决策形式，对村庄公共事务进行依法民主管理。截至 2017 年年底，北京市共有 6409 家农民专业合作社、11003 家社会组织、186 家农村社会养老服务组织、3672 个农村社区服务站和 21 个农村社区服务中心。这些乡村经济、社会、文化组织在法律法规的规范下和村"两委"的引导下，协同配合、积极参与村庄建设和治理，形成了乡村治理的重要力量。

（二）治理方式更加多样

随着乡村治理体系的不断完善，京郊乡村治理方式也逐步从单一的自上而下的运用行政手段转向运用行政、法律、道德、现代信息技术等多种资源协同共治的方式转变。在自治方面，不少乡镇、村创新村务公开方式，通过广播电视、微信公众号等，增强村务公开的实效。如怀柔区依托歌华有线电视云服务推行"财务公开"，已有102个行政村将财务信息全部上传网络平台，使村民坐在家里就能点看公开情况。顺义区仁和镇平各庄村设置了村务公开电子显示屏，定时公开党务村务信息。在法治方面，2003年以来，北京市积极推动民主法治示范村建设，截至2018年7月，全市已有68个村被评为"全国民主法治示范村"；2010年《中华人民共和国农村土地承包经营纠纷调解仲裁法》颁布实施以来，全市13个涉农区均成立了由主管区长为主任的土地承包仲裁委员会，形成了一支稳定的仲裁员队伍，截至2017年7月，已经取得资格证书的仲裁员有379名。一些村还成立了调解委员会，建立了法律援助联络员队伍，引导和帮助群众申请法律援助，依法维权，有效化解了乡村矛盾纠纷。在德治方面，许多乡镇、村通过开办道德文化讲堂、村庄春晚、发掘乡土文化等，引领乡村文化新风尚。如延庆区大力实施"村村响"工程，通过有线广播，向村民宣传党在农村的方针政策，播放生活百科、农业科技、快乐驿站等节目，丰富村民的文化生活。通州区于家务回族乡仇庄村党支部大力弘扬孝德文化，为全村193户家庭提炼制作了家风、家训、家规，营造出"大树底下谈家道，农家院里话家风"的良好氛围。

（三）治理能力明显提高

在推进乡村治理的具体实践中，各区、乡镇、村通过加强领导班子和人才队伍建设、创新服务方式等有效提高了乡村治理能力。一是乡村干部结构不断优化。通过从机关干部中"派"、从本地能人中"聘"、从外出务工经商党员中"引"、从大学生"村官"中"选"、从异地优秀村干部中"调"等多种方式，选好配强村党组织书记。截至2017年年底，村党组织书记、村委会主任"一肩挑"比例达到64.3%，村"两委"交叉任职比例达到55.4%；村党组织书记平均年龄51.6岁，大专及以上学历占60.2%，村委会主任平均年龄51.2岁，大专及以上学历占51.6%。二是干部队伍素质整体提升。通过加强教育培训，不断提高农村基层干部队伍素质能力，制定了《北京市农村基层干部人才培养工程行动计划》，仅2017年全市共开展乡村干部培训近12.8万人次。各区也开展了形式多样的农村干部培训，如海淀区选派6批共103名农村基层干部到上海、东莞进行异地挂职培训，学习和借鉴发达地区农村经济发展和社会治理的优秀经验。三是以"街乡吹哨、部门报到"为载体，提升乡镇协同能力和乡村干部治理能力。目前，全市有169个街乡开展了试点工作，通过创新工作机制，动员各种资源和力量共同参与乡村治理，形成了党组织领导基层治理的"北京经验"。一些乡镇还通过设立人大代表联络站、配备基层治理网格员等措施，有效地动员各种资源和力量，解决乡村治理难题。

（四）治理效果进一步显现

在自治方面，村民自治能力得到增强，村民参与村庄公共事务的意愿和热情明显提升，村庄民主治理水平不断提高。在上一届的村"两委"换届选举中，村民参与率超过了90%。民主决策程序更加规范，民主监督有效开展，村务公开满意度逐年提高，2017年接近80%。在法治方面，基层干部和村民群众的法治观念进一步增强，乡村治安问题大幅度减少，知法懂法、依法维权的人数大大上升。如平谷区平谷镇西寺渠村坚持依法治村，加强法制文化宣传，解决了村内党组织软弱涣散、干群矛盾尖锐、村内环境脏乱、经济发展滞后等问题，推动乡村治理走上了法治化道路，该村于 2015 年被评为"全国民主法治示范村"。在德治方面，乡村风气整体向好，村民精神文化生活日益丰富多彩。如朝阳区高碑店村高跷老会、十八里店乡舞狮、东坝乡传统民间花会—开路、常营乡抖空竹、孙河乡上辛堡村高跷、三间房乡威风锣鼓等文体队伍，从 2005 年开始受邀到美国、英国、加拿大、澳大利亚等国家进行表演，不仅丰富了村民文化生活，还让更多的外国友人认识、了解了中国传统文化。顺义区高丽营镇一村，充分利用"戏曲之乡"的传统资源，经常举办村民群众文化活动，有效传承和弘扬了优秀戏曲文化。从 2479 份问卷调查结果来看，98.3% 的调查村有村规民约，54.9% 的村干部认为村规民约的作用很大，96.7% 的调查村有文化活动室，约 2/3 的村民认为村文化活动室作用较大。

三、乡村治理面临的形势及存在的问题

随着新型城镇化和城乡一体化的发展，京郊乡村的经济结构、人口结构、价值观念、组织模式、社会规范等发生了很大的变化，给京郊乡村治理带来了新挑战和新问题。

（一）面临的形势

1. 城乡关系融合化。在京津冀协同发展和疏解北京非首都功能的大背景下，城乡联系更加紧密，城乡融合发展的趋势日益明显，乡村社会结构和经济发展方式的改变，对传统乡村治理模式带来较大的冲击。一方面，城乡融合发展加速了资源和要素的重组，促进了城乡要素的双向流动，转变了资源配置方式。公共财政对乡村基础设施和公共服务的进一步覆盖，降低了集体经济组织的负担，同时也削弱了农民对基层组织的依赖，这就给传统的行政命令、大包大揽以及封闭式的乡村治理模式带来新的挑战。另一方面，城乡融合发展推动了农村劳动力向城市和非农产业转移，农村人口老龄化严重，山区村庄的空心化加剧，如延庆区、怀柔区、门头沟区等山区农村常住人口老龄化率超过 50%，延庆区四海镇18 个村常住人口在 60 岁以上的占比达到 50%，谁来种田、谁来治理的问题日益突出。同时，城乡结合部地区的村庄人口倒挂现象突出。这对乡村社会治理能力提出了新挑战。

2. 乡村形态多样化。改革开放以来，随着北京市城镇化的快速推进，京郊乡村出现了明显的分化。据调查统计，北京市 3920 个村大体上分化为三无村、拆迁村、倒挂村、空心村、传统村等类型。三无村是指无农业、无农村、无农民，但有集体经济组织的村庄，这类村庄有 56 个；拆迁村是指因城镇化建设征地或居住环境改善等因素拆迁或搬迁上楼的村庄，这类村庄有 720 个；倒挂村是指外来人口多于本村户籍人口的村庄，这类村庄有173 个；空心村是指在城镇化进程中大量中青年人口流出村庄进城务工经商或在城镇安家置业，人口稀少、闲置农宅较多的村庄，这类村庄有 48 个；传统村是指保持和延续传统乡村风貌、村庄形态基本稳定的村庄，这是京郊农村的主体形态，也是实施乡村振兴战略的重点地区，这类村庄有 2986 个。不同类型的村庄的乡村治理面临着不同的侧重点，以往单一的乡村治理模式已经不能适应村庄加剧分化的现实需要。

3. 利益结构复杂化。在城镇化和农村改革开放不断深化过程中，乡村人口流动频繁，农村经济社会从封闭走向开放，农村经济成分、组织形式、就业方式和利益主体日益复杂化和多元化。一方面，在城乡结合部地区，在三无村、拆迁村、倒挂村聚居大量的外来人口，外来常住人口已成为村庄人口的重要组成部分。另一方面，农民内部也发生了较大分化，从收入水平、从业领域、成员身份等多方面发生了分化，日益形成了不同的利益群体，形成了错综复杂的利益关系，产生了不同的利益诉求和不同的利益维护方式，使得社会治理任务更加繁重。在针对"村内最难管的人群"调查显示，村干部选择主要集中在外来人口和无业人员，分别占39.3%和25.1%。近两年内，39.8%的村有村民上访现象，上访理由为宅基地问题的占32.9%，拆迁问题的占30.8%，经济纠纷的占21.8%，邻里关系的占14.5%。复杂多样的利益结构和乡村矛盾对乡村治理中的利益协调和整合能力提出了新要求。

4. 基层组织多元化。随着城市化水平的不断提高，北京市农村地区的经济结构、就业结构、消费结构等发生了重大变化。这些变化催生了许多不同类型的新型经济组织、社会组织和民间组织，使基层党组织的工作领域由传统领域向非公有制企业、农民专业合作社、农业产业协会、个体工商户以及流动群体等领域拓展，为乡村治理提出了新的挑战。如何对新的组织进行有效治理，如何将新的组织纳入治理体系，实现协同治理，是各级党委政府和"村两委"面临的新课题。

（二）存在的问题

面对新形势新要求，目前北京市乡村治理机制和治理模式还存在一些矛盾和问题，主要有以下五个方面。

1. 基层自治存在缺位。调研发现，少数村仍存在"一言堂"现象，村民代表会议（村民会议）走过场，决而不议、议而不决的情况时有发生。有的村存在村务公开流于形式等问题。调查显示，18.7%的村民表示看不懂村务公开内容，23.8%的村民认为村务公开的账目还不够明细。一些村传统的"管控思维""维稳思维"仍旧存在，认为村里无人上访就是治理成功，服务意识、村民参与意识不强。一些村村民的政治文化素质偏低，民主参与、民主议事的能力不强。村民自治的规范化、程序化、精细化方面存在不足。

2. 依法治村比较薄弱。调研发现，乡村人治思维还是比较突出，基层法治文化建设依然薄弱，有的乡村干部法律意识还不够强。有的村干部独断专行、以权谋私、违规违纪，如在选举过程中，个别还存在拉票贿选行为。少数村干部存在"小官巨腐"问题，侵蚀乡村治理的根基。还有个别村受黑恶势力控制，存在违法乱纪、有前科的人担任村干部的现象。对上访村民的调查显示，2/3以上表示不会选择司法途径来解决问题，主要原因是不知道怎么打官司、法院解决不了等两个方面。

3. 乡村德治相对滞后。随着农村经济社会结构的转型，一些村原有的人情伦理、道德规范受到冲击，导致村民相互之间的信任度下降。一些地区出现拜金、赌博、邻里关系紧张、不赡养父母等现象。陈规陋俗仍有市场，存在婚丧大操大办、厚葬薄养、人情攀比、高额彩礼等。少数村仍旧存在封建迷信、信神信教现象。不少村仍然存在"闲人"现象。

根据相关统计，北京市农业户籍劳动力中约有 22 万有劳动力但未能就业的"闲人"，除了自身技能教育等原因之外，主观上缺乏劳动愿望、"不丢份儿"思想等也是造成"闲人"现象的重要因素。部分村民靠补偿款吃利息和房租收入，不愿意勤劳致富。一些村村规民约不能与时俱进，长期不进行修订，有的挂在墙上做样子。调查显示，45.1% 的村干部和24.1% 的村民认为村规民约作用一般或基本没有作用，约 3/4 的村民认为婚丧嫁娶、生日升学等情况应该摆宴席。

4. "三治"结合还不充分。调研中我们感到，北京市不少村"三治"结合的体系还没有充分确立起来，自治、法治、德治结合得还不够紧密，有的还明显存在短板和不足。与此同时，"三治"结合的乡村治理体系评估指标也没有确立起来，"三治"结合的体系包含哪些内容、具体指标是什么、如何进行评价和考量，也没有现成的经验可供借鉴和推广。

5. 社会力量参与不足。一方面，社会力量参与不足，社会参与的长效机制还没有建立起来，有的地方不重视整合各种社会资源，不注重调动一切积极因素，不善于借助外力，缺乏综合协调的能力。另一方面，农民的主体作用没有充分发挥出来，少数村干部不注重听取群众的意见，不尊重群众的主体地位，重要事项走群众路线不够，倾听群众呼声不足，维护群众利益也不到位，有的甚至侵害群众的利益。

四、健全"三治"结合的乡村治理体系的对策建议

针对上述存在的问题，在健全"三治"结合的乡村治理体系方面应坚持问题导向，从实际出发，在以下四个方面进行积极探索和实践。

（一）坚持党的领导，发挥好党组织的战斗堡垒作用

乡村治理体系的构建必须在党的领导下进行，通过加强党的领导，使乡村治理更加有序、充满活力，沿着正确方向发展。

1. 发挥党建引领作用。加强党组织建设，以提升组织力为重点，突出政治功能。坚持走群众路线，动员和组织群众广泛参与乡村治理。下沉乡村治理的服务触角，降低社会治理的成本，推动乡村治理从管控向服务转变。创新模式，充分借鉴浙江"枫桥经验"，强调社会主体的广泛参与，进一步统筹各方资源。加强自身建设，建强班子、选好干部，发挥好广大党员在乡村治理中的中流砥柱作用。

2. 创新党组织领导方式。创新服务群众方式。以群众需求为出发点，建立健全党组织领导下的服务平台，健全以党员为主体的便民服务队伍。满足群众多样化的需求，分级建立党群服务中心，完善部门包村、干部驻村、结对帮扶、双报到、志愿服务等机制，形成常态化的服务机制。创新组织设置方式。主动适应工业化、城镇化、信息化、农业现代化的发展变化，大力推进各领域党组织的全覆盖，如在产业园区、社会组织、专业合作社中建立党组织。创新工作方式。建立运转协调机制，深入推进"街乡吹哨、部门报到"工作，明确职责任务，解决基层治理中缺位、越位和错位的问题。

3. 提升领导乡村治理的能力。构建科学的组织动员体系，调动一切因素参与乡村治

理，特别是发挥好农民的主体作用，增强基层党组织组织动员群众的能力。依托党组织，整合公共资源，将多元要素纳入基层治理框架，把社会组织纳入治理体系，增强基层党组织协调利益的能力。有效化解农村社会矛盾，妥善解决社会治理中存在的问题，增强基层党组织化解矛盾的能力。

（二）坚持"三治"结合，构建协同共治的治理格局

正确处理"三治"之间的关系，健全和创新村党组织领导的充满活力的村民自治机制，强化法律的地位作用，努力将农村各项工作纳入法治化轨道，让德治贯穿乡村治理全过程。

1. 深化村民自治实践。推进村民自治的制度化、规范化、程序化、精细化建设，在规范民主选举的基础上，加大民主决策、民主监督、民主管理的力度，真正实现村民当家作主。在民主决策上，健全村民议事制度，发挥村民代表会议（村民会议）的作用，加强和改进村民自治工作，保障广大群众参与村级事务的决策权。在民主监督上，建立和完善村级重要事项公开公示制度，强化村民监督委员会功能，规范监督内容、权限和程序，保障广大群众真正行使对事关村民利益的项目、资金分配和使用的监督权，提高村务监督工作水平。在民主管理上，支持和鼓励农民结合本地社会和文化特点自主讨论、协商制定乡规民约，加强自我规范和约束。探索村民利益表达机制，完善信访制度，设立基层联络站或联络员，积极收集民意，反馈群众的意见和需求。

2. 加强乡村法治建设。坚持法治为本，树立依法治理理念，强化法律在维护农民权益、规范市场运行、农业支持保护、生态环境治理、化解农村社会矛盾等方面的权威地位，加快建设法治乡村。增强基层干部法治观念，将各项工作纳入法治化轨道中。深入推进综合行政执法改革向基层延伸，创新监管方式，推动执法队伍整合、执法力量下沉，提高执法能力和水平。建立健全乡村调解、市区仲裁、司法保障的农村土地承包经营纠纷调处机制。加大农村普法力度，提高基层干部和广大农民群众的法治素养。健全农村公共法律服务体系，推广法律援助工作站，加强对农民的法律援助和司法救助。

3. 提升乡村德治水平。深入挖掘乡村熟人社会蕴含的道德规范，结合时代要求进行创新，强化道德教化作用，引导农民向上向善、孝老爱亲、重义守信、勤俭持家，培育良好的村风民风。培育弘扬社会主义核心价值观，注重以文化人、以文养德，实施文化惠民工程，繁荣群众精神文化生活。建立健全道德讲堂、文化主题公园、文化礼堂等阵地，引导大家讲道德、守道德。开展"道德模范""最美家庭"等评选活动，发挥身边榜样示范带动作用。持续推进农村精神文明建设，弘扬中华优秀传统文化和文明风尚，依托村规民约等褒扬善行义举、贬斥失德失范，推进乡村移风易俗。

4. 推进"三治"有机结合。借鉴浙江省等地推进乡村治理的基本经验，研究建立乡村治理工作规范，科学制定乡村治理评价指标体系，对村庄进行分类管理，在每一类村庄中探索建立"三治"有效结合的典型模式。定期开展"三治"结合示范村评选活动，通过电视、报刊、网络等形式，大力总结宣传"三治"结合的典型案例、做法，充分发挥先进典型的示范带动作用。

（三）坚持规范引导，调动各方力量参与乡村治理

乡村治理不仅仅是村里的事，而且涉及市、区、乡镇、各部门和社会力量各方面。这就需要我们进一步理顺关系，充分发挥各治理主体的积极性，提升乡村治理的能力和水平。

1. 引导社会组织广泛参与。发挥社会组织和社会力量在资金、技术、市场、管理等方面的优势，组织非公组织、社会团体、高校、企业、协会等，通过资源开发、产业培育、市场拓展、村企共建等形式参与治理和帮扶。在参与治理的内容和方式上分门别类、精准施策，重点放在产业帮扶和劳动力就业上。建立统筹协调机制，加强多元力量整合，强化示范带动、发挥好第一书记的桥梁纽带作用，充分激发社会力量参与社会治理的活力。

2. 发挥好新乡贤的作用。充分发挥乡贤的人缘、地缘优势，将有能力、有威望的退休干部、军转干部、外来务工代表等，通过组建乡贤议事会、乡贤参事会、乡贤理事会，积极引导乡贤参与乡村治理。坚持民事民办、民事民治，以村民自治和公共服务为主要任务，提高乡贤参与乡村治理的积极性。采取乡贤提议、商议，村民代表决议和"一事一议"等形式开展工作、参与治理，弥补政府治理能力不足和村民自治能力缺失的问题。

3. 理顺各主体之间的关系。明确组织、民政、司法等市级有关部门在"三治"结合乡村治理体系建设中的责任，加强统筹协调，督促有关部门履行职能、各司其职、发挥作用。理顺上下级权责关系。理顺区与乡镇、乡镇与村之间的关系，赋予乡镇更多的治理权。乡镇政府对村民委员会给予指导、监督和帮助，不得干预村民自治。村委会自觉在乡镇党委和村党支部的领导下开展工作。压实各治理主体的责任，坚持守土有责，提高治理效果。

（四）坚持以人民为中心，实现乡村善治的根本目标

在构建"三治"结合的乡村治理体系过程中，应始终坚持以人民为中心，充分尊重和发挥农民的主体地位，切实维护农民利益，构建以农民评判的治理成效机制，实现乡村善治的根本目标。

1. 尊重农民的主体地位。乡村治理的主体是农民群众。农民群众是农村治理创新的力量源泉。构建乡村治理体系，应尊重农民的主体地位，了解农民想什么、盼什么、要什么，畅通农民诉求表达渠道，积极为农民群众排忧解难，做到村中事务多跟农民商量，充分重视农民的话语权，以农民的需求为出发点和落脚点。尊重农民的首创精神，为农民群众发挥作用搭建平台、创造条件，从制度上保证农民参与治理、制定治理规则、参与治理决策和执行。提升群众参与治理能力，通过教育、培训、典型引路等措施帮助农民了解规则、熟悉权利，增强思想认识和治理水平。

2. 切实维护农民利益。针对北京市五类村庄的实际情况，各有侧重地推动农村集体产权制度和农村土地制度改革，切实保护农民利益。针对三无村，确保集体资产的公平合理处置，保障农民带着集体资产参与城市化，维护村集体和村民的集体资产权益。针对拆迁村，切实保护拆迁村民的财产权益，妥善处置集体资产，合理管理和有效使用征地补偿费用。针对倒挂村，深入探索农村集体经营性建设用地入市和集约利用，探索集体建设用地建设租赁住房。针对空心村，深化农村宅基地制度改革，创新宅基地"三权分置"具体实

现形式，核心是尊重农民的自主选择和市场经济规律，赋予和保障农民宅基地和住房的财产权利。针对传统村，深化农村土地承包地"三权分置"改革，保障农民土地财产权。鼓励村庄大力发展集体经济，创新集体经济管理制度，切实保障集体经济组织成员的民主管理权和集体收益分配权。

3. 治理的成效由农民评判。乡村治理是否有效，应该由农民说了算。改变"自上而下"的政府主导的绩效考核指标，探索以"农民满意度"为核心、政府部门行政指标为导向的绩效考核指标体系。探索构建"自治、法治、德治"全方位的农民评价机制。借鉴通州区党建工作"四评"机制，以群众满意为导向，以群众认可为标准，使农民在乡村治理中的主体地位更加彰显。

课题组组长：李志军

课题组成员：康森、吴宝新、周洪生、杨中杰、席俊克、吴永磊、张英洪、王丽红、刘妮娜、呼占平、高富锋、朱晓红、蒋美佳、郭懿萱、张萍、蔡泽怡

执笔人：刘妮娜、成红磊、蔡泽怡

北京市村级财务管理模式分类指导研究

"三农"问题是关系国计民生的根本性问题。党的十九大报告提出实施乡村振兴战略，是全面建成小康社会的重大战略部署，是党中央着眼"两个一百年"奋斗目标、补齐农业农村短板实现现代化强国作出的战略安排，为农业农村改革发展指明了方向。乡村治理是国家治理的微观基础，农村财务管理又是乡村治理的核心要件，是维护农村社会和谐稳定的前提。21世纪之初，国家先后出台了一系列缩小工农城乡剪刀差的强农惠农富农政策，有力地促进了农村集体经济的发展和农民增收致富。但随着农村经济的快速发展，村级财务管理制度在顺应法制化、市场化方面的缺陷也日益凸显，对农村基层财务管理工作的开展提出了新要求。

一、绪论

（一）课题研究背景

北京市与其他城市相比，具有明显的"大城市小农业、大京郊小城区"的特点，这是北京市"三农"发展的基础条件。截至2017年年底，全市常住人口2171万，其中城镇人口1877万，占全市常住人口的86.5%；乡村人口294万，占全市常住人口的13.5%；农业仅占全市GDP总量的0.4%。郊区面积1.5万平方公里，占全市总面积1.64万平方公里的91.5%，约为中心城区的11倍。资产总量方面，农村集体资产地区分布极不均衡，截至2017年年底，全市14个涉农郊区中，朝阳、海淀、丰台的集体资产都在千亿元以上，占全市农村集体资产总额的64.9%。而平谷、怀柔、密云的集体资产都不足百亿元。在较为富裕的近郊村，一个村的资产就超过了远郊一个区的资产，如丰台区卢沟桥乡三路居村资产总额160亿元、西局村资产总额100亿元。在土地资源分布方面，城市功能拓展区（朝阳、海淀、丰台、石景山）城市化进程较快，发展较早，土地资源相对匮乏，但相对市场价值较大；城市发展新区（房山、顺义、通州、昌平、大兴）集体建设用地多，占全市集体建设用地总面积的62%；生态涵养区（门头沟、平谷、怀柔、密云、延庆）农用地多，占全市农用地总面积的50%，且山地、林地、水域等自然资源较为充裕，长远来看具有开发潜力。

同时，农村集体经济体量大、效益低也是北京市集体经济的重要特点，是农村财务管理实现保值增值所面临的艰巨任务。近年来，随着北京市强农惠农富农政策的实施和城市化的推进，特别是一些重大建设项目落地京郊农村，农村集体获得征地补偿款大幅增加，全市农村集体经济的资产总量不断攀升，2017年，全市农村集体资产总额6879.6亿元，同比增长14%。其中，乡镇级集体资产总额2461.5亿元，占比35.8%；村级集体资产总额4418.1亿元，占比64.2%。全市乡村两级集体经济经营总收入724亿元、利润总额43亿元。3945个村级集体经济组织中，效益较好、能够按股分红的村1356个，占比34%；收不抵支的村1983个（同比增6.3%），占比50.3%（其中有部分村将福利收入列入支出里，先进行分配，因此造成账面上收不抵支）；经营收入100万—500万的1644个，占41.7%。另据国务院发展研究中心课题组测算，全市农村集体土地资源价值约10.4万亿元，约为现有集体账面资产的15倍，是农村集体经济发展的最大宝藏。尽管全市农村集体资产总量大，但是普遍存在经营效益偏低、资产运营能力不足的难题。2016年新型集体经济组织经营效益情况审计结果显示，474家样本单位中有235家单位亏损，整体资产收益率仅为1.3%。特别是近几年在疏解非首都功能的背景下，以"小瓦片"经济为代表的小、散、低的集体产业正在经历着"腾笼"的阵痛，但由于"换鸟"的进程跟不上，各区发展不均衡、优势主导产业不明确、经营管理水平和能力不高，使集体经济收入效益下滑，导致乡村发展的"造血机能"未发挥出来。2017年，全市乡村两级集体经济经营总收入同比下降6.2%，利润总额同比下降22.4%，能够按股分红的村同比下降1.2%。

因此，如何在京津冀协同发展和疏解非首都功能的大背景下，结合全市农村地区资源禀赋地域性差异明显、农村区域发展不平衡显著的特点，逐步优化农村财务管理模式，具有重要的理论和实践意义。

（二）国内对村级财务管理模式的研究现状

由于经济体制等因素的差异，我国的经济体制与国外有很大的不同，自1993年开始，我国对农村财务管理进行了一系列改革，近年来，我国逐渐加强对农村财务管理的重视程度，取得了一些进步，但仍然存在一系列亟待解决的问题。在农村财务管理制度改革与发展的过程中，乔广宇、王春媛、魏炳炳、王玉祥、孙和善等学者都提出了自己的看法。归纳而言，我国村级财务管理的模式主要有以下几种：

一是"村账村管"模式。该模式是最原始的村级财务管理模式，在此种模式之下，负责财务管理的财会人员一般都是本村村民或者村干部，他们作为当地人对村级资产与财务相当熟悉，对工作的热情与积极性能够得到保障，村委会作为管理人员也能够及时处理财务管理上面临的问题以及对权益负债有个清晰的认识，在涉及村重大的财务支出项目当中能够更加客观地反映实际情况，使决策更加科学化。具体而言，就是在日常的财务管理工作当中，"村财有村管"是基础与大前提，村委会代替村集体经济组织设置专门的财会账本与银行账户，并委任财会人员进行独立负责，在村民代表大会与村民大会的监督下，按照有关部门颁布的《村集体经济组织会计制度》的有关规定，独立自主的核算村级财务并接受村民的监督。但是从另一个角度上看，因为财务管理的权责都归于村委会下委派的财会人员，财会人员的道德与专业水平参差不齐，在熟人圈子当中极易产生制度流于形式与财务行为不规范等弊端，严重时可能发生操纵账目与寻租腐败的行为，从而对村集体资产造成极大的损失。

二是农村财务"双代管"模式。该模式即是乡镇级政府对于村级财务管理，既代管资金又代管账务的模式。本质上是对现行农村财务管理制度的重新建构，把原先分散的村级财务管理改为由乡镇统一管理，但资金的所有权与使用权仍然掌握在各行政村中。"双代管"的主要内容：首先，取消村级独立的银行账户，统一归为乡镇政府财政专户管理，财务收支统一在财政专户当中；其次，把村级所有的财政资金纳入财政专户集中管理，统一资金结算与会计核算，会计账目与档案也统一设立；最后，村不再设置会计人员，由代管中心统一核算，设置报账员具体经办日常的财务收支事务，规范监督整个村级财务的流程运行。这种模式的主要优点是，规范了村级财务的事前管理，代管中心严格按照有关会计制度审核各村报账员递交的原始单据与凭证，比照有关规定审核资金收支的合法性与规范性，有效地减少了村干部随意开支、任意开支的行为，保障了资金的有效使用，预防腐败行为的发生。但这种模式也存在一定问题，因为财务收支的实际操作是掌握在乡镇机关手中，村级的自主权在实践上被相对剥夺，因为各种原因，乡镇对于村级资金的管理倾向于过严过死，严重挫伤了村干部的积极性，部分地区甚至出现了乡镇机关挪用村级资金的现象。而且从法律上说，我国宪法规定，村一级的自治组织作为独立的一级核算单位，其所有权属于全体村民，乡镇机关从法律上是无权直接干涉村级财务的自主权的，对于财务上的"双代管"必须通过全体村民经村民代表大会表决同意后，才能委托于乡镇机关履行，而现实中大部分乡镇并没有取得此种委托代理的权责，程序上缺乏合法性。

三是"村会计委托代理制"模式。该模式就解决了"双代管"模式中缺乏村民自愿的委托代理程序的法律缺陷，是对村级财务管理的创新，在这种模式当中，以乡镇为单位，建立村级财务代管中心，在村级资金所有权与所有权不变的前提下，组织由村民代表大会表决通过的决议，乡镇与行政村签订书面的村级财务管理的委托协议书，尊重农村的意愿，符合农村自治的精神，同时继续其统一核算监督的职能，对于下辖的各行政村施行统一的财务管理制度、统一的会计审核核算，统一的账目建档与财务公开有推动作用。

四是"村级会计委派制"模式。这种模式是我国新兴的村级财务管理模式，也同样是通过乡镇的统一管理来核算监督村级财务，但"村级会计委派制"模式更加注重村级财务的自主性，由参考借鉴国内外财务管理模式演变而来，此模式中政府机关对于村级会计人员进行统一管理、考核和认证，对村级财务管理行为进行一系列的制度安排。这种模式的主要核心内涵即是乡镇机关对于通过财政部与人事部门有关认证的专业会计人员进行聘用，通过培训后将这些会计人员的委派对于村级财务管理进行制度化与规范化的建设，并通过人事的调整与考核，加强对于村级财务管理的监督，但仍然保留村级组织对于村级资金的直接管理权限。从形式上看，会计委派的形式是多种多样的。

五是"第三方会计委托代理制"模式。该模式是指在保证村级集体资产所有权、使用权、收益权、监督权不变的前提下，村民自愿由社会中介服务机构负责代理本村集体经济组织的账务管理工作。该模式坚持村民自愿原则，通过民主投票的方式，决定是否签署委托合同，同意第三方会计公司处理村内财务情况，具有推动村内财务公开、提高村内经济运行效率的优势，但同时也存在着增加村内报账员工作、就账做账等现象。

而针对我国村级财务管理对策的研究也较为丰富。杨春娟在《村治下的财务困境及破解对策》中建议，加大财政转移支付力度、盘活资产资源存量、健全村级民主管理制度、注重对农村财务人员的业务培训和后续教育。刘传厚在《三个严格、两个强化做好农村财务预算》中明确提出严格执行预算指标、民主决策、责任考核三项指标，从制度上严格决策，强化财务人员职责达到严格预算的目的。刘春瑾在《村级财务管理现状与新农村建设探析》中在分析了村级财务管理存在的诸多问题后，从加强法制宣传、规范集体财产管理、建立健全监督机制、探索新农村财务管理形式，以及搞好财务公开、履行民主理财小组和财务会计建设等方面提出了解决对策。 王燕在《村级财务管理的现状、问题及对策——以河南省温县徐堡镇为例》中从规范财务处理程序、健全村级财务制度、加强民主法制教育、提高从业人员素质、加强全面预算管理、提高电算化水平等方面提出了相关对策。何超在《当前村级财务状况浅析——村级财务的概况及处理问题的措施》中提出了从规范村级财务管理机制、提升村级财务人员素质、完善村级财务监督机制、做好开源节流工作等方面入手，解决农村财务管理问题是防止腐败犯法、保证农民合法权益、维护农村社会稳定的有效措施。

同时，也有很多学者以特定地区为考察对象，通过对该地区的实际情况进行分析，对其财务管理模式进行了研究。如谭静在《湖南省村级财务管理模式研究》中，分析了湖南省村级财务管理模式的发展沿革，通过对新形势下湖南省村级财务的管理模式进行比较研究，分别对"村财村管"、会计委派制、"村账乡（镇）管"、会计委托代理制四种常见的农村财务管理模式进行评价，分析出优缺点，指出其适用条件，为湖南省村级财务管理模式的最优选择提供参考。而李涛则以秦皇岛市农村财务管理为研究对象，对秦皇岛市多地乡镇、村集体经济组织及市农村经济管理总站进行关于农村财务管理方面的实地调研，对该市存在问题进行分析并提出了有效对策。

综上所述，国内外对于农村财务管理理论的研究总体来说比较丰富，相对于我国的农村财务管理模式而言，国外的理论在多样化、系统化方面更为突出，研究国外的农村财务管理模式及我国农村财务管理模式中存在的问题，对本文的研究奠定了坚实的理论基础，也具有重要的实践指导意义。最近一些年我们国家对农村财务管理的模式研究方面介绍性的论文较多，但独创性研究成果较少，大部分都是根据前人的研究成果稍加改动，分析也较为零散和混乱，没有单独形成体系，对现实的指导性不强。同时，虽然有一些针对个别地方的研究，但是专门针对北京特别是京郊农村的研究较少，而由于北京农村的特殊地位和复杂情况，其财务管理模式对其他地区具有不可忽视的指导意义，因此，有必要对京郊农村的财务管理模式进行分类指导研究，进一步规范北京市的村级财务管理行为。

二、北京市村级财务管理现状分析

（一）北京市村级财务管理的基本情况

北京市的农村财务管理模式为村账自管、村账镇管和第三方会计委托代理三种模式并存。自 1999 年起，北京市开始在部分村进行村账托管试点，在当时经济发展水平有限的情况下，解决了农村财务人员记账水平低、会计职能单一等问题，有效支撑了基层党风廉政建设取得新进展。从 2004 年起，延庆区开始设立试点，率先实行会计委托代理模式，通过政府购买服务，引进第三方会计公司，签订会计委托代理合同，开展村级会计委托代理业务。随后密云区、朝阳区、顺义区三个区均有部分乡镇实行了委托代理模式。

根据统计的数据来看，全市采用村账镇管模式的村有 3273 个，占全市总村数的82.17%；采用第三方会计委托代理方式记账的村（主要分布于延庆、密云、顺义、朝阳）有 562 个，占 14.12%；采用村账自管模式的村有 148 个（主要分布于丰台、海淀、石景山），占 3.72%。

（二）北京市村级财务管理存在的共性问题

整体来看，北京市村级财务管理存在以下不足：

1. 村会计人员年龄结构偏大，会计人员素质普遍不高。目前，北京市村会计从业人员的老龄化趋势突出，40 岁以下的人员仅占 15%，其中，远郊区和城乡结合部会计的年龄结构不相同，城乡结合部地区会计相对年轻，而远郊区县平均年龄偏大。同时，村会计从业人员的会计基础较差，学历层次普遍较低，专业能力不强，其文化素质、理论水平和业务能力很难适应村级财务管理新形势新要求。另外，村级会计人员的流动性较大，年轻人员因待遇低、工作环境差等原因外流，也使得会计从业人员年龄结构偏大更加明显。

2. 财务公开落实不到位，公开透明度和效率较低。财务公开是村民最为关心的内容，应当包括村民委员会的年度财务计划、各项收支、各项财产、收入分配等所有涉及钱财的内容，尽管在各级经管部门的努力下，财务公开取得了一定成效，但仍存在着很多问题。一方面，许多村财务公开"走过场"现象严重，对于应当公开的事项，并未按照要求一个月或者一季度公开一次，重大事项也没有随时公开，还存在着公开时间较短、表格公开太专业等问题，使已经进行公开的财务信息并未达到预期效果。另一方面，受到村内资金和村干部思想观念的限制，村级财务公开的形式较为老旧，多采用公开栏、电子屏等方式进行公开，未及时采用微信公众号、官方微博等新形式进行财务公开，信息化程度较低，不能保障村民的知情权、参与权和管理权。

3. 财务监督机制失效，民主监督难以落实。一是村民的财务管理意识较弱，对集体的事情关注较少，监督积极性较低。二是有些村干部对财务管理的任务和意义认识不到位，法律意识较为淡薄，存在着不愿或者不去监管的心理，特别是一些远郊区县的村干部，认为村内集体资产较少，只需要不违规使用现有资产即可，对财务管理存在着消极心理。三是监督机制未能落实。通过实地调研发现，尽管与其他省市相比，北京市的农村财务监督机制较为完善，但是在监督机制的落实阶段，仍然存在着监管失效的情况。有些村务监督委员会成员自身素质不高，成员多为村干部推选，监委会的作用难以有效发挥。另外，村理财小组的作用也不明显。理财小组具有参与制定本村集体的财务计划和各项财务管理制度、参与重大财务事项的决策等重要职能，在村监督委员会的领导下行使监督权、审核权、督促纠正权、向上级反映问题等权利，其负责人对每月的报账进行审核签字，但很多理财小组成员本身年龄较大，对财务知识了解较少，只能对支出事项进行审核，监督工作存在盲区。

此外，在村级财务管理过程中还存在票据管理不规范、会计核算不规范、费用支出管理不规范、农经审计的权威性不高、农经基层队伍不完善等问题。

三、北京市村级财务管理模式的分类指导研究

（一）村账自管模式的优势与不足

村账自管模式是村级财务管理的基本模式，该模式出现在改革开放初期，是村民委员会自行设立财务管理部门对村级财务进行管理的一种财务模式。该模式的实行方式主要是村内独立配备会计人员，独立设置账簿，开设银行账户，独立进行核算和管理，适用范围主要是经济发达、集体经济发展较好、财务管理水平较高的村或地区，例如，北京市实行村账自管模式的村主要分布于丰台区、石景山区和海淀区。

其优势有以下几点：一是保障了财务管理制度的合理性，避免了会计委托代理（包括村账镇管和第三方会计委托代理）模式下村集体法人主体地位缺失的问题，符合了《村民委员会组织法》的规定，有助于发挥村民委员会作为村民自我管理、自我教育、自我服务的基层群众性自治组织的基础职能。二是在村账自管模式下，收益权、分配权和处置权归村集体所有的资产应由村民或者村民会议决定后自行处理，村级财务工作具有很强的独立自主权，使乡镇的指导和监督职能得以发挥，避免了乡镇部门集运动员与裁判员于一身的情况。三是村内的会计凭证、明细账等相关财务资料均在本村自行保管，不仅方便村民查账和进行其他经济活动，同时可以建立系统的档案管理，保障了村务公开的及时性和准确性。四是有助于村会计全面掌握村内的财务情况，积极加入到村级财务的管理中去，在一定程度上能够加强对村级资产的管理，提升村务办理效率。

其存在不足如下：一是在财务决策上，容易产生一言堂，由于村会计是村委会负责选拔任用的，因此村干部和村级财务的主要负责人有较大的控制权，村干部权力较为集中，存在违反民主程序的现象。二是监督机制不能落实到位。容易造成村干部干预财务管理工作、给集体资产带来损失的情况，而村内的监督机构和理财小组话语权较小，村民缺乏必要的监督意识和财务知识，无法进行有效监督。三是会计队伍不稳定，容易出现村会计随着村干部换届而更换的现象，不利于会计人员的业务素质提高。

（二）村账自管模式的分类指导研究——以丰台区卢沟桥乡周庄子村为例

1. 丰台区卢沟桥乡周庄子村财务管理模式概述。丰台区作为北京市的城市功能拓展区，集体资产在千亿元以上，集体经济运行状况良好，该区大部分乡镇实行村账自管模式，全区6个乡镇，共有70个村级集体经济组织，除长辛店镇的9个行政村以外，其余61个村均为村账自管模式。

周庄子村辖区面积0.79平方公里，属于2010年全市启动的50个重点改造村之一。该村现有473户，1005人，劳动力434人，2016年人均年收入达30445元。2014年村民全部完成转居，纳入社会保障体系。2015年下半年，村级投资管理中心成立，引进设计

比较个性化的道和财务软件系统对本村 13 家企业进行财务网格化统一管理。村账自管的审计力度和村务监督委员会的监督力度都比较大，村级财务情况运行良好。目前，村里主要有两大产业支柱：一是电气安装，承揽高低压电路安装改造；二是承接天然气工程和热力供暖。村里每年营业收入 1.6 亿元左右，本村村民除取得工资性收入外，在福利方面每年每人可以领到 3000 元的综合补助，医疗费用实现 100% 报销。村里被政府征用的土地挂牌上市后，所保留的集体产业用地建起的 15 万平方米商业楼宇会全部投入运营，村集体经济发展和村民收入都会实现成倍增长。

在财务人员的结构和素质方面，该村设立的投资中心及其下属的企业财务人员结构比较稳定，共有 20 多个会计，资产总额达到超过 1 亿元，会计人员平均年龄在 45 岁左右，财务人员中本村人员比较多，只有少数是外聘人员。财务人员的月工资收入，根据各自法人主体实际经营情况，虽然略有差别，但总体上保持在 7000 元左右，远远高于北京市村级财务人员工资的平均水平。

2. 丰台区卢沟桥乡周庄子村财务管理模式分析。整体来看，村账自管模式在该村运行良好，较为适应该村的经济状况和实际情况。作为经济体量较大的村，周庄子村采用了企业化的管理模式，在投资中心中设立了较为完善的组织架构，包括股东代表大会、董事会、监事会等。从运行成效来看，该村的经济水平得到了很大提高，适应了农村新经济发展的需要和农民在新时代的新要求。

但是，由于经济体量较大，该村的集体资产数额较大，经济事务较多，对财务公开和财务监管制度造成了挑战，为此，周庄子村在财务公开与财务监督方面均采取了多种措施：

该村的财务公开形式有五种：一是利用公开栏进行公开；二是在召开全体村民会议和股东会议时公开；三是利用党务村务公开设备如宣传栏等进行公开；四是利用周庄子村智慧 APP 公开；五是利用村报进行公开，该村每季度发行一份报纸，有专版用于财务公开。

在财务监督方面，该村的财务审计方式主要有三种：一是乡里的经济责任审计，每三年轮一次；二是审计局进行审计；三是村内聘请第三方进行审计，利用专门审计机构的行业标准，对村级财务严格把关。

而对于投资中心下属的企业，也采用外部监督与内部监督相结合的形式，对于大额资金的使用，先通过下属企业内部班子表决，之后上报投资中心进行审核，审核通过后交由村两委、村党员代表大会、村民代表大会和股东代表大会以及乡党委会审核，对资金使用进行全程监督。

因此，村账自管模式满足了村民群众的自主意识，遵循了村民自治、村务公开、民主监督、多重管理的原则，适应周庄子村的财务发展情况，应当予以肯定，但同时也应当正视经济迅速发展所带来的政治风险及经济风险，必须要进一步加强财务公开和民主监督机制，通过加强制度建设保障经济可持续发展。

（三）村账镇管模式的优势与不足

村账镇管又称为农村会计代理制，是指在农村财务管理过程中，村级账务财务由乡镇统一管理的管理模式，该模式在乡镇设立农村财务托管中心或是农村财务管理中心，配备专职会计对所辖村的财务账目实行统一代理记账、核算，并定期公布各村的财务收支情况，但并不代管资金。各村设有专门的财务报账员，定期到经管站对本村日常收支进行报账。北京市村账镇管的村主要分布于昌平区、怀柔区、门头沟区、大兴区、通州区、房山区等。

其优势有以下几点：一是有利于规范财务会计行为，实现事前控制。乡镇会计人员业务素质较高，能够有效解决村级财务管理人员记账不规范、资产管理不严格等问题，通过对原始凭证是否有村支书和村主任的签字审批、是否有村理财小组的签字盖章、是否符合规定限额等事项进行审批，能够将原来的事后监督变为事前控制，进而规范村干部的资金使用行为，预防和控制腐败问题的发生。二是增强了村级财务工作人员工作的独立性，在村账镇管模式下，村干部不再对会计人员的聘用起到决定性作用，有助于增强村级财务管理的透明度和财务公开工作。

其存在以下不足：一是违背了村级事务村民自治的原则，在对村级财务事务进行处理时，乡镇工作人员既当运动员又当裁判员，不符合《中华人民共和国村民委员会组织法》的规定，也不符合会计法和代理记账管理办法的有关规定。二是在推行过程中，存在着忽视农民意愿和利益，以政府行政命令代替村民决议的问题。2010 年 2 月，中纪委、财政部、农业部、民政部四部委联合下发了《关于进一步加强村级会计委托代理服务工作的指导意见》，规定村级会计委托代理必须尊重农民意愿，履行民主程序，依法签订委托代理协议，确保集体资产所有权、使用权、审批权和收益权"四权"不变，切实维护农村集体经济组织及其成员的合法权益。但是在实践中，很多乡镇采用直接下达文件而未征求村民意见的形式，侵犯了村民的合法权益。三是运行过程比较麻烦，一般而言，镇财务托管中心均设在镇政府内部，有些村距离镇政府较远，而因为会计工作的特殊性，经常为找领导签字就跑一趟，不利于村里各项事务的开展，同时也增加了不必要的村内开支。四是乡镇工作人员工作压力较大。随着乡镇财务管理工作的日益繁重，记账凭证逐年增加而管理人员却没有增添，给财务管理人员增添了较大的工作负担，而就账做账的方式，也容易造成账目和实际业务两张皮，导致会计信息无法反映真实的经济活动。

（四）村账镇管模式的分类指导研究——以丰台区长辛店镇和门头沟区妙峰山镇桃园村为例

1. 两地财务管理模式概述。长辛店镇目前有 9 个行政村，自 2013 年以来，该镇按照丰台区试点要求，实行了村级财务集中办公管理模式，2014 年成立了镇三资管理办公室，主要目的是想通过集中办公、加强管理，逐步达到全镇集体经济组织经济管理规范化的模式。

该镇三资管理办公室现有人员 7 人，其中公务员 2 人，集体干部 1 人，从劳务派遣聘用人员 4 人（镇党建办聘用 1 人，三资办聘用 3 名出纳人员）。自 2018 年 3 月份，因镇政府办公室使用紧张，临时安排 9 名村主管会计回村办公。目前各村设置财务经理 1 人，主管会计 1 人，报账员 1 人，全部在各村办公。各村出纳工作由镇三资办聘请的 3 名人员负责，在镇集中办公。从经济体量来看，长辛店镇经济较为发达，并成为北京市二道绿隔集体经营性建设用地统筹利用创新试点，经济业务较为集中。

桃园村位于门头沟区妙峰山镇，自 2002 年起，该村采用村账镇管模式。村内共有 64 户，123 人，地域面积 5 平方公里，无基本农田，有果园地 190 亩，生态林 5000 多亩，村内无支柱产业，经济业务较为固定，需要处理的经济业务较少。

2. 两地财务管理模式分析。从地理位置来看，两地分别位于城市功能拓展区和生态涵养区，集体资产数额和发展状况差距较大，村账镇管模式的运行效果也存在一定差别。

从整体来看，村账镇管模式取得了一定成效，推动了大额资金、专项资金、土地征占款等款项使用的民主化程序化管理。在会计科目的运用上也进一步达到了规范，将收到资金和支出资金的会计科目统一，做到了规范化管理。杜绝了原始票据审核方面的不规范入账现象。同时，随着八项规定和其他政策的出台，村内一些不合规的票据入账的行为也得到了监督，基本上做到了支出合理、附件齐全，降低了村干部的经济风险，提高了经济管理效率。

但是，村账镇管模式在两地取得了不同的评价和效果：

由于长辛店镇采用的模式为村级财务集中办公管理模式，其相对于一般的村账镇管模式而言更加具有独立性，村内仍然保留了主管会计，在村级财务管理实行集中办公的 5 年工作实践里，出现了以下问题：一是人员管理问题，区经管站共拨入经费 52.9 万元，用于人员工资费用 41.6 万元，培训费 2 万元，办公费 7 万元，网络服务费 2.3 万元，不足以 9 个村主管会计和镇里聘用的 3 名出纳人员的全部开支，因此只能将村主管会计的开支放回各村，无法做到人员的规范、统一管理。二是村级领导主责发挥不顺畅。由于村级会计委托代理必须尊重农民意愿，依法签订委托代理协议，确保集体资产所有权、使用权、审批权和收益权不变，而在集中办公时，村级会计与财务经理不在一起办公，财务信息的沟通反馈相对较少，存在不及时情况，也不利于村级主管责任的发挥。同时，由于主管会计无法参加村内会议，形成了会计不了解业务发生情况和无法及时入账的现象。三是重复工作情况，出纳员与村报账员的工作基本重复，还存在责任互相推诿的情况。四是村级管理工作不完善。作为镇级三资管理部门应当对全镇所有集体经济进行全面指导和监管，包括集体经济组织、村委会，以及下面的二级、三级企业，鉴于三资管理办公室人员少，只能将一级单位财务集中管理，二级、三级企业由村级自己管理，使得管理出现依赖和空档，甚至造成没人管的现象，而有的村为了逃避审查监督，将本应归于一级企业的资金放入二级、三级企业，造成资金缺乏监管的情况。

而桃园村由于村内并无支柱产业，经济业务较为简单，认为村账镇管模式与村内的实际情况较为适应。该村每年的主要资金来源与转移支付和一事一议、生态补偿等，1 万元以上的大额支出需要镇审批，村内果园曾经出租过一年，现合同已经终止。该村村干部对村账镇管较为认同，认为村账镇管降低了村干部风险，但也存在着办事手续烦琐等问题，如有些需要盖章的事项需要村民与会计一起盖章。此外，村账镇管客观上降低了村级干部工作的积极性，审批权限上移也不利于村集体经济的发展，该种方式虽然减少了村干部腐败的发生，但却为乡镇干部挪用集体资产、滋生腐败提供了便利。

因此，村账镇管模式作为一种过渡形式，虽然能够在一定程度上规范村级财务管理工作，保障现阶段的各种农村补贴资金、建设资金能够更快地投入到农村建设中去，但是随着集体经济规模的增大，对于如长辛店这样的大乡镇，往往会面临着经济活动快速增长、村级财务管理工作复杂多变的问题，进而增加乡镇部门的管理压力和财政压力，并造成二级、三级企业监管失控的现象。在推行村账镇管管理模式时，应当充分考虑村内的实际情况，不能盲目"一刀切"。对于集体经济较为发达的乡镇，应当尝试将村级财务管理权限下沉复位，重新实行"村账自管"模式。

（五）第三方会计委托代理模式的优势与不足

第三方会计委托代理模式，是指在保证村级集体资产所有权、使用权、收益权、监督权不变的前提下，村民自愿由社会服务机构负责代理本村集体经济组织的账务管理工作。在该模式下，村民可以自己决定是否实行会计委托代理，在委托代理之前必须召开村民代表大会或村民会议，民主投票决定是否与第三方会计委托代理机构签订委托代理协议，并由其帮忙完成村集体账目清理、账务记录等。在该模式下，"四权不变"是前提，"委托"是关键，"代理"是实质。北京市第三方会计委托代理的村主要分布在延庆区、密云区等。

该模式的优势在于：一是能够有效发挥会计的监督职能，控制或减少腐败的发生，促进了各项财务制度的落实，避免了事后监督的缺位，维护集体资产的安全性和完整性。二是促进了村级财务管理的规范化，有效解决了村级会计整体素质不高、记账不规范、管理不严格的问题，村级账务更加清晰明了。三是制度运行不断得到完善，相比旧的方式而言，村务财务的公开透明落实更加到位，村民监督更加规范化，村级审计监督措施不断加强。四是能够保证委托代理的合法性，在决定实施会计委托代理之前，必须经过村民代表大会一致同意，才能提出委托代理申请。

该模式的不足在于：一是村民的民主意识易受到影响，由于将财务管理工作交由专业的社会服务机构代理，客观上增加了村民的依赖思想，进而使其怠于行使民主权利。二是存在就账做账现象。一方面，由于第三方会计代理机构的财务管理人员并不熟悉村里的发展情况，只能对会计凭证的审核和管理进行规范，无法提出适合村内经济发展的有效建议。另一方面，区县一般为集中托管，例如延庆区15个乡镇的376个村的托管业务就主要集中在北京京隆会计师事务所和北京天德佳信会计服务有限责任公司，使得一个会计公司通常要处理多个区县的会计业务，无法对经济业务进行实质审核。三是降低了财务管理效率，代理记账一般也在乡镇开展，有些较远村的报账员往返需要较多的时间和费用。

（六）第三方会计委托代理模式的分类指导研究——以密云区冯家峪村为例

1. 该村财务管理模式概述。自2006年以来，密云区经管站开始在溪翁庄镇实行村账托管工作，到2016年，密云全区都实行了村账托管模式。目前，全区18个镇331个村中，9个镇采用村账镇管模式，共169个村。9个镇采用第三方委托代理模式，共162个村。2017年9月起，冯家峪镇开始实行第三方会计委托代理模式。

随着农村产权制度改革和市场经济的发展，村级财务管理的水平对村内资产，特别是集体经济的发展有着十分重要的影响。冯家峪村现有农户 280 多户，村域面积 12.83 平方公里，基本农田 600—700 亩，生态林补偿 1000 多亩，生态管护员 30 多人。村内原产业主要为铁矿石开采，后因其污染较为严重，现已关闭，现在村内的主要产业为板栗种植，并计划开发民宿旅游项目和艺术谷项目。自 2017 年 9 月推行第三方会计委托代理以来，村内的专款和集体资金的收支都需要经过专门的会计人员进行审核。在驻村会计的耐心帮助下，原村会计不仅学习了会计知识，更对规范性的会计处理程序有了初步掌握。当前，冯家峪村正在对全村现有险户危房全部进行异地除险搬迁及旧地除险翻建，全村共建房 177 个院，资金总额达到 3447.6 万元，在驻村会计及镇有关部门的帮助下，除险搬迁工作正在有序进行。

2. 该村财务管理模式分析。冯家峪镇冯家峪村原采用村账镇管模式，自 2017 年 9 月开始推行第三方会计委托代理制度，由北京盛强正泰会计咨询有限公司代为管理村内账务。

通过社会中介组织的介入，村内的财务管理实现了"六统一"，即统一制度、统一审核、统一记账、统一公开、统一审计和统一建档。村内记账更加方便准确，镇村干部的压力也得以减轻，初步达到了健全财务会计制度、规范账务处理程序的目的，在一定程度上激发了集体经济的活力，拓宽了增加收入的渠道，有利于集体经济的稳定发展。

但是，仍然存在着一些问题：一是对第三方会计委托代理制度的认识不到位，村干部仅仅将这种制度看作是对村里财务的整理机制，并未认识到其对村内经济发展的推动作用。二是仍然存在着就账做账和入账不及时的现象，实行第三方会计委托代理制度之后，资金的使用手续较为复杂，造成现金入账不及时的现象。三是第三方会计代理机构与村干部熟悉以后，可能会存在收受村干部贿赂，执行会计制度不严的现象。

因此，从目前的实施效果来看，第三方会计委托代理制度较为符合冯家峪村的实际状况。相较村账镇管模式而言解决了合法性问题，坚持了村民自愿原则，也得到了村民的大力支持，但是从长远来看，还需要加大对农村集体资产管理工作的重视程度，不断促进集体经济进一步发展，推进农村管理规范化建设。

四、完善村级财务管理模式的对策建议

根据北京市村级财务管理模式的案例对比和分类指导，为进一步规范北京市财务管理，完善北京市村级财务管理模式，提出以下几点对策和建议。

（一）因地制宜选择村级财务管理模式，做到"因村施策"

随着农村土地改革和集体产权制度改革的逐步深化，农村基本经营制度和农民集体资产权益不断提升，对农村财务规范化管理的要求也逐渐提高，而《中华人民共和国民法总则》的颁布及其他法律制度的完善，也给村级财务管理法制化提供了条件。从北京市三种模式的数据变化来看，村账自管和第三方会计委托代理制度的比例不断提升，特别是村账自管模式与农村集体经济的成长壮大、农民权力意识的逐渐增强相适应。因此，应当在尝试将村级财务管理权限下放，变"村账镇管"为"村账镇审"，充分保障村级财务独立性，引导农民自我管理、自我约束，实行村账自管制度的基础上，因地制宜选择财

务管理制度。

首先，对于一些经济量比较大、发展比较好、村级财务管理制度比较完善、内部监督机制较为健全的村，可以选择逐步松绑镇级农村财务管理权，将财政管理权下放复位，重新实行"村账自管"。使村民参与到财务管理和村委会各项事务的决策中来，为村级经济的发展增添民意基础，推进村级民主化进程。一方面，应提高对村级财务管理的思想认识。实施乡村振兴战略，自下而上的动力支持与自上而下的政策扶持同等重要，为此，应当提高干部群众对村级财务管理模式，尤其是村账自管模式的思想认识，为村内经济发展提供支撑。另一方面，应当重视村账自管模式所具有的财务决策过于集中、内部监督机制不健全、会计人员队伍不稳定等问题，推进村账自管模式的标准化发展。

同时，也应着眼于北京市农村发展区域发展不平衡、不充分的实际，对于农村财务会计管理水平较低、村内经济业务较少的村，应发挥好村账镇管和第三方会计委托代理制度的过渡作用，通过乡镇监管和第三方中介机构监管的方式，完善监督管理机制，保障农民群众的合法权益，特别是在签订委托合同时，应当抓好委托代理的实质，通过村民代表大会等程序，尊重村民的选择权。

（二）严格委托代理程序执行，尊重村民意愿

随着政治体制改革和行政体制与市场化博弈的推行，政府的职能正在逐步发生变化，对群众意愿的尊重尤为重要。第三方会计委托代理制度作为适应北京市部分农村的过渡性制度，更应当尊重村民的意愿，维护村级基层组织及其成员的合法权益。不能为了方便推行而使用行政手段，强制推行，必须征得村民代表大会的表决通过，按照规定程序签订委托代理协议；村委换届或新的村委会成立后，要按规定重新确认村级财务委托代理的相关事项；代理期满后，必须获得村民代表大会讨论通过，不得擅自续签委托代理协议，严格按照委托代理程序执行，明确职责范围，逐步将农村财务管理基础工作纳入法制化轨道，依法约束农村财务人员的工作行为和行政领导对村级事务的不合理干预。

（三）深化农村改革，激发集体资产活力

深化农村改革，提高农村集体资产经营效益，激发集体资产活力，是规范村级财务管理模式、提升村民的民主意识和制度意识的基础和动力。通过调研发现，经济较发达、经济体量较大的村，村民对财务管理的积极性和自主性都较高，对村账自管模式的认同度也较高。应当进一步深化农村改革，开展农村集体资产清产核资，摸清家底，明确产权归属，健全管理制度，加强农村集体经济组织的规范运营。深化农村土地制度改革，探索农村承包地"三权分置"的有效实现形式，盘活利用农民闲置宅基地和闲置农房，加快农村产权交易市场建设，引导新型农民经营主体健康发展，为村级财务管理的规范化、制度化创造经济条件。

（四）健全人才培养与引入制度，重视专业人才队伍创建

应着眼于村级集体经济组织没有支柱产业、产业结构单一、缺乏主导产业和创新项目、收入来源较少的现实，把握《民法总则》的颁布契机，不断完善村级集体经济组织法人治理结构，在提高村集体经济组织资产配置能力的基础上，健全人才培养与引入制度，

重视专业人才队伍建设。

一方面，应完善村级财务管理人员的选拔与管理机制，村级的财会队伍不仅包括出纳、会计人员，还包括村报账员、民主理财小组等成员，农村集体经济组织的出纳、会计、报账员要保持相对稳定，民主理财小组成员要按照规定公开选拔，保证聘用的农村财务人员具有一定的业务水平和道德修养。同时，还可以利用首都农业院校云集的资源优势，拓宽职业教育就业上升渠道，帮助中高考落榜或有意愿成为新农人的年轻人入校进行农业技术及经营管理专业研修辅导，并提供实地实习机会。

另一方面，应当加强对农村财务人员的业务培训，提升现有人员的政策法规水平和业务操作能力。从财务会计基础知识、电算化管理、信息化建设等方面开展培训，解决村级财务会计人员现有的文化程度不高、财会知识缺乏、信息化技术手段滞后等问题。还应加强对财经法规的培训，全面提升财务人员的整体素质。同时，还应逐步落实农村财务人员的工资福利保障，通过工资财政拨款、加大补贴力度等方式，激发财务管理人员的工作积极性。

（五）完善村级财务管理制度，落实财务公开和财务审计

加强对村级财务的审计监督是法律赋予各级经管部门的法定职责，实行"村账乡审"代替"村账乡管"才是法律本义，也是探索建立北京市有管有放的农村财务管理模式的制度保障。一方面，应当不断加大财务审计力度，提高审计质量，加强村办企业的审计，理顺村委会和村集体经济组织的关系，明确村务监督机构的职责权限，引入第三方等外部审计模式，推动农村集体资产的快速有序发展。不断加强农村集体财务管理，特别是大额资金和专项资金的管理。推行村级财务信息化建设，提高村级财务的透明度，提升村民、村务监督委员会、镇经管站和乡镇政府的内部监督力度。另一方面，应当不断创新财务公开途径，提高财务管理的公开透明度。针对目前北京市村级财务公开中存在的公开意识不够、公开内容形式化、答疑环节重视不够、档案不规范等问题，逐步建立电子化的财务公开系统，通过手机客户端、微信公众平台、微信群等形式进行公开，使村民真正了解财务管理情况并及时反馈问题，切实保障村民的知情权。

课题负责人：吴志强

课题主持人：周庆林

课题组成员：陈新美、遆晓、王宇峰、张琰

执笔人：遆晓

京台乡村发展与建设比较研究

一、背景及意义

北京市有 3941 个农村社区，聚居着 92.4 万户农业人口和 138.6 万户非农业人口。这些农村社区发展得到北京市政府的高度重视，2017 年，北京市提出了用 3 年时间实现美丽乡村全覆盖。然而，农村人口老龄化、生态环境恶化、主导产业缺失、传统文化衰败及村庄空心化等仍是首都乡村振兴面临的突出问题。党的十九大报告提出了实施乡村振兴战略的 20 字方针，北京如何立足首都城市战略定位，着眼京津冀协同发展大局，推进具有首都特点的乡村振兴战略，是当前亟待破解的重要命题。

台湾自 20 世纪 90 年代开展了富丽乡村建设，并于 2010 年开始实施了农村社区再生计划，通过发展精致农业、提升居民在地文化认知与认同、构建完整的生态体系、提升公共空间与公共设施品质等措施，促进了台湾农村社区的发展，为北京市美丽乡村建设和乡村振兴提供了丰富的经验。台湾农村社区再生计划实施以来，已经成为温和渐进地改变社会、教化人心的重要力量。台湾农村社区再生计划为破解乡村老龄化、空心化、产业弱化等问题，提供了鲜活的实践范例。比较京台两地乡村发展与建设面临的背景、主要做法，总结台湾乡村建设的经验，对于进一步推动北京美丽乡村建设和实施具有首都特点的乡村振兴战略，具有较强的参考价值和现实意义。

二、京台乡村发展与建设的基础条件比较

（一）京台两地地缘相近

首都北京位于我国华北平原的西北边缘，是全国的政治中心、文化中心、国际交往中心、科技创新中心。北京西面有属于太行山山脉的西山，北面有燕山山脉的军都山。北京平原占 38.6%、山区占 61.4%，也就是 2/3 是山区。北京市的行政区划包括 16 个区、143 个建制镇、38 个建制乡、3941 个村。北京市属于暖温带半湿润大陆性季风气候，全年平均气温 10—12 摄氏度。宝岛台湾位于祖国的东南沿海大陆架，是中国第一大岛，包括台湾本岛、澎湖列岛（由 64 个岛屿组成）及兰屿、绿岛、钓鱼岛等 21 个附属岛屿。台湾本岛南北最长 394 公里、东西最宽 144 公里。2015 年，台湾人口 2349 万人，与北京市 2172

万人口相当。台湾本岛有五大山脉，分别是中央山脉、雪山、玉山、阿里山和海岸山；有四大平原，分别是宜兰平原、嘉南平原、屏东、台东纵谷平原；有三大盆地，分别为台北盆地、台中盆地和埔里盆地。台湾 2/3 是高山峻岭，这与北京市 2/3 是山地的地势相近。

总之，京台两地在地理环境、民族血脉、语言文字、思维方式、饮食习惯、历史文化等方面都具有很强的相近性。

（二）京台两地"三农"面临发展瓶颈相似

一是京台两地农业发展均面临土地细碎化的问题。台湾人均耕地面积 0.45 亩，是典型的人多地少、耕地资源稀缺、人均土地资源相当短缺；北京市户均耕地面积 6.2 亩，人均耕地面积不足 2 亩，属于小农经济中的超小型农户。

二是京台两地农村空心化和老龄化问题，台湾农村就业人口 90% 以上都是老年人。20 世纪 70 年代，由于城乡差距扩大，台湾就已经出现了大量人口外流、人走房空的村庄空心化、乡村凋敝等问题。北京市也面临城乡差距扩大、农村人口外流等问题，2005—2017 年，北京市城乡居民人均可支配收入差距值从 9793 元扩大到 38166 元，差距值平均每年递增 12%。据北京市"三农普"数据，2016 年，北京市农户平均年龄 51.4 岁，30.32% 的农户家里没有人务农，延庆区、怀柔区、门头沟区等山区农村老龄化率超过 50%。

三是京台两地都面临着食品安全问题。农产品质量安全问题日益成为世界各国消费者、农业及食品行业关注的焦点和难点问题，对食品、农产品提出质量追溯的要求。近几十年来，台湾在推动农业信息化和农产品追溯体系建设中，建立了农产品产销履历制度，建立了良好的农业规范、农产品追溯体系，形成了七大检验中心的第三方登记制度。北京市建立了"从农田到餐桌"安全保障体系，包括建立了 20 家市区两级农产品质量检测机构，打造出一批农业标准化基地，全市推行"农餐对接""农超对接""场厂挂钩""场地挂钩"等产销直挂机制。在批发市场、大型超市、大型社区应用了 30 项安全生产、绿色防控、物流监控、产品追溯等配套技术，初步实现肉制品、乳制品等食品的信息可追溯。

在解决这些问题方面，京台两地的措施也有很多的相似性，比如推动六次产业与一二三产融合发展、加快农业信息化、发展"互联网＋现代农业"、推动农民合作化，加强青农、新农人培养，乡村建设、乡村再造等。

（三）京台乡村经济与乡村建设进程具有较强梯度性

京台两地"三农"发展具有很强的递阶性，由于台湾的地理优势、历史发展等原因，台湾是一个国际化水平非常高的地区，发展向日本、欧美递阶，我们常说的台湾递阶日本、日本递阶欧美，台湾也在一定程度上与欧美直接递阶，大陆无疑递阶台湾，并且大陆与台湾没有语言方面的障碍，可以直接获得先进经验。

台湾 20 世纪 60 年代就基本实现了传统农业向现代农业的转变，台湾在都市农业发展方面具有值得借鉴的成功经验。1984 年，台湾以农业六级产业化为基础，明确提出了发展"精致农业"的口号，即发展以"经营方式的细腻化、生产技术的科学化以及产品品质的高级化"为特征的农业生产。

台湾六级产业为京郊一、二、三产融合发展提供了非常好的借鉴。台湾农业六级产业化是以初级（一级）的农业生产为基础，另开发加工品、商品、新销售管道，并扩大到兼具环保意识的绿色消费、以环境场域为观光发展资源等议题，是农业结合工业、商业、科研的全方位农业。农业六级产业化是乘法概念，因为一级产业（农业）才是基础，没有农业，一切归零。

（四）京台乡村发展与建设存在的差异

在看到京台乡村发展的共同特点的同时，我们也不能忽视京台乡村发展与建设存在较大的制度环境差异。一是大陆农村发展面临的基本社会制度环境是城乡二元结构体制向城乡统筹、城乡融合发展的制度条件，台湾农村发展与建设只存在城乡发展的差异，不存在城乡二元制度结构。二是京台农村土地制度、农民组织程度、经济组织的形态、乡村文化延续性等方面也存在较大的差异。三是大陆农村建设是在政府主导下推进的，农民缺乏主体地位，台湾乡村建设是在社会的广泛参与下，以农民为核心主体发动起来的。

三、京台乡村建设的历程比较

（一）北京新农村建设（2006—2013年）与台湾农村建设（1970—1990年）

从北京来看，面临问题：人口外流、劳动力老龄化、城乡差距拉大等。发展机遇：工业反哺农业、城市支持农村。建设目标：培养新型农民、增加农民收入、加快农村社会发展。建设内容：生产发展、生活富裕、乡风文明、村容整洁、管理民主。主要特点：重点推进"五＋三"工程，五项基础设施是农村的街坊路，农村的上下水、饮水、供水，农村的电网、道路和相关的公共服务，包括社区卫生服务中心、社区卫生站。围绕着"暖起来、亮起来、循环起来"的"三起来"工程，推进农村建设。取得成效：据北京市农委统计，自2006年以来，北京市街坊路硬化达到1亿平方米；建设集中供水厂133座、村级供水站2850座，污水处理站1054座；铺设排水管网5611公里；建设达标公厕6522座、户厕78座；郊区农村生活垃圾无害化处理率99.5%；实现村内绿化4475万平方米；太阳能路灯17万盏；太阳能公共浴室1377座，清洁能源改造2513个村95万户。

从台湾来看，20世纪70年代以来，面临问题：人口外流、人力老化、资源闲置。在发展机遇方面，以工业促进农业。建设目标：挽救农业发展颓势、恢复农业发展。此阶段台湾农村建设的主要内容是农业生产改进措施、加速农业机械化方案、农业发展条例、稻米保证价格收购制度、第二次土地改革等。台湾农村建设的主要特点：一是以发展农业为主导的单一发展模式；二是台湾从20世纪70年代初开始立法促进农村建设，颁布了《农业政策检讨纲要》。通过台湾农村建设，台湾农村面貌发生变化，农村建设思路不断深化和完善。

（二）北京美丽乡村建设（2013—2017年）与台湾富丽乡村建设（1990—2008年）

从北京来看，此时期，北京美丽乡村建设面临的是生态文明建设成为乡村建设的短板的问题，同时也迎来了城乡差距逐步缩小，乡村价值快速升值、城乡融合取得新的成就；京津冀协同发展与疏解非首都核心功能等新的发展机遇。北京市美丽乡村建设的目标是提高农村土地产出率、资产收益率、劳动生产率，激活"三农"发展活力，实现"生态宜居、生产高效、生活美好、人文和谐"。建设内容以村庄环境整治、农村文化教育建设、公共服务建设、新"三起来"工程为主。呈现出的主要特点是"美丽乡村"创建是升级版的新农村建设，它既秉承和发展新农村建设"生产发展、生活宽裕、村容整洁、乡风文明、管理民主"的宗旨思路，延续和完善相关的方针政策，又丰富和充实其内涵实质，体现在更加注重关注生态环境资源的有效利用，更加关注人与自然和谐相处，更加关注农业发展方式转变，更加关注农业功能多样性发展，更加关注农村可持续发展，更加关注保护和传承农业文明。自 2006 年以来，北京市已经完成创建美丽乡村 1300 余个，最美乡村 113 个。怀柔区北沟村、通州区仇庄村、大兴区东辛庄村，门头沟区水峪嘴村、法城村，顺义区高丽营一村，密云区东智北村等被评为全国人居环境示范村。最美乡村实现了生产美、生活美、环境美、人文美。

从台湾来看，台湾建设富丽乡村阶段，正面临着农业农村发展滞后，农业生态环境恶化、农村面貌破落、城乡矛盾凸显等问题，而台湾这一时期的经济高速增长，城乡协调发展具备条件。台湾富丽乡村建设的目标是"照顾农民、发展农业、建设农村"，建设内容包括"三农一体""三生兼顾"，改善农业经营形态的同时注重生态环境整治。台湾出台了《农业综合调整方案》（1991—1997）首次把现代农业建设从农业延伸到农业、农村、农民"三农一体"全面发展，并将"三农"和"三生"（生产、生活、生态）联系起来，深化了农业和农村发展理念，为缓解"三农"问题、平衡城乡发展找到了一条新的途径。例如，休闲农业与"富丽农村"建设密切结合，成为拓宽农村新产业、促进农业功能转换的重要举措。

一是依法推进。台湾从 20 世纪 70 年代初开始立法促进农村建设，颁布了《农业政策检讨纲要》，把经济发展政策方针从"以农业培育工业"调整为"以工业促进农业"。二是农村"三圈"建设促进农业"三生"功能发展。发展休闲农业园区，塑造乡村优美环境，构建农村休闲旅游的生态圈；推动农村整体社区营造，形成"与农共生"的农村生活环境，构建农村社区生活圈；开展"新故乡运动"，运用地方特色产业和生态资源，开发特色产业，构建农村产业发展圈。

台湾"富丽农村"建设经历了从单纯农业到农业、农民、农村"三农一体"，从生产到生产、生活、生态"三生兼顾"，从传统的农村聚落到农村社区生活圈、农村休闲旅游圈、农村产业发展圈"三圈"合理布局的过程，对现代农村建设的理念和实践都有了显著的深化和提升，有力促进了台湾农业结构转型和农村聚落的更新，繁荣了农村地方文化，活络了农村经济，缩小了城乡差别。

（三）北京乡村振兴阶段的美丽乡村建设（2017 年—）与台湾农村再生（2008 年—）

从北京来看，京郊美丽乡村建设和乡村振兴还面临着很多现实的困难和挑战。一是乡村分化显著，逐渐形成了三无村、拆迁村、空心村、倒挂村和传统村等村庄形式。二是乡村经济发展面临着主导产业不足的问题。2018 年 3 月北京市农研中心开展的乡村振兴百村千户调查显示，有66%的村认为村里缺乏主导产业。三是农村基础设施建设和公共服务仍存在着较大缺口。33%的村反映幼儿园、学校、卫生室、文化设施不能满足需求。四是京郊农村空心化和老龄化的问题非常突出。延庆、怀柔、门头沟农村老龄化率超过50%，个别村老龄化率超过70%，村干部老龄化也很普遍。从发展机遇来看，北京市正在实施新一版城市总体规划、以疏解北京非首都功能为"牛鼻子"推动京津冀协同发展、筹办2022年北京冬奥会、冬残奥会等重大项目落地和实施，给京郊乡村发展与建设带来新的契机。

北京市美丽乡村行动主要是按照产业兴旺、生态宜居、乡风文明、治理有效、生活富裕的总要求和绿色低碳田园美、生态宜居村庄美、健康舒适生活美、和谐淳朴人文美的标准，在前期美丽乡村建设的基础上，以实施农村人居环境整治为重点，进一步提高建设标准，增加建设内容，提升建设水平。建设内容包括编规划、治环境、强服务、重治理、建机制五个方面，具体包括编制村庄布局规划、建设发展规划和美丽乡村建设实施方案；全面整治农村环境；加强村庄绿化美化和生态建设；全面开展农村饮用水水质提升和污水治理；实施农村厕所改造，推进垃圾治理；加强农村基础设施和公共服务设施建设；加快推进农村地区冬季清洁取暖；加快农村产业发展，促进农民增收；加强农村社会治理，建设乡村文明；建立健全长效管护机制等十项内容。

自2017年11月北京市委市政府召开"实施乡村振兴战略，推进美丽乡村建设"动员大会至2018年8月，各区各部门按照统一部署，积极建机制、定标准、做方案、抓试点，美丽乡村建设取得一定成效，71个美丽乡村建设市级试点中有55个完成规划，美丽乡村建设实施方案完成41%；超过五分之一的村基本完成环境整治任务。[①]

从台湾方面来看，台湾农村再生计划出台的主要背景是，21世纪初，台湾面临城乡发展失衡、农村环境恶化、人口外流、农地流失、生态环境破坏等问题突出。与此同时，台湾具备了经济、文化反哺农村的条件，乡村生态价值提升。台湾农村再生计划的建设目标是促进农村活化再生，建设富丽新农村，主要内容简单地讲即是"由下而上、计划导向、社区自治、软硬兼顾（人、文、地、景、产）"。

四、台湾农村社区再生的主要做法

2008年，台湾提出了"推动农村再生计划，建立富丽新农村"的农业政策主张，并于2010年8月通过《农村再生条例》，开始以法律形式有序推动"农村再生"计划。

（一）政策目标与愿景

主要政策目标包括提升农村人口质量、创造农村就业机会、提高农村居民所得、改善农村整体环境四个方面。农村社区再生的愿景是构建活力、健康、幸福的有希望的农村。活力农村包括启发农村小区居民心灵革命、青年留农并强化农村人力培育、营造适居安全之环境；健康农村指的是发展绿色产业、促进人地和谐共生、实施低碳社区建设；幸福农

---

① 数据来源于《北京信息》第186期《蔡奇同志带队到怀柔区、密云区围绕实施乡村振兴战略开展大调研》。

村主要包括加强人文关怀、活化人文资产、促进全民认同与共享农村价值三方面。

（二）实施路径

台湾以农村再生计划为抓手，面向全台湾 4000 多个农渔村、60 万户农渔民，设置 1500 亿元（新台币）基金，自 2011 年起于十年内分年编列预算、专款专用，主要用于农村再生计划执行、农村的生产条件及生活机能改善等。

农村再生计划以农村社区内人的再生为核心，通过"人、文、地、景、产"这五个抓手，一点一滴唤醒人们对土地、对家乡的感情，拉近乡村邻里间的关系，改善农村生态环境和生活条件。农村再生计划是以农村为中心、兼顾农民生活、农业生产及农村环境的整体发展，具体推动策略有四个方面：一是自下而上强化共同参与；二是计划导向促进土地合理利用，引导社区提出发展愿景，研讨拟定农村再生计划循序推动；三是社区自治实现社区赋权，社区订立公约，自主管理再生经营成果，维护社区特色景观风貌；四是软硬兼顾引导整体发展，强调人与心灵再生，重视传统文化与技艺传承。

农村再生计划的推动顺序是先做培根、培根做好、根留农村。台湾开展关怀班、进阶班、核心班、再生班四个阶段的在地人力培育——培根计划。培根计划是台湾农村再生计划的关键环节。培根计划的主要目的是培植在地人才、凝聚众人共识、协助找回小区的生命力与价值。培根计划是农村再生的基础，水保局根据各个社区的特点专门设定课程。业主管部门要求社区在报送农村再生计划书之前，社区居民须先报名参加教育课程（采取工作坊等方式来促进农村居民之间的互动与讨论，实质上就是社区意见讨论的平台），为农村再生计划的研拟和落实注入软实力。

（三）推进情况

农村再生分为两个阶段：第一阶段（2012—2015 年）。主要侧重于在地人力培育、农村文化保存、生态保育、整体环境改善及公共设施建设、农村重策划管理制度之建置、农村社区产业活化等方面。第二阶段（2016—2019 年），主要包括农村再生规划及人力培育、整体环境改善及公共设施建设、产业活化、文化保存与活用、生态保育、个别宅院整建，农村产业条件与生活机能改善、农村社区农粮产业活化、农村休闲产业发展与活化等方面。

（四）取得成效

2012—2015 年，台湾推动 1050 个农村活化再生，创造就业机会 4.25 万个，带动年度农业及农村休闲旅游达 2300 万人次以上，农业产业结构转型与质量提升累计达 7.8 万公顷，吸引青年留乡或返乡，减缓农村社区人口外移；提升农村社区居民所得。截至 2016 年，台湾共有 443 个农村社区吸引 1501 个青年返乡，实现环境永续的农村社区达到 224 个，推动特色产业活化的农村社区有 193 个。截至 2017 年，台湾有 2520 个农村社区参加了培根计划。

自 2017 年开始，台湾借鉴德国乡村建设经验，开展了金牌农村评比活动。2017 年，新北市三芝区共荣小区暨安康小区、新竹县北埔乡南埔小区、台东县鹿野乡永安小区获得金牌农村称号，宜兰县员山乡内城小区、苗栗县公馆乡黄金小镇休闲农业区、苗栗县大湖乡姜麻园休闲农业区、台南市后壁区仕安小区获得银牌农村称号。

五、台湾农村社区再生对北京乡村振兴的几点启示

农村再生计划被称为台湾开展的一场最基层、最普及、最温和，但影响深远的社会运动。对比台湾农村再生与大陆美丽乡村建设，在理念、政策、实施方式等方面都存在差异，主要表现在大陆美丽乡村建设的理念相对滞后于台湾，政策以自上而下为主，缺乏农民主体参与的机制。比如，台湾农村再生和大陆美丽乡村建设都注重规划，然而台湾农村再生是在培育当地人的基础上，开展资源盘点、自我主导制定规划。台湾农村再生为北京推进具有首都特点的乡村振兴提供了以下三点启示。

（一）完善乡村法制体系，推动依法治村

台湾从20世纪70年代初开始立法促进农村建设，颁布了《农业政策检讨纲要》，把经济发展政策方针从"以农业培育工业"调整为"以工业促进农业"，并开始有计划地推进农村建设。2008年，台湾提出"推动农村再生计划，建立富丽新农村"的农业政策主张，并于2010年8月通过《农村再生条例》，开始以法律形式有序推动农村再生计划。北京市在推进乡村振兴中，重视政策制定，但轻视立法推动，涉农地方立法较其他省市相对滞后，比如在传统古村落保护中，北京市针对传统村落保护只有两个技术规范文件和一个旅游发展规划，没有专门的保护法规，与台湾地区相比，在统筹、规划、资金投入等方面都存在很大差距；再比如作为集体经济发展的重要法律保障的《北京市农村集体资产管理条例》，自1993年5月北京市人大常委会通过后，于1998年和2010年进行个别文字的修正后，没有进行必要的实质性修订。在全面依法治国的背景下，北京市作为首善之区的乡村治理非常有必要加强涉农立法，将涉农工作纳入法治化轨道。

（二）完善乡村振兴的双重推动机制

台湾农村再生计划采取"由上至下"和"由下至上"双重并行的推动机制，由"当局—地方政府—农村社区"共同构成管理体制。首先，由台湾当局相关部门制定"农村再生政策方针"，提出农村建设的宏观方向和政策目标；再由地方政府制定"农村再生总体计划"和"年度农村再生建设计划"，核定政府政策资源投入，提出地方农村发展的明确目标和短期计划。愿意参与再生计划的农村社区，按照农民自主自治的精神，整合当地的组织和团体，拟定计划书，由地方政府核准，再向主管机关申请经费。农村社区向政府递交的农村再生计划申请书，必须由当地农民组织和团体推举成立的社区代表组织（一般为社区发展协会）作为代理主体。政府以优先补助方式，鼓励农村社区订立社区公约（报县/市主管部门核定后生效），对社区内的公共设施、建筑物及景观进行管理维护，维护农村再生计划建设成果。目前台湾有4000多个农村社区，相应地也有4000多个农村社区发展协会。台湾社区发展协会是台湾农村再生计划的落实者。社区发展协会在凝聚众人共识、协助找回小区的生命力与价值等方面发挥了重要的作用。

台湾农村再生计划的"由上至下"和"由下至上"双重并行的推动机制实现了政府意志与居民意愿的较好结合，实现了农村居民的共同参与，以计划有秩序美化环境、活化产

业、传承农村文化等在地特色的发展愿景。北京市美丽乡村建设、乡村振兴都需要借鉴台湾做法，大力推动乡村社会组织培育，激发农村居民主体的参与意愿和参与能力，才能形成永续发展的局面。

（三）乡村振兴关键在于人的振兴，应重视农村在地人才和社会组织的培育

乡村振兴最重要的是人，特别要注重新农人在乡村建设中的作用。

第一，注重对农村社区领头羊的教育。台湾开展关怀班、进阶班、核心班、再生班四个阶段的在地人力培育——"培根计划"。培根计划是农村再生的基础，水保局根据各个社区的特点专门设定课程。业主管部门要求社区在报送农村再生计划书之前，社区居民须先报名参加教育课程（采取工作坊等方式来促进农村居民之间的互动与讨论，实质上就是社区意见讨论的平台），为农村再生计划的研拟和落实注入软实力。台湾培根计划在 2012年开始的时候是重质量，已经过去那么久了，培根计划在 2017 年 4 月有 2262 个社区派人来参加培训，其中有三分之一的培根计划已经完成了四阶段。培根计划是单个社区进行授课，不是集中上课，采取弹性的上课方式，以社区发展协会学员的领悟情况开展循序善诱，并随时检讨、积累经验，对不同社区进行因材施教。真正培育出能够组织、带来村民参与社区营造的农村社区发展协会的总干事。

第二，重点培育返乡青年。新农人在乡村建设中是主要的劳动力，是农村产业从一产向二三产业递接的重要力量，他们很容易将文创、科技、农业体验融入一产中去。新农人是乡村发展创新的活跃分子，台湾青农组织对于挖掘在地特色、发掘乡村新价值具有重要的作用。台湾最初有 443 个农村社区，总共 1501 人次，这些青年回到乡下参与农村再生，历经四年时间，农村社区规模达到了 1000 多个。台湾还开展了金牌农村评比活动，希望留在乡村里面的人都有很多的梦想、很多的希望、很多的未来。

第三，注重利用工商企业的力量。企业只要是愿意到乡村里面帮助乡村社区，就会变成所谓的乡村企业，这个乡村就可以获得政府 300 万元的台币补助。2017 年预计遴选 30家农村社区企业，提供未来 1 至 2 年的辅导，希望健全其企业组织与提升经营能量，带动农村社区经济成长；同时配合社会企业行动方案，逐步引导业者朝向社会企业发展，兼顾小区公益、环境维护等社会责任，厚植农村活化再生基础，扩大农村再生施政。

参考文献

[1] 陈维民 . 台湾乡村社区再生计划 [A]// 第 20 届京台科技论坛乡村论坛 [C].2017.

[2] 傅利平，刘元 . 文化创意产业与社区营造互动发展研究——以台湾顶菜园社区为例 [J]. 吉林师范大学学报（人文社会科学版），2015（4）：88-93.

[3] 郭圣莉，陈竹君 . 两岸社区治理与变迁比较研究 [J]. 南昌大学学报（人文社会科学版），2013（7）：51-57，78.

[4] 胡洁人，费静燕 . 两岸农村社区营造过程中的人文要素对比研究——以台湾珍珠社区与上海雪米村为例 [J]. 中共浙江省委党校学报，2017（2）：20-38.

[5] 胡九龙，孙进军，蔡少庆，等 . 保护和提升京西传统村落群焕发西山永定河文化带

活力魅力 [J]. 北京城乡融合发展报告（2018），北京：社会科学文献出版社，2018.

[6] 梁樑，程子绮，张梨慧. 台湾"农村再生"计划的经验和做法——以台东县永安社区及南投县桃米社区发展为例 [J]. 海峡科学，2017（5）：57-59.

[7] 罗康隆. 社区营造视野下的乡村文化自觉——以一个苗族社区为例 [J]. 中南民族大学学报（人文社会科学版），2015（9）：37-42.

[8] 苗大雷，曹志刚. 台湾地区社区营造的历史经验、未竟问题及启示——兼论我国城市社区建设的发展路径 [J]. 中国行政管理，2016（10）：87-93.

[9] 牛君. 台湾社区营造政策及其对大陆社区治理的启示 [J]. 岭南学刊，2017（5）：107-113.

[10] 尚晴. 台湾社区总体营造的个案与在地化思考——兼谈对湘西少数民族地区的借鉴 [J]. 湖北民族学院学报（哲学社会科学版），2017（3）：98-104.

[11] 杨贵庆，刘丽. 农村社区单元构造理念及其规划实践——以浙江省安吉县皈山乡为例 [J]. 上海城市规划，2012（5）：78-83.

[12] 余洋，阚斌. 从台湾乡村社区居民的变迁看社区营造的途径与方法 [J]. 包装世界，2017（7）：71-73.

[13] 赵一夫. 两岸乡村建设的经验借鉴 [A]// 第 20 届京台科技论坛乡村论坛 [C]，2017.

[14] 周琼，曾玉荣. 台湾农村发展政策变迁、成效及走向分析 [J]. 农业经济，2017（1）：24-26.

[15] 张婷婷，麦贤敏，周智翔. 我国台湾地区社区营造政策及其启示 [J]. 规划师，2015（5）：62-66.

课题负责人：张英洪

课题主持人：王丽红

课题组成员：魏杰、刘雯、李婷婷、刘郡

执笔人：王丽红

山东省潍坊市庵上湖村"四治"模式考察报告

根据农业农村部课题调研安排，最近，我们联合考察组赴山东省潍坊市五图街道庵上湖村考察乡村治理现代化的经验。庵上湖村共 190 户，708 人，31 名党员，耕地 814 亩。该村原本是一个既没有资源优势、区位优势，也没有产业优势的普通农业村，发展非常缓慢。2007 年以来，庵上湖村在党支部的领导下，积极探索完善村级治理模式，走出了一条支部领治、村民自治、协商共治、教化促治的"四治"乡村治理模式，构建起人人参与、人人尽力、人人共享的村级治理新格局。

一、庵上湖村乡村"四治"模式的主要做法

（一）支部领治，促进合作共赢

以基层服务型党组织建设带动自治组织、群众组织、经济社会组织建设，完善党支部引领村级社会治理的工作机制。

1. 带好党员队伍是关键。10 年前，庵上湖村曾经是一个秩序混乱的村，上访频发、大字报小字报常见，村民和村干部时有冲突矛盾。村里很少召开党员会。2000 年，新任党支部书记就任后，将首要工作放在分帮分派、思想涣散的党员身上，并于每月 1 日和 15 日定期召开党员会议，让大家畅所欲言，充分参与讨论，这样利用半年的时间将村内党员队伍带起来了。

2. 支部领办合作社。村党支部在党员充分讨论的基础上，统一思想，决定发展现代农业。但村民还存在顾虑，于是党员带队搞试验，2001 年建了 37 个大棚，建大棚的 37 户很快都赚到了钱，村民看在眼里、馋在心里，纷纷加入大棚种植的队伍。庵上湖村党支部建立了"党支部＋合作社"的创新模式。2007 年 12 月，党支部书记带领 3 名村干部发起 15 个党员户、6 个普通农户成立华安瓜菜专业合作社，流转土地 40 公顷，建立无公害瓜菜基地，实行品牌化运营。党支部在领办合作社中，发挥了重要作用。村社干部"双向进入、交叉任职"，村"两委"成员在合作社关键岗位任职，带头学用新技术，为社员提供生产管理、技术指导、瓜菜销售、质量检测等服务。同时，实行干部包种植片区、党员包种植户，7 名村社干部每人分别包靠 1 个种植片区，20 名党员技术骨干每人分别包靠 8 家种植户，负责技术指导、质量监管，坚决筑牢食品安全发展底线。通过开展"四个合作"，推行"五统一"服务，增强了村民合作共治意识，开辟了村级党建的新阵地、搭建起村民

组织化的新平台，实现了党的建设、村庄治理、产业发展、群众增收的多赢。目前，合作社成为现有社员 243 户、基地 6000 亩、资产 300 万元的国家级示范社，社员户均年收入超过 10 万元。

（二）村民自治，农民当家做主

村民自治是按照自我管理、自我教育、自我服务、自我监督的"四自"要求，加强村民自治机制建设。

经过"宣传发动、征求意见、组织起草、讨论完善、表决通过、公布实施"六个环节，全体村民共同制定了 12 条村规民约，在遵守法纪、团结友爱的基础上，对每位村民的行为进行约束，对庵上湖村的发展方向、发展策略进行了规定，包括生态发展、乡村文化振兴和乡风文明建设、发展品牌农业、走城乡融合发展之路，积极拥护以旅游拉动"庵上湖"农业品牌产业、合作社资金互助、乡村人才振兴，鼓励有文化的年轻人才参与庵上湖的发展，对为庵上湖的发展做出贡献的人员给予奖励并设立大学生来村创业奖。庵上湖村还创新党员、社员、村民全体积分管理，将得分与党员评优、社员分红、村民福利挂钩，形成党员带头、社员主动、村民自觉、共同推动村庄治理的良好局面。村"两委"牵头，建设了社区服务中心，配套便民服务大厅和功能室，为政府服务、市场化服务、公益服务等搭建平台，群众不出村就可以享受各种服务。

（三）协商共治，民主凝聚共识

协商共治是高度重视协商民主建设，保障群众知情权、参与权、表达权、监督权，广泛发动群众参与决策、谋划发展，协商解决遇到的问题，增强村级事务管理的科学性和实效性。

1. 规范程序。建立协商议题提出和确定、协商活动组织等方面的制度规范，详细制定协商目录，凡涉及村规章制度，与群众利益、村庄建设发展息息相关的重大事项协商决议、实施结果全程公开，接受监督。

2. 多方参与。协商主体由村"两委"成员、党员与村民代表，村务监督委员会成员，相关的利益群体代表或个人，村威望高、办事公道的老党员、老干部组成。

3. 形成常态。开通"庵上湖大家庭""庵上湖小喇叭"微信公众号，开辟村务公开栏，为群众随时随地参与村事共商、监督村事务提供方便，增强村民参与协商意识，推动议事协商制度化、常态化。

4. 协商议事"五步法"。按照协商为民的要求，为进一步发扬基层民主，畅通民主渠道，推进协商民主规范化、制度化和程序化，制定了协商议事的五步流程：村党支部提出议事议题、召开村"两委"班子会议进行讨论、召开相关人员协商民主议事、召开村民（代表）会议通过，张榜公示。通过协商民主、村民自治的方式，庵上湖村先后完成了集体资产清产核资、集体经济组织成员界定，建立了规范的集体资产经营管理和收益分配制度，夯实了稳定的基石，并快速实施了"一庵一湖"、田园综合体等项目的规划建设。

（四）教化促治，树立道德新风

教化促治即创新红色田园课堂，打造集党员教育、村民夜校、职业农民培训、民俗文化体验等功能于一体的宣传教育阵地，真正把党的政策法规宣传延伸到田间地头，让农技推广培训更接地气。2017年全年培训了来自23个省的2.1万余人次，2018年1月—7月，培训人数已达到1.5万人次。深入推进乡村文明，突出榜样示范、道德感化、文化引领，定期组织星级文明户、好媳妇、好婆婆评选，开辟了"四德"榜、"二十四孝"文化墙绘、家风家训宣传廊，弘扬孝实文化，成立了红白理事会，倡导"喜事廉办、婚事新办、丧事简办、小事不办"，持续深化陈规陋习整治，对厚养薄葬、喜事新办等提出了新的要求，倡导移风易俗、节俭办事的新风尚。

二、庵上湖村"四治"模式推动乡村五变

乡村"四治"模式以"支部领治"为核心，"村民自治"为基础，"协商共治"为前提，"教化促治"为保障，构建起有机统一、良性互动的村级治理体系，推动乡村"五变"，使庵上湖村从普通村变成了富裕村、文明村、和谐村。

（一）治理机制变顺

目前，庵上湖村形成了以党支部为核心的村级组织体系，包括党支部领导下的村民委员会、村务监督委员会、群团组织、经济组织。其中群团组织包括团支部、妇代会、民兵连、群防群治工作队，经济组织包括庵上湖村集体经济股份合作社、华安瓜菜专业合作社、庵上湖农业科技发展有限公司、方山土地合作社。"四治"模式理顺了党支部、村委会、集体经济股份合作社等职能关系，健全完善了农村工作体制机制，凝聚起强大的工作合力，全村连续10年没有发生过上访问题。

（二）发展动能变新

村党支部领办农民专业合作社，深化集体产权制度改革，创新农民合作，逐步实现分散经营向规模经营转变，激活了内生动力，带动了一二三产业融合发展。党支部带领村民发展现代安全农业，打造庵上湖无公害瓜菜知名品牌，并开展有机大棚试验，由无公害产品向绿色、有机产品转变，实现由量到质的提升；打造了庵上湖现代农业科技示范中心，把全县优质农产品进行种植展示，加入水肥一体化等科技元素，打造空中蔬菜等特殊种植，以"科技＋旅游观光"来打造现代农业展示区，推动一二三产业融合发展；打造了田园综合体，带动周边11个村的绿色产业、观光休闲农业发展。

（三）集体经济变强

庵上湖村通过深化农村产权制度改革，厘清了合作社和村里资源资产权属，厘清了合作社和村集体的关系，将属于村集体的136亩"四荒地"、4002平方米的村集体建设用地、87万元账面资产等，作为集体经济股份合作社资产量化到人、确权到户。村集体经济股份合作社再以这些资源、资产入股到华安瓜菜专业合作社，参与经营收益分配，以产权为纽带，理顺了村委、村集体经济组织与专业合作社的关系。产权制度改革为合作社进一步发展扫除了产权不清晰的障碍。目前合作社与山东矿机集团合作，按照1:5的比例共同出资600万元，成立了庵上湖农业科技发展有限公司，建设以"庵上湖优厨房"为品牌的网上生鲜购物平台，推广以采摘、农家乐为主的乡村旅游，进一步拓宽了合作社收益渠道。

（四）农民群众变富

集体股份合作下的农村经济治理，让农民变成社员、股东，共享了更多的发展成果。"四治"模式推动集体资产保值增值，2016年，全村分红18万元，平均每股100元，分红最多的农户达到7150元。庵上湖村建设了融农事活动、自然风光、科技示范、休闲娱乐为一体的生态庄园庵上湖瓜菜采摘园，2017年吸引游客13.8万人次，旅游收入达到414万元，通过合作社实现瓜菜销售收入突破3000万元，庵上湖村民人均收入达到3.5万元，是昌乐县平均水平的1.3倍。

（五）村风村貌变美

"四治"互动促进了经济发展，推动了乡村文明行动和美丽乡村建设深入开展，通过街道改造、危房治理、城乡环卫一体化，新建合作社综合办公楼、乡村文化站等项目，庵上湖村容村貌村风焕然一新。庵上湖村结合本村柴草、垃圾较多的实际，重点进行了"三大堆"清理，实行"三包"保洁制度，与各户签订责任状，实行动态管理，定人、定路段，形成了一套齐抓共管的长效机制。大力发展绿色生态农业观光旅游，在河床内种植农作物和观赏性植物，建设河谷观光生态农业旅游带，开辟了"农业观光"之路。庵上湖村先后被评为全国文明村、山东省旅游特色村、山东省美丽休闲乡村。

三、庵上湖村"四治"模式的主要经验和思考

乡村治理现代化是乡村振兴的根本保障。乡村治理现代化不能简单地理解为乡村管理体制和治理手段的现代化，而是乡村治理机制与乡村社会相协调。庵上湖村"四治"模式探索出了一条在党的领导下的自治、法治、德治为一体的乡村治理现代化道路。

（一）庵上湖村"四治"模式的主要经验

第一，党支部领办合作社，有效发挥了基层党组织在产业兴旺中的核心作用，增强了党组织在基层的领导力、组织力和号召力。党支部领办合作社体现了党支部抓乡村经济发展，让农民得了实惠，让党支部得了民心。庵上湖村党支部带领广大群众走出了安全、优质、高效、生态、绿色、开放的现代农业发展道路。庵上湖村党支部领办合作社的实践，为乡村合作经济发展探索了有益的道路，推动了集体股份合作与农民专业合作社的共同发展；在产业发展模式方面，庵上湖村的实践是农村一二三产业融合发展的成功范例，也是构建农村产业体系、生产体系、经营体系的生动实践。

第二，乡村自治和协商共治是乡村治理现代化的基础和前提。当前，我国农村基层党组织在社会治理实践中存在对农村治理事务"直接包办"和"直接替代"趋向，弱化了基层社会自治组织功能的发挥，这不利于农村社会治理的多元、健康、持续发展。因此，如何在保持基层党组织领导的基础上，增强与多元主体的协同，在治理秩序和治理活力之间找到平衡点，是必须要解决的乡村系统治理问题。庵上湖村党支部书记没有因为自己在村里的威信高了就搞一言堂，而是在发展的关键环节、村里的重大事务上都严格执行村民自治制度，进行民主协商，坚持村务公开，特别是对村规民约实行积分制，将村规民约的执行情况与党员干部的考核、集体经济成员和合作社社员、村民的分红挂钩，增强了村规民

约的执行力，为乡村自治提供了有益的借鉴。

（二）对庵上湖村"四治"模式的几点思考

支部领治充分体现了基层党组织在乡村治理中的核心作用，其中基层党支部领办合作社促进乡村经济发展是支部领治的核心抓手。目前，该做法已经在山东省昌乐县、烟台市栖霞市进行了全面推广。然而，党支部领办合作社促进集体经济发展、促进乡村振兴的过程中，应特别关注以下三点。

第一，农村集体产权制度改革是乡村党支部领办合作社的制度基础。庵上湖村是先开展了党支部领办合作社的实践后，再进行的集体产权制度改革，改革后理顺了集体股份合作社与农民专业合作社的关系，但是在其改革前也一直面临着产权关系不清晰、阻碍工商资本进入等问题。因此，借鉴庵上湖村的经验，应该加快农村集体产权制度改革，建立新型集体经济组织，在此基础上，创新构建以新型集体经济组织为母体（公司）的合作社、公司等多种党支部领办合作社的发展模式，推动集体经济组织由封闭走向开放。

第二，党支部领办合作社要注意区别于20世纪50年代我国"村社合一"的集体经济发展模式。在党支部领办合作社的过程中，一要将法治理念植入"支部领治"的全过程，要按照《中华人民共和国宪法》的规定，积极推进集体经济组织实行民主治理，加强对集体经济组织内部治理的法治化和规范化，保护农民的合法财产权益。二要坚持乡村自治和协商共治，充分发挥所有集体经济组织成员、合作社社员、村民的积极性和创造性。三要坚持在党的领导下，依法培育社会组织发展，培育农村多种经济形式的发展，从政策支持方面支持乡村各种类型的合作经济组织发展，既要做好统的层面，又要处理好分的层面，坚持家庭承包经营为基础、统分结合的双层经营体制。

第三，在现行合作社法的规定下，党支部领办合作社仍存在着乡村治理内卷化的土壤，也就是说存在村集体资产、资源，各项支农惠农政策被村内少数人控制的问题。解决这一问题的途径，一是深化农村集体产权制度改革，将集体资产、资源量化到集体经济组织成员，集体经济再以入股或者母公司的方式与农民专业合作社开展合作；二是完善党支部领办合作社的治理结构，加强合作社财务的公开和民主监督。

考察组成员：聂新鹏、张英洪、杨军、王丽红
执笔人：王丽红

北京市平谷区西寺渠村治理情况调研报告

党的十九大报告提出健全自治、法治、德治相结合的乡村治理体系。2018 年 9 月，中共中央、国务院印发的《乡村振兴战略规划（2018—2022）》指出，建设"三治结合"的乡村治理体系，应以自治为基、法治为本、德治为先。乡村基层法治建设是我国依法治国的重要内容，2003 年以来，司法部和民政部联合开展了全国民主法治示范村创建工作，截至 2018 年 7 月，全国已经开展了 7 批评选，全国 3335 个村获得"全国民主法治示范村"荣誉称号，其中，北京市有 58 个村先后获得"全国民主法治示范村"荣誉称号。2018 年 9 月底，我们对于 2015 年获得"全国民主法治示范村"称号的北京市平谷区平谷镇西寺渠村开展调研。

一、基本情况

西寺渠村位于北京市平谷区平谷镇，坐落在洵河北岸，南与平谷音乐环岛隔河相望，是平谷镇政府所在地，也是典型的城中村。西寺渠村村域面积 0.6 平方公里，其中耕地 125 亩。全村共 774 户，3136 人，其中农业人口 248 人。该村外来人口 1000 余人。全村共有党员 80 人，其中男性党员 58 人，女性党员 22 人；60 岁以上党员 48 人，40 岁以下党员 9 人。2016 年换届选举选民 1163 人，村民代表 35 人。

由于城市化和工业化发展，自 20 世纪 70 年代开始，西寺渠村集体土地陆续被区政府和城市建设所征占。当时征地补偿标准非常低，失地农民没有得到合理的安置，该村在 2007 年以前一直是村集体经济发展滞后、社会矛盾突出、群众频频上访、党组织软弱涣散村。2007 年以后，西寺渠村开始探索加强法制宣传，以法治村，发展壮大村集体经济，农民生活得到显著改善，社会和谐稳定。2010 年，西寺渠村在平谷区司法所推动下，获得"平谷区民主法治示范村"；2012 年，西寺渠村荣获"北京市民主法治示范村"；2015 年，该村获得国家司法部第六批"全国民主法治示范村"荣誉称号。

二、主要做法

（一）推进村民自治

西寺渠村党组织充分发挥核心作用，利用 2010 年村委会换届的契机，加大对《中华人民共和国村民委员会组织法》的宣传和执行，坚持依法建制、依法治村、民主管理，以村民自治为主，突出体现了村民自我管理、自我服务、自我教育的原则。一是抓好民主选举环节，加强组织建设，通过民主选举优化了村委干部结构，加强了基层村民自治组织建设。二是抓好民主决策环节，完善村民自治机制。村民委员会进行决策时，充分发扬民主，对涉及群众关心的热点、难点问题必经村委研究，由村民会议讨论通过。凡涉及村民利益的事项、宅基地使用等问题都提交村民会议和村民代表会议讨论决定，在全村营造了一个村民直接参与管理村中事务的良好氛围。三是抓好民主管理环节，依法规范村民自治。村内民主管理制度健全，制定完善了《村民自治章程》《村治保调委会的职责》《村规民约》《村务、财务公开制度》等 36 个制度，建立了有关生产、财务、治安、计生、党员干部目标管理等各项规章制度，提高了村级民主管理的水平，特别是党员目标岗位责任制的创建得到了各级的肯定。四是抓好民主监督环节，把村委会的工作始终置于广大群众的监督下。实行村务、财务两公开，民主管理、民主监督逐步规范，村委会每季度向村民公布一次村内财务及村务，做到给农民群众一个明白，推动了农村基层廉政建设，密切了干群关系，村民自我管理、自我教育、自我服务、自我监督的机制不断优化。

（二）壮大集体经济

西寺渠村充分发挥党支部的核心作用，依托自身资源优势，规范本村集体所有的农贸市场运营，建立了市场管理规范制度，壮大集体产业，为村民谋福利，改善了民生，得到了村民拥护。目前，西寺渠村集体经济收入主要来源于农贸市场租金、集体房屋租赁、滨河森林公园占地租金等，每年收入 560 万元左右，主要用于公益事业和发放村民福利。全年为全村户籍人口过四个节，即"五一""十一""元旦"和"春节"，每个节给每个人发放价值 200—250 元的物资。每年给农业人口每人发放粮食补贴 500 元，非农业人口发放价值200 元的米面。

（三）推动环境整治

经村"两委"班子研究决定、村民代表大会决议，西寺渠村从 2018 年 3 月 1 日开始实施环境考评机制。一是对每家每户实行门前"三包"责任制，与村民签订责任书，做到严禁用煤烧柴、门前没有垃圾堆放。二是与村里发放的各项福利挂钩，日检月考，对于门前"三包"实行优奖劣罚，每月未达标三次的取消本季度村里发放的各种福利。三是建立环境台账，外来租房户未达标追究房主责任，租赁集体场地外包或在本村购买民房户环境不达标，村委会采取停水措施，并按未达标次数给予处罚，并承担清理垃圾、堆放物的各种费用，同时在村公开栏曝光。

（四）加强文化宣传

在区、镇政府和相关部门的帮助下，西寺渠村实现了普法有阵地、普法有平台的法制文化宣传机制，实现了送法进农村。一是建立普法阵地。2011 年年底以来，西寺渠村先后建设了法制文化长廊、"国策园"、橱窗与电子显示屏为一体的普法长廊、村级法律阅览室，以温馨家园为依托，建立法制教室和普法茶馆作为法制讲座的阵地。二是搭建普法平台。在法制文化长廊内，法制宣传栏内张贴了《北京市城乡无社会保障老年居民养老办法》《北京市禁止违法建设若干规定》《中华人民共和国村民委员会组织法》《中华人民共和国老年人权益保障法》《中华人民共和国婚姻法》和信访条例等各类法律文件。在西寺渠村文化活动中心，定期组织村民学习法律知识，让农民学法、懂法、守法。三是充分发挥法律服务室的作用，协助村委会完善法制宣传平台。通过开展"送法下乡""法律进村入户"及广播、法制文艺节目等方式提高了农民的法律意识和法制观念，增强了农民民主选举、民主决策、民主监督、民主管理的意识和能力，促进和保障了农村社会稳定、经济发展。四是将法治与德治相结合，西寺渠村还在村西建设了孝爱文化广场，在西寺渠村文化活动中心，设立了道德讲堂和"二十四孝"宣传专栏，弘扬夫妻和谐、孝老爱亲的家风民风。西寺渠村不仅从舆论上宣传孝爱文化，从实际行动上体现对老年人的关爱。该村每月给55—65岁农业户籍人口750元生活补贴，给65—70岁农业户籍人口800元生活补贴，给70岁以上农业户籍人口每月850元的生活补贴，补贴总人数达到100余人。此外，还给70岁以上老年人每天免费提供半斤牛奶、送生日蛋糕。

（五）设立法律专员为村民提供法律援助

西寺渠村两委在西寺渠村温馨家园设立了平谷镇温馨家园法律服务工作站，设立站长1名、工作人员1名、协调人员3名，站长和工作人员为平谷镇法律服务所主任和工作人员，协调人员主要由平谷镇残疾人联合会理事长、平谷镇司法所所长、西寺渠村书记担任。法律服务工作站每周二下午定期为村民提供法律咨询和援助服务。法律援助的范围主要包括三个方面，一是帮助残疾人申请国家赔偿；二是帮助残疾人申请社会保险待遇或者最低生活保障待遇、抚恤金、救济金、赡养费、抚养费、劳务报酬；三是帮助因为家庭暴力、虐待、遗弃等导致合法权益受到侵害的村民申请司法保护。同时，派驻本村开展法律服务的专职律师，负责开展普法讲座、法律咨询、化解矛盾、调解纠纷，针对基层人民调解员和法律工作者开展培训等。法律援助工作的开展，方便了群众学法、知法、懂法、守法，培养群众通过法律途径解决纠纷的意识，及时、有效化解了村民直接的法律纠纷，推动治理思维法治化，维护了社会和谐稳定。

三、面临的问题与挑战

西寺渠村通过依法治村，加强乡村法制文化宣传，解决了村内党组织软弱涣散、干群矛盾尖锐、村内环境脏乱、经济发展滞后等问题，推动村庄治理走上了法治化道路，形成了干群团结、经济发展、家庭和睦、百姓安居、生态宜居的乡村发展新局面。然而，西寺渠村民主法治建设仍面临着一系列问题和挑战。

据调研，该村民主法治建设主要面临三方面的问题：

一是法治宣传和村务公开形式化。该村"国策园"内开展的"四个民主"宣传，已经非常陈旧，宣传栏的锁已经生锈，这表明该宣传栏已经趋于废弃状态，公示的内容也是几年前的内容。在法制长廊内的宣传栏内公开的法律内容也很久没有更换过。

二是人治思维仍然比较明显。人治思想仍然占据主导，在治理和普法过程中首要考虑的仍然是"维稳"，维稳是工作的初衷和目标。在遇到违法事件时，仍然存在情理大于法理的思维模式。

三是在法律宣传方面，主要是对《宪法》《民法》等基本法律进行宣传，针对乡村特定的法律法规，比如《土地管理法》《农民合作社法》《森林资源管理条例》等的宣传和执行力度不够。

该村在推进民主法治建设方面仍面临较多挑战：

一是外来人口聚居对乡村民主法治提出了新命题。该村属于典型的城中村，外来人口达到 1000 人左右，占全村常住人口的三分之一左右。根据现行《中华人民共和国村民委员会组织法》（以下简称《村组法》）规定，"户籍不在本村，在本村居住一年以上，本人申请参加选举，并且经村民会议或者村民代表会议同意参加选举的公民"可以参加村委会选举。然而，多数流动人口在常住地并没有依法行使他们参与乡村自治的权利，更没有获得与本地村民同等的村民待遇，如何让这部分人口能够参与到乡村自治、德治、法治相结合的村庄治理中来，是该村民主法治建设的新课题。

二是村民法治观念仍然比较薄弱。村民的法治观念不是与生俱来的，而是在民主实践中逐步形成的。农村普法教育是提高乡村干部和村民群众法治意识的关键。然而，目前全国民主法治示范村的评选标准突出强调了《村组法》的落实，更加注重落实的形式方面，对民主法治的本质并没有全面落实；在普法教育中，重点是教育村民知法、守法、用法，在针对乡村干部和村民群众的公民权利、民主参与、民主决策的观念和能力方面的教育比较薄弱。比如，西寺渠村各家各户在宅基地上建筑二层楼房非常普遍，这不符合当前有关农民宅基地建房的规定。可见，西寺渠村村民在守法方面尚未形成实际行动自觉。

三是全国民主法治示范村评选与后续提升脱节。2015 年，司法部、民政部联合发布了荣获第六批全国民主法治示范村称号的名单，评选标准沿用了 2003 年第一批全国民主法治示范村的评选标准。该标准一直延续了十余年。2017 年第七批全国民主法治示范村修订了 2003 年的评选标准，由原来的 9 项内容调整为 20 项内容，具体包括村级组织健全有力、民主制度规范完备、法治建设扎实有效、经济社会和谐发展四个方面。在村级组织健全方面，增加了对基层党组织、群众组织的规范和约束，包括对基层党组织党风廉政的要求，并要求村党组织和村委会干部无严重违法违纪行为。在民主制度方面，比 2003 年标准更加细化和完备，从村委会及相关组织产生、村民议事程序、村民自治章程和财务管理制度等制度化、村务公开落实等方面都进行了规定。在法治建设方面，重点强调了农村基层综合治理、法治宣传、村"两委"成员带头尊法学法守法用法、开展法德共建活动、村级公共法律服务和矛盾纠纷调处机制等方面。在经济社会和谐发展方面，重点从乡村集体经济、村级公益事业、村民收入、乡村环境四方面进行了规定。这一标准当前对村庄法治建设提出了更加细致和科学的要求。然而，已经获评民主法治示范村并未得到持续提升，处于停滞或倒退的状态。

四、思考与建议

良好的法治环境是实现乡村治理现代化的重要保障，法治思维是乡村自治的重要条件。19 世纪末，英国学者戴西指出"法律至上"是法治的主要特征。我国当代学者俞可平教授指出，法治是指宪法和法律成为公共治理的最高权威，在法律面前人人平等，不允许任何组织和个人有超越法律的权力。在推动首都乡村善治过程中，应该高度重视乡村治理法治化，推动乡村各项事业纳入法治化的轨道。

（一）提高乡村干部依法治村的意识和能力

一是推动树立依法治村的根本理念，引导各示范村两委和村民群众自觉将法律作为乡村治理的最高准则和最高权威，将"有法必依"的理念深深植入乡村干部的心里。二是加强乡村干部法律知识培训，严格按照《村组法》，推动乡村治理的规范化、制度化、程序化，提高乡村干部依法治村的能力。三是探索各级政府部门与乡村的衔接机制，建立村级法律服务站，推动市区司法机关、律师团队驻村下乡。

（二）进一步完善和提高民主法治示范村评选标准

在全国民主法治示范村建设过程中，应该更加注重示范村构建自治、法治、德治相结合的乡村治理体系，推动首都乡村治理现代化。一是在评选标准中增加乡村"三治"结合的治理体系构建的内容，凡参加全市和全国民主法治示范村评选的村，都应该制定《乡村治理工作规范》，都应该做到依法实行乡村自治、法治、德治并举，"三治"互相结合。二是将评选村的两委干部的法治理念、法律知识储备、依法治村能力作为民主法治示范村的标准之一。三是将村民对自治、法治、德治的满意度纳入民主法治示范村的评选标准。

（三）持续加强民主法治示范村建设

针对已经取得"全国民主法治示范村"称号的村，要进行持续的管理和提升。一方面，民主法治示范村在普法教育中应更加注重普法内容的实用性。在《宪法》《民法》等普及的过程中，更要注重对于村干部和村民群众密切相关的法律的普及，诸如《村组法》《土地管理法》等。另一方面，摒弃重形式轻实质、重当下轻长远的考核机制，建立后续跟踪考评机制，对获得"全国民主法治示范村"称号的村应确定进一步完善的目标任务，并逐年或者隔年考评一次，对考评不合格的示范村限期整改，对整改期满仍不合格的给予撤销称号。

（四）给予外来常住人口同等村民待遇

针对京郊乡村分化和乡村社会内部分化的新情况，推动乡村干部转变治理观念，树立开放、民主、法治的治理理念，一是将服务和治理对象由仅限于本村户籍村民转变为常住人口，一视同仁地对待外来人口，允许他们自愿参加民主选举、民主决策和民主监督。二是要重点加强乡村公共服务水平，推动乡村基础设施和公共服务由公共财产负担，降低村集体经济组织负担。三是进一步深化农村集体产权制度改革，由封闭的成员走向相对的开放，比如允许外来常住5年以上的人口出资入股村集体经济组织，成为集体经济组织新成员，参与村集体经济发展，享受村集体成员相关待遇。

调研组长：张英洪

调研组成员：王丽红、李婷婷、杜成静

执笔人：王丽红

古村落保护与乡村治理

——北京市房山区南窖乡水峪村调查

京郊传统村落的保护和发展是落实北京"全国文化中心"城市定位和保护历史文化名城的重要内容。截至 2017 年，北京市共有市级传统村落 44 个，国家级传统古村落 21 个。在推进具有首都特点的乡村振兴和乡村治理体系现代化中，需要高度重视传统古村落的有效保护。近期，课题组对获得"第一批全国传统古村落""第七批全国民主法治示范村"荣誉称号的北京市房山区南窖乡水峪村的乡村治理情况进行了调查。

一、基本情况

水峪村坐落于京西南 80 公里的房山区南窖乡，全村山地面积占 96.7%，是典型的山区村。水峪村现有 622 户、1302 人，常住人口 400 人。水峪村耕地面积 26 亩，主要种植玉米、稻谷。林地面积 10352 亩，其中桃、杏、核桃 500 亩，京枣 300 亩。集体建设用地 364 亩。2018 年前三季度，水峪村集体资产总额为 1142.1 万元，负债总额为 389.7 万元，所有者权益为 752.4 万元。集体经济主要收入来源于集体资产资源发包、租赁收入，主要支出为村集体成员公益福利支出和工资奖金支出。

水峪村是一个自然环境优美、历史文化氛围浓郁的传统古村落，该村以古村、古碾、古中幡、古商道"四古"文化为代表，形成了独具特色的历史文化要素。2004 年以来，水峪村先后被评为北京市民俗旅游村、北京最美乡村、全国生态文化村，2012 年水峪村被列入第一批全国传统古村落名录，2014 年荣获"中国历史文化名村"称号，该村 2018 年获得"第七批全国民主法治示范村"称号。

水峪村拥有丰厚的自然资源和旅游资源，在乡村治理方面也取得了很好的成效。然而，水峪村仍是北京市 2016 年确定的全市 234 个低收入村之一，全村低收入农户 150 户、295 人，残疾人 18 人，低收入劳动力 152 人。

二、水峪村治理的主要做法

（一）坚持党建引领，充分发挥党组织的领导核心作用

多年来，水峪村结合村内经济社会发展的各项工作，探索了"党建 + 环境整治""党建 + 古村落保护""党建 + 脱低攻坚"等工作模式，提升了乡村环境，保护了古村原貌，

增加了农民收入。一是以党建引领美丽乡村建设。水峪村"两委"通过与房山区南窖乡政府签订责任书，落实属地责任，建立"月考评、季评比、年考核"的工作制度，先后开展了不同主题的美丽乡村创建活动，改善了村内生态和人居环境。二是党建引领古村落保护。组建党员政策宣讲团，挨家挨户宣传保护利用古村落的重要性和政策实惠，实施了"次序动员"机制，完成了村内的古宅杨家大院的保护修缮和腾退工作，村党支部发挥带头作用，推动恢复了大鼓会、银音会等4个非遗花会。三是党建引领村民致富。在第一书记和村"两委"党员的带领下，该村申请了《京枣-39基地提升改造项目》等3项产业转型项目，通过村干部包村、党员保护的方式，带动村民增收脱低。2017年年底，水峪村实现低收入农户增收达标超50%，水峪村人均可支配收入11907元。

（二）完善民主机制，推进村民自治制度化

一是村干部以身作则，坚持党员工作作风、思想意识和工作纪律建设，充分发挥村"两委"干部在推进基层民主和完善依法治村上的领导核心作用，强化村干部的纪律意识和责任意识。坚持党员"三会一课"制度，落实"四制一规范"，依托各级各类培训，不断提升党员服务群众的能力。二是根据水峪村特定的历史文化资源，以及古朴的风俗习惯，水峪村加强乡村建章建制工作，建立了以《水峪村非物质文化遗产保护工作制度》为主体，以《水峪村村民自治章程》《水峪村村规民约》《水峪村村民委员会换届选举制度》《水峪村村民民主决策章程》《水峪村村务公开内容指南》《水峪村财务公开制度》为依托的"一个主体＋六个依托"村民民主自治规章制度体系。通过民主制度建设，水峪村"两委"和村民群众实现了办事有章可循、程序规范、依法自治的基层民主机制体制。三是加强村务监督工作，建立监督问责机制。设立了群众匿名举报电话，实现群众监督村"两委"干部的有效渠道，并严格惩戒优亲厚友、行贿受贿等违法行为。设立了民主监督管理委员会，负责对村民委员会民主程序、民主决策进行全程监督。水峪村自1999年开始实行村务三公开、2005年开始实行村账乡记以来，村务公开和村级财务管理逐步规范，设立了专门的村务公开栏，建立了工作台账，"定期＋随时"公开与村民生产、生活息息相关的重大信息，接受村民的监督和问责。实行干部离任审计制度，由第三方审计机构对离任干部的财务收支状况进行严格的审计。目前未出现一例村"两委"干部违法犯罪案例。

（三）加强法治宣传，坚持依法保护古村落

自2007年水峪中幡入选《北京市市级非物质文化遗产名录》，南窖乡司法所开始加强对水峪村"四古文化"的依法保护方面的宣传教育，实现法治建设与文化传承融为一体。一是为依法保护水峪村的历史文化名村，在区规划委员会、区法制办的支持下，自2012年开始研究制定了专门针对水峪村保护的《房山区水峪村历史文化名村保护管理暂行办法》，该管理办法对水峪村的村庄建设和保护发挥了重要的作用。二是加强普法教育。水峪村成立了法治宣传小组，向村民宣传《宪法》《刑法》《村组法》《婚姻法》《人口与计划生育法》《民法》《森林法》《土地管理法》《信访条例》等，同时采用沿街普法、展板宣传，发放《中华人民共和国非物质文化遗产法》宣传册、相关法律知识问答、广播宣传等多种渠道，将水峪中幡作为非物质文化遗产保护的法律政策、认定标准、表彰鼓励、档案保存、项目建制、传承与保护等法律法规和相关规范性文件进行了系统、多样化的宣传教育。建设了独具特色的法治宣传阵地，在古商道制作"二十四孝"背景，在石板路旁设置石质法治小标语牌 30 余块，与周围景观交相辉映，在公交站、充电桩附近设立古香古色的法治宣传栏等。三是加强对村民的法律服务和矛盾纠纷调解。贯彻落实"法律服务村居行"，专职律师服务村民，为村民提供法律服务、解决村民群众的困难和诉求。2015—2017 年，"法律服务村居行"律师解答法律咨询 200 余件，代村民撰写起诉书、答辩状 120 余份，代理起诉案件 30 余件。建立了矛盾纠纷排查调处机制，在司法所的指导下，在两会、春节、国庆节等特殊时期做好矛盾纠纷排查和社区矫正安置帮教"两类"人员管控工作，及时调解村民内部纠纷，确保了水峪村社会秩序的稳定和村民群众的安定团结。2015—2017 年，水峪村人民调解委员会共排查矛盾纠纷 150 余件，化解矛盾纠纷 130 余件，未发生一例群众性事件和群众性上访事件。

（四）发展文明旅游，推动乡村"三治"结合

水峪村"两委"带领村民积极调整产业结构，大力发展民俗旅游业，支持和组织农民发展经济，开拓增收致富的新路子。2004 年，水峪村被评为北京市民俗旅游村，2012 年获得 2011—2012 年度"北京最美的乡村"称号，2012 年入选《中国传统村落名录》，2014 年 2 月，获得第六批"中国历史文化名村"称号，2015 年获得"全国生态文化村"称号。水峪村"两委"积极谋划古村落保护中乡村发展与振兴。目前，水峪村有民俗旅游户 6 户，闲置农宅 124 个，可用面积为 2 万平方米。村内有养殖、西山种植、旅游、野菜种植 4 个专业合作社。

三、面临的问题与挑战

（一）传统古村落治理面临村庄空心化和老龄化问题

村内人口流失严重。目前，水峪村户籍人口 622 户，1302 人，然而常住人口仅 400 人；水峪村村民代表 36 人，由于居住转移，村民代表实际只有 33 人。人口老龄化问题突出。2018 年，水峪村常住人口超过 60 岁的达到 100 人，占常住人口的三分之一。水峪村古民居院落闲置率达到 95%。据有关调查，北京市 44 个市级传统村落中，村庄空心化和老龄化问题尤为突出，门头沟区 14 个传统村落中有 4 个村落外出务工人员占户籍人口的 25%以上。人口老龄化和村庄空心化使传统古村落面临着谁来保护、谁来治理的严峻挑战。

（二）传统古村落保护与乡村发展的冲突

北京市是我国重要的历史文化名城。《北京城市总体规划（2016 年—2035 年）》提出了"构建四个层次、两大重点区域、三条文化带、九个方面的历史文化名城保护体系"的要求。但北京市对传统古村落保护的政策还比较滞后，不但缺乏专门的保护办法，更没有完善的保护和发展的政策法规体系。房山区规划部门为保护水峪村的历史文化名村，专门制定了《房山区水峪村历史文化名村保护管理暂行办法》（房政发〔2013〕11 号），对依法保护水峪村历史文化名村做了比较详细的规定，但从总体来看，该办法仍是重保护轻发展，缺乏对水峪村发展的政策和办法。为了不改变传统古村落的原貌，在政策缺位的情况

下，农户在古宅居住的条件难以改善，全市新农村建设的相关政策也没办法在古村落内落实，导致村民居住条件与一般传统村的差距日益扩大。发展乡村旅游业又面临着巨大的生态承载压力，与传统古村落保护存在很大的冲突。

（三）乡村发展受到有关部门的掣肘

传统古村落的发展缺乏村民自主权，农民没有成为古村落保护和发展的真正主体。在自治过程中，水峪村乡村发展与建设的决策受到有关部门的较大阻力。例如，水峪村2014年计划引入村民互助合作的"内置金融"方式，盘活和保护本村闲置农宅，激发村庄发展的内在动力，然而由于当地政府希望引入外来公司进行建设，导致该村没能实现自主发展的愿意，致使村内古宅闲置至今未被利用。

（四）现行项目管理方式给乡村治理带来挑战

当前对传统古村落保护的相关工程项目缺乏有效的统筹，给乡村治理带来诸多挑战，主要表现在：一是对古村落的保护处于"多龙治水"的状态，缺乏各部门项目更高层面的统筹。据调查，中央相关部门、市文物局、市住建委、市旅游委、市文化局、市财政局、市规划与国土局、市发改委、市公安消防局等十余个部门在水峪村的基础设施、公共环境、文化设施等方面投入了建设力量，但彼此之间缺乏联系和统筹。二是按照现行项目管理要求招投标的方式引进外来公司，本村村民只能在公司内干些零活，真正的工程收益归外来公司所有，村民只能"守着金山要饭吃"。三是村"两委"和村民都无权参与外来工程建设，外来工程队驻村还加大了村庄环境管护和社会安定的工作量。

四、思考与建议

京郊传统古村落和历史文化名村是"留住乡愁"和传承中华传统文化的重要阵地，更是推进具有首都特点的乡村振兴和乡村治理现代化的重要领域。因此，像水峪村这样的传统古村落、历史文化名村要从以下四方面入手，实现在保护中振兴、在发展中善治。

（一）走统筹保护和发展之路

应加大市级统筹力度，建立由市级领导为组长的专项领导小组，提高对京郊传统古村落和历史文化名村保护的统筹力度，整合各部门力量，协调好各级、各部门与村"两委"的关系，调动各部门以及社会各界的资源，形成步调一致的保护和发展机制。

（二）走依法保护与发展之路

各相关部门应加快完善首都传统古村落和历史文化名村保护和发展的政策和法规体系。加快建立《北京市历史文化名镇名村评选办法》《北京市传统村落评审认定办法》《北京市历史文化名村评审认定办法》。进一步修订完善《北京历史文化名城保护条例》。制定《北京市历史文化名城名镇名村保护条例》《北京市历史文化名城名镇名村保护设施建设规划》《北京市传统村落保护设施建设规划》《北京市历史文化名城名镇名村保护与发展规划》《北京市传统村落保护与发展规划》等，总之，从认定办法、保护条例、保护与发展规划、规范引导、资金保障等方面推动京郊传统古村落和历史文化名村保护与发展的规范化、制度化、法治化。

（三）走自主保护与发展之路

传统古村落的保护根本在于让传统文化元素走进现代生活，古宅大院需要有村民居住和生活才能保持永久的生机，一旦传统古村落变为空心村，古宅变"鬼宅"、空宅，不但会增加维护成本，而且会丧失传承文化与记住乡愁的真正意义，因此，应发挥村民主体作用和调动社会参与，探索传统古村落的自主保护与发展模式。一是在严格执行《北京市传统村落修缮技术指导意见》和《北京市传统村落保护规划设计指南》的基础上，应该对传统古宅进行内部结构改造，充分发挥农民主体作用，根据现实生活需求，支持村民自主自愿依法依规修缮古宅，做到既保护古村落原貌又满足农民的现代化生活需要。二是充分发挥古村落自治组织的积极性，支持村民组建互助合作社，发展内置金融，形成传统古村落的保护性发展的内生动力，让他们成为承接和参与各部门传统古村落和历史文化名村保护性建设工程的主体。三是避免用城市人的思维改变传统古村落农民的生活方式、生活状态，提升村民对古村落保护价值的认识，提供对传统文化的现代传承方案。

（四）走共治保护与发展之路

传统古村落和历史文化名村的保护与发展，需要协调处理好各部门、乡镇、社会力量与村"两委"的关系，推动乡镇治理和村庄治理同步现代化。一是修订《村民委员会组织法》和实施细则，进一步理顺中央、市、区各部门，乡镇和村民自治组织之间的关系。二是在推进村庄治理现代化的同时，应加快推进乡镇治理的现代化。乡镇党委政府应提高社会治理能力，调动多元主体参与治理；乡镇应注重提高乡村基础设施和公共服务水平，加大对传统古村落和历史文化名村的支持力度；乡镇政府在加强对村庄发展指导的基础上，将村庄发展的自主权交给村"两委"，实现乡镇治理与村庄自治的有机衔接，做到既不缺位也不越位。三是建设开放的传统古村落保护与发展机制，吸引社会各界力量参与传统古村落的乡村振兴和乡村治理，引入历史、金融、社会、管理、艺术等多领域的专家共同参与古村落的保护与发展。

调研组组长：张英洪

调研组成员：王丽红、李婷婷、杜成静

执笔人：王丽红

党建引领、文化传承与村民自治

——北京市顺义区高丽营镇一村调查

高丽营镇一村位于北京市顺义区的最西部，与昌平区接壤，紧邻京承高速，白马路横穿东西、高下路贯穿南北，牤牛河从村北至村南环绕而过，地理位置优越。村域总面积3347亩地，其中，基本农田1734亩，林地500亩。现有居民398户，户籍人口920人，其中党员73人，村民代表30人，外来流动人口近千人。2017年，全村实现经济收入603万元，人均纯收入2.4万元。高丽营镇一村于2012年被评为"北京郊区生态村"，2013年被评为"北京市规范化人民调解委员会""顺义区新农村社区管理创建村"，2014年被评为"北京市民主法治示范村"，2016年获得"2015—2016年度'北京最美的乡村'"荣誉称号，2018年被评为"第七批全国民主法治示范村"。

一、主要做法

高丽营镇一村党支部班子不断自我加压，将组织整顿和思想整顿结合起来，通过"亮出党员身份"，全面加强基层党建，从党员发挥模范带头作用做起，充分发挥基层党组织的引领作用。通过开展丰富群众文化生活，加强农村优秀传统文化的传承、保护和利用，共筑村民精神家园。通过落实村规民约，增强村民的向心力和凝聚力，构建协同共治村域治理格局。

（一）强化党建，夯实党组织的战斗堡垒作用

1. 抓实支部班子建设。一村党支部以"团结一致凝聚合力，齐心协力改变一村"为切入点，采取三条措施狠抓班子建设。一是规范组织会议制度。坚持每季度召开一次组织生活会，每周召开1—2次支委会或"两委"班子会，每位委员围绕为群众服务情况，结合自身分管工作，进行深刻沟通，在问题解决与思想碰撞中确定工作思路，促进班子团结统一，增强班子的凝聚力和战斗力。二是实施支委的承诺述职。年初，支部委员向党委大会宣读自己的承诺书；年末将执行情况向党员大会述职，接受党员监督。三是开展对班子和支委的双向考评。在述职的基础上，党支部向党员发放《党支部班子考评表》和《支部委员考评表》，按照满意、比较满意、一般和较差四个等级，采取无记名投票方式，对支部班子和支委分别提出考评意见，当场唱票统计，并宣布结果。

2. 抓实党员队伍管理。为增强每名党员的党性观念和党员意识，一村开展党员"亮身

份、明职责、做表率"活动，切实发挥党员的"先锋队"作用。一是党员"亮身份"。每名党员必须佩戴党徽，在家门口悬挂"党员户"标志牌，公开党员身份和党员家庭，引导党员在任何岗位、任何地方、任何时候、任何情况下都要铭记党员身份，培养用实际行动诠释在村级事务中"平常时候看得出来，关键时刻站得出来，危急关头豁得出去"的党员意识。二是党员"签承诺"。党员与村"两委"签订党员承诺书，承诺配合村"两委"工作，积极联系群众、倡导文明、维护稳定，发挥党员带头作用。三是党员"五个先行"。结合一村存在的实际问题，对党员提出"五个先行"的要求，即党员必须在拆除私搭乱建上先行，在清除宅基地以外的小菜园上先行，在解决门前乱堆乱放上先行，在环境绿化上先行，在治理畜牧家禽街头乱跑上先行。以党员带动党员家庭，以党员家庭带动身边群众，以榜样力量彰显先锋本色。四是党员"强学习"。将每月最后一个周日确定为"党员活动日"，通过开展形式多样的党员活动，强化对党员的学习教育。通过集中上党课、"走出去"党性锻炼，增强党员的党性修养，有效利用远程教育站点、"一村"微信公共号、"两学一做"微信群等平台，学习党的新理论新思想，不断提高党员的政治定力和政治素养。

3. 抓实党群工作创新。以更好地服务群众为目标，创新党群工作方式，促进党群联合和谐共融。一是实行党员联系村民制度，创新党群沟通机制。为便于更好地开展工作，按照亲属关系，确定 1 名党员联系 4—5 户村民，负责做好"了解村民、关心村民、凝聚村民、服务村民"工作，并将联系情况与服务情况在党务公开栏上予以公示。二是建立便民服务室和党群联络室，拓宽服务渠道和载体。坚持需求和问题导向，把服务便捷、村民满意作为衡量工作成效的标准，设立"一站式"便民服务平台，承接政府延伸到基层的各项社会治理和公共服务职能，尽力实现让村民不出村就可以办理各项社会事务。三是成立党员义务巡逻队，全方位守护村民安全。党员义务守护各重要节点、主要路段，为村民的安全保驾护航；购置便民服务车，实现 24 小时随时服务，实现党支部更主动、更及时、更贴心地为村民服务。

（二）传承文化，增强村民凝聚力

1. 传承农村优秀文化传统。高丽营镇一村，凡男满 60 周岁、女 55 周岁以上的户籍村民，村委会每月向其发放生活补贴 150 元，70 岁以上 250 元，80 岁以上 300 元，90 岁以上 350 元。另外，70 周岁以上老人过生日，村干部上门慰问，并送去价值 120 元的蛋糕和 500 元现金。在增加老年人福利的同时，引领村民树立敬老孝老爱老的美德。此外，开展"精神文明之家""敬老孝老之家""教子有方之家""绿色生态之家""遵规守制之家"评选活动，建设"红心引领、入孝出悌、崇文善礼、知乐善舞、亲水护绿、遵规守制"的 24 字村域文化。

2. 有效利用乡贤资源。一村所属的高丽营镇是千年古镇，有古驿站、古路、古市、古商业街、古窑、古井、古水、古戏。在保护物质文化遗产的同时，高丽营镇重点挖掘了古戏文化，享有戏曲之乡的美誉，被文化部命名为"中国民间文化艺术（戏曲）之乡"。原中国评剧二团团长梁玉民是一村走出去的乡贤代表人物，一村利用这一资源，与中国评剧院结成对子，结成对子后，中国评剧院帮助村里建了专业的舞台、灯光、幕布等，并定期到村里开展戏曲活动。为推动一村发展，一村深入挖掘和有效利用本村乡贤资源，发挥从村里走出去的画家、书法家、农学家等的作用，也满足他们服务故土的意愿。同时，一村利用已有的乡贤平台，引进了剪纸大师、雕塑大师、老照片博物馆收藏家、画家等知名文化艺术领军人物。现在一村聚集了一批艺术家，定期开展授课等活动，给乡村带来了艺术气息和活力。

3. 开展丰富多彩的文化活动。一是建设各类文化活动场所。一村对村里的臭水沟进行回填土，并在其上建起儿童游乐场，安装了健身设施，成为村民的文体活动中心；还建设了图书室、儿童之家、老年棋牌室、妇女之家、活动中心等活动场地。二是开展形式多样的村内集体文化活动。中华女子学院与一村结成"红色1+1"，定期到村给孩子上课；定期邀请老师到村教妇女做手工艺品，开展妇女活动。此外，村里还组织了书法团、评剧团、舞蹈队、模特队、剪纸队，不定期开展扭秧歌、跳广场舞、剪纸培训和剪纸展览等活动。戏曲爱好者成立的评剧团"爱曲社"，自编自演《寻亲记》《歼敌记》等曲目到各村开展戏曲专场演出。村里的活动中心，除了承办市、区、镇及其他单位的活动外，更重要的是组织自己的文化活动演出，每年举办迎春节、元旦、三八妇女节、重阳节等文艺活动，每周二、周三定期举办各类文体活动。可以说，一村文化活动是全村村民的文化传承活动，构筑了全体村民的精神家园。

（三）积极探索，构建协同共治村庄治理格局

1. 构建村民自治新抓手。2015年，村党支部尊重民意、集中民智、化解民忧、凝聚民心，经过村"两委"、全体党员、村民代表充分讨论，凝练成党员干部做表率、村庄环境整治、精神文明建设等五条管用的村规民约。编写了与之配套的《村规民约实施细则》和《村民自治顺口溜》。通过先"约"后"规"，村民参与村规民约修订和村级事务管理，强化了主体意识，有了主人翁的自豪感；通过外化于行，自觉参与到弘扬美德、维护环境的行动中，有了实现自身价值的成就感；通过与村"两委"的互动，体会到党的温暖，享受集体活动的成果，激发了自己的集体荣誉感。村规民约是一把尺子，使村务治理走向规范化、标准化和民主化。村规民约促进了基层党群协同共治的创新，已经成为村民自治、村庄民主管理的重要抓手。

2. 激发全体村民参与自治的积极性。一是将"党员明职责、亮身份、做表率，争当'五好党员'"写入村规民约第一条。明确"五好党员"的标准和职责，年底通过党员大会现场推选、现场投票、现场表彰5名"五好党员"。要求每名党员佩戴党徽，家门口悬挂"一村党员户"标牌，接受群众监督。要求党员依托党群"1+1"模式，积极配合村"两委"开展群众工作，做执行村规民约的表率。二是针对村民反映最强烈的环境问题，制定了突出引导约束的三条村规民约，即"宅基地以外不乱堆乱放、私搭乱建，不违法出租；垃圾分类放门口，文明养犬拴狗链；节约用水，使用清洁能源"。执行时成立环境专项考评组，实行一月一评制，每月入户初评，并将初评结果反馈给村领导小组，由领导小组会议确定最终结果后，为评选出的星级户安装"村规明月星级户"标牌，每月考评贴星，每季度兑现奖励，对违反约束性条款的，实施一票否决，取消当月贴星。三是引领良好村风民风。将"村民争创'五个十佳'"写入村规民约第二条，并为便于群众理解，简化为"精神文明之家""敬老孝老之家""教子有方之家""绿色生态之家""遵规守制之家"，引领村风民风健康发展，构建文明和谐的人文环境。依托党群"1+1"载体，根据《一村村规民约实施细则》中"五个十佳"的具体标准，由党员推荐被评选家庭，经村全体党员会讨论通过，实施挂牌表彰和物质奖励。评选每年一次，不重复挂牌，其中违反村规民约中环境条款的家庭取消参选资格。考评激励机制的建立，极大地激发了全体村民参与村庄自治的积极性。

二、存在问题及挑战

一是集体经济如何发展。高丽营镇一村集体经济薄弱，经济收入有限，集体经济主要收入来源于集体土地外包租金、平原造林租金补贴，产业发展缺乏支撑。2018年，村集体收回170亩基本农田、450亩温室大棚，准备着手参与生产经营。目前，一村既面临无人从事生产劳作的困难，也不知产业发展前景如何。村里没有产业是目前急需解决的问题。

二是人口老龄化如何应对。目前，一村共有户籍人口920人，60岁以上的老人240余人。在村庄调查时，遇到的绝大多数人是老年人。由于村干部收入待遇不高，顺义区城区工作机会较多，村里中青年更愿意选择外出打工挣钱。一村虽然地处顺义区交通便利处，但同样也面临人口老龄化、村庄空心化的问题，面临村庄治理后继无人的问题。一村党支部书记在座谈时也表示村里没有年轻人愿意从事农业生产及村庄管理工作。当前，一村的治理绩效，与党支部书记个人的工作作风、办事能力密不可分。但在缺乏治理年轻人才正常成长机制的情况下，该村如何长期保持和提升现有的治理水平，面临很大挑战。

三是外来人口如何管理。一村由于地理位置优越，有很多外来人口聚集居住。现在村外来人口近千人，本地户籍920人。这对传统的以村庄封闭为特征的村民自治模式提出了新挑战。据村书记介绍，外来人口管理是村庄管理的一大难点，一村外来人口较多、流动性大，怎么管理现在还没有很好的思路和方法。目前一村的治理是完全将外地人排除在外的，外地人没有享受村庄公共服务，也没有融入村庄社会文化生活之中。一村村庄管理者和村民还是以一种封闭的思维来看待村庄治理和外地人管理工作。由于区别对待，这也在一定程度上造成了外地人与本地人之间的矛盾。如何在制度上创新包容性的村庄治理模式，需要继续改革探索。

四是政经不分带来的挑战。在我国农村，村党支部、村委会、农村集体经济组织是三类最重要的基层组织。村党支部、村委会、村集体经济组织三者之间职能不同，性质各异。政经分开有利于明确责任，防止大权独揽和避免腐败。一村党支部书记同时兼任村委会主任、村集体经济组织负责人三职。北京市委研究室2018年的调查显示，北京市76%的村支书兼任村集体经济负责人，其中46%的村支书同时兼任村主任和村集体经济组织负责人。这种政经不分意味着村级权力在相当程度上缺乏相互制约和监督，存在绝对权力导致绝对腐败的风险。

三、思考与建议

一是坚持农业农村优先发展。乡村的发展，一方面需要各村基于村情做出积极的创新和探索，另一方面也需要更高层级统筹乡村发展。进一步加大投入力度，统筹解决好农村产业、基础设施和公共服务、人居环境等农民普遍关注的问题。研究制定支持农村集体经济发展的人才、资金、土地、技术等一揽子政策，以集体经济发展推动乡村产业振兴，强化村民之间的利益纽带。

二是重视农村在地人才的培育。拓宽村干部来源渠道，吸纳更多退役、返乡大学生、致富能人、村医村教等进入村两委班子。注重对村干部的教育，建立健全在职村干部常态化培训机制，借鉴台湾"培根计划"，根据乡村特点专门设定课程，搭建培训和交流平台，着重培育返乡青年。

三是建立包容性的民主机制。村"两委"应该开阔思路，提升管理理念和水平，允许和鼓励外来常住人口参与村庄经济发展、公共治理、社会服务，应根据《村民委员会组织法》规定，保障外来常住人口的选举权等相关权利。此外，注重发挥工商企业力量，并大力培育和发展各类社会组织，进一步构建村庄多元社会治理结构。

四是积极开展"政经分开"。进一步明确村党支部、村委会、村集体经济组织的职责，厘清村民自治范围、村两委责任边界和村级事务清单，推行职责分开，探索剥离村两委对集体资产经营管理职能，推动村两委工作重心转向公共管理、公共服务和公共安全。研究制定村级"小微权力清单"，进一步明确村级权力事项的责任主体和追责办法，给农村小微权力戴上"紧箍咒"，严防村干部"任性涌泉"，从制度上防止村干部腐败。

调研组组长：张英洪
调研组成员：王丽红、李婷婷、杜成静
执笔人：杜成静

德治先行、自力更生与乡村治理

——北京市密云区东智北村调查

乡村治理既是国家治理的重要组成部分，也是国家治理的短板领域和薄弱环节。党的十九大报告要求加强农村基层基础工作，健全自治、法治、德治相结合的乡村治理体系，为乡村治理指明了前进的方向。那么在乡村治理体系中，自治、法治与德治之间的内在逻辑如何？德治在其中能够发挥怎样的作用？本报告以北京市密云区东智北村乡村治理为样本，着重分析其乡村治理的内在逻辑，特别是德治的经验做法和衍生效果，以期为完善具有首都特点的乡村治理政策制度，提供相关经验启示。

一、基本情况

东智北村是北京市密云区溪翁庄镇的一个传统村庄，位于密云区政府正北、密云水库以南各 7 公里处。全村共有 267 户，830 人。村域面积 3300 亩，其中耕地约 870 亩、山场丘陵约 1980 亩，宅基地和公共用地约 450 亩。村民主要从事种植业、林业、民俗观光旅游业以及外出务工经商。

近十年来的东智北村治理情况，可以明显分为两个阶段。第一阶段：2010 年以前，由于村"两委"在一些涉及村民利益的重大决策中存在不公开、不公正的情况，群众信访不断，干群关系紧张，村里资不抵债，村庄建设严重滞后。2010 年年底村集体外债达 170 多万元，东智北村陷入了严重的治理困境。第二阶段：2010 年年底至今。2010 年年底，现任支部书记作为镇级机关选派干部到东智北村担任党支部第一书记，并于 2012 年、2015 年支部换届中，经过民主程序正式被选举为村党支部书记。这八年时间里，东智北村以党建为引领，推进道德建设先行，完善自治，加强法治，由内而外告别了原来的"乱村、上访村、欠债村"形象。全村连续五年零上访，干部满意度调查全优。该村先后获得首都文明村、北京市卫生村、密云区五好标兵党支部等荣誉称号。村集体年年有积累，固定资产逐年增加。截至 2017 年年底，村集体资产总额累计 1085.9 万元，其中固定资产 881.7 万元。

二、主要做法

八年前，面对政德滑坡、民心散乱、社会不稳、集体负债的村庄治理难题，东智北村从德治入手，以政德带动民德，扭转村庄歪风邪气，聚人心、合众力，先将村庄人文软环境塑造起来，再推动村庄硬环境的滚动建设发展。

（一）树政德、立公信，重塑清明社会生态

德治要求领导者以身作则，注意修身和勤政，充分发挥道德模范作用。唯有立身正、为政正，才能开拓施政新局面。为了塑造村庄良好的社会生态环境，东智北村着力通过树政德、立公信，建设群众信服的村"两委"班子。

一是村书记以身作则、坚决做到"五个第一"。即坚持决策工作第一个搞调研、处理矛盾第一个到现场、工程建设第一个动手干、每天起床第一件事转村庄、出了问题第一个做检讨。从2011年起，村书记每年年初自己手绘一张东智北村的村庄规划布置示意图，标注上每年要做的事，并按此规划推进和落实年度工作，保证村庄每年建设都有新进展。

二是贯彻落实全面从严治党，发挥党员的先锋模范带头作用。村党支部严格划分各支部委员的工作职责，要求支部委员对照责任制立军令状，年度工作考核不合格的将被扣除部分工资，耽误工作且造成重大影响的自动辞职，并在全村公示半年度和全年度工作落实和考核结果。严格执行"三会一课"制度，对于不参会、不参加组织生活、不起带头作用的党员进行通报、劝退，纯洁党员队伍。

三是加强村干部管理。为了恢复群众对村干部的信任，将村干部权力关在制度的笼子里，接受群众的监督。东智北村制定了"村干部十不准"规定，即不准村干部及直系亲属参与村政建设工程，不准套取政策性优惠补助项目，不准收受村民钱物，不准入股村民承包的项目，不准参与任何形式的赌博，不准参与任何形式的村民上访，不准有任何违章建设行为，不准回避村民需要解决的问题，不准在村民之间制造矛盾、拉帮结派，不准以公谋私侵占集体村民利益。村书记带头严格执行"十不准"，严格接受村民监督。

四是在严格执行"四议两公开"和"村级财务逐笔公开"的基础上，推行了"零用工""零招待"制度，压缩村里开支。"零用工"就是村干部自己承担过去雇佣专人负责的计生、电影放映、村部警卫、用水用电等工作，不再雇佣零工。"零招待"就是杜绝公款吃喝现象，所有村干部都不允许产生招待费。据调查，在公开时间为2018年10月20日至2019年1月19日的村级财务逐笔公开明细表上，显示2018年1月1日至9月30日，东智北村村级管理费用中招待费、村干部固定补贴、其他人员补贴、差旅费等科目都为0。

（二）建规矩、守规矩，发挥村庄自治机制

根据《中华人民共和国村民委员会组织法》，村民委员会是村民自我管理、自我教育、自我服务的基层群众性自治组织，实行民主选举、民主决策、民主管理、民主监督。通过树政德、立公信，群众从对村干部不信任逐渐转变为拥护、尊敬与支持，为发挥村庄自治机制打下了良好的干群基础。围绕建立"讲守并重"的规矩意识，东智北村坚持实行少数服从多数的民主决策机制和公开透明的工作原则，通过建立健全各种工作制度，严格按制度办事，推动村庄自治和发展。

一是坚持民主决策和民主管理。建立民主大厅，设置叙事小屋，把所有涉及村民利益的事项全部纳入民主议事范围，所有决策事项均公开、透明；重大工程项目必须经过议事八步法，同时开展入户调查、座谈会、论证会、代表会等形式广泛征求民意，让群众充分理解政策意图，坚决落实民主决策和民主管理。

二是坚持民主监督。成立由老党员、老干部、老长辈、村民代表等组成的村务监督委员会，对村级事务进行监督，保证村里每项重大决策、重大工程在集体的监督下公开透明、稳步推进。

三是民主制定和严格执行《村民公约》。村"两委"带领村民先后于 2011 年、2013 年和 2016 年三次修订《村民公约》，每一次都经过两委会和党员大会不断讨论、完善，并且由村民代表大会表决后实行，有很强的民意基础。围绕加强环境治理问题，2011 年的《村民公约》规定，所有建筑房屋户，包括翻建、扩建、新建房屋的村民，在村委会发给规划批准前交 2000 元保证金，一旦出现超占、违建、建筑垃圾不及时清理的情况，扣除保证金。2013 年的《村民公约》规定，在村集体发放各项优惠补助项目前，必须由村务监督委员会以创环境优美村庄为主题进行检查，合格户才能兑现。2016 年的《村民公约》规定，事事与环境挂钩，环境不达标的家庭不享受村集体的福利和服务。由于前期民意基础好，加上惩处到位，《村民公约》得到了公正公平的执行，邻里之间不再相互攀比观望，私搭乱建、乱停乱放的情况没有了，村容村貌发生了巨大变化，村民维护环境的内生意识更强、行动更加自觉。

四是坚持为民办事。东智北村始终强调不举债搞建设、不欠钱办事，坚持少花钱多办事，花小钱办大事，群众不愿办的事坚决不办，伤害老百姓的事坚决不办，劳民伤财的事坚决不干，形象工程坚决不干。村里充分发挥党员服务群众作用，党员干部带头清理环境卫生，为村民建设健身公园、修田间路、护坝等，已累计为群众办实事好事上百件，切实解决了村民在生产生活中的实际困难。

（三）育民德，兴文化，加强村民道德自律

在快速工业化和城镇化的进程中，留守农村的人员结构表现出高龄化、残障多和总体文化素质较低的特点。东智北村也面临这样的问题，全村 267 户，830 人，其中 60 岁以上 190 人，约占 23%；智障残障人员 28 人，约占 3%。面对这样的治理群体，东智北村注重加强传统与现代结合的文化道德建设，提高村民道德自律。

一是建设了"仁义礼智信"文化公园。这座公园的土地取得过程和建设过程本身就是德治的一项成果体现，村民主动、无条件地自愿腾退了 50 亩土地，并且在建设过程中自发将家中剩余的建筑材料捐出来，主动到公园参加义务劳动。以"文化"命名这座公园，既纪念了前人"重义轻利""以义抑利"的传统美德，也不断提醒后人牢记古训，向上向善。公园里共刻有孝老爱亲、重义守信、勤俭持家、以和为贵、邻里和睦等相关碑文石刻 56 块，设有公平秤、警示钟、思源井、二十四孝传统故事墙等带有明显传统文化意境的景点，倡导村民要有"恻隐之心""羞恶之心""辞让之心""是非之心"。

二是创建了阳光五谷农展室。该农展室陈列了 320 件村民自发捐赠的农业生产工具、老物件，真实地记录了农耕文化的变迁历史，意在让村民保留着一份对土地的敬畏，对农业的情怀，对健康食物的坚守。

三是用建筑垃圾修建了现代化的乒乓球活动室。通过修建乒乓球室，成立村乒乓球队，组织了村民参加各种乒乓球比赛，丰富村民文体生活和精神生活，促进村庄和谐。

（四）转观念，不等靠，发展依靠自力更生

天行健，君子以自强不息。东智北村在项目少、资金缺的条件下，依靠自力更生，"挖钱"节约搞建设，形成了该村独特的垃圾资源化建设发展模式——利用建筑垃圾建设村内基础设施。该村的自力更生发展体现在两方面：

一方面，自力更生取建材。东智北村 2012 年至 2015 年的集中村庄建设、2015 年至今的集中村域设施建设的主要建筑材料都是村东侧镇级建筑垃圾场内的建筑垃圾。截至2018 年年底，东智北村利用垃圾资源化建设发展模式，一共修建了 4 个停车场，2 处防火瞭望台，13 处田间景观，6 个景观亭，2 处花园，37000 方护地坎挡墙，87 盏路灯，1 个文化公园，1 所乒乓球活动室，扩展田间路 4.07 公里、2.04 万平方米。建筑垃圾的资源化利用不仅为村庄建设节约了大量的建筑材料成本，而且解决了垃圾处理的问题。经过巧妙的设计，废弃物的使用形成了独特的整体田园风光，为发展观光休闲农业奠定了良好的硬件基础。

另一方面，自力更生搞建设。在推进村庄和村域建设期间，东智北村不用村外工人，所有用工都来自本村村民。通过建立投工投劳机制，充分调动村民参与村庄建设的热情，给予村民合理的用工报酬，最大限度地维护村民利益。

东智北村集体经济基础较弱，仅有一家集体企业——龙翔成机械厂，年收入约为 100万元。在缺少收入来源的情况下，东智北村主要采取以下"节流"的方式推动村庄滚动建设，逐年增加集体积累。（1）减少村干部职数，交叉任职，年省资金 10 万元。（2）村书记在镇里领取工资，不领取村里工资，年省资金 5 万—6 万元。（3）村"两委"取消招待费，实行零招待费，年省资金 10 万元。（4）村集体取消勤杂工、执勤工、作秀工，年省资金 10 万元。（5）党员带动群众每年都组织几次义务劳动，年省资金 5 万—6 万元。（6）压缩各种会议和不必要的活动，年省资金 5 万—6 万元。（7）村里所有工程不外包，由大队统一安排，村民自己施工，年省资金 15 万元左右。（8）巧用人工、废料。使用施工单位停工时的廉价民工，用各种渠道废弃的建筑垃圾，年省资金 75 万元左右。以上 8 项汇总约 140 万元左右。

三、经验与启示

（一）乡村治理需要德治先行

德治在中国有两千年之久，是中国古代社会管理的主导思想，其核心是主张以道德去感化教育人，使人心良善，懂得耻辱而无奸邪之心，以德服人，使人心悦诚服。相对于法治与自治，德治更具有基础性和前提性。法治与自治需要思想道德建设先行，法治与自治的运行更需要道德建设来支撑。在实际工作中，无论是法治还是自治，都要求村里的带头人具备法治观念、民主意识、道德品质、为民情怀和行动能力，以个人的思想道德境界和聪明才干才智促进村庄形成风清气正的政治生态和崇德向善的价值观念，继而为整个村庄的善治推进提供道德保障。德治先行、自治与法治跟进的治理逻辑对于类似原东智北村这样的乱村治理，效果尤为明显。原先的东智北村在村民自治中，出现了"四个民主"发展不平衡问题，即有民主选举的名，但缺少民主决策、民主管理和民主监督的实，使得村民对村务决策和管理不民主、不公开大为不满，造成村民与村干部关系紧张，村民自治运转难以正常维系。后来，东智北村通过践行以德为先，村书记严格带领村"两委"班子落实国家法律制度和村民自治制度，扭转了整个村庄的政治生态局面，激活了法治与自治原有的内生活力。可以说，相对于法治与自治所带有的制度化、规范化、固定化与静态化的特点，德治具有人性化、灵活化、动态化的特点，其和法治、自治动静结合、相辅相成。再者，德治在乡村治理中具有类似于我国传统中医注重系统生态、整体观念、辨证论治、治病求本的效果，其在乡村治理中的作用与效果虽不是一蹴而就，但却有根基性、根本性、根除性的治理特点。从东智北村前后治理效果的变化对比与分析来看，德治先行是其治理有效的一味良药。

（二）乡村治理需要高度匹配的精英资源

乡村治理精英是乡村治理好坏的重要因素，在一定程度上乡村治理状况的好坏取决于乡村管理人才素质的高低。我国在相当一段历史时期中是精英治村。改革开放后，随着市场化、城市化进程的推进，城乡之间、地域之间形成的巨大经济级差使得农村精英源源不断地流入城市或者其他产业，留在村里的精英人才越来越少，农村人口老少妇幼残障化严重。乡村治理的迫切性与治理精英的短缺性矛盾成为乡村治理的重大挑战。村庄治理带头人是治理精英中的关键。从东智北村的治理经验上看，不同的乡村治理阶段存在不同的问题与工作重心，其所需要村庄治理带头人的个人禀赋应与治理阶段的特点需求高度契合，才能有效发挥精英的作用。东智北村之前的主要问题是干群矛盾，所以需要政治素质过硬、管理经验丰富、道德素养和自律意识较高的带头人来扭转局面。而针对民风淳朴，但经济发展缓慢的村，则更需要有一定市场理念、经营能力和资源的带头人来推动村庄发展产业。当然，在现实复杂的村庄治理情形中，可能存在很多综合型的治理难题，那就需要先抓主要问题，再抓次要问题。而治理需求与治理人才的高度匹配，很难靠行政手段的计划配置来解决，重点还是要发挥市场机制的作用，明确村庄的需求，打破城乡双重政策制度壁垒，营造村庄开放的制度环境，给予愿意到农村创新创业精英选择自由度，以实现价值追求和市场收益作为人才下乡的驱动力，建立精英下乡治村创业的制度化通道。

（三）乡村治理需要激活农民的主观能动性

与传统意义上的"管理"相比，现代政治学和管理学将"治理"拓展为一个内容丰富、包容性很强的概念，重点是强调多元主体的民主、参与式、互动式管理，而不是单一的主体管理。乡村治理需要正确处理官治与自治的关系，充分激活村民的主观能动性，调动村民参与乡村治理的积极性、主动性和创造性，形成平等参与和协商互动的开放性治理局面。与京郊很多农村"坐在门口晒太阳，等到政府送小康"的"等、靠、要"现象相比，东智北村本着不等不靠、因地制宜、艰苦奋斗的精神，发挥全村人的积极性，通过勤俭节约、自力更生来建村治村。东智北村在修建新村、老村连接路和田间路的工作中，涉及占用77户的地边以及菜地、树木等，所有农户均无条件地让出自己的地边、菜园子，自觉拆除了自家建的围墙、篱笆、厕所、棚架等，不但没有提出要补偿的问题，还主动出义务工，群众真正成为村级各项事业可以依靠的强大力量。该村之所以能激活农民的主观能动性，靠的就是将自治、法治、德治紧密结合、相互融合、相互促进，通过建设文化公园、加强文化阵地建设，注重对乡村人情、道德规范的情感认同，发挥了德治的支撑和基础作用；通过大家的事情大家商量办，走民主程序，保障村民权益，凸显了村民自治的主体作用；通过制定自治章程、村规民约并发挥其在村庄治理中的积极作用，体现了法治的保障作用；从而进一步发挥"三治"结合的巨大的乘数效应，激活农民的主观能动性。

调研组组长：张英洪

调研组成员：刘雯、王丽红、李婷婷

执笔人：刘雯

征地拆迁、整建制转居与农民财产权

——基于北京市大兴区北程庄村的调查与思考

一、引言

在城市化进程中，农民的财产权利是如何维护和发展的，这是一个重大的社会实践问题，也是一个重大的公共政策问题和事关城乡融合发展的重大理论问题。正是带着这些问题，最近我们对北京市大兴区黄村镇北程庄村进行了调查。黄村镇是大兴区委区政府所在地，北程庄村作为黄村镇所属的一个行政村，地处大兴区新城北区，距离大兴区政府 6.3 公里。该村在 2010 年 3 月底前，先后完成了土地全部征占、整建制转居和集体经济组织产权制度改革，已属于无农业、无农村、无农民而只有集体经济组织即北程庄村股份经济合作社的三无村。北程庄村虽然完全没有农业这个产业、没有村庄这个形态，也没有农民这个身份，但至今仍然保留着村委会这块牌子。因征地拆迁，农民上楼，北程庄村村民与其他拆迁村村民混住在郁花园三里社区和康泰园社区，这两个社区均成立了城市社区居委会。

2006 年，即在北程庄村进行最后一轮大规模征地拆迁的前一年，该村村域面积约 50 公顷，全村共有 72 户，农业户籍人口 259 人，农村劳动力 183 人。村集体经济组织总收入 149 万元，资产总额为 1767.4 万元，其中固定资产 1231.7 万元，流动资产 535.7 万元。到 2017 年，该村集体经济组织总收入 659 万元，资产总额为 8805 万元，其中固定资产 3710.2 万元，流动资产 5094.8 万元，农民人均所得 14300 元。该村共有集体经济组织成员 265 人，其中劳动力 140 人。

二、土地征收与安置补偿

自 20 世纪 80 年代以来，北京市的征地补偿安置政策经历了三次较大的调整。最近一次调整是 2004 年 4 月 29 日北京市政府常务会议通过、自 2004 年 7 月 1 日起施行的《北京市建设征地补偿安置办法》（北京市人民政府令第 148 号，俗称 148 号令）。该办法有几个明显的特点：一是规定了征地补偿，也规定了人员安置和社会保险。二是明确征地补偿费实行最低保护标准制度。三是实行逢征必转原则，规定征用农民集体所有土地的，相应的农村村民应当同时转为非农业户口。四是实行逢转必保，建立社会保险制度，将转非劳动力纳入城镇社会保险体系。五是明确农村村民转为非农业户口后，不丧失对农村集体经济组织积累应当享有的财产权利。

从 20 世纪 90 年代末期开始，北程庄村集体土地先后四次被陆续征用或征收，到 2007 年，该村土地已被全部征收。

发生在 1999 年前后和 2004 年的两次征地，分别是因为修建铁路和修建公路的需要而征地，属于小规模的征收耕地，且只征地不转居。该村土地大规模被征收发生在 2007 年。一次是因京沪铁路建设，征收该村 21.3 公顷土地，根据《北京市建设征地补偿安置办法》，征地补偿标准统一打包，征地单位按照 300 万元/公顷的标准支付给村集体征地补偿款；另一次是大兴区新城北区 5.75 平方公里规划开发建设征地，这次征地共涉及 7 个村庄，北程庄村属于其中的一个，该村被征收剩余的所有土地即 30.7 公顷，征地单位按照 240 万元/公顷的标准支付给集体征地补偿款，同时给村集体 2600 平方米底商的所有权。2007 年，北程庄村两次征地补偿款约 13700 万元。

北程庄村的前两次征地，没有改变村庄的基本格局。2007 年的两次征地拆迁，使北程庄村完全失去了传统村庄的基本形态和结构，实现了从传统乡村向现代城市社区的历史性嬗变。

2007 年，北程庄村土地被征占、整体拆迁后，在回迁社区还没有建成之前，征地单位采取按照置换面积进行房租补贴的方式安置农民生活，农民自主租房，每月每平方米补贴租金 20 元。北程庄村拆迁补偿方案以每户为单位，按照每户宅基地面积 75% 置换回迁房。此外，还有宅基地的地上物补偿和旧房装修补偿。其中，宅基地的地上物补偿按照房屋重置成新价补偿。一般情况下，回迁的村民每户能置换到 4 套房（每套房约 90 平方米）和 60 多万元的现金补偿。该村置换面积较多的几户，置换了 7 套房和 100 余万元的现金补偿。凡是按规定提前签字搬迁的，每户还能获得 2 万元奖励资金。

2009 年 6 月，北程庄村村民开始回迁到两个已建成的回迁社区公寓。提前搬家的进入郁花园三里社区居住，搬家较晚的进入康太园社区居住。康泰园社区系在北程庄村原址上建成的城市社区；郁花园三里社区则是 7 个拆迁村的集中回迁社区，隶属于新成立的高米店街道管辖，共有 16 栋回迁楼，1865 套公寓，居住了 5000 多人，其中本地户籍人口约 2500 人，外来人口约 2500 人。

《北京市建设征地补偿安置办法》对转非劳动力就业做了规定，强调转非劳动力就业坚持征地单位优先招用、劳动者自主择业、政府促进就业的原则。转非劳动力自谋职业的，一次性就业补助费支付给本人。该村转非劳动力基本上选择自谋职业，征地之日男不满 40 岁、女不满 30 岁的 16 周岁以上的劳动力，只支付给本人一次性就业补助费，人均约 5.6 万元。

三、整建制转居和社会保险

按照《北京市建设征地补偿安置办法》的有关规定，2007 年，北程庄村的土地被全部征收，农业户籍人口全部转为非农业户籍，全村整建制转为城镇居民。农村集体经济组织或者村民委员会要对转非劳动力和超转人员办理参加社会保险手续，缴纳社会保险费。

转非劳动力是指征地转为非农业户口且在法定劳动年龄范围内具有劳动能力的人员，不包括16周岁以上正在接受义务教育和学历教育的学生。对于转非劳动力补缴的社会保险费主要包括基本养老保险费、基本医疗保险费、失业保险费三种。超转人员是指征地转为非农业户口且男年满60周岁、女年满50周岁及其以上年龄超过转工安置年限的人员和经认定完全丧失劳动能力的人员，包括无人赡养的孤寡老人以及法定劳动年龄范围内经有关部门鉴定完全丧失劳动能力且不能进入社会保险体系的病残人员。其中，超转人员安置办法依照2004年6月27日印发的《北京市人民政府办公厅转发市民政局关于征地超转人员生活和医疗补助若干问题意见的通知》（京政办发〔2004〕41号）执行。

2007年北程庄村征地时，转非人数共265人，其中转非劳动力100多人，超转人员43人。村集体从征地补偿款中支付转非劳动力和超转人员的社会保险费约2000多万元，其中超转人员平均每人缴纳生活补助费用和医疗费用达65万元。该村没有经认定完全丧失劳动能力的疾病人员，如认定有转非病残人员，其缴纳的社会保险费用会更高。

四、集体产权改革与收益分配

北程庄村于2009年开始实行集体经济产权制度改革，2010年完成集体经济产权改革任务，开始实行按股分红。其基本做法是：

一是确定改革基准日，开展清产核资工作。北程庄村将2009年4月30日确定为改革基准日，自2009年4月30日至2010年3月30日，开展清产核资工作。截至2010年3月30日，北程庄村集体资产总额80734366.04元，其中村集体固定资产总额50083951.5元，货币资金30355989.54元，其他资产294425元。村集体负债总额2367797.48元，村集体净资产总额为78366568.56元。

二是确定集体经济组织成员身份和股东人数。根据有关规定，北程庄村确定集体经济组织成员即村股份经济合作社股民共265人。其中1956年1月1日至1983年12月31日（1983年后实行家庭联产承包责任制不再有集体劳动），全村参加集体劳动的人员106人，劳龄总年数1458年。

三是兑现原集体经济组织成员劳龄款。1956年1月1日至1983年12月31日期间，参加集体生产劳动但在改革基准日前，户口已经迁出本村的原集体经济组织成员共81人，对这些原集体经济组织成员计算劳龄款，实行现金一次性兑现的办法支付。原集体经济组织成员劳龄总年数582年，按每年365元计算，共支付原集体经济组织成员劳龄款212430元。

四是明确股权设置和股权权能。该村集体净资产总额78366568.56元减去原集体经济组织成员劳龄款212430元后，所剩余的净资产额78154138.56元作为股权设置的份额。在股份设置中，北程庄村基本上按照集体股占30%、个人股占70%的比例原则设置股权。

五是实行按股分红。2010年，北程庄村完成集体经济组织产权制度改革后，就实行了按股分红。2010年至2014年，北程庄村集体经济组织成员每年的基本股分红金额分别为10204元、12270元、18405元、20450元、20859元，2015年至2017年每年分红均为

22495 元。

五、思考和建议

作为从传统村庄转型为城市社区的典型案例，北程庄村的转型过程有许多深层次问题值得深思，相关公共政策需要进行必要调整。

（一）关于征地拆迁及补偿

目前这种高成本的征地拆迁城市化模式存在严重弊端，亟须革除。改革的总体要求是在建设法治中国的目标下，坚持和实现土地集体所有制与土地国有制这两种公有制的平等，维护和发展农村集体和农民的财产权利，实现社会的公平正义，推进治理体系和治理能力的现代化。

为此，要从根本上改变现行的征地思维和征地制度。1982 年《中华人民共和国宪法》（以下简称《宪法》）规定城市的土地属于国家所有，农村和城市郊区的土地，除由法律规定属于国家所有的以外，属于集体所有；宅基地和自留地、自留山，也属于集体所有。这从静态上规定了城市土地属于国有、农村土地属于集体所有。就是说，在 1982 年这个时间节点上，城市土地属于国有、农村土地属于集体所有。有关部门应当对当时的城市土地以及农村的集体土地的所有权分别进行所有权的确权登记，并进行固化。《宪法》并没有规定在城市化这个动态过程中集体土地必须转为国有土地。城市化是一个动态的发展过程，在这个过程中，不一定非要对集体土地实行征收使之变为国有土地。所以，我们建议：一是加快土地方面的立法工作，保障两种土地公有制的平等地位。在城市化进程中，在符合规划的前提下，集体土地与国有土地一样可以开发建设，换言之，在集体土地上同样可以建设城市。同理，国有土地也同样可以从事农业生产经营，比如国有农场、国有林场、都市田园、城市农业等。土地管理要实现法治化、精细化、科学化，要分别对国有土地和集体土地的所有权进行详细的确权登记，集体土地的所有权分别确权登记到相应的集体经济组织名下，国有土地的所有权应当实行各级政府的分级登记，明确由国务院行使以及由地方各级政府行使的所有权领域和范围。二是区分因公共利益需要的一般公益征收与城市建设需要的开发建设征收。《宪法》规定，国家为了公共利益的需要，可以依照法律规定对土地实行征收或征用并给予补偿。就是说，国家为了公共利益的需要，不仅可以对集体土地实行征收或征用，也可以对国有土地实行征收或征用。这种征收就是一般公益征收，应当给予公正补偿。因城市开发建设需要征收农村集体土地的应当列入开发建设征收范围。开发建设征收可以借鉴台湾地区区段征收的经验做法，对纳入城市建设规划区的农村集体土地实行开发建设征收时，在对被征收集体土地进行重新规划整理后，将 40%—50% 的土地退回给集体土地所有权人（略类似于我国有的地方实行的留地安置），政府将取得的 50%—60% 的土地中的约三分之二用于城市建设需要的公共设施建设，其余约三分之一用于公开拍卖出售或出租，其收入用于土地开发和公共设施建设所需。三是取消土地财政，建立健全土地税制。要改变长期以来政府通过强制从农村集体和农民手中低价征收土地再高价出让从而攫取巨额土地差价的土地财政政策，政府应当从经营土地的赢利角色回归公共利益的公正角色，通过从土地增值收益中依法收取税收，从而获得法定收入。因此，加快土地税制改革刻不容缓。四是要区分对承包地、宅基地、集体建设用地等所有权人的补偿和使用权的补偿，并明确所有权人和使用权人之间的补偿分配比例。在征地中，既要保障土地所有权人获得公正的补偿，也应明确和保障对土地使用权的公正补偿。现行重所有权人补偿、轻使用权人补偿的做法要切实改变过来。五是加快国家层面土地法律体系的制度供给。特别是要抓紧开展《土地法》的立法调研以及《土地管理法》的修改等法制建设工作；全面修订《北京市建设征地补偿安置办法》《北京市集体土地房屋拆迁管理办法》等地方法规。要切实改变立法利益部门化、部门利益法制化的状况，改变由原国土部门主导土地立法的部门化倾向，发挥全国人大及其常委会以及地方各级人大及其常委会在立法中的主导作用，扭转立法滞后、立法失衡的局面，在法治中国的大背景下加强土地法律法规方面的制度建设。改革开放以来，北京市大致每 10 年修订一次有关征地补偿安置的地方法规。148 号令至今已经实行了 14 年，不少条款已不合时宜，迫切需要重新修改。同时要加快土地征收安置补偿等法规的立法调研和修改工作。城市化中的法律法规滞后是一个非常突出的治理问题。

（二）关于农民身份转换和社会保障

我国 20 世纪 50 年代建立的城乡二元体制，是以城乡二元户籍制度为核心的。在城乡二元户籍制度未改革的情况下，推进城市化进程，就存在城郊农村土地被征收时相应的农村居民转为城镇居民即农业户籍人口转为城镇户籍人口的政策安排的合理性。改革开放以来，北京市因城市化征地实行农转居政策，并将转居农民纳入城镇社会保险体系，其保险费由村集体和农民缴纳，主要从征地补偿费中扣除。同时，在城乡二元结构中，长期以来，国家只为城镇居民建设社会保障制度，而没有为农民建立社会保障制度。随着改革的深入，传统城乡二元户籍制度不断得到突破，覆盖城乡的社会保障制度也不断建立。在户籍制度改革方面，2014 年 7 月，国务院发布《关于进一步推进户籍制度改革的意见》，明确规定取消农业户口和非农业户口划分，统一登记为居民户口。2016 年 9 月，北京市政府发布《关于进一步推进户籍制度改革的实施意见》，同样规定取消农业户口和非农业户口划分，统一登记为居民户口。在社会保障制度建设方面，2002 年 11 月党的十六大以后，在统筹城乡发展的理念下，国家开始逐步建立覆盖农民的社会保障体系。2010 年 10 月 28 日，第十一届全国人民代表大会常务委员会第十七次会议通过了《中华人民共和国社会保险法》，自 2011 年 7 月 1 日起施行。该法将农民纳入社会保险之中，规定国家建立基本养老保险、基本医疗保险、工伤保险、失业保险、生育保险等社会保险制度，保障公民在年老、疾病、工伤、失业、生育等情况下依法从国家和社会获得物质帮助的权利。进入 21 世纪后，北京市也已陆续出台了针对农民的"新农保"、"新农合"、农村低保等社会保障政策，不断推进社会保障政策制度的城乡一体化。从 2015 年 7 月起，北京市城乡低保标准实现了并轨，城乡居民低保标准统一为每月 710 元；自 2018 年 1 月起，北京市城乡低保标准调整为家庭月人均 1000 元，城乡低收入家庭认定标准调整为家庭月人均 2000 元。自 2009 年 1 月 1 日起，北京市实行《北京市城乡居民养老保险办法》，自 2018 年 1 月 1

日起，北京市实行《北京市城乡居民基本医疗保险办法》，城乡居民养老保险、城乡居民基本医疗保险实现了完全并轨。

为此，我们建议：一是落实户籍制度改革成果，全面取消农转居政策。2016年以后，北京市已经明确宣布取消农业户籍和非农业户籍的划分，统一登记为居民户口。而一些地方至今仍然在僵化地实行农转居政策。农转居政策的前提是还存在农业户籍与非农业户籍的划分，但在取消农业户籍和非农业户籍划分的改革后，农转居就完全失去了继续存在的政策前提。一些地方还在继续实行农转居政策，说明户籍制度改革的成果尚未真正落地，各部门之间的政策缺乏应有的衔接统一，存在各自为政的现象，也暴露了一些部门不能与时俱进调整政策的官僚主义懈怠作风。二是尽快废止《北京市建设征地补偿安置办法》中有关征地农转居的政策规定。在城乡二元体制没有破除的情况下，"逢征必转"的政策曾经发挥过积极作用。但随着城乡一体的户籍制度改革的突破，城乡二元体制下的"逢征必转"已经不合时宜。有关部门要加强立法修改的调查研究，克服不作为或慢作为的现象，与时俱进地加强法制建设，主动增强制度供给能力。北京市人大及其常委会要依法履职，增强地方立法的主动性、针对性、有效性和科学性，切实改变有关"三农"立法严重滞后的局面。三是全面废止征地转非劳动力缴纳社会保险的政策规定。在国家和北京市没有为农民建立社会保障的情况下，实行"征地必保"政策具有积极的意义，但在已经普遍建立城乡统一的社会保障制度的新形势下，实行"征地必保"政策就已经失去了政策法律依据。尤其令人诧异的是，现行的征地社会保险政策，完全由村集体从征地补偿款中缴纳巨额的社会保险费用，而政府在为农民提供社会保险这个公共产品上没有体现应有的基本职责。这实质上是政府在履行公共产品供给上的缺位，是对村集体和农民财产权利的巨额攫取。这种征地社会保险政策具有极大的不合理性，农民群众意见较大。享有基本的社会保险，是《宪法》赋予每个公民的基本权利，是各级政府应当履行的基本职责，这与征地无关。不管是否征收农民的土地，农民都应当平等享有基本的社会保障的权利。建议全面废止《北京市建设征地补偿安置办法》中有关社会保险的规定。凡是依法征地的，政府只需对被征地单位和个人进行公正的财产补偿，要将征地补偿与社会保险完全脱钩。

（三）关于集体所有制和集体经济组织

集体所有制是我国两种公有制之一。坚持集体所有制，是政治正确性的重要体现。但在政治原则和政治立场上强调坚持集体所有制，与在现实生活中特别是在城市化中能否真正坚持集体所有制，并不是一回事。集体经济组织是集体所有制的权利行使主体，是广大农村最为普遍的农民组织。在社会主义市场经济条件下，如何坚持集体所有制、规范和发展集体经济组织、维护集体经济组织权益、落实集体经济组织的特别法人地位，是一个十分紧迫的现实课题。2016年4月，习近平总书记在安徽小岗村召开的农村改革座谈会上强调："不管怎么改，都不能把农村土地集体所有制改垮了，不能把耕地改少了，不能把粮食生产能力改弱了，不能把农民利益损害了。"我们在调查中发现，对农村集体所有制冲击最大的是政府主导的征地城市化模式。现行的征地城市化模式，强制征收集体土地并将之变性为国有土地，这实质上是消灭了土地集体所有制，而集体经济组织也在城市化中面临生死裂变。

我们建议：一是实行集体土地与国有土地同样可以开发建设城市的政策制度。要改变现行的征地城市化模式，不再实行以土地国有制吞并土地集体所有制的征地方式。1982年《宪法》对城乡土地性质的规定，可以理解为一个静态的时间节点上的土地所有权形态。随着城市的不断发展，要允许城市中既有国有土地，也有集体土地。就是说，集体土地同样可以合规合法地开发建设城市。现在一些地方正在实行的农村集体建设用地建设入市试点，就为集体土地合法进入城市开发建设提供了先行探索。在新型城镇化中，要赋予集体经济组织依法合规自主利用集体土地进行开发建设的权利，集体土地使用权与国有土地使用权一样可以依法转让。这是在城市化进程中坚持土地集体所有制的充分体现。在城市化进程中要真正坚持土地的集体所有制，就必须改变传统的征地城市化模式。二是深化集体经济组织产权制度改革。推进农村集体经济组织产权制度改革，是城市化中维护和发展农民财产权利的现实途径和有效方式。北京虽然已经完成了98%的村级集体经济组织产权制度改革的任务，但仍然存在不少需要继续深化改革的深层次问题。例如，在集体股上，凡是已经撤村建居或只剩有村委会牌子的三无村，应当对集体股进行再次量化给股东的二次改革。在股权权能上，应当在现有个人股享有继承、内部转让的基础上，赋予其有偿退出、抵押、担保等权能。在产权格局上，要改变集体产权的封闭性，实现集体产权的开放性，以适应市场经济发展的需要。如果没有集体产权的开放性，乡村振兴和集体经济发展都将面临不可克服的产权封闭性的重大制约。在内部经营管理上，要进一步健全新型集体经济组织的法人治理结构，保障股东的民主参与权和收益分配权。三是创新农村合作经济经营管理方式。在快速城市化进程中，出现了三无村或只有村委会牌子的空壳村，历史上以土地为纽带的集体经济组织转变为以资产为纽带的集体经济组织，以前由农民组成的集体经济组织也因农民转为城市居民而转变为由市民组成的集体经济组织，相应的农村集体经济组织就转变为城市集体经济组织，等等。这种新的重大变化对各级农村经管部门提出了全新的要求，迫切需要各级农村经管部门转变观念，增强市场化、精细化、民主化、法治化等管理观念和服务方式，更加注重对城乡集体资产的监督管理，更加注重对城乡股份合作经济组织的指导服务，更加注重对集体经济组织成员，即股东民主权利和财产权利的维护保障，等等。

（四）关于撤村设居

1999 年 12 月 27 日，北京市政府办公厅颁布《北京市撤制村队集体资产处置办法》（京政办〔1999〕92 号），对撤制村、队集体资产的处置分两种情况进行：一种情况是集体资产数额较大的撤制村、队，要进行股份合作制改造，发展股份合作经济。在集体经济组织改制中，将集体净资产划分为集体股和个人股，集体股一般不低于30%，其他作为个人股量化到个人；另一种情况是集体资产数额较小，或者没有条件发展股份合作制经济的村、队，其集体资产的处置办法主要是：（1）固定资产（包括变价、折价款）和历年的公积金（发展基金）余额，以及占地补偿费，全部交由所属村或乡镇合作经济组织管理。待村或乡镇合作经济组织撤制时再处置；（2）公益金、福利基金和低值易耗品、库存物资、畜禽的折款以及国库券等，兑现给集体经济组织成员；（3）青苗补偿费，村队种植的树木补偿费和不属于固定资产的土地等附着物的补偿费，可以兑现给集体经济组织成员；（4）撤制村、队集体经济组织成员最初的入社股金，可按 15 倍左右的比例返还。

城市化发展使大量的农村地区转变为城市地区，相应的农村村委会建制被撤销，城市社区居委会迅速增加。从 1984 年到 2017 年，北京市乡镇个数从 365 个减少到 181 个，减少了 184 个；村委会个数从 4398 个减少到 3920 个，减少了 478 个；城市社区居委会从 2888 个增加到 3140 个，增加了 252 个。撤村设居事关农村集体和农民的财产权利，事关城市化的公平正义，事关治理体系和治理能力现代化，兹事体大。我们建议：一是尽快修改《北京市撤制村队集体资产处置办法》，完善撤制乡村集体资产处置办法。要适应新的发展形势，进一步修改完善撤制村集体资产处置办法，更好地维护和发展农民的财产权利；同时应当明确规定撤制乡镇的集体资产处置办法。二是要及时撤销三无村或空壳村的村委会建制。北程庄村完全符合撤销村委会建制的条件，但至今仍然保留村委会的牌子，各级财政每年还需拨付给这种有名无实的空壳村日常管理经费。据北京市"三农普"调查，2016 年，全市保留有村委会牌子的无农业、无村庄、无农民的所谓空壳村尚有 103 个。有关部门应当与时俱进、履职尽责，担当起撤村设居的基本职责。三是各级政府应当全面承担起撤村后设立的新的城市社区居委会的公共管理和公共服务职责，将新设立的居委会管理服务经费全面纳入财政预算予以保障，切实减轻集体经济组织承担的社区居委会管理服务负担。

调研组组长：张英洪
调研组成员：刘雯、陈珊、王丽红、李婷婷
执笔人：张英洪、刘雯

第五篇

农业农村信息化

北京市农业农村信息化建设的历程与展望

1994 年 4 月，中国被国际上正式承认为拥有全功能 Internet 的国家。伴随着互联网进入我国，1994 年 8 月，北京市成立了北京市城乡经济信息中心，从此拉开了北京市农业农村信息化建设从无到有的序幕。信息化的发展进步和广泛应用充分印证了"科学技术是第一生产力"的著名判断。

一、北京市农业农村信息化的建设历程

北京市农业农村信息化工作起步于 20 世纪 90 年代中期，从其发展特征上看，大致可划分为三个阶段：

（一）起步探索期（1994—2000 年）

1994 年 8 月，为切实加强北京市农村经济信息工作，促进城乡经济信息交流，更好地为领导决策科学化和农村经济服务，市政府批准成立了市城乡经济信息中心，并成立市农口信息系统开发建设管理领导小组，办公室设在市城乡经济信息中心。由此标志着市农业农村信息化工作全面启动。

在全社会信息化还处于刚刚起步的阶段，农口信息化从五个方面进行了探索与实践：

一是构建了工作体系，14 个郊区（县）全部成立了城乡经济信息分中心，确定了机构、人员和职责。

二是搭建了全国第一个省级农口信息网络，对上连接原农业部，横向连接当时的 18 个农口局、总公司，对下连接 14 个郊区（县），以及部分相关单位，实现了农业农村信息的上下沟通。

三是发挥技术特长，为各级部门提供信息系统开发服务。《郊区领导干部管理信息系统》在市委农工委和郊区（县）组织部门广泛应用；《北京市基本农田管理信息系统》是全国首个利用地理信息系统对农田实现精细化管理的省级平台，获得了北京市科技进步二等奖。

四是加强信息资源开发。每日收集全国和北京市农业农村信息，打印成册报领导小组各成员；对 15 个批发市场农产品价格进行监测，在 1996 年接入国际互联网后，将价格信息翻译后及时发布。

五是因地制宜开展信息服务。在为领导决策服务上，利用公里网格法，在全市郊区布设 1.6 万多个监测点，累计开展 35 次监测，涉及粮食生产、畜禽养殖、土地利用等内容，

形成报告报有关部门；对 7 类农产品开展市场分析，分别形成月度和年度报告。在为基层服务上，开展多次"信息赶集"活动，在农村集市上将多方采集到的技术和市场信息予以发布，获得广大农民群众好评；编写《农民上网 100 问》，研发《农村实用技术数据库》光盘，以及带着电脑下乡培训乡镇干部等形式，提升基层干部群众的计算机操作能力。

通过几年探索实践，北京市农口信息化工作体系和信息网络逐步建成，技术支持能力不断增强，对内对外的信息交流日渐丰富，适应当时形势的信息服务模式逐渐成熟，为农业农村信息化的发展奠定了较好的基础。

（二）电子政务建设期（2001—2011 年）

在 2000 年党政机构改革中，北京市委、市政府高度重视信息化工作，包括原农委系统单位在内的各部门设立了专门信息机构，根据职能要求组织开展网站、办公 OA、业务系统建设，信息化发展进入以政府为主导、电子政务建设为核心的发展阶段。这一时期，农业农村信息化工作稳定有序推进，农村管理信息化、农产品市场价格分析系统等都为各级部门更好地履职发挥了决策支持作用。

一是积极推进政务信息化建设。2003 年北京市城乡经济信息中心加挂市农委信息中心（以下简称信息中心）牌子。2004 年北京市委、市政府提出了北京都市型现代农业"221 行动计划"（即摸清两张底牌、做好两个支撑、搭建一个信息平台），按照全市的整体部署与要求，经过多年探索，信息中心主导建设的北京都市型现代农业"221 信息平台"于 2008 年上线运行，整合市属 15 家委办局和 13 个郊区（县）的涉农信息资源，以信息查询、分析决策、综合服务三大功能为基础，共有系统模块 138 个，拥有 2003—2015 年包括生产、市场、科技、经济、金融、社会、空间等内容在内的涉农信息资源，共 25 类、490 项数据、54 个农业专业图层，优化完善系统模块 138 个。涉及作物生产、三品基地、特色农产品、果园、苗圃、花卉基地、蛋鸡养殖场、奶牛养殖场、肉鸡养殖场、生猪养殖场、特色养殖场等 26 类业务数据。在 2009 年 12 月 7 日市政府召开的第 54 次常务会议上，肯定了"221 信息平台"建设为北京市都市型现代农业发展提供了数字化支撑的作用，平台于 2011 年被列入北京市重要政务信息系统，2012 年获北京市科技进步二等奖。

二是积极探索新模式，提升基层信息服务质量。北京移动农网探索了政企合作的路径，利用农村地区收集普及率较高的优势，通过短信为京郊农民提供技术、市场、气象等信息服务，年均发布信息超过 1000 万条次，服务精准性和时效性得到提升，为促进农业生产、防灾减灾起到积极作用。

三是建设"数字家园"。原市农委联合原市信息办，按照"五个一"的标准（即接通一条宽带网络，建设一个村级综合信息服务点，建立一个网站，组织一批信息资源和服务资源，制定一套信息化工作机制），在京郊 13 个区（县）建设 419 个农村"数字家园"，为农村居民提供了一个集信息服务、技能培训和学习娱乐为一体的综合性公共服务平台，在促进农民增收、丰富农民文化生活、提高农民信息化技能等方面收到了较好的效果。

以"221 信息平台"为引领，北京市农业农村信息化工作全面发展，工作体系进一步理顺，统筹推进的格局逐步形成，对各级政府部门管理和决策的支撑不断加强，对基层公共信息服务模式不断创新、效能不断提升。

（三）广泛应用期（2012年—）

2012年，党的十八大提出"四化同步"战略，信息化的重要性被提高到前所未有的高度。随着互联网基础设施不断完善，以物联网、云计算、大数据、移动互联网为代表的新一代信息技术对经济社会发展带来新形态。特别是2015年国务院出台《关于积极推进"互联网+"行动的指导意见》以来，全社会各行业、各领域积极与互联网进行深度融合，新产品、新应用、新模式、新服务不断涌现。

一是智能农业的建设。北京市从2011年开始，开展物联网在农业生产中的应用试点，经过探索与示范推广，北京现代农业物联网应用服务平台已有用户656家，覆盖面积48.6万亩，设施总数1.7万个，安装传感器1577个，摄像头970个，在节本增效上取得实效，2013年获得首届"智慧北京"大赛优秀示范应用奖。在此基础上，2018年遴选5家园区开展智慧农园试点建设，提高全产业链信息化应用深度和广度，提升农业园区生产智能化、经营网络化、管理数据化、服务在线化水平，促进园区发展、产业融合。

二是积极推进智慧乡村建设。目前已完成13个涉农10个区的135个村，从内容看，涉及基础设施的占51%，生产经营占61%，乡村治理占44%，公共服务占19%。平谷区西柏店村通过实施信息化建设，促进食用菊花产业发展，2016年新增菊花种植户28户，全村菊花的销售收入已达400余万元。2016年，第八届平谷西柏店菊花美食节期间，全村民俗接待人数达3万人，国务院、农业农村部及北京市领导先后到该村调研，对美丽智慧乡村的建设内容和效果给予了充分肯定。

三是全面推进信息进村入户工程，加大益农信息社建设力度和服务质量，标准型益农信息社达到187家，2017年全年公益咨询服务2.1万多次，便民服务近4万次，帮助村民通过电子商务销售特色农产品2万多公斤，帮助村民团购农产品、生活用品上千吨，拉动市民到农村观光旅游上万人次，培训新型职业农民2万多人次；专业型益农信息社建设转向深度全面服务，应用农场智能化管理平台的生产企业达602家，建立生产过程追溯体系的农场有486家，深入园区服务1000多人次，累计培训农业从业人员5000余人次。

四是农产品电子商务发展迅速。郊区各区结合本地特色，扶持培育多种形式的农村电商，涌现出密云"密农人家"、平谷"鑫桃源"等新农人典型，带动了农产品优质优价，促进农业转型发展。

随着与互联网的融合逐步深入，北京市农业农村信息化快速发展，机制与政策不断完善，新技术应用不断深化，服务模式不断丰富，对"三农"工作的贡献不断增强。

二、北京市农业农村信息化建设的经验与成效

（一）统筹推动是农业农村信息化有序发展的基本原则

从北京市农业农村信息化20多年的发展历程看，统筹协调贯穿始终，特别是近年来信息化快速全面发展的大背景下，通过建机制、强政策、树典型、促交流等做法，为我们的事业带来较好的发展环境。

1. 在体制机制方面。从 20 世纪 90 年代的市农口信息系统开发建设管理领导小组，到 2017 年成立的全市农业农村信息化领导小组，北京市各有关单位和各郊区农委的工作职责进一步明确，形成了横向联动、纵向互动的工作体系；每年组织召开全市工作会议，对重点任务进行部署；通过座谈会和专项工作会，以及现场观摩等形式，对重点任务内容进行研究，共同提高认识、推动落实。建立原市农委系统网络安全保障信息通报机制，加强工作指导与服务，开展信息安全培训和突发事件应急处置模拟演练，强化信息通报和工作协同，及时处置风险和漏洞，在各重点保障期前，组织各单位、各运维服务商召开工作部署会，落实责任、明确要求、开展自查，确保风险可控。

2. 在政策环境方面。编制了不同时期的农业农村信息化规划，最近七年连续印发年度重点工作及任务分工的文件，把每一项任务落实到责任主体；针对发展中存在的问题，提前谋划工作，加强协调，争取支持，将智慧乡村、智慧农园、农业物联网应用、信息进村入户等项目列入农业改革发展专项转移支付资金预算；智慧乡村建设、"互联网＋"农业等重点任务分别列入北京市"十三五"时期信息化发展规划和城乡一体化发展规划，以及《实施乡村振兴战略扎实推进美丽乡村建设专项行动计划（2018—2020 年）》文件。

3. 在示范带动方面。结合北京实际，在全国率先开展了市级农业农村信息化示范基地认定和北京市农业信息化龙头企业认定工作，截至目前，共有 59 家单位被认定为北京市农业农村信息化示范基地，其中 14 家单位被认定为全国农业农村信息化示范基地；66 家单位被认定为北京市农业信息化龙头企业；17 家单位入选全国"互联网＋"现代农业百佳案例和新农民创业创新成果。这些典型在推进"互联网＋"现代农业，智慧乡村建设、农业农村大数据应用、农业电子商务发展、新农民创业创新实践、信息进村入户工程实施等工作的示范引领作用，成为引导社会力量参与涉农信息化建设，培育本市"互联网＋"农业的中坚力量。

4. 在对外交流方面。与农业农村部就农业信息化标准体系、舆情监测、信息安全、数据资源建设、电商扶贫、课题研究等方面开展合作，提高对国家层面政策的理解，保障各项工作对上紧密衔接；加强与北京市信息化主管部门的工作交流，在电子政务、智慧城市、大数据、网络安全等领域开展培训研讨等活动，进一步把握全市信息化工作要求，提高工作质量；依托北京农产品产销信息协会，对龙头企业、农民专业合作社负责人、种养大户等开展"互联网＋"知识技能培训，提升农业新型经营主体信息化及电商经营能力，累计培训 2000 余人次；发挥北京科技与智力优势，加强与科研院所、大专院校、高新技术企业的技术交流与合作，提高对新技术、新模式的理解，促进农业农村信息化创新发展。

（二）深化应用与服务是农业农村信息化有效发展的重要途径

应用与服务水平是衡量信息化建设成效的关键，体现在对农业、农村、农民发展的促进作用上，以及对各级政府部门管理和决策的效果上。

1. 农业生产经营领域。按照北京市《关于推进"互联网＋农业"的实施意见》（京政农函〔2016〕7 号）的要求，持续促进互联网与现代农业关键环节的深度融合。

一是瞄准需求，完善应用。结合农业新型经营主体的需求，扩展北京现代农业物联网应用服务平台功能，提供从生产安排、农事管理、智能控制到农产品质量安全追溯等全产业链服务，从单纯的监控向提供应用服务延伸，为各类农业新型经营主体提供农业物联网应用支撑。房山区琉璃河镇周庄村慧田合作社通过应用物联网、高效节水和水肥一体化等技术，实现日光温室小气候环境的综合调控管理，强化了环境抗逆能力，实现光、热资源的高效利用，有效节水 40% 以上，节省人工 50%，果菜类增产 20%—30%，叶菜类增产 1—2 倍，减少施药次数 2—3 次，降低化学农药的用量 20%，提升了农产品品质和质量安全水平。

二是政策引导，多方参与。2016 年，按照"政府引领，企业自愿"原则，采用多方投资（市、区、生产园区、农业物联网服务商采取 2：2：3：3 的比例）共同投资，7 个区（通州、顺义、昌平、平谷、怀柔、密云、延庆）18 家农业园区（农民专业合作社）951 个设施大棚开展物联网试点示范建设，探索多元化农业物联网应用服务模式。

三是线上线下，服务对接。2016 年以来，选择 60 家具备一定技术基础和应用需求的典型示范基地，分类型有针对性地开展服务指导，将物联网技术与生产经营服务相结合，进行了"农业物联网＋农场服务＋渠道对接"新尝试，探索物联网与产前、产中、产后相结合的新型全产业链的信息服务模式。如顺义区北郎中村的"京甜紫花糯 2 号"玉米通过对接销售了 1 万多根。

四是深入探索，拓展应用。2017 年，就昌平苹果和平谷大桃，启动了"物联网技术在京郊果品生产园区示范应用实证研究"项目，通过对气候环境、土壤、植物本体的数据监测、采集、分析，形成品质认证报告，对影响作物品质的各种参数进行规律性探索研究，增强对"全过程、全要素"信息化支撑力度，为全面提升农业生产智能化、精细化、规范化水平奠定基础。

通过以物联网为代表的新一代信息技术与农业产业的融合，促进了传统农业向数字农业转型升级，一定程度上提高了生产的规范化和精准化，提高了劳动效率、促进产业提质增效，带动农民增收。

2. 乡村治理和公共服务领域。按照 2016 年《北京市"十三五"时期信息化发展规划》（京政发〔2016〕57 号）提出"到 2020 年，建设运行 200 个智慧乡村的建设任务"的要求，在试点经验基础上，持续推进京郊智慧乡村建设，重点围绕村庄信息化基础设施、产业发展、乡村治理、公共服务、村民信息化能力培养等方面，加强信息化应用于服务。

一是改善了村庄信息化基础设施。如昌平区崔村镇，推动有线电视高清交互网络建设和入户工作，完成了镇内 12 个村高清数字电视机顶盒的发放；顺义区北郎中村实现有线电视 100% 入户，宽带入户率达到 90% 以上，全村内设有 10 多处免费 Wi-Fi 热点，有线广播和高清摄像头全村覆盖。

二是提升了乡村治理水平。信息中心与北京歌华有线电视网络股份有限公司合作，依托有线电视网络，开展农村"三务公开"信息入户点播试点工作，延庆区张山营镇和顺义区大孙各庄镇 13958 户村民在家中通过电视就能看到"三务公开"、政策宣传、办事指南、民主管理、在线课堂、院线电影等服务内容。门头沟区陈家庄村建设微信小程序"晓村务"，为村民提供"三务公开"、办事指南、就业培训等信息，加强对村庄环境智慧化管理，各片区负责人上传工作情况（文字、照片），村民进行评分，并通过发帖、评论等获得积分，村委会根据积分排行，定期进行奖励，村民参与村庄事务大幅提高。

三是促进了公共服务精细化水平。丰台区草桥村结合"一刻钟社区服务圈"，建设"智慧草桥社区互联网平台"，将所有社区资源及利民服务融合到平台上，村民、居民足不出户就能享受便捷的服务。房山区黄山店村开通了书记信箱，实现村民与村干部互动交流，开通物业报修小程序，提高了处置及时性和规范性，在方便了村民知情权的同时，强化了村民对村政事务的参与管理，为村民生产生活带来更多便利，促进了村民生产生活方式的转变。与百度公司合作，开展京郊休闲农业与乡村旅游地图服务应用建设。按照98%准确率的要求，共发布上图点5059个，有效连接了城市与乡村的服务资源，促进了休闲农业与乡村旅游产业的发展。

四是逐步提高了农民信息化能力。各试点村定期组织开展智能手机、电子商务、社交软件应用等培训，提高了农民的信息化常识和智能终端应用水平。昌平区八家村定期开展技术指导、科学养生、健康讲座、广场舞、科学创业等培训活动，村里许多老年人学会了上网，主动购买智能手机。

3. 电子政务领域。一是建立原市农委系统单位政府投资信息化项目预评审机制，制定信息化顶层设计和年度项目计划，形成项目申报管理工作机制和流程，2008—2017年，原市农委系统各单位共有66个项目通过市经信委评审，批复金额1.49亿元，其中56个项目开展了建设，提升了项目管理规范性，促进了集约化建设和信息资源共享开放。

二是网站建设不断规范。建立了原市农委网站信息员队伍，涵盖两委各处室、系统单位和郊区农委，信息发布质量和数量不断提高，曾多次在全市政府网站评比中获得优异成绩，达到国务院网站普查的各项要求。同时加强与农业农村部的信息报送工作，在2018年度地方信息联播工作中，北京市在发布量增长率位列第8名，页面浏览量位列第7名。

三是涉农舆情监测实现全媒体覆盖，形成了日报、月报、专报、年报、敏感信息推送和汇编六个产品，建立突发事件舆情应对机制，调查核实情况、做出积极回应、随时掌握走势、督促工作落实，为原市农委等相关部门提供快速、准确的信息传输和反馈服务。

四是加强业务信息系统建设，包括原市农委内网门户及OA办公系统，北京都市型现代农业"221信息平台"、北京涉农信息资源平台、北京市农村土地承包经营权确权登记颁证信息平台、北京农村实用人才管理系统、北京山区农民搬迁管理系统等，有效地支撑了机关业务运转，通过流程优化和再造，进一步清晰了业务模式，提高了效率，提升了精细化和规范化水平。

（三）夯实基础是农业农村信息化稳定发展的可靠保障

1. 信息资源建设。开展原市农委系统单位业务与信息资源目录修订编制工作，整理形成涉农业务目录2346条、信息资源目录12124条，初步摸查了信息资源底数。

以数据资源采集、处理、存储、共享、服务中心为目标，完成涉农信息资源平台一期项目建设，搭建了互联网数据采集系统、基础信息管理平台、数据共享交换平台三个子系统，构建形成了"四大基础库 + 十大主题库 +N 个服务库"的数据库体系；实现"221 信息平台"、村庄规划系统、农村实用人才等 14 个应用系统，以及地理空间数据的接入和存储管理；修订完善资源目录，梳理数据分类，补充缺项，建立数据关联，形成了 110 个数据目录类、138 万条数据；完善平台设计和功能开发，完成专题地图和基础地图服务功能的开发，搭建了数据交换与处理基础平台，研究建立资源共享机制和技术规范。

2. 网络安全保障。一是做好机关网络安全保障。制定专项工作方案、完善应急预案、开展应急演练、加强监控值守，落实 7×24 小时值班制度，较好完成重要时期的网络信息安全保障工作；及时处置勒索病毒爆发和网站受黑客攻击等突发事件，第一时间快速响应，启动应急预案，断开网络连接，组织相关方面人员开展整改加固，排查问题及原因，完善访问策略，降低安全风险，及时恢复网络和网站运行，应急处置能力得到实战检验；开展机房消防安全专项检查，对每条线缆、每个电源、每台机柜、每个接口，以及消防设施逐一排查，对发现的隐患及时修复。

二是加强日常运维保障。规范管理各项运维工作，明确每项任务的工作流程和文档要求，确保网络和应用系统安全稳定运行，年度提供终端运维服务千余次、完成 11 个互联网网站系统渗透测试，对 25 台服务器开展脆弱性扫描，完成 12 次机房巡检，处置各类安全漏洞和风险点 1000 余个，较好完成软件正版化工作。

三、农业农村信息化方兴未艾

（一）乡村振兴战略为农业农村信息化指明了发展方向

党的十九大提出了实施乡村振兴战略的重大决策，是新时代"三农"工作的总抓手。2018 年，中央出台的一号文件《关于实施乡村振兴战略的意见》和市委、市政府出台的《关于实施乡村振兴战略的措施》，两个文件都包含了很多对农业农村信息化的具体要求，包括数字农业、农村电子商务、网上服务站点、基层服务和管理精细化精准化、数字乡村战略、"互联网 +"质量安全、确权登记颁证信息管理平台等等。因此实施数字乡村战略必然可以为乡村振兴赋能，让信息技术连接"三农"，促进生产、生活、生态、生命、生意"五生"协调发展，为农业的全面升级、农村的全面进步、农民的全面发展提供新动能，走出一条中国特色、信息驱动的农业农村现代化道路。

"没有农业农村的现代化就没有国家的现代化""没有信息化就没有现代化"，这一论述进一步提高了信息化的重要性，为农业农村信息化事业发展带来了新机遇，提供了新动能。信息化可以把分散的资源有效组织起来，实现生产与市场的对接，促进农业供给侧结构性改革；可以重塑农业产业链，促进一二三产融合发展与农民增收；可以为乡村治理现代化和公共服务便捷化提供新手段，促进缩小城乡数字鸿沟。北京市农业农村信息化工作必须牢牢把握习近平总书记对"三农"和网络强国的重要论述精神，紧扣"大城市小农业""大京郊小城区"特点，发挥带动作用，主动融入、深度融合，为北京市科学推进、率先贯彻、带头完成、争创一流的实施乡村振兴战略提供强有力支撑。

（二）高质量发展是农业农村信息化的必由之路

我国经济进入高质量发展阶段，信息化代表着新的生产力和新的发展应用方向，农业行业和农村区域的信息化应该在践行新发展理念上先行一步，自身发展也必须实现高质量。

高质量发展必须破除不平衡不充分的矛盾。近年北京市农业农村信息化工作取得一定成绩，但仍存在一些不足，主要表现在：一是统筹协调发展的格局亟须进一步优化，各自为政、重复建设的现象依然存在，出现地区间发展不平衡的现象。二是信息化对农业农村发展的带动作用发挥不充分，适应首都"三农"特点的信息技术、产品、服务和应用不够丰富，存在认识不足、融合不深、需求挖掘不充分、应用不全面，长效机制不健全的情况；信息化对业务支撑力度不足，其在优化业务流程、促进工作协同方面的作用体现不突出，存在使用频度低的问题。三是数据资源开发利用明显不足，资源缺乏梳理，存在底数不清的情况，跨部门的数据资源共享、面向社会的数据开放尚未形成有效机制，资源利用价值挖掘不深入，等等。与习近平总书记在2018年4月20日至21日全国网络安全和信息化工作会议上提出的"加快信息化发展，整体带动和提升新型工业化、城镇化、农业现代化发展"的要求，还有较大差距。

高质量发展必须坚持务求实效。"让互联网更好造福人民"，对我们而言，就是要做到"实"，让广大的农村基层在自己的生产经营和生活的实践中认识信息化、主动地运用信息化、创造性地发展信息化。必须发挥农民的主体地位和作用，一方面要坚持需求导向，有针对性地研发信息产品和服务；另一方面要调动农民的主观能动性，通过加强应用和培训来不断提升，把"虚拟"的技术和方法融入"实"的生产生活中，形成互相促进、互为支撑的良性发展局面。

（三）加强重点领域信息化应用与服务

一是要大力发展数字农业。以产业数字化、数字产业化为发展主线，利用互联网新技术新应用对农业产业进行全方位、全角度、全链条的改造，提高全要素生产率，释放数字对现代农业发展的放大、叠加、倍增作用，促进一二三产融合发展；推动互联网、大数据、人工智能和实体经济深度融合，加快农业数字化、网络化、智能化，持续实施数字农业建设试点项目，以创建绿色优质安全农产品示范区为抓手，用信息化把产业发展和行政监管紧密结合起来，加快构建农业农村基础数据资源体系，推进农业标准化、品牌化，让手机成为农民的新农具。

二是要在数字乡村上持续发力，发挥信息化在乡村治理体系和治理能力现代化中的基础支撑作用，培育一批适应北京"三农"特点的技术、产品、应用和服务；统筹推进乡村信息化基础设施建设和网络安全防护工作，弥合城乡数字鸿沟；深化政务与惠民服务，推进农产品质量安全追溯平台、开展人居环境智能监测、建立基于空间的农村统计信息系统、引导外部资源通过信息化延伸到村等等，推动实现城乡基本公共服务均等化；培育长效机制，促进乡村绿色、智慧发展，全面支撑乡村振兴。

三是要在数字农民培育上加大力度。顺应农民朋友对美好生活的向往，大力提升农民数字化生活水平，在郊区普遍建立网上服务点，丰富农民数字化生活服务内容，开展智慧党建、在线办事和"三务公开"等，提供"互联网＋"教育提升农民数字化应用能力，让广大农民群众分享信息化发展成果。

当前，我们正处在"两个一百年"奋斗目标的历史交汇期，同时也是信息化与农业农村现代化的历史交汇期，"数字中国"建设和"数字经济"发展是国家战略，它将会无时不在、无处不有地存在于我们的社会，也将会产生更多无微不至的服务模式影响着我们的生活。北京作为首善之区，作为城乡一体化建设的先导和示范，需要进一步完善农业农村信息化的工作体制与机制，在工作体系上尽量做到横向到边、纵向到底；政策上要加大支持力度，调动社会力量参与农业农村信息化建设；行动上要秉持跨界融合、合作共赢的互联网精神，形成数字乡村战略在北京市郊区的生动实践。

执笔人：刘军萍、范宏

北京市智慧乡村评估指标体系研究

一、选题意义与研究设计

（一）研究背景与意义

党的十九大报告提出实施乡村振兴战略，强调要推动互联网、大数据、人工智能和实体经济深度融合。由此，推动互联网等信息技术在乡村产业、生态、文化、治理、生活等领域的智慧化应用是实现乡村振兴的重要路径，智慧乡村建设是我国乡村振兴战略的重要内容。与此同时，我国实施了一系列农业农村信息化试点工程，北京市属于国家物联网重大应用示范工程、信息进村入户工程、农业农村大数据、农业电子商务等多个工程的试点。2012 年，北京市出台了《智慧北京行动纲要》，智慧乡村作为智慧城市的重要组成部分，旨在基于互联网的思维与技术，以智慧的理念来治理农村，以智慧的方式来发展农村，以智慧的手段来建设农村，对促进城乡发展一体化具有重要意义。2016 年《北京市"十三五"时期信息化发展规划》（京政发〔2016〕57 号）提出到 2020 年建设运行 200 个智慧乡村的建设任务。按照北京市农委、北京市财政局有关文件，智慧乡村建设被列入 2015—2016 年北京市财政转移支付资金农业领域重点工作和 2018 年北京市财政农业改革发展专项转移支付资金预算任务清单。

自 2014 年启动平谷智慧西柏店村试点以来，北京已建设智慧乡村 135 家，形成了以丰台"智慧村庄 APP"、大兴"区级综合管理平台"、顺义"智慧乡村＋物联网＋合作社"、延庆"智慧沟域"、密云"智慧村务"、昌平"崔村智慧村镇"、平谷"一村一品＋电商"等区域建设模式，涌现出了黄山店村"互联网＋乡村休闲旅游"、蔡家洼村"互联网＋"农村产业融合、小北关村生态农业智慧园区、智慧西柏店村、八家村益农信息社等典型智慧村模式，逐步改善了农村信息化基础设施现状，带动了农村产业提质增效，提升了乡村治理和公共服务精细化水平，提高了农民信息化意识与能力，为其他地区发展智慧乡村提供了典范。但与此同时，北京智慧乡村在建设过程中，出现了认识不足、建设目标和路径不清晰、规划与技术标准体系不完善、建设机制不持续等问题，制约了其进一步发展。

目前，现有研究对智慧乡村的概念和内涵进行了一些分析，也对智慧乡村的实践经验和面临的问题进行了一些总结。但仍存在以下不足之处：没有体现乡村振兴等新时代国家战略的发展要求；不能反映新时期相关主体对智慧乡村的建设需求；缺乏针对智慧乡村的系统评价研究，不能满足实践中对智慧乡村评估的需求。因此，迫切需要开展智慧乡村评估体系研究，以此作为科学衡量智慧乡村建设成效的工具方法，为乡村振兴战略下北京智慧乡村发展提供支撑。

本研究通过对不同模式的智慧乡村建设现状、成效与需求调研，建立完善北京市智慧乡村评估指标体系与评价方法，选择典型村庄开展评估测算，在此基础上提出有针对性的对策措施。研究成果旨在为北京市智慧乡村建设与应用提供方向指导，破解智慧乡村建设内容与路径不清等问题，为提升智慧乡村运行水平和逐步建立考核评估制度提供决策支持与服务，推动信息化引领首都乡村振兴战略格局的形成。

（二）相关概念内涵分析

1. 智慧城市。"智慧城市"的概念来源于 IBM 公司于 2008 年提出的"智慧的地球"理念。随着实践的不断推进，智慧城市引起了学术界和实业界的广泛关注（辜胜阻等，2012）。国内外学者从不同的视角对其概念内涵进行了广泛探讨。

（1）技术视角。很多学者较为关注信息技术在城市建设与管理中的广泛应用。例如，最早提出智慧城市建设方案的 IBM 公司指出，智慧城市是运用信息技术来改造城市的核心系统，优化有限资源利用的城市。即通过创造一个互联、互通、智能化的城市系统，政策制定者和市民可以从大量数据中洞悉城市活动及其新趋势，从而做出更加明智的决策。Colin Harrison 等（2011）将智慧城市定义为一种充分利用城市信息系统对城市基础设施和服务进行规划、设计、投资、建设、管理和运作的城市。李德仁等（2011）认为智慧城市是在城市全面数字化基础之上建立的可视化和可量测的智能化城市管理和运营，简言之为"智慧城市 = 数字城市 + 物联网"。

（2）融合视角。很多学者认为信息技术只是智慧城市的基础，信息技术与城市的经济、社会、生态等主要发展领域实现良好的融合才是智慧城市的核心。例如，Holland（2008）指出智慧城市发展应该从关注城市中人的现实状况（如需求、知识、技能等）和相应的人文资本现状出发，在此基础上，平衡信息技术在商业、政府、社区等领域与城市普通市民之间的应用状况，以及实现经济发展和可持续发展的平衡。王广斌等（2013）认为技术进步只是实现智慧城市的一个重要前提，如何使技术带给人类更智慧、更美好、可持续的生活，才是智慧城市的核心价值和内涵。许庆瑞等（2012）指出智慧城市是对数字城市、知识城市、生态城市、创造城市的一种整合，是整合了以上几个概念的城市功能并凌驾于其之上的综合体，智慧城市的战略愿景是实现经济、社会、环境的可持续发展。张小娟（2015）认为智慧城市是以新兴的信息技术为基础，以谋求经济、社会、环境的全面可持续发展为基本方向，以信息技术的人工智能和人的智慧为重要手段，通过充分整合城市的各类资源推进城市的创新发展，进而推动城市核心资源的优化配置以及城市运行发展全面优化的城市，即"智慧城市 = 人工智能 + 人的智慧"。

（3）动态视角。还有一些学者关注到智慧城市的自我优化与可持续发展。例如，Taewoo Nam 等（2011）指出，智慧城市不是一个城市"智慧"程度的状态，而是该城市使其自身变得"智慧"的努力。因此，智慧城市的内涵是城市创新，它是城市在技术、管理和政策方面进行的创新而使城市运作变得更加灵活的过程。Raffaele Pé（2011）将智慧城市看作一个跨学科的关于城市新陈代谢的综合性概念，认为智慧城市之所以被称为"智慧"，是因为它具有感知能力，这种感知能力使城市能够迅速发现它在社会、环境、技术等方面的薄弱环节，并通过改进和提升这些环节来激发城市的发展活力。

综合来看，国内外学者从不同的视角对智慧城市的概念内涵进行了较为深入的分析，总体上人们对智慧城市的认识呈现从狭义到广义、从单纯重视技术层面拓展到城市全面可持续发展的趋势。

2. 农业、农村信息化。信息化是飞速发展的现代信息技术与社会经济相互作用的结果（刘世洪，2008）。农业信息化即是指信息技术在农业领域普遍而系统应用的过程。中国农业发展的大趋势是从农业现代化走向农业信息化，从现代农业走向信息农业。信息农业的基本特征包括农业基础设施装备信息化、农业技术操作全面自动化和农业经营管理信息网络化（梅方权，1998）。

与农业信息化相比，农村信息化的内容更为广泛一些，体现为农村生活和生产全过程，农村经济、科技和生态环境系统的信息化（梅方权，2007）。刘世洪（2005）将农村信息化定义为在人类农业生产活动和社会实践中，通过普遍地采用以通信技术和信息技术等为主要内容的高新技术，更加充分有效地开发利用信息资源，推动农业经济发展和农村社会进步的过程。具体到农村信息化的内容分类，梅方权（2007）认为农村信息化应包括农民生活消费信息化、农村生产管理信息化、农业科学技术信息化、农村经营管理信息化、农村市场流通信息化和农村资源环境信息化等；刘世洪（2008）认为农村信息化包括农村资源环境信息化、农村社会经济信息化、农业生产信息化、农村科技信息化、农村教育信息化、农业生产资料市场信息化和农村管理信息化等多个内容；王素贞等（2014）认为农村信息化应包括农村生活、农村经济、科学技术和生态环境这四个方面的信息化。

综上所述，农业、农村信息化主要是指信息技术在农业、农村领域的普遍应用。农业信息化体现为信息技术在农业生产设施、生产技术与经营管理等方面的系统应用。农村信息化则呈现复杂性、综合性、全面性等特点，是信息技术在农村各个领域的综合应用。

3. 智慧乡村。智慧乡村的概念由智慧城市延续而来，学者们对其概念内涵的研究还相对较少。部分学者尝试对其进行定义。顾彬（2012）将智慧乡村定义为依托智慧城市所拥有的物联网、云计算、人工智能、数据挖掘和知识管理等技术，构建一个农村发展的智慧环境，形成基于海量信息和智能过滤处理的新的生活、产业发展、社会管理等模式，提高农村规划、建设、管理、服务的智能化水平，面向未来构建全新的乡村形态。周广竹（2016）认为智慧农村指依托物联网、云计算、人工智能等先进的信息技术，提高农村整体规划和建设、管理和服务的智能化水平，从而构建一个全新的农村。李先军（2017）认为智慧农村是指利用智能感知、互联网、大数据等技术，实现对农村地理信息和人文信息的数据化，并通过信息时代下新的生产工具和科学技术，促进农民生活水平和质量的改善、农业及相关产业的发展以及农村社会发展水平的提高。天仕物联网研究院认为智慧农村是不同于智慧城市的一种新兴概念体，指基于物联网技术的现代化新农村建设，它以现在最先进的物联网技术为技术依托，针对中国农村普遍不发达的现状，为实现农村生活现代化、科技化、智能化的目标，从而提高农民的生活水平和建立农民自有的智能生活价值体系。[①] AnnaVisvizi 等（2018）认为智慧乡村研究呈现出显著的实用主义倾向，先诊断一个问题，然后利用信息技术解决它，即问题驱动的、面向解决方案的、务实的研究。综合以上概念可以看出，智慧乡村的主要特征体现在以下几个方面：一是以物联网、云计算、人工智能等先进信息技术为依托；二是以这些技术与农村生活、生产、管理等多个方面相融合为手段；三是以农村经济、社会、环境等全面可持续发展为目标；四是呈现为一种现代化、智能化、创新型的乡村发展形态。

综合来看，智慧乡村的概念由智慧城市延伸而来，是农业、农村信息化发展的高级阶段。它们都体现在物联网、云计算、大数据、移动互联等信息技术的融合应用，但侧重点有所不同。农业信息化侧重于信息技术在农业全产业链的应用过程，农村信息化主要指信息技术在农村多方面的应用，而智慧乡村则不只包含信息技术的广泛应用，更强调在大数据基础上的决策分析，是人工智能与人的智慧的结合（见表1）。因此，结合相关学者对智慧城市和智慧乡村的定义，本研究将智慧乡村定义为以物联网、云计算、大数据和移动互联等新兴信息技术为依托，通过在农村产业经营、乡村治理、居民生活、资源环境等领域的智慧化应用，运用"互联网"思维创造性地解决农村地区面临的矛盾与问题，全面服务于乡村振兴和农业可持续的创新发展形态。

表1　智慧乡村与农业信息化、农村信息化的异同点

	相同点	不同点
农业信息化	物联网、云计算、大数据、移动互联等信息技术的融合应用	侧重于信息技术在农业产业链产前、产中、产后的应用过程
农村信息化		侧重于信息技术在农村经济、生活、管理、资源、环境等多方面的应用过程
智慧乡村		在国家的乡村振兴战略框架下，侧重于信息技术的人工智能和人的智慧相结合，以促进农村经济、社会、环境的全面可持续发展

（三）国内外研究综述

1. 智慧乡村建设相关研究。智慧乡村的概念由智慧城市延伸而来，现有研究对智慧乡村的实践经验和面临的问题进行了较多总结，而对其评价的研究则较少。

（1）智慧乡村建设实践模式、经验与问题。各地根据自身条件与发展需求，在智慧乡村建设实践中选择了不同的建设重点与内容，并形成了多种智慧乡村实践模式。刘军萍等（2016）、张永军（2013）、王红茹（2018）、罗侠等（2018）分别对北京市西柏店村"美丽智慧乡村"、南京市江宁区、江西省抚州市"智慧医疗"、广西忻城"智慧电商"等实践模

[①]　https://baike.so.com/doc/2444327-2583967.html

式的成效与问题进行了总结分析。取得的成效主要体现在促进产业发展、提高农户收入、改善农村环境、促进农村稳定等方面。存在的问题主要包括对智慧乡村的认识不足，重视程度有待提高；信息化应用主动性有待加强；基础设施建设还需完善，缺乏信息化人才；农业农村智慧化成本较高，投入效益提升不明显等。

（2）智慧乡村评价研究。武峰等（2016）参照智慧城市建设的考核指标体系，从智慧体制（规章制度）、智慧网络（基础设施）、智慧管理（政府）、智慧民众和智慧企业5个方面构建了广州从化智慧乡村建设的"五力模型"，并从这五个方面提出了解决措施。杨晓娟、韩昌豪等（2018）在研究智慧乡村旅游的评价要素的基础上，从基础设施、管理系统、服务平台和价值核算四个维度建立智慧乡村旅游评价指标体系。目前还没有一个针对智慧乡村的综合评价指标体系。

2. 智慧城市评价指标体系研究。国外方面，2007年，奥地利维也纳理工大学区域科学中心、荷兰代尔夫特理工大学等研究机构合作发布了欧洲中等城市智慧城市排名，建立了一系列智慧要素指标衡量典型欧洲中等城市的可持续发展与竞争力。该指标体系包括智慧经济、智慧人、智慧政府、智慧移动性、智慧环境及智慧生活6个一级指标，下设31个二级指标、74个三级指标。指标标准化采用Z变换，指标加总采用算术平均值。IBM则将智慧城市分为城市服务、市民、商业、交通、通信、供水和能源共7个系统，每个系统都从必要条件、管理、智慧的系统和成效4个方面进一步评估。

国内方面，上海浦东智慧城市发展研究院相继发布了"智慧城市指标体系1.0""智慧城市指标体系2.0"，后者是对前者的完善。智慧城市1.0体系从智慧城市基础设施、智慧城市公共管理和服务、智慧城市信息服务经济发展、智慧城市人文科学素养、智慧城市市民主观感知等5个维度来构建智慧城市评价指标体系，具体包括19项二级指标和64项三级指标。智慧城市2.0体系则将三级指标大幅删减至37项，同时一级指标增加了智慧城市软环境建设。王振源、段勇嘉（2014）以北京、上海、广州、南京等8个城市的智慧城市规划纲要及"十二五"规划为依据，运用层次分析法（AHP），构建了一套衡量和反映我国智慧城市建设进度与发展水平的评价指标体系，包括一级指标4个、二级指标13个、三级指标40个。一级指标包括基础设施、公共管理应用、公共服务应用和公共支撑体系4个。二级指标方面，基础设施包括宽带网络水平和感知网络水平2个；公共管理应用包括电子政务建设、城市安全建设、智慧环保建设和智慧交通建设4个；公共服务应用包括智慧医疗建设、智慧教育建设、智慧社区建设、智慧物流建设4个；公共支撑体系包括制度支撑、人才支撑和资金支撑3个。周骥（2013）将智慧城市评价指标体系分为三个层次：目标层、准则层、指标层。其中，目标层1个，即智慧城市总指数；准则层5个：驱动力分指数、压力分指数、状态分指数、冲击分指数与响应分指数；指标层37个。

将上述5个指标体系中评价指标进行汇总发现，现有研究主要从基础设施、政府管理与服务、信息产业发展、公民及其生活、资源与环境和支撑环境与其他6个方面设立智慧城市评价指标，具体见表2。

表 2　智慧城市评价指标汇总

指标	
基础设施	1. 家庭计算机拥有率 2. 电话拥有率 3. 宽带光纤接入水平 4. 公共场所 WLAN 覆盖率 5.3S（RS、GIS、GPS）设备覆盖率 6. 视频监控网络覆盖 7. 智能电网铺设率
政府管理与服务	1. 政府支出/基础投资 2. 政府人员及使用 PC 职员比例 3. 电子政务、政务数据中心建设 4. 政府信息公开 5. 行政审批网上办理水平与速度 6. 电子招标占比 7. 数字城管、食品药品追溯、地下管网监测系统覆盖率 8. 重大突发事件应急系统建设率 9. 交通设施与城市通行状况 10.ETC 道路综合管理系统覆盖率 11. 公共交通信息平台建设 12. 智能公交站牌建设水平 13. 医疗基础设施 14. 市民卡发放率、健康档案、病例电子化率、远程医疗系统覆盖率 15. 教育支出与覆盖率 16. 数字图书馆、博物馆建设 17. 教育资源公开平台建设 18. 网络教学、多媒体教学比例 19. 社区服务、物业管理信息化水平 20.RFID 技术应用率 21. 公共物流信息平台建设 22. 电子口岸信息平台建设
信息产业发展	1. 信息服务业增加值占地区生产总值比重 2. 信息服务业从业人员占社会从业人员总数的比例 3. ICT 投资（企业、政府） 4. 上市企业数 5. 企业对 ICT 的使用/电子商务/网站/信息化系统 6. 信息资费 7. ICT 投资、消费贡献率
公民及其生活	1. 收入水平、社会保障 2. 教育程度、外语、预期寿命 3. 终身学习意愿 4. 种族多元化、创造性、国际化 5. 文化生活 6. 安全及对安全监控的满意度 7. 医疗及对其满意度 8. 教育及对其满意度 9. 居住质量 10. 公众生活、决策参与/民主性 11. 环境保护态度与参与 12. 市民上网率、家庭网购比例 13. 互动性、公平性

续表

指标	
公民及其生活	14. 市民交通诱导信息使用率 15. 家庭智能表具安装率 16. 可持续和安全交通使用 17. 对互联网持负面态度比例 18. 对公共交通质量的满意度 20. 政府透明度、便捷性满意度 21. 政府服务信息获取便捷度 22. 食品药品安全监控满意度
资源与环境	1. 自然资源（日照、绿地） 2. 水资源、电力利用效率 3. 建筑物数字化节能比例 4. 万元 GDP 能耗 5. 环境质量监测 6. 污染物、污染源、碳排放监控 7. 生活污水处理率 8. 污染物、环境质量、碳排放自动化监测覆盖率 9. 自然灾害预警平台建设
支撑环境与其他	1. 组织领导建制完善度 2. 智慧城市发展规划 3. 评估考核制度完整度 4. 法律法规制度健全度 5. 人才引进与培训 6. 专家咨询机构建设 7. 智慧城市论坛会议及培训水平 8. 重点产业资金投入水平 9. 专项基金配套水平 10. 相关产业税收减免力度 11. 作为知识中心的重要性（顶级研究中心、顶尖大学等） 12. 作为决策中心的重要性（总部等） 13. 旅游吸引力（住宿、景点） 14. 国际化水平 15. 劳动力市场的灵活性（失业率、非全日制就业比例）

资料来源：Giffinger R、Fertner C 等（2007），http：//wenku.it168.com/d_000560879.shtml，浦东政府官网，王振源、段勇嘉（2014），周骥（2013）。

3. 信息化、农业信息化、农村信息化体系研究。随着社会经济的快速发展，信息技术在城乡居民生产、生活中的应用日益普及，为科学测度信息化发展水平，部分学者对信息化、农业信息化、农村信息化的评价指标体系展开了深入研究。

马晨、李瑾（2018）为实证研究信息化对北京经济增长的促进作用，对北京信息化水平进行了指标评价。从基础设施、产业技术、应用消费、知识支撑和发展效果 5 个方面设计了一级指标，下设 13 个二级指标。采取规范化方法将数据进行标准化处理，并采用德尔菲法反复整理、归纳和统计专家对指标重要性的打分，赋予各个指标权重。刘世洪（2008）从农村信息化的要素角度构建了关于我国农村信息化发展水平的基本评价指标体系，共分为 7 个一级指标和 27 个二级指标。一级指标包括农村信息资源水平指标、农村信息基础设施建设指标、农业信息技术应用指标、农业信息产业发展指标、农村信息化人才指标、农村信息化外部环境指标和农村信息消费指标。马明远、秦向阳（2011）根据信息化评价指标体系的制定原则，在借鉴国内外信息化评价指标体系的同时，结合北京农村信息化工作的地域特色构建了信息化基础设施条件、信息资源、信息化应用和支撑环境4个一级指标、33个二级指标的农村信息化绩效评价指标体系。王素贞、张霞等（2014）研究设计的新农村信息化发展水平评价指标体系包括农村信息化基础设施指数、农业信息资源指数、农村信息化人力资源指数、农村服务渠道及信息传播指数、农村应用支撑条件指数、业务应用与信息服务指数6个一级指标，下设52个二级指标。荣丽丽（2015）结合山东省农村发展的实际情况和特点，从农村信息化基础设施、农村信息化政策支持、涉农信息资源开发与利用、农村信息人才和农村信息产业发展5个维度，建立了包含21项具体指标的农业信息化评价指标体系。指标标准化采用与标准值的距离，达到或超过标准为1，没有达到标准的采用实际值与标准值的比值。指数加总采用加权平均，权数利用层次分析法获得。李瑾、赵春江等（2011）建立了一套农村信息服务综合评价指标体系，以综合评价宁夏回族自治区农村信息服务模式的适应性效果。该指标体系包括主客体信息能力、信息服务内容、信息传播渠道、信息服务效益和服务保障5个部分18个二级指标。张显萍、吴自爱（2015）结合理论分析和专家访谈，从农业信息化的外部环境、内部环境以及运行效果三个维度构建了农业信息化绩效评价指标体系。这3个一级指标下设9个二级指标、32个三级指标。王双（2015）为衡量和描述我国都市农业信息化的发展水平，从都市农业信息基础建设、都市农业信息资源、都市农业信息技术应用、都市农业信息产业发展、都市农业信息人才培养、都市农业信息服务体系、都市农业信息产出效益等6个方面23个指标确立都市农业信息化的评价指标体系。

将上述指标体系汇总发现，现有研究对信息化的评价主要从信息资源、基础设施、产业技术与发展、信息化人才与人力资源、应用与消费、服务渠道与信息传播、支撑与环境和发展效果8个方面展开（具体见表3）。

表3　信息化、农业信息化、农村信息化评价指标汇总

指标	
信息资源	1. 文献、数字、模拟信息资源 2. 涉农数据库、乡镇网站信息更新 3. 综合信息服务站点数及其开放率 4. 市场、生产、科技、政策法规、教育、文化、国外农业信息条数 5. 农经类广播电视节目播出率 6. 每百万人农业图书藏量
基础设施	1. 固定电话、移动电话、计算机、电视机拥有率 2. 长途光缆覆盖率、宽带普及率 3. 每平方公里光纤长度、光纤入村率 4. 拥有国际互联网用户户数占比 5. 广电村村通覆盖率、有线电视入村率 6. 每百万人拥有广播电视网络、专网数 7. 每百万人拥有地理空间信息基础设施 8. 每百个中小学在校生电脑拥有量

续表

指标	
基础设施	9. 设立农村经济信息服务站的县乡比重 10. 设立农村经济信息服务点的行政村比重 11. 农业信息服务体系 12. 农业综合信息服务平台 13. 农业"12316"公益语音服务平台 14. 农民专业合作社信息化工程 15. "三电合一"农业信息服务项目 16. 新农村千村百镇信息化试点
产业技术与发展	1. 每百万人发明专利申请量 2. 农业信息化平台、新技术、人才需求 3. 信息产业基建投资占全部基建投资比重 4. 农业信息化软硬件投入、科研经费比重 5. 农业信息化物流、信息、价值、组织链 6. 人均电信业产值、农业信息产业产值和增加值及其占 GDP 比重 7. 园区研发成果产值
信息化人才与人力资源	1. 农业类大专院校及企业事业研究所数量 2. 农村经济信息中心从业人员比重 3. 信息服务与管理人才队伍 4. 农民占人口比例数 5. 具有计算机知识的农业劳动力占比 6. 科技人员、大学生、农村党员、种养殖大户、农村经纪人、外出务工人员占比 7. 每万人基层党组织、村委会、中介组织、龙头企业数
应用与消费	1. 人均信息消费额、人均邮电业务量 2. 信息消费总额及占比 3. 农业科技成果转化率 4. 万人农业数据库拥有量 5. 乡村政务管理系统覆盖率 6. 办公自动化水平 7. 农村社会事业信息管理系统总数 8. 农业信息应用系统个数 9. 能上网农业专业合作组织比例 10. 农产品网上交易比例 11. 涉农网站访问率 12. 远程教育覆盖率 13. 年农业技术推广应用项目数 14. 乡镇网站、手机信息采集上传发布条数 15. 网络用户平均上网时间 16. 现代农业、特色产业、服务业产值、教育培训投入、就业和社会保障、医疗卫生、公共安全和应急处置、人口和计划生育、党的建设等信息发布数量 17. 政府主导服务情况 18. 行业组织、专业协会参与服务情况 19. 信息的针对性、及时性、准确性、全面性
服务渠道与信息传播	1. 人均报刊、明白纸、信息栏、宣传手册数 2. 每百万人农业广播大喇叭、农业电视频道、农业门户网站、政府门户网站、呼叫中心、农村信息机、有线电视、手机、专业特色网站数 3. 信息资源传递能力 4. 方便快捷性、易操作性、使用经济性

续表

指标	
支撑与环境	1. 信息产业从业人数比重 2. 主客体间的互动性 3. 受教育程度、农村教育经费投入及比重 4. 农村电信、信息化投入及占比 5. 信息化组织机构的领导保证 6. 农村信息化管理机构、规划、项目数 7. 农村信息化专门会议、培训人次／数 8. 专家系统和决策支持系统个数 9. 信息消费指数 10. 村、乡镇拥有信息设备数 11. 信息服务站及服务组织数量 12. 每百人拥有信息服务站、基层行政服务中心服务大厅、农业科技服务站、农经站、国土资源所、医院和卫生所等机构数 13. 法律保障
发展效果	1. 人均 GDP、农业产值、农民收入增长率 2. 农民收入年增长率 3. "三废"增长率 4. 群众对社会治安、村务公开的满意度 5. 农民通过信息服务所增加的收入 6. 通过信息服务农村劳动力的就业情况 7. 农业生产、销售、管理、信息服务水平 8. 应用信息技术的农业投入产出比率

资料来源：马晨、李瑾（2018），刘世洪（2008），马明远、秦向阳（2011），王素贞、张霞等（2014），荣丽丽（2015），李瑾、赵春江等（2011），张显萍、吴自爱（2015），王双（2015）。

4. 相关研究评价与借鉴。综上所述，随着社会经济信息化、智能化的快速发展，国内外学者对智慧城市、信息化、农业信息化、农村信息化等方面的评价研究取得了丰硕的成果。各地智慧乡村的实践多因地制宜地选择不同的模式，包括智慧电商、智慧医疗、美丽智慧乡村等。总体来看，国内外学者都通过建立多个指标组成的指标体系来综合评价智慧城市，这与智慧城市内涵的多重性特征相一致。具体评价时，各评价主体因评价目标和评价对象的差异性在选择评价指标时各有侧重点，欧盟和 IBM 对于智慧城市的评价更侧重于应用效果指标，如居民生活质量的改进，而国内对于智慧城市的评价更侧重于现状指标，如基础设施、公共平台等硬件条件的改善。对于信息化、农业信息化、农村信息化的评价主要从支撑与环境、基础设施、应用消费、资源、产业发展、渠道、发展效果等多个方面展开。智慧乡村与智慧城市、信息化、农业信息化、农村信息化等既有区别又有联系，综合而言，学者们对智慧乡村相关概念内涵、智慧城市和信息化相关评价研究为本研究提供了研究基础。但对智慧乡村的研究仍存在以下不足之处：现有研究没有体现乡村振兴等国家战略的发展要求；不能反映新时期相关主体对智慧乡村的建设需求；缺乏针对智慧乡村的系统评价研究，不能满足实践中对智慧乡村评估的需求。因此，本研究结合乡村振兴等国家战略的发展要求，在对北京智慧乡村建设现状、成效与需求充分调研的基础上，建立科学的智慧乡村评估指标体系，对北京市智慧乡村建设的效果进行评价。

（四）研究目标与研究内容

1. 研究目标。本研究的总目标是针对北京市智慧乡村建设制定出科学合理、可操作的评估指标体系，并对北京市智慧乡村建设水平进行应用评价。具体来说，包括以下几个分目标：

第一，总结出北京智慧乡村建设现状、模式和存在的主要问题。第二，概括出国内典型的智慧乡村建设模式的内涵与建设效果，及其对北京智慧乡村建设的启示。第三，构建出北京智慧乡村评估指标体系并制定出评价方法。第四，利用制定的指标体系对北京智慧乡村建设效果进行应用评价。

2. 研究内容。为实现上述研究目标，本研究设计了以下6个方面的研究内容：

（1）北京市智慧乡村建设现状与建设模式。基于首都135家智慧乡村的抽样调研与典型调研，总结北京智慧乡村建设历史与现状，对不同模式的智慧乡村建设进行分析，主要包括：①北京智慧乡村建设现状；②北京智慧乡村建设模式；③存在的主要问题分析。

（2）国内典型智慧乡村建设模式分析。结合外埠智慧乡村的调研，对国内智慧乡村建设的成功案例与典型模式进行总结分析，提出对建立完善北京智慧乡村评估指标体系的经验启示。主要包括：①海南模式；②贵州模式；③湖南模式；④对北京智慧乡村建设的启示。

（3）北京市智慧乡村评估指标体系与评价方法设计。参考国内外研究进展，结合京郊智慧乡村建设现状、需求调研与国内典型模式比较，根据首都乡村振兴发展要求，提出适应新时代智慧乡村发展阶段特点的京郊智慧乡村评估指标体系与相应的评估方案。主要包括：①北京市智慧乡村评估指标体系的定义；②北京市智慧乡村评估指标体系的构建原则；③北京市智慧乡村评估指标体系构建；④北京市智慧乡村评估指标体系评价方法。

（4）基于典型村庄的北京智慧乡村评估指标体系应用评价。基于代表性智慧村的调研，对设计的评估指标体系进行应用评价和修订完善。主要包括：①问卷设计与样本选择；②总指数测算结果；③分类指数分析。

（5）结论与对策建议。结合以上研究结论，提出推动首都智慧乡村发展的工作机制与对策建议。

（五）研究方法与技术路线

1. 研究方法。

（1）文献分析法。旨在对国内外相关方法、理论、成果进行概述，为本研究提供理论支撑，以此宏观把握智慧乡村评估指标体系的最新进展，提出本研究的理论范畴、研究假设与创新点。

（2）案例分析法。采用深度访谈、档案文件、现场观察、二手资料查询等渠道进行数据收集，以不同建设模式（如智慧农园、智慧村务、综合平台、村民移动生活、益农信息社等）的智慧村作为案例，通过典型案例的"解剖麻雀"，发现案例背后的普遍规律。

（3）综合指数法。将智慧乡村建设分为三个层次，每个层次分为若干个元素。其中一级指标包括信息资源、保障体系、智能设施、应用基础、惠民服务、精准治理、产业经营、社会反响和特色指标九个方面。基于综合指数合成法对综合水平进行评价，具体公式如下：

$$ISC=\sum_{i=1}^{n} W_i P_i$$

其中，ISC 为北京市智慧乡村评估指标体系综合指数的数值，n 是北京市智慧乡村指标体系指数的类别数量，W_i 为第 i 类指数在总指数中的权重，采用等值权重。P_i 为第 i 类指数的值。

（4）问卷调研与访谈法。综合采用问卷调研、座谈访问、深度访谈等形式，对评估指标体系数据进行采集，旨在对评估指标体系进行效果评价的测算，以及建设运行现状的分析。

座谈与深度访谈。在已开展智慧乡村建设的村庄中根据不同建设内容（基础设施、生产经营、乡村治理、公共服务……）选取典型村庄开展深度访谈。每种模式选取2—3 个村庄展开调研。根据对应的模式选择调研对象，主要包括所在区和镇智慧乡村项目负责人员、村委会、信息员、智慧乡村建设运营合作企业、村民代表、经营主体代表等。

问卷调研。对开展智慧乡村建设的典型村庄进行问卷调研，旨在对已建评估指标体系进行数据分析与调整修订。

2. 技术路线。

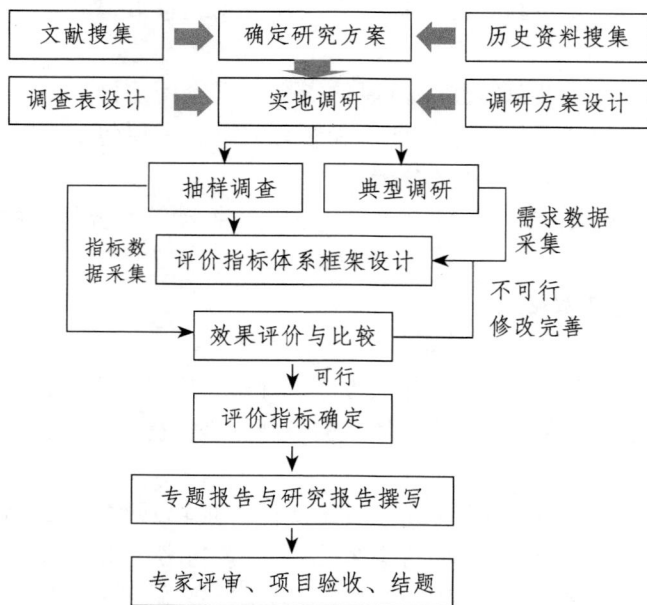

图1　技术路线图

二、北京市智慧乡村建设现状与建设模式

（一）北京市智慧乡村建设现状

1. 政府支撑力度持续增强。自 2014 年启动平谷区西柏店智慧乡村建设试点工作以来，北京市智慧乡村建设经历了"起步探索—示范引领—全面推广—快速发展"四个阶段，建设目标更加明确，领导管理机制逐步完善，资金来源多样化，政府支撑力度持续增强，为智慧乡村创新升级提供了保障。

（1）顶层设计。2015 年，北京市城乡经济信息中心发布了《北京智慧乡村建设指南（试行）》，提出了全市智慧乡村的建设目标与建设指标，以指导全市智慧乡村建设。各区积极贯彻执行并出台相关规划、实施方案和办法。海淀区率先编制完成全区三年（2016—2018 年）智慧乡村顶层设计，提出智慧乡村建设总体目标、建设内容及实施路线，将智慧乡村列入全区"智慧海淀"建设中，作为"智慧海淀"在农村地区的延伸，为智慧乡村可持续发展提供了政策保障。丰台区制定了《丰台区"智慧乡村"试点建设验收办法》。顺义区制定了《2015 年顺义区智慧乡村建设项目总体方案》。

（2）组织机制。明确了由市农委牵头，市城乡经济信息中心负责整体推进智慧乡村建设的领导机制；建立了市区间、区直属部门间、区镇村之间以及项目各方之间相互协调、相互配合的工作机制；形成了定期开展研讨、交流与培训，进行阶段性检查、汇总和经验总结，并及时了解、沟通，加强统筹、技术服务的工作常态。

（3）资金保障。形成了以财政转移支付为主、自筹为辅，积极吸引社会公益资金投入的多方联动资金保障机制。2015—2016 年，智慧乡村建设连续两年被列入市财政转移支付资金农业领域年度重点工作，2018 年列入市财政农业改革发展专项转移支付资金预算任务清单。

（4）宣传推广。2015 年，北京市城乡经济信息中心开通了北京"智慧乡村"微博、"乡慧"微信公众号，开设了"知·乡村妙""慧·乡村事""话·乡村游"三个栏目，搭建了"软文＋活动＋微店＋虚拟漫游＋在线交流"宣传平台，对智慧村的优质资源、特色农品、地理风貌等进行宣传，有效促进了北京智慧村休闲采摘、乡村旅游、精品民宿、农特产品销售的快速发展。2018 年，微博发布博文 395 篇，粉丝 2691 人；"乡慧"微信公众号发布文章 145 篇，粉丝 3236 人。

2. 示范引领与整体推进有序进行。按照《北京智慧乡村建设指南（试行）》的要求，2015—2017 年，北京智慧乡村建设全面开花，一方面通过打造市级示范点、样板村，为智慧乡村建设提供可复制、可借鉴的经验与模式，引领智慧乡村整体建设；另一方面，各区因地制宜，与本区重点工作深度融合，依据村庄经济发展的迫切需要，将智慧乡村建设与农业农村部信息进村入户、农村生态环境综合治理、农村电网改造等工作统筹推进，以减少资源浪费，避免重复建设。示范引领与整体推进的有序进行，有效推进了智慧乡村建设。

（1）打造了 10 多个智慧乡村市级试点示范村。在平谷区西柏店村"美丽智慧乡村"建设的基础上，北京市城乡经济信息中心陆续从门头沟区、房山区、通州区、昌平区、怀

柔区、密云区等开展市级智慧乡村试点示范建设，涌现出了以平谷区西柏店村、房山区黄山店村、门头沟区涧沟村、昌平区八家村等一批典型试点示范村。

（2）建设完成135个智慧村。截至2017年年底，已基本建设完成135个智慧乡村，覆盖了全市13个区。2018年计划建设74个村（见图2）。

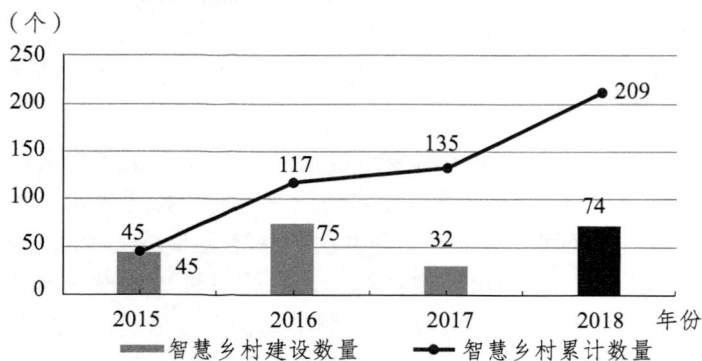

图2　2015—2018年北京市智慧乡村建设数量统计

3. 建设内容丰富。北京市智慧乡村建设重点围绕农村信息化基础设施、农业生产经营、乡村治理、村庄公共服务四个方面展开。各智慧村建设或是立足于单一领域重点加强完善，或是统筹各方资源，覆盖多个层次、领域，涌现出多种典型建设模式。由图3可知，整体来看围绕生产经营开展智慧乡村建设的智慧村最多，而围绕公共服务建设的相对较少。从各区来看，立足于单一领域重点进行建设的有顺义区、朝阳区、通州区和海淀区。顺义区和朝阳区智慧乡村建设重点在生产经营方面，通州区则将重点放在基础设施方面，海淀区则是注重乡村治理。延庆区、房山区、昌平区等区智慧乡村建设覆盖多个层次、领域，其中房山区和昌平区建设数量较少，但是内容全面，将基础设施、生产经营、乡村治理、公共服务四个方面均纳入建设内容（具体见表4）。

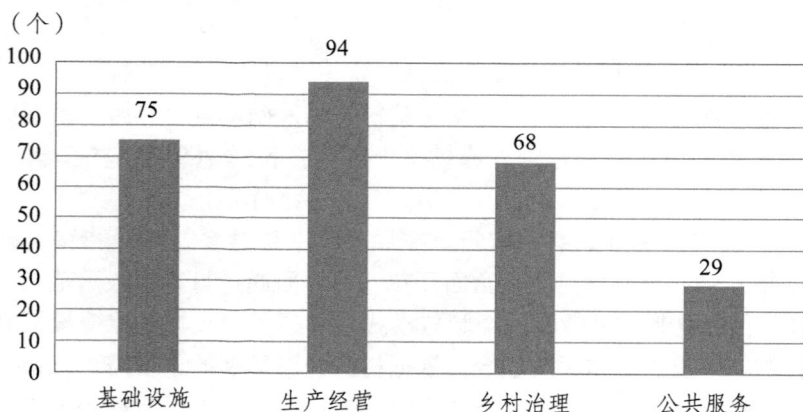

图3　北京市智慧乡村建设内容统计

注：顺义区有7个村将2017年和2018年智慧乡村合并建设，截至2018年6月建设内容还未确定，因此有建设内容统计的智慧乡村有128个。

表 4　北京市各区智慧乡村建设内容统计表

单位：个

区名	智慧乡村数量	基础设施	生产经营	乡村治理	公共服务	基础设施+生产经营	基础设施+生产经营+乡村治理	生产经营+乡村治理	生产经营+乡村治理+公共服务	乡村治理+公共服务	基础设施+公共服务	基础设施+生产经营+乡村治理	生产经营+乡村治理+公共服务	基础设施+生产经营+乡村治理+公共服务
顺义	25		25											
大兴	18		2			3	2	1			1	1		8
通州	13	12							1					
丰台	10		1		1		4			2				2
平谷	10		1		2	3			1				1	2
门头沟	9					3	1					5		
密云	9							4				5		
延庆	9											9		
海淀	7			5			2							
怀柔	7			1			1					3	1	1
朝阳	5		5											
房山	3													3
昌平	3													3
合计	128	12	34	6	3	9	10	5	1	3	1	23	2	19

注：顺义区有 7 个村将 2017 年和 2018 年智慧乡村合并建设，截至 2018 年 6 月建设内容还未确定，因此有建设内容统计的智慧乡村有 128 个。

4.建设成效逐渐显现。随着智慧乡村建设工作的推进，北京市智慧乡村建设在改善农村信息化基础设施现状、带动农村产业提质增效、提升乡村治理和公共服务精细化水平、提高农民信息化意识和能力、促进农民增收等方面的成效已初步得以显现。

（1）涌现出多种典型建设模式。各区在智慧乡村建设实践中，涌现出多种典型建设模式。大兴区建设了区级综合管理平台，18个村整体推进，实现了特色资源、民俗旅游、村务管理、农特售卖、社区服务和乡土文化推介的信息化管理，尤其是通过微网站、微信公众号的宣传推广，拓宽了西瓜、葡萄等特色农产品的销售渠道，提高了农产品价格。房山区将智慧乡村和智慧农场建设项目整体打包，促进了村级产业的提升和快速转型发展。密云区通过智慧村务管理、完善居民服务等民生信息化建设，拓宽了乡村宣传渠道。延庆区充分利用地理资源优势，全面打造涉及4个乡镇9个行政村的"百里山水画廊"和"四季花海"智慧沟域建设。顺义区以"智慧乡村＋物联网＋合作社（农业企业）"的形式推进果蔬、花卉产业发展（具体见表5）。

表5 北京市各区智慧乡村建设典型模式总结

所在区	建设模式与特色	典型村和建设内容
大兴区	建设区级综合管理平台，18个村整体推进，实现了特色资源、民俗旅游、村务管理、农特售卖、社区服务和乡土文化推介的信息化管理	魏善庄镇赵庄子村（基础设施）；臧村镇巴园子村、采育镇潘铁营村、庞各庄镇四各庄村和礼贤镇王庄村（生产经营（微商））
丰台区	侧重乡村治理和公共服务，建设"智慧村庄"APP，探索农村社区化管理	王佐镇（乡村治理）；槐房村（公共服务、乡村治理）；花乡草桥村（公共服务）
密云区	重点打造智慧村务管理、完善居民服务、拓展乡村宣传	乡村治理
怀柔区	与美丽乡村建设结合，探索电子商务新模式，提升乡村营销能力与服务水平	下坊村、青石岭村（生产经营（电商））
顺义区	在农民专业合作社和涉农企业，以"智慧乡村＋物联网＋合作社（农业企业）"的形式推进果蔬、花卉产业发展	生产经营（物联网、农产品追溯）
平谷区	将"一村一品一电商""信息入户""淘宝村"等政策、资金进行整合，通过物联网、农产品电商平台、新媒体应用帮助促进农民果品销售，提供技术服务	刘店镇北店村、东高村南张岱村（生产经营）；王辛庄镇太后村（公共服务（益农信息社））
昌平区	开展"崔村智慧村镇"建设，完成镇内12个村高清数字电视机顶盒的发放，3个村村委会无线网络覆盖，在八家村建立益农信息社	基础设施；崔村镇八家村（公共服务（益农信息社））
延庆区	全面打造涉及4个乡镇9个行政村的"百里山水画廊"和"四季花海"智慧沟域建设	基础设施、生产经营、乡村治理、公共服务
门头沟区	通过提升村庄基础设施、新媒体应用等实现特色活动、农特产品的宣传和销售	基础设施、生产经营

（2）夯实了信息化基础设施。在智慧乡村建设推进中，各区通过增强宽带接入，加

设摄像头、村域广播等方式，扩大了生活区、村委会办公区、重点企业园区、重要交通枢纽、重点旅游景区等主要公共场所的 Wi-Fi 覆盖面，为改善村内治安管理，村民生活服务，以及企业生产运营、市民休闲旅游提供了便利。部分村庄甚至实现了村域无线网络全覆盖。如平谷区西柏店村，门头沟区洞沟村、法城村，密云区蔡家洼村、水漳村、蔡家洼村，大兴区半壁店村。部分村通过搭建办公辅助硬件系统，实现了不同机构直接、立体化的沟通交流和协同办公，推动政府工作模式转变和机制创新。如丰台区在王佐镇建设了政务视频会议系统，在卢沟桥乡建设了 LED 大屏幕系统、指挥控制系统、视频监控系统、视频会议系统及城指平台应用系统，实现了服务中心和各中心村数据应用向可视化、立体化的多媒体应用转变。

（3）提升了乡村治理和公共服务精细化水平。各村结合自身工作需求，借助信息技术加强村庄党建、村务管理、公共服务等，推动乡村治理和公共服务现代化、便利化、精细化发展，有效整合了各方资源，促进了农村"三务公开"，提升了村庄事务的管理效率和村民的生活质量。典型的方法主要是通过互联网、多媒体手段建立区级综合管理平台或智慧社区 APP 等，将党建、办公、社区服务等功能集于一体，为社区/村域居民提供综合性服务。昌平区、平谷区还将农业农村部信息进村入户工程建设作为智慧乡村建设的延续，提升了标准益农信息社服务内容和服务效果（具体见表 6）。

表 6　北京市各区智慧乡村治理和公共服务信息化典型总结

典型方法	内容	区（村）	效果
"智慧社区" APP	探索贴近百姓、安定发展、服务民生、互帮互助、邻里和谐的新农村社区管理模式	丰台（西局、小瓦窑、周庄子、赵辛店村）；丰台（槐房村、草桥）	赵辛店村 APP 累积发布文章 100 多篇，累积阅读人数过万。智慧草桥社区互联网平台用户共计 6380 人，推送文章 326 篇，刊登文章、消息 520 篇。在线为居民解决民生诉求 242 件，回复居民留言 420 条，配送 467 个订单，为居民节省 2335 元运费
区级综合管理平台	村务管理、公共服务、民俗旅游、社区服务和产业推介的信息化	大兴（18 个村整体推进）；密云（5 个村）	完善了农村信息化管理及服务体系
标准型益农信息社	农业技术公益服务、培训体验服务、便民服务、特色农产品网络销售、村民健康生活	昌平（八家村）；平谷（太后村）	八家村益农信息社 2016 年开展公益服务 3846 件，便民服务超过 1 万人次，电子商务完成 1672 条信息上传发布，帮农销售农产品 211.40 万元，培训体验服务 375 场次。2017 年，新增专业型益农信息社 13 家，专业型益农信息社达到 94 家，为昌平区两家农场做了引流和渠道服务，为农场增收 2 万元

（4）助力产业提质增效。

①生产智能化。智慧村把"互联网+生产"作为农业发展和转型的切入点，通过物联网环境监测、视频监测、数据分析决策和控制等手段，实现了农业生产效率的有效提升。如顺义区 6 个村通过"智慧乡村+物联网+合作社/农业企业"的方式开展生产经营型智

慧乡村建设项目，北郎中村蝴蝶兰反季节培育成功率提高到95%，实现每季度都有鲜花上市。通过新媒体可视化手段实现了生产与消费的有效对接。如房山区周庄村北京慧田蔬菜种植专业合作社开发"掌上农场"，生产者可以直观看到特菜、食用花卉生产的即时数据图像，方便生产管控、宣传与营销洽谈。通过信息化、标准化、规范化生产，带动产业转型升级。如平谷区北店村、东高村、南张岱村围绕村原有的果品、蔬菜、民俗旅游等传统产业特色，依托村内产销专业合作社，开展智慧乡村建设，实现"精准化种植、可视化管理、智能化决策"，带动周边农户，扩大标准化基地范围，做到利用信息化建设，推动产业发展升级，带动农民增收致富。

②经营管理智慧化。各区（村）积极探索适合本区域发展的农村电商模式，并注重挖掘特色农产品、文化旅游资源等，形成集"吃、住、行、游、购、娱"于一体的综合性电子商务服务平台，不仅拓宽了农产品的销售渠道，也提升了农村风貌的宣传推介力度，通过线上互动体验吸引了更多消费者，有效改善了农村环境闭塞、人力不足的短板，提升了乡村营销能力与服务水平。如平谷区西营村通过"电子商务平台＋便民服务站"，为村民提供代买代卖代收服务。大兴区巴园子、潘铁营等4个村开通村庄微网站、微信公众号，进行民俗旅游宣传推广和特色农产品微销售，提高村庄知名度，拓展西瓜、葡萄等特色农产品销售渠道。怀柔区北沟村建设了全村综合性电子商务公共服务平台，将村内15家餐厅、农家院、商店在平台上集中，涉及400个菜品、1000个产品，为游客提供旅游、农产品和餐饮等资讯、订购等服务，促进了乡村旅游业发展，带动了特色农产品加工和销售，同时提升了民俗接待户和商户的商业效率和业务能力。而延庆区通过搭建智慧沟域门户平台、智慧沟域休闲农业O2O电商平台、智慧沟域旅游微信平台及软件平台、智慧沟域精细化管理平台，每个平台具有独立的主题功能，系统间又可通过数据调用接口相互融合，从而打造了乡村信息资源集聚中心和应用门户，推动资源在线共享、交换与消费，提高乡村公共信息资源的开发利用率，促进业务协同。

③农产品质量安全化。在"互联网＋产业"建设中，各智慧村通过安装智能装备，应用物联网、种植履历、安全追溯等技术，建立了农产品从生产到销售的全流程精细化管理系统，增强了食品安全监管力度。顺义区在部分园区安装物联网环境监控设备，利用传感器等设备采集农业环境数据和作物生长数据；建设农产品追溯系统，建立农业生产管理流程、果品溯源数据库，使用二维码溯源标识，搭建二维码溯源管理系统，保障了食品安全，增加了用户黏性，提升了农产品的品牌价值。

④经济社会效益显著提升。在经济效益方面，智慧乡村建设有效提升了村民的收入水平。房山区黄山店村以"智慧乡村＋休闲旅游"形式，促进了村级产业向休闲农业旅游的转型发展。2016年"五一"假日期间，游客数量比上年同期增加4倍，京西幽岚山公众微信平台仅3—6月图文浏览次数由年初的605次上升到9262次，民俗院在红叶节来临前已全部预订完成，价格上涨近1倍。2017年黄山店村经济总收入较上年增长61.96%，2015年被评为中国最美休闲乡村。顺义区北郎中村鲜切菊网上销售占80%，蝴蝶兰反季节培育

成功率提高到 95%。昌平区八家村提供公益性服务 3846 件，帮助农民销售农产品 211 万元，给村民开展智能手机、微信使用等服务 375 场次，帮助村民解决智能手机、电脑、简单电线故障维修 4590 人次。平谷区西柏店村通过实施"美丽智慧西柏店"工程，全村菊花温室亩产量达 1000 公斤，年销售收入提升至 400 余万元。2015 年菊花节期间，民俗接待增收 100 万元，户均增收 5 万元；2016 年，新增菊花种植户 28 户，菊花节期间全村民俗接待人数达 3 万人。

在社会效益方面，智慧乡村建设得到社会的广泛关注。国务院原农业部领导先后到西柏店村调研，对美丽智慧乡村的建设内容和效果给予了充分肯定。

（二）北京市智慧乡村建设模式

自北京市 2014 年启动平谷智慧西柏店村试点以来，各郊区围绕乡村振兴战略要求，结合自身信息化建设基础与产业现状，探索形成了各具特色的智慧乡村建设模式。为进一步总结北京智慧乡村建设模式，课题组采取典型调研方式，赴北京大兴区、海淀区、怀柔区、门头沟区、顺义区 5 区 10 村和基地（见表 7）开展了深度访谈，总结出了智慧治理、智慧生产、智慧旅游、智慧生活等四类建设模式。

表 7　北京市智慧乡村典型调研对象

区	村 / 基地
大兴	赤鲁村 赵庄子村
海淀	小营村
怀柔	青石岭村 下坊村
门头沟	陈家庄村 法城村 太子墓村
顺义	绿兴特食用菌合作社 北郎中村

注：因调研中发现，海淀小营村已基本城镇化，本研究不将其作为典型的智慧乡村建设进行分析。

1.智慧乡村治理。

（1）模式内涵。"智慧治理"是指，以健全村内信息化基础设施为基础，以移动互联网、社交网络媒体、大数据、云服务、人工智能等技术为支撑，利用信息化手段推动乡村的村务治理、党建治理、环境治理、服务治理等乡村治理智慧化的全新乡村形态，是推动乡村德治、法治、自治"三治一体"的重要手段，是北京市智慧乡村建设的主要内容之一，也是最常见的模式之一，具有治理主体多元化、治理工具社会化、治理技术智慧化、治理流程便捷化等特点（见图 4）。

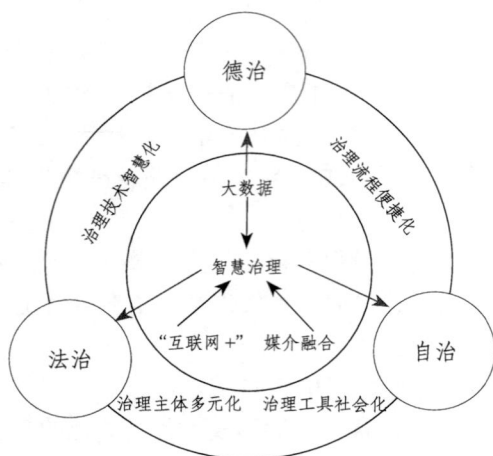

图 4　智慧治理建设模式

（2）模式应用。"智慧治理"模式在北京郊区各区的智慧乡村建设中均有应用，其中基层党建、"三资"管理、治安管理、村务公开、人口信息采集、计划生育服务、流动人口与出租房屋等建设内容基本实现信息化管理。其中，村务管理信息化系统基本以使用市级系统和区级系统为主。在村民自治方面，微信公众号、微信群已成为村民参与治理的重要手段，在环境治理方面，部分村庄实现了基于业务系统的信息化管理、自动化信息采集与智能化预警，但总体够说环境治理的信息化仍是智慧治理的薄弱环节。

（3）典型案例：门头沟区陈家庄村。陈家庄位于门头沟区妙峰山镇，村域面积 6750.7 亩，常住人口 500 多人。村庄耕地较少，主要用于自产自销，村民收入主要来自村集体工作、外出打工、养老金、退休金和村集体分红等。村庄有低收入家庭 4 户，2017 年开展低收入项目，成立了合作社，4 个低收入户养殖药用蚯蚓。为全面实施乡村振兴战略，搭建两委与村民之间信息化沟通桥梁，逐步建成新时代乡村便民服务体系，2018 年 5 月，陈家庄村启动了智慧乡村项目建设，建设投入 26 万元。截至 2018 年 11 月底，陈家庄村已探索出以公共区域免费 Wi-Fi 为基础，以基层党建平台化、村务公开社交化、环境治理电子化、公共服务共享化、乡村德治网络化、治理资源数据化为建设内容的智慧治理模式，为其他乡村提升乡村治理的科学决策、公共服务、社会监管以及应急管理能力提供了典范。

①信息化基础设施。截至 2018 年 11 月底，陈家庄村共建立了 7 个 Wi-Fi 点位覆盖，村庄主要区域 Wi-Fi 覆盖面积占到 95%。

②治安管理。村庄治安视频监控已覆盖村庄主要道路和村委会等重点公共区域，安装摄像头 43 个，全部可以正常使用。安保监控系统可以实现村域 24 小时的全程监控，主要用于村庄安保，提高了村域的安全防护等级。

③村务管理与公共服务。在村务管理方面，陈家庄村依托守朴科技开发的"晓村务"微信小程序，基本实现村务公开、基层党建、信息共享、公共服务、公共治理等领域的信

息化、社交化。"晓村务"共设计基层党建、公共服务、乡村治理三大板块，首页对公告信息、政策文件、"大家说"等栏目实现实时更新，其中"大家说"作为公共服务的重要窗口，可方便村民发布乡村美景、拼车顺带、地方特产、找份活等资讯，为乡村信息共享与交流提供展示窗口。在基层党建板块，设置了"两学一做""三会一课"等内容，为党员学习和管理提供了在线平台；在公共服务板块，为村民提供社保、医疗、教育等办事指南，为村民提供就业招聘信息等；在乡村治理板块，提供环境治理、"四议两公开"、"三务公开"等内容，其中作为陈家庄的创新，基于微信的环境自治模式，即村庄垃圾清理分为不同的片区，每个片区负责人清理后拍照上传，村委可以借此监督，提高了村民参与环境治理的水平，开启了京郊环境多元治理信息化的首批实践。

④村庄档案管理。陈家庄村通过信息化电子档案，对乡村的人口、住房管理信息进行电子化平台管理，解决了过去利用电子表格的增删烦琐、查询不便等问题。

⑤村庄德治信息化。为深入挖掘乡村熟人社会蕴含的道德规范，陈家庄村结合乡村振兴战略对乡村德治建设的要求，积极利用村务管理平台的公共服务功能，建立一套德治建设与智慧乡村相结合的乡村德治积分管理方案，按照"每次登录获得 5 积分，每在'大家说'上发布一条与陈家庄文明二十条相符的记录获得 5 积分，根据积分排名情况对村民进行奖励"的方式，开创了北京乡村德治信息化的历史先河，促进了陈家庄村德治建设。

2. 智慧乡村生产。

（1）模式内涵。"智慧生产模式"是指以信息与知识为核心要素，以农业生产（大田种植、设施园艺、设施水产、设施养殖）为载体，以农业信息感知与获取技术为基础，按照工业发展理念，通过农业物联网、大数据技术、人工智能与京郊特色农业生产全过程、全要素相融合，实现农业生产全过程的信息感知、定量决策、智能控制、精准投入、个性化服务的全新农业生产方式，是促进农业向"机器替代人力""电脑替代人脑""自主可控替代技术进口"三大转变的主要模式，是我国智慧农业发展的重要内容，对于大幅度提高农业生产效率、效能、效益具有前沿引领作用。具有信息感知自动化、生产过程智能化、生产流程标准化、农业经营信息化、农机装备在线化等特点（见图 5）。

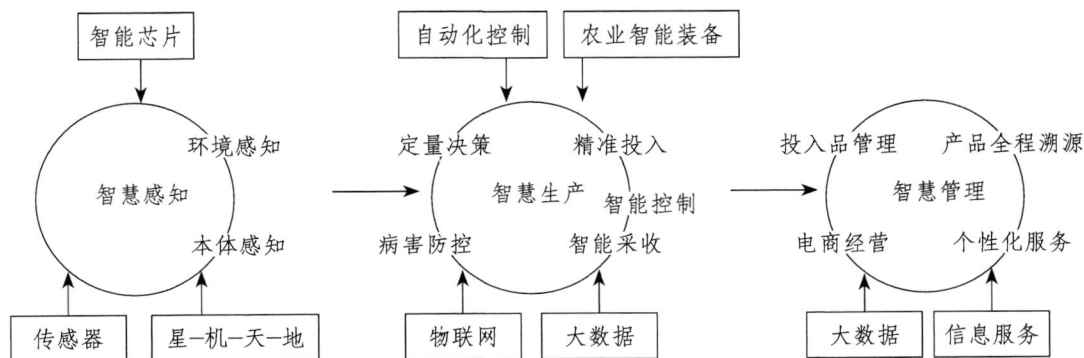

图 5　智慧生产建设模式

（2）模式应用。"智慧生产"模式多见于具有一定规模、较高附加值的设施园艺（如花卉、草莓、果菜等）（种植面积≥200亩）、设施养殖小区（奶牛养殖、蛋鸡养殖）（奶牛存栏≥100头，生猪出栏≥500头，蛋鸡存栏≥20000羽，肉鸡出栏≥50000羽）、基地与休闲园区，如房山琉璃河镇周庄村慧田蔬菜种植专业合作社的菊花种植基地、顺义区北郎中花卉中心、绿兴特食用菌合作社，延庆区唐家堡村设施葡萄园、小丰营村绿菜园等（因北京目前正对畜禽养殖场进行腾退处理，故研究中未对智慧养殖领域的主要做法进行调查分析）。

（3）典型案例1：顺义区绿兴特食用菌合作社。绿兴特食用菌合作社位于北京市顺义区，成立于2005年，注册资金103万元，是一个区级合作社，拥有社员40—50户，经营范围包括种植、销售食用菌、蔬菜、果品和技术开发、咨询与服务，共有日光温室20栋。自2015年以来，合作社与北京奥科美科技服务有限公司合作，在合作社生产、管理等多个环节广泛应用了物联网、自动化控制、视频监控等信息技术，形成了以"在线化感知、智能化生产控制、精准化决策"的"智慧生产"模式，取得了较为显著的效果。

①在线化感知。主要体现在环境信息感知方面，目前合作社在20个大棚采用标准化物联网感知设备建设，即每栋温室均配置空气温度、湿度、光照强度、土壤温度、土壤水分、空气二氧化碳六合一环境传感器1套。与此同时，合作社每栋日光温室均安装有32万像素、支持100米红外摄像的视频监控球形摄像机1台，用于温室生产区24小时的视频监控。进一步将采集的数据通过短距离433MHz和GRPS无线通信方式上传至农场云（奥科美平台）监控平台（由3位村干部负责）。

②智能化生产控制。主要体现在通过传感器的实时在线化信息感知，依托风机—湿帘降温系统和微喷加湿系统，实现温室的通风、降温、微喷等设施远程自动控制。与此同时，依托奥科美义田农场管理平台的订单经营大数据分析实现生产的精准排产。

③精准化决策。依托物联网中控中心的实时视频、监测数据、分析图表等，通过远程专家指导以及模型匹配等，对种植作物的病虫害、成熟度进行预警或提示，进一步对农产基地进行及时的监控及调度，为农业种植提供及时性、科学性建议指导。

④建设成效。应用信息化装备后，园区所用人工从之前的11人减至6人，节约人工成本效果显著。

（4）案例2：顺义区北郎中村设施花卉。北郎中村位于北京市顺义区，现有常住人口4000人左右，农业人口1646人。村内主营种猪养殖、花卉种植、商品猪屠宰、面粉加工、观光休闲农业等。2017年，北郎中村实现产值7.8亿元，村民人均可支配收入达4万元。其中北郎中村花木中心作为北京市第一批智慧乡村试点，其主要做法如下：

①建设北郎中物联网监控平台。在花卉公司和果品产销中心高档智能温室安装物联网监控系统、智能警务视频监控系统、二维码产品溯源系统和移动应用APP，以及水肥一体化、温湿度、光照自动化控制技术，利用物联网技术和应用信息管理系统来切实提升企业的管理水平，建立健全农产品质量安全生产体系。

②电子商务。与荷兰黛丽芙菊花育种有限公司和二十四（北京）网络科技有限公司合作，共同组建了智能化花卉物流配送中心，整合国内、国际优质花卉资源，面向国内国际市场，搭建网络销售平台，打造北郎中鲜切菊品牌，运行能力良好。除了24小时鲜花在线，企业还通过微商、京东等第三方平台自建网店等方式进行网络宣传和销售。

③建设成效。通过发展电子商务，集团销售量增加显著。北郎中食品配送公司在阿里巴巴网站开设了首家网店，销售黑小麦全粉、挂面、杂粮、禽蛋、彩色糯玉米、薯脯等，通过网络宣传，销售额每年成倍增长；北郎中花木中心通过网络宣传，每年花卉销售量的增长率都超过30%；北郎中面粉厂在淘宝网、我买网、乐康网等网站销售有机面粉、有机黑小麦全粉、有机玉米渣面等产品，销售网络覆盖北京、天津、上海、江苏、福建、广东、湖南、山东、辽宁、浙江等省市。目前鲜切菊全部采用网络销售。总体上花卉网络销售占80%左右，农产品网络销售占40%—50%。

3.智慧乡村生活。

（1）模式内涵。"智慧生活"乡村建设模式是指以满足村民生活信息服务需求为导向，以促进乡村生活便捷化、智慧化、普惠化为主线，以推动村民生活富裕、普惠便捷与乡风文明为目标，综合运用移动互联网、社交网络媒体、综合信息服务平台、大数据、多媒体、数字影院、数字图书馆、益农信息社/信息服务站、养老驿站等技术手段与平台，通过资源整合、信息共享、信息服务等路径在乡村益民健康养老、科教文卫等领域实现乡村生活普惠便捷的智慧乡村建设模式，尤以信息进村入户试点村、城镇化水平较高以及村民信息化意识较强的近郊村庄为主。具有基础设施信息化、村民交流社交化、日常生活便捷化、信息服务共享化、村民自治主动化等特点。

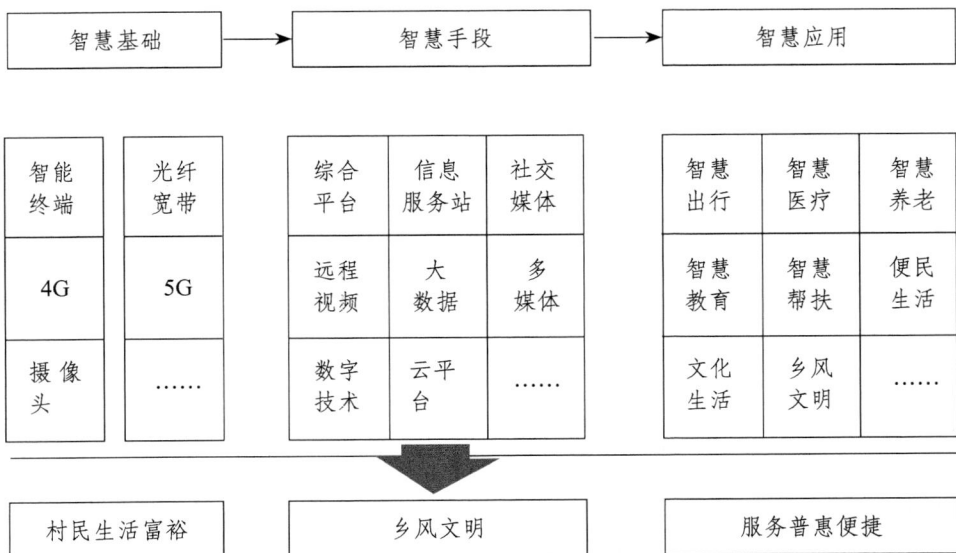

图6　智慧生活建设模式

（2）模式应用。"智慧乡村生活"模式的部分环节广泛应用于郊区智慧乡村建设当中，尤其在便民生活服务方面，大多数智慧乡村建设内容均有涉及。如丰台区槐房村结合居民上楼等情况，建立了基于信息化、智能化社会管理与服务一站式的乡村社区服务平台；大兴区东辛屯村构建了智能广播系统，实现语音留痕、分区广播、定时广播等智能广播功能，有效提升了信息传播能力；大兴区赤鲁村成立了北京市第一家居家养老服务中心，为村民提供用餐、健康体检、康复咨询等服务，实现了"老有所依"；大兴区赵庄子村通过建设一站式服务大厅、社区卫生服务站、老年活动中心、社区菜园、益民农村社工事务所等社区服务设施与机构，探索出具有郊区典范的农村社区化建设模式；昌平区八家村作为信息进村入户试点乡村，依托益农信息社以及"智慧八家村"电视云服务平台，为村民提供便捷的生产生活信息服务，以实现"村民小事不出门、大事不出村"。其中大兴区在此领域走在全市前列，通过整合12316、农技通、移动农网以及政民通等资源，搭建了惠民村级信息服务站（平台），实现年提供农业信息咨询服务9000余人次，年发送农业科技类和天气预警类等短信共300余万条，以及为全区135名全科农技员植保农药等十个模块提供农业技术信息，实现了信息化向生产、经营、决策、惠民服务等领域延伸。

（3）典型案例：大兴区赵庄子村。赵庄子村位于北京市大兴区魏善庄镇东侧，村域面积2185亩，村庄面积193亩，本村现有户籍人口409人，农业人口321人；村内党员17人，社区工作人员共计30人，其中村两委成员4人。村民收入主要来自平原造林的土地流转收入以及外出务工收入。自2013年以来，村庄一直在探索农村社区化建设的新模式，2016年被评为智慧乡村建设试点以来，进一步结合信息化手段，探索形成了"室外无线AP+无线广播＋义工服务＋社区综合治理与服务"的智慧乡村生活建设模式，推动了乡村治理的"三治合一"，提高了村庄凝聚力，丰富了村民生活、促进了村民富裕。其主要做法是：

①智能化基础设施助推信息传播能力提升。一是布局室外无线AP系统，基本实现村域内重点区域与主要活动场所无线全覆盖，为村民提供便捷的上网服务；二是建立无线广播中心，在村内每家每户安装室内音柱，实现语音留痕、分区广播、定时广播，推动应急信息传播的实时化；三是安保监控系统，村庄主要道路和路口安装了14个监控摄像头，同时安排专职人员进行24小时实时监控，确保了村内治安管理的及时性、有效性以及智慧性；四是LED屏显示系统，为村民准确、快速地了解村务、环境等信息提供便捷渠道。

②智能化菜园监管助推村和谐淳朴人文美。依托村全面义工制度，为进一步提升村庄菜园义工监管效率，赵庄子村建立了村庄菜园打卡系统，将其与菜园、超市相关事宜结合起来，依托指纹识别系统记录出工时间，实现村庄菜园义工的自动化监管，大大提高了园区管理水平，提升了本村参与菜园义工的积极性与村庄凝聚力，营造了村民"共劳动、共产出、共享用"的"和谐淳朴人文美"的氛围。

③社会化网络媒体助推村内信息交流共享。依托社工事务所，一方面通过定期开展

微信学习小组,帮助村民提高计算机、手机应用技能;另一方面采用统一讲解、一对一指导以及微信学习群等线上线下相结合的方式开展信息交流。目前80%以上的村民掌握了智能手机和微信使用方法,应用微信等实现村内生产生活信息共享已成为主要渠道。

④益农综合服务站助推村民生活普惠便捷。村内自发组织建立了益农一站式服务大厅,面积200平方米,服务窗口设置分为外来人口管理、人口计生、水电费出售、劳动就业、社会保障等部门,社区便民服务均采用信息化手段进行管理,实现了村民日常生活服务"不出村"。此外,采取社工方式,配置幼儿园与老年活动中心,为一老一小提供便捷服务,实现智慧帮扶。

4. 智慧乡村旅游。

(1)模式内涵。"智慧乡村旅游"乡村建设模式是指以休闲农业与乡村旅游产业基础设施信息化为基础支撑,通过构建以休闲农业与乡村旅游项目互联网化为核心,以休闲农业与乡村旅游宣传推介与营销渠道电商化为主线的产业支撑体系,进一步为乡村治理与村民生活提供产业发展支撑的智慧乡村建设模式。其中,在休闲农业与乡村旅游智慧化建设过程中,主要通过将互联网手段融入休闲农业与乡村旅游的设计、研发、生产、融资和流通等各个领域和各个环节,通过互联网提供的技术、云资源和大数据分析,改造和创新休闲农业与乡村旅游生产模式、经营方式、营销渠道和融资模式,进而融合带动智能农业、精准农业、智慧旅游、农村电商、移动支付,形成乡村新产业、新业态并向发展的美丽智慧乡村建设格局,进一步推动实现休闲农业与乡村旅游建设成为集智慧生产、智慧经营与智慧管理于一体的新型农村产业形态。这种模式具有增强用户体验、实现供需精准对接、宣介与服务方式多样化等特点。

(2)模式应用。"智慧乡村旅游"模式多见于具有较强旅游资源优势的民俗村、休闲园区,尤其以门头沟、怀柔、密云、平谷等远郊区以及具有休闲农业优势的近郊农业园区较为常见,也是北京市智慧乡村建设市场化程度相对较高的模式。如平谷区西柏店村,怀柔区下坊村、青石岭村、北宅村,房山区黄山店村,密云区蔡家洼村,门头沟区水峪嘴村,通州区葡萄大观园、碧海园,大兴区东兴屯村等均是较为常见的智慧乡村旅游模式。在应用领域,北京智慧乡村旅游模式多以"微信公众号推介+电商营销+园区信息化+移动支付"为主要建设内容。如北京的300多个休闲农业与乡村旅游主体创建了微信公众号,直接关注人数超过1000万人。在移动支付方面,借力支付宝、手机银行、微信支付、电子优惠券等移动支付手段的便利性,京郊休闲旅游园区逐渐启动了刷卡支付等金融服务,目前由市农委支持和引导的"凤凰乡村游、体验新农村"活动已在郊区广泛普及,2007—2014年活动已引领近5000万人次,消费超过100亿元。

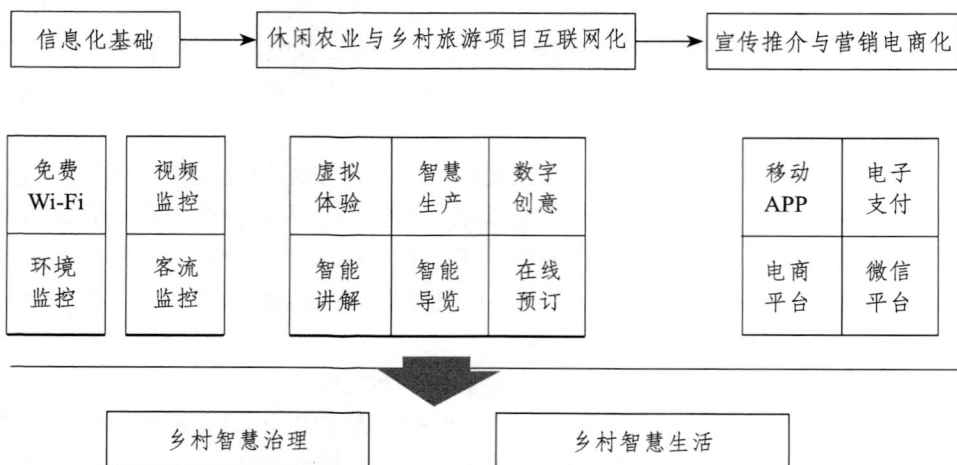

图7　智慧乡村旅游建设模式

（3）典型案例：怀柔区下坊村与青石岭村。青石岭村位于北京市怀柔区琉璃庙镇，距离怀柔城区 50 公里，以民俗旅游为主导特色产业，共有民俗户 50 户，实际经营 30 户。2017 年总收入 453 万元，其中民俗旅游 97 万元，人均年可支配收入 24890 元。宝山镇下坊村位于怀柔西北部，著名的天河川沟域经济距怀柔城区 78.5 公里，以民宿旅游业、"白河鱼宴"特色餐饮与"滕氏布糊画"加工为主，现有民俗接待户 35 家，参与布糊画制作 20 余人，2017 年，人均可支配收入 2.3 万元。2016—2017 年度，青石岭村与下坊村分别获得市财政转移支付 27.7 万元、49.7 万元用于智慧乡村建设。自开展智慧乡村建设以来，两村围绕当地特色旅游优势资源，在巩固提升村无线 Wi-Fi、视频监控等信息化基础设施基础上，通过对休闲农业与乡村旅游项目进行互联网化开发提升，结合通过电商平台、智慧乡村微信公众号进行宣传推介，进一步开通移动支付，为游客提供便捷的消费环境。

①村信息化基础设施。下坊村与青石岭村十分重视村信息化基础设施建设，以提升游客体验价值。两个村均实现了公共区域、消费区域的 Wi-Fi 全覆盖，为游客提供基于二维码扫描链接的智能化 Wi-Fi 服务。两村均在村环线和重要节点设置高清视频监控，青石岭村建设了 15 个枪型监控摄像头、2 个球形监控摄像头，下坊村安装了 15 个视频监控摄像头、2 个车流量监控摄像头。其中下坊村的车流量监控摄像头可实现网络在线监控与远程控制调度。此外，为进一步提升村内生态环境水平，为旅客营造安全舒适、生态宜居的民宿环境，下坊村还花费 12 万元建立了室外环境监测站。对水质、PM2.5、负氧离子、风速、风向、空气温度、空气湿度、光照强度、降雨量等环境信息进行实时监测，通过网站、显示屏等对外窗口展示，为游客提供透明的信息。

②民俗旅游网上宣传推介。两村分别建立了游客微信公众号"青石岭旅游村""下坊旅游村"，游客通过微信公众号了解村庄基本情况、景区概况与村内特色产品。其中，在景区概况展示方面，应用 360 全景、航拍等多种技术展现村容村貌、民俗资源与关键旅游节点等。青石岭村还建立了民俗户群，用于民俗户之间的市场信息交流共享。同时，微信

公众号还提供网上商城功能，为游客提供景区在线订购与景区特色产品在线购买等便捷服务。

③电子商务与移动支付。在休闲农业与乡村旅游经营过程中，依托微商平台，两村主要采用移动支付与结算方式，即对游客消费订金、结算等均采用支付宝、微信等电子支付方式进行。

④基于微信公众号的村务管理与村民服务平台。在村务管理方面，两村均建立了面向村民的村务管理微信平台、微信群、企业微信公众号，村民可通过微信平台开展乡村自治，推动了乡村治理的有效性。其中下坊村将建立的企业微信公众号"北京市怀柔区宝山镇下坊村经济合作社"作为村务管理微信平台，面向村民，提供村务动态（三公开）、在线服务、便民服务、村务数据管理服务及生活商业服务。

（三）主要问题

1. 智慧乡村建设统筹协调不足。智慧乡村建设涉及多个领域，需要多部门协调合作。作为基层组织，村两委承担了人口、计生、民政、新农合、新农保、治安综治等多种基础管理工作，对应于多个管理部门。各管理部门都会下派相关管理工作，不少部门要求通过自身系统进行数据报送，但这些系统间又相互独立，无法共享信息，导致数据重复采集、录入，增加了额外的工作。目前智慧乡村建设大多以村为单位，对于一些基础公共服务，例如社保、医疗、教育、交通等的信息化、智慧化不是一个村庄可以完成的，而这些对于农村居民生活智慧化又至关重要，因此需要从区或者全市的层面，对各部门进行协调统筹。目前，为促进农业农村信息化和乡村发展，北京市实施了一系列相关项目工程，除了"智慧乡村"，还包括"美丽乡村""信息进村入户""智慧农园"等。不同项目各有侧重点，但都有涉及农业农村信息化建设的部分，容易交叉重合，例如信息进村入户工程和智慧乡村建设都涉及对村民生活信息化服务等内容，在实际建设中易产生重复建设和彼此间不匹配等问题，从而影响建设效果，也造成资源浪费。智慧乡村建设涉及村务管理、环境治理、村民生活、产业经营等多个领域，可以说涉及村庄的方方面面，需要整体布局规划，虽然很多村庄都已经意识到村庄信息化建设的重要性，但大多数村庄仍局限于项目建设，未从村庄整体发展角度对村庄信息化建设进行规划设计，缺乏计划性。因此，未来在智慧乡村建设过程中，需要加强部门之间、项目之间、村庄整体发展的统筹协调，促进智慧乡村全面、协调、高效发展。

2. 信息化基础设施仍显薄弱。高速畅通、覆盖广泛、质优价廉、服务便捷的网络基础设施是智慧乡村发展的基础，而目前部分村庄仍存在 4G 网络和 Wi-Fi 覆盖不足、带宽不够、信号不稳定等问题，给村民生活、生产带来极大不便，直接影响了村民日常生活工作的智慧化应用，严重制约了信息化技术和产品的应用推广与普及。实地调研中，赵庄子村、北郎中村、陈家庄等村庄均表示存在 4G 网络信号不好的问题，给村民生活带来极大不便，尤其是在生产区域。青石岭村、太子墓村等村则面临村庄网络带宽不够或覆盖较少，无法满足村民、游客及生产经营者的需要。陈家庄村 Wi-Fi 已经基本覆盖村民生活主要区域，给村民生活带来了极大便利，但仍存在网络速度较慢等问题。因此，需要进一步完善农村基础网络设施建设，扩大网络覆盖区域，促进网络提速降费，改善网络信号，为乡村生产、生活、治理提供更加便捷、快速的网络基础条件，以夯实乡村智慧化发展的基础。

3. 信息化人才普遍缺乏。北京市作为全国人才密集度最高的地区之一，在各行业中拥有丰富的人才储备，但信息化人才缺乏却是目前北京市智慧乡村建设与应用过程中普遍存在的一个问题。信息化人才缺乏影响了很多信息化设施设备的运维，造成资源浪费、信息更新不及时、功能发挥不足等问题，制约了智慧乡村的可持续发展。很多村庄老龄化严重，智慧乡村项目建设完成后，普遍缺乏年轻专业人才负责信息化设施的日常运维。绿兴特食用菌合作社建立了微信商城，但因为缺乏电商专业人才，农户应用电商能力不足，目前微信商城处于闲置状态。合作社装的自动化控制设备可根据设定的温度、湿度阈值，自动开启和关闭通风和微喷，实现完全自动化，但在应用过程中，由于应用环境的复杂性和员工的信息化专业知识不足，合作社不能自行解决系统出现的问题，后改为手动操作。青石岭村也由于缺乏信息化人才，建立的村务管理平台因不会用而闲置。因此，需要探索信息化人才培育与引进机制，通过对村庄年轻人进行培训、定向招生、鼓励村庄人才返乡、引进信息化专业人才、设置信息员岗位津贴等方式，加大人才培育与引进力度，为智慧乡村建设提供人才支撑。

4. 居民信息化意识和应用能力较弱。与城市居民相比，北京市农村居民的受教育水平明显偏低，而且随着劳动力转移就业，大多数村庄老龄化严重。调研中发现，村庄老龄化现象非常普遍，下坊村、青石岭村、法城村、陈家庄等村庄均表示人口老龄化严重，其中下坊村60岁以上老人占比高达40%以上。很多农村居民尤其是年龄偏大的农村居民已经习惯于当前的生活方式，形成了固定的生活习惯与模式，缺乏主动学习新技术、寻求改变的意识和能力。这严重制约了广大农村居民对于信息化的认知和接受。因此，一方面需要进一步加强宣传推广，加大对村民的培训力度，创新互动方式，激发村民参与的积极性，提高村民信息化意识和应用能力；另一方面需要进一步改进信息化技术与产品，将复杂技术产品简单化、傻瓜化，针对村民的实际需求开发好上手、易操作的技术产品，满足村民需求的同时，降低应用的操作难度。对于信息化应用能力非常弱的村民，也可以考虑以村庄集中提供服务的方式让村民享受到信息技术带来的获得感。

5. 智慧乡村可持续发展机制尚未建立。目前在智慧乡村建设中，政府占据主导地位，建设资金主要来自政府转移支付，社会资源参与较少，基层积极性调动不足。政府项目资金非常有限，社会资源参与不足，不利于引入现代农业科技和经营理念，不利于吸纳信息化专业人才，限制了智慧乡村建设水平与发展速度。智慧乡村建设主要通过深化互联网思维与技术在乡村各领域的融合应用，以破解乡村发展难题，促进乡村生产、生活、治理方式的转型升级，这需要以深入了解乡村实际发展需求为前提条件，但当前基层积极性较弱，主观能动性发挥不足，不利于深入挖掘当地具体需求和智慧乡村的发展潜力，制约了智慧乡村建设效果的发挥。因此，需要根据内容性质逐渐建立适合的可持续运行机制。对于网络基础设施、乡村治理等私人供给不足的公益性产品应由政府负责建立长期运维机制。而对于产业经营信息化等具有盈利性的产品，由市场主体进行商业化运营是发展的基本方向。探索建立政府、社会力量、基层组织、村民等多方主体共同参与，共建、共享、共赢的分工协作和利益分配机制，充分发挥各主体的智慧和优势，促进智慧乡村可持续发展。

三、国内智慧乡村建设典型模式分析

随着农业农村信息化的快速发展，全国各地根据自身条件与发展需求，开展智慧乡村建设实践，涌现出多种典型模式。为深入了解国内典型模式，为北京市智慧乡村建设提供借鉴参考，课题组分别于 2018 年 7 月、10 月赴海南、贵州和湖南三地，对海南"石山互联网农业小镇"、贵州"大数据 + 农业"、湖南"互联网 + 农业"模式进行了实地调研。下面就这几个智慧乡村建设典型模式展开具体分析。

（一）海南模式

2015 年 3 月，李克强总理在《政府工作报告》中提出"互联网 +"行动计划，在中国掀起了一场"互联网 +"的热潮。海南省政府结合产业特点，提出建设"互联网农业小镇"，先后启动建设海口石山、文昌会文、琼海大路、澄迈福山、儋州木棠、陵水英州、三亚吉阳、琼中湾岭、屯昌坡心、白沙细水互联网农业小镇共 10 个，2016 年新增建设文昌东郊、昌江十月田、保亭三道 3 个互联网农业小镇。通过互联网农业小镇建设，海南用"互联网 +"的理念、思维和技术驱动农业现代化，推进整个镇域经济社会的转型升级，取得了显著的成效。其中，石山镇最早启动建设互联网农业小镇，成功探索出了"1+2+N"的发展模式，并在海南省推广，建设成效最为突出，在全国影响最大，因此本研究主要对"石山互联网农业小镇"的模式内涵和建设成效进行具体分析。

1. 模式内涵。"石山互联网农业小镇"以"互联网"为特色，以"1+2+N"为运营模式，通过"镇级运营 + 村级服务"，推动"互联网 +"与"三农"的深度融合，利用互联网思维和信息技术整合镇域资源，创造性地解决发展中面临的瓶颈问题，以促进乡村快速、全面、高质量发展（如图 8 所示）。

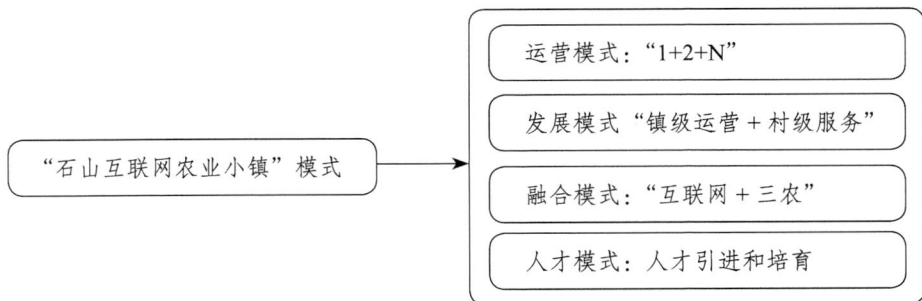

图 8 "石山互联网农业小镇"模式内涵

（1）"1+2+N"：统筹协调。"石山互联网农业小镇"以"1+2+N"的运营模式贯穿农业生产、经营、管理以及服务全产业链，打造一个新型的农业小镇。其中，"1"是指以网

络为基础构建一个智慧小镇的综合运营平台，将产业、服务、创业、运营和管理统筹协调起来。"2"是搭建运营管理中心和大数据中心，为建设互联网小镇奠定软件、硬件基础，并为小镇的运营、管理和决策提供支持。而"N"是将企业、农户、机构、组织、创客等多个农业模块统一协调，囊括科技、健康、旅游、养老、创意、休闲、文化、会展、培训、监测、加工、电商、贸易、物流、金融等丰富多元的维度。"1+2+N"的模式体现了统一协调、资源整合的发展理念。利用互联网思维和信息技术，将分散的企业和农户、组织和个人、社会资源和自然资源等整合起来，通过统一协调，提高资源利用效率，促进整体镇域系统功能优化和完善。

（2）"镇级运营＋村级服务"：分工协作。"石山互联网农业小镇"以镇为建设单位，采用"镇级运营＋村级服务"的发展模式，以镇带村、村镇融合。镇级运营中心负责全镇的产业管理服务；村级服务中心则将互联网向农村、农户延伸，为农产品销售推广、购物、技能培训等提供全方位的服务。以镇为单位进行建设，镇村分工协作，分散和集中相结合，集中管控，分散服务。建设和运营一个功能配备丰富的综合运营中心，需要投入较多资金、人力等要素，对于大多数村庄而言，这些成本过高，难以承担，也不具有经济合理性，相对而言在镇一级建设的可行性要大很多。而对于服务而言，要为村民提供全方位的、有针对性的、便捷的服务，必须接近、融入和了解村民，和村民进行经常性的交流沟通，因此服务中心必须建设在村里，贴近村民。"石山互联网农业小镇"建设过程中体现出一个重要思想，即功能划分，适合统一管控的上移，提高利用效率；适合分散服务的下移，提高服务质量，从而将集中和分散相结合，以较低的成本实现系统的高效运行。

（3）"互联网＋三农"：融合发展。"石山互联网农业小镇"以"互联网"为特色，推动"互联网＋"与"三农"的深度融合。生产经营方面，石山镇以特色产业为核心，依托物联网技术和电子商务，应用小型气象站、物联网传感监测、远程控制、水肥一体化设备、植物本体感知系统等技术大力发展数字农业，通过各类电商平台，开展线上线下营销，改变传统的生产、营销模式，以互联网技术促进农业和旅游业融合发展，以提升农业各环节的价值。乡村治理方面，石山镇依托农业互联网平台和大数据管控中心，建立了石山镇政务管理服务系统，汇聚政务服务、精准扶贫、基层党建、农村金融等服务，积极探索"互联网＋党建"模式，结合基层党组织结构和党员实际工作需求，打造"石山镇党群服务e站"，发展智慧党建。居民生活方面，石山镇通过村级服务中心提供网络技术服务，生活、购物、缴费一站式办理，电子快捷支付，物流配送、预约预订、惠民咨询等多种服务，为居民生活提供便利。

（4）聚焦人才引进与培育：创新发展。石山镇在互联网农业小镇的建设过程中注重人才引进和培育，汇聚各类人才，充分发挥人才的创新精神。人才引进方面，建立了海南首批乡镇级院士工作站，为传统农业向现代农业转变提供科技与智力支撑；成立了互联网农业小镇青年创业中心，为各类返乡创新创业人员提供项目选择、项目孵化、资金投入和金融服务等"一站式"服务，鼓励返乡下乡人员，在传统文化挖掘、农村电子商务、乡村民宿发展、休闲观光旅游等方面开展创新创业。人才培育方面，在施茶村设立了海口市首个农村实用人才培训基地，结合石山镇实际需求开展电子商务、农业生产管理技术等培训；引导发动石山镇教育发展促进会等社会力量对大学生和贫困生进行捐资助，为石山镇发展提供人才支撑。

2. 建设效果。

（1）构建了互联网农业小镇综合信息服务体系。石山镇在各村（居）委会共建设了12个村级服务中心，将互联网向农村、农户延伸，为农产品销售推广、购物、技能培训等提供全方位的服务。通过实施"光纤入户""优质高效农业""农村电子商务""创意休闲农业"和"信息进村入户"五大工程，加快推进农村地区光纤宽带网络建设和4G网络覆盖，全力推进农村水利、水网建设，确保路网、光网、电网、气网、水网等"五网"到村入户、连通田间地头。目前已基本实现了4G到村、光纤到户、终端到人、重点区域Wi-Fi全覆盖，初步构建了互联网农业小镇综合信息服务体系。

（2）促进了一二三产业融合高效发展。农业生产方面，石山镇利用火山独特的资源禀赋，发展火山系列特色农业产业，鼓励农民大力种植火山石斛、牛大力、南药、黎药等高效农产品。目前已建成火山石斛、壅羊公社、火山富硒荔枝等10个物联网生产示范基地、6个现代产业园区，实现了农业环境可测、生产可控、质量可溯，促进了农产品种养殖的智能化、科学化和标准化。农产品销售方面，通过互联网将火山石斛、火山黑豆、黄皮、荔枝等"藏在深闺人不识"的富硒农产品推向了全国。2018年6月，石山镇联合天猫商城、淘宝商城、京东众筹、京东商城等多个电商平台进行石山镇火山荔枝线上线下销售，线上荔枝销售总量达36万公斤，占今年总产量85万公斤的42%，线上销售总额达468万元，帮助果农解决了销售难题。在产品加工方面，研发了荔枝干、猫须茶、以石斛为原料的系列生态护肤品等产品，提升了产品附加值。在乡村旅游方面，石山镇民宿和共享农庄产业发展迅速，全域旅游逐步推进，利用现代化网络资源，建立了数字化景区管理模式。目前已有10家投入运营的大规模民宿和17家农家乐，旅游接待能力全面提升，民宿床位达600个。通过互联网宣传推广，游客量大幅增加，2017年景点和乡村旅游接待游客突破200万人次，较2016年翻了一番。石山镇通过全域旅游，将农业生产、农产品加工和民宿旅游三个产业整合起来，产业间相互依赖、相互促进、融合发展。

（3）激发了乡村发展活力与创造力。通过积极引进培育人才和企业，石山镇充分激发了乡村发展的活力和创造力，实现了创新发展。目前，石山镇已培育引进了30多名大学生和近70名各类技术人才返乡创新创业，不仅有石山镇"土著"人才，还有"海龟"人才。先后引进和培育了一批农业产业园、农业物联网示范基地和休闲农业示范点，孵化出美社咖啡屋、美岳黑豆书院、美社有个房等一批双创型企业。已有近50家创业主体活跃在石山，带动产业发展，积极培育新农民，引导农民转变观念，促进农业生产方式转型。2017年至今石山镇共举办培训36场次，培训人数达1620人，培训内容涉及电子商务、石斛种植技术、火山荔枝管理技术等。2018年1月，中国科学院孙汉董、姚建铨院士工作站在石山镇揭牌落户，成为海南省首批乡镇级院士工作站，"产学研"创新创业基地加快形成。

（4）带动了农民转变理念、增收致富。通过互联网农业小镇建设的推进，政府、企业、村民等相关主体对信息技术和互联网思想的认知和接纳程度也得到提升，互联互通、共建共享的理念深入人心，生产经营也逐渐转向以市场需求为导向，服务意识明显增强。施茶火山石斛园、农馨火山南药园等采用"企业＋合作社＋农户"模式，与农民结成利益共同体，带动农民就业，地租、工资、分红等多种收入极大地改善了农民的收入状况。石山镇农民人均纯收入从2014年的5400多元增长到2017年的13000多元。

（二）贵州模式

贵州省地处我国西南腹地、云贵高原东部，得天独厚的气候与生态环境，为贵州农业发展提供了良好的基础。发展农业大数据是贵州省推动智慧乡村建设及现代农业发展的重要举措，贵州省农委通过提出"1个框架、2大支撑、3个统一、4大体系、5大目标"的贵州农业大数据发展总体架构，以及搭建贵州省农业大数据中心和一张图平台，有效促进了智慧乡村建设及现代农业发展水平的快速提升。

1. 模式内涵。

（1）自上而下推动的农业大数据建设发展模式。贵州省在发展农业大数据方面，注重省级顶层设计，自上而下地推动农业大数据建设，有助于协调统筹发展。贵州省农委通过构建农业大数据发展总体架构，实现了对大数据的"统一标准、统一数据、统一管理"，有效解决了不同口径、不同部门之间数据不融的问题；同时，通过其农业一张图平台统一了制图规范，实现了农业大数据可视化制图的规范与统一。

（2）以省农委为主导多部门合作的组织模式。目前，贵州省农委通过一张图平台，免费为其他业务部门提供数据可视化服务，要求这些部门与农业大数据中心实现数据共享。省农委通过这种以提供服务来共享数据的方式，不仅提高了各业务部门参与数据共享的积极性，还拓宽了农业大数据的获取渠道，有效解决了仅靠农业部门一家导致数据来源过窄的问题。

（3）注重人才引进的队伍培养模式。贵州省委省政府围绕大数据战略，以人才驱动创新发展，2017年2月，贵州省共引进23家中央及省外机构推荐选派的49名大数据人才和科级副职人才。其中26名大数据人才涵盖标准制定、信息化与工业化融合等关键领域，近半数挂职人才曾主持或参与"973计划""863计划"等国家重大专项或课题，具备丰富的经验。同时，贵州省也注重引进大数据、信息化等相关专业的国内外高等院校优秀毕业生，成为推动贵州省农业大数据发展的新生力量。

2. 建设效果。

（1）开发了智慧生活服务平台。多彩宝"互联网＋"益民服务平台是由贵州省政府主导推动，贵州主流新闻媒体多彩贵州网自主研发建设，为落实省委省政府大数据战略和"互联网＋"行动，为老百姓提供一站式、全天候服务而搭建的综合民生服务平台，是贵州大数据"民用"领域的典型案例。旨在实现"数据多跑路、百姓少跑腿"的智慧生活，利用互联网及大数据为政府部门提供决策参考，并提升人民群众的获得感。

多彩宝平台业务现已涵盖生活缴费、政务服务、生活服务、益民资讯、市民卡、旅游年卡等多个领域，为全省用户提供全天候水费、电费、燃气费、电视费、话费等日常生活缴费，以及社保公积金查询、交通违章处理、车辆摇号、个性化资讯、社区周边等互联网生活服务。目前，多彩宝电、电视业务已实现全省覆盖，自来水业务已覆盖全省80个县（区）、624个乡镇，燃气业务已覆盖22个县（区）。

多彩宝在建设线上服务平台的基础上，又启动了线下"市民卡"工程的建设。"市民卡"工程由省人社厅等部门及各市（州）政府主导，在原有社保卡功能及管理主体不变的情况下，各参与单位携手合作，为社保卡加载缴费、出行、生活、消费等更多民生服务功能，拓展更多新的应用领域，实现"智慧贵州、一卡通用"的目标，为全省人民群众提供更便利的"一站式"民生服务。

通过打造省级线上综合益民服务平台和推进线下"市民卡"工程建设，多彩宝为贵州省新型智慧城市建设和大数据产业发展注入新的活力，服务贵州人民"智慧"生活。

（2）搭建了农产品电子商务云平台。贵州省为降低企业成本、提高政府效率，由贵州省商务厅主导，多彩贵州网投资打造了贵州电子商务云。贵州电子商务云是在"云上贵州"基础上，采用"平台＋服务＋数据"模式，聚集贵州省优势产业及企业、整合全产业链，实现一站式服务而搭建的公共服务平台。该平台利用互联网技术，以政府监管与服务、生活性和生产性服务为主要内容，引导贵州省传统优势企业和中小微企业依托贵州电子商务云开展业务，同时整合电子商务服务资源，向平台用户开放。

贵州电子商务云"平台"主要包括那家网、美乘网、到村里以及京东、天猫等第三方渠道店铺。其中，美乘网主要实现B2B交易，即初级农产品的大宗交易，汇聚贵州省各地区数百种绿色农产品，定点供应至省内40余家企事业单位食堂、高校、幼儿园、商超等渠道，为贵州绿色农产品提供一体化的销售服务。那家网和到村里则为B2C销售模式，那家网是全国首家升级区域性电商平台，是贵州传统企业向电商转型的"孵化池"；而到村里电商平台则主要服务于扶贫，通过挖掘、打造、销售贫困户生产的农产品以实现贫困户脱贫增收的目标。

贵州电子商务云"服务"主要包括六大业务板块，分别为电商大数据服务、电商培训、电商综合服务中心建设、产品质量溯源、电商综合服务、区域公共品牌打造。其中电商培训和电商综合服务中心建设是广受欢迎的两大业务。电商培训主要针对贵州电商发展过程中遇到的人才之困、资源不均、需求不同等情况，为各地输送先进电商知识、调配各类优质资源、提供定制化服务、满足不同需求。电商综合服务中心建设则是根植当地，打造农产品上行、电商代运营、电商综合服务、宣传推广、主体培训、咨询服务、地区特色馆等诸多功能于一体的县域电商综合服务中心，真正做到"服务下乡，黔货出山"。

贵州电子商务云"数据"主要是指其自主研发的贵州电子商务大数据服务平台及贵州农商互联数据可视化系统，通过云服务器实现数据采集、挖掘和分析，整合各类电子商务线上线下数据资源，汇总各类电子商务平台数据，监测贵州省电子商务发展动态，为政府及企业提供包括电子商务整体交易规模、行业结构、发展趋势、应用水平等专业、全面的电子商务大数据服务，助推贵州电子商务相关产业供给侧结构性调整，促进电子商务生态健康可持续发展。

通过贵州电子商务云提供的平台、服务及数据，使更多的特色农产品"出山"，为企业及农户发展电商提供了有效的帮助，为"黔货"打开了更广阔的市场。

（3）建成了智慧农业典型示范科技园。由修文县农业投资开发有限公司建设的修文县猕猴桃科技园占地面积 300 亩，投资 3.9 亿元，建成分选线车间、塑框加工车间、气调库等功能区，其动态气调库可仓储优质猕猴桃 6240 吨。通过动态气调库的使用，可将猕猴桃的保鲜期从传统储存方式的 3 个月延长至 8 个月，有效扩展了猕猴桃的货架期。2015年年底，修文县投资 5000 万元自主研发大数据物联网可追溯系统，利用大数据实现科学标准化种植以及产销精准对接。

在生产端，修文农投公司在其猕猴桃种植基地安装了多个高清探头，以及能监测土质、湿度、雨量、气温的传感器。这些设备所收集的数据，将会自动上传到大数据物联网可追溯系统中，通过对比分析往年环境气候数据，可以预测灾害性气候和病虫害发生概率，从而可以有针对性地做好防范，做到绿色物理防控、统防统治，每亩可帮助农户减少损失 500 元。除此之外，大数据物联网可追溯系统还会详细记录果园的种植品种、树龄、树势，通过前端高清摄像头观察果树的生长情况，结合采集的环境气候数据，经过综合分析后，依据农业标准化种植管理方案，为每一个果园制定个性化施肥用药计划，精准管控农业投入品的使用。

在管理端，前端数据采集后传送到修文农业云大数据服务平台。该平台是修文猕猴桃产业科技园以贵州省"一张图"为框架构建的，分为果园管理、系统管理、物资管理、工作管理、产品追溯、网络销售、环境监测、分拣销售、灾害预警、领导决策、统计报表和数据导入 12 个模块，管理者和监督者可以凭借这套系统建立农产品质量安全预警系统，大大降低农产品安全风险。

在销售端，每一盒出售的猕猴桃在外包装上都会有一个二维码，就像是修文猕猴桃的身份证，消费者只要拿出手机扫描猕猴桃外包装上的二维码，就可以显示出产地、果园地址、园主信息、田间管理、采摘时间、出库时间等，实现全程可追踪溯源。透明的数据信息在保证食品安全的同时，也打击了假冒伪劣产品。

修文县农业投资发展有限公司通过借力大数据，实现对猕猴桃品种种苗选育、种植、采收、加工、市场销售等全产业链的覆盖，初步实现猕猴桃产业生态化、规模化、标准化、品牌化发展。

（三）湖南模式

湖南省作为传统农业大省，拥有丰富的农业资源，互联网与农业的融合早已在三湘大地发芽抽穗。湖南省通过发挥信息技术和互联网的载体和引擎作用，打破农村时空局限，填平城乡数字鸿沟，促进农业生产、流通、消费方式，农村生活方式智慧化转型升级，有力地推动了其现代农业发展及智慧乡村建设。

1. 模式内涵。

（1）自下而上"互联网+农业"发展模式。湖南省农村网络基础设施建设完善，为广大农民发展智慧农业及电商产业提供了便利的条件。湖南省实施"互联网＋农业"战略起步较早，早在2010年，湖南省农业厅就与淘宝网、湖南中农传媒有限公司达成战略合作，建立了淘宝网"特色湖南专区"，搭建网络平台，拓展网络营销渠道，多年的发展使得湖南省在"互联网＋农业"方面成果卓然。

湖南省在"互联网＋农业"建设中，呈现出一种自下而上的发展方式。包括益阳市、长沙县在内的各市、县（区）很早便认识到了互联网、大数据的重要性，在现代农业、智慧乡村的建设方面都进行了一些有益的尝试，且取得了一定的效果。各地市的发展模式和典型做法，为湖南省全省推动"互联网＋农业"建设提供了丰富的实践经验。

（2）以大数据中心为主导多部门合作的组织模式。湖南省通过组建大数据、互联网相关管理机构，为"互联网＋农业"的发展提供组织保障。为了保障"互联网＋农业"的顺利开展，长沙县于2017年组建由人民政府管理的正科级事业单位——长沙县大数据中心，并成立专门的领导机构进行管理，体现出政府对大数据、互联网工作的高度重视，该中心的成立，为长沙县发展现代农业、打造智慧乡村提供了有力支撑。

（3）以紫薇村为样板的典型示范推广模式。湖南省通过打造亮点、树立美丽乡村建设新典型，起到引领示范、带动发展的作用。益阳市资阳区经过近三年的时间打造出智慧乡村——紫薇村，作为美丽乡村建设的示范村，"智慧"已经融入村民生活的各个方面，吸引各方游客前来参观、体验、学习，推动智慧乡村理念传播得更远、更广。同时，紫薇村作为资阳区生态旅游新名片，自紫薇文化博览园开园以来，平均每天人流量近1万人次，最多时高达5万多人次，挖掘出乡村旅游产业更大的发展潜力。

2. 建设效果。

（1）长沙县建设效果。湖南省长沙县毗邻省会，既是工业强县，也是农业强县。通过使用"互联网＋"等技术手段改造传统农业、促进现代农业大力发展，有效地推动了农业生产方式和农民生活方式的"智慧化"发展。

①搭建了全县政务云平台。2017年，长沙县组建全省首个数据统筹机构——长沙县大数据中心（县人民政府管理的正科级事业单位）。大数据中心负责搭建了县级电子政务平台，目前已建成并投入使用。电子政务外网延伸至每个村，在每个网点配备电脑等一体化设施，平台已有4000多项在运行的项目，800多项群众可办理的项目，利用智慧监督（清风星沙综合平台）建设作为契机，大数据中心整合多部门数据，建设了全县统一的数据共享交换平台，为其"互联网＋农业"的发展提供了基础保障。

②构建了较为完善的农业信息服务体系。在数字星沙工程服务平台的推动下，长沙县构建了一个较为完善的农业信息服务体系，确保农民、农业企业及消费者对农业生产与农产品质量安全等信息能够及时了解。目前，长沙县农产品质量安全溯源系统、重金属普查数据库系统、测土配方施肥数据库系统等正在逐步向村镇一级延伸；湘丰等众多大型农业企业已建立食品检测系统，在县城区卜蜂莲花等6家超市与11家农贸市场建立了农残检测室，安装了电子显示屏，日检测日公示制度实现了全覆盖。

③促进了电子商务的快速发展。目前，长沙县通过网络平台进行品牌推介与产品、服

务销售的农业相关企业已达 70 余家，销售额近 2 个亿。另外在休闲农业电子商务方面，长沙县已有休闲农业企业、乡村旅游景点、农家乐等 1102 家，规模休闲农业和乡村旅游景点 59 处，已有 60% 的休闲农业企业开始通过电子商务平台开展推广与销售。

（2）紫薇村建设效果。紫薇村位于湖南省益阳市资阳区长春镇，是湖南省美丽乡村示范村、益阳市美丽乡村样板村。紫薇村以互联网为特色，目前已实现 Wi-Fi 全覆盖；建立了环卫物联网智能监控管理系统，实现生活垃圾收集转运的无缝化对接；通过互联网，可实时了解景点信息、农家乐线上点菜、认养苗木、挑选购买农副产品等。

①搭建了"紫薇云"服务平台。为助力乡村发展，资阳区投资建设了服务于本地乡村的互联网基础设施平台——紫薇云，其核心功能定位为"链接"，一端链接智慧乡村，一端链接农产品消费市场。

在乡村端，村民可以足不出户通过平台查看农作物长势，了解养殖场畜禽活动情况，直播销售特色农产品。保洁员可通过平台查看全村垃圾桶收纳情况，及时将垃圾合理分类和无泄漏转运，实现线上线下流畅对接。"最美紫薇村"微信公众号一键导航为游客提供智能停车服务，二维码"导游"帮助游客实现自助吃住行游购娱，全面打通紫薇村内场景数据接口，实现了大数据链接智慧生产、智慧生活、智慧服务、智慧管理。

在市场端，紫薇云通过"搜空蜂商"APP 链接巨大的农产品消费市场。紫薇村依托紫薇云农产品上行服务平台，将"一村一品"重点农户的生产场景接入远程监控，将该监控画面与产品详细介绍、购买流程整合在一个可快速传播的 H5 页面，通过微信、微博等社交工具实现传播、营销，从而带来在线订购，跳出了传统的销售模式，把农产品生产过程数据面向消费者开放，开拓了预售新思路。2017 年 10 月 20 日，紫薇村现磨辣椒粉在紫薇云上直播，不到一小时所有产品销售一空，其中 80% 是外地订单。

②开发了智慧乡村服务平台。益阳市政府于 2016 年 8 月，通过与 58 农业服务科技有限公司合作，开发了"益村"平台。该平台是一个集电子政务、电子商务、电子村务于一体的综合型互联网本地服务平台，依托益阳市 1184 个村民服务中心，根据益阳市特色优势产业和重点行业，为村民提供在线咨询和办理服务，是一个线上的"村民服务中心"。

"益村"平台项目共有门户网站、微信公众号、"益村"移动 APP 三个线上应用平台，开发了村民党务服务、村务服务、公共服务、政务服务、精准扶贫、信息内容、社会服务、求职招聘、农村电商、土地流转、农村互联网金融和互动直播 12 个应用子系统，构建基础库、政务库、精准扶贫库、生活服务库、内容库和电商库等 6 大数据库群，打造线上线下相结合的"互联网＋智慧农村"生态体系，是村民智慧生活的好帮手。

（四）对北京市智慧乡村建设的启示

1. 注重顶层设计，有效集约资源。贵州省在发展农业大数据方面，最突出的特点就是注重省级顶层设计，制定统一标准、实现统一管理，自上而下、统筹协调发展，有效地避免了资源浪费及重复建设等问题；海南省同样通过对石山镇互联网小镇建设进行整体规划、项目推进，建立"镇级运营＋村级服务"的综合信息服务体系等有效地推进了其互联网小镇的发展。北京市在市一级应更加注重设计好总体的建设思路，制定好统一的建设标准，更加高效地推进北京市智慧乡村建设。

2. 加强网络设施建设，提供基础保障。湖南省农村地区有较为完善的基础设施，为其发展智慧农业提供了有利的条件。而海南省石山镇目前也已基本实现了 4G 到村、光纤到户、终端到人、重点区域 Wi-Fi 全覆盖，完善的基础设施是其智慧乡村发展的保障。北京市在建设智慧乡村的过程中，应进一步加强基础设施建设与完善，主要包括支撑信息化发展的电网、互联网、有线电视网等，为智慧乡村建设提供基础保障。

3. 推进大数据应用，促进乡村"智慧"发展。随着信息化和农业现代化的深入推进，大数据日益成为建设智慧乡村、打造智慧农业的关键要素。通过对贵州省农业大数据发展现状的深入调研发现，大数据的利用在推动农业升级、农村发展及农民致富方面已初见成效。北京市在推进智慧乡村建设的过程中，应进一步加强大数据应用，在土地规划、生产管理、市场分析等各个环节，将不同格式、不同业务领域的海量数据整合成标准统一的数据源，实现数据分析、数据挖掘及数据可视化，打造以大数据服务于农村的云平台，促进乡村"智慧"发展。

4. 发挥示范引领，强化组织保障。海南省石山镇政府通过完善水、电、道路、网络等基础设施，购买垃圾集中处理服务矫正环境污染的负外部性，示范引进石斛等高效农业产业等，为石山互联网农业小镇建设提供了良好的发展环境；湖南省长沙县为了保障"互联网＋农业"的顺利开展，专门组建大数据中心，并成立专门的领导机构进行管理，为其发展现代农业、打造智慧乡村提供了有力支撑。北京市在建设智慧乡村的过程中，应进一步明确政府部门的职责定位，发挥政府的示范引领作用；同时应加强组织建设，成立专门的统筹、管理机构，明确目标、细化分工，更加高效地推进智慧乡村建设。

5. 着力人才引进培养，强化人才支撑。建设智慧乡村，必须破解人才瓶颈的制约。海南省石山镇为加快形成石山镇"产学研"创新创业基地，促进传统农业向科技创新的现代农业转变，相继引进了中科院孙汉董、姚建铨两位院士，并积极发挥新乡贤作用、不断发展壮大乡贤群体，同时依托石山互联网农业小镇青年创业中心，培育引进双创人才；贵州省为保障农业大数据的发展，大力引进大数据、信息化等领域的专业人才，以人才驱动创新发展。北京市在推进智慧乡村建设的过程中，应注重发挥科技人才的支撑作用、创新乡村人才培育及引进机制、加强农村专业人才队伍建设、培育新型职业农民等，为智慧乡村建设提供有力的人才支撑。

四、北京市智慧乡村评估指标体系与评价方法设计

（一）北京市智慧乡村评估指标体系的定义

1. 北京市智慧乡村评估指标体系的内涵。北京市智慧乡村评估指标体系是一个评价北京市智慧乡村发展水平的综合性指标体系，用来衡量北京市以物联网、云计算、大数据和移动互联等新兴信息技术为依托，在农村产业经营、乡村治理、居民生活等多领域的智慧化应用效果而编制的综合指数体系，可用来考评北京市智慧乡村发展水平，作为北京智慧乡村下一步改进发展方式、改善应用效果的参考依据。北京市智慧乡村评估指标体系可以

综合性和概括性地评价与比较北京市智慧乡村发展水平，可用于历史比较，反映北京市智慧乡村发展进程和变化特征，也可用于各智慧乡村间的横向比较，反映各村庄智慧乡村发展特征与差异。

2.北京市智慧乡村评估指标体系的相关要素。北京市智慧乡村评估指标体系是一个综合性的指数体系，它既包含智慧乡村发展能力的相关要素，也包含智慧乡村发展成效的相关要素。具体来说，北京市智慧乡村评估指标体系既反映信息资源、保障体系、智能设施、应用基础等智慧乡村发展能力情况，也反映惠民服务、精准治理、产业经营、社会反响等智慧乡村建设应用效果。综合来看，本课题在搭建北京市智慧乡村评估指标体系时以智慧乡村发展能力为支撑，然后结合智慧乡村建设应用成效构建全面反映智慧乡村发展水平的综合指标体系。

（二）北京市智慧乡村评估指标体系的构建原则

在智慧城市和农业、农村信息化等评价研究中，因评价内容和目的不同，学者们构建指标体系所遵循的原则也存在一定差异（见表8）。综合相关研究、智慧乡村的概念特征和研究目的，本研究在指标体系研究制定中，遵循以下原则：

表8 智慧城市、信息化指标体系构建原则统计

文献	评价内容	遵循原则
王振源等（2014）	智慧城市	科学性、普适性、可获取性、可操作性
上海浦东智慧城市发展研究院	智慧城市	可采集性、代表性、可比性、扩展性
马明远等（2011）	北京农村信息化	可比性与适用性、阶段性与动态性、前瞻性与系统性
马晨等（2018）	北京信息化	科学性、系统性、综合性
刘世洪（2008）	农村信息化	科学性与系统性、典型性与可操作性、可比性和导向性、动态性和互补性、定量与定性相结合、水平与能力相结合
张显萍等（2015）	农业信息化	科学性、可比性、前瞻性、可操作性、阶段性、可扩展性、客观性
王双（2015）	都市农业信息化	科学性、适用性、可操作性、前瞻性和延展性、定性和定量相结合

1.科学性与系统性。科学性原则主要体现在三个方面：一是要求设置的指标体系需反映智慧乡村的本质和内在规律，体现其理论内涵；二是评价指标体系应紧密结合智慧乡村的现实状况，反映其客观事实；三是指标体系构建与评价研究过程应遵循科学理论与方法，体现过程科学性。

智慧乡村是一个复杂的系统，由多种要素构成，且构成要素间呈现复杂的相互作用关系。随着系统内各要素间以及与系统外要素的动态相互作用，系统呈现动态发展的状态。因此，对于智慧乡村的评价，需要充分考虑智慧乡村的构成要素与整体、具体行动与系统目标间的相互关系，反映其发展动态。

2. 目标性与导向性。指标是目标的具体化描述（彭张林等，2017）。本研究的研究成果针对的用途主要包括两个：一是利用指标体系对北京市智慧乡村建设水平进行评价，为政府的考核工作提供依据；二是通过指标体系的综合评估，为各村庄智慧乡村建设提供努力和改进的方向。因此，评价指标要在体现评价目的的基础上具有一定的导向性。

3. 完备性与独立性。智慧乡村涉及农村的各个领域，完备性原则要求评价指标体系尽可能完整地刻画和描述智慧乡村的特征，这无疑会涉及智慧乡村多个维度和多个层面的具体属性。而独立性是要求每个指标要内涵清晰、尽可能地相互独立，同一层次的指标间应尽可能地不相互重叠，不相互交叉，不互为因果，不相互矛盾，保持较好的独立性（彭张林等，2017）。为满足完备性和指标之间的独立性，在构建智慧乡村评价指标体系时，可通过对智慧乡村特征的类别进行完整性设计，以反映智慧乡村的主要特征；并建立上下级递阶层次结构，上下级指标保持自上而下的隶属关系，指标间尽力避免重复与相互依赖，以保持良好的独立性。

4. 一般性与特殊性。智慧乡村有其一般性特征，体现出智慧乡村的本质和内在规律的、具有普世特性的，即每个智慧乡村都会有所体现的特征。与此同时，智慧乡村实践体现出较智慧城市更强的特殊性。这一方面是由于村庄间资源禀赋、地理经济条件、功能定位等方面存在显著的差异性，而每个村庄的资源有限，因此其发展大多根据自身情况，集中有限资源发展具有比较优势的特色产业；另一方面基于各个村庄不同的经济条件、生产生活模式，村民的实际需求也存在差异性，因此基于村庄特点和村民需求进行智慧乡村建设的侧重点也有所不同。如何在把握智慧乡村一般性特征的基础上，反映各村庄的特色性差异，既统一指标以使评价结果具有可比性，又不抹杀村庄的特色，避免智慧乡村模式的简单复制，是智慧乡村指标体系构建过程中需要重点加以考虑的。此外，本研究是针对北京市智慧乡村的研究，北京市农村与全国农村相比有其特殊性，包括保障"菜篮子"供给、注重生态环保、一二三产业融合特征显著等，北京市农业是典型的都市型现代农业。

5. 建设投入与产出应用相结合。智慧乡村的发展过程呈现阶段性，不同发展阶段具体表现存在差异性。建设初期主要是相关基础设施、软硬件设备等的建设投入，对相关软硬件的应用及其效果往往需要一定的时间才能得以显现。而在评价的时间节点上，很多村庄智慧乡村建设往往处于不同的发展阶段，由此表现出来的侧重点也会有所不同。相关软硬件设备的应用成效体现出智慧乡村建设的成效，而相关建设投入则代表了未来发展潜力，二者均是智慧乡村的重要特征。因此，本研究将智慧乡村建设投入和产出应用都作为智慧乡村的重要特征，纳入指标体系。

6. 典型性与可操作性。影响智慧乡村的因素有很多，而每个因素对于智慧乡村这个系统的重要性并不完全一样，作为一个系统的评价指标体系，并不是越庞大越好。可操作性原则要求评价指标可以被观测和衡量，而且实际观测成本不能太大。因此，智慧乡村评估指标体系应尽可能满足以下条件：选择那些对智慧乡村最为关键的、典型的，最能代表智慧乡村的数据资料作为综合评价智慧乡村的指标；具体评价指标都可被采集，或者可被赋值；评价指标设计应尽量避免或降低评价数据造假和失真的风险，即尽可能地选择公开和客观数据；综合权衡评价指标数据的获取成本与评价收益问题。

（三）北京市智慧乡村评估指标体系构建

课题组基于智慧城市、农业农村信息化等评估指标体系，结合北京市智慧乡村发展特征和乡村振兴的发展要求，从能力和成效两个方面构建综合评价北京市智慧乡村发展水平的评估指标体系。能力类指标包括信息资源、保障体系、智能设施、应用基础四个一级指标，成效类指标包括惠民服务、精准治理、产业经营、社会反响、特色指标五个一级指标。

1. 信息资源。信息资源指标用于评价村庄所在区信息资源积累与共享情况。数据是信息的表现形式和载体，也是乡村智慧发展的核心要素。本研究从村庄所在区数据平台建设水平和区各部门之间以及村、镇（乡）、区上下级部门间信息资源共享两个方面评价智慧乡村发展的数据基础。

2. 保障体系。保障体系指标用于评价为智慧乡村建设与应用提供保障的情况。本研究从村庄信息化规划情况、所在区是否建立智慧乡村建设管理机制、智慧乡村建设和运营过程中资金投入情况、智慧乡村运营过程中人员和安全是否有保障五个方面综合评价智慧乡村发展的保障体系。

3. 智能设施。智能设施指标用于评价智慧乡村发展所基于的信息化设施情况。为避免与后文中产业经营、治安管理等指标重复，这里的智能设施仅指非特定用途的、最基础的信息化设施。包括智能手机、计算机等智能终端和宽带网络、重点场所 Wi-Fi 覆盖情况等网络条件。

4. 应用基础。应用基础指标是用于评价村庄智慧化应用的基础条件。本研究从村民互联网普及情况、受教育程度、经济水平三个方面评价村民信息化意识和应用能力。

5. 惠民服务。惠民服务指标用于评价利用信息化手段对开展便民服务情况和村民日常生活信息化应用情况。本研究从村民日常出行、看医就诊、教育培训、养老、困难群体帮扶、便民服务和文化生活七个方面综合评价村民生活智慧化程度。

6. 精准治理。精准治理指标用于评价利用信息化手段对村庄进行治理，提升村庄治理水平和效率的情况。本研究从党建管理、村务管理、治安管理、应急管理和生态环境治理五个方面综合评价乡村治理智慧化水平。

7. 产业经营。产业经营指标用于评价村庄产业经营过程中信息化应用水平。本研究从生产管理信息化、服务信息化和电商销售情况三个方面综合评价产业经营信息化程度。

8. 社会反响。社会反响指标用于评价智慧乡村建设的社会效果，本研究从村民参与度和村民满意度两个方面进行衡量。

9. 特色指标。特色指标用于评价村庄智慧乡村建设的特色情况。本研究从是否运营和投融资机制方面具有创新和是否得到了社会的广泛关注两个方面进行衡量。

北京市智慧乡村评估指标体系总体框架如图 9 所示。表 9 和表 10 分别是各具体指标的内涵、计算方法、数据要求和来源。针对北京市智慧乡村发展现状和未来发展趋势，将指标分为核心指标和扩展指标。

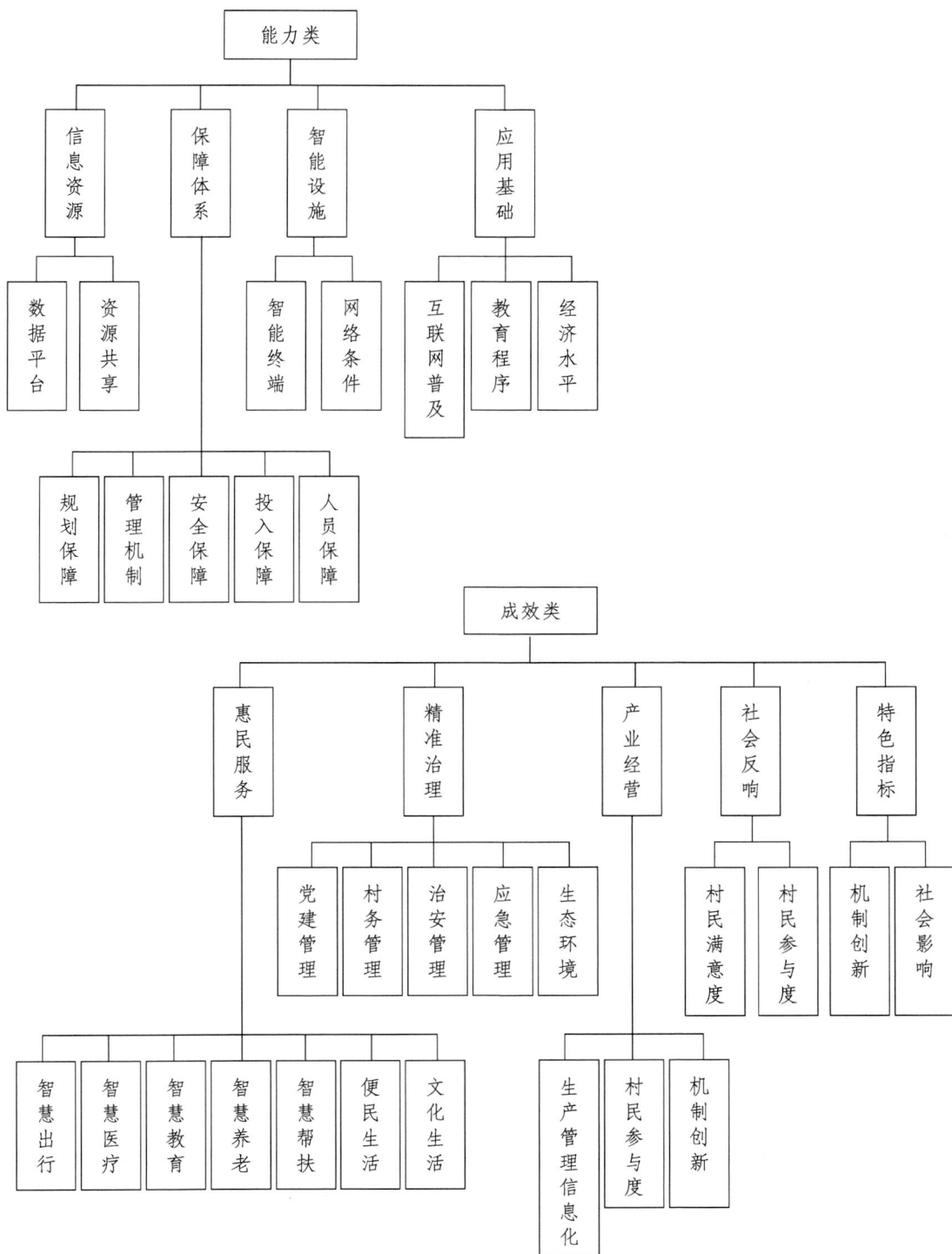

图 9　智慧乡村评估指标体系总体框架

表 9　智慧乡村评估指标指标体系能力类指标设置

一级指标	二级指标	三级指标	指标解释	计算方法	数据要求	数据来源	指标属性（核心/扩展）
信息资源	数据平台	数据平台建设水平	村庄所在区农业农村相关数据是否接入区数据平台统一管理	分项分数：农业农村数据包括相关统计数据、农业遥感信息、农业物联网、大田农业管理、设施农业环境监测、农业自然资源普查、动物疫病监测出、畜产品价格采集、农村土地流转、生产经营主体、农产品质量追溯、农业保险、农业补贴、电子商务、农村金融与农村便民服务等，政策法规、乡村治理和农村便民服务等共21类。每纳入一类得5分，满分100分。超出20类记满分100分。	数据取某一时间点的统计数据，如评价开始前的月末数据	区级问卷调查	核心
	资源共享	区各部门之间以及乡村、镇（乡）、上下级部门之间资源共享情况	反映村（乡）镇各部门间信息资源共享和协调配合情况	分项分数=0.5×b1+0.25×b2+0.25×b3 b1：实现信息资源共享的部门数量÷该区政府部门总数量×100 b2：实现与区（乡）信息资源共享的村庄数÷该镇（乡）总数×100 b3：实现与镇（乡）信息资源共享的村庄数÷该镇村庄总数量×100	实现信息资源共享是指制定了部门权责范围内的信息资源目录，并将非密部门的信息资源全部给予共享其他部门，仅向其他部门计算量信息资源不应计算在内。数据取某一时间点的统计数据，如评价开始前的月末数据	b1：区级问卷调查 b2：区级问卷调查 b3：（乡）问卷调查	扩展
保障体系	规划保障	村庄信息化规划情况	村庄在信息化建设方面的规划情况	分项分数：村庄建设规划中是否有信息化建设相关内容，有得100分；没有得0分	数据取某一时间点的统计数据，如评价开始前的月末数据	村委问卷调查	核心
	管理机制	智慧乡村建设考核与建立专项管理制度	是否将智慧乡村建设纳入政府绩效考核，并建立专项管理制度	分项分数=b1+b2 b1：所在区是否将智慧乡村纳入政府绩效考核：纳入得50分，未纳入得0分 b2：所在区是否建立智慧乡村项目管理制度：建立得50分，未建立得0分	数据取当年数据。即当年智慧乡村建设项目是否纳入当年政府绩效考核按制度进行管理	区级问卷调查	扩展
	安全保障	关键信息基础设施监管情况	村庄对村内关键信息基础设施是否进行持续监管	分项分数：村庄是否定期对关键信息基础设施开展安全检查，每年定期开展检查得100分，否则得0分	数据取某一时间点的统计数据，如评价开始前的月末数据	村委问卷调查	扩展
	投入保障	信息化投入	村庄信息化投入情况	分项分数=该村信息化投入÷所评价村庄年信息化投入最大值×100	村庄信息化投入指自智慧乡村建设以来每年平均费用和自筹建设投入年的政府投入使用年限。数据折旧和某建设投入取一时间段的统计数据，如村庄开展智慧乡村建设以来的年度数据	村委问卷调查	核心

续表

一级指标	二级指标	三级指标	指标解释	计算方法	数据要求	数据来源	指标属性（核心/扩展）
保障体系	人员保障	信息化服务人员	村庄信息化服务人员情况	分项分数＝该村信息化服务人员数量÷所评价村庄信息化服务人员最大值×100	村庄信息化服务人员指村庄内负责信息化设备来维修、视频监控、信息化培训等服务人员，数据取某一时间点的统计数据，如评价开始前的月末数据	村委调查	核心
	智能终端	智能手机拥有率	村庄常住居民智能手机拥有情况	分项分数＝拥有智能手机的村民百分比×100	数据取某一时间点的统计数据，如评价开始前的月末数据	村民问卷调查	核心
		计算机拥有率	村庄常住居民家庭计算机拥有情况	分项分数＝拥有计算机的农村居民家庭百分比×100	数据取某一时间点的统计数据，如评价开始前的月末数据	村民问卷调查	核心
智能设施	网络条件	宽带网络	村庄宽带网络覆盖情况	分项分数＝$0.5 \times b1 + 0.5 \times b2$ b1：村庄内村民家中、生产区域4G网络信号能满足需求，村委会、活动场所4G网络能满足需求，每类满足得25分，总分100分 b2：村庄家庭固定宽带接入能力（Mbps）÷100Mbps×100 比率超过1时按1计	数据取某一时间点的统计数据，如评价开始前的月末数据	b1：村民问卷调查 b2：村委调查	核心
		重点场所Wi-Fi覆盖率	村庄重点场所Wi-Fi覆盖情况	分项分数＝村庄村委会、活动场所和休闲区域Wi-Fi覆盖面积所占百分比×100	村庄重点场所包括村委会、活动的主要公共区域、休闲区域。数据取某一时间点的月末数据，如评价开始前的月末数据	村民问卷调查	核心
应用基础	互联网普及	村民互联网普及率	村民对互联网的利用情况	分项分数＝村庄常住人口中可以通过手机、电脑等终端上网的村民百分比×100	数据取某一时间点的统计数据，如评价开始前的月末数据	村民问卷调查	核心
	教育程度	村民受教育程度	村民受教育情况	分项分数＝受教育程度在高中及以上的农村村民占比×100	数据取某一时间点的统计数据，如上年末统计数据	村委问卷调查	核心
	经济水平	村民收入水平	反映村民生活富裕程度	分项分数＝该村庄人均可支配收入÷所评价村庄人均可支配收入最大值×100	数据取某一时间段的统计数据，如上年度数据	村委问卷调查	核心

表10 智慧乡村评估指标体系成效类指标设置

一级指标	二级指标	三级指标	指标解释	计算方法	数据要求	数据来源	指标属性（核心/扩展）
惠民服务	智慧出行	公共交通可获得性	村庄公共交通工具通达情况	分项分数：村庄是否通公共交通，通得100分，不通得0分。	说明：公共交通包括轨道交通、公共电车、公共汽车等，有一种即算公共交通可以到村庄。数据取某一时间点的统计数据，如评价开始前的月末数据	村委问卷调查	核心
		公交车来时预报情况	村庄公交车提供来车信息实时预报服务情况	分项分数：村庄公交车提供实时预报服务得100分；否则得0分	提供公交车信息实时预报服务的方式包括通过网络、手机、电子站牌等提供信息服务。数据取某一时间点的统计数据，如评价开始前的月末数据	村委问卷调查	扩展
		村民公共交通电子支付使用率	村民乘坐公共交通出行时电子支付的使用情况	分项分数＝使用电子支付的村民数÷乘坐公共交通出行的村民总数×100	电子支付包括一卡通、移动支付、近场通讯支付等方式。公共交通出行包括城市轨道交通、公共汽车等出行方式。数据取某一时间点的统计数据，如评价开始前的月末数据	村民问卷调查	核心
	智慧医疗	二级以上医疗机构电子病历普及率	村庄所在区二级以上医疗机构电子病历的使用和普及情况	分项分数＝所在区已建立电子病历的二级以上医疗机构数÷辖区二级以上医疗机构总数×100	数据取某一时间点的统计数据，如评价开始前的月末数据	区级问卷调查	核心
		预约就诊服务使用情况	村民对网上预约就诊服务的使用情况	分项分数＝使用过网上预约就诊服务的村民百分比×100	预约就诊包括通过电话、网站、手机应用软件等进行预约挂号，在医院现场挂号预约的不计算在内。数据取某一时间点的统计数据，如评价开始前的月末数据	村民问卷调查	核心
		电子健康档案建设水平	村（镇）卫生站电子健康档案的建设情况	分项分数：村（镇）卫生站是否建立了电子健康档案，建立100分，未建立得0分	村庄有卫生站的采用村庄卫生站电子健康档案，村庄没有电子健康档案的采用镇卫生站电子健康档案建设情况。数据取某一时间点的统计数据，如评价开始前的月末数据	村委问卷调查	核心
		远程医疗服务水平	村庄所在区二级以上医疗机构远程医疗系统普及情况	分项分数＝所在区二级以上医疗机构拥有远程医疗系统的二级以上医疗机构数÷辖区内二级以上医疗机构总数×100	数据取某一时间点的统计数据，如评价开始前的月末数据	区级问卷调查	扩展

续表

一级指标	二级指标	三级指标	指标解释	计算方法	数据要求	数据来源	指标属性（核心/扩展）
惠民服务	智慧教育	学校多媒体教室普及率	村庄所在区学校多媒体教学设备的普及情况	分项分数＝村庄所在区全部配备多媒体教学设备的学校数÷学校总数×100	学校范围为中小学校，数据取某一时间点的统计数据，如评价开始前的月末数据	区级问卷调查	扩展
		远程教育平台普及率	村庄所在区远程教育平台的普及情况	分项分数＝村庄所在区拥有远程教育平台的学校数÷学校总数×占比（%）	学校范围为中小学校。数据取某一时间点的统计数据，如评价开始前的月末数据	区级问卷调查	扩展
		就业与培训服务信息化水平	村民通过互联网获得就业与培训服务信息化的情况	分项分数＝通过互联网获得就业与培训服务的村民百分比×100	数据取某一时间点的统计数据，如评价开始前的月末数据	村民问卷调查	核心
	智慧养老	远程监控普及率	对老人的日常生活进行远程监控的情况	分项分数＝实现日常生活远程监控的老人百分比×100	对老人的日常生活进行远程监控是指利用物联网技术，通过各类传感器，实时获取老人的日常生活信息。老人指年龄在65岁及以上的人群。数据取某一时间点的统计数据，如评价开始前的月末数据	村民问卷调查	扩展
		实时健康监测普及率	对老人的基本健康数据进行实时监测的情况	分项分数＝实现老人的基本健康数据实时监测的老人百分比×100	对老人的进行实时健康监测是指使用手环式血压计、手表式GPS定位仪、智能腕表实时获取老人血压、血氧、心率等基本健康数据。老人指年龄65岁及以上的人群，如评价开始前的月末数据取某一时间点的统计数据	村民问卷调查	扩展
	智慧帮扶	困难户电子信息档案	利用信息化手段对困难家庭信息进行管理和帮扶情况	分项分数＝0.5×b1+0.5×b2 b1：村庄低收入信息档案建档数量÷低收入家庭总数×100 b2：低保户电子信息档案建档率＝低保户已实现电子信息档案建档的低保户数量÷低保户总数×100	低收入家庭电子信息档案建档是指低收入户家庭信息已建立电子信息档案并入区扶贫信息网络系统。低保户电子信息档案建档是指低保户基本信息和申请所附主要电子信息档案相关材料均实现电子信息档案。数据取某一时间点的统计数据，如评价开始前的月末数据	村委问卷调查	核心

续表

一级指标	二级指标	三级指标	指标解释	计算方法	数据要求	数据来源	指标属性（核心/扩展）
惠民服务	智慧帮扶	一老一小服务的可获得性	村庄针对老人或小孩获得的服务情况	分项分数：村庄是否有针对老人或小孩的相关服务机构或设施，有得100分，没有得0分	一老一小服务主要指村庄针对村内老人和小孩的实际需求提供相关服务，为老人和小孩提供便利。针对老人的服务机构或设施包括养老驿站、老年活动中心、老年餐厅等；针对小孩的服务机构或设施包括幼儿园、托儿所、中小学生的公益课业辅导等。服务形式和内容不限于以上这些，有一种即为有。数据取某一时间点的月末数据	村委问卷调查	核心
	便民服务	快递网点建设水平	快递到村情况	分项分数：快递是否能到村，到村得100分，不到得0分	数据取某一时间点的月末数据	村委问卷调查	核心
		日常生活服务便捷化程度	村民通过互联网获得网购、网上缴费等便捷化服务的情况	分项分数＝村庄有网购或网上缴费行为的农村居民家庭占比×100	通过家人、朋友、信息服务站获得相关服务也包括在内。数据取某一时间点的统计数据，如评价开始的月末数据	村民问卷调查	核心
		房屋租赁管理电子化水平	利用信息化手段对房屋租赁进行管理的情况	分项分数＝房屋租赁业务登记管理的电子化百分比×100	数据取某一时间点的统计数据，如评价开始前的月末数据	村委问卷调查	核心
	文化生活	通过互联网获取文化信息水平	村民通过互联网获取文化信息的情况	分项分数＝可以通过互联网获得文化信息的村民百分比×100	文化信息包括电子图书、报刊杂志、科普知识、影视、文艺演出、传统文化等。数据取某一时间点的统计数据，如评价开始前的月末数据	村民问卷调查	核心
精准治理	党建管理	基层党员远程教育系统应用水平	村庄利用信息化手段开展党员远程教育的情况	分项分数：是否有基层教育系统，有得100分，没有得0分	数据取某一时间点的统计数据，如评价开始前的月末数据	村委问卷调查	核心
		基层党员管理信息系统应用水平	村庄利用信息化手段对党员管理的情况	分项分数：是否有基层党员管理信息系统，有得100分，没有得0分	数据取某一时间点的统计数据，如评价开始前的月末数据	村委问卷调查	核心

续表

一级指标	二级指标	三级指标	指标解释	计算方法	数据要求	数据来源	指标属性（核心/扩展）
精准治理	党建管理	基层党员远程教育系统应用水平	村庄利用信息化手段开展党员远程教育的情况	分项分数：是否有基层党员远程教育系统，有得100分，没有得0分	数据取某一时间点的统计数据的月末数据	村委问卷调查	核心
		基层党员管理信息系统应用水平	村庄利用信息化手段对党员进行管理的情况	分项分数：是否有管理信息系统，有得100分，没有得0分	数据取某一时间点的统计数据的月末数据	村委问卷调查	核心
	村务管理	三资管理信息化水平	村庄利用信息化手段对三资进行管理的情况	三资包括农村集体经济中的资金、资产、资源三类。分项分数=上述三类中村庄实现信息化管理的类别数÷3×100	数据取某一时间点的统计数据的月末数据	村委问卷调查	核心
		三务公开信息化水平	村庄利用信息化手段公开三务的情况	分项分数：村庄是否利用信息化手段公开三务，利用得100分，未利用得0分	三务指村庄党务、村务、财务。利用信息化手段公开的方式包括村网站、微信公众号、微信群、电子屏等。数据取某一时间点开始前的月末数据。	村委问卷调查	核心
		人口管理信息化水平	村庄利用信息化手段对人口进行管理的情况	分项分数：村庄是否利用信息化手段对人口进行管理，利用得100分，未利用得0分	数据取某一时间点的统计数据的月末数据	村委问卷调查	核心
		文书档案管理电子化水平	村庄利用信息化手段对文书档案进行管理的情况	分项分数=实现电子化的村庄文书档案数量÷村庄文书档案总数量×100	数据取某一时间点的统计数据的月末数据	村委问卷调查	核心
	治安管理	公共安全视频资源采集和覆盖情况	村庄重点公共区域视频监控建设与应用情况	分项分数=0.5×b1+0.5×b2 b1：村庄重点公共区域是否覆盖主要干道，村委会等重点公共区域，如是则得100分，否则为0分；b2：村庄重点公共区域安装的摄像头完好率得分=村庄重点公共区域完好摄像机数量÷村庄重点公共区域公共摄像头总数量×100	数据取某一时间点开始前的月末数据	村委问卷调查	核心
		公共安全视频监控资源联网和共享程度	村庄治安视频监控系统是否与镇（乡）、区互联	分项分数=b1+b2 b1：是否与镇（乡）互联，如果是得50分，否则0分；b2：是否与区互联，如果是得50分，否则0分	数据取某一时间点的统计数据的月末数据	村委问卷调查	核心

续表

一级指标	二级指标	三级指标	指标解释	计算方法	数据要求	数据来源	指标属性（核心/扩展）
	应急管理	突发事件应急响应速度	村庄对自然灾害、重大疫情突发事件应急响应的及时响应程度	分项分数：村庄突发事件响应所需时间：实时应得100分，10分钟以内得75分，10分钟到半小时得50分，半小时到半天得25分，半天以上得0分。	数据取某一时间点的统计数据，如评价开始前的月末数据	村委问卷调查	核心
	生态环境	生态环境质量监测水平	村庄利用信息化手段对村庄生态环境质量实施监测的情况	分项分数：生态环境质量主要包括空气质量、水环境质量、土壤环境质量和生态状况4大类指标。村庄利用通过信息化手段每监测信息一类得25分，满分100分。	数据取某一时间点的统计数据，如评价开始前的月末数据	村委问卷调查	核心
产业经营	生产管理信息化	主导、特色产业生产管理信息化水平	主导/特色产业主导经营主体在生产管理过程中应用信息技术的情况	分项分数=在生产管理过程中应用信息技术的经营主体百分比×100	主导/特色产业指在当地社会经济中占据突出地位的产业，或者具有突出特色的产业。每个村庄选择一个突出特色的产业。产业包括大田种植业、养殖业、林果业、设施园艺、休闲观光、房地产业等。经营主体包括村域范围内该产业所有类型的经营主体，农户、合作社、企业等都包括在内。数据取某一时间点的统计数据，如评价开始前的月末数据	经营主体问卷调查	核心
	农业生产信息化服务信息化应用水平		村庄利用信息化手段进行农技推广、农机服务、农资管理、信息化手段开展农业生产服务情况	分项分数：村庄是否应用信息化手段进行农技推广、农机服务、农资管理、利用信息化手段开展上述服务的数量÷3×100分	数据取某一时间点的统计数据，如评价开始前的月末数据	村委问卷调查	核心
	电商销售	主导、特色产业电子商务应用水平	生产经营主体利用电子商务进行销售的情况	分项分数=采用互联网进行销售的经营主体百分比×100分	电子商务是信息网络技术为手段，以商品交换为中心的商务活动。既包括经营主体自建网店、微商店或商务销售进行的第三方电商平台进行销售，也包括经营主体入驻第三方电商平台进行销售。单纯通过网络进行宣传而没有产品交易行为的不包括在内。经营主体包括村域范围内该产业所有类型的经营主体，农户、企业、合作社、农户等都包括在内，如评价开始前的时间点的统计数据，如评价开始前	经营主体问卷调查	核心

续表

一级指标	二级指标	三级指标	指标解释	计算方法	数据要求	数据来源	指标属性（核心/扩展）
社会反响	村民满意度	村民对智慧乡村建设效果的满意程度	村庄智能设施、精准治理服务、惠民服务等方面能否满足需求，乡村治理是否便捷、建设效果是否显著等方面满足村民的实际需求	从智能设施能否满足需求、惠民服务是否便捷、乡村治理是否有效等方面，采用李克特5分量表对村民的体验满意度进行统计。分项分数＝各项平均分÷5×100	数据取某一时间点的统计数据，如评价开始前的月末数据	村民问卷调查	核心
	村民参与度	村庄微信号（微信公众号）关注（加入）人数	村庄微信公众号（微信群）应用效果情况	分项分数＝村庄微信公众号关注人数或微信群加入人数÷村庄常住居民家庭户数×100，村庄常住居民家庭户数比率大于1时按1计	数据取某一时间点的统计数据，如评价开始前的月末数据。村庄常住居民家庭户数取上一年的统计数据	村委问卷调查	核心
特色指标	机制创新	运营机制创新	村庄在运营方面的创新情况	分项分数＝b1+b2 b1：是否有第三方运营：有得50分，无得0分 b2：是否建立信息化项目可持续运营机制：有得50分，无得0分	数据取某一时间点的统计数据，如评价开始前的月末数据	村委问卷调查	扩展
		投融资机制创新	村庄在智慧乡村建设过程中投融资机制的创新情况	分项分数＝村庄自筹金额÷建设总投资金额×100	数据取某一时间点的统计数据，如评价开始前的月末数据	村委问卷调查	扩展
	社会影响	年接待学习考察人次	反映村庄智慧乡村建设成效得到社会关注的情况	分项分数＝村庄学习考察人次÷所评价村庄接待其他单位人员人次最大值×100	数据取某一时间段的统计数据，如上一年的年度数据	村委问卷调查	扩展

（四）北京市智慧乡村指标体系评价方法

1. 指标权重确定方法。针对本课题设计的北京市智慧乡村评估指标体系，课题组对各指标的权重确定采用等值权重，因此 9 个一级指标的权重分别为 1/9，具体指标的权重同样采用等值权重确定。

2. 数据标准化。在具体计算中，本课题采用比值法对指标进行无量纲化。该方法首先选取一个评价基数值，把被评价方案的指标实际数据与其相比，从而得到一个比例系数。

$$Pi=C_i/C_0$$

其中，C_0 为标准值。

考虑到北京市智慧乡村的发展阶段，接下来主要对上述核心指标和部分扩展指标进行应用评价。用于接下来评价的各级指标权重与标准值如表 11 所示。

表 11　各级指标权重与标准值

一级指标及权重	二级指标及权重	三级指标及权重	标准值
信息资源（1/9）	数据平台	数据平台建设水平	100
保障体系（1/9）	规划保障（1/5）	村庄信息化规划情况	100
	管理机制（1/5）	智慧乡村建设管理机制	100
	安全保障（1/5）	关键信息基础设施监管情况	100
	投入保障（1/5）	信息化投入	样本最大值
	人员保障（1/5）	信息化服务人员	样本最大值
智能设施（1/9）	智能终端（1/2）	智能手机拥有率（1/2）	100%
		计算机拥有率（1/2）	100%
	网络条件（1/2）	宽带网络（1/2）	100
		重点场所 Wi-Fi 覆盖率（1/2）	100%
应用基础（1/9）	互联网普及（1/3）	村民互联网普及率	100%
	教育程度（1/3）	村民受教育程度	100%
	经济水平（1/3）	村民收入水平	样本最大值
惠民服务（1/9）	智慧出行（1/6）	公共交通可获得性（1/2）	100
		村民公共交通乘车电子支付使用率（1/2）	100%
	智慧医疗（1/6）	预约就诊服务使用情况（1/2）	100%
		电子健康档案建设水平（1/2）	100
	智慧教育（1/6）	就业与培训服务信息化水平	100%
	智慧帮扶（1/6）	困难户电子信息档案建档率（1/2）	100%
		一老一小服务的可获得性（1/2）	100
	便民服务（1/6）	快递网点建设水平（1/3）	100
		日常生活服务便捷化程度（1/3）	100%
		房屋租赁管理电子化水平（1/3）	100%
	文化生活（1/6）	通过互联网获取文化信息水平	100%

一级指标及权重	二级指标及权重	三级指标及权重	标准值
精准治理（1/9）	党建管理（1/5）	基层党员远程教育系统应用水平（1/2）	100
		基层党员管理信息系统应用水平（1/2）	100
	村务管理（1/5）	三资管理信息化水平（1/4）	100%
		三务公开信息化水平（1/4）	100
		人口管理信息化水平（1/4）	100
		文书档案管理电子化水平（1/4）	100%
	治安管理（1/5）	公共安全视频资源采集和覆盖情况（1/2）	100
		公共安全视频监控资源联网和共享程度（1/2）	100
	应急管理（1/5）	突发事件应急响应速度	100
	生态环境（1/5）	生态环境质量监测水平	4
产业经营（1/9）	生产管理信息化（1/3）	主导、特色产业生产管理信息化水平	100%
	服务信息化（1/3）	农技推广服务信息化应用水平	3
	电商销售（1/3）	主导、特色产业电子商务应用水平	100%
社会反响（1/9）	村民满意度（1/2）	村民对智慧乡村建设效果的满意程度	5
	村民参与度（1/2）	村庄微信公众号关注人数	村庄常住居民家庭户数
特色指标（1/9）	机制创新（1/2）	运营机制创新（1/2）	100
		投融资机制创新（1/2）	100
	社会影响（1/2）	年接待学习考察人次	样本最大值

3. 综合指数合成。权重确定后，采用简单线性加权的方法对每个具体指标的标准化数据进行计算，分别得出各子项指数，然后通过各个子项指数加权平均计算得出总指数。具体公式如下：

$$ISC = \sum_{i=1}^{n} W_i P_i$$

其中，ISC 为北京市智慧乡村评估指标体系综合指数的数值，n 是北京市智慧乡村指标体系指数的类别数，W_i 为第 i 类指数在总指数中的权重，P_i 为第 i 类指数的值。

4. 数据来源。本课题设计的北京市智慧乡村评估指标体系所用的数据来自针对区级、村委、经营主体和村民等多个主体的问卷调查，通过多主体、多角度的数据获取，实现对北京市典型村庄智慧乡村发展水平的综合、客观评价。

五、基于典型村庄的北京智慧乡村评估指标体系应用评价

（一）问卷设计与样本选择

1. 问卷设计。根据北京市智慧乡村建设运营情况，问卷设计从区级和村级两个层面展

开。区级调查对象为负责或参与区智慧乡村建设项目的领导或工作人员。村级调查对象包括村委会、村民家庭和村生产经营主体。据此，课题组设计了区级、村委会、村民和经营主体四份调查问卷。

（1）区级问卷。区级问卷主要是为了对村庄所在区数据平台建设水平和智慧乡村建设管理机制进行评价。针对各区智慧乡村建设的基本情况、组织管理、建设情况、公共服务信息化情况、未来建设需求等五个方面设计问卷。

（2）村委会问卷。村委会问卷主要是为了对村庄智慧乡村建设内容与成效进行评价。针对村庄基本情况、智慧乡村建设基本情况、村庄网络设施基本情况、产业经营信息化情况、乡村治理信息化应用情况、惠民服务情况和未来建设需求情况等七个方面设计问卷。

（3）村民家庭问卷。村民家族问卷主要是为了对村民生产生活中信息化应用水平和村民满意度进行评价。针对村民基本情况、村民网络设施应用情况、村民生产经营活动信息化情况、村民参与村庄乡村治理信息化应用情况、村民日常生活信息化应用情况、村民对智慧乡村建设的满意度情况与村庄建设需求情况七个方面设计问卷。

（4）经营主体问卷。经营主体问卷主要是为了对生产经营中信息化应用水平进行评价。针对经营主体基本情况、农业社会化服务信息化情况、生产管理信息化情况、电子商务应用情况和未来需求情况等五个方面设计问卷。

2. 样本选择。为对所设计的北京市智慧乡村评估指标体系应用可行性进行验证，课题组选择了北京市智慧乡村建设的典型村庄进行应用评价，所选择样本覆盖多个区，包括山区、平原区和城乡接合部多种自然地理特征乡村，涉及多个智慧乡村建设起始年份、处于不同建设运营阶段的村庄。考虑到北京市有些村庄已经没有农业相关产业，而有些村庄仍然保有农业相关产业，课题组选择了有农业相关产业和无农业相关产业的村庄分别进行评价，具体样本选择如表12所示。每个村庄抽取20个村民家庭进行调查。在基于典型村的指标体系应用评价以完善指标体系之后，下一步将对北京市所有开展智慧乡村建设的村庄进行调查，对北京市智慧乡村发展水平进行综合评价。

表 12　问卷调查样本选择

所在区	村庄	自然地理特征	是否种养殖或休闲农业	建设开始年份
门头沟区	妙峰山镇陈家庄	山区	否	2018
丰台区	卢沟桥乡周庄子村	城乡结合部	否	2014
	卢沟桥乡小瓦窑村	城乡结合部	否	2016
大兴区	青云店镇东辛屯	平原区	否	2016
	青云店镇东大屯	平原区	是	2015
	青云店镇西鲍村	平原区	是	2017
密云区	溪翁庄镇尖岩村	山区	否	2017
顺义区	北务镇林上村	平原区	是	2015
平谷区	峪口镇西营村	山区	是	2016
怀柔区	宝山镇下坊村	山区	是	2016

（二）总指数测算结果

利用指标体系对典型村智慧乡村发展水平的测算结果如表 13 所示。没有种养殖或休闲农业产业的五个村庄智慧乡村发展总指数平均为 56.4，其中周庄子村的总指数最高，达到 66.8，尖岩村总指数最低，为 45.5。有种养殖或休闲农业的五个村庄智慧乡村发展总指数平均为 47.5，其中下坊村的总指数最高，达到 53.1，西鲍村的总指数最低，为 42.2。

表 13 样本村智慧乡村发展水平测算结果

		无产业村庄				有产业村庄				
		陈家庄	周庄子村	小瓦窑村	东辛屯	尖岩村	林上村	西营村	东大屯	西鲍村	下坊村
总指数		61.4	66.8	54.0	54.4	45.5	48.6	45.7	48.1	42.2	53.1
分类指数	信息资源	65	0	0	25	10	0	0	25	25	5
	保障体系	66	76	58	44	68	46	26	46	41	43
	智能设施	74	95	76	87	42	54	41	71	51	52
	应用基础	57	91	63	64	31	61	46	64	48	32
	惠民服务	64	83	72	76	70	76	66	66	47	67
	精准治理	70	55	57	82	75	62	75	60	60	75
	产业经营	—	—	—	—	—	41.1	62.2	22.2	0.0	80.0
	社会反响	71	100	42	53	48	83	50	69	81	82
	特色指标	25	35	65	5	21	16	45	11	27	42

注：无产业村庄各分类指数的权重为 1/8。

（三）分类指数分析

1. 能力指数和成效指数。对样本村智慧乡村发展能力指数和成效指数的测算发现，总体上成效指数高于能力指数，样本村接下来需要加强智慧乡村发展能力建设，以促进智慧乡村进一步发展。其中西营村和下坊村能力指数较低，远远低于成效指数，提升智慧乡村发展能力的空间较大。周庄子村能力指数和成效指数均达到 65 以上，智慧乡村发展水平较高。陈家庄村、东辛屯村和东大屯村能力指数略高于成效指数，随着智慧乡村发展潜力的进一步释放，智慧乡村发展水平将进一步提升。

表 14 样本村智慧乡村发展能力指数和成效指数

	陈家庄	周庄子村	小瓦窑村	东辛屯	尖岩村	林上村	西营村	东大屯	西鲍村	下坊村
能力指数	65.5	65.5	49.2	54.8	37.7	40.0	28.2	51.3	41.2	32.9
成效指数	57.3	68.1	58.8	53.9	53.3	55.5	59.6	45.4	42.9	69.1

2. 分类指数平均水平。对无产业和有产业两类村庄的分类指数平均水平进行测算发现，总体上精准治理、惠民服务和社会反响指数较高，在两类村庄的分类指数平均水平中，均达到 60 以上。而信息资源和特色指标指数较低，说明目前区级数据平台对农业农

村相关数据的整合应用还较少，样本村智慧乡村可持续建设运营机制还需完善，智慧乡村建设的社会影响力整体较小。

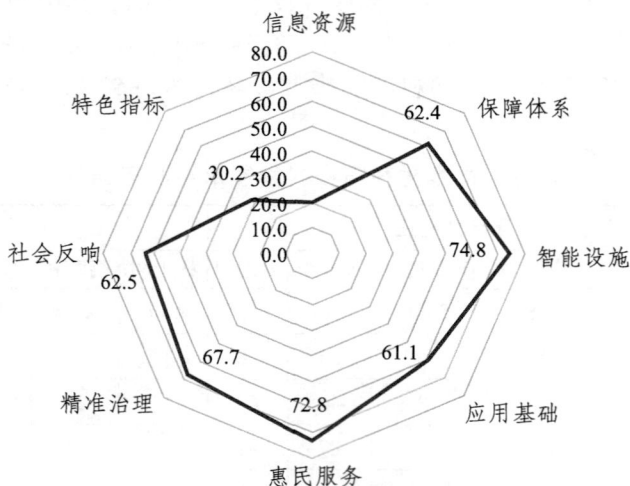

图 10　无产业村庄分类指数平均水平

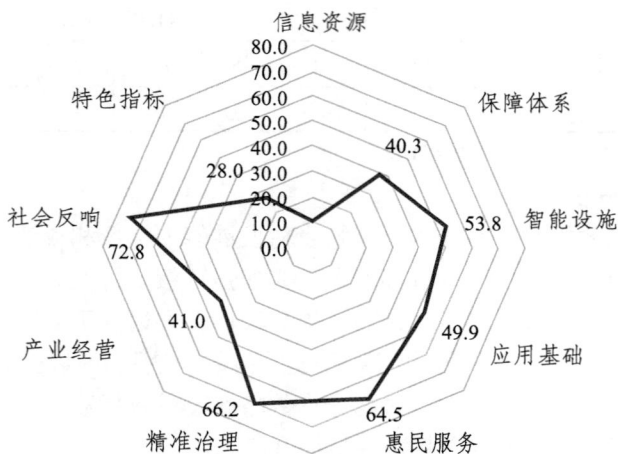

图 11　有产业村庄分类指数平均水平

3. 样本村分类指数比较。为更具体地分析样本村各方面的建设运营情况，表 15 至表 23 统计了 10 个样本村二级指标的具体情况。

（1）信息资源。样本村所在区的数据平台建设水平总体较低，区之间差异较大，门头沟区数据平台建设水平较高，丰台区、顺义区和平谷区数据平台建设水平较低。

表 15　样本村信息资源指数

一级指标	二级指标	门头沟	丰台区	丰台区	大兴区	密云区	顺义区	平谷区	大兴区	大兴区	怀柔区
		陈家庄	周庄子村	小瓦窑村	东辛屯	尖岩村	林上村	西营村	东大屯	西鲍村	下坊村
信息资源	数据平台	65	0	0	25	10	0	0	25	25	5

（2）保障体系。保障体系方面，指数最高的是周庄子村，最低的是西营村。各子项指数中，样本村安全保障和规划保障方面做得整体较好，有 9 个村庄均每年定期对关键信息基础设施开展安全检查，有 8 个村庄将信息化纳入了村庄建设规划中。门头沟区、密云区、顺义区将智慧乡村建设纳入政府绩效考核，并建立了项目管理制度，丰台区建立了智慧乡村项目管理制度，但未将智慧乡村建设纳入政府绩效考核。大兴区、平谷区、怀柔区尚未建立智慧乡村建设管理机制。在智慧乡村人员和资金投入方面村庄之间差异较大。

表 16　样本村保障体系指数

一级指标	二级指标	陈家庄	周庄子村	小瓦窑村	东辛屯	尖岩村	林上村	西营村	东大屯	西鲍村	下坊村
保障体系	规划保障	100	100	100	100	100	100	100	100	100	100
	管理机制	100	50	50	0	100	100	0	0	0	0
	安全保障	100	100	100	100	100	0	100	100	100	100
	投入保障	10	100	10	8	21	9	9	18	5	7
	人员保障	20	30	30	10	20	20	20	10	100	10
	合计	66.0	76.0	58.0	43.7	68.2	45.8	25.8	45.6	41.0	43.4

（3）智能设施。智能设施方面，指数最高的是周庄子村，最低的是西营村。各子项指数中，总体上智能终端指数较高，说明在样本村智能手机和计算机普及程度较高，而网络条件差异较大，西营村和西鲍村网络条件指数较低，低于 20，说明这两个村庄亟须加强基础网络设施，改善网络条件。

表 17　样本村智能设施指数

一级指标	二级指标	陈家庄	周庄子村	小瓦窑村	东辛屯	尖岩村	林上村	西营村	东大屯	西鲍村	下坊村
智能设施	智能终端	50	100	85	93	35	85	65	80	85	55
	网络条件	98	90	68	81	49	22	18	63	18	48
	合计	73.8	95.0	76.3	86.9	41.9	53.5	41.3	71.3	51.3	51.6

（4）应用基础。应用基础方面，指数最高的是周庄子村，最低的是尖岩村。各子项指数中，互联网普及率总体较高，说明大部分村民可以在日常生活中利用互联网；教育程度总体较低，平均指数仅为 42，制约了村民信息化意识和应用，这与前文中北京市农村居民信息化意识和应用能力较弱相符。村庄间经济水平差异较大。尖岩村和下坊村互联网普及率较低，可能与村民受教育程度和经济水平较低有关。

表 18　样本村应用基础指数

一级指标	二级指标	陈家庄	周庄子村	小瓦窑村	东辛屯	尖岩村	林上村	西营村	东大屯	西鲍村	下坊村
应用基础	互联网普及	60	100	60	90	10	90	50	80	60	30
	教育程度	54	78	27.8	45	50	40	40	50	30	10
	经济水平	58	95	100	57	32	53	47	61	53	55
	合计	57.3	90.9	62.6	63.9	30.7	60.9	45.8	63.5	47.5	31.8

（5）惠民服务。惠民服务方面，指数最高的是周庄子村，最低的是西鲍村。各子项指数中，智慧出行、智慧帮扶和文化生活指数总体较高，智慧医疗和智慧教育指数总体较低。具体而言，村民日常出行用一卡通的比例较高，部分村庄还未通公交车。西鲍村和小瓦窑村村民使用预约就诊服务的比例还较低。

表 19　样本村惠民服务指数

一级指标	二级指标	陈家庄	周庄子村	小瓦窑村	东辛屯	尖岩村	林上村	西营村	东大屯	西鲍村	下坊村
惠民服务	智慧出行	100	100	100	50	100	100	50	100	50	98
	智慧医疗	90	100	36	75	55	68	45	75	25	58
	智慧教育	0	71	19	50	10	15	85	50	50	40
	智慧帮扶	100	50	100	100	100	100	75	0	50	100
	便民服务	53	100	80	98	53	80	46	87	27	33
	文化生活	40	75	95	82	100	95	95	82	82	75
	合计	63.9	82.7	71.7	75.9	69.7	76.3	65.9	65.6	47.3	67.2

（6）精准治理。精准治理方面，指数最高的是东辛屯，最低的是周庄子村。各子项指数中，总体上党建管理指数和应急管理指数较高，生态环境指数较低，说明目前总体上，样本村对于生态环境的信息化监测方面做得较少，而东辛屯在生态环境监测方面做得较好，对村庄空气质量、水环境质量、土壤环境质量和生态状况均进行了监测。

表 20　样本村精准治理指数

一级指标	二级指标	陈家庄	周庄子村	小瓦窑村	东辛屯	尖岩村	林上村	西营村	东大屯	西鲍村	下坊村
精准治理	党建管理	100	50	50	100	100	100	100	100	100	100
	村务管理	100	75	58	50	100	33	28	50	30	74
	治安管理	75	50	50	60	75	50	70	75	71	100
	应急管理	75	75	100	100	50	100	100	75	100	25
	生态环境	0	25	25	100	50	25	75	0	0	75
	合计	70.0	55.0	56.5	82.0	75.0	61.5	74.5	60.0	60.2	74.9

（7）产业经营。产业经营方面，下坊村和西营村产业经营信息化指数较高，均达到60以上，东大屯和西鲍村产业经营信息化指数较低，其中西鲍村产业经营中还未应用信

息化手段进行生产管理、服务和销售。

表 21　样本村产业经营信息化指数

一级指标	二级指标	林上村	西营村	东大屯	西鲍村	下坊村
产业经营	生产管理信息化	40	80	0	0	70
	服务信息化	33	67	67	0	100
	电商销售	50	40	0	0	70
	合计	41.1	62.2	22.2	0.0	80.0

（8）社会反响。社会反响方面，指数最高的是周庄子村，达到99.5，西鲍村和下坊村社会反响指数也较高，达到了80以上。从各子项指数来看，村民对智慧乡村建设的满意程度总体较高，平均为83。

表 22　样本村社会反响指数

一级指标	二级指标	陈家庄	周庄子村	小瓦窑村	东辛屯	尖岩村	林上村	西营村	东大屯	西鲍村	下坊村
社会反响	村民满意度	81	99	84	77	77	74	83	77	86	89
	村民参与度	60	100	0	29	18	92	18	60	75	75
	合计	70.5	99.5	41.9	52.9	47.6	82.8	50.4	68.5	80.5	82.0

（9）特色指标。特色指标方面，指数最高的是小瓦窑村，最低的是东辛屯。总体上，除小瓦窑村该指数超过60以外，其他村该指数均低于50。说明总体上样本村在运营和投融资机制创新方面还需要进一步加强。

表 23　样本村特色指标

一级指标	二级指标	陈家庄	周庄子村	小瓦窑村	东辛屯	尖岩村	林上村	西营村	东大屯	西鲍村	下坊村
特色指标	机制创新	50	70	30	0	25	15	50	5	50	75
	社会影响	0	0	100	10	17	17	40	17	3	8
	合计	25.0	35.0	65.0	5.0	20.8	15.8	45.0	10.8	26.7	41.7

（四）小结

基于调研数据对北京市典型智慧乡村发展水平的测算表明，无产业村庄智慧乡村发展总指数平均为56.4，最高为周庄子村66.8，最低为尖岩村45.5；有产业村庄智慧乡村发展总指数为47.5，最高为下坊村53.1，最低为西鲍村42.2。总体上样本村成效指数高于能力指数，样本村接下来需要加强智慧乡村发展能力建设，以促进智慧乡村进一步发展。分类指数中，精准治理、惠民服务和社会反响指数较高，信息资源和特色指标指数较低，说明信息资源、可持续运营机制还需要进一步完善，智慧乡村建设的社会影响力整体较小。

区域比较方面，样本村所在区之间差异较大，门头沟区数据平台建设水平较高。门头沟区、密云区、顺义区将智慧乡村建设纳入政府绩效考核，并建立了项目管理制度，丰台区建立了智慧乡村项目管理制度，但未将智慧乡村建设纳入政府绩效考核。大兴区、平谷区、怀柔区尚未建立智慧乡村建设管理机制。

对样本村分类指数的测算发现，智能设施方面，总体智能终端指数较高，而网络条件差异较大。应用基础方面，互联网普及率总体较高，而教育程度总体较低，制约了村民信息化意识和应用。惠民服务方面，智慧出行、智慧帮扶和文化生活指数总体较高，智慧医疗和智慧教育指数总体较低。精准治理方面，总体上党建管理指数和应急管理指数较高，生态环境指数较低。产业经营方面，下坊村和西营村产业经营信息化指数较高，东大屯和西鲍村产业经营信息化指数较低。社会反响方面，村民对智慧乡村建设的参与和满意程度总体较高。特色指标方面，总体上样本村在运营和投融资机制创新方面还需要进一步加强。

六、结论与对策建议

（一）主要结论

1. 北京市智慧乡村发展迅速，建设模式和成效突出。通过对北京市智慧乡村建设现状与建设模式的分析发现，北京市政府对智慧乡村建设的支持力度持续增强，通过示范引领和整体推进开展智慧乡村建设，从基础设施、生产经营、乡村治理和公共服务四个方面进行建设，建设内容丰富，建设成效逐渐得以显现。经过几年的实践，涌现出多种智慧乡村建设模式，可以总结凝练成以门头沟陈家庄村为代表的智慧治理建设模式、以顺义区绿兴特食用菌合作社和北郎中村设施花卉为代表的智慧生产建设模式、以怀柔区下坊村为代表的智慧旅游建设模式、以大兴区赵庄子村为代表的智慧生活建设模式等四类建设模式。这四类建设模式在北京市京郊智慧乡村建设中得到广泛应用，应用成效突出。

2. 顶层设计有助于智慧乡村快速发展，有效集约资源。通过调研发现，北京、贵州、海南在智慧乡村建设过程中均注重顶层设计。北京市发布了《北京智慧乡村建设指南（试行）》，提出了全市智慧乡村的建设目标与建设指标，以指导全市智慧乡村建设。贵州省农委通过构建农业大数据发展总体架构，对大数据的"统一标准、统一数据、统一管理"，自上而下、统筹协调发展农业大数据。海南省政府结合产业特点，提出建设"互联网农业小镇"，成功探索出了石山镇"1+2+N"的发展模式，并在海南省推广。通过顶层设计，可以有效避免资源浪费及重复建设等问题，在省级顶层设计的推动下，北京、贵州和海南智慧乡村实现了快速发展。

3. 精准治理、惠民服务和社会反响方面建设成效较好，发展机制亟待完善。对北京市智慧乡村发展水平进行评估需要综合考虑发展能力、成效与发展阶段。基于此，本研究从能力和成效两个方面构建综合评价北京市智慧乡村发展水平的评估指标体系，并针对北京市智慧乡村发展现状和未来发展趋势，将指标分为核心指标和扩展指标。利用北京市10个典型智慧村庄的问卷调查数据，对设计的智慧乡村评估指标体系进行应用评价发现，总体上样本村智慧乡村发展成效指数高于能力指数。成效类指数中，在精准治理、惠民服务和社会反响方面建设成效总体较好，样本村这三类指数平均值均高于60。特色指标平均值仅为29.2，目前智慧乡村建设资金主要来自政府转移支付，社会资源参与较少，基层积极性调动不足，限制了智慧乡村建设水平与发展速度。因此，未来在智慧乡村建设过程中，需要进一步加强投融资和运营机制创新，促进智慧乡村可持续发展。

4. 智能设施总体较好，信息资源、保障体系、应用基础等发展能力仍需增强。在能力类指数中，智能设施总体较好，样本村智能设施指数平均值达到 64.3，但村庄间网络条件差异较大，部分村庄（例如西营村和西鲍村）网络条件指数仍低于 20，亟须改善网络条件。保障体系指数平均值为 51.4，其中规划保障和安全保障做得较好，但部分区还未建立智慧乡村管理机制，村庄间信息化人员和资金投入差异较大。应用基础指数平均值为 55.7，互联网普及率总体较高，但教育程度较低。调研中发现北京乡村老龄化现象也非常普遍。这些严重制约了信息化技术和产品在乡村的应用推广与普及。样本村信息资源指数平均值仅为 15.5，数据平台建设水平总体较低，除门头沟区外，其他 6 个区该指数均低于 60 分。因此，未来智慧乡村建设过程中，仍需进一步加强智能设施、信息资源、保障体系、应用基础等智慧乡村发展能力建设。综合而言，设计的指标体系可以反映所评价村庄智慧乡村发展水平，反映取得的成效、薄弱点和未来发展的需求，可以为其智慧乡村发展提供方向指导。

（二）对策建议

1. 加强政府引导，开展智慧乡村顶层设计，覆盖农业农村全领域。为促进北京智慧乡村发展，应加强政府引导、加快开展顶层设计，从全局角度，对智慧乡村建设任务及项目的各方面、各层次、各要素统筹规划，以集中有效资源，高效快捷地实现建设目标。

一是以政府为主导，自上而下统筹发展。应加强政府引导，综合北京各农村发展现状、发展需求，重点研究和协调各乡村空间利用的科学性，在全市范围内统筹制定智慧乡村发展规划和布局，实现统一的建设标准、统一的工程管理，有效避免资源浪费及重复建设等问题。各级政府根据智慧乡村发展规划，将智慧乡村建设与信息进村入户、美丽乡村、智慧农园等工程结合起来，实现业务与服务有机结合，自上而下地统筹确立相应的配套保障措施，通过集聚项目、资金、科技、人才等资源，促进智慧乡村项目工程有序推进。

二是注重机制设计，加强组织协调。北京市各级各部门各单位要牢固树立全市"一盘棋"思想，按照上下"一条线"管理的原则，消除部门、地域限制和利益藩篱，加强智慧乡村体制机制建设。市里应成立智慧乡村建设领导小组，负责统筹和指导智慧乡村建设工作，研究解决智慧乡村建设中的重大问题；完善智慧乡村建设的协调工作机制和跨部门联席会议制度，加强统筹布局、创新试点、示范推广等重大问题协调，形成责任明确、协调有力、运转顺畅的管理体制；组建智慧乡村建设专家咨询委员会，服务智慧乡村项目全过程，协调解决项目在推进和建设过程中遇到的困难和问题，重点对智慧乡村发展面临的关键技术研发、共性技术突破、标准规范制定、创业创新培育、工程安全保障等问题进行决策咨询；制定智慧乡村重点工程项目风险和效益评估机制，定期通报智慧乡村建设重点任务完成进展情况；建立智慧乡村建设运营项目库与成果库，对智慧乡村建设模式进行采集与筛选，对不同领域（乡村治理、产业经营、休闲旅游、益民服务等）取得重大突出成效的代表性智慧乡村实施项目奖励与成果推介。

2. 夯实乡村网络基础设施，构建城乡一体的智能化网络体系。高速畅通、覆盖广泛、质优价廉、服务便捷的网络基础设施是智慧乡村发展的基础，针对目前部分村庄仍存在4G 网络无线 Wi-Fi 覆盖不足、带宽不够、信号不稳等问题，迫切需要构建以提升乡村信息化基础设施为基础、以推动城乡网络基础设施协同化为目标的城乡一体智能化网络体系，推进城乡之间、区域之间网络基础设施的均等化。

一是加大乡村基础网络设施投入。加快推进农村互联网全覆盖，推动电信企业进一步提速降费，优化升级农村家庭宽带网络，建设城乡一体、快速高效的全光纤网络，全面实现农村用户签约带宽最低 50 兆、普及 100 兆，全面推进 4G 网络在智慧乡村试点实现全覆盖，为乡村生产、生活、治理提供更加便捷、快速的网络基础条件。完善统筹乡村信息网络标准规范体系与专网在智慧乡村的应用，推动实现网络基础设施安全零风险、城乡信息资源共享、业务互通。选择成效突出的智慧村庄，试点开展 5G 在智慧乡村治理与休闲农业经营中的应用示范。探索面向低收入人群的网络资费优惠信息补贴政策，对于低收入的偏远乡村地区，给予光纤和宽带的铺设和接入方面的费用补贴，实现互联网普惠共享。推进三网融合力度，加快高清数字电视网络在农村的普及推广，促进融合智能的乡村高清交互数字电视、高速数据接入和语音等三网融合。

二是全面优化乡村智能感知设施。全面推进雪亮工程，优化乡村重要活动场所、生产基地、村内主干道等视频监控设备布局；选择典型村庄试点推进农村社区环境感知与自动监测、智能停车场、多功能路灯杆等新型物联网集成载体；在休闲农业典型村庄，试点推进以北斗为主体的导航和位置服务终端布局。以建设光网城市为契机，把握电视、"三微一端"等传播媒介的大众性，推动基于数字电视、微信平台、移动 APP、站点屏幕等智能终端的智慧乡村生活综合服务云平台和便民服务终端设施建设。

三是推进新一代信息基础设施应用。借鉴智慧城市建设标准与理念，结合北京市乡村特点，加快推进农业农村大数据与云计算中心建设。建议将智慧乡村建设纳入"221 信息平台"，加快建设智慧乡村大数据服务中心，实现各类数据的跨部门、跨行业、跨业务的采集、汇聚、加工、分析和数据可视化，向新型农业经营主体开放平台入口、数据信息等资源，开发服务乡村振兴各方面的实际应用。统筹建设全市统一的智慧乡村政务云平台，推动各村庄应用系统迁移上云。

3. 构建多元化投融资机制，建立社会多方参与的长效运营模式。多元化的投融资机制与社会多方参与长效运营模式是提升智慧乡村治理的基础与动力，需要在政府引导下形成多方参与、成果共享的格局。针对目前北京市智慧乡村建设过程中存在的组织保障、标准规范建设和制度体系建设的急迫需求，建议加快构建智慧乡村多元化投融资机制，建立以政府为主导、社会多方参与的运营模式。

一是加大政府资金扶持力度。加大北京市各级政府财税支持力度，充分发挥北京智慧乡村建设专项的作用，统筹利用信息进村入户、美丽乡村、智慧农园等支持政策，建立包括补贴、投资、金融、信贷、税收、重大项目建设等一揽子政策支撑体系，集中力量推进北京智慧乡村发展。综合采取以奖代补、先建后补、政府购买服务等方式，对采用互联网思维实现创新创业的新型农业经营主体予以积极支持。

二是推动建立多元化投融资机制。综合运用项目奖励、财政贴息、税收优惠、融资担保等综合政策，鼓励金融机构、工商资本、互联网企业与新型农业经营主体参与智慧乡村建设。鼓励和支持建立多种形式的智慧乡村风险投资基金，探索 PPP、服务外包、项目代建模式等市场化投资、建设、运营机制，通过特许经营等方式吸引社会资本参与智慧乡村建设，以此打通以民间资本为核心的社会资金、政府扶持资金、金融机构信贷资金三方资金渠道，实现各取所需、特色各显、收益共享、风险共担。引导相关部门、社会组织、个人通过捐资捐物、结对帮扶等形式，支持智慧乡村建设和运行管护。

三是推进建立政府与基层组织、运营商、传媒商、服务商、村民等多主体共同参与的运营模式。在基础设施建设与村级信息服务平台方面，可采用政府投资、企业管理的模式，促进智慧乡村的持续运营；在第三方服务平台方面，可通过服务外包等形式提高服务效率，如借鉴下坊村、青石岭村等村经验，将村微信公众号维护、物联网基地建设外包给第三方运营商；在项目运营方面，将具有盈利性的项目（如各合作社的物联网基地建设等），借鉴专业型益农社经验，加快建设由市场化主体为主导的商业化运营模式。

4. 以信息化促进北京乡村振兴，加快信息化与乡村全面融合。实施乡村振兴战略是今后我国发展的重要政策取向。在全面推进乡村振兴战略过程中，针对农村居民、新型农业经营主体、村委会、基层政府、电信运营商、信息服务商等各利益相关者对智慧乡村建设的需求，加快实施数字技术与知识在乡村发展与治理中的创新应用，通过探索智慧乡村大数据应用与服务等模式，为农村价值链提供新机会，以此提高农村居民生活便捷化、乡村治理与公共服务精准化、乡村产业发展智慧化。

一是加快大数据在乡村发展与治理中的应用。智慧乡村建设的基础与核心在于"大数据"，加快数据驱动乡村治理已成为国内外发达城市建设美丽乡村的重要手段。目前，市、区各部门在政务处理和数据收集等方面建立了多种数据平台，也积累了一些数据，如何发挥这些数据的价值，应当成为北京市智慧乡村建设的重点。建议加快梳理各方数据需求与供给，探索农业农村大数据集成与应用机制，积极支持和推进智慧乡村数字化治理体系建设，在大兴区、平谷区等具有数据积累基础的区县开展数据乡村治理试点创新，探索开发、运行区级乡村治理大数据平台与智慧乡村运营管理中心，重点在生态保护、公共治理、公共服务、电子政务、产业发展、舆情监测、休闲旅游、精准扶贫等方面开展大数据驱动乡村创新试点，构建"用数据说话、用数据决策、用数据管理、用数据创新"的乡村精细化智慧治理模式。

二是加快推进乡村惠民生活智慧化应用。着力改善教育、医疗、便民服务等农村生活中的痛点、难点问题，深入推进与居民生活密切相关的公共服务信息化，加快搭建农村社区公共服务综合信息平台建设，逐步实现乡村公共服务事项一站式办理，推动水电气热缴费、细颗粒物污染预警、交通诱导等各类公共服务进村入户，实现网上自助服务，营造乡村智慧生活"宜居"环境。以北京通"一号式"线上线下惠民服务整合为契机，探索构建集智慧教育、智慧医疗、智慧养老、智慧民生、智慧扶贫于一体的智慧乡村社区生态圈，利用互联网手段切实实现城乡公共服务均等化。探索养老驿站与医院远程医疗合作模式，试点开展农村定制化养老医疗健康服务。

三是多渠道提高居民信息化意识和能力。乡村信息化专业人才短缺、村民信息素养低是目前智慧乡村建设的最大障碍，建议进一步加大智慧乡村宣传推广力度，构建以人才培育为核心的村民信息素养提升工程体系。首先，要从观念上改变和提高农民的信息意识、网络意识，树立数字化观念，通过让村民讲、让村民用等村民自治方式，利用积分、小礼品等手段引导村民主动参与智慧乡村建设。其次，面向村两委班子、村信息员、村民、新型农业经营主体等不同的农村地区受众，加强多样化、创新化、贴心化的信息技能培训，可通过组织培训班、IM推送、社交网络共享、信息应用技能竞赛、远程教育培训、微课程等方式，重点突出信息、科技、市场等方面意识的培养和手机等移动终端上网能力的培训，鼓励创业创新农民、新型农业经营主体、农民意见领袖等通过信息教育培训在学中干、在干中学，以此提升农民信息获取、辨别、吸纳、使用等方面能力。最后，通过政府补贴、培养培训等形式，加大专业化人才的引进力度，打造智慧乡村建设专业人才梯队及培养机制，促进乡村可持续发展。

参考文献

[1]Anna Visvizi, Miltiadis D. Lytras .It's Not a Fad: Smart Cities and Smart Villages Research in European and Global Contexts[J]. Sustainability，2018（10）：2727.

[2]Colin Harrison, Ian Abbott Donnelly. A theory of smart cities[R/OL]. http://journals.isss. org/index.php/proceedings55th/article/view/1703, 2011.

[3]Giffinger R, Fertner C, Kramar H, et al. Smart Cities: Ranking of European Medium-Sized Cities[R]. Vienna, Austria: Centre of Regional Science, Vienna University of Technology, 2007.

[4]Holland, G. Will the real smart city please stand up?[J]. Cities. 2008, 12（3）:303-320.

[5]IBM商业价值研究院. 您的城市有多智慧？——帮助城市衡量进步 [R/OL].http://wenku.it168.com/d_000560879.shtml

[6]Raffaele Pé. Smart Cities and the emergence of "sensitive" areas for urban reclaim[A]//Workshop "smart cities e sviluppo urbano sostenibile" [C]. Genoa:Congress Center "Magazzini del Cotone"，2011:56-58.

[7]Taewoo Nam, Theresa A. Pardo. Smart City as Urban Innovation: Focusing on Management, Policy, and Context[A]//Proceedings of the 5th International Conference on Theory and Practice of Electronic Governance[C]. Tallinn, Estonia, 2011: 185-194.

[8]辜胜阻，王敏. 智慧城市建设的理论思考与战略选择 [J]. 中国人口·资源与环境，2012（5）：74-80.

[9]顾彬. 浅谈城乡统筹发展视角下的"智慧乡村"建设 [J]. 农村经济与科技，2012，3（6）：136-137，56.

[10] 李德仁，邵振峰，杨小敏.从数字城市到智慧城市的理论与实践 [J].地理空间信息，2011，9（6）：1-5.

[11] 李瑾，赵春江，秦向阳，等.农村信息服务综合评价及影响因素研究——基于宁夏回族自治区村级视角的调研分析 [J].中国农业科学，2011（19）：4110-4120.

[12] 李先军.智慧农村：新时期中国农村发展的重要战略选择 [J].经济问题探索.2017（6）：53-58.

[13] 刘军萍，白晨，王晓丽."美丽智慧乡村"集成创新试点建设实践探索与思考——以北京市平谷区大兴庄镇西柏店村为例 [J].农业信息化，2016（5）：67-75.

[14] 刘世洪.农业信息技术与农村信息化 [M].北京：中国农业科技出版社，2005.

[15] 刘世洪.中国农村信息化测评理论与方法研究 [D].北京：中国农业科学院，2008.

[16] 刘世洪.中国农村信息化测评理论与方法研究 [D].北京：中国农业科学院，2008.

[17] 罗侠，蓝春青.忻城"智慧乡村"：3万人靠它脱贫 [J].农家之友，2018（3）：18.

[18] 马晨，李瑾."互联网＋"背景下信息化促进北京经济增长的实证研究 [J].山西农业大学学报（社会科学版），2018，17（1）：72-76.

[19] 马明远，秦向阳.北京农村信息化工作绩效考评指标体系研究 [J].中国农学通报，2011，7（30）：285-289.

[20] 梅方权.从农业现代化走向农业信息化 [J].山东社会科学，1998（1）：35-37.

[21] 梅方权.中国信息化趋势报告(六十四)中国农村低成本信息化发展模式的选择 [J].中国信息界，2007（5）：11-16.

[22] 荣丽丽.山东省新农村信息化建设评价指标体系及实证研究 [J].经济管理与评论，2015（6）：135-140.

[23] 彭张林，张爱萍，王素凤等.综合评价指标体系的设计原则与构建流程 [J].科研管理，2017，38(S1)：209-215.

[24] 王广斌，张雷，洪磊.国内外智慧城市理论研究与实践思考 [J].科技进步与对策，2013，30（19）：53-160.

[25] 王红茹.抚州市市长张鸿星：以智慧医疗破解"乡村看病难"[J].中国经济周刊，2018（4）：68-69.

[26] 王双.我国不同地区都市农业信息化发展水平与测度分析 [D].南京：南京农业大学，2015.

[27] 王素贞，张霞，杨承霖.农村信息化水平测度方法研究 [J].世界农业，2014（7）：34-38.

[28] 王素贞，张霞，杨承霖.农村信息化水平测度方法研究 [J].世界农业，2014（7）：34-38.

[29] 王振源，段永嘉.基于层次分析法的智慧城市建设评价体系研究 [J].科技管理研究，2014（17）：165-170.

[30] 忻城."智慧乡村"建设趟出致富路 [J].农业工程学报，2018（2）：68-69.

[31] 许庆瑞，吴志岩，陈力田.智慧城市的愿景与架构[J].管理工程学报.2012（4）:1-7.

[32] 杨晓娟，韩昌豪，周波.智慧乡村旅游评价指标体系研究[J].农村经济与科技，2018，29（2）：72-74，102.

[33] 张显萍，吴自爱.基于因子分析的农业信息化绩效评价指标体系研究——以安徽省为例[J].华东经济管理，2015，29（6）：35-40.

[34] 张小娟.智慧城市系统的要素-结构及模型研究[D].广州：华南理工大学，2015.

[35] 张永军.利用新一代信息技术推进智慧型美丽乡村建设研究——以南京市江宁区为例[J].智慧商业，2013（3）：5-7.

[36] 周广竹.城乡一体化背景下"智慧农村"建设[J].智慧中国，2016（6）:87-89.

[37] 周骥.智慧城市评价体系研究[D].武汉：华中科技大学.2013.

课题负责人：康森、刘军萍
课题主持人：杨琦、范宏
课题组成员：李瑾、常倩、常剑、郭嘉、袁雪松、陈思、冯献、丛蕾、纪静文
执笔人：李瑾、常倩、常剑、郭嘉

北京市新型农业经营主体信息化应用能力研究

一、北京市新型农业经营主体的总体特征

（一）新型农业经营主体现状

2017年，中办、国办印发了《关于加快构建政策体系培育新型农业经营主体的意见》，指出"加快培育新型农业经营主体，加快形成以农户家庭经营为基础、合作与联合为纽带、社会化服务为支撑的立体式复合型现代农业经营体系，对于推进农业供给侧结构性改革、引领农业适度规模经营发展、带动农民就业增收、增强农业农村发展新动能具有十分重要的意义"。《"十三五"全国新型职业农民培育发展规划》提出，到2020年，我国新型职业农民队伍数量将达到2000万，其中，高中及以上文化程度占比超过35%。党的十九大作出了实施乡村振兴战略的重大决策部署，提出发展多种形式适度规模经营，培育新型农业经营主体，建设现代农业。2018年，北京市农村工作会议指出，抓好农业职业人才、农业科技人才、农村专业人才、农村乡土人才"四类"人才培育，为乡村振兴提供不竭动力。

新型农业经营主体主要包括专业大户、家庭农场、农民合作社、农业产业化龙头企业等，北京市农研中心2014年全市农村集体土地资源普查数据显示，全市637.1万亩经营农用地中，从经营主体看，农户家庭经营农用地299.3万亩，占47%；各类新型经营主体共经营农用地337.8万亩，占53%。各类主体平均规模10.9亩，家庭农户6.2亩，新型农业经营主体33.3亩。

表1　北京市新型农业经营主体基本情况表

项目	合计	家庭农户自营	专业大户经营	专业合作社经营	乡村集体经营	企业（个人）租赁经营	其他主体经营
经营农用地（万亩）	637.1	299.3	80.7	4.8	87.4	122.3	42.6
占比（%）	100.0	47.0	12.7	0.7	13.7	19.2	6.7
单体个数（个）	584078	482722	64476	1152	5727	18150	11851
平均规模（亩）	10.9	6.2	12.5	41.6	152.7	67.8	36.0

北京市新型农业经营主体规模普遍偏小，农民专业合作社一般跨越村域边界，总体辐射范围有限。被调查的100个专业合作社平均拥有成员135人，平均分布在3个村，其中

仅有4个专业合作社在外埠设有分社。被调查的130个农业企业平均拥有职工34人，管理人员平均6人，技术人员平均8人，其中职工百人以上的企业有8家，占6.15%。本文以全市的农民专业合作社为例，详细阐述北京市新型农业经营主体的总体特征。

据农经部门统计，截至2016年12月底，北京市工商登记注册的农民专业合作社发展到6641家（其中专业联合社38家）。在13个区中，数量最多的前六位是：密云区1322家、平谷区1201家、怀柔区855家、大兴区705家、延庆区661家、房山区581家。合作社入社成员总数34.3万个，带动非成员农户数20.9万个，占全市从事一产农户的75%以上。合作社资产总额76.7亿元，其中成员出资额29.9亿元。2016年，合作社总收入64.1亿元，实现盈余6.5亿元。盈余返还总额2.7亿元，分红1.3亿元。主要特点如下：

以种植业和畜牧业为主，多元化产业共同发展。6641家合作社中，以种植业为主业的4027家，占60.6%；以畜牧业为主业的有1484家，占22.3%；以服务业为主业的有439家（其中农机服务188家），占6.6%；以渔业为主业的有102家，占1.6%；以林业为主业的193家，占2.9%，其他综合性合作社有396家，占6%。

以农民领办为主体，多方带动共同发展。6641家合作社中，领办人为农民的合作社有5966家，占89.8%；领办人为企业法人的有364家，占5.5%；领办人为企事业和社会团体等其他代表的有311家，占4.7%。

成员以村域、乡镇内为主，跨区的相对较少。成员分布在村域范围内的合作社有3808家，占57.3%；成员分布在乡镇域范围内的有1904家，占28.7%；成员分布在区县范围的有785家，占11.8%；成员分布在全市以及跨省范围的有144家，占2.2%。

以产加销一体化服务为主，服务功能不断增强。全市实行产加销一体化服务的合作社有5818家，占87.6%；以生产服务为主的合作社有416家，位居第二位，占6.3%；这两类合作社占总体的比重为93.9%。2016年，合作社为成员统一购买农业生产投入品总值为17.2亿元，统一销售农产品总值47.5亿元。2016年，通过集中授课、观摩学习、示范指导等方式培训成员39.7万人次。

注重品牌培育，农业标准化生产水平不断提高。截至2016年年底，全市拥有注册商标的合作社有386个；实施农产品生产质量标准的合作社有477个；832家合作社拥有各类农产品质量认证，其中得到有机产品认证的有141家、无公害产品认证的有397家。

示范社带动作用明显，规范化程度较高。截至2016年，全市共培育创建市级示范社216家，占全市合作社总数的3.4%。示范社成员总数39795个，社均184个；带动社外农户69902个，社均324个；资产总额15.5亿元，社均717.6万元；经营收入39.8亿元，社均1842.6万元。比非示范社分别高2.5倍、9.1倍、5.2倍和18.1倍。示范社在建立健全"三会"制度、规范财务管理、生产基地建设、标准化生产、统一各项服务等方面规范程度高，引领作用显著，大多数示范社达到了"可学、可看、可比"的示范标准。

（二）新型农业经营主体信息化需求分析

通过问卷调查，我们发现北京市新型农业经营主体对于信息化的主要需求，集中在解决眼前急迫的生存问题，明显有别于更多关注长期效益和无形效益，更加关注战略、管理控制问题的大企业。其中，在生产和研发方面，主体把提高产品质量和降低生产成本作为信息化最需要解决的问题；在运营方面，迫切需要通过信息化了解市场信息和扩大销售能力；在企业管理方面，首先是要及时掌握企业经营情况，其次是提高工作效率；在客户管理方面，最关心的是如何发现更多的客户。

1. 通过信息化了解市场信息和扩大销售能力。主体的最主要需求依旧是在销售环节。调查显示，微信销售是目前专业合作产品推广最重要的渠道，占49%。其次分别是媒体广告推广（33%）、互联网第三方平台推广（32%）、向超市定向供货（30%）、自营店（社区直营店）销售（26%）。另有10%的专业合作社通过自建互联网平台的方式推广销售产品；微信和媒体广告是农业企业产品最重要的渠道，分别占48.46%和46.15%，其次分别是互联网第三方平台推广（44.62%）、向超市定向供货（31.54%）、自营店（社区直营店）销售（30%）。另有13.85%的农业企业通过自建互联网平台的方式推广销售产品。

2. 对信息化基础设施建设需求并不迫切。在基础建设方面，信息化建设仍然处于次要的辅助阶段。调查显示，专业合作社在基础设施方面最希望能够保障物流、仓储、旅游等设施用地指标（30%），其次是改善生产设备（22%），再次是完善道路、水利等配套设施（15%）和完善信息化设施（15%）。还有6%的合作社最需要完善休闲农业服务设施，5%的合作社最需要完善物流配送设备，4%的合作社期望能够承担财政支持的小型基础设施项目，3%的合作社亟须完善冷库设备；在基础设施建设方面农业企业最希望能够保障物流、仓储、旅游等设施用地指标（35.38%）；其次是完善道路、水利等配套设施（23.85%）和改善生产设备（23.85%）。此外，有8.46%的农业企业希望承担财政支持的小型基础设施项目和完善信息化设施。

3. 面临的困难难以用信息化技术解决。应用信息化解决主体的直接困难效果并不明显。调查显示，37%的专业合作社认为人才是制约其目前发展的最主要的原因，36%的专业合作社表示其抵御自然风险和市场价格波动的能力亟须提升，34%的专业合作社需要政府给予政策支持，33%的专业合作社面临资金不足的压力，31%的专业合作社存在产品销售困难。专业合作社运行过程存在的其他困难有人工成本太高（22%）、发展方向不明确（14%）、社员素质较低（14%）、内部制度和管理不完善（13%）、贷款难（11%）、建设用地偏少（1%）、生产设施不完备（8%）、土地承包期太短（3%）；制约农业企业发展的最主要的因素是用工成本太高，占47.69%，接下来分别是缺乏专门人才（38.46%）、受自然风险和市场价格影响大（37.69%）、产品销售困难（34.62%）、缺乏技术指导（31.55%）、生产经营设施不完善（27.69%）、资金不足（25.38%）、内部制度和管理不完善（20.77%）、发展方向不明确（20.00%）、贷款难（7.70%）和土地承包期短（6.16%）。

二、新型农业经营主体的信息化建设情况

北京市新型农业经营主体信息化是北京市新型农业经营主体利用现代信息技术，通过对信息资源的深化开发和广泛利用，不断提高生产、经营、管理、决策的效率和水平，进而提高北京市新型农业经营主体经济效益和企业竞争力的过程。近年来，北京市政府相关

部门不断提高信息化水平，积极推进"互联网+"现代农业，充分发挥在智慧农业建设、农业农村大数据应用、农业电子商务发展、新农民创业创新实践、信息进村入户工程实施等工作的示范引领作用，北京市新型农业经营主体的信息化建设已经取得不错的成效。

2016年，北京市"互联网+农业"大会暨北京农业互联网联盟成立大会在北京会议中心召开，为充分发挥北京互联网企业和科研机构的资源优势，加快推进北京市"互联网+农业"的发展，建立了北京农业互联网工作协会，全市63家农业互联网企业成为联盟首批成员；开展北京市农业信息化龙头企业工作，通过认定农业信息化龙头企业和农业农村信息化示范基地，培育本市"互联网+"农业的中坚力量，先后有14家单位被认定为全国农业农村信息化示范基地，66家企业被认定为北京市农业信息化龙头企业，59家单位被认定为北京市农业农村信息化示范基地；出台《关于推进"互联网+农业"的实施意见》（京政农函〔2016〕7号），将"互联网+"与农业的经营、服务、生产、管理四大关键环节深度融合，明确了"十三五"时期全市"互联网+农业"四方面的重点任务；从组织领导、政策支持、机制创新、技术研发和氛围营造等方面提出五项保障措施。

（一）基本建设情况

1. 农业生产信息化应用广泛。北京市结合北京物联网应用服务平台、智慧农园等试点建设项目，经营主体在农业生产信息化方面应用广泛。截至目前，北京物联网应用服务平台接入或涉及的农场共有633个，涵盖设施数量19500个，设施总面积32.4万亩，农作物品种333种。平台在建立之后，每年都在不断完善，2014年从单纯的监控向应用服务延伸，2016年探索多元化建设新模式，开展物联网试点示范建设，2016年至今开展"农业物联网+农场服务+渠道对接"的新尝试，2017年启动"物联网技术在京郊果品生产园区示范应用实证研究"项目，2018年开展北京现代农业物联网应用服务平台升级服务。智慧农园建设旨在建设生产智能化、经营网络化、服务在线化、管理数据化的农业园区，打造一批国内领先的智慧农园示范样板，侧重"互联网+"现代农业引领，促进园区发展、产业融合，突出基层应用实效，充分发挥示范带动作用，实现农业提质增效和转型升级。物联网等信息技术应用比例达到60%以上，农产品网络销售比例达到30%以上，园区生产过程管理和服务全程信息化，劳动用工减少20%以上，化学农药减少30%以上，化肥减少20%以上，灌溉用水减少20%以上，纯收入增长15%以上。

2. 农业经营信息化效果明显。北京市结合区域整体推进、"批发市场+宅配"模式、农业企业（合作社）自建平台等信息化建设，主体在农业经营信息化方面效果明显。大兴区"京东商城中国特产·大兴馆"上线，整合全区优质农产品，推广"大兴农品"区域品牌，自5月底上线以来，通过线上线下等活动共销售农产品1.2万箱，销售收入99.2万元；平谷区依托"互联网+大桃"工程，通过一桃带多果模式，开拓农产品网络销售新渠道，挂牌3所大桃学校，成立了10个"互联网+"专业合作社，开展"电商培训进乡村"活动，线上销售大桃1030万公斤，销售额1.7亿元，促进农民增收5155万元。顺义区石门批发市场作为农业农村部，农村电商"批发市场+宅配"模式的试点初显成效，建设"网上石门"电商平台，入驻商户141家，平台交易额达到1965万元。

3. 农业产业与信息化融合初见成效。北京市结合本地区实际，借助信息化手段，积极促进产业融合，主体在农业产业与信息化融合方面初见成效。应用物联网、云计算、大数据、移动互联等现代信息技术，推动农业全产业链改造升级的创新模式，是现代农业发展的新方向、新趋势，为转变农业发展方式提供了新路径、新方法。朝阳区依托智慧乡村、信息进村入户等重点任务，在 8 个园区开展智慧农业建设；大兴区打造综合性信息化平台，帮助老宋、乐平、汉良、大营宏光等联合社成员使用二维码 900 多万个；平谷区建设农产品质量安全信息管理系统，内容包括农业基本信息管理、投入品使用管理、三品一标与标准化基地管理等，对农产品生产乡镇、重点基地、主要投入品供应商和主要销售渠道进行动态监管。

（二）主要做法及成功经验

1. 创新生产技术，增强产品活力。北京市新型农业经营主体通过信息化建设创新自身的生产技术，增强企业的产品活力。物联网、大数据、空间信息、移动互联网等信息技术在大田种植、设施农业、畜禽水产养殖等方面应用越来越广泛。绿源永乐（北京）农业科技有限发展公司自 2013 年 5 月，在其体验式高科技食用菌生态产业园中引入农业物联网技术，覆盖出菇房 10 栋、养菌房 7 栋，利用大量传感器分析实时空气及菌包温湿度、光照和二氧化碳浓度等信息，对采集上来的信息进行高效的自动化管理，确保菇房处于适宜的相对温度、湿度、二氧化碳浓度和光照强度的环境下，有效地改善了传统食用菌种植的生产过程，大大提高了食用菌产量及质量。农业物联网技术在食用菌生产中的应用使得园区年增产菌棒 1000 万棒，年利润增加 30 万元。北京春播科技有限公司与北京奥科美技术服务有限公司合作，安装了物联网采集、环境监测和视频监控系统，目前基地已初步实现根据物联网系统采集温度、光照、湿度等环境参数，结合病虫害发生和作物生产情况，分析和研究病虫害发生和环境参数之间的联系，探索和建立病虫害发生的模型，根据测算，得益于物联网技术的应用，春播每年能够减少植保物资使用费用 5 万元，园区果菜类平均每亩单产增加 800 公斤、叶菜类平均每亩单产增加 500 公斤，灌溉用水量减少 30%，直接、间接提高经济效益达 100 余万元。金福艺农、北菜园、海舟慧霖等一批试点基地在应用信息化降低生产成本、强化质量安全、完善追溯体系、提升产品质量、助推品牌建设等方面取得了实效。

2. 提高营销水平，增强竞争能力。北京市新型农业经营主体通过信息化建设提高自身的管理水平，增强企业的竞争能力。就像其他新技术一样，企业信息化是企业实现创新发展的"助推器"，它解决的不仅仅是技术问题，更是经营管理问题。以电子商务为代表的经营信息化蓬勃发展，为农产品销售、农业生产资料购买、乡村旅游开辟了新路径。北京渤海群兴种养殖专业合作社杏福生态园于 2016 年同北京亿高高科信息技术有限公司合作，以"农庄＋互联网"模式进行产业升级，自建电商系统，实现 PC 端和手机端的全网销售，当年通过电商系统成交订单约 5000 个，实现销售额 500 余万元，利润 200 万元；此外，杏福生态园还通过智慧农庄系统进行全网营销，大大提升了品牌知名度，业务覆盖范围已经扩展至全国。北京密农人家农业科技有限公司与 50 余家肉、蛋、果蔬、粮食生产基地和农户签约生产，在淘宝、京东、微信、下厨房等网上商城销售优质农产品，效果很好。

3. 激发经营业态，增强合作共赢。北京市新型农业经营主体通过信息化建设激发新的经营业态，增强企业的合作共赢，信息化产品开始重新定义"白菜价"。房山区琉璃河镇惠田蔬菜合作社以食用菊花为主要产业，利用信息化技术实现规模生产，同时探索出一条从食用菌种植、餐饮、休闲观光采摘一条龙式的产业发展模式，大大延伸了产业链条，带动了周边农户增收致富，取得了良好的经济和社会效益。北京渤海群兴种养殖专业合作社杏福生态园通过三三网与10家农民专业合作社和2家企业共同成立北京三三老栗树农业发展专业合作社联合社，组建区域性的电子商务平台（三三老栗树），在平台上进一步整合区域农业、观光旅游等优质资源，有效地促进了农民增收、劳动力就业和旅游观光产业的发展，吸引了特产店、酒店、农家院、旅游景点等500余家企业入驻。通过平台，游客还可以查询到怀柔区的旅游、美食、住宿、购物等多方面的信息，并购买到相应的产品及服务。

三、新型农业经营主体信息化应用之痛点分析

从对北京市65家安装了物联网的农业企业进行农业物联网实际应用需求的调研分析结果看，目前农场对于信息技术在农业领域中的应用已经有了深刻的认识和了解，认为农业物联网环境感知存在数据不准确的情况，同时当前农场遇到的又一大问题是人工贵、人工难寻，农场亟须在生产过程中通过自动化、智能化技术实现人工的节省，并且现有的多厂家农业物联网设备无法接入到统一的控制平台中，应用较烦琐。目前新型农业经营主体已具备较好的信息基础设施条件，绝大多数拥有电脑并安装了宽带，但其信息获取意识不是很强，信息获取渠道比较单一，由此导致新型农业经营主体信息需求与政府部门信息服务供给有些脱节，在信息获取过程中存在获取困难、准确性差、不够及时及不能满足生产经营需要等问题。

（一）信息化认识不深，缺乏整体战略规划

企业信息化意识落后，对信息化认识不足，是制约北京市新型农业经营主体信息化发展的核心问题。根据典型案例分析，信息化对农业全要素生产率和农业结构效率的促进作用十分显著，但整体来看，增强信息化意识仍然是推进信息化与新型农业经营主体深度融合亟待解决的一个重要问题。信息化建设需要企业进行硬件、软件的投资，人员的培训，甚至业务流程的重组和再造。信息化建设是一个较为漫长的过程，它对于企业的回报也是需要日积月累才能显现出来的。但是部分企业急于求成，想要通过简单的网站建设和电子商务就为公司带来巨大的经济效益，这在初期是不可能实现的。信息化观念淡薄，有的还不完全知道信息化的概念，有的不懂得"信息化"的战略价值和重要意义，对信息化的态度冷淡，对推进信息化不积极，导致很多主体对"企业信息化"持等待、观望的消极态度。北京市新型农业经营主体实际管理人员年龄偏大、学历偏低，也从侧面反映了这一问题的根源所在。问卷调查发现，专业合作社管理人员从年龄情况来看，45—55岁占比最高，为43%；其次是55—65岁，占27%；再次是35—45岁，占14%。35岁以下和65

岁以上的人别占 9% 和 7%。从受教育水平来看，初中占比最高，为 48%，其次是高中，占 25%，再次是小学，占 21%。有 5% 被访者识字不多，有 1% 被访者获得本科（大专）文凭。农业企业管理人员从年龄情况来看，被访者中 45—55 岁的占比最高，为 40.00%；其次是 35—45 岁，占 29.23%；再次是 35 岁以下，占 13.85%。55—65 岁占比最低，为 13.08%。从受教育水平来看，高中（中专）的占比最高，为 41.50%；其次是大专及本科，占 33.85%；再次是初中，占 17.69%，另有 0.77% 的管理人员具备研究生及以上学历。

（二）体制不顺，对信息化产品需求不旺

北京市新型农业经营主体不同于大企业，大企业信息化是顺理成章的事，大企业机构庞大，业务流程复杂，如果不实施企业信息化进行标准化管理，管理成本就太高。而新型农业经营主体则不然，传统的手工管理与核算方式，虽然费时费力，但是还是可以应付企业目前的管理问题，没有达到非变革不可的程度。很多主体认为信息化是大企业的事，像他们那样的小企业不适合采用信息化，这种未经尝试就否定信息化的现象在北京市新型农业经营主体中普遍存在。北京市新型农业经营主体管理模式和体系都不是十分健全，在制度上存在很多漏洞，这就会导致管理混乱。信息化的建设需要专业的技术团队的支持，所以在企业中需要成立相关的部门或者是机构来负责工作的开展。然而在规模较小的农业企业中，人力和资金的实力都相对较弱，导致大量的工作都是由"一把手"一肩挑，难以适应信息化的需要。大多数主体为了发展并提高市场竞争力，都引进了信息化技术进行相关的生产经营活动，但经过一段时间的信息化产品试用，没有得到显著的效果，因此导致了对于后续的产品需求不旺，这主要体现在信息化对业务支撑力度不足，其在优化业务流程、促进工作协同方面的作用体现不突出，已有的业务系统整体上缺乏整合，条块分割、烟囱林立的现象较为突出，部分系统由于工作体系不顺、业务流程不清等原因，存在使用频度低的问题。随着新型农业经营主体信息化建设的进一步推进，农产品多样化、农业生产技术现代化、农业产业链条延伸化的需求日益强烈，农村现有人才所掌握的信息化技术和知识已经很难满足信息化建设的基本要求，同时由于缺乏掌握最新信息化应用信息的渠道，很难实现信息化技术的普及和推进，也就限制了新型农业经营主体的信息化发展水平。

（三）资金匮乏，对信息化投入意愿不强

资金匮乏是农业企业进行信息化建设的主要阻力。普遍来看，合作社、家庭农场、龙头企业等新型农业经营主体都处于农业现代化经营的初始阶段，相对于社会上其他行业资金雄厚的企业而言，这些新型农业经营主体本身的资金能力相当有限，他们不愿意或者根本无力承担农业信息化应用、维护以及推广的高昂成本，主要是依靠政府给予的资金补贴来完成信息化基本设施建设，后期的运营、维护很难得以持续。这种情况在有政府主导的信息化应用试点项目中尤为普遍，当由建设方预交的网络接入费、流量费用完以后，就不再续费的现象大有所在。北京市新型农业经营主体在信息化建设投入，上只是在业务需求非常迫切时才会买单，对于农业企业来说，像企业信息化这种短期内不能产生直接利润的投入，企业家往往会把它放在比较靠后的位置考虑，因此对信息化的资金投入不足就不足

为怪了。

（四）知识欠缺，专门信息化人才不足

技术人才缺乏是农业企业信息化建设过程中存在的最普遍的阻力。农业信息化旨在广泛应用现代信息技术，促进农业和农村经济结构调整，发展农村经济，增加农民收入，加速农村现代化进程。因此，农业信息化人才对专业素质的要求与其他行业有着明显不同，既要求具备现代农业技术知识，又要求能够熟练使用各种信息工具。与逐步完善的农业信息硬件设施相比，农业信息化人才的"量和质"显得尤为薄弱，人才短缺的矛盾日益凸显。一是从事农业信息化的人才数量严重不足，在农村中有文化、高素质的年轻人都大量外流，在高校中报考学习农业相关专业的人员十分有限；二是现在农业信息化人才主要是来自农业学科专业、计算机信息专业和经济管理学专业等等。这些专业由于培养的专业针对性强、知识面不广，在具体从事工作时往往会感到农业科学知识不通，或是信息技术不精，导致在承担农业信息工作时感到力不从心，懂农业的不懂信息技术，掌握信息技术的又对农业知识知之甚少，由此制约了农业信息化的发展。另外农业企业由于办公场所偏远，工资水平相对较低，很难吸引和留住既懂管理又懂技术的人才，对保持人才队伍的稳定造成了很大挑战。

（五）产品千差万别，应用效果难以凸显

北京市新型农业经营主体信息化的实质问题是硬件基础具备与软件使用相对落后之间的矛盾，这个矛盾主要体现在技术软件的应用与具体的业务工作契合度低。在调查过程中，我们发现有些企业也在尝试使用软件来管理业务，但是收到的效果不是很理想，这就是软件的适用性问题。当前物联网设备厂家众多，并且都各自有自己的协议，缺少统一的输入输出标准。由于国内 IT 市场还很不完善，农业企业在信息化过程中遇到的主要困难是 IT 产品太多而无法选择合适的产品，行业特点决定信息化对企业发展所起的作用不大，企业用户在信息化过程中遇到产品购买渠道不畅、质量得不到保证、售后服务跟不上等困难。有的软件功能强大，但操作复杂、价格昂贵，这不仅增加了企业信息化的成本，而且也不适合农业企业使用。软件都有特定的适用范围，任何软件只能适合特定的人在特定的环境下使用，适合所有情况的"万能软件"是不存在的。北京市新型农业经营主体在 IT产品（硬件、软件、服务）采购时，有时因对企业现状分析不够，一步到位地购买大量昂贵的软硬件设施，却未能有效利用甚至发现根本使用不上，导致信息系统的收效甚微、无效，进而影响企业持续增加信息化投入的信心。

四、新型农业经营主体与信息化深度融合的价值分析

党的十九大报告提出，实施乡村振兴战略，加快推进农业农村现代化。《"十三五"全国农业农村信息化发展规划》提出，未来五年将大力发展农业农村信息化，助推农业现代化。国家的顶层设计和政策扶持，为在农村发展智慧农业提供了信息技术条件，其发展前景十分光明。2015 年 7 月 1 日，国务院印发了《关于积极推进"互联网+"行动的指导意见》，将"互联网+"现代农业作为 11 项重点行动之一，明确提出利用互联网提升农业生

产、经营、管理和服务水平，促进农业现代化水平明显提升的总体目标，部署了构建新型农业生产经营体系、发展精准化生产方式、提升网络化服务水平和完善农副产品质量安全追溯体系等4项具体任务。

（一）新型农业经营主体与信息化融合的重要意义

1. 信息化是农业现代化的制高点。信息化是现代化的标志和关键，而不是现代化的内容，无论对国家、企业和个人，信息化已成为现代全球竞争的制高点。从四化同步到五化协同，信息化早已不仅仅是辅助技术，当前"互联网＋"现代农业，是继家庭承包经营、农业开放入世、农民工大量进城之后，又一轮指导农业发展的方式方法和规则模式的改变与创新。信息化将是中国告别传统农业并建立起现代农业的技术选择。基于传感技术的物物互联和基于互联网的人人互联，以及它们的集成应用，将使农业现代化具有更高水平。云计算平台建设与大数据分析是信息化在信息服务、信息资源虚拟配置和动态优化领域以及大数据分析领域的主要战线。面向公共云、局域云和私有云的云数据平台建设以及面向海量数据的深度信息分析技术，将使企业和区域拥有更多可获资源和数据服务，进而提升其信息利用和决策能力。基于移动性、虚拟性、个性化、社会性、复杂数据等新特征的电子商务应用，将在客户行为与体验、产品营销和推荐、商务安全、平台建设和服务品质、物流配送等方面产生一系列创新，并将在移动商务和社会化商务方面有更大发展。

2. 信息化是企业转型的助推器。信息化在企业转型升级中具有关键作用，信息化水平将成为企业核心能力的重要表现形式。近年来，中国的农业信息化已进入发展快车道，它对农业经济增长产生了何种影响以及影响的程度如何，就是一个值得深入探讨的问题。显然，农业信息化对中国农业经济发展存在着显著的积极影响，它不仅有助于提升农业机械、农业劳动力、土地等要素对农业经济增长的影响力，而且有助于通过科学施肥实现粮食增产。同时，将农业信息化因素加入农业经济增长中，也降低了人力资本与农作物种植结构对农业产出的阻碍作用。信息化不仅要经营和建设信息基础设施，而且要以管理和业务两个方面，促使企业通过应用信息技术和信息资源来提高生产和工作效率，降低成本和开支，"蟹公寓"、卫星种地、摩天轮种菜等最新的信息化生产技术将会对企业的转型产生积极影响。

3. 新型主体是信息化建设的排头兵。从这几年发展的实践看，以农业企业、农民专业合作社为代表的新型农业经营主体是农业生产经营领域信息化应用的主要载体。培育和提升经营主体的信息化应用能力，不仅可以扩大现有的信息化应用技术的推广应用范围，提升应用效果，还可以激发新型农业经营主体新的信息化需求，促进信息化和农业现代化的融合发展。随着计算机技术、网络技术和通信技术的发展和应用，企业信息化已成为品牌实现可持续化发展和提高市场竞争力的重要保障。"互联网＋"的本质是传统产业经过互联网改造后的在线化、数据化。在线化的数据流动性最强，不会像以往一样仅仅是封闭在某个部门或企业内部。在线数据随时可以在产业上下游、协作主体之间以最低的成本流动和交换。数据只有流动起来，其价值才得以最大限度地发挥出来。

4. 新型主体是信息化建设试验田。我国经济进入高质量发展阶段，信息化代表着新的生产力和新的发展方向。在各行业与互联网紧密结合打造"互联网＋"的过程中，农业是较晚进入的行业，因此农业领域并没有积累足够的大数据。加上在我国农业生产地区搭载的技术硬件不如城市，即使人工智能技术、生物科技和生物信息技术研发到位，却没有足够的数据和硬件设施，技术将没有施展空间。近年来，农业企业、专业合作社等新型农业经营主体积极探索与电商企业全面对接融合，推动全渠道式的线上线下互动发展。微商这样没有店面的"新零售"业态纷纷呈现。信息化与农业实体经营的深度融合，主要是通过应用互联网思维和技术，从生产、营销、金融等环节彻底改造升级传统的农业产业链，改变农业的盈利模式，实现农业生产经营方式的深刻变革。农业信息化建设的核心与关键是信息的有效收集、处理、传播。农业信息技术是未来农业的重要生产和经营管理手段，将在增加农民收入和促进农村经济发展等方面发挥重要作用。现代化的农业生产需要信息技术的支撑。信息技术将有助于农业生产技术与先进的经营管理模式的传播。

综上所述，随着信息化的深入发展，必然会给我们带来经济和社会生活各个领域的深刻变化，这种变化是前所未有的，这不是我们想不想、愿不愿意的问题，而是一种必然的趋势。北京新型农业经营主体要想在充满风险与机遇的竞争中取胜，除了不断适应市场需求迅速变化、不断提升产品质量、不断提升企业自主创新能力以外，更要在信息化建设上加大投入，通过深化信息化建设，提高企业的整体运营效率、决策的及时高效性，使"信息化"真正成为农业经营主体科学决策的工具，在激烈的竞争中提升企业的核心竞争力。

（二）新型农业经营主体信息化应用能力总体分析

经营主体与信息化的融合程度对北京市新型农业经营主体信息化应用能力具有一定的影响，根据融合程度的不同，我们把现阶段北京市新型农业经营主体信息化应用分为四个阶段，分别为基础建设阶段、单项应用阶段、集成应用阶段和融合创新阶段。信息化应用能力水平的高低，直接体现在企业的生产经营业务与互联网融合的深度。北京现代农业物联网服务平台上的合作社和农业企业共有 633 个，通过新型主体登录网站次数、上报整理数据信息频率和数量、应用系统使用效果等方面对 633 家主体进行信息化应用分析，具体如下：

1. 基础建设阶段。主体着重关注信息化基础设施建设和环境营造。在此阶段的主体对于信息化的应用主要在于网络宣传及自身基地的硬件及网络覆盖等，此阶段经营主体主要在利用第三方平台服务或自建电商平台等方面进行信息化应用，接入北京现代农业物联网服务平台上新型主体目前 85% 处于这一阶段，主要利用互联网基础的互联互通属性进行宣传推广，扩大销售渠道，虽然安装了传感器、摄像头等相关设备系统，但基本没有进行实际应用，网站近一年的登录量为 0 或仅仅 1—2 次。例如禾乐蛙农庄、神堂峪 00001 号农家院和北京鑫莱盛农业发展有限公司等。

北京鑫莱盛农业发展有限公司开发"鑫莱盛"农产品电商平台已经取得不错的成效，公司内部设有电商运营办公室、电商分拣包装间、储藏间、周转间及发货间，通过网上宣传的渠道为当地农户及合作社打开了网上销售的途径。鑫莱盛电商平台主要分两种经营形式，一类是纯 B2C，即自身不种植、饲养任何产品，所售卖的产品均来自其他合作社及周边农户，通过网上寄售收取 6% 平台管理费的方式，销售应季西瓜、甜瓜。另一类是"自有农场 B2C"，即鑫莱盛企业自身在大兴、延庆地区承包农场，亲自种植西瓜、甜瓜，然后通过自建 B2C 网站的方式直接销售给消费者，其所售卖的产品多是自己的产品，为了丰富页面产品也会整合少量其他农场或品牌商的产品。

2. 单项应用阶段。信息技术应用到企业各关键业务环节，并逐渐实现对单项业务环节的全面覆盖。在此阶段的主体可以引进与业务连接紧密的信息化系统，并通过系统的应用，有效改善主体在某一方面的生产缺陷，接入北京现代农业物联网服务平台上的新型主体目前 10% 处于这一阶段，主要利用物联网传感、移动终端等技术对生产方面进行数据采集及反馈，例如北京优帝鸽业有限公司、绿源永乐（北京）农业科技有限发展和北京春播科技有限公司等。

北京优帝鸽业有限公司成立于 2008 年，是中国畜牧业协会鸽业分会副会长单位，华北地区规模最大的肉鸽养殖企业，也是中国唯一的硒鸽养殖基地。公司通过互联网技术改进肉鸽生产，智能化设施畜禽养殖利用传感器等设备，实时感知畜禽养殖环境，实现自动定量饲喂、发情监测、疫病防控或实现自动化供水设施。肉鸽屠宰检疫管理系统主要实现对肉鸽入场管理、屠宰检疫管理和屠宰检疫出证等功能，系统通过建立动物屠宰检疫数据库，可以随时掌握公司屠宰动物的检疫情况、卫生情况、检出病害肉品的无害化处理等信息。鸽子产品质量安全管理与可追溯系统结合互联网、物联网等技术，以基础信息采集为基点，信息应用输出为核心，对肉鸽畜产品从鸽舍到餐桌实行全过程监管。通过建设畜产品质量安全管理与追溯系统，可以打造安全的畜产品市场消费环境。

3. 集成应用阶段。信息应用主体从某一关键环节切入进行深入渗透，实现关键业务环节应用系统之间的协同和集成，开展系统集成基础上的业务应用。在此阶段的主体往往引进多种信息化系统，通过总体的规划，实现系统的集中管理，接入北京现代农业物联网服务平台上的新型主体目前 5% 处于这一阶段，主要综合利用物联网、大数据、云计算、3S技术等技术结合企业生产经营状况、结构调整、管理需求、市场变化等因素，对信息化系统各环节流程进行综合应用，例如惠田蔬菜农民专业合作社、北京北菜园农业科技发展有限公司和北京三三老栗树农业发展专业合作社联合社等。

北京北菜园农业科技发展有限公司成立于 2011 年，有机蔬菜种植面积达 470 亩，有机蔬菜设施大棚 360 个。北菜园建立了 4S 生产标准化透明化管理体系，结合义田帮手 ERP 平台，运用 3S 技术（遥感技术、全球卫星定位和地理信息系统）、物联网技术、移动互联网通信技术等新兴技术，获取农场生产数据、资源数据、营销数据、采销存（农产品加工、物流配送）数据，再通过大数据处理分析，平台为农场提供生产管理、资源计划管理、经营分析、精准营销、质量追溯等服务支持。4S 生产标准化透明化管理体系有效地节省了农药与化肥的投入，有利于保护资源环境。北菜园标准化生产的农产品均匹配有绿色履历追溯二维码，展示的内容分为产品信息、生长环境、生长过程、品牌信息等，将农场基本信息、生产环境情况、管理规范与水平、农事操作过程、农药残留检测结果等信息透明化呈现给消费者，让消费者充分了解并信任产品质量，重建生产者与消费者之间的信任关系。北菜园农产品采收系统，可以通过手机 APP 或者电脑端来查看历史数据，比较分析历次采收量的差异。让农场的采收、库管更加简单、有序、有数，提升了财务人员管理统计农场收益的工作效率。

4.融合创新阶段。农业领域信息技术应用朝着综合集成的方向发展，开始突破企业边界，实现面向市场和客户的业务流程，和生产、经营规模的变革，此时的信息化是一个产业，不再是信息技术支撑部门。在此阶段的主体往往在信息化建设方面有自己的顶层设计，且每年在这方面投入巨大，他们结合自身业务研究开发相关全产业链系统，系统成熟后会进行技术推广与培训，借此产生农业生产之外的信息化利润。接入北京现代农业物联网服务平台上新型主体目前处于这一阶段的企业基本没有，只有几家企业目前正在探索阶段，例如阿卡农庄、天安农业和中粮智慧农场等建设项目。

北京阿卡控股有限公司自创立以来即明确了品牌化运作路线，秉承"阿卡"知名农业品牌，通过 IT 技术的开发和应用等技术手段，将国际领先的物联网、移动互联网、云计算等信息技术与传统农业生产相结合，搭建农业智能化、标准化生产服务平台。公司正在摸索一条立足 IT 技术、变革农业模式、重构传统农业价值链的融合创新之路，力求开创移动互联、文化创意、"金融＋农业"的多行业跨业经营新模式，赋予传统农业以新的生命力，完成产业升级和一二三产之间的有效联动与资源共享。阿卡智慧农园建设立足北京都市型现代农业发展要求，应用"互联网＋"思维，将 IT 信息技术优势与标准化生产体系等现代农业技术资源深度融合，并应用于农业生产企业，解决农业生产环节的管理落后、生产效率低、标准化水平低、环境破坏等问题，实现农业园区环境生产智能化、经营网络化、管理数据化、服务在线化。通过项目的建设，在北京树立起现代都市型智慧农园的标杆和典范，在整个北京予以应用和推广，进而促进和推动北京现代农业的发展，开创北京现代农业的新局面。

天安农业坚持未来农业"科技化、信息化、智能化、工厂化、多元化"并重的发展方向，引入了 ERP 系统，在蔬菜生产、配送领域率先实践了信息化管理，探索和实现了蔬菜全程质量安全追溯体系。2001 年开始进行 ERP 系统的开发尝试工作；2005 年建立质量安全追溯系统；2007 年，销售额达到 1500 万元，意识到信息化管理方式对企业发展的重要性；2008 年建立 ERP 管理系统和配送监控系统；2009 年建立蔬菜生产管理系统、销售管理系统。这些系统上线使用之后，能够明显感觉企业管理取得了较好成效，如可进行即时分析，哪个产品的销售量最大、毛利率最高、净利率最高，哪个客户销售量、利润最大，劳动损耗率、工人每小时加工量、加工效率，公司财产管理，公司人、组、部门开支的管理等等。2010 年又上线生产基地管理系统、安全配送管理系统。2013 年建立 365tianan 电子商城，实现网上在线销售，引进智能配送柜，实现远程配送管理，引入 SAP 的最新数据库 HANA，将终端系统改为安桌操作系统，对原有平台、终端、系统进行全面升级、改造整合，提升系统管理功能水平。2014 年 9 月，微软系统改为安卓系统，实现移动终端实时统计、互联互通。在整个蔬菜供应链中，天安农业位于中游，供应链上游是农户，下游是超市等销售商，天安的全程信息化管理通过五个系统

（安全生产管理系统、企业内部 ERP 系统、销售管理系统、物流安全监控系统和质量安全追溯系统）成功实现了对企业内部蔬菜供应链的信息化管理，见图 1。通过信息化技术的应用，天安农业实现了农产品供应链的优化，取得诸多成效，成为其农产品电子商务发展的重要有利条件。

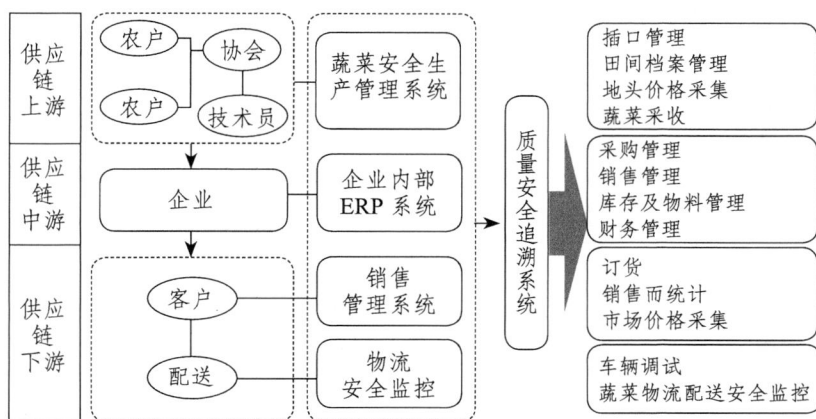

图 1　天安农业全程信息化管理

通过分析我们发现，北京市新型农业经营主体的信息化应用能力水平受困于资金、人才、产品契合度等相关因素，绝大部分还属于初级的基础建设阶段，信息技术应用能力水平不高。在整体上，应用水平落后于实际需求，信息技术的潜能尚未得到充分挖掘。但同时我们也看到通过政府相关部门的推广和第三方技术服务公司的不断发展，一些北京新型农业经营主体在信息化建设方面已经走到了前面，虽然他们大多还不能通过信息化赢利，但探索的过程是最好的财富，有了这些敢于"吃螃蟹"的人，信息化的发展前景还是非常光明的。

（三）北京市新型农业经营主体信息化应用能力影响因素分析

企业信息化的基础是企业的管理和运行模式，而不是计算机网络技术本身，其中的计算机网络技术仅仅是企业信息化的实现手段。企业信息化建设的概念是发展的，它随着管理理念、实现手段等因素的发展而不断变化。企业信息化是一项集成技术，企业建设信息化的关键点在于信息的集成和共享，即实现将关键的、准确的、数据及时地传输到相应的决策人的手中，为企业的运作决策提供数据。企业信息化是充分利用高新技术的过程，从项目立项、开发，到投入使用以及以后的维护，技术总在变化、升级和更新，信息系统也不得不随之升级更新。因此，企业必须拥有一支高素质的 IT 队伍，在开发、应用和维护阶段都必须有自己的技术人才。

不同的新型农业经营主体间信息化应用水平及发挥的作用存在很大的差距。总结分析造成这些差距的原因，探讨影响新型农业经营主体信息化应用能力的主要因素，探寻提升新型农业经营主体信息化应用能力的办法和途径，开展新型农业经营主体信息化应用能力研究，在实施乡村振兴战略、深化信息化和农业现代化融合发展的新形势下，是一项重要的、必要的、紧迫的研究任务。

北京市新型农业经营主体是否具有良好的信息化应用能力取决于多种因素，包括外部经营环境、企业内在素质及其他资源条件等，本课题从基础设施、应用系统、技术团队、信息理念和外部环境等五个方面对影响北京新型农业经营主体信息化建设的15个关键指标进行简要的分析。如图2：

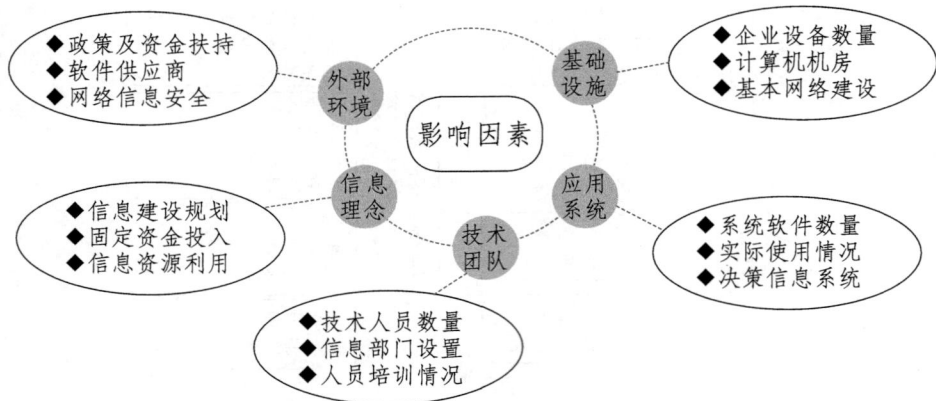

图2 北京新型农业主体信息化建设的影响因素

1.基础建设。基础建设方面主要包括三个方面的内容。一是企业设备数量，包括计算机、服务器、网络设备等的购买与部署；二是计算机机房建设，包括机房的场地、空调、透风、供电、供水、通信线路、安保等方面；三是基本网络建设，包括网络建设、网站建设等。计算机和网络在北京市新型农业经营主体中已经基本普及，它们正是实施企业信息化的硬件基础和必备资源。

2.应用系统。应用系统方面主要包括三个方面的内容。一是企业应用的系统软件数量，包括生产、管理和财务等各种系统软件，这也从侧面可以看出企业对信息化的重视程度，一般应用系统越多，对信息化建设越重视。二是实际使用情况，实际使用系统情况则主要看实际运行的系统有多少，许多主体虽然安装很多系统，但实际应用产生效果的却很少，信息化应用能力其实更多地体现在应用上。三是决策信息系统。决策信息系统是一种比较深层次的应用，它通过前面的系统应用会产生诸多信息反馈，而企业管理层如能使用反馈的数据进行相关决策，更能说明信息系统的优势所在。

3.技术团队。技术团队方面主要包括三个方面的内容。一是计算机技术人员数量以及专职或兼职人数，这从侧面可以反映信息化应用的复杂程度，一般人数越多，信息化相应的技术掌握程度越高，企业的信息化水平越高。二是信息部门的设置，主要看管理层对于信息部门的重视程度，是否设立专门的信息化部门，部门负责人职位高低都能反映企业负责人对信息化的重视程度。三是人员培训情况。这方面主要看人员培训的内容及频率，信息化技术是不断更新的，好的培训规划可以让企业更好地接触新的技术，不断完善现有的技术缺陷。

4. 信息理念。信息理念方面主要包括三个方面的内容。一是信息建设规划中长期发展目标，这是企业对于自身信息化的顶层设计，如果没有这方面的规划，那么企业的信息化只能说是还在初级的建设系统阶段。二是固定资金投入，资金投入是信息化发展的必要条件，如果企业可以在创新应用系统方面设立专门的资金支持，则说明企业的信息化是具有持续性的；三是信息资源利用，企业重视采集的信息数据的分析加工，对决策进行支持。

5. 外部环境。外部环境方面主要包括三个方面的内容。一是政策及资金扶持。这方面主要看企业所处的地理位置，国家层面的政策执行最终也会落到地方的相关职能部门，当地政府的相关具体政策和扶持力度也会在一定程度上影响企业的信息化应用水平。二是软件供应商软件应用与业务的契合度，第三方软件供应商的技术水平也与企业信息化具有很大的关系，一般信息系统操作越简单，使用效果越好，企业投入的热情越高，应用水平也会随之提高。三是网络信息安全的相关措施。网络信息安全已上升为国家安全范畴，需清醒认识到面临的形势非常严峻，时刻都要树立安全意识。

五、提升新型农业经营主体信息化应用能力的途径与对策

按照新型农业经营主体组织化、规范化、标准化的总体要求，加快和增强新型农业经营主体的信息化应用是大势所趋。提升新型农业经营主体的信息化能力，为现代农业培育新动能，提高全要素生产率，加快构建现代农业产业体系、生产体系、经营体系，我们认为应从以下几个方面进行提升。

（一）提高认知是前提

认知是前提，应全民参与。首先，企业自身必须提高认识。目前农业企业信息化不温不火的原因是多方面的，其中主要原因在于农业企业对信息化认识模糊。农业企业一定要转变观念，认识到开展信息化的重要性和迫切性。在企业信息化过程中，由于企业家是企业的领导，企业一把手的支持和参与是信息化建设成功的关键条件，企业的领导应该站在企业的生存和发展的高度来认识企业的信息化建设。其次，政府相关部门必须加强宣传。信息化的普及和宣传教育工作是推动农业企业信息化成功的重点。政府是农业信息化建设的主导力量。坚持"政府倡导、企业主体，社会参与"的推进信息化原则开展工作。当前，在农业信息化建设中，政府应发挥主导作用。这主要体现在：加强对新型农业经营主体的信息化应用扶持；加强对新型农业经营主体的信息化能力培育；加强农业信息化建设的示范引领和宣传推广；加强信息化与农业生产经营社会化服务体系的对接。农业企业信息化尚处在启蒙状态，需要政府全方位的引导。政府要筹集部分资金支持具有示范性、带动性的项目，此外，加强对典型农业企业信息化经验的总结也是一个十分有效的引导方法，政府还要提供农业企业信息化建设方面的有关服务，例如向农业企业推荐优秀软件及其提供商，搭建中小企业信息化公共平台，供中小企业租赁使用并提供有关配套服务等。

（二）强化培训是基础

培训是基础，应市场主导。信息化强调的不仅是计算机软硬件，更强调人、管理、技术之间的有机集成，其中"人"是第一位的因素，特别是企业的领导层，一定要让企业领

导层对信息化有正确理解和足够重视。在实施过程中要对员工进行信息化方面的培训，培养企业自己的信息化人才。只有这样，才能顺利推进农业企业信息化进程。建立以市场培训为主、政府培训为辅的培训体系，坚持需求导向，企业遇到什么问题、需要什么培训，第三方就能提供什么培训内容。专业科技服务公司应做好培训，加快企业信息化人才的培养造就。管理信息系统是一个人机结合的系统，其中占主导地位的是人。推进企业信息化，人才是根本，企业有没有以及能不能培养造就一支胜任企业信息化工作的人才队伍，直接决定了信息系统使用的效果和维护的可能性。同时政府进行一些普遍适用的培训，例如大力开展农村实用人才的培训、新型农民的培训，培养乡土人才，通过抓政策、育主体、建机制、搭平台、搞服务，为农村双创创造良好环境，吸引返乡下乡人员到农村去创新创业，打造一批致富带头人和农村的实用人才，通过他们来带领群众发展生产、搞好村庄建设。借此形势，我们不仅可以利用信息化手段提高培训的效率、范围和手段，还可以培育出一批真正掌握现代农业生产技术的新型农民或农技员，加强信息化能力在农民中的普及程度。

（三）建设应用是关键

建设是关键，应循序渐进。农业企业信息化要根据实际情况，采取"整体规划，分步实施"的策略，寻找合适的突破口，从易到难，循序渐进。同时，农业企业的现实条件决定了农业企业信息化必须依靠 IT 厂商所提供的社会化与专业化 IT 外包服务。由于外包企业有通畅的软硬件渠道，农业企业可以得到更低价格的软硬件，这比企业自己设立 IT 部门成本低，而且可以让企业更专注于自身业务。由于外包企业有专职的咨询和方案论证，可以保证信息化投资能够产生预期的经济效益，外包企业能够提供具有针对性的信息化培训，可以提高农业企业人员的信息技术应用技能。

（四）创新发展是活力

创新是活力，应企业自主。信息、技术、知识等无形资产是信息时代的核心生产要素，生产者应成为知识性劳动者。作为新型主体，要想增强竞争力，必须要革新技术，其一途径是积极对接高校、科研院所，形成合作关系，加强产学研合作，发挥高校、科研院所的技术优势，解决企业生产过程中遇到的技术瓶颈，来促进技术创新所需各种生产要素的有效组合，促进科研成果转化为生产力。二是新型主体充分利用市场的手段，也就是积极利用并购、重组等方式来调整产业结构和推进产业战略，主体应尽可能地延伸自己的产业链，当一个生产主体拥有了一个自己的科技公司，他们会以最低的成本进行产业与科技的融合，并会不断调试研发最适合的系统，待磨合完善的系统推向市场，信息化产业在农业领域才会开始腾飞。

参考文献

[1] 中国电子信息行业联合会."一带一路"国家工业和信息化发展指数报告 [M]. 北京：电子工业出版社，2017.

[2] 周江明.信息化综合发展指数 (IDI)——对 132 个国家或地区（经济体）的测度分析

[J]. 图书情报工作，2011（8）：20-24，116.

[3] 史红玲. 农业新型主体建设过程中面临的问题及对策 [J]. 山西农经，2018（5）：56-57.

[4] 赵西华. 农业经营主体发展与科技对策 [J]. 江苏农业学报，2010（6）6：1121-1125.

[5] 欧阳峰，李运河. 企业信息化的演进及其影响因素分析 [J]. 科学管理研究，2005（4）：67-70.

课题负责人：刘军萍

课题主持人：张春林

课题组成员：马晓立、冯学静、贾启山、陈洁、李冬玲

执笔人：贾启山

北京市休闲农业电子商务应用研究

一、北京市休闲农业产业发展概况

（一）总体情况

休闲农业是广泛利用城市郊区的空间、农业生产场地、农产品、生态自然资源和人文资源，以市场经济为导向，以现代科学技术为依托，深度开发农业资源潜力，通过合理的规划设计建成集农业生产、生活、生态于一体的农业区域，把农业生产、科技应用、艺术加工和游客参加农事活动等融为一体，进行高效益、高科技、市场化、集约化的现代经营活动的同时，实现保护环境、美化景观、提供观光旅游并可持续发展的新型农业。

现阶段，北京市休闲农业正处于品质提升发展时期，坚持"一区一色""一沟一品""新业态聚集区"等发展模式，推进城乡一体化的发展，推动农业供给侧结构性改革，形成乡村旅游休闲度假产业体系，带动农民就业增收。截至 2017 年末，全市农业观光园 1216 个，比上年减少 42 个；观光园总收入 29.9 亿元，比上年增长 6.9%。全市 1216 个观光园创新发展模式，实现总收入 29.9 亿元，同比增长 6.9%；全市乡村民俗旅游实际经营户 8363 户，减少 663 户；民俗旅游总收入 14.2 亿元，同比下降 1.1%。

（二）地区分布

北京市位于华北平原北部，总面积为 1.68 万平方公里，其中山区面积占 62%，平原面积占 38%。北京市休闲农业依托其得天独厚的自然资源和历史文化底蕴优势，逐渐形成"近郊—远郊平原—远郊丘陵—远郊山区"鲜明地域特色的休闲空间体系。以农业观光园和民俗旅游为例，2006—2015 年，北京市农业观光园主要集中在城市发展新区和生态涵养区，城市功能拓展区海淀区农业观光园数量减少，城市发展新区昌平区、房山区、大兴区和生态涵养区怀柔区、密云区、平谷区农业观光园数量保持较好的增长态势。2006—2015 年，北京市民俗旅游接待人次和接待户平均经营收入较好的区与北京山水型旅游资源市域分布特征一致，集中在平谷区、密云区、延庆区、房山区、昌平区、门头沟区和怀柔区。其中平谷区、密云区和延庆区民俗旅游发展较快，房山区、昌平区民俗旅游震荡式上涨、发展较为缓慢。

（三）发展现状

北京地处华北平原西北部，地貌类型多样，既是全国政治中心、文化中心、科技创新中心，也是一座世界历史文化名城，具有展开休闲度假、科教旅游、文物博览、森林和生态旅游等多种休闲旅游活动的得天独厚的优势。北京市休闲农业依托自然环境优势和历史文化底蕴，已基本形成了区域特色鲜明的产业布局，打造了系列化的乡村旅游产品体系，成为北京旅游产业的重要组成部分，例如延庆区千家店镇打造的自然风光旅游型休闲农业"百里山水画廊"，朝阳区金盏乡打造的生态农庄型休闲农业，平谷区黄松峪乡雕窝村打造的文化艺术型休闲农业"木雕、山水画艺术"，顺义区龙湾屯镇焦庄户村打造的红色教育型休闲农业"地道战遗址"，门头沟区斋堂镇爨底下村打造古村落观览型休闲农业"明清山村古建筑群"，怀柔区喇叭沟门乡孙栅子村打造民族风情型休闲农业"满族民俗文化"，等等。

北京市休闲农业已经成为京郊乡村发展创新的前沿阵地和农民增收的重要来源，2015年，北京郊区农民人均可支配收入是"十二五"初期（2011年）的1.4倍。近20年的发展历经四个阶段：自发萌芽发展时期、政府引导成长时期、规范管理启动时期、品质提升发展时期。现在北京市正致力于打造为城乡居民提供望得见山、看得见水、记得住乡愁的高品质休闲农业，着力将休闲农业产品培育成为繁荣农村、富裕农民的新型支柱产业的阶段。2016年，北京市休闲农业和乡村旅游总占地面积为69.9万亩，从事休闲农业和乡村旅游的单位（户）的高峰期从业人员为15.5万人、长期从业人员10.7万人，休闲农业和乡村旅游单位（户）共有接待床位67.6万张，接待人次为20147万人次，总收入达到150.7亿元，总支出120.3亿元。

（四）优势及问题

党的十九大报告指出，实施乡村振兴战略，"要坚持农业农村优先发展，按照产业兴旺、生态宜居、乡风文明、治理有效、生活富裕的总要求，建立健全城乡融合发展体制机制和政策体系，加快推进农业农村现代化"。北京市政府全面贯彻落实党的十九大精神，坚持服务首都、富裕农民的方针，努力将乡村生态优势转化为发展生态经济的优势，重视并促进休闲农业的发展。2018年5月5日中共北京市委、北京市人民政府印发《关于实施乡村振兴战略的措施》，该措施指出："加快推进休闲农业、乡村旅游转型升级，依托旅游示范区、田园综合体、生态文明沟域等载体，积极开发观光农业、游憩休闲、森林人家、康养基地、文化体验、生态教育等服务，切实转变乡村旅游粗放式、同质同构发展；培育乡村优质旅游品牌，继续推进100个旅游休闲村镇创建工作，打造一批精品农业节庆、农事体验活动；发展乡村智慧旅游，将农家乐、特色民宿、休闲农庄等编织成网，提供便捷服务。"

近些年北京市的城乡居民可支配收入逐渐增加，城市化进程的加快在给人们的生活带来更多便利和时机的同时，也带来了城市生活压力的增加和对自然环境的疏远，使人们产生了暂时远离单调紧张的城市生活，回归轻松惬意的自然环境的愿望。北京市休闲农业处在"有人""有钱""有闲"的黄金阶段，"有人"是指根据北京市统计局公布的数据显示，截至2017年年末，北京市常住人口2170.7万人，潜在消费群体庞大；"有钱"是指2017年北京市居民人均可支配收入57230元，人均消费支出37425元，休闲农业从单纯的采摘、观光、农家乐发展到了体验和休闲阶段；"有闲"是指《国民旅游休闲纲要（2013—2020年）》（以下简称《纲要》）。《纲要》提出6项主要任务和措施，分别是：保障国民旅游休闲时间、改善国民旅游休闲环境、推进国民旅游休闲基础设施建设、加强国民旅游休闲产品开发与活动组织、完善国民旅游休闲公共服务和提升国民旅游休闲服务质量。

二、北京市休闲农业电子商务应用现状

（一）应用背景

为贯彻落实《国务院关于大力发展电子商务加快培育经济新动力的意见》（国发〔2015〕24号）、《国务院关于积极推进"互联网＋"行动的指导意见》（国发〔2015〕40号）、《国务院办公厅关于促进农村电子商务加快发展的指导意见》（国办发〔2015〕78号）和《农业部 国家发展和改革委员会 商务部关于印发〈推进农业电子商务发展行动计划〉的通知》（农市发〔2015〕3号）等文件的部署要求，农业部办公厅印发了《农业电子商务试点方案》，方案提出北京、海南在休闲农业电子商务方面开展试点。通过试点，"推动城市郊区休闲农业资源建设、开发，整合休闲农业资源，以标准化接待规范、信用评价体系、地理信息系统和移动定位技术为支撑，以采摘、餐饮、住宿、主题活动、民俗产品购销等为主要服务内容，建立统一的休闲农业线上推介、销售、服务平台和质量监督体系，实现乡村旅游线上直销，推动形成线上线下融合、城乡互动发展的休闲农业产业链"。

（二）应用领域

休闲农业相对于传统农业，已经是农业发展上的一个巨大进步。然而，时代在变化，社会在发展，休闲农业也紧随时代的潮流，随着时代的变迁而发展。电子商务的引入促进了农业与旅游业的结合，扩展了休闲农业的宣传方式、营销渠道和管理内容等，加强了休闲农业管理者对绿色生态乡村的关注。

北京市印发的《关于加快休闲农业和乡村旅游发展的意见》提到，要"充分发挥'互联网＋'在促进休闲农业和乡村旅游宣传推介中的作用，在重大节假日前和重要农事节庆节点，利用网络、电视、报纸、微信等，以图文并茂的形式，有组织、有计划地开展休闲农业和乡村旅游宣传推介。鼓励通过传统媒体和互联网等新兴媒体宣传推介精品线路和精品景点，扩大休闲农业和乡村旅游的影响力。鼓励举办特色鲜明、影响力大、公益性强的农事节庆活动，增强市场开拓能力。继续开展休闲农业和乡村旅游信息标注工作"。"加大'智慧乡村'对休闲农业和乡村旅游的支持力度。增强线上线下营销能力，加快构建网络营销、网络预订和网上支付以及导航等公共服务平台。推进'一村一品'＋电商建设，开展休闲农业电子商务试点。支持依托互联网技术开发休闲农业新产品。运用大数据和云计算技术，强化行业运行监测分析，构建北京休闲农业和乡村旅游监测统计制度。支持休闲农业聚集区域的公共交通体系，加强道路、观光巴士等公共服务设施配套。"

（三）应用水平

随着我国农业的不断发展，休闲农业的规模在不断扩大，类型也逐渐丰富，北京休闲农业电子商务应用逐渐广泛。在农业生产方面，休闲农业所生产的农产品容易受到自然环

境与地理因素的影响，无论是蔬菜水果还是家禽家畜等都是难以长时间保鲜储藏的。而电子商务正好能够为休闲农业提供快速交易的功能，提高休闲农业的信息化，减少环境因素、地理因素等带来的影响。例如北京京东鑫桃源果品产销专业合作社创建鑫桃源品牌，同时对接国内大型电商平台，帮助农户打开新的销售渠道。该合作社采用"公司＋合作社＋农户"的运作方式，签约基地1400亩，直接带动4000余户农民，人均增收超过1000元，荣获"北京市农业信息化示范基地""北京市农业信息化龙头企业""2017年北京市物流标准化试点企业""最受北京农民喜爱的十大农业电商"等荣誉。在休闲农业旅游方面，电子商务让休闲农业可以通过网络获取更多的游客信息，通过分析游客的需求来发展自身。同时，休闲农业经营者也可以通过电子商务与其他休闲农业经营者进行交流，互通有无，共同发展。例如北京市农委充分利用"互联网＋"，打造休闲农业与乡村旅游的主题网站；充分发挥网络社交平台的作用，转变市场推介方式；积极利用电子商务，扩大产品销售渠道；开展互联网支付，促进便捷消费；综合集成，将"互联网＋"全方位融入大型休闲会展农业活动中。

在平台发展方面，北京休闲农业电商平台呈现垂直化和专业化的趋势。从服务专业化角度来看，出现了譬如专注于共享农庄服务的"庄家"电商平台，提供租赁共享农田、共享农宅、共享农庄的服务。从区域垂直化的角度来看，北京各区域都在发展本区域的农业或者休闲农业电商平台，比如怀柔区的"三三老栗树"以怀柔园区为主体，宣传和销售怀柔的休闲园区、乡村旅游和农产品；密云区以"密云农业"微信公众号为平台，宣传和推广密云区的休闲活动、精品农产品、美食和采摘园区，并推出"云农优选"，专门线上销售密云区的优质农产品；延庆区的智慧沟域项目，完善了智慧沟域信息化基础建设，实现沟域精细化管理，提升和推广休闲农业、乡村旅游业产品的品牌建设。

在技术发展方面，北京休闲农业电子商务也在不断引入新技术和新模式，比如由北京市农委、农研中心、北京观光休闲农业行业协会联合微景天下技术平台，基于微景平台和VR技术打造的北京休闲农业全景三维服务产品"京品农园"，以全景三维技术宣传北京的精品农业园区；随着视频平台的流行，北京一些精品农园也开始通过微博、微信、抖音、B站等多个渠道，配合邀请网红大咖，设置打卡点等创新模式宣传和推广园区的主题活动，吸引消费者。

（四）存在的问题

北京市休闲农业电子商务现在已有的电商平台，有经营者实践摸索的，有行政机构牵头搭建的，也有社会资本投资开发的，不同模式纷纷涌现，功能也在不断创新。但也存在诸多问题。

1. 平台功能单一。休闲农业电商平台大多以传递产品的名称、位置、价格、项目内容等方面的信息为主。而由于休闲农业的产品特性，游客在做出旅游决策前，需要了解产品能否满足其体验需求。这就需要平台多提供有助于建构旅游意象的文字、图片，甚至音乐和视频，突出核心产品的精神性特点。但为了便于操作和管理，平台往往会设定标准模块，商家只能按照内容模板介绍，掩盖了产品的特色差异，导致内容的感染力不足，无法打动游客。

2. 运营成本高。电子商务的引入对网络质量、物流体系、支付环境的要求更高，这些后期运营成本的增加需要大量资金的投入。目前存在北京市政府或相关机构建设的电子商务平台后期文字、图片信息的更新维护无人员配置现象，移动信息软件往往是少数的大型商家占据了绝大的交易份额，但其平台的目标群体需包括休闲农业全行业经营者，平台不仅要关注市场份额大的商家，也要保证市场份额小的商家的正常运营。

3. 电子商务的平台化率不足。复合型的休闲农业电商平台比较缺乏，虽然电子商务在休闲农业园区的普及率大大提升，规模的休闲农业园区基本都建有自己的微信公众号，但功能都比较单一，而服务专业化和区域专业化的电商平台也大多集中于本服务领域或者本区域。从消费者需求角度来看，消费者更需要综合性的休闲农业服务，可以同时满足消费者园区选择订购、主题路线选择订购、消费者评价、活动宣传、农产品集中化采购、产品追溯等需求，但是就目前的发展而言，市场上尚未有完全满足消费者综合性需求的复合型休闲农业电商平台，且专业化电商平台的普及率也不高。

4. 专业度不高。由于近几年国家和北京地区对休闲农业电子商务的政策和行动支持，园区都了解互联网时代电子商务的重要性，但大多数园区仍没有招聘或者设置专门的电子商务人员，大多由其他工作人员兼职，加上电子商务的运营成本较高，因此很多园区的电商平台长期得不到更新，在信息过剩的市场环境下很有可能会被消费者逐渐淡忘，园区就会更加缺乏发展电商的动力，导致资源浪费，进入恶性循环。

三、电子商务促进北京市休闲农业产业发展的作用研究

（一）促进经营者环境改善和效益提升

自2004年以来，中央一号文件每年都聚焦"三农"，体现了对"三农"问题的重视。2018年，对农业信息化和电子商务化的指导方针和政策不断发布，休闲农业市场的自我创新需求推动电子商务的发展，同时电子商务的应用给休闲农业注入了新的生机和活力，利用先进、便捷的技术搭建休闲农业信息应用平台，实施休闲农业产品电子交易，对改善我国的农业价值链和提高农业竞争力有着极大的促进作用，具体表现在以下三个方面。

1. 网上推广扩大消费渠道。电子商务改变休闲农业的信息传递方式，使其农业产品和旅游资源信息可以更快地发布到互联网上，加强休闲农业经营管理对时间的控制，加强其市场竞争力。北京休闲农业依托大都市的消费群体，除了传递休闲农业产品名称、位置、价格、项目内容等基础信息，还打造了产品小众化和消费个性化等重点主题。例如农业农村部休闲乡村旅游电商平台"去农庄"、北京市农委主题网站"北京美丽乡村"、北京市农研中心主办的"北京乡村旅游网"、休闲农业园区自身开通的微信公众号和微博等，快速有效地实现供需对接，转变街头发传单、电视打广告等传统宣传模式，为消费者提供实时信息搜索、推送等服务。

品种齐全、物美价廉、品质有保证、包含农产品资讯是通过电商平台销售农业产品的几大特色。品种齐全——通过网上购买农产品，省去流通中的诸多环节，使市民在第一时

间吃到便宜、新鲜、健康、有地方特色的农产品。物美价廉——在线销售的产品全部由生产厂家或加工企业直接供货，在确保产品质量的同时，省去了中间众多的渠道环节和费用，节省成本，给消费者以实实在在的低价。品质有保证——消费者买到带有电子标签的农产品时，可以通过质量追溯系统中的网站、手机短信、超市扫描机等不同平台输入标签上的追溯码，实现产品追溯，部分农产品以实现从田间到餐桌，谁来种植、何时施肥、施什么肥、何时用药、用什么药、谁来检测、谁来运输等都一目了然，使每种产品都有自己的"身份证"，便于市民随时查询、放心选购。包含农产品资讯——主要包含农产品价格、农产品质量安全、农产品展会、农产品种植技术以及百科知识、农业风云人物等。电商平台加快农业信息流通、提升农业效益、促进农业产业化建设、扩大农业销售渠道。

北京休闲农业在通过美团、百度糯米、携程、艺龙等第三方电商平台推动农产品销售的同时，充分整合现有的物流资源，加快推动建立快递业、邮政系统和干线运输的横向联盟，提高配送网络的城乡服务能力、扩大其农村覆盖面。大力发展城市共同配送，鼓励快递物流、城市配送、第三方物流企业等各方参与北京休闲农业产品配送体系建设，解决电子商务"最后一公里"问题，实现休闲农业企业化经营快速发展。

2. 电子支付推进便捷消费。电子支付主要包括网上支付和移动支付两种形式。网上支付是以互联网为基础，利用银行所支持的某种数字金融工具，实现从买者到金融机构再到商家之间的在线货币支付、现金流转、资金清算、查询统计等过程。移动支付是使用移动设备通过无线方式完成支付行为的一种新型的支付方式，是允许用户使用其移动终端（通常是手机）对所消费的商品或服务进行账务支付的一种服务方式，具有方便、快捷、安全、低廉等优点。以上两种电子支付形式是当前最常用的支付方式。北京市休闲农业通过对二维码等网络技术的应用，以及与第三方电商平台和支付平台的对接，适应手机支付的大趋势，完善线上、线下商品条码、二维码、数字证书等设施，持续改善游客或消费者的旅游和购物体验。

3. 网上平台促进自身质量的提升。电子商务打破休闲农业产品的地域限制和时间限制，让休闲农业的展销空间更加开阔，让北京休闲农业有机会立足于全国乃至全世界的旅游市场。北京休闲农业务必要提升其经营管理的规模，加强休闲农业自身特色，以应对广阔市场的巨大挑战。同时，北京休闲农业只有加强其自身的经营管理质量，才能在众多休闲度假地中脱颖而出，更加适合当今游客多元化的需求。北京禾乐蛙农庄（北京紫耘御禾科技有限公司）位于北京市顺义区高丽营镇，农庄占地 200 亩，采用天然模式耕种和养殖，使用农家肥等有机肥料，以生物和人工措施防治虫害。主要满足高品质生活理念人群的需求。农庄为会员提供个性、定制化的服务：动物认养和肉类禽蛋直供；儿童及团队自然体验和拓展；朋友聚会、休闲场所；家庭 / 单位土地租种和技术支持；健康、安全的有机蔬菜等农产品配送到家和有机蔬菜采摘。为满足散客的休闲聚会，园区建设了孩子的活动区、烧烤活动区、农事操作体验区、草坪休息区、特色集装箱休息区。禾乐蛙农庄通过电商平台、休闲农业主题展深刻意识到北京休闲农业一定要和休闲、旅游相结合，才能发挥出农业更多的产能优势，以新型活动带动传统农业的营销，满足现代消费者线上线下一些新潮的体验，并且通过微信朋友圈、大众点评广泛宣传，从产品质量、口碑宣传、售后服务等入手认识自身并且结合自身的优势更好地发展。

（二）降低消费者决策成本

随着市场由卖方市场向买方市场的转化，消费者主导的时代已经来临，面对更为丰富的商品选择，消费者心理与以往相比呈现出新的特点和发展趋势，这些特点和趋势在电子商务中表现得更为突出。消费者期望能够提供"多样化、个性化"的旅游产品，产品除了详情介绍外，还包括专业式评价和体验式评价，这些都能够降低潜在消费者的决策成本，提高休闲农业产品的购买率。

1. 降低消费者购买商品成本。消费者认识到自己有某种需要时，是其决策过程的开始。这种需要，可能是由内在的生理活动引起，也可能是受外界的某种刺激引起，或者是内外两方面因素共同作用的结果。在互联网上，不同形式的外部刺激会激发消费者的购买欲望，从而刺激需求，使网络用户成为某种产品潜在的或现实的购买者。而电子商务极大地提高了消费者信息搜集的效率，降低了信息搜集的成本，消费者只要在搜索网站上输入欲购买的农产品或者休闲旅游产品，就能获得相应的信息。在各种门户网站上，消费者很容易了解休闲农业产品的市场行情，得到比较真实，甚至低于市场行情的价格信息。

对于农产品而言，在传统的零售商务情况下，消费者购买成本不仅包括农产品的价格，而且包括运输费（包括自己去农贸市场、生鲜市场和回家的车旅费等）和交易的时间、精力成本。在电子商务环境下，消费者的交易成本大大降低，消费者不必再为购买商品而在不同的农贸市场、生鲜市场之间奔走，不必再为和销售员讨价还价而筋疲力尽。电子商务使得消费者对商品价格的比较几乎在"弹指之间"就能完成，从而大大提高了农产品价格的透明度。网上直销方式的兴起，极大节约了中间渠道的成本，省略批发市场、零售市场等中间商，避免了由于中间商市场的混乱而带来的价格混乱、信息混乱等损失。在休闲农业旅游方面，电子商务让游客自己就可以在网站上看到休闲农业的相关介绍，选择自己想去的乡村，不必通过旅行社等中介机构，降低了中间成本，让游客玩得更加放心与自由的同时，也提高了产销效率。

2. 影响消费者购买决策。电子商务的引入让休闲农业的产业流通性大大加强，不仅拉近了休闲农业和消费者之间的距离，还让休闲农业对市场的适应能力大幅提升。休闲农业通过电子商务与消费者直接交流，减少交易的过程和周期。现阶段休闲农业电子商务除了开通微信公众号和微博进行宣传外，还通过新型社交平台，例如直播及短视频平台进行宣传。例如青海省湟中县土门关乡上山庄村，村民祖祖辈辈靠种小麦为生，但这里自然山水秀美，文化底蕴深厚，自精准扶贫开展以来，驻村工作队将乡村旅游同脱贫攻坚紧密结合，积极寻找旅游产业与脱贫攻坚的有效契合点，创新推行"乡村旅游、产业连接、景区连带、入股联营"模式，建立"企业主导、市场运作、农户参与"的产业发展机制，确立了"产业围绕旅游转、农户围绕旅游走"的工作推进机制。最大可能地发挥上山庄村的资源禀赋优势，让村民吃上旅游饭，在家门口发展多种经营，依托旅游产业增加收入，精准打造上山庄村一村一品旅游扶贫新模式，使群众收入增加，实现了由旅游为依托向产业发展转变，为脱贫攻坚注入强劲动力，走出了一条旅游脱贫、旅游富民、旅游强村的新路子。2018 年 6 月至 7 月，通过抖音的宣传，上山庄花海日平均接待游客量为 4800 人次，高峰时期人数达到 8200 人次，其中省外游客占比已达到 10% 以上，村民能够实现在家门口致富。

消费者通过第三方、自营平台购买休闲农业产品前，根据产品详情、消费者评价、平台活动确定购买哪种品牌、购买哪种产品，购买产品后又会通过使用和他人的评判，对其购买选择进行检验，把自身的产品体验与以前对产品的期望进行比较。消费者是否满意会直接影响其购买后的行为。电子商务大大方便了消费者购后感受的倾诉，并且这种购后感受的影响面扩大了。以前消费者的购后情感主要影响周围的亲人、朋友、邻居、同事、熟人，现在消费者通过网上的论坛、QQ 群、社区、微博、抖音、B 站等各种渠道，向素不相识的人表达其购后感受。同时第三方平台也会为消费者提供一个信息沟通的平台，消费者可以在第三方平台上将产品的评价告诉企业，提出自己的想法和建议，这不仅增强了企业和消费者的联系，也让消费者自觉或者不自觉地参与到企业的产品开发和改进工作中，成为对企业最有帮助的合作者。

（三）发现和解决产业发展中的痛点问题

1. 解决销售信息不对称的问题。电子商务可以解决农业信息不畅通的问题，可以将农业生产的产前、产中、产后等诸环节有机地结合到一起，解决农业生产与市场信息不对称的问题，可以帮助领导科学决策，指导生产者进行合理的生产安排，有效避免盲目发展带来的不良影响。电子商务的发展为解决农业发展中农产品的流通问题提供了广阔的空间，利用电子商务技术改造传统经济下的流通过程，形成由信息流、资金流、物流、商流组成的并以信息流为核心的全新流通流程，推动农业的新发展。北京京东鑫桃源果品产销专业合作社现在已形成从包装运输到线上销售整体一条龙的模式，2017 年 8 月 16 日平谷区发生雹灾，1000 多亩的大桃被砸坏。正常情况下，成熟桃子价格在 3 元 / 斤左右，但遭遇雪灾的桃子每斤只能卖 1 角钱，合作社发动社会资源，短短 2 天就在线上销售了 4 万多斤。与此同时合作社还投入大量资金在桃的包装和运输上做深入研究，全产业链从仓储到物流，更多地为农场、基地做好最初的服务——"最先一公里"。农产品原生态的种植、鲜货的销售、产品的初加工和深加工，整个产业链的扩充离不开电子商务。利用电子商务强大的网络功能，可以跨越时间和地域的障碍，使农产品需求双方及时沟通，使农业产业者能够及时了解市场信息，根据市场需求情况合理组织生产，以避免因产量和价格的巨大波动带来的效益不稳定，降低农业生产风险。

2. 增加农民收入。农民通过电子商务平台，将农产品销往各地，拓宽了销售渠道，实现了与消费者需求的直接对接，避免了传统渠道的环节多、成本高、市场信息流通不畅导致农产品滞销的问题，明显增加了农户的收入。实践证明，在开展精准扶贫的过程中，推进农村电子商务发展对增加农户收入成效显著。

怀柔城区以北，在著名的"雁栖不夜谷"内坐落着一座有 600 多年历史的小山村，它就是享誉京城的"京郊民俗旅游第一村"——官地村。怀柔区神堂峪官地村村民单淑芝和爱人在家里办起了农家乐，如今，这个农家乐称为"京郊民俗旅游第 00001 号"，被定为 APEC 外国政要定点参观访问地点之一，镂空门窗、廊桥过道、八仙桌、太师椅、罗汉床等房屋的装修和家具摆设都尽显中式风采。官地村真正打造出了具有独特景观的"京郊民俗旅游第一村"品牌，取决于两方面：一是地理位置优势，官地村紧邻怀柔区雁栖湖（7 公里）、神堂峪木栈道景区，拥有得天独厚的环境优势。二是休闲农业经营模式，采取资源共享、合作共赢、报团取暖，成立北京不夜谷官地种养殖专业合作社，制定相应的规章制度，包括盈余分配制度和社员管理制度等。在经营过程中统一主要菜品住宿价格、统一采购主要外购食材、统一订立服务标准和规范、统一门头牌匾的设计和制作、新客源分配等，不但提升了休闲农业软硬件服务水平，增加了农民收入，节约用水保护生态，还促进了邻里间的和谐。

3. 优化农业产业结构。农产品电子商务有助于引导农业生产者依据订单安排农业生产，以销定产，避免盲目和跟风。随着农业生产对消费者需求的满足，可以带动农业生产户进行规划种植、科学管理，应用先进加工技术对农产品进行初加工和深加工，在销售推广上，打造地域特色农业品牌，不断优化农业产业结构。一些地方依托农产品电子商务实现产业链价值的延伸，例如，利用电子商务平台发展农业旅游观光，将电子商务与生态农业、乡村休闲养生旅游及现代物流等服务业紧密结合发展。

电子商务一方面提高农产品的销售效率，另一方面通过园区农产品的品牌效应带动当地相关农产品的种植和销售，推动当地的农业产业转型，变无品牌的非标品为有品牌溢价的名优特产，变只有生鲜品为既有生鲜又有高附加值的加工品，变传统农业为现代农业。当产品品牌效益凸显以后，会吸引大量的游客采摘，反过来会推动园区或者地方为了满足游客更多的需求而增加休闲娱乐项目，改善园区环境，延长游客停留时间，提供更多的服务，甚至举办相关的节庆，从而促进一二三产的深度融合。比如北京天安农业发展有限公司借助京东电商平台推出"小汤山蔬菜"品牌，消费者不仅能够在京东和小汤山电商平台上订购小汤山蔬菜，还可以参与旗下安心农场的蔬菜采摘等休闲娱乐活动，亲自到农场体验和菜地认养。天安农业原本是一个蔬菜种植基地，通过电商平台转型升级为一二三产融合、线上线下互动的品牌农业。

休闲农业经营者可以通过电子商务分析自己所具备的优势和劣势，从而找出并确定自己的核心竞争力，再围绕自己的核心竞争力，组建或优化以自己为核心企业的农产品供应链，并通过从农产品源头的质量控制直至物流配送的控制，布局全程式农业电商的运作。北京天葡庄园，位于北京市密云区巨各庄镇新密兴路，种植面积 150 亩，自然环境优美，无工业污染，是首都水源保护地，主要以葡萄种植为主，引进了创世界葡萄糖度吉尼斯纪录的金手葡萄和获国内金奖的夏黑葡萄。天葡庄园的核心竞争力就是葡萄，依托国家农、林科学院的研发优势及技术支持，进行优质、安全、高端的鲜食葡萄、酿酒葡萄种植及种苗培育，形成集多种产业、功能为一体的现代科技农业产业园，专注打造葡萄主题文化产业链，实现了一二三产的融合发展。目前在北京密云、大兴、延庆拥有三家规模化的设施葡萄种植基地及高科技优质种苗繁育基地，拥有"美丽的葡萄王国"科普体验馆、橡树堡民族特色国际酒庄、葡萄加工生产基地等产业板块及功能区。在葡萄生长季，将葡萄生产农事和农业休闲旅游项目结合起来，开展了葡萄科普之旅、红酒 DIY、红酒酿造工艺参观等丰富多彩的文化活动。2018 年葡萄种植基地吸引 3 万游客前来采摘、观光、体验。通过微信朋友圈、公众号基本实现供需对接，依照自建的农场坚守高品质产品，通过严控品质获得忠实消费者，以产品驱动消费且稳扎稳打，同时采用顺丰集团的物流和配送，保障生鲜农产品直销快速到达。

4. 转变农村生产方式。现代消费者的需求呈现多样化、个性化、少批量的特点，而基于电子商务的生产更加具备响应需求快速变化的能力，正符合现代消费者的消费特征。近年来，随着生活越来越富足，更多消费者对农产品的品质和安全越来越重视；因此一些农产品电商企业，开始自建生产基地或与供应商联合生产有机认证、绿色认证的农产品。这些都有效地转变了农业生产方式，带动和促进了农产品的安全生产。在促进农业生产方式转变的同时，农产品销售应用电子商务也推动了农业产业化经营，形成了"农户＋龙头企业＋合作社＋电商"的农产品流通模式，培育出更多的龙头企业，带领农户实行农业产业化和市场化。其中具有突出特点的是遵循"三低三高"，即低耗能、低污染、低投入；高起步、高产出、高品位原则的社区智慧农业型——农产品销售模式和为政府、企业提供专业的乡村旅游和乡村度假营销与策划服务的远方网。

社区智慧农业型是根据社区支持农业模式，将农产品对口供应到社区，实行订单式生产、一站式配送。位于海淀区后沙涧村的小毛驴市民农园，是北京第一家"社区支持农业"的农场，创始人石嫣留学美国时，深入了解当地社区支持农业的模式，即居民提前将菜钱付给农民，农民负责栽种，保证菜的品质，居民也可以自己种菜，他们彼此信任，也共同承担风险。回国以后石嫣创立小毛驴市民农园，并在北京市通州区、顺义区和黑龙江五常建有种植基地，定期监督记录生产的过程。如今，农场拥有 700 多个会员，一年的经营收入有 900 多万元，并将其中的一个果园改造成了梨园公社，将有机种植和民俗结合在一起，持续在国内传播生态农业理念、支持健康消费、推动食品安全、促进城乡互助。新的农村不是把农村建得更像城市，而是把农村建得更像"农村"。

远方网于 2015 年年底开始建立乡村度假运营业务平台，迄今为止在北京延庆、北京房山、河北涞水等地的 4 个村庄展开 7 个乡宿项目，共发展运营由闲置农宅改造的农家度假小院 47 个。在美丽乡村建设和新农村建设的过程中，很多人最痴迷于推倒重建，而创始人陈长春却提出了针灸式地改变乡村的方法，找到最关键的原乡的点位，然后一点点激活，采用新方法使沉睡的乡村逐渐复苏起来并通过远方网平台进行宣传推广，摸索出了一套共生共赢的乡村管理模式：远方网成立的平台机构负责设计、培训、管理和营销；业主也就是房东，只需要提供房子和维修；被挑选出来的"巧媳妇"，在接受平台培训之后，成为院子的管家；村集体再成立一个合作社，负责维护村庄秩序、环境保障和应急处理等。农民作为业主和管家能分到利润的 60% 以上。同时远方网还有一支庞大的数据团队在监测订单数据，实时查看新客率、复购率、返客率的变化，监测数据一有变化，就相应调整产品模式，顺势挖掘了乡村每个时间维度上的特点，使得淡季客人减少的情况有所改观。平台在增加农民收入的同时让更多喜欢乡村的人共同参与建设这片沃土，使乡村再多一些活力和生机，让这个社会的能量"从农村到城市，从城市到农村出现一个'乾坤大挪移'的再循环"。这种共生模式和在地化运营不仅在一定程度上实现了扶贫脱贫，更重要的是让乡村的资源重新焕发活力——给城里人有一个可以放松的地方，让农村人在家里面就能赚到钱，农村的就业问题、养老问题、子女教育问题均得到了一定程度的解决。

（四）现阶段亟待解决的问题分析

我国电子商务已经进入快速发展阶段，农村这个大市场也逐步活跃起来，市场需求越来越旺盛。农村和农民的信息需求旺盛，部分农业主导型、工业主导型、旅游文化型、商业贸易型的农村对电子商务的需求尤其显著。电子商务的兴起使现代农业大市场的有效运作成为可能，电子商务大大降低了农户进行广告宣传、信息搜寻、贸易洽谈等商务活动的成本费用，并且依赖国内或国际贸易网络，使企业冲破条块分割的市场格局，摆脱区域性市场的限制，将分散的以家庭为单位的农户组织起来进行规模生产和经营，或进行点对点的针对性生产。利用电子商务可以适应我国农业现阶段生产方式的特点，为我国农业的发展提供一条有效的解决途径，但是也同样存在一些问题亟待解决。

1. 产品质量标准体系未建立。电子商务的便捷性，是新时期消费者选择农产品电商的主要原因。但是目前农产品生产依然是以小规模农户为主，市场观念和市场信息的缺乏，导致其生产盲目性及短期行为比较严重；另外，生产规模小、难以标准化生产造成众多农户种植的同一农产品存在品质参差不齐，质量不统一的问题。理论上，依靠农民专业合作社可以提升农业生产的组织化和集约化程度、提升农业生产的规模效应和边际收益、联合抵御系统性农业风险，但由于我国农民专业合作社存在规模小、人才和资金缺乏、内部治理不规范、职能不完善、品牌建设滞后等现实问题，明显落后于我国农产品电子商务快速发展的要求。此外，我国农业生产中存在过量使用农药和各类生长激素的问题，影响了食品安全，严重损害国民健康。由于电商交易的虚拟性，消费者很难直接观察发现农产品的污染情况，只能依托于相关的管理部门检查和监督，然而事实上当前的农产品质量安全管理难以跟上市场增长的步伐。

对于休闲农业来说，现阶段虽然出台了休闲农业星级评定的"国标""京标"，但对于休闲农业产品来说，只有少数打出了自己的知名度，实现了品牌效应。电子商务平台建设缺乏专业性、缺乏模式创新、基础信用机制不完善，都将影响休闲农业电子商务的发展。

2. 产品物流配送体系待提高。目前我国农产品冷链物流，依然是生鲜农产品电商存在的重要短板。生鲜农产品电子商务良性发展，关键在于要有覆盖从生产至销售整个环节的冷链系统。发展生鲜电商一体化冷链物流尤其要关注确保跨地区保鲜运输，保障反季节销售对低温储藏、保鲜水平的要求；满足消费者对质量安全、新鲜度和营养性等方面的要求；实现冷链全程"无断链"。但从目前生鲜农产品电子商务使用冷链物流来看，离建设覆盖生产至销售整个环节的冷链系统和全程"无断链"的冷链物流体系还相差甚远。农产品冷链物流建设投资大、系统庞大复杂，由于易腐食品的时效性，生鲜果蔬等在流通环节中需始终处于规定的低温条件下，要求冷链体系的各个环节具有更高的组织协调性，所以食品冷链的运作始终是和能耗成本相关联的。现阶段应对物流配送成本过高的问题，建议采用司机专送的方式降低配送成本。

休闲农业农产品的物流配送高速发展期在2015—2017年，如2015年的黑狗、2017年的陆达达等均定位于社会化生鲜供应链平台，试图通过产品化、标准化的提货、分拣、包装、冷链宅配共同配送、信息服务，切入农场、小微电商的物流环节，但随着资本市场的融资受限，后续资金投入跟不上，相应的消费群体忠诚度不够，这些物流企业相继倒闭。目前，农产品的运输多数仍由农户自己解决，农产品运输过程中损耗率高，收益费用比低。所以建设现代物流配送体系，利用先进的信息手段和网络技术改造传统的农产品流通模式，优化流通机制和过程，优化资源配置，降低流通成本，提高生产经营效益，是休闲农业电子商务发展的必然要求。

3. 信息安全存在隐患。我国的城乡差距还是比较大，农村地区既有经济文化相对落后的困境，也有许多客观条件的制约，不大适应电子商务高速发展的现状。主要表现在以下三个方面：一是许多农村的网络基础设施建设还不能满足电子商务发展的需求，网络运营商由于考虑到利润不高，缺乏主动为这些地区的用户接网的意愿；二是长期在农村生活环境中的人们，由于缺乏与外界接触沟通的条件，有比较牢固的守旧观念，对比较复杂的农产品电子商务接受度比较低，缺乏互联网营销意识，导致推广农产品电子商务容易受阻；三是缺乏资金，物流基础薄弱，现代物流体系还很难在广大农村建立，而消费者对于农产品鲜活度的要求越来越高，这对农产品物流提出了很大的挑战。

病毒黑客攻击，相关制度和法规缺失，网络认证、支付、信用体系不完善，使得信息安全成为休闲农业电子商务发展长期面临的另一个难题。在技术层面，信息安全的保障要加强加密技术、安全认证技术、杀毒软件和防火墙、网络安全协议等技术的研发；在管理层面，信息安全与社会道德、行业管理以及人们的行为模式等联系紧密。安全是相对的，而不是绝对的，牵涉支付结算等敏感问题对安全的要求更高，就需要信息安全的研发者们不断地检查、评估和调整相应的安全策略。

4. 专业人才的缺乏。专业人才缺乏，不仅是指农业专业人才的缺乏，更主要的还是指利用现代信息技术从事电子商务活动的农产品市场专业人才的缺乏。2018年，北京市农村工作会议提到了要强化乡村振兴人才支撑体系建设。要充分发挥政府各有关部门职能作用，加快建设一支以职业人才为主体、以科技人才为引领、以专业人才为保障、以乡土人才为特色的北京农业农村人才队伍，研究出台吸引年轻人到农村就业创业的政策，拓宽智力、技术、管理下乡通道，优化农业从业者结构，加快建设知识型、技能型、创新型农业经营者队伍。

四、对策建议

（一）运用电子商务促进休闲农业产品升级、产品服务提升的相关建议

1. 吸引社会资本投资重点扶持冷链物流发展。一件农产品从田间到餐桌，需要经过采

摘、分拣、质检、储存、包装、干线、配送、售后等各个环节，我们所谈到的电子商务仅仅是最上面的一层。其实，除掉电子商务这层外衣，发展农产品电商的核心是解决供应链问题并提供市场流通解决方案。创新农产品电子商务方式，发展农产品 O2O 模式，进行线上销售、推广，线下体验，线上线下互动，是农产品电商未来的发展趋势。另外，应出台优惠政策引导和推动以龙头企业、农民专业合作社及冷链物流配送企业为主导的农产品电子商务发展，优惠政策重点倾向于三个关键领域。一是重点扶持由"农业龙头企业 + 农民专业合作社"主导的电子商务模式。二是为了让电子商务与冷链物流协同发展，应加大支持力度，重点扶持农产品预冷、加工、储存、运输、配送等关键环节的设施建设，积极推动农产品冷链物流集散中心建设。三是强化网络农产品安全质量监督抽查，建立风险防范监测、源头追溯及质量担保等完善的农产品电子商务体系。

2. 策划农业品牌形象整合农产品电商供应链模式。农业相关部门应从尺寸规格、重量、品种等方面完善细化农产品分类标准和质量等级，这样消费者可以根据自己的需求去购买喜欢的农产品，农户也可以按照标准进行生产，做到有的放矢。从市场前景来看，消费者越来越偏好生鲜农产品，但目前从事生鲜农产品电商的流通主体普遍缺乏品牌意识，导致许多特色农产品不被消费者所熟知，错失了大好的市场销售机会。因此，应针对城市里追求高品质生活的人群，打造知名农产品及休闲农业品牌，实施品牌营销，从而提升农产品的附加价值，实现收入增长的目标；应加快培育有一定规模的农业企业、农民专业合作社或者建立联合社，给这些组织培训新经营理念，走品牌营销之路；发展"农户 + 农民专业合作社（农民专业合作社联合社）+ 农业龙头企业 + 电商"的模式，改造农产品电商供应链体系，整合优势资源，以特色推动农产品电子商务的提质增效。

3. 推动移动端技术应用营造良好的营商环境。艾瑞咨询 2017 年网络经济调查报告显示，2016 年中国的网民和移动网民分别为 7.3 亿人和 7.0 亿人，移动网民已经占到网民的 95.1%，伴随着新一代青年的成长，未来移动网民的数量还将呈现递增趋势。北京休闲农业电子商务早期一直致力于 PC 端布局，虽然已经意识到移动终端的重要性，但移动终端大多局限于微信公众号，发力不足。PC 端的市场红利已基本完结，移动端无论是发展速度、覆盖范围，还是对日常生活的渗透，都已经全面超越 PC 端，因此北京休闲农业需要在移动端加大发展力度。

移动端有着随时随地、碎片化、高互动的特点，因此会使消费者的消费行为受时间和空间的限制较小，从而变得分散。而且近年来移动端消费也呈现多元化的特征，社交电商、直播、VR、O2O 等与场景相关的购物方式和大数据应用将成为驱动移动端消费新的增长点。因此北京休闲农业电子商务在移动端的发力不能局限于微信公众号等模式，还要引入新模式，比如园区直播，通过园区活动现场直播让移动端客户可以直接体验到活动的有趣性和产品的绿色健康；O2O 场景互动让消费者时刻关注园区。目前，国内大型电商企业，比如阿里巴巴和京东都纷纷在农村电子商务方面布局发力，截至 2016 年年底，京东已经拥有 1700 余家县级服务中心，覆盖全国 31 个省、市、自治区的 1700 多个区县；约 30 万推广员，覆盖 2.7 万余个乡镇的 28 万个行政村，服务 30 余万个村庄的村民，全国已有 433 家特产馆，另外涉农企业和专营店铺 664 家，分布在 7 个大区共 32 个省及直辖市。随着这些大型电商在农村电子商务的布局和被移动终端的快速替代，移动端会成为休闲农业电子商务的主战场。

4. 依托互联网创新思维联合多平台实现跨界发展。休闲农业电商平台从本质上说更加偏向于互联网企业，因此在运营平台时，必须依托互联网思维，创新思路，用互联网式的手段及方法实现可持续性发展。

休闲农业在旅游吃、住、行、游、购、娱六要素的基础上增加了文化、教育、体验、养生、景观、种养和加工等要素。休闲农业资源包括了农林牧副渔等一切农业生产、农家生活、农村生态、农民技能和农耕文化，并可以灵活吸纳时尚流行文化和城市资源要素。休闲农业也是唯一通过资源优势吸引城市各类先进要素持续向农村流动的农业形态，对城乡互动交流，特别是新农村的建设具有长远的影响。因此，休闲农业电商平台完全可以凭借自身在相关资源上的优势，积极地与更多第三方服务供应商展开多种合作，如旅游、交通、餐饮、亲子教育、时尚运动、旅游用品和影视拍摄等等，不一而足。这样做不但可以更加有效地利用资源、降低成本，同时还可以提升品牌形象、拓宽产品形态、增强市场影响、扩大推广渠道。

5. 坚持以消费者为主体充分依托市场主体的积极性。互联网具有"马太效应"，电商平台的流量往往集中在少数几个大的平台上，后人者即便在技术水平或用户体验上有很大提升，仍需投入大量宣传经费，用以"黏住"消费者。另外，有实力的商家在网络传播中，能够获得更大的市场影响力。比如，在淘宝电商平台上，少数的大型商家占据了绝大的交易份额。但对于行业垂直型电商平台，其目标群体需包括全行业经营者，平台不仅要关注市场份额大的商家，也要保证市场份额小的商家的正常运营，但这类商家往往数量多、流量少、运营成本高。

休闲农业电商平台在这方面的困境尤为突出，数量多、分散布局、个体流量少、运营成本高。因此要在这些方面有所破局，需做到以下几点。

一是打造开放式平台。桥梁是电商平台的本质功能。电商平台既要实现商家与游客之间的信息互动，也要实现游客与游客之间的信息互动。一方面，平台要丰富传播方式，以便于建构旅游意象为功能设计核心，使商家可以传递富有情感表达的宣传内容，增强信息的体验性；另一方面，要开放评价功能，让每个游客都有可能参与传播，通过这些富有个性化、大众化的评论表达，提升传播效果。因为随着互联网的发展，互联网用户不仅接受信息，而且在创造信息，从网络论坛到社交平台，再到自媒体，用户评论信息促成了用户与用户之间的互动。在互动下，催生出 B2C、C2C、O2O 等电子商务平台，消费者可在平台内对消费体验做出评价，碎片化的评价信息构成了产品的信用评价，让未来消费者了解到更加全面的产品信息，进而做出购买决策。

二是实现宣传资源共享。内容是电商平台的核心价值。休闲农业商家通过自媒体或公共媒体开展宣传，形成了不少优质的宣传内容。平台要通过技术手段，吸纳已有的宣传成果，使这些丰富的资源可以在平台重新被利用。这样不但能够迅速丰富平台内容、提高内容质量，还能够降低商家加入平台的成本。

三是探索客户导流模式。客户是电商平台的生命力。大多休闲农业产品已积累了一定的客户群体。休闲农业电商平台要探索合理的机制，鼓励商家将所拥有的客户吸引到平台上，实现小平台向大平台的客户导流。这样平台可以在短期内以较低的成本找到目标客户，并扩大平台的影响力。

四是要充分利用微信、短视频等主流社交媒体。微信作为当今中国主要的社交媒体，已经渗透进了大多数人的生活，抖音、小红书等新生媒体也越来越流行。对于休闲农业园区来说，一个微信公众号或者短视频账号的价值起码有三点：第一，可以成为品牌文化和企业资讯的传播出口；第二，成为产品营销的服务接口；第三，成为电子商务的流量入口。总而言之，对于休闲农业电商平台来说，在面对其他渠道传播效果难以把控、运营成本居高不下的现实局面时，微信、短视频等社交媒体毫无疑问应该成为企业攻城拔寨的必备武器。

五是要借助大平台，借力淘宝、京东和区域的大型电商平台，或者是新业态比如盒马生鲜、"生鲜+餐饮"等，提高园区的品牌价值，积累足够的流量，再借势发展自身的电商平台，整合当地的优势资源，实现共同发展。

（二）休闲农业经营主体扩大电子商务应用的政策建议

1. 政府加快培育农村新产业新业态。运用现代信息技术、先进设计理念、市场运作模式变革传统农业，促进农业与旅游、教育、文化、节庆、体育、健康、养老等产业的深度融合，培育休闲农业、乡村旅游、特色民宿、养生养老、农村电商等新产业新业态，打造绿色生态环保的产业链。加快推进休闲农业、乡村旅游提档升级和优质发展，依托全域旅游示范区、田园综合体、生态文明沟域等载体，积极开发观光农业、游憩休闲、森林康养、文化体验和生态教育等服务，切实转变乡村旅游粗放式、同质同构的发展模式；培育乡村优质旅游品牌，继续推进100个旅游休闲村镇创建工作，打造一批精品农业节庆、农事体验活动；发展乡村智慧旅游，将农家乐、特色民宿、休闲农庄等编织成网，提供便捷服务。建立健全农村新产业新业态发展用地保障机制，在符合城市总体规划的前提下，将年度新增建设用地指标安排一定比例用于支持乡村休闲旅游、养老等产业。

2. 政府加强引导性投资的注入。政府应当加强休闲农业领域的引导性投资，改善休闲农业电子商务的投资环境，通过将投资收益返还社会投资人、支持社会投资回购政府所持股份等政策，将大量资金引入休闲农业电子商务的发展。2018年，北京市委、市政府发布的《关于实施乡村振兴战略的措施》提出，"允许村庄改造、宅基地整理等节约出的建设用地，以入股、联营等方式，发展特色民宿和农村电商"。通过重点项目来整合、调动各部门力量，集成资金，形成合力，对郊区休闲农业要从资源保护、产品开发利用和扩大生产规模等方面给予适当优惠，对市场前景好、生产规模大、经营机制好、带动能力强并经过评估的新办企业给予适当的优惠政策。

3. 政府主导主流电子商务服务平台的整合与构建。政府应当整合与构建全产业链休闲农业电子商务，以消费者为导向，从产业链源头做起，经过种植与采购、贸易及物流、食品原料和饲料原料的加工、养殖屠宰、食品加工、分销及物流、品牌推广、食品销售等每一个环节，实现食品安全可追溯、供需高匹配的全过程。全产业链模式使得上下游形成一个利益共同体，从而把最末端的消费者的需求，通过市场机制和企业计划反馈到处于最前端的休闲农业种植和园区打造环节上，产业链上的所有环节都必须以市场和消费者为导向。

4. 政府扶持休闲农业电子商务人才的培养。人才短缺是目前休闲农业发展和休闲农业电子商务发展的阻碍之一，截至 2016 年年底，全国开设休闲农业专业的大专院校仅有 37 家，休闲农业方向的电子商务专业尚未设置。因此需要在政策上扶持大专院校设置休闲农业相关，加大在专业领域内综合性人才的培养，或者是在与休闲农业关联性较大的如农业、旅游、互联网、电子商务等专业上着重引进和培训相关人才，通过多个专业的联动协作来弥补人才短缺的问题。

课题负责人：张春林
课题主持人：马晓立
课题组成员：冯学静、陈洁、贾启山、李冬玲
执笔人：马晓立、陈洁

北京市"互联网+"助力低收入农户增收路径研究

一、绪论

（一）课题背景和意义

2012年，习近平总书记在河北省阜平县考察扶贫开发工作时指出："消除贫困、改善民生、实现共同富裕，是社会主义的本质要求。""现在，我国大部分群众生活水平有了很大提高，出现了中等收入群体，也出现了高收入群体，但还存在大量低收入群众。真正要帮助的，还是低收入群众。"2013年11月，习近平总书记考察湖南时作出"实事求是、因地制宜、分类指导、精准扶贫"的重要指示，精准扶贫重要思想首次提出。2015年习近平总书记在贵州考察期间全面阐释了精准扶贫的"六个精准"内涵。2015年7月，国务院印发了《国务院关于积极推进"互联网+"行动的指导意见》，"互联网+"正式被纳入顶层设计，从概念上升为国家行动，成为国家经济社会发展的重要战略。2015年11月，《中共中央国务院关于打赢扶贫攻坚战的决定》发布，提出"实施精准扶贫方略，加快贫困人口精准脱贫""加大'互联网+'扶贫力度"。2016年11月，国务院印发《"十三五"脱贫攻坚规划》，要求将农村电子商务作为精准扶贫的重要载体，把电子商务纳入扶贫开发工作体系。

北京市低保标准早已高于国家扶贫标准，没有国家扶贫任务，但北京市委市政府高度重视促进低收入农户增收工作。按照中央2011年印发的《中国农村扶贫开发纲要（2011—2020年）》（中发〔2011〕10号）精神，以及2011年中央扶贫开发工作会议提出的"东部有条件地区要提高扶贫开发水平，探索减少相对贫困、促进共同富裕的有效途径"的要求，北京市委市政府在2012年制定了《关于推进农村经济薄弱地区发展及低收入农户增收工作的意见》（京发〔2012〕15号）。2016年1月，北京市发布《关于积极推进"互联网+"行动的实施意见》（京政发〔2016〕4号），提出"扩大电子商务应用领域，鼓励和支持移动电商、社区电商、农村电商等各类新型电商模式创新发展""利用互联网提升农业生产、经营、管理和服务水平"。2016年北京市出台了《关于进一步推进低收入农户增收及低收入村发展的意见》（以下简称《意见》）（京发〔2016〕11号），《意见》提出的对象范围包括低收入农户和低收入村，其中低收入农户的标准是2015年家庭人均可支配收入低于11160元，综合考虑家庭财产及消费支出等情况；低收入村的标准是村民人均收入明显低于全市农民平均水平，低收入农户数量超过农户总数的 50% 并达到一定规模，村庄基础设施建设和社会事业发展相对滞后，村集体经济较为薄弱的行政村。按此标准，全市共认定低收入村 234 个、低收入农户 7.3 万户。《意见》提出的目标任务是："'十三五'期间，确保低收入农户人均可支配收入增速高于全市农民平均水平，提前实现比 2010 年翻一番的目标；低收入村自主发展能力不断增强，现行标准下的低收入村全部消除。"《意见》提出的实施分类帮扶政策包括：扶持产业帮扶一批、促进就业帮扶一批、山区搬迁帮扶一批、生态建设帮扶一批、社会保障兜底一批、社会力量帮扶一批。

在经济新常态的历史时期，"互联网+"的迅猛发展为农村经济薄弱地区提供了重要的历史机遇。因此，推动"互联网+"与低收入农户帮扶工作的跨界融合，是当前打好扶贫攻坚战的有效战略选择，也是确保 2020 年完成北京市所有低收入农户帮扶工作的必然选择。

（二）主要研究内容

1. 发展现状分析。通过查阅大量的文献资料和整理北京市低收入农户监测台账、农村三资监管平台的相关数据，结合北京市开展的智慧农园和智慧乡村建设、实施"信息进村入户"工程、2018 年"百村千户"调研等工作实际，对北京市低收入农户基本情况、低收入村产业发展基本情况、低收入村"互联网+"发展现状等进行了全面梳理和分析。

2. 面临问题及影响因素分析。在梳理分析北京市"互联网+"助力低收入农户产业发展现状的基础上，结合市内外实地调研和座谈交流，概括出"互联网+"助力低收入农户增收当前存在的主要问题和影响因素，为提出相应的对策建议打下基础。

3. 典型案例模式分析。结合北京市"互联网+"助力低收入农户增收工作实际，深入挖掘北京和全国在运用"互联网+"助力地区扶贫、产业转型升级、农民致富等方面的典型案例及其成熟经验，总结提炼出"互联网+"助力低收入农户增收具有可推广、可复制的价值的几种模式，对每个模式的共性特征和主要做法进行分析提炼。

4. 对策建议。在"互联网+"助力低收入农户增收的现状分析、影响因素分析及典型案例和发展模式分析的基础上，从农业、农村、农民三方面，提出"互联网+"助力产业转型提档升级、助力农村实现美好生活、助力农民素质的整体提升的对策建议。

（三）研究方法和技术路线

1. 研究方法。

（1）文献研究。通过对现有文献资料的收集和分析，了解北京市低收入农户基本情况、产业发展和帮扶需求。

（2）定量与定性研究。通过对低收入村户发展现状的监测数据进行汇总，分析其现有发展特点及水平；通过典型调研，对成效突出的案例进行深度分析，归纳提炼出有效的发展模式。

（3）对策分析。在实地调研和研究的基础上，深入分析低收入农户增收工作中的需求与存在的问题，有针对性地提出北京市"互联网+"助力低收入农户增收的对策建议，为政府部门提供决策参考。

2. 技术路线。

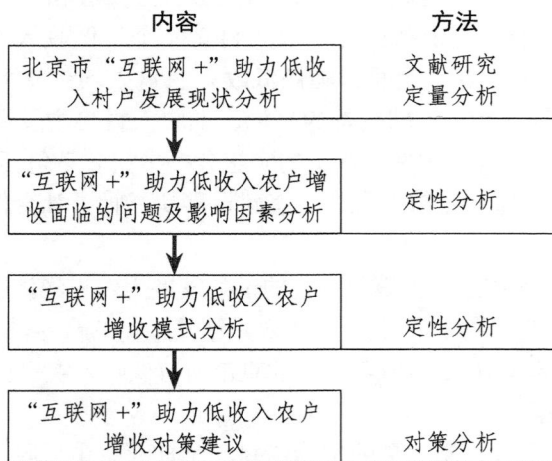

内容	方法
北京市"互联网+"助力低收入村户发展现状分析	文献研究 定量分析
"互联网+"助力低收入农户增收面临的问题及影响因素分析	定性分析
"互联网+"助力低收入农户增收模式分析	定性分析
"互联网+"助力低收入农户增收对策建议	对策分析

图1　"互联网+"助力低收入农户增收的方法和内容

二、发展现状和存在问题

本章主要依据北京市低收入农户监测系统采集数据进行低收入农户基本情况和低收入村产业发展情况分析，结合系统数据和统计年鉴数据，进行低收入村户"互联网+"发展现状分析。系统数据年份为2015—2017年。

（一）北京市低收入农户基本情况

1. 低收入村户分布情况。

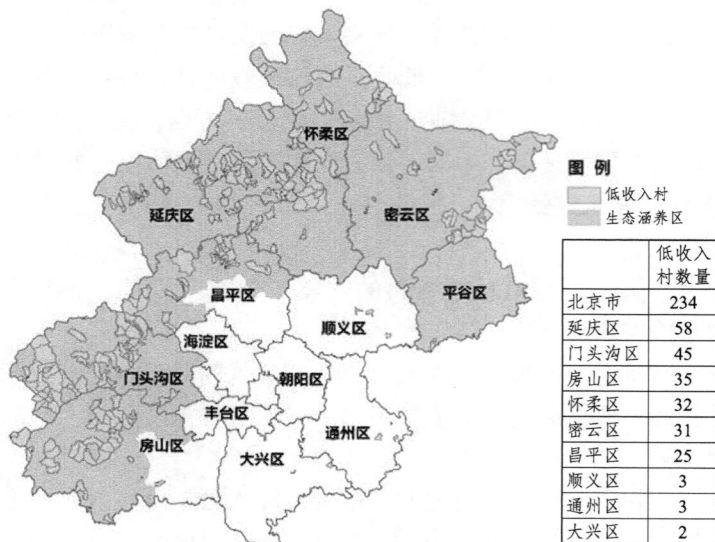

	低收入村数量
北京市	234
延庆区	58
门头沟区	45
房山区	35
怀柔区	32
密云区	31
昌平区	25
顺义区	3
通州区	3
大兴区	2

图2　低收入村分布

（1）低收入村户主要分布于生态涵养区。

截至 2017 年年底，北京市全市共认定低收入村 234 个（图 2），低收入农户 68727 户（图 3）。

从行政区域分布来看，低收入村大部分集中在延庆区、门头沟区、房山区、怀柔区、密云区和昌平区六个区（按数量从高到低排序），达到 226 个村，占全市总数的 97%。其中，延庆区低收入村数量最多，达 58 个，约占全市的 1/4。

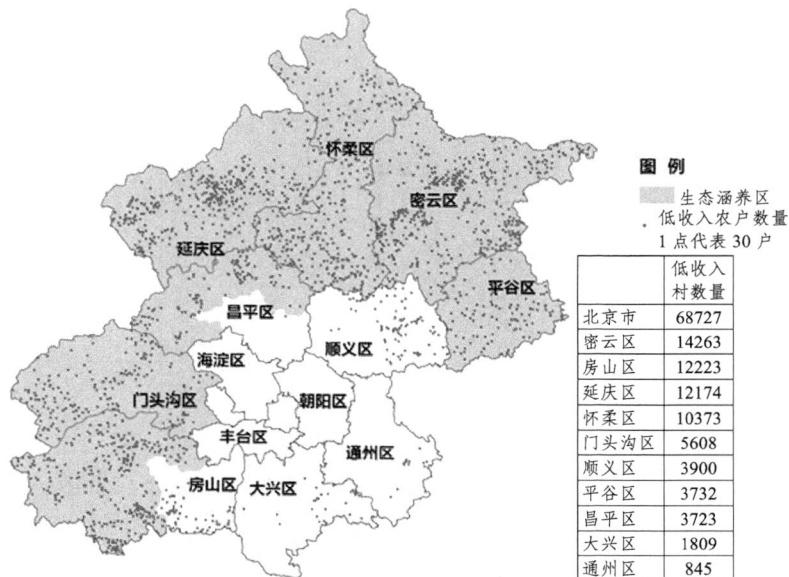

图 例 生态涵养区 低收入农户数量 1 点代表 30 户	
	低收入村数量
北京市	68727
密云区	14263
房山区	12223
延庆区	12174
怀柔区	10373
门头沟区	5608
顺义区	3900
平谷区	3732
昌平区	3723
大兴区	1809
通州区	845

图 3　低收入农户分布

低收入农户多数集中在密云区、房山区、延庆区、怀柔区、门头沟区五个区（按户数从高到低排序），共计达到 54578 户，占全市总数的 80%。其中，密云区低收入农户数量最多，为 14263 户，约占全市的 1/5。

从所处市域空间分布来看，绝大部分的低收入村户均位于生态涵养区（包括门头沟、平谷、怀柔、密云、延庆、昌平和房山的山区），低收入村达 225 个，占全市的 96%，低收入农户达 59673 户，占全市的 87%。其余 9 个低收入村、8588 个低收入农户位于城市的发展新区。

（2）低收入农户分布广而散，10 个区均有分布，但多数不在低收入村内。将全市 234 个低收入村分布与 6.8 万低收入农户分布相叠加（图 4），并计算各区位于低收入村内的低收入农户百分比（表 1），可以看出全市低收入农户在低收入村中集聚的情况。

图例
低收入村
低收入农户
1点代表 30 户

	低收入农户位于低收入村内的百分比
北京市	36.24%
昌平区	77.20%
门头沟区	73.52%
通州区	46.66%
延庆区	42.63%
房山区	37.03%
密云区	29.08%
怀柔区	24.65%
顺义区	17.85%
大兴区	16.09%

图4　低收入农户与低收入村分布

　　总体上，低收入农户分布广而散，在 10 个区内均有分布，但全市 234 个低收入村仅集聚了全市 36% 的低收入农户，相当大部分的低收入农户散布在低收入村外。从各区的集聚度来看，最高的是昌平区和门头沟区，70% 以上的低收入农户集聚在低收入村内；延庆区、房山区、密云区、怀柔区四个区虽然低收入农户数量较多，但集聚度较低，只有25%—43% 的低收入农户集聚在低收入村内。

表1　低收入农户与低收入村数量分布

	低收入村数量	低收入农户数	低收入村涉及低收入户数	集中程度（低收入村内低收入户数／低收入农户总数）
北京市	234	68727	24739	36.24%
昌平区	25	3723	2851	77%
门头沟区	45	5608	4123	74%
通州区	3	845	391	46%
延庆区	58	12174	5181	43%
房山区	35	12223	4527	37%
密云区	31	14263	4147	29%
怀柔区	32	10309	2541	25%
顺义区	3	3900	665	17%
大兴区	2	1809	291	16%
平谷区	0	3732	—	—

2. 低收入农户收入情况。

（1）收入水平提高但存在区域不平衡问题。2015 年以来，北京市政府采取一系列综合帮扶措施，低收入农户增收工作取得了显著成效。根据北京市低收入农户监测系统统计结果，2015—2017 年家庭年人均可支配收入（图5）增速持续加快，收入水平稳步提高。

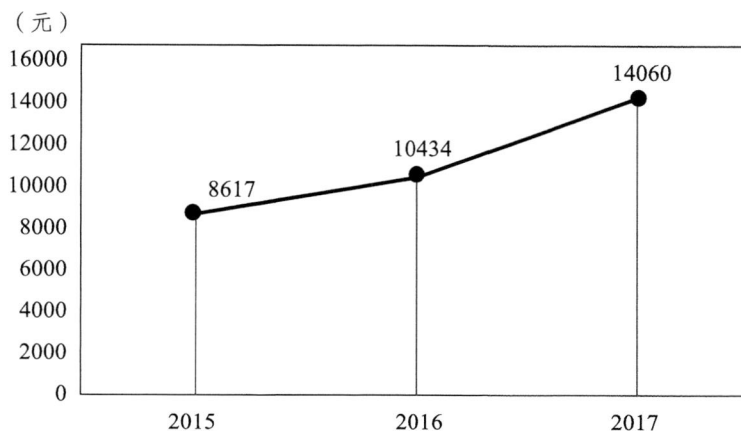

图 5　2015—2017 年低收入农户家庭年人均可支配收入

数据来源：低收入农户监测系统。

图 6　低收入农户家庭年人均可支配收入（按村平均）

2017 年，低收入农户家庭年人均可支配收入已达到 14060 元，远超于 11160 元的认定基本标准。同时，收入水平存在区域性差异（图6），未达到标准的共计 11275 户，占全市总数的 17%，主要分布在密云区和房山区；部分低收入农户家庭年人均可支配收入已超过全市农户平均水平（24240 元），共计 791 户，主要分布在北部地区。

（2）家庭收入来源以转移性收入和工资性收入为主。从 2015—2017 年低收入农户家庭收入构成变化（图 7）及现状（图 8）来看，收入来源第一大构成是转移性收入，2015—2017 年分别占比 58%、55% 和 58%，收入总额逐年提高；第二大构成是家庭工资性收入，2015—2017 年分别占比 34%、37% 和 36%，收入总额稳速增加。

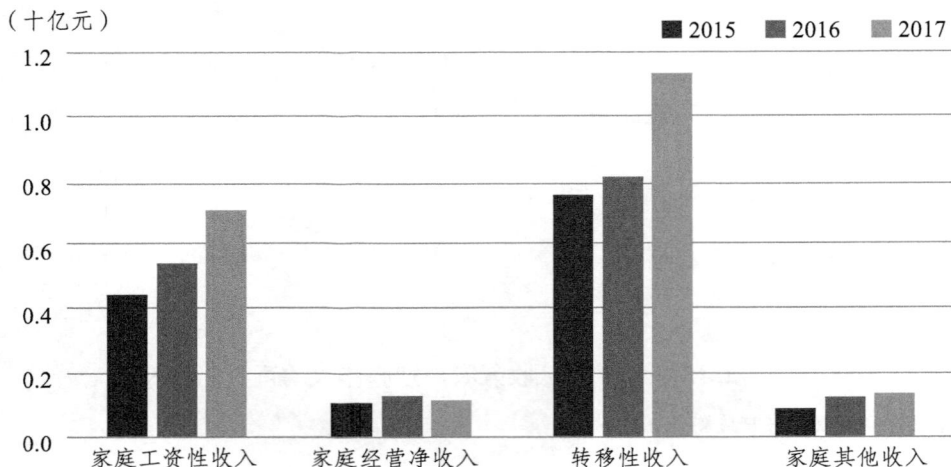

图 7 2015—2017 年低收入农户家庭收入构成与变化（全市合计）

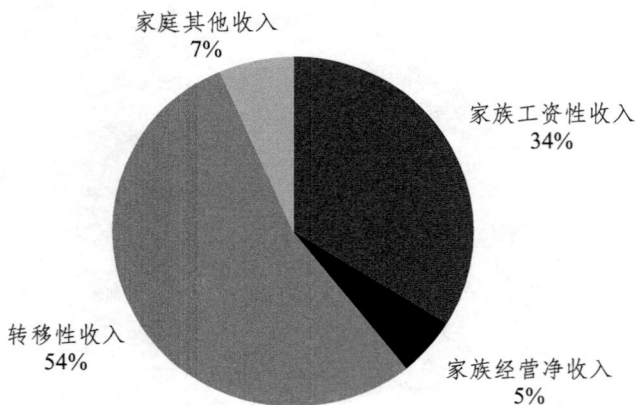

图 8 2017 年低收入农户家庭收入构成（全市合计）

（3）家庭经营仍以一产为主，造成收入少，仅占总收入的 5%。在家庭经营净收入产业构成（图 9）中，近三年来一直以一产为主，三产为辅，二产占比最小。2017 年一产占比高达 58%，三产仅为 31%。家庭经营产业结构不合理，导致家庭经营净收入对家庭收入贡献率仅为 5%。

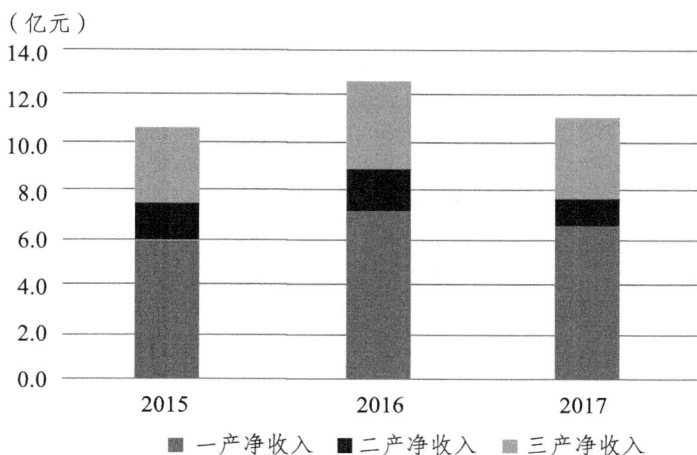

图 9　2015—2017 年低收入农户家庭经营性净收入产业构成

3. 低收入农户致贫主要原因。

（1）因病因残致贫占比高达 64%。根据北京市低收入农户监测系统数据统计，北京市低收入农户的主要致贫原因（图 10）包括因病、因残、因灾、因学、缺技术、缺劳力、缺资金、自身发展不足等等。其中，64% 的低收入农户因病、因残致贫，需要多方途径予以保障；同时也有部分低收入农户因为缺技术（9%）、缺资金（2%）而致贫，能够通过帮扶与自身努力结合来共同解决。

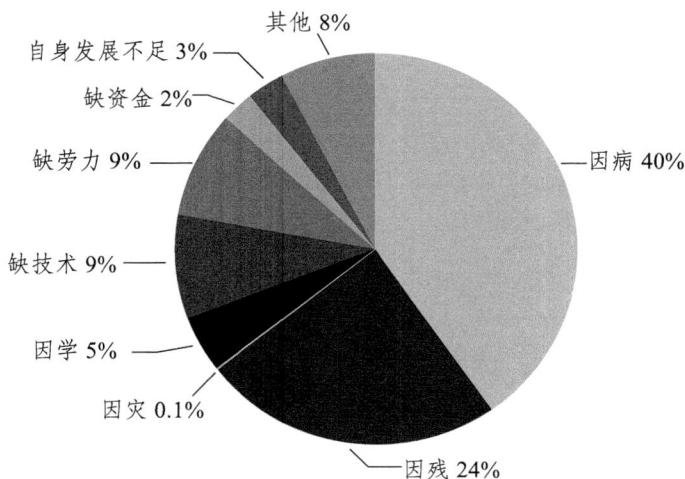

图 10　低收入农户主要致贫原因

（2）人口老龄化严重。从低收入农户家庭人口的年龄结构（图 11）来看，低收入农户家庭普遍存在老龄化的问题。其中，16—44 周岁人口仅占 24%，45—59 周岁人口占 29%，而 60 周岁以上人口占比高达 41%。因此，低收入农户家庭中劳动年龄人口显著趋于老化，壮劳力少，高龄人口占比高。

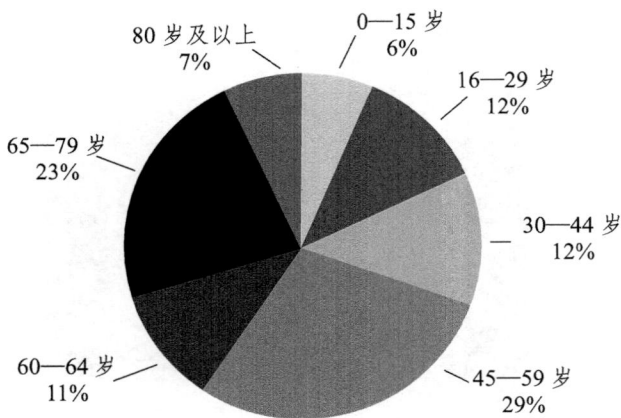

图11 低收入农户家庭成员年龄结构

（3）劳动力就业不充分不稳定。根据低收入监测系统数据显示，在劳动力及就业情况方面，有劳动力的低收入农户家庭总数为39062户，仅占低收入农户总数的56.5%。而这些劳动力人口就业率仅为63.2%。从已就业劳动力的行业分布（表2）来看，从事散工的高达27%。根据系统数据，仅有1127户低收入农户家庭拥有技能劳动力，很多无技能劳动力只能从事散工，导致就业不充分不稳定。

表2 低收入农户劳动力就业行业分布

就业行业	就业人数	占比
散工	11222	27%
农业	9443	23%
林业	4082	10%
销售、家政等服务业	3907	9%
制造加工业	1700	4%
建筑业	1513	4%
交通运输业	1313	3%
乡村旅游业	394	1%
牧业	311	1%
渔业	23	0%
其他	8057	19%

（二）低收入村产业发展基本情况

1. 产业结构过于传统。从低收入村主导产业现状（图12）来看，存在产业结构单一、传统产业占比高、产业发展水平不足等问题。高达78%的村庄仍以传统农业为主导产业，其中传统大田种植占36%、传统林果业占42%。仅有7%的村庄以休闲农业与乡村旅游业为主，且存在产值较低、发展不充分的现象。在休闲农业与乡村旅游业发展方面，规模较小，产值较低，仅有 18 个村拥有 10 户以上的农家乐（院），户均年收入仅为 3.1 万元。

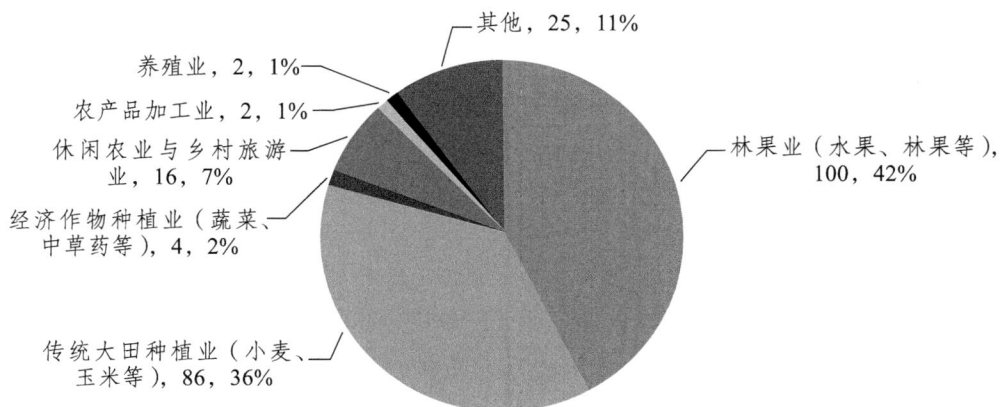

图 12　低收入村主导产业现状

2. 产业资源利用不充分。在低收入村拥有的产业资源方面（表 3），低收入村多数位于生态涵养区，产业发展受制于功能定位，可直接开发利用的土地资源较少，生态性资源较充足。全部低收入村的土地面积共计约 270 万亩，其中绝大部分土地为林地（83%），且生态林的占比高达 68%。另外，低收入村拥有闲置农宅共 7644 套，占农宅总数的 14%，闲置农宅资源较多。

表 3　低收入村产业资源现状（2017 年）

项目	总面积（亩）
全村土地总面积（以下 5 项之和）	2701321.1
1. 耕地面积	137692.3
其中：（1）有效灌溉面积	35893.5
（2）温室大棚面积	1266.8
2. 林地面积	2234283.3
其中：（1）经济林面积	142702.8
（2）生态林面积	1838529.6
（3）林下经济面积	12694.3
3. 荒地面积	244175.5
4. 水域面积	16308.9
5. 建设用地面积	68861.1
其中：（1）用于经营的建设用地	4334.7
（2）农宅数量	全村农宅共：54838 套，其中闲置农宅：7644 套

3. 产业发展组织化程度不高。在组织化程度方面，存在明显的组织化程度不高、合作社带动作用未充分发挥的现象。根据低收入农户监测系统数据显示，全市 234 个低收入村

中有 88 个村建立了农民专业合作社，仅占 37.6%。共注册了 189 个合作社，实际成员数为 100 人及以上的仅有 34 个，10 人及以上的合作社有 68 个，年经营收入 50 万元以上的仅有 14 个。大多数的低收入村合作社成员数量规模不大，经营状况不良。在全市 6.87 万低收入农户中，有 9511 户表示参加了农民专业合作社，仅占 14%。

4. 产业发展基础薄弱，制约因素众多。根据低收入农户监测系统数据统计，各低收入村认定的自身产业发展的主要制约因素如表 4 所示。最大制约因素为基础设施薄弱和缺乏创业启动资金。64% 的低收入村认为本村产业发展的主要制约因素是基础设施薄弱，52% 的低收入村认为主要制约因素是缺乏创业启动资金。

表 4　低收入村产业发展主要制约因素

制约因素	认为第一制约因素的村庄数量	认为第二制约因素的村庄数量	涉及村庄总数	占比
基础设施薄弱	106	43	149	64%
缺乏创业启动资金	43	78	121	52%
产业技术或农产品种落后	16	28	44	19%
缺乏经营管理人才	25	13	38	16%
缺乏销售渠道	9	25	34	15%
缺乏劳动力	25	3	28	12%
产业链条短、附加值低	5	11	16	7%
缺乏产业发展资源	2	8	10	4%
村民组织化程度低	1	5	6	3%
村民增收意愿不强	无	2	2	1%
受环境制约	2	无	2	1%

5. 休闲农业与乡村旅游业是其发展愿望。根据低收入村监测系统统计结果（表 5），74% 的低收入村都计划发展休闲农业与乡村旅游业。53% 的村计划发展林果业。14% 的村计划发展经济作物种植业。同时，还有 8% 的村庄计划发展农产品加工业和制造业（含手工业）。此外，还出现了林下经济、文化产业等创新产业形态。

表 5　低收入村庄产业发展思路

产业	计划作为第一主导产业的村庄数量	计划作为第二主导产业的村庄数量	涉及村庄总数	占比
休闲农业与乡村旅游业	93	80	173	74%
林果业（水果、林果等）	92	32	124	53%
经济作物种植业（蔬菜、中草药等）	17	16	33	14%
养殖业	4	24	28	12%

产业	计划作为第一主导产业的村庄数量	计划作为第二主导产业的村庄数量	涉及村庄总数	占比
传统大田种植业（小麦、玉米等）	12	7	19	8%
农产品加工业	3	16	19	8%
无产业发展潜力	13	3	16	7%
制造业（含手工业）	1	5	6	3%
其他（如：花卉、林下经济、文化产业等）	无	4	4	2%

（三）低收入村户"互联网+"发展现状

1. "互联网+"基础设施条件明显落后。近年来，互联网、移动智能等信息技术的高速发展为北京市农村地区"互联网+"发展带来了强大动力。农村地区网络基础设施水平有效提升，但在低收入农户范围内仍明显落后，"互联网+"基础设施环境仍然缺乏，"互联网+"应用"最后一公里"仍然不能达到。

在智能手机和家用计算机拥有方面，根据《北京统计年鉴》数据（表6）显示，截至2016年，每百户低收入农户家庭拥有接入互联网的移动电话109部，接入互联网的家用计算机52台，虽然增速与全市农户平均水平保持一致，但整体水平仍然低于全市农户平均水平。低收入农户"互联网+"应用的载体普及水平仍有待提升。

表6 2013—2016年接入互联网的移动电话与家用计算机数量

	2013年	2014年	2015年	2016年
接入互联网的移动电话（全市平均）（台）	81	88	99	124
接入互联网的移动电话（低收入户）（台）	63	67	82	109
接入互联网的家用计算机（全市平均）（台）	57	59	60	65
接入互联网的家用计算机（低收入户）（台）	43	41	49	52

在宽带网络接通方面，根据2018年北京市农研中心"百村千户"大调研的调查结果，全市116个调查村中，有89%已经实现了宽带入村入户；在受访的1063个农户中，74.1%家中有无线网络。而根据低收入农户监测系统数据显示，82.1%的低收入村实现了宽带入村，仅有20.3%低收入农户家中通了宽带网络。大部分低收入农户家中未开通宽带网络，农民获取新信息、新知识缺乏有效的途径。

在有线电视开通方面，根据歌华有线公司提供的数据显示，尽管全部低收入村均有有线电视用户，但只有42.3%的农户开通了。其中，能实现高清交互数字电视的村庄数仅有83个，且这些村庄中也只有17.7%的农户开通高清交互数字电视。由此可见，低收入农户家庭的有线电视普及率仍然较低，能够开通高清交互数字电视的更是少数。

2. "互联网+"应用环境有所欠缺。北京市高度重视农业农村信息化建设，近年来持续推进了智慧乡村、信息进村入户、智慧农园等重点工程，有效地推动了"互联网+"与农业农村发展的深度融合，全市农村地区"互联网＋"应用环境不断优化，辐射带动了部分低收入农户。但在低收入村户范围内，覆盖面仍较小，应用环境仍有所欠缺。

"智慧乡村"试点建设2015—2017年全市共覆盖135个村，建设成效显著。一是56.76%的村庄进行了信息化基础设施建设，不仅为村民生活提供了便利，也为企业生产运营、市民休闲旅游提供了网络基础环境；二是70.27%的村庄搭建了网络平台及微信公众号，拓宽了农产品的销售渠道，也提升了农村风貌的宣传推介力度，为村庄产业发展增加了新动力；三是通过安装智能装备，应用物联网、种植履历、安全追溯等技术提升了土地产出率、资源利用率及劳动生产率，实现了生产销售全流程精细化管理，增强了食品安全监管力度，促进了产销有效对接，推动了产业发展升级，带动了农民增收致富；四是32.43%的村庄借助信息技术来加强农村党建、村务管理的现代化、精细化水平，完善了村庄管理与服务体系。而在135个试点中仅覆盖了8个低收入村，开展了一些初步的应用，但大多数低收入村没有开展"互联网＋"应用，也缺乏"互联网＋"思维和意识。

信息进村入户工程是当前全国推进农业信息化、探索实践"互联网＋"农业的重要抓手之一。北京市作为全面推进试点地区，自2016年以来大力推进了这项工程。截至目前，全市标准型益农信息社总数达187个，直接安置村民就业近232人，2018年上半年帮助村民团购农产品、生活用品上千吨，帮助村民销售农产品270多吨，拉动市民到农村采摘、垂钓、旅游、逛农村集市、农家乐上万人次；专业型益农信息社通过农场智能化管理平台覆盖生产企业已达621家，全国渠道商数量达2700多个，为农业园区带来了大批消费客户，并持续为农场经理、技术人员提供了智慧农业及信息化经营管理方面的培训。昌平区和延庆区将信息进村入户与低收入帮扶工作相结合，在便利农户生活、节约生活成本、带动农产品销售等方面取得了一定的成效，但覆盖面仍较小。

3. 互联网＋应用能力水平较低。根据2018年北京市农研中心"百村千户"大调研的调查结果，全市农村地区信息化手段应用水平有所提高，但总体水平仍然较低。全市116个调查村中，有59%的村庄通过新媒体手段进行宣传；但仅有26%的村庄通过网店和微店销售农产品，大部分仍然采用传统方式进行销售。在受访的1063个农户中，有近70%会用微信，但39.5%的农户家中的农产品采用传统方式销售渠道，仅仅有4%的农户通过网店销售，3.1%通过微店销售。信息化手段应用意识和能力仍然不足，特别是在农产品电子商务方面仍有很大的提升空间。在全市农村范围内尚且如此，在低收入村户范围内则更低。

（四）低收入农户增收存在的问题

1. 有资金缺项目。近几年，北京市在组织建设、资金投入等方面对低收入村开展了实实在在的帮扶，但村里少有合适的产业项目，帮扶资金用不上。低收入村产业项目呈现低端化、同质化、碎片化，市场竞争力弱，产业项目缺乏长远规划设计和项目储备。有些帮扶项目没有做到充分尊重村里意愿，存在替农民做主的倾向。有些新理念、新技术在与北京产业融合过程中遇到的阻力较大，市场融资、品牌建设、渠道管理等方面与现实需要明显脱节，产业升级和利润提升困难较大，农产品供给侧结构性改革进程有待加强。

2. 有项目缺人才。一是缺乏内生的需求和驱动力。北京低收入农户存在严重的老龄化问题，劳动力年龄也普遍偏大，且文化程度偏低，大部分只有初中及以下学历，低收入农户的老龄化很难把产业发展和互联网结合起来，电子商务帮扶困难。二是缺乏相关人才实施项目。低收入村产业项目缺乏互联网高端人才，缺少懂农业的互联网基础人才，即便正在从事农业信息工作的人员在知识结构方面也无法满足农业信息化发展的要求。缺乏信息分析人员，导致大量信息资源无法得到合理的开发应用；重生产轻营销现象普遍存在，导致收益不高。

3. 有产业缺经营。一是缺乏互联网发展的思维。低收入农户对互联网观念、意识相对比较落后，农村消费群体虽然庞大，很多村民也都开始接受网上购物，但受农村受教育程度低的影响，参与"互联网＋"助力低收入农户增收的主观能动性和行动力偏低，意识有待提高。低收入农户对互联网没有普遍的意识和认知，缺乏培训和引导，需要加强对未来信息化能力的培养，加强互联网意识。二是缺乏互联网发展的应用环境。北京市大部分低收入农户集中在山区，产业基础薄弱，受人才外流、技术滞后、山区产业调控政策等因素影响较大，缺少发展"互联网＋"产业模式对电子商务的系统理解和认识，没有找准电商工作与富民产业培育相结合的契合点。

4. 有产品缺销路。一是农产品体量小。电商企业为了降低成本，从农民手中购入的农产品量非常大，这也就致使电商企业必须采购具有规模化的农产品。由于北京农业生产的特殊性，农户分散经营仍为主流，无论产值还是产量所占比例仍然较低，村民所能供给的农产品远远不足以满足电商企业的需求量，电商销售需求与供给水平不匹配。二是电商应用难度大。北京市很多农产品存在产品结构单一、辐射面狭窄、产品加工转化率不足、市场竞争力不强的问题，农产品产业链条深度不够，低收入农户无法参与电子商务销售。三是大型电商企业带动作用有待提升。目前，京东、淘宝、顺丰等企业发展势头良好，很多农业企业在天猫、1号店、京东商城开设店铺，在很大程度上只是增加农产品的对外销售，一些电商企业由于本身的商业属性，过度追求利润，虽然网上买卖红火，但处于电商供应链条下游的农民真正受益增收的并不多。

三、增收模式分析

（一）"互联网＋智慧乡村"助力低收入农户增收模式

"互联网＋智慧乡村"是随着新一代信息技术快速发展、新技术与农业农村和农民深度融合而产生的模式，将互联网的思维与技术，融入农村生产、经营、管理和服务之中，实现变革和提升，促进乡村建设智能化、产业发展现代化、农民生活便捷化，带动贫困地区产业发展和低收入农户增收。各地区开展的农业物联网示范工程建设、北京市当前推进的"智慧乡村"建设和信息进村入户工程就是这一模式的典型代表。

1. 运用新技术，推动扶贫产业发展。以物联网技术、农产品溯源技术等新技术在农业领域的运用，推动了农业发展方式的转变，实现了农业生产智能化，带动了扶贫产业的发展。一些贫困地区立足资源禀赋和已形成的产业优势，与农业信息化综合服务水平较高的公司联合，将农业物联网新技术与本地特色产业相结合，建设农业物联网示范工程，把现有的好产业通过"互联网＋"做大做强，带动地区农户增收。

中新云农科技有限公司以江西省赣县主导产业为基础，结合"互联网＋"，推动了当地扶贫产业的发展。中新云农运用物联网、移动互联网、大数据等技术，围绕脐橙、甜叶菊等主导产业，自主研发了可视化管理、病虫害智能监测、认养管家、共享专家服务等10多项"智慧农业＋绿色果蔬"的软件著作产品与专利。通过"认养宝""轻农业"等，实现了基地农业生产的节本增效，经济效益每亩提升300元以上；通过嫁接电商平台，结合了F2B、F2C、F2F等新型网络模式，实现果蔬产业线上交易新增500万元以上，间接带动销售1000万元以上；通过"轻农业""田秀才""乡土专家""果大夫"等，开展产业扶贫、科技扶贫，为农企、农户等提供种养、政策、电商等方面的知识和经验，解决贫困户就业200人以上，带动贫困家庭脱贫50户以上，实现了整个区域农业年均增收2000万元。

2. 智慧乡村建设，提升村庄信息化水平。2014年，北京市在平谷区大兴庄镇西柏店村，探索性地启动了"美丽智慧乡村"集成创新试点建设工作。在试点建设的典型经验和模式基础上，2015年开始，北京市将智慧乡村建设列为农业领域年度重点工作，每年稳步推进"智慧乡村"试点建设。"互联网＋智慧乡村"建设从信息化基础设施、农业生产经营、乡村治理以及社会公共服务等四个方面入手，与村庄特色产业、民俗文化、村民生活和村务管理实际需求相结合，提供整体性解决方案。截至2017年，北京市共建设"智慧乡村"试点135个，建设成效显著。村庄基础设施得到有效改善，带动了产业提质增效发展，乡村治理和公共服务精细化水平得到提升，农民信息化能力逐步提高，基层信息化发展动力不断增强。

2016年，北京市低收入村、门头沟区雁翅镇太子墓村成为市区共建的北京"智慧乡村"建设试点村。建设的视频监控系统、无线网络覆盖、信息化机房等，大幅改善了信息化基础设施条件，为村委会开展日常工作提供了便利条件，提升了村庄安防水平。建设了苹果产品质量追溯系统，农户通过数据采集终端填报种植档案，最终生成苹果履历的二维码，可追溯的苹果在市场上受到消费者青睐。搭建了太子墓村级网站和"太子墓村合作社"微信公众号，将村庄历史、苹果特色、交通导航、360度实景漫游等集成到网站和微信平台上来，利用双平台开展精准营销和宣传。为自有商标"太子慕"设计专属LOGO，增强品牌的感染力和冲击力。完善百度百科、搜狗百科等知识营销平台"太子墓村"相关词条，优化搜索关键词，实现精准的品牌曝光，强化消费者对"太子慕"品牌的认知，扩大太子墓村林果产业的知名度和影响力，最终达到拓宽市场、促进农产品销售、增加农民收入的目的。

3. 信息进村入户，带动低收入村户发展。2014年，原农业部开始实施信息进村入户工程，要求全面统筹"公益服务、社会化服务"两类资源，构建"政府、服务商、运营商"三位一体的推进机制，通过建立益农信息社为农民和农业企业开展全方位的信息服务。截至目前，北京市昌平、顺义、通州、密云、延庆、门头沟等区已启动服务资源整合、益农信息社建设、服务渠道拓展等工作，建设标准型益农信息社 187 个，发挥了村民委员会的助手作用、农产品销售的能手作用、农村精准扶贫的帮手作用、农民培训行家里手作用，形成了一批示范典型和特色模式。专业型益农信息社已建 598 家，在 12 个区多家农场推广农场云智能化管理平台应用，帮助合作社销售农产品 500 多万公斤，交易额过亿元。

延庆区将信息进村入户工程与低收入村户帮扶工作紧密结合，采用"互联网＋益农信息社＋低收入村户"的形式，覆盖低收入村 26 个、低收入户集中村 12 个，聘用村级信息员 74 人，吸纳低收入户 19 人，其中包括残疾人 7 人。建设内容主要是为村民提供公益服务、便民服务、电子商务和培训体验四项服务，实现节约农民生活成本 10%—15%，帮助农民网络销售农产品 1000 余公斤，做到开源节流，实现对低收入村户的帮助扶持。

（二）"互联网＋新型农业经营主体"助力低收入农户增收模式

近年来，新型经营主体利用"互联网＋"技术创业创新的人数迅猛增加，他们的脱贫带动作用也得到较好发挥，从家庭农场及种养大户、农业产业化龙头企业到农民合作社带动脱贫人数均逐年上升。不少新型经营主体，有超前的"互联网＋"思维，将物联网、大数据、移动互联网等信息技术广泛应用在农业生产经营管理服务等方面，不仅自己脱低，还带动周边低收入农户就业增收。

1. 提升生产管理水平，为互联网销售奠定基础。新型农业经营主体，为应对互联网时代的激烈竞争，对于生产和管理的智能化、精细化程度以及产品的质量方面都有较高的要求。对于低收入农户，往往通过统一的农资供应、技术指导、信息服务、产品营销等多项服务，提升农业生产和管理的质量与水平，将分散的农户联合起来对接企业，转变在市场中的弱势地位。低收入农户生产的产品借由新型经营主体的互联网渠道优势统一市场销售，农户的收入不断增加。

北京清水云峰果业有限公司是从事奇异莓产业化开发的现代农业企业，选定北京市门头沟区清水镇李家庄村为公司第一个园区，村里组建农村专业合作社，村民以土地、劳动等入股参与产业发展，带动农民就业和增收，给农民创造了五次收入，形成企业引领、集体介入、农民参与、共同致富的新格局。首创奇异莓"产业链协同创新发展模式"运行效果良好，各项"互联网＋"新技术陆续在园区应用。2018 年销售全面覆盖线上渠道，借力京东、每日优鲜、春播、社区 / 社群电商等载体，加速了奇异莓产业标准化生产、规模化经营、信息化销售，更有效带动了农户致富。

2. 强化利益联结机制，带动低收入户增收。创新"互联网＋新型经营主体＋低收入户"的模式，在"信息扶贫、产业扶贫、创业扶贫、用工扶贫"行动中联合发力，以订单帮扶、股份合作、生产托管、土地流转、产销对接等多种方式带动低收入农户增收。新型经营主体以低于成本的价格为低收入户提供农资、种苗和技术服务，以高于市场的价格回收成品，通过电商等平台实现更大市场更广领域的销售，与低收入农户捆绑发展、订单销售、长期合作，建立起长效利益联结和增收脱低机制。

北京市农业信息化龙头企业密农人家，通过"互联网＋线下资源整合"的扶贫方法，与密云本地低收入村建立紧密对接，实施"扶贫木耳"公益项目；并把"甜蜜薯"的薯苗免费发放给低收入农户，待红薯成熟后按照统一标准再进行回收，帮助低收入农户拓宽销售渠道，实现了将低收入地区多样化的资源优势逐渐转化为产业优势、经济优势和后发优势的目标。

3. 树立本土品牌，提升产品形象。分散的低收入农户，单打独斗，没有形成品牌，只能分散销售给地头的收购商，也因此价格波动较大，议价能力不足，且在产品营销方面，缺乏应用互联网推广宣传的意识和技能。新型经营主体对低收入农户的带动作用之一，就是借助互联网的传播优势，帮助树立品牌形象、优化产品包装设计，使得优质农产品以个性化的形象和符合网民口味的包装立足于激烈的市场竞争中。

怀柔区渤海镇四渡河是市级低收入村，村内主导产业为板栗种植，以往板栗成熟后由村民分散销售给板栗收购商，农民收入很低。为增强市场抗压能力，四渡河村成立了栗满山种植专业合作社，把农民组织起来、资源整合起来带动村民增收致富。一方面，利用互联网信息技术，打造了"四渡河油栗"的品牌和"大力"的卡通形象及表情包，并适应互联网消费需求，设计了适应不同净含量、不同渠道的个性化包装；另一方面，建立起网上微店，通过微信群、朋友圈等线上渠道扩大宣传，以统一的包装、个性化的品牌形象、良好的口碑效应快速打开市场。2018 年，油栗成熟不到 2 个月的时间，通过微店、微信共销售 1429.5 公斤精品板栗，低收入农户收入增加。

（三）"互联网＋休闲农业"助力低收入农户增收模式

休闲农业是利用农业景观资源和农业生产条件，发展观光、休闲、旅游的一种新型农业生产经营形态。"互联网＋休闲农业"模式将现代互联网技术与传统农业深度融合，实现线上与线下要素与资源的优化配置与整合，深度并高价值地开发农业资源潜力，调整优化农业结构，延伸农业产业链条，还促进了农村环境改善，对于推进农业供给侧结构性改革和促进低收入农户增收起到重要作用。

1. 充分开发自有资源，推动产业转型升级。该模式利用互联网优化休闲农业资源开发和推动农村产业发展转型升级。低收入村由于远在山区，独特的自然条件往往会形成差异化的农业景观、文化特色和农业资源，这些得天独厚的资源缺乏充分的开发利用，且藏在深山不为人知，未能发挥出应有的价值。互联网的引入，将最新的技术产品和经营理念融合到产业转型升级的过程中，促进一二三产业融合发展，发挥出资源的最大价值。

山西省永和县阁底乡奇奇里村通过几件实事大大改变了落后偏僻山村的面貌。充分利用奇奇里村的自然禀赋（村貌天然、枣树满山），一是开发乡村旅游和农庄休闲，举办枣花节、梨花节，成为挂牌摄影、美术专业的写生基地，改造农户的土窑洞成为休闲住宿餐饮场所，而且建筑和装饰别具一格；二是将优选鸡种散养在枣林树下，以落枣为饲，增加鸡肉营养，同时加配散养鸡蛋、枸杞、小米等当地特色优质农产品，专门针对孕妇推出"孕妇鸡"礼包，以高出普通鸡肉几倍的价格在网上销售，联系的客商络绎不绝；三是推出互联网"枣树认领"活动，网民在线认领奇奇里村的枣树，缴纳一定费用后村民按照认领人的要求养护枣树，收获果实归认领人所有。奇奇里村还拍摄了唯美宣传片，配上原创的奇奇里村歌，在互联网上广泛宣传，让游客感受天然、原生态的壮丽。这些工作大大促进了脱贫工作。

2. 盘活闲置农宅，释放更多经济红利。空心化的农村拥有独特的资源优势——闲置农宅，而城里人又对乡村生活充满向往。互联网共享平台连接起供需双方，让这些农村"沉睡的资产"重现生机，释放更多经济红利。在保留传统农宅建筑特色的基础上，将内部房屋风格进行个性化改造，打造成兼具观赏价值和居住效应的乡村民宿。与此同时，对村庄的整体环境升级改造，在基础设施、民俗体验、传统文化等方面，深挖和提升，突出特色、突出传统，打造旅游亮点。民宿的预订、支付、晒单、评价等都通过互联网来完成，对城市居民具有强大的吸引力。此外，乡村民宿吸引来的游客，也带动了本地农产品的销售和劳动力的用工需求。

北京市延庆区刘斌堡乡下虎叫村，通过与远方网合作，积极推动隐居乡里乡村产业综合开发项目落户村内，发展乡村高端民宿"山楂小院"。山楂小院与携程、途牛、大众点评等第三方平台合作，游客可以方便地在线预订客房。在发展过程中，下虎叫村充分利用网络、媒体、广播、公告等方式营造浓厚的乡野氛围和隐居情怀，放大山楂小院的魅力，吸引城市客源。民宿产业的兴旺也带动了当地种植业、农副产品加工业以及村庄文化创意产业的发展，形成了农民多渠道增收的良好格局。和远方网合作之后，村民既可以通过房屋出租获得稳定的租金收入（每院6000—9000元），又可以通过在小院做管家、保洁、设施维护等，获得工资收入（月工资900—3000元不等），农产品由合作社高价收购后卖给隐居乡里，最后提供给民宿游客，合作社在取得收入的同时对社员分红，村民的农产品不愁销路，还有分红收入。

3. 创新宣传营销手段，快速引流和提升影响力。在"互联网+"的大时代中，发展休闲农业和乡村旅游，离不开宣传发力。很多地区充分发掘当地资源特色，在传统线下活动的基础上，紧跟潮流地运用互联网思维和科技工具，创新活动方式，提出新颖的主题，加上强烈吸引力的设计，通过直播、微视频、微博、微信公众号、朋友圈等新媒体，吸引网民的关注和参与，起到了很好的宣传效果。

2018年9月22日至24日，由北京金樱谷专业农民合作社主办、老友季精品民宿和飞鸟与鸣虫食农教育共同承办的"我要回农村"首届农民丰收节乡村嘉年华成功举办，三天的时间，近万名市民走进密云区金叵罗村，互联网的引流能力得到了充分的发挥。一是在活动前期，通过微信公众号线上召集有参与意愿的市民，线下集合之后头脑风暴共同完成活动策划，提出了"没钱给她买小米股票，就带她去看小米海""摇滚秧歌"等优秀的策划。同时，通过互联网征集了部分城市游客和村民对于农民丰收节的设想和期待，在活动策划中予以充分吸收。二是宣传以网络媒体为主，精准定位目标用户人群。除了利用微信朋友圈和公众号进行宣传外，与亲子周末、互动吧等亲子游互联网平台合作，进行农民丰收节的宣传和售票。三是启用智能化售票系统，消费者通过网络平台直接购买电子票、团购票，活动现场扫描二维码即可验票，而工作人员验票、结算和统计也更加方便，通过系统后台就可以得到准确的销售数据。四是视频直播丰收节，活动影响力大幅上升。本次活动的一大亮点就是通过短视频平台进行一系列线上活动。前期通过不同角度展示农民丰收节后台的花絮，活动当天，游客们将农民丰收节的自拍发送到短视频平台的活动主页。此外，活动报道除了传统媒体的加入，还邀请了新型主流媒体"北京时间"进行长达 40 分钟的直播报道，通过村民代表领着记者体验每一个有趣的活动来对现场进行生动有趣的报道，浏览量在一个小时内达到 5 万多次。据统计，2018 年丰收节的线上售票就达到了 2000 张，曝光浏览量大幅提升，项目售票总收入高达 20 万元。对比去年开镰节不到 3 万元的收入，本次农民丰收节"大丰收"。

（四）"互联网 + 电子商务"助力低收入农户增收模式

随着互联网的蓬勃发展，农业电子商务市场发展可谓如火如荼，农产品电商带动脱贫致富逐渐发挥显著作用。据原农业部的数据显示，几乎所有贫困县都开展了电子商务，大部分贫困县把发展电子商务作为脱贫攻坚的重要途径。2012 年以来，全国应用电子商务平台的贫困村比例逐年增高，到 2017 年年底，应用电子商务的贫困村在贫困村总数中占比达到 66.6%。北京市农业电子商务发展较快，一批以生产和经营北京本地特色农产品的本土化农业电商企业迅速发展，为低收入农户提供就业机会，帮助其进行农产品销售，促进低收入农户脱低增收。

1. 农户自主参与，开展电商销售。部分互联网意识较强、拥有一定互联网技术、营销能力的农户，通过微店、朋友圈等自媒体手段，在线销售农产品，节省了中间环节，获得比地头批发更高的收入。

山西省武乡县岭头村是全国典型的"微店村"。岭头村的起步原是为了解决电商公司收购后剩余产品的销路，在接受电商培训后，农户尝试通过微信销售剩余产品，利润大大增加，使得"微店"销售模式迅速在全村推广。目前全村有微店 100 多个，年销售 30 多万元，带动 26 户贫困户人均增收 3000 多元，2016 年实现了整村脱贫。

2. 政府搭台，推动电商扶贫。政府在构建完善的市场环境、产业扶持、品牌培育方面下功夫，推动电商助力扶贫。一是强化政策引导，从项目支持、财政补助等方面给予电子商务发展政策优惠。二是突出品牌培育，积极开展国家地理标志产品和"三品一标"认定工作，组织贫困村农产品参加展会，增强特色农产品网络市场竞争力。三是开办电商培训班，教授农民运用社交软件、直播平台等自媒体销售产品。四是通过建立电子商务中心，吸引电商企业入驻，出台各项优惠政策，提供各类补贴等措施，大力推动电商发展。

2017 年，北京市平谷区启动了"互联网 + 大桃"工程，通过短短一年多的培育和经营，全区大桃电商销量达到 1030 万公斤，实现了翻番，促进农民增收 5155 万元。政府的主要做法包括：一是加大电商培训力度，培养精准销售理念。平谷区通过开办电商培训班，教授果农如何运用手机社交软件、直播平台等自媒体开展在线销售、对果品分等级销售、提升包装设计等，农户通过培训，进行大桃细分化销售策略，实现利润最大化。

二是整合优质物流资源，在大桃主产乡镇布局了 41 个大桃揽收点，囊括了顺丰、京东、EMS 等大型物流企业，政府还对快递费用进行补贴，方便果农发货，此外，平谷大桃还有专用纸箱，印有专门的标识。在时效上，北京同城最快可实现上午寄中午到，而寄到上海也不会超过 24 小时。三是平谷区还组织合作社与中粮我买网、顺丰大当家、京东商城 7FRESH、京东到家等 25 家优质电商平台进行对接，促进大桃销售，并通过举办"情定桃花·大桃认购"等活动，帮助果农打开销售渠道。

3. 电商参与扶贫，树品牌促销售。依托直接投资建设的电商平台、区域性电商平台和京东、淘宝等综合性电商平台，强化农产品品牌、突出产品特色、占领细分市场，部分电商企业还将线上宣传销售和线下体验销售相结合，进一步拓宽市场，助力贫困地区脱贫。

2016 年以来，北京市密云区张泉村携手北京云梦园科技有限公司，共同运营"张泉达康"品牌，运用互联网扩大本地特色农产品的销售，助力低收入农户增收致富。一是在淘宝、天猫、京东、微信平台建设并运营"张泉达康"农产品品牌店铺，同时运营"张泉达康"微信公众号。二是在北京市区范围内，优先筛选密云区、高校、企事业单位等流量密集地区，开设"张泉达康"品牌农产品线下体验店。三是云梦园公司通过现代化的技术手段和丰富的项目管理经验，完成线下体验店及线上店铺的标准化管理，实现线下线上无缝对接。消费者可以实现线下体验和直接购买、线下引导线上下单、线上下单线下配送/提货的购物体验。2017 年全年，"张泉达康"系列农产品实现销售 80 余万元，企业向全村农户每人发放了 200 元的红利，完成了 40 户 81 人的脱低增收任务，占全部低收入人数的 76.4%。

四、对策建议

习近平总书记 2013 年在海南考察时指出："小康不小康，关键看老乡。"2015 年在吉林调研时指出："检验农村工作成效的一个重要尺度，就是看农民的钱袋子鼓起来没有。"打好脱贫攻坚战是党的十九大提出的三大攻坚战之一，对全面建成小康社会、实现我们党第一个百年奋斗目标具有十分重要的意义。北京市委市政府高度重视相对低收入农户的增收致富工作，强调要把 7 万多户、15 万多人的低收入农民问题解决好，这是必须把握好的底线。

（一）"互联网+"助力产业转型提档升级，发展优质品牌化农业

1. 推进智慧农业建设。一是加深信息化在全产业链、全环节、全要素中的应用深度，规范项目管理和服务指导机制，形成生产智能化、经营网络化、服务在线化、管理数据化的园区发展模式，打造一批国内领先的智慧农园示范样板，侧重"互联网+"现代农业引领，促进园区发展、产业融合，突出基层应用实效，充分发挥示范带动作用，实现农业提质增效和转型升级。二是组织开展现代农业产业园信息化顶层设计和服务指导，以规划为目标，提升信息化对产业园全面发展的引领和驱动作用，加快构建现代农业产业体系、生产体系、经营体系。三是以促进节本增效为目标，继续开展农业物联网应用示范，强化北

京现代农业物联网应用服务平台的服务能力，提高对新型农业经营主体的服务效能，提升农业发展质量。

2. 完善电商平台建设。一是新农人＋电商平台。随着互联网的蓬勃发展，一些发展有基础、产业有需求、人员有能力的低收入地区，将物联网、大数据在农业领域综合应用，初步实现了"互联网＋"本地电商的深度融合，获得了良好的效益。"新农人＋农产品电商平台"为建立农产品现代销售渠道创造了条件，但其自身也需要发展，所以在针对低收入农户收购农产品的时候，在价格上没有优势。建议在财政补贴上应对"新农人＋农产品电商平台"给予更多关注，支持新农人电商、微商平台带动低收入农户走进现代销售渠道。二是大型企业＋电商平台。运用市场机制，吸引大型电商企业进入农村市场，鼓励京东、淘宝等大型综合电商平台开设特色农产品展馆。依托知名电商的客户资源和品牌效应，充实产品品类和企业数量，建成产品质量优良、信誉可靠的农产品电商平台，推动北京市优势特色产品占领高端市场，扩大市场占有率。三是加大休闲农业和乡村旅游网络营销力度。运用现代信息技术、先进设计理念、市场运作模式变革传统农业，通过互联网的应用创新，"互联网＋休闲农业"充分整合移动智能终端、云服务平台以及大数据分析技术，使休闲农产品、服务项目和品牌等信息通过各种互联网营销方式进入大众视野。采集农业休闲旅游园区基本信息，以微博、微信等社交媒介为代表的新媒体营销，以农场主和从业者为主导的 APP 营销和休闲农业类网站平台营销等方式，推进乡村旅游资源的网络化，为消费者提供全面、精准、便捷、时尚的休闲农业信息和服务。

3. 发展优质品牌农业。一是实施区域品牌发展战略。让好产品卖上好价钱，生产"好产品"是基础，打造"好品牌"是关键。要通过发展农村电子商务，以销促产，倒逼农产品提质增效。顺应"品牌电商化，电商品牌化"趋势，坚持"企业主体，市场主导，政府推动"，改变品牌建设"小、散、乱"的局面。二是加强品牌营销。品牌营销是市场竞争的需要，也是一种自信和承诺，要不断推进农业资源丰富、特色突出的地区和乡镇做好农产品包装、宣传等工作，不断提高农产品的知名度和影响力。三是打造三农领域的"北京品牌""北京服务"。以品牌建设为抓手，着力推动农业绿色发展，赋予品牌更多的生态绿色内涵，积极引导消费者参与监督并逐步认同绿色品牌理念、愿意溢价购买，在绿色发展中推动广大农户持续增收。

（二）"互联网＋"助力农村美好生活，提供便捷化信息服务

1. 推进信息化全面支撑乡村振兴。实施乡村振兴战略是解决人民日益增长的美好生活需要和不平衡不充分的发展之间的矛盾的必然要求。当前，互联网技术正在加速向农业农村延伸和渗透，在农业技术推广、市场信息服务、农业农村电子商务、精准脱贫等方面已经取得了显著成效，农业物联网、大数据等也展现出十分广阔的应用前景。接下来，应进一步加大"互联网＋"助力乡村振兴战略的力度，切实促进农业在宽带上增效、农民在键盘上增收、农村在鼠标上繁荣。"互联网＋"与"三农"的融合，可以引领技术流、物资流、资金流、人才流向农业农村集聚；可以聚合分散的"小生产"，实现规模效益；可以精准对接产销，促进总量结构平衡；可以加速现代科技、管理的应用，实现节本提质增效；可以推动农村大众创业、万众创新，开辟农民就业增收新渠道；可以创新农村社会管理和公共服务供给方式，有效缩小城乡差距。互联网技术的普及和广泛应用，正在为乡村振兴提供全新的动力。

2. 推进"智慧乡村"建设。"让互联网更好造福人民"，就是要做到"实"。要在已有建设的基础上，让广大的农村基层在自己的生产经营和生活的实践中认识信息化、主动地运用信息化、创造性地发展信息化。必须发挥农民的主体地位和作用，一方面要坚持需求导向，有针对性地研发信息产品和服务；另一方面要调动农民的主观能动性，通过加强应用和培训来不断提升，把"虚拟"的技术和方法融入到"实"的生产生活中，形成互相促进、互为支撑的良性发展局面。依托智慧乡村建设将农村信息服务逐渐由自上而下的信息服务模式向个性化、多样化、精准化方向发展。通过"互联网+"，为农民生产、生活、教育、医疗、养老等提供内容丰富、快捷高效的信息服务。

3. 推进"信息进村入户"工程。发挥"信息进村入户"工程的力量，有助于精准脱贫工作的有效开展。北京市各区镇在推进实施中要因地制宜，坚持精准扶贫、精准脱贫，要把提高脱贫质量放在首位。随着互联网思维在农村的普及和发展，互联网与农业的融合为打赢精准脱贫攻坚战提供了良策。"信息进村入户"工程可以凭借其信息共享、远程、快捷等特点，促进农村信息发展的流通，打破束缚农村发展的时空限制和"信息鸿沟"，切实有效地推进精准脱贫工作。

（三）"互联网+"助力农民素质的提升，培育智能化农业新模式

1. 制定符合农民实际的职业技能培训计划。一是培训多样化。根据全市劳动力的特点，结合低收入地区结构性就业矛盾，以问题为导向，以实效为标准，精准落实。在市级智慧乡村试点建设的培训中，既要有对村内信息员就建设内容进行的项目培训，又要有对村民信息化知识的定期培训。二是坚持就业优先战略。制定符合实际职业技能培训的计划，适应新时代的培训特点。完善新型职业农民和农村人才培训措施，加大技能培训和就业指导，结合新媒体，促进农民工多渠道就业创业，提高农村居民就业质量和收入水平。

2. 营造积极发展产业的良好氛围。一是充分调动低收入农户的主观能动性。借助互联网平台广泛开展职业技能培训，以"输血"为辅，发展"造血"能力为主，提高低收入地区的"造血"能力。二是启动面向低收入农户的资助项目。积极创造条件，引进专业人才，采取专职、兼职相结合的灵活方式，在"留才"上用心用力，努力为人才提供良好的生活工作环境，营造支持低收入村带头人发展产业的良好氛围。培养一批"留得住、用得上、懂科技、善经营"的新型职业农民，切实提高低收入农户的就业创业能力，让村民真正富裕起来。

3. 支持返乡人员依托"互联网+"创业创新。依托电子商务培训机构，有针对性地开展电子商务培训和孵化。指导具有特色商品生产基础的乡村开展电子商务，引导农民立足农村、对接城市，探索农村创业新模式。推动大众创业、万众创新在农村向深度发展，研究出台扶持政策，支持大中专毕业生、退役军人、"农二代"、科技人员等返乡人员创业创新，领办合作社、创办家庭农场（林场）或智慧农园、发展特色民宿和"互联网＋"现代农业等经营组织，为农业农村发展注入新鲜血液。

课题负责人：刘军萍
课题主持人：白晨
课题组成员：冯学静、王晓丽、薛晓娟、韩姣
执笔人：冯学静、王晓丽、薛晓娟、韩姣